Herbert Görner · Günter Kempcke

# Kleines Synonymwörterbuch

VEB Bibliographisches Institut Leipzig

Görner, Herbert:
Kleines Synonymwörterbuch / Herbert Görner ; Günter Kempcke. –
2., korr. Aufl. – Leipzig : Bibliographisches Institut, 1989. – 430 S.
ISBN 3-323-00088-9
NE: 2. Verf.:

ISBN 3-323-00088-9

2., korr. Auflage

Verlagslizenz Nr. 433 130/150/89
Printed in the German Democratic Republic
Gesamtherstellung:
Karl-Marx-Werk, Graphischer Großbetrieb, Pößneck V15/30
Einbandgestaltung: Rolf Kunze, Großpösna
LSV 0817
Best.-Nr. 577 955 6
00980

# Vorbemerkung

Das „Kleine Synonymwörterbuch“ will allen, die es zu Rate ziehen, bei der Wortwahl helfen. Es soll ihnen ermöglichen, den Ausdruck zu wechseln, unnötige Wiederholungen im Text zu vermeiden oder ein treffenderes Wort, den jeweils angemessenen Ausdruck, zu finden.
Die Austauschbarkeit von Wörtern in einem bestimmten Text beruht zumeist auf ihrer inhaltlichen Ähnlichkeit oder Identität, und der Wortschatz unserer Sprache hält eine Vielzahl sprachlicher Einheiten bereit, die sich inhaltlich mehr oder weniger nahestehen. Diese werden Synonyme genannt. Den Begriff des Synonyms zu definieren bereitet immer noch erhebliche Schwierigkeiten, und unterschiedlich sind die Auffassungen darüber, was einer synonymischen Beziehung zuzurechnen ist. Als Kriterien werden einerseits die Identität der Bedeutungsmerkmale, andererseits die Austauschbarkeit in Kontexten gefordert, und weder das eine noch das andere Kriterium ist zu verabsolutieren. Hinzu kommt, daß als Voraussetzung für die Austauschbarkeit nicht die absolute inhaltliche Identität erforderlich ist, sondern daß synonymische Beziehungen im Kontext auch durch inhaltlich nur ähnliche Ausdrücke ermöglicht werden. Damit ist aber die Austauschbarkeit in vielen anderen möglichen Kontexten dieser Synonyme nicht gewährleistet, da sie nur in bestimmten Kontexten austauschbar sind. Mit Sicherheit aber gehören Synonyme ein und demselben Wortfeld an und sind dem Oberbegriff dieses Wortfeldes (Hyperonym) untergeordnet. Das Wortfeld *Körperteil* umfaßt z. B. folgende Synonymgruppen: *Kopf: Haupt, Schädel, Dez, Birne, Rübe; Hand: Pranke, Flosse; Füße: Beine, Quanten* usw. Ihre Synonyme können inhaltlich identisch sein oder neben inhaltlichen Unterschieden auch stilistische Unterschiede aufweisen *(Haupt, Dez, Birne, Rübe, Pranke, Flosse, Quanten)*, also z. B. einer gewählten *(Haupt)* oder einer legeren (*Dez, Birne* usw.) Ausdrucksweise entsprechen. Diese Kriterien waren für unsere Auswahl der Synonyme bestimmend.
Da uns diese bedeutungsverwandten Wörter und Wendungen nicht jederzeit verfügbar sind, weil sie nicht im Vordergrund unseres Bewußtseins stehen und inhaltlich oft an alphabetisch weit voneinander entfernte Wortformen gebunden sind, werden solche Ausdrücke schon seit Jahrhunderten in Synonymwörterbüchern erfaßt und dargestellt. Dies geschieht in der Regel in Wortgruppen: Unter einem Leitwort oder Grundsynonym werden die synonymen Ausdrücke überschaubar angeboten. Man unterscheidet im allgemeinen zwei Arten von Synonymwörterbüchern: sogenannte distinktive, in denen die Bedeutungs- und Gebrauchsunterschiede der Glieder einer Synonymgruppe sinnfällig gemacht werden, und sogenannte kumulative, die auf die Erklärung der Bedeutungsunterschiede verzichten und die Synonyme lediglich anreihend verfügbar machen. Da nun einerseits die Erklärung der Bedeutungsunterschiede viel Raum

erfordert, andererseits aber der Darstellung im Hinblick auf den Umfang eines Nachschlagewerkes meist Grenzen gesetzt sind, muß bei distinktiven Synonymwörterbüchern notwendigerweise auf viel Wortmaterial verzichtet werden. Deshalb ist dieser Wörterbuchtyp besonders in der deutschsprachigen Lexikographie kaum vertreten.

Wir haben uns daher beim vorliegenden Wörterbuch für die zweite Möglichkeit, d.h. für die anreihende, nicht unterscheidende Form entschieden, um den Benutzern viel Wortmaterial bieten zu können. Dabei sind wir uns selbstverständlich darüber im klaren, daß diese Darstellungsweise vor allem für den Muttersprachler gedacht ist und beim Benutzer immer voraussetzt, Sprachliches beurteilen und angemessen handhaben zu können. Der Benutzer muß also in der Lage sein, selbst zu entscheiden, ob dieser oder jener Ausdruck in seinem Text einen anderen Ausdruck ersetzen kann. Die Entscheidung erleichtern wir ihm durch Hinweise (Bedeutungshinweise, Angaben zum Verwendungsbereich beim Stichwort) und Kennzeichnungen, die das jeweilige Synonym einer Stilebene oder Stilfärbung zuordnen, es hinsichtlich seines zeitlichen oder räumlichen Geltungsbereiches näher charakterisieren bzw. es als Fachausdruck oder in anderer Weise bestimmen.

Das „Kleine Synonymwörterbuch“ wurde an Hand neuerer Nachschlagewerke erarbeitet, so z. B. des von H. Görner und G. Kempcke herausgegebenen und 1973 im selben Verlag erstmals erschienenen großen „Synonymwörterbuchs“ und des von einem Autorenkollektiv unter Leitung von G. Kempcke geschaffenen und 1985 im Akademie-Verlag, Berlin, veröffentlichten „Handwörterbuchs der deutschen Gegenwartssprache“. Die bei der Herausgabe des großen „Synonymwörterbuchs“ gesammelten Erfahrungen förderten die Entstehung des vorliegenden Wörterbuchs insofern, als sie zu einer veränderten Konzeption führten: Dem „Kleinen Synonymwörterbuch“ liegt eine strengere Synonymauffassung zugrunde. Der aktuelle Sprachgebrauch wurde stärker berücksichtigt. Auf Peripheres, besonders Regionales, Veraltetes und nur bedingt Austauschbares ist weitgehend verzichtet worden. Syntaktische Varianten idiomatischer Wendungen konnten nur begrenzt einbezogen werden. Durch eine klare Zweiteilung des Wörterbuchs – Synonymgruppen einerseits und Register einschließlich Verweisen andererseits – ist ein leichter Zugang zu dem bedeutungsähnlichen oder -gleichen Wortmaterial der alphabetisch angeordneten Synonymgruppen gegeben. Zusätzliche Hinweise gestatten es dem Benutzer, den Bedeutungsbeziehungen der Synonymgruppen untereinander nachzugehen und auf diese Weise die Möglichkeiten für seine Wortwahl zu erweitern. Wir hoffen, mit diesem „Kleinen Synonymwörterbuch“ die Bemühungen der Benutzer um einen angemessenen Sprachgebrauch wirksam zu unterstützen und damit einen Beitrag zur Förderung der Sprachkultur zu leisten.

Die Autoren

# Wie ist dieses Wörterbuch zu benutzen?

## Allgemeines

Das „Kleine Synonymwörterbuch" enthält eine Auswahl synonymer Wörter und Wendungen des Allgemeinwortschatzes einschließlich eines verhältnismäßig geringen Teils von Fremd- bzw. Fachwörtern und anderen Ausdrücken mit eingeschränktem Verwendungsbereich.
Das Buch ist in zwei Teile gegliedert. Im ersten findet der Benutzer – alphabetisch angeordneten Leitwörtern (Grundsynonymen) zugeordnet – die jeweils synonymen Wörter und Wendungen.
Der zweite Teil – Register- und Verweisteil – enthält in alphabetischer Reihenfolge und durch Halbfettdruck hervorgehoben – alle im ersten Teil verzeichneten Leitwörter. Darüber hinaus sind in diesem Teil die wichtigsten Synonyme (Wörter und Fügungen) als Verweise eingetragen. Sie führen zu den entsprechenden Synonymgruppen im ersten Teil.

**Merke:**
Es ist also **in jedem Fall wichtig, zuerst im zweiten Teil nachzuschlagen**; denn dort ist – bis auf periphere Synonyme, unter denen erfahrungsgemäß nicht gesucht wird – das gesamte Wortmaterial enthalten.

In vielen Fällen wird bei den Synonymgruppen des ersten Teils durch ein auf Spitze stehendes Quadrat ◇ auf ebenfalls in diesem Teil des Buches enthaltene semantisch benachbarte Gruppen oder Gruppen mit anderem Geltungsbereich hingewiesen.
Homonyme sind durch Indizes unterschieden.

## Erster Teil (Synonymgruppen)

Den einen Begriffsinhalt am umfassendsten ausdrückenden Leitwörtern (Stichwörtern) sind ihre Synonyme zugeordnet. Mehrdeutige Leitwörter sind nach ihren Bedeutungen aufgegliedert; entsprechende Hinweise in Winkelklammern ⟨ ⟩ geben die erforderlichen Informationen. Es handelt sich hierbei nicht um Bedeutungsanalysen, sondern nur um kurze Angaben zur jeweiligen Bedeutungsrichtung. Sie sind als das Kriterium zu verstehen, das alle in der betreffenden Gruppe aufgeführten Synonyme verbindet. Daher sind natürlich mit ihnen die Unterschiede der einzelnen Glieder der Reihe nicht ausgedrückt:

**dicht: 1.** ⟨*Wald, Gebüsch*⟩ undurchdringlich – **2.** ⟨*Menschenmenge*⟩ zusammengedrängt · gedrängt · eng zusammenstehend · dichtgedrängt · dicht bei dicht · Kopf an Kopf – **3.** ⟨*Absperrung*⟩ hermetisch

Bei Leitwörtern mit nur einer Bedeutung wurde auf entsprechende Angaben verzichtet, jedoch sind sie in einer Reihe von Fällen mit einem Hinweis zur Verwendung versehen worden:

**bocken** (*Zug-, Reittiere*): nicht weitergehen wollen · bockig sein · störrisch sein • sich aufbäumen

Als Grundsynonyme fungierende Fügungen nichtidiomatischer Art sind dem jeweiligen Leitwort bzw. der betreffenden Bedeutung zugeordnet:

**sachlich: 1.** ⟨*nicht von Gefühlen od. Vorurteilen beeinflußt*⟩ objektiv · unvoreingenommen · unparteiisch • pragmatisch · sachbezogen ◇ unparteiisch · unvoreingenommen – **s. bleiben sollen:** *umg*: auf dem Teppich bleiben sollen · die Kirche im Dorf lassen sollen – **2.** ⟨*ausschließlich auf den Zweck ausgerichtet*⟩ nüchtern · leidenschaftslos • unpersönlich

Grammatische Angaben finden sich nur dort, wo durch sie Zweifel ausgeschlossen werden:

**See** (*Mask*): Binnensee • Gewässer ◇ Teich

Die Synonyme sind nach den Stilebenen *normalsprachlich* (neutral), *dichterisch, gehoben, umgangssprachlich, salopp* und *derb* gegliedert und durch weitere Kennzeichnungen differenziert. Die normalsprachliche Stilebene bleibt im allgemeinen unbezeichnet. Unterschiedlich gekennzeichnete Synonyme sind durch Semikolon voneinander getrennt:

**unpassend:** unangebracht · deplaciert · nicht/fehl am Platz; unschicklich (*veraltend*) ✦ *umg*: unmöglich

## Zweiter Teil (Register einschließlich Verweisen)

Hier sind – in alphabetischer Folge und durch Halbfettdruck kenntlich gemacht – alle Leitwörter des ersten Teils verzeichnet. Außerdem findet der Benutzer hier – in Kursivsatz – die wichtigsten der den Leitwörtern im ersten Teil zugeordneten Synonyme als Verweise. Periphere Synonyme und Fügungsvarianten sind aus Platzgründen oft nicht berücksichtigt worden, und auch bei unmittelbar aufeinander folgenden Verweisstichwörtern gleicher Bedeutung, d. h. mit demselben Zielwort, ist einer dieser Verweise unberücksichtigt geblieben.
Bei den Verweisen folgen dem Stichwort zunächst – durch Kommas getrennt und alphabetisch angeordnet – die Leitwörter, bei denen das Verweisstichwort im ersten Teil jeweils als Synonym erscheint. Daran schließen sich – nach einem Gedankenstrich – mit dem Verweisstichwort gebildete Wendungen, von denen ebenfalls auf ein oder mehrere Leitwörter im ersten Teil des Buches verwiesen wird. Auch diese Hinweise – durch Semikolon voneinander geschieden – sind nach dem alphabetischen Prinzip geordnet, wofür das jeweils erste Sub-

stantiv, Adjektiv, Verb oder Adverb der betreffenden Wendung bestimmend war:

> *Boden:* ↗ Dachboden, Erdboden – *am B.*: ↗ heruntergekommen (1); *zu B. fallen*: ↗ herunterfallen (1); *fester B.*: ↗ Land; *an B. gewinnen*: ↗ verbreiten (3), vorankommen; *zu B. setzen*: ↗ absetzen (1); *zu B. strecken*: ↗ niederschlagen (1)

**Merke:**
Ebenfalls aus Platzgründen wurden im Registerteil nur in sehr geringem Maße Wendungen verzeichnet, die im ersten Teil – den Grundsynonymen untergeordnet – selbst als Leitwörter fungieren. **Es empfiehlt sich daher, bei dem betreffenden Leitwort im ersten Teil nachzuschlagen, wenn eine Fügung mit diesem Wort gesucht wird.**

Wird von einem halbfett gedruckten Wort verwiesen, so besagt dies, daß das Stichwort in einer anderen Bedeutung, als dem Verweis zu entnehmen ist, auch als Leitwort einer Synonymgruppe im ersten Teil enthalten ist:

> **Bogen:** ↗ Biegung – *einen B. machen* |um|: ↗ meiden; *den B. überspannen*: ↗ weit (2)

## Abkürzungen

| | |
|---|---|
| *Abergl* | Aberglaube |
| *abwert* | abwertend |
| *behördl* | behördlich |
| *bergm* | bergmännisch |
| *Bergsp* | Bergsport |
| *berlin* | berlinisch |
| *bes.* | besonders |
| *Biol* | Biologie |
| *Boxsp* | Boxsport |
| *BRD* | Bundesrepublik Deutschland |
| bzw./*bzw.* | beziehungsweise |
| *Chem* | Chemie |
| *dgl.* | dergleichen |
| *dicht* | dichterisch |
| *Diplom* | Diplomatie |
| *etw.* | etwas |
| *evang* | evangelisch |
| *fachspr* | fachsprachlich |
| *Fem* | Femininum |
| *Flugw* | Flugwesen |
| *Forstw* | Forstwesen |
| *Fußb* | Fußballspiel |
| *Gramm* | Grammatik |
| *hist* | historisch |
| *iron* | ironisch |
| *jmd.* | jemand |
| *jmdm.* | jemandem |
| *jmdn.* | jemanden |
| *jmds.* | jemandes |
| *jugendspr* | jugendsprachlich |
| *kathol* | katholisch |
| *kaufm* | kaufmännisch |
| *kinderspr* | kindersprachlich |
| *Kochk* | Kochkunst |
| *Kosef* | Koseform |
| *landsch* | landschaftlich |
| *Mask* | Maskulinum |
| *Med* | Medizin |
| *Met* | Meteorologie |
| *milit* | militärisch |
| *Milit* | Militär |
| *Mus* | Musik |
| *nazist* | nazistisch |
| *Neutr* | Neutrum |
| *niederdt* | niederdeutsch |
| *norddt* | norddeutsch |
| *normalspr* | normalsprachlich |
| *Ö* | Österreich |
| od./*od.* | oder |
| *österr* | österreichisch |
| *papierdt* | papierdeutsch |
| *Pharm* | Pharmakologie |
| *Philos* | Philosophie |
| *Phys* | Physik |
| *Pl* | Plural |
| *Polit* | Politik |
| *Postw* | Postwesen |
| *Präp* | Präposition |
| *Psych* | Psychologie |
| *Rechtsw* | Rechtswesen |
| *Rel* | Religion |
| *S* | Schweiz |
| *scherzh* | scherzhaft |
| *schülerspr* | schülersprachlich |
| *schweiz* | schweizerisch |
| *seem* | seemannssprachlich |
| *Seew* | Seewesen |
| *Sg* | Singular |
| *Skisp* | Skisport |
| *soldatenspr* | soldatensprachlich |

| | | | |
|---|---|---|---|
| *spött* | spöttisch | *umg* | umgangssprachlich |
| *Sprachw* | Sprachwissenschaft | *verhüll* | verhüllend |
| *süddt* | süddeutsch | *vertraul* | vertraulich |
| *Techn* | Technik | *vorw.* | vorwiegend |
| *Theat* | Theater | *weidm* | weidmännisch |
| u./*u.* | und | *Wirtsch* | Wirtschaft |

Die Stichwörter werden in zugeordneten Wendungen abgekürzt, wenn sie mit dem Stichwort in der Form und im Numerus übereinstimmen.
Adjektive auf „-lich“ und „-isch“ sind in den flektierten Formen oft abgekürzt.

# Zeichen

Der auf Mitte stehende Punkt · trennt die Synonyme einer Reihe.
Der auf Mitte stehende halbfette Punkt • trennt Synonyme, die nur begrenzt austauschbar sind, von den übrigen Synonymen.
Hinter dem auf Spitze stehenden Quadrat ◇ folgen Leitwörter semantisch benachbarter Synonymgruppen oder von Synonymgruppen mit einem anderen Geltungsbereich.
Der volle vierzackige Stern ✦ gliedert die Synonyme nach Stilebenen.
Runde Klammern ( ) schließen bestimmte Kennzeichnungen der Synonyme ein. Folgt eine Kennzeichnung in runden Klammern dem Leitwort unmittelbar, gilt sie auch für die folgenden Synonyme der Reihe, bis eine andere Kennzeichnung diese Zuordnung aufhebt.
Eckige Klammern [ ] schließen Teile von Wörtern oder Wendungen ein, die verwendet oder weggelassen werden können, ohne daß sich die Bedeutung des Ganzen ändert.
Winkelklammern ⟨ ⟩ schließen die Bedeutungshinweise ein.
Der Schrägstrich / steht zwischen austauschbaren Wörtern oder Wortgruppen.
In senkrechte Striche |...| eingeschlossen, sind Präpositionen oder Kasus jenen Verben angefügt, mit denen sie – jedoch in anderer Reihenfolge – verwendet werden müssen.
Mit Tonstrichen __ wurde eine Reihe von Verben unterschiedlicher Betonung versehen, um den Benutzer nicht im Zweifel darüber zu lassen, welches Verb gemeint ist. Es handelt sich hier um die Verben mit *durch-, hinter-, über-, um-, unter-, wider-* und *wieder-*.

# A

**Aas:** Kadaver; Luder (*weidm*)
**ab:** **1.** ⟨*räuml. Ausgangspunkt*⟩ von ... an · von ... ab – **2.** ⟨*zeitl. Ausgangspunkt*⟩ von ... an • mit Wirkung vom
**abändern:** ändern · abwandeln · modifizieren ◇ umgestalten
**Abart:** Spielart · Variante • Abweichung
**abbekommen** (*umg*): abkriegen · abhaben • abfallen |für| ◇ erhalten
**abberufen:** abrufen · zurückbeordern ✦ *salopp*: zurückpfeifen
**abbestellen:** die Bestellung rückgängig machen / annullieren • stornieren
**abbetteln:** abschmeicheln ✦ *umg*: abschwatzen ✦ *salopp*: aus dem Kreuz leiern ◇ ablisten
**abbiegen:** abgehen • einbiegen
**Abbildung:** Bild • Illustration
**abbinden** (*Med*): abschnüren · abklemmen
**abblitzen** (*umg*): *normalspr*: abgewiesen werden · eine Abfuhr erhalten ✦ *umg*: einen Korb kriegen · sich eine Abfuhr holen · nicht ankommen ✦ *salopp*: abfahren · mit hängender Nase / hängenden Ohren abziehen
**abbrechen:** **1.** ⟨*durch Brechen lostrennen*⟩ losbrechen ✦ *umg*: abknacken · abknacksen ◇ abtrennen – **2.** ⟨*Aufgebautes auseinandernehmen*⟩ abbauen · abreißen • abschlagen
**abdecken:** abräumen · abtragen ✦ *umg*: wegräumen
**abdichten:** dichten · zustopfen · verstopfen; kalfatern (*seem*)
**abdrängen:** beiseite / zur Seite drängen • zurückdrängen
**abdrehen** (*fliegerspr*): abschwenken
**abdrücken:** losdrücken · abfeuern ✦ *salopp*: losknallen · losballern ◇ schießen
**abdunkeln:** abblenden · abschirmen • verdunkeln
**Abend:** **1.** ⟨*Tageszeit*⟩ • Abenddämmerung – **2. zu A. essen**: ⟨*die letzte Mahlzeit des Tages zu sich nehmen*⟩ Abendbrot essen; nachtmahlen (*österr*) ✦ *gehoben*: soupieren · zur Nacht speisen ◇ die Mahlzeit einnehmen
**Abendbrot:** Abendessen; Nachtmahl (*österr*) ✦ *gehoben*: Souper
**Abenddämmerung:** Dämmerung · Dämmerstunde · Dämmerlicht • Abend · Abendlicht ✦ *umg*: Schummerstunde ◇ Halbdunkel
**Abendmahl** (*Rel*): Altarsakrament · Eucharistie • Kommunion
**abends:** am Abend · zu später / vorgerückter Stunde • spätabends
**Abendveranstaltung:** Soiree • Festvorstellung
**Abenteuerlust:** Abenteuerdurst • Erlebnishunger ◇ Unternehmungslust
**Aberglaube:** Hühnerglaube (*norddt*) • Irrglaube
**aberkennen:** absprechen • streitig machen
**abernten:** räumen ◇ ernten
**abfahren:** **1.** ⟨*sich fahrend entfernen; von Fahrzeugen od. Menschen*⟩ fortfahren · wegfahren · sich in Bewegung setzen ✦ *gehoben*: davonfahren ✦ *umg*: losbrausen · absausen · abzischen · loszischen – **2.** ⟨*sich fahrend entfernen; von Menschen*⟩ die Fahrt antreten · abreisen • losstrampeln

**Abfahrt:** 1. ⟨*Beginn der Fahrt; von Fahrzeugen od. Menschen*⟩ Fahrtbeginn – 2. ⟨*Beginn der Fahrt; von Menschen*⟩ Abreise – 3. *Skisp* ⟨*das Zutalfahren*⟩ Talfahrt · Skiabfahrt • Schußfahrt

**Abfahrtsstrecke** (*Skisp*): Abfahrtspiste · Piste • Hang

**Abfall:** Abfallstoff · Abfallmaterial • Sekundärrohstoff ✦ *umg*: Mosch · Schrutz (*landsch*); Abschnitzel (*süddt*) ◇ Müll · Rest

**abfällig:** abschätzig · abwertend · pejorativ · mißfällig • ablehnend ◇ geringschätzig

**abfangen:** abpassen ✦ *salopp*: kaschen · schnappen ◇ abpassen · erwischen · fangen

**abfeiern** (*umg*): abbummeln

**abfinden:** 1. ⟨*jmdm. weniger geben, als ihm zusteht*⟩ abspeisen · abfertigen ✦ *umg*: ein paar Brocken hinwerfen – 2. **sich a.** |mit|: ⟨*nicht mehr gegen etw. angehen*⟩ sich fügen |in| · sich finden |in| · sich dreinfinden · sich dreinschicken ✦ *gehoben*: sein Kreuz / Joch auf sich nehmen ✦ *umg*: in den sauren Apfel beißen • hinnehmen · dulden ◇ nachgeben

**Abfindung:** Abfindungssumme · Abstandssumme • Abstandszahlung ◇ Entschädigung

**abfließen:** ablaufen · abrinnen

**Abflug:** Start · Flugbeginn

**Abfluß:** 1. ⟨*das Abfließen*⟩ Ablauf – 2. ⟨*Öffnung zum Abfließen*⟩ Abflußloch · Abflußrohr · Abflußrinne · Ablaufrohr ◇ Ausguß

**Abflußgraben:** Abflußkanal · Drän · Dränage • Entwässerungsgraben · Entwässerungskanal

**abfragen:** abhören ◇ prüfen

**abfressen:** kahlfressen · wegfressen · herunterfressen

**abführen:** purgieren · laxieren (*Med*) • für Stuhlgang sorgen

**Abführmittel:** Purgativ · Laxativ · Laxativum · Laxans (*Med*)

**abfüllen:** füllen |in| · abziehen |auf| · auf / in Flaschen füllen • eintüten ◇ füllen

**abgedroschen:** 1. ⟨*Sprachliches*⟩ abgegriffen · abgebraucht · verbraucht • phrasenhaft · inhaltsleer · stereotyp ✦ *salopp*: abgeklappert · abgeleiert ◇ geistlos – 2. ⟨*Musik*⟩ abgespielt ✦ *salopp*: abgeleiert · ausgeleiert

**abgehen:** 1. ⟨*eine Strecke gehend überprüfen*⟩ abschreiten · ablaufen ✦ *salopp*: ablatschen – 2. ⟨*die Schule od. dgl. verlassen*⟩ ausscheiden – 3. ⟨*von einem Schuß*⟩ sich lösen · losgehen

**abgelaufen:** 1. ⟨*von Schuhen*⟩ abgetreten • abgerissen ✦ *salopp*: abgelatscht ◇ abgenutzt – 2. a. **sein:** ⟨*von der Zeit*⟩ herumsein ✦ *umg*: umsein

**abgelegen:** entlegen · abgeschieden · verlassen · einsam ✦ *umg*: am Ende der Welt · weit vom Schuß · wo sich Fuchs und Hase gute Nacht sagen · gottverlassen ◇ fern

**abgemagert:** ausgezehrt · abgezehrt · ausgemergelt; kachektisch (*Med*) ✦ *umg*: nur noch Haut und Knochen · nur noch ein Strich ◇ elend · heruntergekommen · mager

**abgenutzt / abgenützt:** ausgedient · verbraucht • alt ◇ abgelaufen · abgetragen

**Abgeordnetensitz:** Sitz • Mandat · Abgeordnetenmandat

**Abgeordneter:** Volksvertreter · Volkskammerabgeordneter • Deputierter · Parlamentarier · Parlamentsmitglied

**Abgesandter:** Delegierter · Emissär • Gesandter

**abgesondert:** einzeln · isoliert · separat · gesondert · getrennt · abgetrennt · apart · für sich [allein] · extra

**abgetragen:** abgeschabt · abgewetzt · verschlissen · zerschlissen · fadenscheinig • alt ◇ abgenutzt

**abgewinnen:** abnehmen ✦ *umg*: erleichtern |um| • abluchsen ✦ *salopp*: abknöpfen ◇ ablisten · schröpfen

**abgewöhnen:** aberziehen ✦ *umg*: austreiben – **sich a.**: aufgeben · ablassen |von| ◇ verzichten |auf|

**abgleiten:** abrutschen · gleiten |von|

**Abgott:** Götze • Götzenbild

**abgrenzen:** demarkieren · abstecken • begrenzen ◇ abstecken

**Abgrund:** Kluft • Schlund · Tiefe ◇ Schlucht

**abhandeln:** abfeilschen · abmarkten; abschachern (*abwert*); abdingen (*veraltet*) ◇ feilschen · kaufen

**Abhandlung:** Aufsatz · Artikel · Beitrag · Arbeit • Essay · Traktat

**Abhang:** Hang · Bergabhang · Bergeshang · Steilhang; Lehne (*landsch*) • Absturz · Bergabsturz · Böschung

**abhängen: a. |von|: 1.** ⟨*von einer Sache*⟩ ankommen |auf| – **2.** ⟨*von einer Person*⟩ angewiesen sein |auf| · abhängig sein |von| ◇ unselbständig sein

**abhärten: sich a.**: sich stählen · sich widerstandsfähig machen

**abhäuten:** häuten · enthäuten · abziehen; abbalgen · abschwarten (*weidm*)

**abhetzen: sich a.**: sich abjagen · sich abhasten ◇ sich abmühen · sich beeilen

**abholzen:** kahlschlagen; abtreiben (*Forstw*) ◇ fällen

**abhören** (*Med*): abhorchen · auskultieren

**Abitur:** Reifeprüfung; Matur · Matura (*österr schweiz*) • Hochschulreife

**Abiturient:** Maturant (*österr*); Maturand (*schweiz*)

**abkommandieren:** abstellen · abbeordern

**abkoppeln:** abhängen · abkuppeln

**Abkürzung:** Abbreviatur · Abbreviation • Kurzwort · Buchstabenwort

**abküssen:** *umg*: abschmatzen ✦ *salopp*: abknutschen ◇ küssen

**abladen:** ausladen · herunternehmen

**ablagern:** abliegen • abhängen

**ablassen: 1.** ⟨*Flüssigkeit, Gas aus einem Behälter lassen*⟩ ablaufen / abfließen / abgehen / entweichen lassen – **2. a. |von|**: ⟨*aus Einsicht etw. nicht mehr tun*⟩ aufhören |mit| • zurücktreten |von| ✦ *umg*: abspringen

**ablaufen: 1.** ⟨*die Geschäfte nach einer Ware*⟩ abrennen ✦ *umg*: abklappern ◇ abgehen – **2.** ⟨*durch Laufen abnutzen*⟩ abtreten ✦ *salopp*: ablatschen ◇ abnutzen

**ablegen: 1.** ⟨*in einem Ordner unterbringen*⟩ abheften · zu den Akten legen – **2.** ⟨*eine Prüfung*⟩ absolvieren ✦ *salopp*: bauen · machen ◇ bestehen – **3.** ⟨*nicht mehr anziehen*⟩ *umg*: ausrangieren – **4.** ⟨*vom Ufer losmachen*⟩ abstoßen · absetzen ◇ abfahren · hinausfahren

**ablehnen: 1.** ⟨*Bitte, Forderung*⟩ abschlägig bescheiden · abschlagen · abweisen · zurückweisen • dagegen sein ✦ *umg*: nichts wissen wollen |von| ◇ abweisen – **2.** ⟨*nicht Folge leisten*⟩ sich weigern · verweigern – **3.** ⟨*Angebotenes nicht haben wollen*⟩ ausschlagen · verschmähen · nicht annehmen · zurückweisen; danken |für| (*iron*)

**ablehnend:** abschlägig · negativ

**ableisten:** absolvieren • erfüllen ◇ erledigen

**ablenken: 1.** ⟨*in eine andere Richtung lenken*⟩ ableiten; beugen (*Phys*); abfälschen (*Sport*) ◇ abweichen – **2.** ⟨*jmds. Gedanken*⟩ abbringen |von| • abziehen – **3.** ⟨*Sorgen zerstreuen*⟩ auf andere Gedanken bringen · zerstreuen – **sich a.**: sich betäuben |mit| · sich zerstreuen

**abliefern:** abführen · abgeben |an|; zur Ablieferung bringen (*papierdt*)
**ablisten:** abschwindeln · ablocken ✦ *umg*: abgaunern · abluchsen · abknöpfen ◇ abbetteln
**ablösen:** 1. ⟨*von einer Unterlage trennen*⟩ loslösen · abmachen • abweichen · abkratzen · abschaben – **sich a.**: sich lösen |von| · abgehen · losgehen • abplatzen · abbröckeln · abblättern · abspringen ◇ sich loslösen – 2. **sich / einander a.**: ⟨*den Dienst im Wechsel mit jmdm. übernehmen*⟩ sich abwechseln · miteinander wechseln ◇ sich abwechseln
**abmagern:** mager werden ✦ *umg*: vom Fleische fallen (*scherzh*) ◇ abnehmen
**Abmarsch:** Abzug • Aufbruch
**abmarschieren:** fortmarschieren · losmarschieren; sich in Marsch setzen · abrücken (*Milit*) • abziehen · davonziehen · wegziehen ◇ aufbrechen · weggehen
**abmessen:** messen ✦ *umg*: abzirkeln
**abmontieren:** abnehmen • abschrauben ✦ *umg*: abmachen
**abmühen: sich a.**: sich mühen · sich plagen · sich abplagen · sich quälen · sich abquälen · Schweiß vergießen · sich abstrapazieren ✦ *umg*: sich placken · sich abplacken · sich abrackern; sich abäschern (*landsch*) • sich herumschlagen |mit| · sich abschleppen |mit| ✦ *salopp*: asten · sich abasten · sich abstrampeln · sich abschinden · sich abschuften · sich schaffen · sich abmarachen ◇ sich abhetzen · sich anstrengen · sich bemühen · schuften · sich verausgaben
**abnagen:** *umg*: abknabbern
**abnehmen:** 1. ⟨*die Kopfbedeckung vom Kopf nehmen*⟩ absetzen · ziehen · abtun – 2. ⟨*Hängendes von der Wand entfernen*⟩ herunternehmen · abhängen – 3. ⟨*Körpergewicht verlieren*⟩ dünner werden · schlanker werden ✦ *umg*: abspecken ◇ abmagern – 4. ⟨*beim bisherigen Stand nicht bleiben*⟩ schwinden · zurückgehen · sinken ✦ *gehoben*: dahinschwinden ◇ nachlassen
**Abneigung:** Abscheu · Antipathie · Aversion ◇ Abscheu · Widerwille
**abnorm:** anomal · anormal · unnormal · abartig; abnormal (*landsch*) ◇ widernatürlich
**abnutzen / abnützen:** verschleißen • abscheuern · abwetzen · abstoßen – **sich a.**: verschleißen
**Abonnent:** Leser · Bezieher
**abpassen:** abfangen · abwarten · gerade noch erreichen; abschnappen (*landsch*) ✦ *umg*: erwischen ◇ abfangen
**abräumen:** räumen · frei machen ◇ wegräumen
**abrechnen: a. |mit|**: Abrechnung halten |mit| · zur Rechenschaft ziehen ✦ *umg*: ein Hühnchen rupfen |mit| ◇ belangen
**abreisen:** 1. ⟨*eine Reise antreten*⟩ wegreisen · wegfahren · sich auf die Reise begeben / machen · auf die Reise gehen – 2. ⟨*die Rückreise antreten*⟩ [wieder] abfahren · zurückfahren · zurückreisen
**abreißen:** 1. ⟨*durch Reißen lostrennen*⟩ losreißen ✦ *umg*: abrupfen ◇ abtrennen – 2. ⟨*ein Gebäude beseitigen*⟩ abtragen · niederreißen · abbrechen • demontieren
**abrunden:** 1. ⟨*Kanten*⟩ rund machen · abkanten; abfasen (*fachspr*) • abschrägen · schrägen – 2. ⟨*eine Summe*⟩ runden ◇ aufrunden
**Abrüstung:** • Demobilisierung · Demobilisation · Rüstungsstopp · Rüstungsverminderung
**absagen:** 1. ⟨*ein Treffen od. dgl. nicht stattfinden lassen*⟩ *umg*: abblasen – 2. ⟨*die Zusage auf eine Einladung zurücknehmen*⟩ • abtelefonieren · abschreiben · nicht kommen

**absahnen** (*salopp*): *normalspr*: den Rahm / die Sahne abschöpfen · abschöpfen ✦ *salopp*: abkassieren
**Absatz**: **1.** ⟨*Teil des Schuhs unter der Ferse*⟩ Hacke · Hacken – **2.** ⟨*Verkauf der Ware durch den Produzenten*⟩ Vertrieb · Verkauf · Warenabsatz
**Absatzmarkt**: Absatzgebiet · Markt
**abschattieren**: abtönen · schattieren • nuancieren
**Abscheu**: Grauen · Horror ◇ Abneigung · Widerwille
**abscheulich**: abscheuerregend · widerwärtig · greulich · gräßlich · scheußlich · schauderhaft · ekelhaft · widerlich ◇ entsetzenerregend · gemein
**Abschied**: Trennung ✦ *gehoben*: Lebewohl; das Scheiden (*veraltend*)
**abschießen**: *umg*: herunterholen
**abschlagen**: abhauen · abhacken ◇ abtrennen · fällen
**abschließen**: verschließen · zuschließen; absperren · zusperren · versperren (*süddt österr*) • abriegeln · verriegeln · zuriegeln · den Riegel vorlegen / vorschieben ✦ *umg*: zumachen
**abschließend**: zum Abschluß · zum Schluß
**abschneiden**: *umg*: absäbeln • abschnippeln · abscheren · kupieren ◇ abtrennen
**Abschnitt**: **1.** ⟨*abtrennbarer Teil eines Papiers*⟩ • Talon · Kupon – **2.** ⟨*Teilstück von etw. Geschriebenem, Gedrucktem*⟩ Absatz · Passus · Passage • Rubrik · Kapitel
**abschrecken**: zurückschrecken lassen • abbringen |von|
**abschreiben**: **1.** ⟨*eine Zweitschrift anfertigen*⟩ eine Abschrift machen |von| · kopieren • abtippen – **2.** ⟨*eine saubere, fehlerfreie Zweitschrift anfertigen*⟩ ins reine schreiben – **3.** ⟨*unerlaubt schreibend übernehmen*⟩ absehen ✦ *umg*: abschmieren · abklieren · abhauen · abspicken · spicken
**Abschrift**: Kopie · Zweitschrift · Doppel · Duplikat ◇ Durchschlag
**abschürfen**: **sich a.**: sich abstoßen · sich abschrammen ◇ sich verletzen
**abschütteln**: **1.** ⟨*durch Schütteln entfernen*⟩ herunterschütteln · schütteln |von| – **2.** ⟨*sich von einer lästigen Person, Sache frei machen*⟩ sich entledigen ✦ *umg*: loswerden · sich vom Halse schaffen
**abschweifen**: vom Thema abkommen · vom Hundertsten ins Tausendste kommen · sich ins Weite verlieren · abirren
**absehen**: **1.** ⟨*beobachtend von jmdm. lernen*⟩ abschauen (*landsch*) ✦ *umg*: abgucken; abschmulen (*landsch*) – **2. a.** |**von**|: ⟨*nicht berücksichtigen*⟩ außer acht lassen · unberücksichtigt lassen · hinwegsehen |über|
**abseits**: seitab · fern |von| · weitab ◇ fern
**absenden**: abschicken · abgehen lassen · wegschicken · fortschicken; expedieren (*fachspr*)
**absetzen**: **1.** ⟨*auf eine Unterlage, auf den Boden stellen*⟩ hinstellen · hinsetzen · niedersetzen · zu Boden setzen · abstellen – **2.** ⟨*aus seiner Stellung, Funktion entfernen*⟩ seines Postens / Amtes entheben · entbinden |von| ✦ *umg*: ausbooten · abbauen ✦ *salopp*: absägen · abschießen · in die Wüste schicken ◇ entlassen · entmachten – **3.** ⟨*Waren verkaufen*⟩ verkaufen • vertreiben ✦ *umg*: an den Mann bringen · losbringen · losschlagen – **4.** ⟨*vom Spielplan streichen*⟩ streichen · nicht mehr spielen
**Absicht**: Bestreben · Plan · Ziel · Vorsatz · Intention
**absichtlich**: vorsätzlich · intentionell · willentlich · bewußt · mit Absicht · wissentlich ◇ bewußt
**Absolution** (*kathol Kirche*): Sündenerlaß · Freisprechung · Vergebung · Ablaß

**absolvieren** (*kathol Kirche*): Absolution erteilen · lossprechen
**absondern:** isolieren · separieren · abtrennen – **sich a.:** sich isolieren · sich separieren · sich zurückziehen · sich mit einer Mauer umgeben · sich fernhalten · für sich bleiben · sich abkapseln · Kontakte meiden ✦ *umg:* sich einkapseln · sich in sein Schneckenhaus zurückziehen
**absperren:** abriegeln · sperren · abschranken · abschotten ◇ sperren
**abspringen:** aussteigen (*fliegerspr*) ◇ herunterspringen
**abstammen: a.** |von|: entstammen · stammen |von| · sich herleiten |von|
**Abstand:** Entfernung · Distanz
**abstauben:** abstäuben (*landsch*) • abbürsten ◇ reinigen
**Abstecher:** *umg:* Trip · Spritztour ✦ *salopp:* Rutsch
**abstecken:** markieren · kennzeichnen ◇ abgrenzen
**absteigen:** heruntersteigen · herabsteigen · hinabsteigen • hinabklettern
**abstellen:** abschalten · abdrehen · absperren ◇ ausschalten
**Abstellraum:** Abstellkammer · Rumpelkammer
**abstimmen: 1.** ⟨*durch Stimmabgabe seinen Willen bekunden*⟩ seine Stimme abgeben · votieren – **2. a.** |**auf / mit**|: ⟨*eine Übereinstimmung mit etw. herstellen*⟩ koordinieren |mit| · in Einklang bringen |mit| · einstellen |auf| · abstellen |auf|
**abstoßen: sich a.:** sich abdrücken · sich abstemmen
**abstufen:** • nuancieren · staffeln
**abstürzen:** niedergehen; abtrudeln (*fliegerspr*)
**abstützen:** absteifen; abfangen (*fachspr*) • versteifen
**absuchen: 1.** ⟨*suchend u. sammelnd abnehmen*⟩ ablesen · absammeln – **2.** ⟨*suchend abgehen*⟩ abstreifen · abstreichen ✦ *umg:* abgrasen · abkämmen ◇ durchsuchen
**Abteil:** Eisenbahnabteil · Zugabteil; Coupé (*noch österr*)
**Abteilung: 1.** ⟨*militär. Gruppe*⟩ Kolonne · Verband · Kommando · Peloton · Zug · Schar · Einheit – **2.** ⟨*Gruppe von Fahrzeugen*⟩ Pulk · Kolonne · Verband – **3.** ⟨*Teil einer Organisationseinheit*⟩ • Bereich · Sektion
**abtreiben:** abkommen · vom Kurs abkommen · aus dem Kurs geraten
**Abtreibung:** verbotener / unerlaubter Eingriff; Abortion · Abortus criminalis (*Med*) ◇ Fehlgeburt · Schwangerschaftsabbruch
**abtrennen: 1.** ⟨*mit einem Werkzeug von etw. trennen*⟩ lostrennen • abkneifen ✦ *umg:* • abknipsen ◇ abbrechen · abreißen · abschneiden – **2.** ⟨*Körperteil: vom Körper getrennt werden*⟩ abquetschen · abklemmen • abfahren
**abtreten: 1.** ⟨*Schuhsohlen reinigen*⟩ abstreichen (*landsch*) – **2.** ⟨*zur Verfügung stellen*⟩ ablassen · lassen ✦ *umg:* herausrücken
**abtrocknen: 1.** ⟨*mit einem Tuch trocknen*⟩ trockenreiben · trocknen ◇ frottieren – **sich a.:** sich trockenreiben · sich trocknen ✦ *umg:* sich abrubbeln – **2.** ⟨*Geschirr mit einem Tuch trocknen*⟩ trocknen
**abtrünnig:** ungetreu · treulos · abgefallen • verräterisch
**abwälzen: von sich a.:** von sich schieben ✦ *umg:* sich abwimmeln · sich vom Halse schaffen
**Abwasch: 1.** ⟨*Reinigen des Geschirrs*⟩ das Geschirrspülen – **2.** ⟨*zu reinigendes Geschirr*⟩ Aufwasch (*landsch*); schmutziges Geschirr
**abwaschen:** aufwaschen · waschen · spülen · abspülen (*landsch*)
**abwechseln: sich a.:** miteinander

wechseln · alternieren ◇ sich ablösen

**abwechselnd:** alternierend · im Wechsel · wechselweise · umschichtig · ein ums andere Mal / übers andere Mal ✦ *umg*: um die Reihe

**abwegig:** irrig · verfehlt ◇ falsch

**abwehren: 1.** ⟨*militär. Angriff*⟩ abschlagen · zurückschlagen · abweisen • standhalten ◇ sich verteidigen – **2.** ⟨*jmds. Tätlichkeiten*⟩ parieren · abwenden • abbiegen · abblocken ◇ fernhalten

**abweichen: 1.** ⟨*ungewollt die Richtung verlassen*⟩ abirren · abkommen |von| ◇ ablenken – **2.** ⟨*einen Unterschied aufweisen*⟩ divergieren · differieren · abstechen · sich unterscheiden |von| · anders sein als

**abweiden:** abgrasen; abäsen (*weidm*)

**abweisen: 1.** ⟨*jmdn., der ein Anliegen hat, der um Interesse wirbt, ablehnen*⟩ zurückweisen · wegschicken · den Rücken / die kalte Schulter zeigen · eine Abfuhr erteilen · einen Korb geben • abwehren ✦ *umg*: abfertigen · abfahren / abblitzen lassen ◇ ablehnen – **2.** ⟨*nicht zu sich lassen*⟩ wegschicken · zurückweisen • nicht vorlassen ◇ fernhalten

**abwenden: 1.** ⟨*den Blick, das Gesicht*⟩ abkehren · wegwenden · wenden – **2. sich a.:** ⟨*ablehnend zur Seite wenden*⟩ sich abkehren · sich wegwenden · den Rücken zudrehen / zukehren / zeigen • ignorieren · übersehen ◇ sich umdrehen

**abwesend: a. sein:** nicht anwesend sein · nicht dasein · absent sein · nicht zugegen sein ✦ *umg*: fortsein · wegsein · ausgeflogen sein

**abwickeln:** abrollen · abhaspeln · abspulen

**abwischen:** wegwischen · abreiben • abtupfen ◇ reinigen

**abzahlen:** abbezahlen · in Raten zahlen / bezahlen ✦ *gehoben*: abtragen ✦ *salopp*: abstottern

**abzäumen:** abschirren · abhalftern

**Abzeichen: 1.** ⟨*am Rockaufschlag getragenes Kennzeichen*⟩ • Plakette · Anstecknadel – **2.** ⟨*Haut- od. Haarfleck bei Tieren*⟩ Mal • Blesse

**abzeichnen: 1.** ⟨*zeichnerisch wiedergeben*⟩ abbilden ✦ *umg*: abmalen ✦ *salopp*: abpinseln – **2. sich a.:** ⟨*als Umriß sichtbar werden*⟩ sich abheben |von| · abstechen |von|

**abziehen:** abrechnen · subtrahieren · in Abzug / Abrechnung bringen

**Abzug: 1.** ⟨*Öffnung zum Entweichen von Gasen*⟩ Abzugsloch · Abzugsschacht – **2.** ⟨*fotografisches Bild vom Negativ*⟩ Positiv ◇ Fotografie

**Abzweigung:** Abzweig • Abfahrt

**abzwingen: 1.** ⟨*von jmdm. etw. durch Zwang erhalten*⟩ abringen · abpressen · abnötigen · abtrotzen · abgewinnen – **2. sich etw. a.:** ⟨*sich etw. abnötigen*⟩ sich etw. abringen / abquälen ✦ *salopp*: sich etw. abquetschen

**Achillesferse:** Schwachpunkt · Schwachstelle · schwache Stelle · neuralgischer Punkt ◇ Schwäche

**achtbar:** ehrenhaft · ehrenwert · achtenswert · ehrbar; hochachtbar (*veraltend*); ehrpusselig (*iron*) ◇ angesehen · beliebt

**achten: 1.** ⟨*jmdn., eine Leistung anerkennen*⟩ schätzen · wertschätzen • hochschätzen ✦ *gehoben*: ästimieren · Achtung erweisen / zollen ✦ *umg*: große Stücke halten |auf| ◇ anerkennen · ehren · respektieren – **2. a. |auf|:** ⟨*Bedeutung beimessen*⟩ Wert / Gewicht legen |auf| · halten |auf| · im Auge haben · achtgeben |auf| · bedacht sein |auf| ✦ *gehoben*: achthaben |auf| · beachten

**ächten: 1.** *hist* ⟨*aus einer Gemeinschaft ausschließen*⟩ verfemen · für vogelfrei erklären · die Acht verhängen |über| · in Acht und Bann tun ◇ verstoßen

– **2.** ⟨*als gemeinschaftsfeindlich erklären*⟩ bannen · verfemen · verdammen

**Achtung:** Wertschätzung · Hochachtung · Anerkennung · Ehrerbietung · Reverenz · Ehrfurcht ◇ Ansehen · Respekt

**Acker:** Feld · Ackerland • landwirtschaftliche Nutzfläche

**Adel:** Aristokratie • Feudaladel · Hochadel · Hofadel · Landadel

**adeln:** in den Adelsstand erheben · nobilitieren · den Adelstitel verleihen

**Adler:** *gehoben:* Aar · König der Lüfte

**adlig:** aristokratisch · von Adel; blaublütig · von blauem Blut (*spött*) • feudal · feudalistisch

**adoptieren:** an Kindes Statt annehmen

**Adresse:** Anschrift · Wohnungsangabe

**affektiert:** geziert · gemacht · unnatürlich · theatralisch · gespreizt ◇ gekünstelt

**Afrikaner:** Neger · Schwarzer; Nigger (*verächtlich*) ◇ Afroamerikaner

**Afroamerikaner:** Neger · Schwarzer; Nigger (*verächtlich*) • Farbiger ◇ Afrikaner

**After:** Anus (*Med*); Weidloch (*weidm*) ✦ *derb:* Arschloch ◇ Gesäß

**Agent:** Spion • Geheimagent ◇ Spitzel

**aggressiv:** **1.** ⟨*einen Angriffskrieg planend*⟩ kriegslüstern · kriegstreiberisch · eroberungslustig · angriffslustig – **2.** ⟨*Aggressivität an anderen auslassend*⟩ angriffslustig · bissig · scharf · spitz · herausfordernd • rücksichtslos ◇ streitsüchtig

**Aggressor:** Angreifer • Eroberer

**agitieren:** aufklären · Aufklärungsarbeit / politische Massenarbeit leisten

**Agronomie:** Landwirtschaftswissenschaft · Landwirtschaft · Agrarwissenschaft

**ähneln:** aussehen wie · erinnern an · ähnlich sehen · ähnlich sein ◇ geraten |nach|

**ahnen:** **1.** ⟨*ein undeutl. Vorgefühl haben*⟩ vorausahnen · fühlen · eine Vorahnung haben |von| ✦ *umg:* jmdm. schwant etw. ◇ spüren – **2.** ⟨*nur andeutungsweise erkennen*⟩ kaum erkennen ✦ *gehoben:* erahnen

**ähnlich:** zum Verwechseln · wie aus dem Gesicht geschnitten • gleich

**Ahnung:** Vorahnung · Vorgefühl · innere Stimme ✦ *umg:* Animus (*scherzh*)

**ahnungslos:** nichtsahnend · ohne etwas zu ahnen / zu vermuten – **a. sein:** nichts ahnen · keine Ahnung haben ✦ *salopp:* keinen [blassen] Schimmer haben · aus dem Mustopp kommen

**akklimatisieren: sich a.:** sich gewöhnen |an| • sich assimilieren ◇ sich anpassen · heimisch werden

**Akklimatisierung:** Anpassung · Akklimatisation

**Akkordeon:** • Schifferklavier ✦ *salopp:* Quetschkommode (*scherzh*) ◇ Ziehharmonika

**Akkumulator:** Akku · Stromspeicher · Batterie

**Akte:** Schriftstück · Schriftsatz

**Aktenbündel:** Dossier

**Aktentasche:** Aktenmappe · Mappe

**Aktivist:** • Bestarbeiter · Schrittmacher

**aktuell:** gegenwartsnah · zeitnah • zeitgemäß · up to date

**alarmieren:** zur Hilfe rufen • in den Alarmzustand versetzen

**albern:** kindisch · töricht · närrisch ✦ *umg:* kalberig · kälberig

**Alkohol:** **1.** ⟨*Bestandteil alkohol. Getränke*⟩ Weingeist; Äthylalkohol · Äthanol (*Chem*) ✦ *umg:* Sprit – **2.** ⟨*Alkohol enthaltendes Getränk*⟩ alko-

holisches Getränk • Spirituose ◇ Branntwein · Wein
**alkoholisch:** alkoholhaltig · alkoholreich · geistig · spirituös
**alle:** allesamt · sämtlich · samt und sonders • groß und klein · alt und jung ◇ alles
**allein:** **1.** ⟨*ohne Gesellschaft*⟩ mutterseelenallein ✦ *umg*: allein auf weiter Flur ◇ einsam – **2.** ⟨*ohne Unterstützung anderer*⟩ ohne fremde Hilfe · im Alleingang ✦ *umg*: solo
**Alleinherrschaft:** Autokratie · Selbstherrschaft • Absolutismus
**alleinstehend:** ohne Anhang · ohne Familie ◇ ledig
**allenfalls:** im äußersten Falle · äußerstenfalls · höchstens • bestenfalls
**allerlei:** allerhand · mancherlei · verschiedenerlei · vielerlei · mehrerlei · hunderterlei · alles mögliche · dieses und jenes · dies und das
**allerseits:** allseitig · allseits · allgemein
**alles:** das Ganze ✦ *umg*: der ganze Segen ◇ alle · ganz
**allgemein: im allgemeinen:** im großen und ganzen · generell · aufs Ganze gesehen ◇ grundsätzlich
**allgemeingültig:** universal · universell • allgemein · allumfassend
**Allgemeinwissen:** Allgemeinbildung • Bildung · Kenntnisse
**alljährlich:** jährlich · jedes Jahr · alle Jahre [wieder] · Jahr für Jahr · Jahr um Jahr · von Jahr zu Jahr · jahraus, jahrein
**allmählich:** schrittweise · stufenweise · nach und nach · sukzessiv · Schritt für Schritt · mit der Zeit ✦ *umg*: peu à peu · langsam, aber sicher
**allmonatlich:** monatlich · jeden Monat · Monat für Monat · von Monat zu Monat · alle vier Wochen
**Alltag:** tägliches Einerlei • Werktag · Wochentag
**alltags:** • werktags · wochentags
**allzu:** übermäßig · gar zu · zu
**als:** **1.** ⟨*bei Komparativen Ungleiches vergleichend*⟩ *gehoben*: denn ✦ *umg*: wie – **2.** ⟨*Gleichzeitigkeit in der Vergangenheit ausdrückend*⟩ da ✦ *umg*: wie – **3.** ⟨*bei irrealem Vergleich*⟩ wie wenn · als ob
**alt:** **1.** ⟨*von hohem Lebensalter*⟩ bejahrt · betagt · hochbetagt · steinalt ✦ *umg*: alt wie Methusalem ◇ ältlich · greisenhaft – **2.** ⟨*seit langem vorhanden und bewährt*⟩ altüberliefert · altüberkommen · überliefert · überkommen · althergebracht
**Altar** (*Rel*): Tisch des Herrn · Altartisch; Gottestisch (*selten*)
**Alter:** **1.** ⟨*Lebensabschnitt des hohen Lebensalters*⟩ Lebensabend ✦ *gehoben*: Lebensneige · Herbst des Lebens – **2.** ⟨*bestimmter Lebensabschnitt*⟩ Lebensalter · Altersstufe • Lebenszeit ◇ Altersklasse – **3.** ⟨*jmds. hohes Lebensalter*⟩ Betagtheit · Bejahrtheit
**altern:** alt werden · in die Jahre kommen · alt und grau werden · verblühen; Patina ansetzen (*scherzh*) ◇ vergreisen
**Altersforschung:** Alternsforschung; Gerontologie (*Med*)
**Altersklasse:** Jahrgang · Altersgruppe ◇ Alter
**Altertum:** Antike · das klassische Altertum · die alte Welt
**altertümlich:** alt · archaisch · antik • uralt
**Alterung:** Alterungsprozeß; Seneszenz (*Med*)
**altjüngferlich:** verschroben ✦ *umg*: tuntig · zickig • gouvernantenhaft ◇ prüde · schrullig
**ältlich:** leicht angealtert · angejahrt · leicht bejahrt • angegraut ◇ alt
**altmodisch:** unmodern · antiquiert · verstaubt; vorsintflutlich (*scherzh*); altfränkisch (*veraltend*); altväterisch (*selten*) ◇ veraltet

**Altstoff:** Altmaterial · Altrohstoff · Sekundärrohstoff • Altpapier · Makulatur · Alttextilien · Lumpen ◇ Schrott
**Altstoffhändler:** Produktenhändler · Lumpenhändler (*veraltend*) ◇ Gebrauchtwarenhändler
**Amateur: 1.** ⟨*jmd., der etw. als Hobby betreibt*⟩ Hobbyist – **2.** ⟨*aktiver Sportler in einem Sportverein*⟩ Amateursportler • Boxamateur
**amputieren:** abnehmen · abtrennen
**Amt:** Behörde · Dienststelle • Instanz · Organ
**amtlich:** behördlich · von Amts wegen • dienstlich · administrativ
**Amtstracht:** Amtskleidung • Robe · Talar · Habit
**analytisch:** zergliedernd • zerlegend
**anbahnen:** in die Wege leiten · anknüpfen · anspinnen · einfädeln – **sich a.:** sich anspinnen · sich zu entwickeln beginnen
**anbändeln: a.** |**mit**|: anbinden |mit| · äugeln |mit| • Anschluß suchen ◇ flirten
**anbeißen:** an die Angel gehen · den Köder anfressen
**anbellen:** ankläffen; anblaffen (*landsch*)
**anberaumen:** ansetzen · festsetzen • festmachen
**anbeten:** anschwärmen · schwärmen |für| ✦ *umg*: anhimmeln · anschmachten ◇ verehren
**anbieten: 1.** ⟨*Essen, Trinken für einen Gast*⟩ aufwarten |mit| ✦ *gehoben*: kredenzen · reichen · darreichen – **2.** ⟨*als Warenangebot*⟩ offerieren · im Angebot haben; feilbieten · feilhalten (*veraltend*) • auf den Markt bringen – **3.** ⟨*jmdm. mit etw. helfen wollen*⟩ zur Verfügung stellen; antragen · andienen (*veraltend*) – **4. sich a.:** ⟨*sich für etw. zur Verfügung stellen*⟩ *gehoben*: sich erbieten • sich anheischig machen
**anbinden:** binden |an| · festbinden |an| • anleinen · anseilen · befestigen |an| ✦ *umg*: anmachen ◇ anketten · anschnallen · befestigen · fesseln · festbinden
**anbrechen: 1.** ⟨*etw. nicht ganz durchbrechen*⟩ knicken · anknicken · anknacken · anknacksen – **2.** ⟨*zu verbrauchen beginnen*⟩ anbrauchen · anreißen • antasten · angreifen
**anbrennen:** sich ansetzen · anhängen • anbacken
**andächtig:** voller Andacht · andachtsvoll · versunken • innerlich gesammelt ◇ aufmerksam
**andauern:** fortwähren · anhalten • kein Ende nehmen / haben ◇ dauern · weiterbestehen
**Andenken:** Souvenir · Erinnerungsstück
**ändern: 1.** ⟨*Kleidung in eine andere Form bringen*⟩ umändern · umarbeiten – **2. sich ä.:** ⟨*im Verhalten, Aussehen anders werden*⟩ sich wandeln · ein anderes Gesicht bekommen · anders werden · sich verwandeln · sich verändern
**andernfalls:** sonst · widrigenfalls · ansonsten
**anderswo:** andernorts · woanders · an anderer Stelle ✦ *gehoben*: anderwärts
**andeuten:** durchblicken / anklingen lassen · Andeutungen machen · durch die Blume sagen · zu verstehen geben ◇ anspielen |auf| · beibringen
**andeutungsweise:** in Andeutungen · verblümt · indirekt
**andichten:** anhängen · nachsagen · unterschieben ✦ *salopp*: anflicken ◇ verleumden
**Andrang:** Zulauf · Ansturm · Zustrom

**andrücken:** anpressen · aneinanderdrücken · aneinanderpressen
**aneignen: sich a.: 1.** ⟨*sich in den Besitz von etw. setzen*⟩ sich nehmen · an sich bringen · in Besitz nehmen · Besitz ergreifen |von| · sich bemächtigen |einer Sache|; an sich reißen (*abwert*) ✦ *umg*: einstreichen · einstecken ✦ *salopp*: sich unter den Nagel reißen · an Land ziehen · einsakken • sich einverleiben ◇ wegnehmen – **2.** ⟨*zu seinem geistigen Besitz machen*⟩ sich zu eigen machen · sich anverwandeln
**aneinanderreihen:** reihen · aufreihen • hintereinanderstellen · hintereinandersetzen
**anerkennen: 1.** ⟨*für legitim, gültig erklären*⟩ legitimieren · für gültig erklären – **2.** ⟨*die gebührende Geltung zubilligen*⟩ akzeptieren · gutheißen · billigen · gelten lassen · Anerkennung zollen · würdigen ◇ achten
**anerkennenswert:** lobenswert · löblich · rühmlich · beifallswürdig · verdienstvoll · verdienstlich ◇ beachtenswert
**anessen: sich etw. a.:** *umg*: sich etw. anfuttern · sich etw. anmästen ✦ *derb*: sich etw. anfressen
**anfahren: 1.** ⟨*zu fahren beginnen*⟩ anrollen · sich in Bewegung setzen · anrucken – **2. angefahren kommen:** ⟨*fahrend herankommen*⟩ *umg*: angedampft kommen • angebraust / angerast / angeflitzt kommen – **3.** ⟨*in heftigem Ton zurechtweisen*⟩ anherrschen · anschreien · anbrüllen · anschnauben · anlassen • anzischen ✦ *umg*: anfauchen · andonnern · anschnauzen · ankläffen · anblaffen · angeifern · angiften · anbellen · anranzen ✦ *salopp*: anniesen · anhusten · anpfeifen ✦ *derb*: anscheißen · ankotzen ◇ tadeln · zurechtweisen
**Anfahrtsweg:** Anfahrt · Anfahrtsstrecke · Anmarschweg • Wegstrecke · Strecke
**Anfall: 1.** ⟨*plötzl. Auftreten krampfartiger Symptome*⟩ Attacke; Insult · Paroxysmus (*Med*) – **2.** ⟨*plötzl. heftige Gemütsbewegung*⟩ Anwandlung · Koller · Raptus ✦ *umg*: Rappel
**Anfang:** Beginn • Anbruch · Auftakt · Ausbruch ✦ *gehoben*: Anbeginn ◇ Beginn
**anfangen: 1.** ⟨*als Geschehen seinen Anfang nehmen*⟩ beginnen · seinen Anfang nehmen · einsetzen ✦ *gehoben*: anheben · anbrechen ✦ *umg*: angehen · losgehen · anlaufen • ins Rollen kommen – **2.** ⟨*bewirken, daß etw. beginnt*⟩ beginnen · mit etw. den Anfang machen · in Angriff nehmen • sich daransetzen · ans Werk gehen · sich ans Werk machen ✦ *gehoben*: anheben ✦ *umg*: sich daranmachen · sich beimachen; beigehen (*norddt*) • starten ✦ *salopp*: loslegen ◇ sich anschicken · eröffnen
**Anfänger:** Neuling · Greenhorn • Debütant ◇ Grünschnabel
**anfangs:** anfänglich · am Anfang · zu Anfang
**anfassen:** angreifen · greifen |an| ✦ *umg*: anpacken ✦ *salopp*: antatschen; anpatschen (*landsch*) • betatschen ◇ befühlen · berühren
**anfechtbar:** bestreitbar · angreifbar · strittig · streitig
**anfertigen:** arbeiten · verfertigen ✦ *umg*: fabrizieren · produzieren · machen ✦ *salopp*: bauen ◇ herstellen
**anfeuchten:** befeuchten ✦ *gehoben*: benetzen · netzen
**anfliegen:** heranfliegen · angeflogen kommen • angeschwärmt / angesegelt kommen
**Anflug:** Schimmer · Hauch · Andeutung
**anfragen: a. |bei jmdm.|:** sich mit einer Frage wenden |an| ✦ *umg*: anklopfen / antippen |bei| ◇ fragen

**anfrieren:** festfrieren
**anführen:** namentlich erwähnen · nennen • angeben ◇ erwähnen
**Anführer:** • Rädelsführer · Häuptling · Führer ✦ *salopp*: Leithammel · Macker · Hauptmacher
**Angabe** (*abwert*): Angeberei · Prahlerei · Renommisterei • Wichtigtuerei · Schaumschlägerei · Aufgeblasenheit · Windbeutelei ✦ *umg*: Geprahle · Dicktuerei · Mache
**angeben** (*abwert*): großtun · protzen · renommieren · sich blähen · sich spreizen ✦ *salopp*: sich dick[e]tun · den dicken Wilhelm spielen ◇ sich aufspielen · prahlen
**Angeber** (*abwert*): Renommist · Protz · Gernegroß · Prahler · Prahlhans · Großsprecher • Wichtigtuer · Wortheld · Aufschneider ✦ *salopp*: Großkotz • Großmaul · Maulheld · Großschnauze ◇ Besserwisser
**angeberisch** (*abwert*): protzig · protzenhaft · großtuerisch • aufschneiderisch · wichtigtuerisch · breitspurig ◇ prahlerisch
**angeboren:** von Geburt her · ererbt · in die Wiege gelegt; kongenital (*Med*) • angestammt
**Angebot:** Offerte · Gebot
**angeheitert:** beschwipst · leicht angetrunken ✦ *umg*: angesäuselt · angedudelt · angeduselt ◇ betrunken
**Angeklagter:** Beklagter · Verklagter • Beschuldigter · Angeschuldigter
**Angelegenheit:** **1.** ⟨*unangenehmer Vorfall*⟩ Sache · Affäre · Fall ✦ *umg*: Geschichte – **2.** ⟨*womit man sich befassen muß*⟩ Sache · Geschichte ✦ *umg*: Schose · Zimt ✦ *salopp*: Mist · Scheiße
**angemessen:** gebührend · adäquat · passend
**angenommen:** gesetzt den Fall · vorausgesetzt
**angesehen:** geachtet · bestrenommiert · geschätzt · respektabel · anerkannt · bestbeleumundet • hochgeschätzt ◇ achtbar · beliebt – **a. sein:** einen guten Namen haben · Achtung genießen · Geltung haben ✦ *umg*: hoch im Kurs stehen
**angesichts:** in Anbetracht · im Hinblick |auf| ◇ hinsichtlich
**Angestellter:** • Gehaltsempfänger · Bediensteter
**angestrengt:** unter / mit Aufgebot aller Kräfte · mit größter Anstrengung / aller Kraft • angespannt ✦ *umg*: was das Zeug hält · stramm
**angewöhnen: sich a.:** sich zur Gewohnheit machen · die Gewohnheit annehmen · sich zu eigen machen
**angleichen:** anpassen · annähern
**angreifen:** **1.** ⟨*im Krieg gegen einen Gegner*⟩ attackieren · einen Angriff unternehmen / vortragen |gegen| · offensiv werden • stürmen ✦ *umg*: einen Angriff machen ◇ anstürmen |gegen| · überfallen – **2.** ⟨*gegen eine Einzelperson tätlich werden*⟩ anfallen · angehen · zu Leibe rücken · sich werfen |auf| • aggressiv werden ◇ überfallen
**angrenzen:** grenzen |an| · anstoßen |an| · anliegen · anrainen • berühren · tangieren
**Angriff:** Offensive · Attacke • Sturmangriff · Vorstoß ◇ Überfall
**Angst:** Furcht; Bange (*landsch*) • Grauen · Grausen · Heidenangst · Höllenangst ✦ *salopp*: Bammel · Manschetten ✦ *derb*: Schiß
**ängstigen:** in Angst versetzen · Furcht einflößen · beängstigen • verängstigen ✦ *umg*: Angst einjagen · bange machen ◇ einschüchtern – **sich ä.:** sich fürchten · Angst haben; Bange haben (*landsch*) • himmelangst sein · eine Heidenangst haben ✦ *umg*: Blut und Wasser schwitzen ✦ *salopp*: Manschetten haben · Rekord haben · die Hosen gestrichen voll haben · jmdm. saust der Frack ✦

*derb*: Schiß haben · jmdm. geht der Arsch mit Grundeis · sich vor Angst in die Hosen machen ◇ sich entsetzen · sich grauen · schaudern

**ängstlich:** voller Angst · voller Furcht · furchtsam · angstvoll · mit Zittern und Zagen; bange (*landsch*) ✦ *gehoben*: angsterfüllt · angstbebend • angstgeschüttelt · angstgetrieben · beklommen ✦ *umg*: angstschlotternd ◇ besorgt · feige

**anhalten: 1.** ⟨*aufhören, sich fortzubewegen*⟩ halten · stehenbleiben · haltmachen · zum Halten / Stehen kommen · stoppen – **2.** ⟨*die Fortbewegung beenden*⟩ stoppen · zum Halten / Stehen bringen

**anhängen:** treu ergeben sein · verbunden sein |mit| · sich verbunden fühlen

**Anhänger: 1.** ⟨*Schmuckstück*⟩ Anhängsel • Amulett ◇ Schmuckstück – **2.** ⟨*Namenkärtchen an Gepäckstükken*⟩ Anhängeschild · Anhängeadresse – **3.** ⟨*einer Person od. Richtung Anhängender*⟩ Mitstreiter · Parteigänger; Parteimann (*veraltet*) • Fan ✦ *gehoben*: Getreuer; Jünger (*veraltend*)

**anhänglich:** an jmdm. hängend · wie eine Klette ◇ [1]ergeben · treu

**anhauchen:** anatmen · anblasen • behauchen ✦ *umg*: anpusten

**anheben:** hochheben · anlüften; anlupfen · anlüpfen (*landsch*) ◇ heben

**anheimstellen:** überlassen · freistellen · in jmds. Ermessen stellen • freie Hand lassen

**anheizen:** anfeuern · Feuer anzünden · Feuer machen

**anhören: 1.** ⟨*jmds. Forderung, Anliegen beachten*⟩ ein offenes Ohr haben |für| · Gehör schenken; sein Ohr leihen (*scherzh*) – **2. angehört werden:** ⟨*Aufmerksamkeit für seine Forderung, sein Anliegen finden*⟩ Gehör finden

**ankern: 1.** ⟨*ein Schiff mit dem Anker festmachen*⟩ [den] Anker werfen · vor Anker gehen · sich vor Anker legen ◇ anlegen – **2.** ⟨*von Schiffen: mit dem Anker festgemacht sein*⟩ vor Anker liegen

**anketten:** an die Kette legen · anschließen ◇ anbinden

**anklagen:** Anklage erheben |gegen| · Klage führen |gegen| · auf die Anklagebank bringen ◇ prozessieren · verklagen

**ankleben: 1.** ⟨*mit Klebstoff befestigen*⟩ festkleben · anleimen ✦ *umg*: anpappen – **2.** ⟨*an etw. kleben bleiben*⟩ anhaften · anbacken · festbacken · haften |an|

**Ankleideraum:** Ankleidekabine • Garderobe

**anknüpfen: a.** |an|: anschließen |an| · den Faden aufnehmen / aufgreifen

**ankommen:** eintreffen · anlangen ✦ *umg*: eintrudeln · landen ◇ angeschlendert kommen · eintreffen · erscheinen

**ankoppeln:** anhängen · ankuppeln

**ankündigen: 1.** ⟨*etw. Bevorstehendes bekanntgeben*⟩ signalisieren · ansagen · avisieren ◇ bekanntgeben – **2. sich a.:** ⟨*sein baldiges Eintreten erkennen lassen*⟩ sich andeuten · sich ansagen · sich anmelden · sich kundtun · sich abzeichnen · seine Schatten vorauswerfen • sich zusammenbrauen

**anlachen: 1.** ⟨*lachend ansehen*⟩ • anlächeln · anstrahlen · angrinsen – **2. sich jmdn. a.:** *umg* ⟨*ein Liebesverhältnis mit jmdm. beginnen*⟩ sich jmdn. angeln / zulegen / anschaffen

**anlassen:** in Gang setzen · in Bewegung setzen · starten • anwerfen · antreten · ankurbeln

**anläßlich:** aus Anlaß; gelegentlich · bei Gelegenheit (*papierdt*)

**anlasten:** ankreiden · zum Vorwurf machen · anrechnen ◇ beschuldigen
**anlaufen: angelaufen kommen:** *umg:* angerannt kommen • angesaust / angeprescht / angekeucht kommen ✦ *salopp:* angeflitzt / angewetzt / angedampft / angesockt kommen ◇ herbeieilen
**anlegen: 1.** ⟨*Kapital für sich arbeiten lassen*⟩ investieren ✦ *umg:* stecken |in| – **2.** ⟨*am Kai festmachen*⟩ festmachen (*seem*) ◇ ankern – **3. sich mit jmdm. a.:** ⟨*mit jmdm. zu streiten anfangen*⟩ Streit / Händel suchen / anfangen · anbinden / anbändeln |mit jmdm.|
**anlehnen: 1.** ⟨*gegen etw. stützen*⟩ stellen |gegen| · lehnen |gegen / an| · anstellen – **sich a.:** sich lehnen |an / gegen| – **2. sich a.** |an|: ⟨*nach jmds. Methode handeln*⟩ sich richten |nach| · sich zum Vorbild nehmen • sich halten |an|
**anleiten:** unterweisen · einführen · anlernen · vertraut machen |mit| • einarbeiten
**Anlieger:** Anwohner; Anrainer (*süddt österr*)
**anlocken** (*weidm*): ködern · anködern ◇ locken
**anmarschieren:** anrücken · im Anmarsch sein ◇ kommen · sich nähern
**anmaßen: sich a.: 1.** ⟨*sich unberechtigt einen Rang zueignen*⟩ sich zulegen – **2.** ⟨*unberechtigt, überheblich etw. sagen, tun*⟩ sich herausnehmen · sich erdreisten · sich erlauben; sich erkecken (*veraltend*) ✦ *gehoben:* sich erfrechen · sich erkühnen · sich vermessen ◇ sich unterstehen
**anmaßend:** vermessen • arrogant ◇ überheblich
**anmelden: sich a.:** sich ansagen • sich melden
**Anmeldung** (*Hotel*): Rezeption · Empfang
**anmerken:** an der Nase / Nasenspitze ansehen · anspüren • ansehen · anhören – **sich a. lassen:** zeigen
**Anmerkung:** Vermerk · Glosse • Randglosse · Fußnote · Randanmerkung; Marginale (*fachspr*) ◇ Bemerkung · Notiz
**Anmut:** Grazie • Liebreiz · Lieblichkeit ◇ Charme · Zauber
**anmutig:** graziös · lieblich · anmutsvoll • gefällig ◇ entzückend
**annähen:** ansetzen • anheften · anstücken · anstückeln ✦ *umg:* anflikken
**annähern: einander / sich jmdm. a.:** sich nahekommen · Verbindung / Fühlung / Kontakt aufnehmen |zu| · in Fühlung kommen |mit| • das Eis brechen ◇ sich befreunden
**annehmbar:** akzeptabel · vertretbar • zufriedenstellend · vernünftig ◇ passend
**annehmen:** entgegennehmen · in Empfang nehmen · nehmen ◇ empfangen
**annektieren:** in Besitz nehmen · Besitz ergreifen |von|; sich einverleiben · schlucken (*abwert*) • eingliedern
**annoncieren:** inserieren · eine Anzeige / Annonce / ein Inserat aufgeben
**annullieren:** außer Kraft setzen · für ungültig / nichtig erklären • aufheben · abschaffen ◇ tilgen
**anonym:** ohne Angabe des Namens / des Verfassers / des Absenders • unter einem Pseudonym
**anordnen:** verfügen · bestimmen · anweisen · entscheiden · veranlassen · dekretieren · diktieren · eine Verfügung treffen / erlassen; administrieren (*abwert*) ◇ befehlen
**Anordnung:** Verfügung · Entschei-

dung · Bestimmung · Anweisung · Direktive · Weisung ◇ Befehl
**anpassen: sich a.**: sich einfügen · sich einordnen · sich einpassen · sich angleichen • sich umstellen ✦ *umg*: einschwenken · mit dem Strom schwimmen; mit den Wölfen heulen · sein Mäntelchen / die Fahne nach dem Wind hängen (*abwert*) ◇ sich akklimatisieren
**anpeilen**: anvisieren · anmessen
**anprangern**: an den Pranger stellen · brandmarken · geißeln
**anpumpen** (*umg*): anhauen · anschnorren · anzapfen · anbohren; ankriegen (*landsch*) ◇ bitten |um|
**Anrecht**: Abonnement • Theaterabonnement · Theateranrecht · Konzertabonnement
**anregen**: anreizen · inspirieren · stimulieren · beflügeln · animieren ✦ *umg*: anmachen ◇ anspornen
**Anregungsmittel**: Stimulans · Aufputschmittel; Exzitans (*Med*)
**Anrichte**: Büfett; Kredenz (*veraltend*)
**anrichten**: anstellen ✦ *salopp*: ausfressen · verbocken
**anrufen**: *umg*: antelefonieren · anklingeln
**ansammeln**: häufen · anhäufen · aufhäufen; akkumulieren (*fachspr*) ✦ *umg*: scheffeln – **sich a.**: sich häufen · sich anhäufen · sich aufhäufen • sich aufspeichern
**ansässig**: eingesessen · alteingesessen · seßhaft · ortsansässig • wohnhaft ◇ beheimatet · einheimisch – **a. sein**: seinen Wohnsitz haben · leben • siedeln ◇ wohnen
**anschaffen**: erwerben · kaufen ✦ *umg*: sich zulegen • erstehen
**anschalten**: anstellen · in Betrieb / Gang setzen ✦ *umg*: anmachen ◇ einschalten
**anschaulich**: lebendig · plastisch · sinnfällig • bildhaft ◇ verständlich
**anscheinend**: dem / allem Anschein nach • offensichtlich · offenbar · scheinbar
**anschicken: sich a.**: ansetzen · einen Anlauf nehmen / machen · Miene machen • Anstalten treffen ◇ anfangen
**Anschlagtafel**: das Schwarze Brett
**anschleichen: sich a.**: sich anpirschen · sich heranschleichen
**anschlendern: angeschlendert kommen**: *umg*: anspaziert kommen ✦ *salopp*: angewackelt / angezottelt / angezuckelt / angeschlichen kommen ◇ ankommen · erscheinen
**anschmiegen: sich a.**: sich schmiegen |an| · sich kuscheln |an| • sich andrücken
**anschnallen**: festschnallen ◇ anbinden · befestigen – **sich a.**: sich festschnallen · den Gurt anlegen
**anschwellen: 1.** ⟨*an Umfang zunehmen*⟩ aufschwellen · schwellen · auftreiben · quellen · aufquellen • sich ausdehnen · sich verdicken ◇ zunehmen – **2.** ⟨*an Windstärke zunehmen*⟩ auffrischen; aufbrisen (*seem*) ◇ zunehmen
**anschwemmen**: anspülen · antreiben · ans Ufer / an Land spülen
**ansehen**: anblicken · anschauen · einen Blick werfen |auf| · den Blick richten |auf| ✦ *umg*: angucken • ein Auge riskieren ✦ salopp: anpeilen; anblinzen (*landsch*) – **sich a.**: sich betrachten · sich anschauen ✦ *umg*: sich angucken
**Ansehen**: Geltung · Prestige • Autorität ◇ Achtung · Ehre · Ruf
**Ansichtssache: das ist A.**: das ist Auffassungssache · darüber kann man verschiedener Ansicht / Meinung sein
**Ansinnen**: Zumutung
**anspannen**: anschirren · vor den Wagen spannen · ansträngen · einspannen

**anspielen: a.** |auf|: eine Anspielung machen |auf| ◇ andeuten
**Anspielung:** Spitze · Anzüglichkeit · Stichelei · Gestichel · Häkelei
**anspornen:** anfeuern · anstacheln • antreiben ✦ *gehoben*: anfachen ◇ anregen
**ansprechen: 1.** ⟨*sich mit Worten an jmdn. wenden*⟩ anreden · das Wort richten |an| · ein Gespräch beginnen |mit| · sich wenden |an| ✦ *salopp*: anquatschen · anhauen · anmachen – **2.** ⟨*auf ein Thema zu sprechen kommen*⟩ anschneiden · anreißen · zu sprechen kommen |auf| · das Gespräch / die Rede bringen |auf| · zur Sprache bringen ◇ vorbringen
**Anspruch:** Recht · Anrecht · Berechtigung
**anspucken:** *gehoben*: anspeien · bespeien
**Anstand:** Schicklichkeit · Takt; Sittsamkeit (*veraltend*) ◇ Benehmen
**anständig: 1.** ⟨*sittlich einwandfrei*⟩ schicklich · manierlich · gebührlich; tugendhaft · sittsam (*veraltend*) • hochanständig · grundanständig ✦ *gehoben*: lauter – **2.** ⟨*auf die Interessen anderer Rücksicht nehmend*⟩ fair · fein · sauber • hochanständig ✦ *umg*: einwandfrei · o. k.
**anstarren:** fixieren · mit Blicken durchbohren • mustern ✦ *salopp*: angaffen · anglotzen; anglupschen (*landsch*)
**anstauen: sich a.:** sich aufstauen · sich anhäufen · sich aufspeichern
**anstecken: 1.** ⟨*Abzeichen, Orden an der Kleidung befestigen*⟩ anheften · an die Brust heften / hängen – **2.** ⟨*eine Infektion übertragen*⟩ infizieren · eine Krankheit übertragen |auf| – **sich a.:** sich infizieren ✦ *umg*: sich etw. holen
**ansteckend:** infektiös; virulent (*Med*)
**anstehen:** Schlange stehen
**ansteigen:** steigen • über die Ufer treten
**anstellen:** einstellen; aufnehmen (*österr*); in Lohn und Brot nehmen (*veraltet*) • engagieren · verpflichten
**anstiften:** anzetteln · inszenieren ✦ *umg*: machen
**anstimmen:** intonieren
**Anstoß: A. erregen:** Mißfallen / Ärgernis / Mißbilligung erregen · der Stein des Anstoßes sein ✦ *umg*: anecken · ins Fettnäpfchen treten
**anstoßen: a.** |an|: anprallen / anrennen |an| · prallen / rennen |gegen| ✦ *salopp*: bumsen / knallen / rammeln |gegen| ◇ zusammenstoßen
**anstößig:** empörend · unanständig · shocking ✦ *umg*: unmöglich
**anstrengen: sich a.:** sein Bestes geben · sich Mühe geben · sich mühen · sich abmühen ✦ *umg*: aus sich das Letzte herausholen · sich in die Riemen / ins Geschirr / ins Zeug legen · in die Hände spucken ◇ sich abmühen
**Anstrengung:** Strapaze · Anspannung · Mühe ✦ *salopp*: Schinderei · Mordsstrapaze ◇ Mühsal
**anstürmen: a.** |gegen|: anrennen |gegen| · berennen · vorgehen |gegen| ◇ angreifen
**Antialkoholiker:** Abstinenzler · Alkoholgegner
**Antrag:** Gesuch • Bitte ◇ Gesuch
**Antransport:** Anfuhr • Heranschaffung
**antreiben: 1.** ⟨*zu schnellerer Gangart bewegen*⟩ vorwärtstreiben ✦ *umg*: Beine machen · in Trab bringen – **2.** ⟨*zu schnellerem Arbeiten drängen*⟩ *umg*: in / auf Trab bringen · Beine machen · in Schwung bringen ◇ *salopp*: Feuer unter den Hintern / Schwanz machen · auf Touren bringen · Dampf machen · anspitzen – **3.** ⟨*einer Maschine Betriebsstoff zuführen*⟩ betreiben |mit|

**Antwort:** 1. ⟨*mündlich od. schriftlich*⟩ Erwiderung · Entgegnung · Replik – 2. ⟨*schriftlich*⟩ Antwortschreiben · Rückantwort

**antworten:** erwidern · entgegnen · zurückgeben · zur Antwort geben; replizieren · versetzen (*veraltend*) • kontern

**anvertrauen:** 1. ⟨*zur Obhut überlassen*⟩ zu treuen Händen übergeben · in jmds. Hände legen • übertragen ✦ *gehoben*: anheimgeben; anbefehlen (*veraltend*) – 2. **sich jmdm. a.:** ⟨*vor jmdm. seine innersten Gedanken aussprechen*⟩ sein Herz / seine Seele ausschütten ✦ *gehoben*: sich entdekken; seinen Busen öffnen (*veraltend*) ✦ *umg*: sich etw. von der Seele reden ◇ sich aussprechen · sich offenbaren

**anwachsen:** 1. ⟨*Pflanzen in der Erde*⟩ anwurzeln · einwurzeln · Wurzel fassen – 2. ⟨*Pflanzenteile, Gliedmaßen*⟩ festwachsen · anheilen

**anwenden**: in / zur Anwendung bringen · nutzen · nützen ◇ benutzen

**Anwesen**: Grundstück · Besitz · Besitztum ◇ Besitzung · Grundstück

**anwesend: a. sein:** zugegen sein · dasein · dabeisein · hiersein; präsent sein (*veraltend*) ◇ sich aufhalten

**Anwesenheit: in A. von / des:** in Gegenwart / im Beisein von / des

**anwidern:** anekeln · zuwider sein · Abscheu erregen ✦ *salopp*: anstinken ✦ *derb*: ankotzen ◇ ekeln

**Anzahl:** Zahl · Reihe • Schar · Schwarm ◇ Menge

**anzapfen:** anstechen · anstecken

**Anzeige:** Annonce · Inserat · Zeitungsanzeige · Zeitungsinserat

**anzeigen:** Anzeige erstatten |gegen| · melden • denunzieren ✦ *umg*: angeben ◇ verklagen

**anziehen:** 1. ⟨*jmdm. die Kleidung anlegen*⟩ *gehoben*: ankleiden ✦ *umg*: anpellen · anpummeln – **sich a.:** in die Sachen / Kleider schlüpfen / fahren · sich in die Kleider werfen – 2. ⟨*ein Kleidungsstück auf den Körper bringen*⟩ • überziehen · überstreifen ✦ *gehoben*: anlegen ✦ *umg*: antun ◇ umhängen

**Anziehungskraft:** 1. ⟨*in der Physik*⟩ Adhäsionskraft · Adhäsion · Anziehung – 2. ⟨*anziehende Wirkung eines Mannes od. einer Frau*⟩ Reiz · Attraktivität · Anziehung • Sex-Appeal ◇ Zauber

**anzüglich:** zweideutig · voller Anspielungen ◇ beleidigend

**anzünden:** 1. ⟨*allgemein*⟩ entzünden · in Brand setzen / stecken · anbrennen · anstecken · Feuer machen / anfachen ✦ *gehoben*: entfachen ✦ *umg*: angokeln · ankokeln · anstekken · anmachen (*landsch*) – 2. ⟨*ein Streichholz*⟩ anbrennen · entzünden · anreißen – 3. ⟨*zur Vernichtung, zum Schaden*⟩ Feuer legen · den roten Hahn aufs Dach setzen ✦ *salopp*: die Bude überm Kopf anstecken

**Apfelsine:** Orange • Blutorange · Navelorange · Navelfrucht

**Apotheker:** Pharmazeut ✦ *umg*: Pillendreher (*scherzh*)

**Appetit:** Eßlust ✦ *umg*: Janker · Jieper; Gusto (*österr*) ◇ Hunger

**appetitlich:** appetitanregend · köstlich · lecker ✦ *umg*: schnuddlig · schnucklig (*landsch*); gustiös (*österr*) ◇ schmackhaft

**applaudieren:** [Beifall] klatschen · Beifall bekunden / spenden / zollen · Applaus spenden · akklamieren • mit Beifall überschütten

**Arbeit:** 1. ⟨*produktive Tätigkeit*⟩ Tätigkeit · Schaffen – 2. ⟨*Tätigkeit für den Lebensunterhalt*⟩ Beschäftigung · Erwerbstätigkeit ✦ *umg*: Broterwerb • Lohnarbeit – 3. ⟨*Verdienstmöglichkeit*⟩ Arbeitsverhältnis · Beschäftigung • Anstellung · Position ✦ *umg*:

Posten · Job – 4. ⟨*Arbeitsergebnis*⟩ Werk; Opus (*auch scherzh*)

**arbeiten:** 1. ⟨*produktiv tätig sein*⟩ Arbeit leisten / verrichten · tätig sein · sich rühren; sich regen (*veraltend*) ✦ *umg*: seine Arbeit machen · schaffen · werkeln · puddeln ✦ *salopp*: malochen · bulksen · roboten · asten ◇ schuften – 2. ⟨*einen Arbeitsplatz haben*⟩ tätig sein · erwerbstätig sein; in Arbeit sein (*veraltend*) ✦ *umg*: schaffen (*landsch*)

**Arbeiter:** 1. ⟨*Angehöriger der Arbeiterklasse im Sozialismus*⟩ Facharbeiter • Industriearbeiter · Werktätiger – 2. ⟨*Angehöriger der Arbeiterklasse im Kapitalismus*⟩ Lohnarbeiter · Proletarier; Arbeitnehmer (*verhüll*) • Kuli ✦ *umg*: Prolet (*oft abwert*)

**Arbeiterklasse:** die Arbeiter; die Proletarier (*im Kapitalismus*)

**Arbeitsgebiet:** Arbeitsbereich · Tätigkeitsbereich · Tätigkeitsgebiet • Referat · Wirkungskreis ◇ Aufgabengebiet · Beruf

**Arbeitsgemeinschaft:** Arbeitskreis · Zirkel · Fachkreis • Fachgruppe ◇ Kollektiv

**Arbeitskraft:** Mitarbeiter • Beschäftigter · Kader · Personal

**arbeitslos:** erwerbslos · ohne Arbeit / Beschäftigung · beschäftigungslos · stellungslos; brotlos · ohne Lohn und Brot (*veraltend*) – **a. sein:** stempeln gehen

**Arbeitszeit:** • Dienstzeit · Schicht ✦ *umg*: Arbeit

**Archäologie:** Altertumsforschung · Altertumskunde · Altertumswissenschaft

**ärgerlich:** ungehalten · erbost · erbittert · böse • gallig ✦ *umg*: fuchsig ✦ *salopp*: sauer ◇ entrüstet

**ärgern:** Ärger / Verdruß bereiten · verdrießen · verdrießlich machen ✦ *umg*: hochbringen · wurmen · fuchsen · die Galle aufregen – **sich ä.:** vor Ärger platzen ✦ *umg*: sich giften ✦ *salopp*: sich scheckig ärgern · Wut im Bauch haben; sich die Plauze voll ärgern (*landsch*) ◇ sich entrüsten · erzürnen · grollen

**Argument:** Begründung · Beweisgrund ◇ Beweis

**arm:** mittellos · unbemittelt · besitzlos · elend · notleidend · bettelarm · blutarm · minderbemittelt · einkommensschwach ✦ *umg*: mausearm · arm wie eine Kirchenmaus ◇ ärmlich · hilfsbedürftig – **a. sein:** nicht das Salz zum Brot / zur Suppe haben · nicht auf Rosen gebettet sein

**armieren** (*fachspr*): bewehren • verstärken

**ärmlich:** armselig · dürftig · kümmerlich ◇ arm · karg

**arrangieren:** zusammenstellen · anordnen · gruppieren • aufstellen

**Arrestlokal:** Zelle; Bunker (*Milit*); Kerker · Verlies (*veraltend*) ◇ Strafvollzugsanstalt

**Art:** Spezies • Typ · Genre · Schlag

**artgleich:** • artverwandt

**artig:** brav · lieb · folgsam ◇ gehorsam

**Artist:** Zirkuskünstler · Akrobat

**Arzt:** Mediziner; Medikus (*scherzh*) ✦ *umg*: Doktor; Onkel Doktor (*kindersp r*)

**Asche:** Verbrennungsrückstand (*fachspr*)

**Aschenbecher:** Aschbecher ✦ *umg*: Ascher

**asozial:** gemeinschaftsfeindlich · gemeinschaftsschädlich • gemeinschaftsunfähig

**Ast:** 1. ⟨*Ansatzstelle eines Zweiges im Holz*⟩ Knorren · Astknorren · Astansatz – 2. ⟨*Teil des Baumes*⟩ Zweig

**Atem:** Atemluft ✦ *gehoben*: Odem · Hauch ✦ *umg*: Puste · Luft

**atemlos:** außer Atem · mit fliegendem Atem ✦ *umg*: außer Puste ◇ erschöpft – **a. sein:** nach Atem ringen

✦ *umg*: nach Luft schnappen · japsen

**Atheismus:** Religionslosigkeit; Gottlosigkeit · Unglaube (*Rel*) • Freigeisterei

**athletisch:** herkulisch · muskulös · kraftstrotzend ◇ kräftig

**atmen:** Atem / Luft holen / schöpfen • durchatmen · durchholen · hecheln · röcheln · schnaufen · keuchen ◇ ausatmen · einatmen

**atmungsaktiv:** luftdurchlässig

**Attentat:** Anschlag · Mordanschlag • Bombenattentat · Sprengstoffanschlag

**Attraktion:** Clou · Hauptattraktion · Hauptsensation · Hauptanziehung

**attraktiv:** **1.** ⟨*von einem Mann, einer Frau*⟩ anziehend · unwiderstehlich – **2.** ⟨*von einer Frau*⟩ begehrenswert; appetitlich (*scherzh*) ✦ *umg*: zum Anbeißen · zum Fressen • jung und knusprig – **3.** ⟨*von Sachen*⟩ eindrucksvoll · interessant

**aufarbeiten:** auffrischen ✦ *umg*: aufpolieren · aufmöbeln

**aufatmen:** wieder ohne Sorgen sein · sich erlöst / befreit / erleichtert fühlen

**Aufbau:** **1.** ⟨*das Aufbauen*⟩ Errichtung; Erstellung (*papierdt*) • Aufstellung · Aufrichtung · Aufführung ◇ Bau – **2.** ⟨*Art der Anlage*⟩ Struktur · Anlage · Bau · Grundgerüst • Anordnung ◇ Gliederung

**aufbegehren:** sich auflehnen · wider den Stachel löcken · die Hände ballen · die Hand aufheben |gegen| ✦ *gehoben*: sich aufbäumen ✦ *umg*: aufmucksen · mucksen ◇ sich empören

**aufbewahren:** verwahren · aufheben · in Verwahrung nehmen; bewahren (*veraltend*) ◇ zurücklegen

**aufbinden:** aufschnüren · aufknoten · aufknüpfen • aufnesteln · aufflechten ✦ *umg*: aufmachen

**aufblähen:** blähen · auftreiben · aufschwellen ✦ *gehoben*: schwellen ✦ *umg*: aufplustern – **sich a.**: sich blähen ✦ *umg*: sich [auf]plustern

**aufblasen** (*Luftballon*): *umg*: aufpusten

**aufblühen:** • aufbrechen ✦ *gehoben*: erblühen

**aufbrausen:** **1.** ⟨*von Fluten: geräuschvoll emporsteigen*⟩ aufbranden · aufschäumen · aufrauschen · aufsteigen ◇ aufwallen – **2.** ⟨*plötzlich zornig reagieren*⟩ auffahren · die Beherrschung verlieren · sich vergessen ✦ *umg*: hochgehen · explodieren ✦ *salopp*: in die Luft gehen · an die Decke gehen ◇ sich aufregen · wütend werden

**aufbrechen:** **1.** ⟨*gewaltsam öffnen*⟩ • aufstemmen ✦ *gehoben*: aufsprengen · erbrechen ✦ *umg*: knacken · aufknacken ◇ öffnen – **2.** ⟨*den Ort verlassen, um irgendwohin zu gelangen*⟩ sich auf den Weg machen ✦ *umg*: die Koffer packen · sein Bündel schnüren · losgehen · sich aufmachen · sich auf die Strümpfe / Socken machen · seine Zelte abbrechen · lospilgern ◇ weggehen

**Aufbruch:** • Abgang · Weggang

**aufbrühen:** aufgießen · brühen ◇ kochen

**aufbürden:** **1.** ⟨*jmdm. eine Last auf den Rücken legen*⟩ aufladen · auf die Schultern laden · aufpacken ✦ *umg*: aufbuckeln · aufhucken · aufsacken – **2.** ⟨*jmdm. Arbeit, Pflichten übertragen*⟩ auferlegen ✦ *umg*: aufladen · aufpacken · aufhucken; auf den Hals laden · aufhängen · aufhalsen (*abwert*)

**aufdecken:** **1.** ⟨*Verborgenes offenbar machen*⟩ bloßlegen · enthüllen · an den Tag bringen · ans Licht bringen ✦ *gehoben*: entschleiern ◇ aufklären – **2.** ⟨*den Tisch fürs Essen vorbereiten*⟩ den Tisch decken

**aufdrängen: sich a.**: zudringlich sein · sich nicht abweisen lassen; sich jmdm. an den Hals werfen (*abwert*) ✦ *umg*: sich aufdrängeln ◇ bedrängen · belästigen
**aufdringlich**: zudringlich · lästig ◇ taktlos
**aufdröhnen**: aufheulen · aufbrüllen · aufbrummen
**aufessen**: *gehoben*: verzehren · verspeisen ✦ *umg*: auffuttern · verdrükken · verputzen · verspachteln · verkonsumieren • schaffen · zwingen · aufbekommen ✦ *salopp*: wegputzen ✦ *derb*: auffressen ◇ essen
**auffädeln**: auf einen Faden ziehen · aufziehen · ziehen |auf| · aufreihen
**auffallen**: **1.** ⟨*von einer Person*⟩ die Aufmerksamkeit auf sich ziehen · Aufmerksamkeit erregen · Aufsehen erregen / verursachen – **2.** ⟨*von einer Sache*⟩ ins Auge / in die Augen fallen / springen ✦ *umg*: aufstoßen
**auffallend**: auffällig · augenfällig · in die Augen fallend · frappant · hervorstechend • schreiend ✦ *umg*: • knallig
**Auffassungsgabe**: Auffassungsvermögen · Auffassungskraft ◇ Aufnahmefähigkeit · Begabung
**auffegen**: zusammenfegen · zusammenkehren · aufkehren
**Aufforderung**: Bitte · Ersuchen; Ansuchen · Andringen (*veraltet*) ◇ Befehl · Forderung
**aufführen**: zur Aufführung bringen / gelangen lassen · in Szene setzen ✦ *umg*: spielen · geben · auf die Bühne bringen ◇ darbieten
**Aufgabe**: **1.** ⟨*zur Erledigung Übertragenes*⟩ Auftrag · Pflicht · Verpflichtung · Obliegenheit • Mission – **2.** ⟨*von der Schule zur Übung Übertragenes*⟩ Schularbeit · Schulaufgabe · Hausaufgabe · Hausarbeit · Pensum ✦ *umg*: Arbeit
**Aufgabengebiet**: Aufgabenbereich · Aufgabenkreis ◇ Arbeitsgebiet
**aufgeben**: **1.** ⟨*Postsendung*⟩ aufliefern • abschicken – **2.** ⟨*Aufgabe*⟩ eine Aufgabe stellen / geben ✦ *salopp*: aufbrummen – **3.** ⟨*wegen Aussichtslosigkeit aufhören*⟩ aufhören · kapitulieren · lassen · das Handtuch werfen ✦ *umg*: aufstecken · fallenlassen · abschreiben · an den Nagel hängen ✦ *salopp*: [den Kram / Laden] hinwerfen · alles hinschmeißen · sich abschminken können • passen · über Bord werfen ◇ resignieren – **4.** ⟨*die Hoffnung in bezug auf jmdn., etw. verlieren*⟩ abschreiben · abbuchen · verlorengeben
**aufgehen**: **1.** ⟨*von Sonne, Mond*⟩ aufsteigen · emporsteigen · sich am Himmel zeigen – **2. a.** |in|: ⟨*sich intensiv u. ausschließlich mit etw. beschäftigen*⟩ sich widmen · sich hingeben · seine Erfüllung finden |in|
**aufgeputzt**: *umg*: geschniegelt und gebügelt ✦ *salopp*: aufgedonnert · aufgetakelt
**aufgeregt**: erregt; alteriert · echauffiert (*veraltend*) • erhitzt · fieberhaft · fiebrig · aufgelöst ◇ nervös · unruhig – **a. sein**: Herzklopfen haben ✦ *salopp*: einen Flattermann haben
**aufgeschlossen**: **a.** |für|: offen / zugänglich / empfänglich |für|
**aufgeschwemmt**: aufgedunsen · gedunsen · aufgeschwellt · aufgetrieben ✦ *umg*: schwammig ◇ dick
**aufhalten**: **1.** ⟨*am Weitergehen hindern*⟩ festhalten · in den Arm fallen – **2. sich a.** |über|: ⟨*sich abfällig über jmdn., etw. äußern*⟩ reden |über| · sich aufregen |über| ✦ *umg*: herziehen |über| • durchhecheln · begeifern (*abwert*) ✦ *salopp*: sich das Maul zerreißen |über| (*abwert*) ◇ klatschen – **3. sich a.**: ⟨*irgendwo vorübergehend leben*⟩ sein · sich befinden ✦ *gehoben*: weilen ◇ anwesend sein

**aufhängen:** hängen |an| · anbringen · aufstecken ✦ *umg*: aufbammeln

**aufhäufen:** häufen • auftürmen · türmen ◇ aufschichten · aufschütten · aufstapeln

**aufheben:** **1.** ⟨*vom Boden in die Höhe bringen*⟩ aufnehmen · aufgreifen ◇ aufsammeln – **2.** ⟨*die Gültigkeit beenden*⟩ außer Kraft setzen · für ungültig erklären • außer Kurs setzen; kassieren (*Rechtsw*)

**aufheitern:** aufmuntern · heiter / froh stimmen · erheitern; die Grillen vertreiben (*veraltend*) ◇ aufmuntern · erfreuen

**aufhelfen:** auf die Beine helfen · hochhelfen

**aufhetzen:** aufwiegeln · aufstacheln · aufputschen • fanatisieren · verhetzen ✦ *umg*: scharfmachen ◇ hetzen

**aufhören:** **1.** ⟨*nicht weitermachen*⟩ ein Ende machen • stoppen · aussetzen ✦ *umg*: Schluß machen · Feierabend machen – **2.** ⟨*von einem Vorgang*⟩ zu Ende gehen · enden • abbrechen ✦ *salopp*: abschnappen

**aufkeimen:** aufgehen; auflaufen (*fachspr*) ✦ *gehoben*: aufsprießen ◇ sprießen

**aufklären:** **1.** ⟨*in einer Angelegenheit Klarheit schaffen*⟩ klären · aufhellen · Licht in etw. bringen · auflösen · entwirren ◇ aufdecken – **2. sich a.:** ⟨*vom wolkenreichen Himmel gesagt*⟩ sonnig werden · sich aufheitern · sich aufhellen · aufklaren · sich entwölken · klar werden ◇ sich bessern

**aufkleben:** kleben |auf| ✦ *umg*: aufpappen ✦ *salopp*: aufkleistern

**aufkommen:** **1.** ⟨*zu entstehen beginnen*⟩ sich heranbilden · sich herausbilden · sich bilden · sich ausbilden · Verbreitung finden • in Mode kommen · Mode werden ◇ entstehen – **2. a.** |**gegen**|: ⟨*sich gegen jmdn., etw. durchsetzen können*⟩ ankommen |gegen| · jmdm. gewachsen sein ✦ *umg*: ankönnen |gegen| ✦ *salopp*: anstinken |gegen| – **3.** ⟨*einen Rückstand aufholen*⟩ besser werden · überlegen werden · aufholen

**aufkrempeln:** hochkrempeln · aufstreifen · aufrollen • umkrempeln · umschlagen

**aufladen:** laden |auf| · aufpacken ✦ *umg*: aufsacken ◇ beladen

**Auflauf:** Menschenansammlung · Menschenauflauf · Ansammlung; Zusammenrottung (*abwert*); Volksversammlung (*scherzh*) ◇ Menschenmenge

**aufleben:** wieder aufkommen · zu neuem Leben erwachen · wieder auftauchen; fröhliche Urständ feiern (*oft abwert*) ◇ erstarken · wiedererstehen

**auflegen:** **1.** ⟨*Speisen auf den Teller*⟩ *umg*: auffüllen · auftun · aufgeben – **2.** ⟨*den Telefonhörer auf die Gabel*⟩ • abhängen · einhängen

**aufleuchten:** aufstrahlen • aufflammen · aufglühen · aufglimmen · aufblinken · aufblitzen · auffunkeln · aufglänzen ✦ *gehoben*: erstrahlen • erglühen · erglimmen · erglänzen

**auflodern:** **1.** ⟨*von Flammen, Feuer*⟩ aufflammen · aufprasseln · hochschlagen · aufschlagen • aufflackern ✦ *gehoben*: auflohen · emporlodern • aufzüngeln – **2.** ⟨*von Erregung, Gefühl*⟩ aufwallen · aufsteigen · aufflammen · aufkommen ✦ *gehoben*: auflohen

**aufmerksam:** **1.** ⟨*voller Konzentration*⟩ konzentriert · geistig wach · angespannt · mit wachen Sinnen · gesammelt · gespannt ◇ andächtig – **2.** ⟨*höflich u. hilfsbereit*⟩ zuvorkommend ◇ gefällig

**aufmuntern:** ermuntern · auffrischen ◇ aufheitern

**Aufnahmefähigkeit:** **1.** ⟨*geistig*⟩ Aufnahmevermögen · Fassungskraft · Rezeptivität ◇ Auffassungsgabe – **2.** ⟨*räumlich*⟩ Fassungsvermögen · Kapazität · Aufnahmevermögen

**aufnötigen:** anzunehmen nötigen · aufdrängen · aufreden ✦ *umg*: aufdrängeln · aufschwatzen; andrehen (*abwert*)

**aufpassen:** achtgeben · achthaben · achten |aufl · die Augen / Ohren offenhalten · ein Auge haben |aufl ✦ *gehoben*: aufmerken ✦ *umg*: aufpassen wie ein Luchs / Schießhund / Heftelmacher · die Ohren aufsperren / spitzen · die Augen / Ohren aufmachen · spannen • auf Draht sein ✦ *salopp*: die Löffel spitzen

**aufplatzen:** **1.** ⟨*von Samenkapseln*⟩ aufbrechen · aufspringen · sich öffnen – **2.** ⟨*von der Haut, von Narben*⟩ aufgehen · aufbrechen

**aufprägen:** aufdrücken · aufpressen • aufdrucken

**aufputschen:** aufpulvern; dopen (*Sport*) ✦ *salopp*: aufmöbeln

**aufragen:** in den Himmel ragen · emporragen · sich erheben · sich auftürmen ✦ *gehoben*: aufstarren · gen Himmel starren

**aufräumen:** Ordnung machen / schaffen · in Ordnung bringen ✦ *umg*: Kehraus machen · reinen Tisch machen ✦ *salopp*: ausmisten · entmisten ◇ wegräumen

**aufrecht:** gerade · aufgerichtet • kerzengerade ◇ straff

**aufregen:** in Erregung versetzen · aufreizen · aufbringen · erregen · erhitzen · das Blut in Wallung bringen ✦ *umg*: in Fahrt / aus dem Häuschen bringen – **sich a.**: sich erregen · sich erhitzen · außer sich geraten; sich alterieren · sich echauffieren (*veraltend*) ✦ *umg*: aus dem Häuschen geraten · in Fahrt kommen ◇ aufbrausen · die Beherrschung verlieren · wütend werden

**aufrichten:** **1.** ⟨*in die Höhe richten*⟩ aufsetzen · hochrichten · emporrichten • hochzerren – **sich a.**: sich aufrecht setzen · sich aufsetzen · sich emporrichten – **2.** ⟨*durch Zuspruch helfen*⟩ Mut zusprechen · stärken

**aufrollen:** zusammenrollen · aufwickeln • aufspulen · aufhaspeln

**Aufruf:** Appell · Proklamation

**aufrufen:** appellieren |an| · auffordern

**Aufruhr:** **1.** ⟨*gegen den Staat gerichtet*⟩ Empörung · Auflehnung · Unruhen · Krawall · Wirren – **2.** ⟨*Erregung einer Menschenmenge*⟩ Tumult • Durcheinander

**aufrührerisch:** empörerisch · aufsässig · aufständisch • umstürzlerisch · rebellisch

**aufrunden:** runden · nach oben abrunden ◇ abrunden

**aufrütteln:** aus dem Schlaf rütteln · wachrütteln • wachrufen

**aufsagen:** *umg*: hersagen · heruntersagen · herbeten · herunterhaspeln · herunterrattern ✦ *salopp*: herleiern · herunterleiern · ableiern · vorleiern ◇ vortragen

**aufsammeln:** auflesen · zusammenlesen · aufklauben · zusammenklauben • zusammenraffen · zusammennehmen ◇ aufheben

**aufscheuchen:** hochscheuchen · aufjagen · aufstören · aufschrecken

**aufschichten:** schichten; aufschlichten (*österr*) • auftürmen ◇ aufhäufen

**aufschieben:** verschieben · hinausschieben · hinauszögern • vertagen ◇ stunden · verzögern

**Aufschlag:** **1.** ⟨*das Aufschlagen auf eine Fläche*⟩ Aufprall ✦ *umg*: Staucher – **2.** ⟨*Zusatz zum Preis*⟩ Aufpreis · Aufgeld • Agio · Zuschlag – **3.** ⟨*Teil am Kleidungsstück*⟩ Revers • Spiegel · Besatz

**aufschlagen:** **1.** ⟨*fallend auf eine Fläche treffen*⟩ aufprallen · aufstoßen · auftreffen · auffallen ✦ *umg*: aufknallen · aufklatschen · aufbumsen – **2.** ⟨*ein Buch öffnen*⟩ aufklappen · aufblättern – **3.** ⟨*in die Höhe schlagen*⟩ hochschlagen · hochklappen · aufklappen · aufstellen

**aufschließen:** **1.** ⟨*Schloß, Tür*⟩ aufsperren (*süddt österr*) ✦ *umg*: aufmachen ◇ öffnen – **2.** ⟨*von Personen in der Reihe*⟩ aufrücken · nachrücken

**aufschreiben:** niederschreiben · aufzeichnen · zu Papier bringen · aufs Papier werfen ✦ *gehoben*: dem Papier anvertrauen

**Aufschrift:** Beschriftung · Aufdruck • Etikett

**Aufschub:** **1.** ⟨*das Hinausschieben eines Termins*⟩ Verschiebung • Vertagung – **2.** ⟨*zugebilligte Verlängerung*⟩ Frist · Gnadenfrist ✦ *umg*: Galgenfrist · Henkersfrist

**aufschütten:** aufwerfen ◇ aufhäufen

**aufsehen:** aufblicken · hochblicken · hochschauen · emporsehen; aufschauen (*landsch*) ✦ *umg*: aufgukken

**Aufsehen: A. erregen:** Staunen erregen · Aufmerksamkeit erregen · große Beachtung finden · Furore machen • Staub aufwirbeln ◇ beeindrucken

**aufsehenerregend:** sensationell · eklatant ◇ bedeutsam · epochemachend

**Aufseher:** Wärter · Aufsicht · Aufsichtführender • Wächter ✦ *umg*: Aufpasser

**aufsetzen:** auf den Kopf setzen · auf den Kopf stülpen · aufstülpen • überstülpen

**Aufsicht:** Beaufsichtigung · Kontrolle • Überwachung

**aufspielen: sich a.:** wichtig tun · sich wichtig machen; sich aufblähen (*abwert*) • das große Wort führen ✦ *umg*: sich [wie ein Frosch] aufblasen · sich aufpusten · den großen Mann spielen ✦ *salopp*: große Töne spucken / schwingen · das Maul / die Klappe aufreißen ✦ *derb*: die Schnauze aufreißen ◇ angeben · prahlen

**aufspringen:** **1.** ⟨*sich erschreckt aufrichten*⟩ in die Höhe fahren · auffahren · in die Höhe schnellen · aufschnellen · hochschnellen · hochfahren – **2.** ⟨*von der Haut gesagt: rissig werden*⟩ aufplatzen · rauh werden · spröde werden

**aufspüren:** auffinden · ausfindig machen · aufstöbern

**Aufstand:** Empörung · Rebellion · Revolte • Meuterei ◇ Revolution

**aufstapeln:** stapeln • auftürmen ◇ aufhäufen · aufschichten

**aufstehen:** **1.** ⟨*sich vom Lager erheben*⟩ sich erheben ✦ *umg*: sich auf die Beine stellen • hochkommen · sich hochrappeln – **2.** ⟨*sich vom Sitzplatz erheben*⟩ sich erheben • hochkommen ✦ *derb*: mit seinem Arsch hochkommen

**aufstellen:** **1.** ⟨*Zelt, Bude, Baracke od. dgl.*⟩ aufschlagen · aufrichten · aufbauen – **2.** ⟨*eine Person, Personen an einen Ort stellen*⟩ postieren · plazieren · hinstellen – **sich a.:** sich postieren · Aufstellung nehmen ✦ *umg*: sich aufpflanzen · sich aufbauen – **3.** ⟨*eine Formation bilden*⟩ zusammenstellen · formieren

**aufstoßen:** *umg*: rülpsen • ein Bäuerchen machen

**aufstützen: sich a.:** sich auflehnen · sich lehnen |aufl · sich stützen |aufl · sich aufstemmen

**auftauchen:** **1.** ⟨*aus dem Wasser*⟩ emportauchen · emporkommen · hochkommen – **2.** ⟨*plötzlich sichtbar werden*⟩ erscheinen · zum Vorschein kommen · aufwachsen |vor jmdm.| – **3.** ⟨*von einer Idee, einem Gedanken:*

*plötzlich bewußt werden*⟩ aufblitzen · aufsteigen · aufdämmern
**auftauen:** wegtauen · aufschmelzen ◇ schmelzen · tauen
**aufteilen:** nach Gruppen ordnen · aufgliedern ◇ ausgeben · einteilen
**auftischen:** auftragen · servieren · vorlegen; vorsetzen (*oft abwert*) ✦ *gehoben*: auftafeln ✦ *umg*: anfahren / auffahren lassen · aufmarschieren lassen
**auftragen: 1.** ⟨*eine Schicht auf etw. bringen*⟩ aufbringen · aufstreichen • verreiben ✦ *umg*: aufschmieren – **2.** ⟨*von Kleidung: bis zur völligen Abnutzung tragen*⟩ abtragen ✦ *umg*: aufschleppen
**auftreten:** den Fuß / die Füße aufsetzen
**aufwachen:** erwachen · wach / munter werden · die Augen aufschlagen • aus dem Schlaf auffahren · sich den Schlaf aus den Augen reiben
**aufwallen:** aufbrodeln · aufsteigen · emporwallen ◇ aufbrausen
**Aufwand: unnötiger A.:** großes Aufgebot ✦ *salopp*: Brimborium · Tamtam · Sums ◇ Prunk – **A. treiben:** *umg*: Staat machen
**Aufwärtsentwicklung:** Aufschwung · Auftrieb · Aufstieg · Aufwärtstrend ◇ Fortschritt
**aufweichen:** durchweichen • durchfeuchten
**aufwenden:** aufbieten · einsetzen · daransetzen • hineinstecken · mobilisieren ✦ *gehoben*: daranwenden ✦ *umg*: dransetzen
**aufwerfen: sich a.** |zu|: sich aufschwingen |zu| · sich erheben |zu| • usurpieren ◇ die Macht übernehmen
**aufwischen:** auftrocknen; aufnehmen · auffeudeln · aufwaschen (*landsch*)
**aufzählen: 1.** ⟨*Fakten aufreihen*⟩ aufführen · herzählen • anführen – **2.** ⟨*Geld*⟩ herzählen ✦ *umg*: hinblättern
**aufziehen: 1.** ⟨*Unwetter*⟩ aufkommen · heraufziehen · sich zusammenbrauen · sich zusammenziehen · hochziehen · im Anzug sein · sich nähern – **2.** ⟨*ein Lebewesen bis zum Erwachsensein betreuen*⟩ großziehen · heranziehen · hochbringen
**aufzwingen:** aufoktroyieren · diktieren
**Auge:** Sehorgan • Augapfel ✦ *umg*: Gucker; Guckäuglein (*kinderspr*) ✦ *salopp*: Glotzauge
**Augenblick: 1.** ⟨*bestimmter Zeitpunkt*⟩ Moment – **2.** ⟨*kurzer Zeitraum*⟩ Moment · Sekunde · Weile ✦ *umg*: Weilchen
**ausarten:** sich auswachsen · ausufern · überhandnehmen • unzumutbar werden
**ausatmen:** den Atem / die Luft ausstoßen ✦ *umg*: auspusten ◇ atmen
**ausbauen: 1.** ⟨*baulich im Umfang verbessern*⟩ erweitern · vergrößern – **2.** ⟨*die Zusammenarbeit, Beziehungen od. dgl. verbessern*⟩ erweitern · entwikkeln · vertiefen • festigen
**ausbessern:** flicken · ausflicken • stopfen ◇ reparieren
**ausbeuten:** auspowern · auspressen · ausplündern · aussaugen · das Mark aus den Knochen saugen; exploitieren (*veraltet*) • ausnutzen
**Ausbeuter:** Kapitalist; Profiteur (*abwert*) ✦ *umg*: Blutsauger · Aasgeier (*abwert*) ◇ Kapitalist · Unternehmer
**Ausbildung:** Berufsausbildung • Lehre
**ausbitten: sich etw. a.:** erbitten; erbetteln (*abwert*) ✦ *gehoben*: erflehen
**Ausblick:** Warte · Aussichtspunkt; Guckinsland (*veraltend*)
**ausbrechen: 1.** ⟨*Konflikte*⟩ aufflammen · aufflackern · auflodern ✦ *ge-*

*hoben*: entflammen · entbrennen – **2.** ⟨*Schadenfeuer*⟩ auskommen (*landsch*) – **3.** ⟨*sich mit Gewalt aus dem Gewahrsam befreien*⟩ entfliehen ✦ *umg*: auskneifen · entwischen

**ausbreiten: 1.** ⟨*in seiner ganzen Breite hinlegen*⟩ hinbreiten · auseinanderbreiten • auseinanderfalten · entfalten – **2.** ⟨*die Arme zur Umarmung strecken*⟩ ausstrecken ✦ *gehoben*: breiten

**Ausbruch: 1.** ⟨*von Gefühlen*⟩ Entladung – **2.** ⟨*von Vulkanen*⟩ Eruption

**Ausdehnung: 1.** ⟨*Wachsen des Wirkungsbereichs*⟩ Ausweitung · Ausbreitung · Expansion – **2.** ⟨*räuml. Größe*⟩ Dimension · Erstreckung ◇ Größe

**ausdenken: sich etw. a.**: erdenken · ersinnen · ausklügeln · erklügeln • verfallen |auf| ✦ *umg*: austüfteln · ausknobeln · ausbrüten · ausklamüsern; aushecken (*abwert*)

**ausdrücken: 1.** ⟨*durch Druck aus etw. entfernen*⟩ auspressen · herausdrükken · herauspressen ◇ auspressen – **2.** ⟨*in sprachl. Form bringen*⟩ formulieren · zum Ausdruck bringen · in Worte fassen – **sich a.**: sich äußern ✦ *salopp*: sich ausquetschen – **3.** ⟨*Beileid*⟩ aussprechen · bekunden · bezeugen – **4. sich a.** |in|: ⟨*in etw. deutlich werden*⟩ sich zeigen |an| · sich äußern |in| · sich ausprägen |in| · zum Ausdruck kommen |in|

**ausdruckslos:** ausdrucksleer · ohne Ausdruck · ohne Mienenspiel

**ausdrucksvoll:** expressiv · mit Ausdruck • deklamatorisch · pathetisch

**Ausdrucksweise:** Sprechweise · Redeweise · Diktion

**auseinandergehen:** sich zerstreuen · sich verlaufen • sich auflösen

**auseinanderrollen:** aufrollen · entrollen • entfalten · auseinanderfalten

**auserlesen:** erlesen · ausgesucht · exquisit · von besonderer Güte · fein ◇ erstklassig

**auserwählt** (*gehoben*): auserkoren · auserlesen · ausersehen

**ausfallen:** nicht stattfinden ✦ *umg*: ins Wasser fallen ◇ wegfallen

**Ausflug:** Tour · Vergnügungsfahrt · Fahrt ins Grüne / Blaue; Lustfahrt · Landpartie (*veraltend*) ✦ *umg*: Trip ◇ Reise

**ausfragen:** aushorchen · ausforschen ✦ *umg*: auf den Zahn fühlen; ausholen (*landsch*) ✦ *salopp*: ausquetschen • ein Loch in den Bauch fragen · die Würmer aus der Nase ziehen ◇ fragen

**ausführen: 1.** ⟨*ins Freie führen*⟩ spazierenführen – **2.** ⟨*zum Ausgehen einladen*⟩ ausgehen |mit| – **3.** ⟨*ins Ausland verkaufen*⟩ exportieren – **4.** ⟨*in die Tat umsetzen*⟩ durchführen · vollziehen · tun • vornehmen ✦ *umg*: machen ◇ verwirklichen

**ausführlich:** lang und breit · eingehend · weitschweifig · in extenso • wortreich

**Ausfuhrverbot:** Embargo · Handelsembargo · Ausfuhrsperre

**Ausgabe: 1.** ⟨*ausgegebenes od. auszugebendes Geld*⟩ Geldaufwand · Aufwendung – **2.** ⟨*herausgegebenes Buch*⟩ Edition – **3.** ⟨*offizielles Aushändigen*⟩ Aushändigung • Austeilung · Verteilung

**ausgeben: 1.** ⟨*Geld verbrauchen*⟩ verbrauchen ✦ *salopp*: auf den Kopf hauen; [das Geld] zum Fenster hinauswerfen (*abwert*) – **2.** ⟨*offiziell mehreren Personen geben*⟩ aushändigen • austeilen · verteilen · vergeben ◇ aufteilen · aushändigen

**ausgedehnt:** weitläufig · weit · riesengroß · riesig ◇ groß

**ausgedient:** *umg*: ausrangiert · abgetakelt

**ausgefallen:** abseitig · verstiegen ·

absonderlich · merkwürdig ✦ *umg*: verrückt
**ausgehen**: **1.** ⟨*zu einem Vergnügen*⟩ *umg*: weggehen – **2.** ⟨*von Vorräten: aufgebraucht werden*⟩ auf die / zur Neige gehen · sich erschöpfen – **3.** ⟨*von Haaren: herausfallen*⟩ ausfallen – **4. a.** |auf|: ⟨*heimlich als Ziel anstreben*⟩ es anlegen |auf| · es abgesehen haben |auf| · hinauswollen |auf| ◇ beabsichtigen – **5. a.** |von|: ⟨*etw. an den Anfang setzen*⟩ zum Ausgangspunkt nehmen
**ausgesprochen**: geradezu · nachgerade · sehr · direkt • regelrecht
**ausgießen**: ausschütten · ausleeren ✦ *umg*: auskippen ◇ leeren
**ausgleichen**: **1.** ⟨*Unterschiede*⟩ egalisieren · einen Ausgleich schaffen · ins Gleichgewicht bringen – **sich a.**: ins Gleichgewicht kommen • sich aufheben – **2.** ⟨*etw. durch etw. anderes ersetzen*⟩ aufwiegen · kompensieren · wettmachen ✦ *umg*: herausreißen
**ausgraben**: *umg*: ausbuddeln ◇ freilegen
**Ausguß**: Ausgußbecken · Abflußbekken · Spülbecken ◇ Abfluß
**aushalten**: **1.** ⟨*bei Belastung widerstehen*⟩ standhalten · ertragen · verkraften · vertragen ✦ *umg*: einen Puff vertragen – **2.** ⟨*nicht schwach werden, nicht verzweifeln*⟩ die Zähne zusammenbeißen · standhaft bleiben · nicht wanken / weichen · hart bleiben ✦ *gehoben*: ausharren ✦ *umg*: die Ohren steifhalten ◇ standhalten
**aushändigen**: geben · überreichen · übergeben; ausfolgen (*österr*) ◇ ausgeben
**Aushang**: Anschlag · Bekanntmachung • Plakat
**aushängen**: anschlagen · durch Anschlag bekanntmachen
**ausheben**: **1.** ⟨*durch Graben herstellen*⟩ ausschachten · ausschaufeln · auswerfen • ausbaggern · baggern – **2.** ⟨*aus der Haltevorrichtung durch Heben lösen*⟩ aushängen • aus den Angeln heben
**Aushilfe**: Aushilfskraft · Hilfe · Hilfskraft
**aushöhlen**: hohl machen · höhlen • ausschaben · ausrunden
**ausholzen**: ausästen · auslichten · ausschneiden ✦ *umg*: ausputzen · aushauen
**auskennen**: **1. sich a.**: ⟨*die Sachlage aus Erfahrung kennen*⟩ Bescheid wissen ✦ *umg*: wissen, woher der Wind weht ✦ *salopp*: den Rummel / den Laden kennen ◇ durchschauen – **2. sich irgendwo a.**: ⟨*irgendwo gut Bescheid wissen*⟩ ortskundig sein · mit den Örtlichkeiten vertraut sein · Bescheid wissen
**auskommen**: **a.** |mit|: zurechtkommen |mit| · reichen |mit| ✦ *umg*: [aus]langen |mit| · hinkommen |mit| ◇ ausreichen
**auskundschaften**: erkunden · ausforschen · ausspionieren ✦ *umg*: ausschnüffeln (*abwert*) ✦ *salopp*: ausbaldowern ◇ sich orientieren
**Auskunft**: Bescheid · Information
**auslachen**: verlachen • belachen · belächeln ✦ *umg*: eine Nase drehen ◇ verspotten
**auslassen**: **1.** ⟨*nicht berücksichtigen*⟩ weglassen · beiseite lassen · unter den Tisch fallen lassen • aussparen – **2.** ⟨*Speck*⟩ ausschmelzen • zerlassen – **3. a.** |an|: ⟨*jmdn. zum Anlaß nehmen, seinen Ärger loszuwerden*⟩ abreagieren |an|
**auslegen**: **1.** ⟨*die Innenfläche eines Raumes, Behältnisses bedecken*⟩ auskleiden · ausschlagen – **2.** ⟨*einen Text zu erklären versuchen*⟩ deuten · ausdeuten · interpretieren • auffassen · herauslesen – **3.** ⟨*leihweise für jmdn. bezahlen*⟩ verauslagen

**Auslese:** Elite · die Besten · das Beste • Auswahl ✦ *gehoben:* die Blüte
**ausliefern:** in jmds. Gewalt geben · preisgeben • überantworten · opfern
**auslösen:** anfachen · entfachen · ins Rollen bringen · entfesseln
**ausmalen:** kolorieren · illuminieren • austuschen
**Ausmaß:** Ausdehnung · Dimension · Umfang • Weite · Höhe · Tiefe ◇ Größe
**ausmergeln:** auszehren · auslaugen · aussaugen ◇ entkräften
**Ausnahme:** Ausnahmefall · Ausnahmeerscheinung • Einzelfall · Einzelerscheinung · Sonderfall
**ausnehmen:** ausweiden · ausschlachten • aufbrechen (*weidm*)
**ausnutzen / ausnützen:** **1.** ⟨*aus jmdm. Vorteil ziehen*⟩ ausbeuten ✦ *umg:* das Geld aus der Tasche ziehen · als melkende Kuh betrachten ✦ *salopp:* ausnehmen – **2.** ⟨*die Leistung voll in Anspruch nehmen*⟩ auslasten
**auspacken:** auswickeln · wickeln |aus|
**ausplaudern:** weitererzählen · weitersagen · plaudern · schwatzen ✦ *umg:* ausplappern · aus der Schule plaudern · ausplauschen ✦ *salopp:* ausposaunen · austrompeten · auspakken · singen · quatschen · ausquatschen
**auspressen:** ausdrücken · ausquetschen • entsaften ◇ ausdrücken
**ausquartieren:** exmittieren ✦ *umg:* raussetzen ✦ *salopp:* rausschmeißen
**ausrauben:** ausplündern; leer machen (*scherzh, verhüll*); ausräumen (*verhüll*) ◇ berauben
**Ausrede:** Ausflüchte ✦ *umg:* faule Fische • Notlüge ◇ Vorwand
**ausreden:** **1.** ⟨*zu Ende sprechen*⟩ aussprechen ✦ *salopp:* sich ausquatschen · sich auskäsen; sich aussülzen (*berlin*) – **2.** ⟨*in bezug auf etw. durch Worte umstimmen*⟩ abbringen |von| · abhalten |von| · dazu bewegen, von etw. abzulassen
**ausreichen:** reichen · hinreichen ✦ *umg:* langen · auslangen ◇ auskommen |mit|
**ausreißen:** herausreißen; ausraufen (*selten*) • auszupfen ✦ *umg:* herausrupfen · ausrupfen
**Ausreißer** (*umg*): Durchbrenner; Durchgänger (*veraltend*)
**ausringen** (*landsch*): auswringen · auswinden
**ausrollen:** auswalzen; austreiben (*österr*)
**ausruhen: sich a.:** ruhen · sich entspannen · ausspannen · Atem schöpfen · eine Ruhepause einlegen · [sich] ausrasten ✦ *umg:* verschnaufen · sich verpusten; [sich] ausschnaufen (*süddt österr*) ◇ ausspannen · rasten
**ausrutschen:** ausgleiten ✦ *umg:* ausglitschen (*landsch*)
**ausschalten:** abstellen · abschalten ✦ *umg:* ausdrehen · ausmachen · ausknipsen ◇ abstellen
**Ausschau: A. halten |nach|:** ausschauen |nach| · ausspähen |nach| · aussehen |nach| · ausblicken |nach| ✦ *umg:* ausgucken |nach| · sich die Augen aussehen |nach| ◇ hinaussehen
**ausscheiden:** **1.** ⟨*eine Tätigkeit / seine Position aufgeben*⟩ gehen · aufhören; den Dienst quittieren (*veraltend*); abmustern · abheuern (*seem*) ✦ *umg:* • aussteigen – **2.** ⟨*eine Gruppe, Organisation verlassen*⟩ austreten ✦ *umg:* • aussteigen – **3.** ⟨*als Möglichkeit ausgeschlossen sein*⟩ außer Betracht stehen / bleiben · nicht in Frage / Betracht kommen
**Ausscheidungskampf:** Ausschei-

dungswettkampf · Ausscheidung • Ausscheidungsspiel

**ausschimpfen:** schelten · auszanken · ausschelten ✦ *umg*: ausbürsten ◇ tadeln · zurechtweisen

**ausschließen:** **1.** ⟨*jmdm. die weitere Zugehörigkeit versagen*⟩ ausstoßen; disqualifizieren · sperren (*Sport*) · exkommunizieren (*kathol Kirche*) ◇ verstoßen – **2. sich a.**: ⟨*absichtlich nicht teilnehmen*⟩ sich ausnehmen · sich fernhalten • für sich bleiben

**ausschließlich:** **1.** ⟨*nur eines betreffend*⟩ alleinig · uneingeschränkt · ohne Einschränkung – **2.** ⟨*niemand anders als …, nichts anderes als …*⟩ einzig und allein · allein · nur

**ausschmücken:** **1.** ⟨*mit Dekor versehen*⟩ verschönern · ausgestalten · dekorieren; ausstaffieren (*veraltend*) – **2.** ⟨*Text*⟩ ausmalen; ausspinnen (*abwert*)

**Ausschnitt:** Dekolleté · Halsausschnitt ✦ *salopp*: Schaufenster · Briefkasten (*scherzh*)

**ausschöpfen:** ausbeuten • ausnutzen ✦ *umg*: ausschlachten

**Ausschuß:** **1.** ⟨*gewählte Körperschaft für bestimmte Aufgaben*⟩ Kommission · Komitee • Beirat · Rat · Gremium – **2.** ⟨*mangelhafte Ware*⟩ Flickwerk ✦ *umg*: Pfuscharbeit · Schluderarbeit · Pfusch · Murks · Gehudel · Bruch; Schrutz (*landsch*) ◇ Schluderei · Schund

**Ausschweifung:** Exzeß · Orgie

**aussehen: a.** |**wie**|: den Eindruck machen / erwecken, als … · einen bestimmten Anblick bieten; ausschauen |wie| (*landsch*)

**Aussehen:** Erscheinungsbild · Erscheinung · Anblick · Äußeres • Typ

**außen:** an / auf der Außenseite

**Außenseite:** das Äußere · Exterieur

**außer:** **1.** ⟨*Präposition*⟩ ausgenommen · abgesehen |von| · mit Ausnahme von · bis auf ◇ ohne – **2. a. [wenn]:** ⟨*Konjunktion*⟩ ausgenommen [wenn / daß] · es sei denn[, daß]

**außerdem:** darüber hinaus · weiter · überdies · ferner · zudem · obendrein; weiters (*österr*) • auch · und ◇ daneben · dazu

**außergewöhnlich:** beispiellos · ohne Beispiel · außerordentlich · unvergleichlich · ungewöhnlich · vom Üblichen abweichend; extraordinär (*veraltend*) • bewundernswert · erstaunlich

**äußerlich:** **1.** ⟨*außen wahrnehmbar, anwendbar*⟩ an der Außenseite – **2.** ⟨*dem äußeren Verhalten nach*⟩ nach außen hin

**äußern:** sagen · bemerken · von sich geben · zum Ausdruck bringen – **sich ä.**: seine Meinung kundtun · Stellung nehmen ✦ *umg*: sich auslassen; sich ausbreiten (*abwert*)

**aussetzen:** **1.** ⟨*von Motoren: nicht weiterlaufen*⟩ stehenbleiben · stillstehen ✦ *umg*: bocken – **2.** ⟨*von Menschen: vorübergehend aufhören*⟩ innehalten · pausieren · ruhen ✦ *umg*: • 'ne Fuffzehn machen ◇ rasten

**Aussicht:** Ausblick · Blick

**aussichtslos:** hoffnungslos · ausweglos – **a. sein:** nicht zum Erfolg führen · ohne Aussicht auf Erfolg sein · daraus wird nichts ✦ *umg*: da ist nichts zu wollen · Essig sein |mit|

**aussondern:** aussortieren · auslesen · aussieben • ausgliedern

**ausspannen:** Ferien / Urlaub machen · sich erholen ◇ ausruhen

**aussparen:** frei lassen · Platz lassen

**aussperren:** ausschließen · nicht hereinlassen · den Zutritt verweigern / verwehren

**Aussprache:** **1.** ⟨*Art des Aussprechens*⟩ Artikulation • Betonung · Tonfall – **2.** ⟨*klärendes Gespräch*⟩ Meinungs-

austausch · Gedankenaustausch • Diskussion · Debatte · Beratung · Gespräch ◇ Beratung
**aussprechen: 1.** ⟨*etw. in bestimmter Weise sprechen*⟩ artikulieren • betonen – **2. offen a.**: ⟨*ohne Hemmung seine Meinung äußern*⟩ offen sagen · seine Meinung sagen · kein Blatt vor den Mund nehmen · nicht hinter dem Berg halten |mit| – **3. sich a.**: ⟨*seinen Kummer mitteilen*⟩ sein Herz ausschütten · seinem Herzen Luft machen ✦ *umg*: sich erleichtern · sich alles von der Seele reden ✦ *salopp*: sich ausquatschen ◇ sich jmdm. anvertrauen
**Ausspruch:** Satz · Sentenz • Bonmot
**ausspülen:** aushöhlen · auswaschen
**ausstatten: a. |mit|**: ausrüsten |mit| · ausstaffieren |mit| · versehen |mit|
**ausstauben:** ausschütteln
**aussteigen:** heraussteigen · herausklettern; sich hinaushieven (*norddt*)
**ausstellen: 1.** ⟨*ein amtliches Dokument anfertigen*⟩ ausfertigen • ausschreiben – **2.** ⟨*zur Ansicht, zum Verkauf sichtbar aufstellen*⟩ zur Schau stellen
**Ausstellung:** Exposition · Schau
**Ausstellungsobjekt:** Exponat · Ausstellungsgegenstand · Ausstellungsstück
**aussterben:** vergehen · verschwinden · untergehen ✦ *umg*: sich auf dem Aussterbeetat befinden
**ausstrahlen:** senden · übertragen ✦ *umg*: bringen
**Ausstrahlung:** Atmosphäre · Fluidum ✦ *gehoben*: Flair · Air
**ausstrecken: 1.** ⟨*vom Körper, von Gliedmaßen: völlig strecken*⟩ ausrekken • abstrecken – **2. sich a.**: ⟨*sich im Liegen strecken*⟩ sich ausrecken · sich rekeln · sich dehnen ✦ *salopp*: alle viere von sich strecken
**ausströmen:** austreten · herausströmen · entweichen
**austoben: sich a.**: sich ausleben • sich nichts versagen
**austragen: 1.** ⟨*zu den Empfängern schaffen*⟩ zustellen · bestellen – **2.** ⟨*zur Entscheidung bringen*⟩ ausfechten · durchfechten · auskämpfen · durchkämpfen · zur Austragung bringen
**austreten: 1.** ⟨*die Harnblase entleeren*⟩ Wasser lassen · urinieren · seine Notdurft verrichten; sich erleichtern (*scherzh*); sein Geschäft verrichten · ein kleines Geschäft machen · einen Bach machen · Pipi machen · pullern · lullern (*kinderspr*) ✦ *umg*: klein machen ✦ *salopp*: pinkeln · eine Stange Wasser in die Ecke stellen · puschen ✦ *derb*: pissen · schiffen · seichen · brunzen – **2.** ⟨*den Darm entleeren*⟩ seine Notdurft verrichten; sich erleichtern (*scherzh*); sein Geschäft verrichten · ein großes Geschäft machen · Aa machen (*kinderspr*) ✦ *umg*: groß machen ✦ *salopp*: einen Kaktus pflanzen ✦ *derb*: kacken · scheißen
**austrinken:** leeren • ausschlürfen · ex trinken ✦ *salopp*: aussaufen
**ausüben: einen Beruf a.**: einer Tätigkeit nachgehen · etw. betreiben · etw. treiben • praktizieren
**Auswahl: 1.** ⟨*das Auswählen*⟩ Selektion · Wahl – **2.** ⟨*Ware zum Auswählen*⟩ Kollektion · Mustersammlung · Palette – **3.** ⟨*ausgewählte Mannschaft*⟩ Auswahlmannschaft • Besetzung · Equipe ◇ Mannschaft
**auswählen:** wählen · aussuchen ✦ *gehoben*: erwählen · erküren ✦ *umg*: herausfischen
**auswandern:** emigrieren · außer Landes gehen · das Land verlassen · dem Land den Rücken kehren · eine neue Heimat suchen

**auswärtig:** von auswärts kommend · von auswärts stammend
**auswärts:** **1.** ⟨*in Richtung nach außen*⟩ nach außen – **2.** ⟨*an einem anderen Ort*⟩ außerhalb · nicht am Ort – **3.** ⟨*nicht zu Hause*⟩ außer Haus · außerhalb
**auswechseln:** austauschen · ersetzen |durch|
**Ausweg:** Hilfe · rettende Lösung; Hintertürchen (*oft spött*) ✦ *umg*: Dreh
**ausweichen:** **1.** ⟨*zur Seite weichen*⟩ ausbiegen · aus der Bahn / dem Weg gehen · Platz machen – **2.** ⟨*vermeiden wollen*⟩ zu entgehen suchen · sich entziehen ✦ *umg*: sich herumdrücken |um| · sich drehen und wenden; einen Eiertanz aufführen · sich drücken · kneifen (*abwert*)
**Ausweis:** Legitimation · Ausweiskarte · Ausweispapiere · Papiere ◇ Paß · Personalausweis
**ausweisen:** **1.** ⟨*den Aufenthalt im Land verbieten*⟩ verweisen |aus| · des Landes verweisen · aus dem Land weisen; abschieben (*abwert*) • vertreiben · fortjagen ◇ verbannen – **2.** **sich a.:** ⟨*seine Identität nachweisen*⟩ sich legitimieren · seine Papiere / den Paß vorzeigen
**ausweiten:** **1.** ⟨*durch Gebrauch weiter machen*⟩ ausdehnen · weiten • ausbeulen – **sich a.:** sich ausdehnen · sich weiten – **2.** **sich a.:** ⟨*an Umfang, Intensität zunehmen*⟩ anwachsen · anschwellen · sich ausdehnen • sich aufblähen · sich aufbauschen
**auswendig:** aus dem Gedächtnis · aus dem Kopf • ohne Vorlage
**auswerfen:** ausschleudern · ausstoßen ✦ *gehoben*: ausspeien · speien ✦ *umg*: ausspucken · spucken
**Auswurf:** Sputum (*Med*) ✦ *salopp*: Qualster · Aule; Seemannspudding (*landsch*)
**auszeichnen:** **1.** ⟨*durch Auszeichnung würdigen*⟩ eine Auszeichnung verleihen · ehren; dekorieren (*spött*) • prämieren – **2.** ⟨*ehrend herausstellen*⟩ mit Auszeichnung / Vorzug behandeln · ehren ✦ *gehoben*: erhöhen
**ausziehen:** **1.** ⟨*die Wohnung aufgeben / verlassen*⟩ wegziehen · fortziehen · die Wohnung aufgeben ✦ *umg*: ziehen – **2.** ⟨*Kleidungsstücke vom Körper tun*⟩ ablegen · abstreifen · abtun • abnehmen – **sich a.:** sich auskleiden · sich entkleiden • sich frei machen ✦ *gehoben*: sich entblößen · sich enthüllen ✦ *umg*: aus der Kleidung / aus den Sachen schlüpfen · sich auspellen
**Auto:** Wagen · Kraftwagen · Personenkraftwagen · PKW · Fahrzeug; Automobil (*veraltend*) ✦ *umg*: Vehikel · Kutsche (*abwert*) ✦ *salopp*: Karre · Kiste · Klapperkasten · Nukkelpinne (*abwert*)
**Autobus:** Omnibus · Bus; Autocar · Car (*schweiz*) • Obus
**automatisch:** selbsttätig · von selbst • mechanisch

# B

**Bach:** Wasserlauf; Fließ (*landsch*) • Wildbach ◇ Fluß
**Bad:** **1.** ⟨*Raum mit Badeeinrichtung*⟩ Badezimmer · Baderaum • Duschraum · Waschraum – **2.** ⟨*Kurort mit Heilbad*⟩ Kurbad · Heilbad • Badeort – **3.** ⟨*das Baden im Badezimmer*⟩ Wannenbad • Brausebad · Duschbad · Sitzbad – **4.** ⟨*Baden als Heilbehandlung*⟩ Badekur · Bäderbehandlung
**Badeanstalt:** Freibad · Schwimmbad
**baden:** **1.** ⟨*in der Wanne*⟩ ein Bad

nehmen • sich duschen ✦ *umg*: in die Wanne gehen / steigen – **2.** ⟨*in einem Gewässer*⟩ ein Bad nehmen ins Wasser gehen • schwimmen

**Bahre:** Trage · Tragbahre • Krankenbahre

**Bakterie:** Bazillus • Krankheitserreger

**bald:** **1.** ⟨*in nächster Zukunft*⟩ in Kürze · nächstens · in nächster / absehbarer Zeit ✦ *gehoben*: in Bälde · alsbald ◇ früh – **2.** ⟨*in kurzer Zeit darauf*⟩ nach kurzer Zeit · bald darauf · nach wenigen Augenblicken ✦ *gehoben*: alsbald

**Balken:** • Kantholz · Bohle

**ballen: sich b.:** sich zusammenballen · backen · klumpen

**Ballon:** **1.** ⟨*für Kinder*⟩ Luftballon – **2.** ⟨*Luftfahrzeug*⟩ Freiballon • Fesselballon

**Banause:** Barbar • Kulturbanause · Kunstbanause

**Bande:** **1.** ⟨*organisierte Gruppe von Verbrechern*⟩ Verbrecherbande · Gangsterbande · Gang – **2.** ⟨*Gruppe von Menschen, bes. von Jugendlichen, die etw. unternehmen*⟩ Rotte · Horde · Haufen · Gang · Blase (*abwert*); Schwefelbande (*veraltend*) ◇ Clique · Gruppe

**Bank:** **1.** ⟨*Geldinstitut*⟩ Sparkasse • Kreditinstitut · Notenbank · Staatsbank ✦ *umg*: Kasse – **2.** ⟨*Einrichtung zum Sitzen*⟩ Sitzbank • Eckbank · Gartenbank · Ofenbank

**Bankkonto:** Konto • Sparkonto · Girokonto · Sparkassenbuch

**Banknote:** Geldschein · Schein • Papiergeld ✦ *salopp*: Lappen (*abwert*)

**bankrott:** zahlungsunfähig ✦ *salopp*: pleite ◇ ruiniert

**Bankrott:** **1.** ⟨*Unfähigkeit, Schulden zu begleichen*⟩ Zahlungsunfähigkeit · Zahlungseinstellung · Konkurs · finanzieller Ruin · Krach • Börsenkrach ✦ *salopp*: Pleite – **2. B. machen:** ⟨*seine Zahlungsunfähigkeit erklären*⟩ den Bankrott erklären · die Zahlungen einstellen · in Konkurs gehen · Konkurs anmelden · Konkurs machen; bankrottieren (*veraltet*) ✦ *umg*: bankrott gehen ✦ *salopp*: Pleite machen / gehen

**barfuß:** mit bloßen Füßen · ohne Schuhe und Strümpfe · barfüßig

**Bargeld:** Barmittel · Barvermögen ✦ *umg*: flüssiges Kapital ◇ Geld

**barhäuptig:** ohne Kopfbedeckung · ohne Hut • bloß ✦ *gehoben*: barhaupt • entblößten Hauptes

**barsch:** schroff · grob · brüsk · rüde · kurz angebunden · rauhbeinig · naßforsch • massiv ✦ *derb*: saugrob ◇ derb · unfreundlich

**Bart:** • Schnauzbart · Schnurrbart · Backenbart · Vollbart

**Bau:** Errichtung · Erbauung ◇ Aufbau

**Bauch:** Leib • Schmerbauch ✦ *salopp*: Ranzen · Wanst

**bauchig:** gebaucht · ausladend · gewölbt

**Bauchschmerzen:** Leibschmerzen; Bauchgrimmen (*veraltend*) ✦ *umg*: Bauchweh · Bauchkneifen

**bauen:** erbauen · errichten · aufbauen ✦ *gehoben*: aufführen ✦ *umg*: hochziehen ◇ errichten

**Bauer:** Genossenschaftsbauer • Agronom · Landwirt; Landmann (*veraltet*) ✦ *umg*: Klutenpedder (*norddt*)

**Bauernhof:** Hof · Gehöft · Wirtschaft; Bauerngut · Gut (*landsch*) • Erbhof · Anwesen ✦ *salopp*: Klitsche (*abwert*)

**Baugrundstück:** Baugelände · Bauplatz · Baugrund · Bauland • Bauparzelle

**Bauprojekt:** Bauvorhaben · Bauunternehmen · Bauplan

**Baustelle:** Bauplatz · Bau

**beabsichtigen:** vorhaben · zu tun gedenken · die Absicht haben · sich mit der Absicht tragen · sich mit dem Gedanken tragen · wollen · im Auge / Sinn haben ✦ *gehoben*: sinnen |auf| · im Schilde führen ◇ ausgehen |auf|

**beachten**: **1.** ⟨*auf die Einhaltung achten*⟩ befolgen · berücksichtigen · einhalten · sich richten |nach| · beherzigen – **2.** ⟨*seine Aufmerksamkeit auf jmdn., etw. richten*⟩ achten |auf| · achtgeben |auf| · achthaben |auf| · Aufmerksamkeit schenken / zollen ◇ achten |auf|

**beachtenswert**: bemerkenswert · beachtlich ◇ anerkennenswert · respektabel

**beängstigend**: beklemmend · furchteinflößend · furchterregend

**beanspruchen**: **1.** ⟨*verlangen, worauf man Anspruch hat, zu haben glaubt*⟩ in Anspruch nehmen · Anspruch erheben |auf| · fordern · verlangen – **2.** ⟨*durch starke Inanspruchnahme belasten*⟩ viel abverlangen · beschäftigen · in Anspruch nehmen · absorbieren

**beanstanden**: bemängeln · monieren · Anstoß / Anstand nehmen |an|; Ausstellungen machen |an| (*papierdt*) • mißbilligen · reklamieren

**beantragen**: **1.** ⟨*Visum, Genehmigung*⟩ einen Antrag stellen |auf| – **2.** ⟨*einen bestimmten Beschluß fordern*⟩ vorschlagen · empfehlen

**beantworten**: antworten |auf| · eine Antwort geben |auf|

**bearbeiten**: einwirken |auf| · zusetzen · unter Druck setzen · in die Zange nehmen ✦ *umg*: in die Mangel nehmen · weichmachen ◇ bedrängen

**beauftragen**: den Auftrag geben / erteilen · befehlen · anweisen · auftragen · betrauen |mit| ✦ *gehoben*: verpflichten ◇ befehlen

**beben**: erzittern ✦ *gehoben*: erbeben · schüttern

**bebildern**: illustrieren

**bedauerlich**: schade

**bedauernswert**: beklagenswert · bemitleidenswert · beweinenswert · unglückselig ◇ jämmerlich · mitleiderregend

**bedecken**: überdecken · abdecken ◇ einhüllen · verbergen · verhängen

**bedenkenlos**: ohne Bedenken • ohne weiteres · anstandslos

**bedenklich**: heikel · kritisch · nicht geheuer ✦ *umg*: nicht ganz koscher ◇ verdächtig

**bedeuten**: **1.** ⟨*einen bestimmten Sinn haben*⟩ heißen · ausdrücken · meinen – **2.** ⟨*auf etw. schließen lassen*⟩ besagen · heißen · hindeuten |auf|

**bedeutsam**: von großer Tragweite / Wichtigkeit · groß · gravierend · epochal · epochemachend · bedeutend · bedeutungsvoll ◇ aufsehenerregend · epochemachend · wichtig

**Bedeutung**: Gewicht · Tragweite · Belang · Relevanz · Rang • Stellenwert

**bedeutungsschwer**: von tiefgreifender Bedeutung · inhaltsschwer · bedeutsam

**bedeutungsvoll** (*Blick, Miene*): vielsagend · wissend · bedeutsam • signifikant

**bedienen**: **1.** ⟨*eine Maschine*⟩ handhaben · betätigen • steuern · führen – **2. sich b.**: ⟨*sich bei Tische versorgen*⟩ zulangen · zugreifen · sich nehmen

**bedingt**: mit Einschränkung · beschränkt

**bedingungslos**: vorbehaltlos · uneingeschränkt · ohne Vorbehalt / Einschränkung / Bedingung

**bedrängen**: eindringen |auf| · dringen |in| · bestürmen · zusetzen ✦ *umg*: auf der Seele knien · auf die Naht gehen · das Haus einlaufen; benzen · penzen (*österr*) ✦ *salopp*: die Bude einlaufen / einrennen · auf die Bude / den Pelz / die Pelle rük-

ken ◇ sich aufdrängen · bearbeiten · belästigen · drängen
**bedrohen:** mit Gewaltanwendung drohen • terrorisieren
**bedrücken:** traurig / niedergeschlagen machen · belasten · deprimieren · quälen · schmerzen · schwer auf der Seele liegen · das Herz abdrükken · das Herz schwer machen · schwer zu schaffen machen ✦ *umg*: im Magen liegen · an die Nieren gehen
**bedrückend:** niederdrückend · belastend · deprimierend • niederschmetternd ◇ entmutigend · trostlos
**bedürfnislos:** anspruchslos · genügsam · ohne besondere Bedürfnisse • bescheiden
**beeilen: sich b.:** rasch / schnell machen · sich sputen; sich tummeln (*landsch*) ✦ *umg*: sich dazuhalten · sich ranhalten · fix machen · hinmachen · zumachen • die Beine unter die Arme nehmen ◇ sich abhetzen
**beeindrucken:** Eindruck machen · Bewunderung hervorrufen · imponieren · wirken |auf| • brillieren · glänzen ◇ Aufsehen erregen
**beeinflussen:** einwirken |auf| · einen Einfluß / eine Wirkung ausüben |auf|
**beeinträchtigen:** eine negative Wirkung ausüben |auf| · Abbruch tun · abträglich sein · mindern
**beenden:** beendigen · zu Ende führen / bringen · zum Abschluß bringen · abschließen • einen Schlußstrich ziehen · einen Strich darunter machen ◇ enden · erledigen
**befähigen:** fähig machen · in die Lage versetzen • die Möglichkeit geben
**befangen:** voreingenommen · parteiisch
**Befehl:** Weisung · Anordnung · Anweisung; Ukas (*scherzh*); Order (*veraltend*) • Direktive ✦ *gehoben*: Geheiß · Gebot ◇ Anordnung · Aufforderung
**befehlen: 1.** ⟨*militärisch*⟩ den Befehl geben; Order geben (*veraltend*) ✦ *gehoben*: gebieten ◇ anordnen – **2.** ⟨*an einen bestimmten Ort rufen lassen*⟩ beordern · bestellen • zitieren ✦ *gehoben*: bescheiden ◇ beauftragen · bestellen
**befehligen:** den Befehl / die Befehlsgewalt / das Kommando haben |über| · kommandieren
**Befehlsgewalt:** Befehl · Kommando · Kommandogewalt ◇ Herrschaft
**Befehlshaber:** Kommandeur · Kommandant
**befestigen:** anmachen · anbringen · festmachen ◇ anbinden · anschnallen
**Befestigungsanlage:** Befestigung · Bollwerk • Bastion ✦ *gehoben*: Wehr ◇ Festung
**befinden: sich irgendwo b.:** sich aufhalten · sein • liegen · stehen
**befördern: 1.** ⟨*Frachtgut mit Transportmittel*⟩ transportieren · expedieren · bringen / schaffen |nach| – **2.** ⟨*jmdn. in eine höhere Stellung aufrükken lassen*⟩ aufrücken lassen; avancieren lassen (*veraltend*)
**befragen:** eine Umfrage halten / veranstalten · umfragen ◇ fragen
**befreien: 1.** ⟨*Freiheit verschaffen*⟩ freikämpfen · freibekommen ✦ *umg*: herausholen · heraushauen ◇ retten – **sich b.**: sich freikämpfen – **2. b. |von|: a)** ⟨*von etw. Unangenehmem*⟩ frei machen |von| · säubern |von| – **sich b. |von|**: sich frei machen |von| · abschütteln · sich entledigen – **b)** ⟨*von einer Leistung, Verpflichtung*⟩ entbinden |von| · dispensieren |von| ◇ beurlauben – **3. sich b.:** ⟨*sich der gesellschaftl. Unterdrückung entledigen*⟩ die Fesseln / Ketten abschütteln / abwerfen / sprengen / zerbre-

chen · das Joch / die Knechtschaft abschütteln
**befreunden: sich b.**: sich anfreunden · Freundschaft schließen · Freund werden |miteinander| ◇ einander / sich jmdm. annähern
**befreundet**: engbefreundet · engverbunden – **b. sein |mit / miteinander|**: in Freundschaft verbunden sein |mit / miteinander| · Freundschaft halten |mit / miteinander| ◇ kennen
**befriedigen**: **1.** ⟨*jmds. Forderung, Erwartung*⟩ zufriedenstellen · gerecht werden · Genüge tun / leisten · jmds. Verlangen / Erwartung erfüllen ✦ *salopp*: den Rachen stopfen – **2.** ⟨*innerlich*⟩ Befriedigung verschaffen · ausfüllen – **3.** ⟨*sexuell*⟩ jmds. Verlangen stillen · glücklich machen ✦ *salopp*: es jmdm. besorgen
**befühlen**: betasten · anfassen ✦ *salopp*: befummeln · befingern ◇ anfassen
**befürchten**: fürchten · die Besorgnis hegen, daß ... • argwöhnen
**befürworten**: begrüßen · gutheißen · unterstützen ◇ billigen
**begabt**: talentiert · fähig · befähigt · hochbegabt · reichbegabt ✦ *gehoben*: begnadet · gottbegnadet ◇ genial · klug – **b. sein |für|**: das Zeug haben |zu|
**Begabung**: **1.** ⟨*Anlagen für besondere geistige od. künstlerische Fertigkeiten*⟩ Talent · Fähigkeiten · Gaben · Befähigung ✦ *umg*: Ader ◇ Auffassungsgabe – **2.** ⟨*begabter Mensch*⟩ Talent ◇ Genie
**begatten** (*von männl. Tieren*): decken · belegen · bespringen; beschälen (*fachspr*) • treten – **sich b.**: sich paaren; hecken (*landsch*)
**begegnen**: treffen · über den Weg laufen · in die Arme laufen · jmds. Weg kreuzen · sehen
**begehrt: b. sein**: gern gekauft werden · gefragt sein ✦ *umg*: reißend abgehen · weggehen wie warme Semmeln
**begeistern**: mit Begeisterung erfüllen · in Begeisterung versetzen · hinreißen · berauschen · entflammen |zu| • entzücken ✦ *gehoben*: enthusiasmieren – **sich b.**: in Begeisterung geraten · Begeisterung empfinden · trunken vor Begeisterung sein • sich erwärmen |für| ✦ *umg*: Feuer fangen
**begeistert**: hingerissen · enthusiastisch · berauscht • ekstatisch · entzückt – **b. sein**: Feuer und Flamme sein ✦ *umg*: hin sein · ganz weg sein
**begießen**: gießen; wässern (*veraltend*) • sprengen ◇ übergießen
**Beginn**: Inangriffnahme • Aufnahme · Antritt ◇ Anfang
**beglaubigen**: **1.** ⟨*Urkunde*⟩ als echt bestätigen / anerkennen; beurkunden (*Rechtsw*) ◇ bescheinigen – **2.** ⟨*diplomat. Vertreter*⟩ akkreditieren
**begleiten**: • heimbringen · nach Hause bringen ✦ *gehoben*: geleiten · das Geleit geben ✦ *umg*: bringen
**Begleiter**: **1.** ⟨*allgemein*⟩ Weggenosse · Weggefährte · Begleitung • Schatten; Trabant (*scherzh*) – **2.** *veraltend* ⟨*für ein Liebespaar*⟩ Tugendwächter (*scherzh*) ✦ *umg*: Anstandswauwau (*scherzh*)
**beglückwünschen**: gratulieren · seinen Glückwunsch / seine Glückwünsche abstatten / überbringen
**begnadigen**: die Strafe erlassen • amnestieren ◇ verzeihen
**begnügen: sich b. |mit|**: sich zufriedengeben |mit| · vorliebnehmen |mit| · sich bescheiden |mit|
**begraben**: beerdigen · bestatten · beisetzen · unter die Erde bringen ✦ *gehoben*: der Erde übergeben · zur letzten Ruhe betten
**Begräbnis**: Beerdigung · Bestattung ·

Beisetzung ✦ *gehoben*: Leichenbegängnis

**begriffsstutzig: b. sein:** schwer / langsam begreifen / auffassen ✦ *umg*: langsam schalten · eine lange Leitung haben ✦ *salopp*: Ladehemmung haben · schwer von Kapee sein · Fehlzündung haben

**begründen:** Gründe für etw. anführen · motivieren

**behagen:** zusagen · angenehm sein · Behagen bereiten ◇ gelegen sein

**behalten:** nicht aus der Hand geben · nicht hergeben • festhalten ✦ *umg*: nicht rausrücken

**behandeln: 1.** ⟨*im Umgang mit einer Person*⟩ umgehen / verfahren |mit| ✦ *umg*: umspringen |mit| – **2.** ⟨*ärztlich*⟩ ärztlich versorgen · betreuen ✦ *umg*: verarzten – **3.** ⟨*als Thema haben*⟩ handeln |von| · handeln |über| · zum Gegenstand / Inhalt haben – **4.** ⟨*im Unterricht darlegen*⟩ durchnehmen · durchsprechen · eingehen |auf| ✦ *salopp*: durchkauen ◇ erörtern

**Behandlung:** Therapie · Heilbehandlung

**beharren: b. |auf / bei|:** festhalten |an| · bestehen |auf| · nicht abgehen |von| · sich nicht abbringen lassen |von| · sich nicht beirren / irremachen lassen ◇ festbleiben

**beharrlich:** hartnäckig · zäh • konsequent · ausdauernd ✦ *umg*: stur ◇ unbeirrbar · zielbewußt

**behaupten: 1.** ⟨*als sicher ausgeben*⟩ die Behauptung aufstellen · sagen ◇ versichern – **2. sich b.**: ⟨*seine Stellung [mit Erfolg] verteidigen*⟩ bestehen · sich durchsetzen · sich [im Sattel] halten ◇ sich bewähren

**beheimatet:** heimisch ◇ ansässig

**Behelf:** Notbehelf · Notlösung · Provisorium • Behelfsmaßnahme · Notmaßnahme

**behelfsmäßig:** notdürftig · provisorisch · behelfsweise

**beherbergen:** aufnehmen · unterbringen · Unterkunft / Obdach / Asyl bieten / gewähren / geben · Unterschlupf gewähren · Quartier geben

**beherrschen: 1.** ⟨*Macht ausüben über jmdn., etw.*⟩ Gewalt haben |über| · Herr sein |über| ✦ *umg*: am Gängelband / an der Leine haben • unter dem Pantoffel haben – **2.** ⟨*Fahrzeug, Situation*⟩ meistern · in der Gewalt haben · in der Hand haben · unter Kontrolle haben – **3.** ⟨*seine Gefühle*⟩ unter Kontrolle behalten · zügeln · bändigen · bezwingen · bezähmen · im Zaume halten – **4.** ⟨*sehr gut können*⟩ verstehen · meistern · seine Sache / sein Handwerk verstehen · im Griff haben ✦ *umg*: den Bogen / Dreh heraushaben – **5. sich b.**: ⟨*seine Gefühle im Zaume halten*⟩ sich zusammennehmen · an sich halten · sich bezähmen · sich bezwingen · sich zügeln · sich im Zaume halten · sich in der Gewalt haben · sich mäßigen · die Selbstbeherrschung behalten / bewahren ✦ *umg*: sich zusammenreißen ◇ sich fassen · gelassen bleiben

**Beherrschung:** Selbstbeherrschung – **die B. verlieren:** die Fassung / Nerven verlieren · die Herrschaft über sich verlieren ✦ *umg*: den Kopf verlieren · durchdrehen · einen Rappel kriegen ◇ sich aufregen

**behindern:** hindern · hinderlich sein · Hindernisse / Schwierigkeiten in den Weg legen · erschweren · stören ✦ *umg*: einen Knüppel zwischen die Beine werfen ◇ erschweren

**behutsam: 1.** ⟨*im Umgang mit Sachen*⟩ achtsam · schonungsvoll · sorgsam · sacht · vorsichtig ◇ schonend – **2.** ⟨*im Umgang mit einer Person*⟩ rücksichtsvoll · zart · sacht · mit Feingefühl • vorsichtig ◇ sanft

**beibehalten:** aufrechterhalten · nicht

abgehen |von| · bleiben |bei| · festhalten |an| · bewahren • nicht aufgeben ✦ *gehoben*: wahren

**beibringen** (*umg*): *normalspr*: zu verstehen geben · durch die Blume / mit diplomatischem Geschick sagen ✦ *salopp*: beibiegen ◇ andeuten · anspielen |auf|

**beichten** (*kathol*): die Beichte ablegen · seine Sünden bekennen

**beide**: alle zwei · die zwei

**beiderseits**: hüben und drüben · auf / zu beiden Seiten; beidseits (*schweiz*)

**beieinander**: einer beim anderen · beisammen • zusammen · nebeneinander

**Beifall**: Applaus · Beifallklatschen • Beifallskundgebung · Beifallssturm · Ovation

**beifügen**: beilegen · beigeben · anfügen · beiordnen · zulegen; beischließen (*österr*) • anheften · beiheften

**beigesellen**: als Gefährten / Hilfe beigeben – **sich b.**: sich zugesellen · sich anschließen

**Beilage**: Beiblatt · Beiheft

**beiläufig**: nebenher · nebenbei · am Rande • en passant · in Parenthese · parenthetisch

**beilegen: sich einen Namen b.**: einen Namen annehmen ✦ *umg*: sich einen Namen zulegen

**beiliegend** (*papierdt*): als Beilage / Anlage · anbei; beigeschlossen (*österr*)

**beimengen**: beimischen · zusetzen • beigeben · beifügen

**beinahe**: fast · um ein Haar · es fehlte nicht viel und ... • nahezu · so gut wie ✦ *umg*: bald

**Beine**: *umg*: Fahrgestell · Stelzen · Gräten (*scherzh*); Haxen (*landsch*) ✦ *salopp*: Krücken ✦ *derb*: Kackstelzen

**Beischläferin**: Kebse · Kebsweib · Buhle (*veraltet*); Mätresse (*hist*) ✦ *umg*: Betthase (*scherzh*)

**Beispiel**: Exempel (*veraltend*)

**beispielsweise**: zum Beispiel · um ein Beispiel zu geben · beispielshalber; zum Exempel (*veraltend*)

**beißen**: **1.** ⟨*mit den Zähnen*⟩ zubeißen · zuschnappen – **2. sich b.** (*umg*): ⟨*farblich nicht zueinander passen*⟩ *normalspr*: nicht harmonieren · nicht zusammenpassen

**Beitrag: einen B. leisten |zu|**: beitragen |zu| · zusteuern · dazugeben · zugeben ◇ unterstützen

**bejahen**: mit ja beantworten • ja sagen

**bekämpfen**: **1.** ⟨*mit Waffen gegen Gegner*⟩ kämpfen |gegen| · antreten / angehen |gegen| • befehden · angreifen – **sich b.**: gegeneinander antreten / angehen • sich befehden – **2.** ⟨*gegen negative Entwicklung*⟩ ankämpfen |gegen| · kämpfen |gegen| · zu Felde ziehen |gegen| · vorgehen |gegen| · entgegentreten · entgegenwirken

**bekannt**: **1.** ⟨*Sache*⟩ allbekannt · bestbekannt · nicht neu • altbekannt – **2.** ⟨*Person*⟩ allbekannt ◇ berühmt – **3. b. sein**: ⟨*Sache*⟩ *umg*: herum sein · die Spatzen pfeifen es von den Dächern • amtlich sein ✦ *salopp*: einen Bart haben – **4. b. werden**: ⟨*zur Kenntnis kommen*⟩ publik werden · lautbar werden · sich herumsprechen · von Mund zu Mund gehen; kundwerden (*veraltet*) ◇ herauskommen

**Bekanntes: längst B.**: *umg*: alter Hut · alte Kamellen ✦ *salopp*: langer Bart · kalter Kaffee ◇ Gemeinplatz

**bekanntgeben**: bekanntmachen · zur Kenntnis bringen; verlautbaren (*papierdt*); kundtun · kundmachen (*veraltend*); kund und zu wissen tun (*noch scherzh*) • austrommeln · ausklingeln ◇ ankündigen · erklären · mitteilen

**bekanntlich**: bekanntermaßen · wie man weiß ◇ erfahrungsgemäß

**bekennen:** 1. ⟨*Glauben*⟩ ein Bekenntnis ablegen |für| · Zeugnis ablegen |für| – 2. ⟨*freimütig zugeben*⟩ offen gestehen · offen sagen

**Bekenntnis:** Konfession · Glaube · Glauben · Glaubensrichtung

**beklagen:** trauern |um| · weinen |um| · klagen |um| · beweinen; jammern |um| · bejammern (*abwert*)

**bekömmlich:** verträglich · leicht [verdaulich] · zuträglich ◇ eßbar

**beladen:** bepacken · befrachten • volladen · vollpacken ◇ aufladen

**belangen:** zur Verantwortung / Rechenschaft ziehen · verantwortlich machen |für| ◇ abrechnen |mit|

**belasten:** 1. ⟨*eine Last auf etw. laden*⟩ beschweren |mit| – 2. **etw. belastet jmdn.:** ⟨*etw. ist für jmdn. eine psych. Last*⟩ etw. lastet auf jmdm. · etw. hängt jmdm. an

**belästigen:** 1. ⟨*durch Stören*⟩ lästig fallen / werden · zur Last fallen ✦ *umg*: auf die Nerven gehen / fallen · den letzten Nerv töten / rauben • nicht von den Fersen gehen ✦ *salopp*: auf den Wecker gehen / fallen • nicht von der Pelle gehen ◇ sich aufdrängen · bedrängen · stören – 2. ⟨*mit Worten*⟩ behelligen · zudringlich werden · anpöbeln ✦ *umg*: anöden; anstänkern · anmotzen (*abwert*)

**beleben:** 1. ⟨*durch anregende Mittel lebhafter machen*⟩ anregen · aufmuntern · aufpeitschen • dopen ✦ *umg*: aufpulvern · aufmöbeln · aufputschen – 2. ⟨*durch Aktion in Bewegung bringen*⟩ aktivieren · ankurbeln ✦ *umg*: in Schwung bringen

**beleidigen:** in seiner Ehre verletzen · eine Beleidigung zufügen; schmähen · insultieren (*veraltend*) ✦ *umg*: schimpfieren ◇ beschimpfen · kränken

**beleidigend:** ausfallend · ausfällig · verletzend; injuriös (*veraltet*) ◇ anzüglich

**beleidigt:** verletzt ◇ gekränkt

**Beleidigung:** Ehrverletzung · Ehrenkränkung · Schmähung · Affront; Insult · Insultation · Invektive (*veraltend*); Verbalinjurie (*fachspr*) • Kränkung

**beleuchten:** Licht werfen |auf| · Licht fallen lassen |auf| · bescheinen · anleuchten · anstrahlen · bestrahlen; belichten (*selten*)

**beliebig:** nach eigenem Ermessen · nach Belieben · nach Gutdünken · so oder so • wahllos

**beliebt:** 1. ⟨*Person*⟩ geschätzt · populär ◇ achtbar · angesehen – **b. sein:** *umg*: • gut angeschrieben sein |bei| · eine Nummer / einen Stein im Brett haben |bei| – 2. ⟨*Sache*⟩ begehrt · geschätzt • en vogue

**bellen:** anschlagen; kläffen (*abwert*); Laut / Hals geben (*weidm*); blaffen (*landsch*)

**belügen:** anlügen ✦ *umg*: beschwindeln · vorschwindeln • ankohlen · verkohlen · einen Bären aufbinden ✦ *salopp*: die Jacke / Hucke volllügen ◇ betrügen · täuschen

**belustigen:** erheitern · fröhlich stimmen · zum Lachen bringen · amüsieren · ergötzen · vergnügen • zerstreuen ◇ erfreuen

**bemerken:** beobachten · die Beobachtung machen · wahrnehmen · aufmerksam werden |auf| · gewahren · gewahr werden ◇ *gehoben*: innewerden ◇ erblicken · merken

**Bemerkung:** 1. ⟨*mündlich*⟩ Äußerung • Meinungsäußerung ✦ *gehoben*: Anmerkung – 2. ⟨*schriftlich*⟩ Glosse · Randglosse · Notiz ◇ Anmerkung · Notiz

**bemühen: sich b.:** sich Mühe geben · sich anstrengen · sein Bestes tun / geben · das menschenmögliche tun ✦ *gehoben*: sich bestreben ✦ *umg*: Himmel und Hölle in Bewegung setzen • sich die Beine / Schuhsohlen

/ Hacken ablaufen ✦ *salopp*: sich abzappeln ◇ sich abmühen
**benachbart:** angrenzend · anliegend · anstoßend – **b. sein:** Haus an Haus / Tür an Tür / Wand an Wand wohnen
**benachteiligen:** zurücksetzen · hint[en]ansetzen • vernachlässigen – **benachteiligt werden:** zu kurz kommen · zurückstehen müssen · hintangesetzt / zurückgesetzt werden • ins Hintertreffen geraten ✦ *umg*: schlecht wegkommen
**benehmen: 1. sich b. können:** ⟨*die Anstandsregeln beherrschen*⟩ Lebensart zeigen · Anstand haben / besitzen · sich betragen können · Umgangsformen haben · Manieren haben ✦ *umg*: Schliff haben – **2. sich nicht b. können:** ⟨*die Anstandsregeln nicht beherrschen*⟩ keinen Anstand besitzen · keine Umgangsformen haben · keine Manieren haben ✦ *umg*: keinen Benimm haben · keine Kinderstube haben · mit dem Roller durch die Kinderstube gefahren sein – **3. sich b., als ob / wie:** ⟨*einen bestimmten Eindruck von sich erzeugen*⟩ sich den Anschein geben, als ob · so tun, als ob
**Benehmen:** Betragen · Umgangsformen · Manieren · Lebensart ✦ *umg*: Schliff · Benimm · Politur ◇ Anstand
**benommen:** leicht betäubt · dumpf ✦ *umg*: duselig · beduselt · im Dusel ✦ *salopp*: im Tran · rammdösig (*landsch*) ◇ schwindelig
**benutzen/benützen:** gebrauchen · in Gebrauch / Benutzung nehmen ◇ anwenden · verwenden
**beobachten:** nicht aus den Augen lassen · mit den Augen verfolgen · belauern; observieren (*fachspr*) ✦ *umg*: auf dem Kieker haben ◇ überwachen
**beraten: 1.** ⟨*durch seinen Rat unterstützen*⟩ Ratschläge geben / erteilen ◇ raten – **2.** ⟨*gemeinsam überlegen*⟩ beratschlagen · ausführlich besprechen · Rat halten |über| · sich besprechen • konferieren ◇ tagen
**Beratung:** Beratschlagung · Besprechung · Unterredung • Konsultation ◇ Aussprache · Sitzung · Tagung
**berauben:** • bestehlen · ausrauben · ausplündern ✦ *umg*: bis aufs Hemd ausziehen · fleddern · ausnehmen · erleichtern ◇ ausrauben
**berauschend:** betäubend · sinnverwirrend · schwer
**berechnen: 1.** ⟨*durch Rechnen feststellen*⟩ ausrechnen · errechnen • überschlagen · einen Überschlag machen; fakturieren (*kaufm*) – **2.** ⟨*in einer Rechnung mit berücksichtigen*⟩ anrechnen · in Rechnung stellen ◇ veranschlagen
**Berechnung:** Kalkül · Taktik · Politik • Spekulation
**berechtigen:** befugen · die Befugnis erteilen ◇ bevollmächtigen
**Berechtigung:** Befugnis · Recht ◇ Vollmacht
**Bereich:** Sphäre · Feld · Gebiet · Sektor ✦ *umg*: Reich · Revier · Bezirk
**bereichern: 1.** ⟨*reichhaltiger machen*⟩ reicher machen • vergrößern · erweitern – **2. sich b.:** ⟨*sich auf Kosten anderer Besitz verschaffen*⟩ *umg*: sich gesundstoßen · sich den Beutel füllen · in die eigene Tasche wirtschaften · absahnen ◇ unterschlagen
**bereinigen:** in Ordnung / ins reine bringen · [im guten] regeln · [wieder] einrenken · zurechtrücken ✦ *umg*: ins Lot bringen ✦ *salopp*: hinbiegen · geradebiegen · ausbügeln · zurechtbiegen ◇ regeln · schlichten
**bereithalten:** zur Verfügung / in Bereitschaft halten – **sich b.:** sich zur Verfügung halten · in Bereitschaft sein · bereitstehen
**bereitmachen:** herrichten · zurecht-

machen ✦ *gehoben*: bereiten ◇ vorbereiten

**bereitwillig:** willig · bereit ✦ *gehoben*: erbötig

**bereuen:** bedauern · Reue empfinden |über| · Gewissensbisse haben |wegen|; sich an die Brust schlagen · sich Asche aufs Haupt streuen (*scherzh*) • in sich gehen ◇ sich bessern

**Berg:** Erhebung · Höhe · Anhöhe • Bergkuppe ◇ Bodenerhebung · Hügel

**bergab:** [berg]abwärts · den Berg hinunter · talwärts · zu Tal • nach unten

**bergauf:** berg[auf]wärts · aufwärts · bergan · zu Berge · den Berg hinan • nach oben

**Bergrücken:** Kamm · Bergkamm · Rücken · Grat

**Bergsteiger:** Alpinist • Kletterer ✦ *gehoben*: Gipfelstürmer ✦ *umg*: Bergfex; Bergkraxler (*bes. österr*)

**Bergwerk:** Zeche · Grube · Mine

**Bericht:** Report • Schilderung · Darstellung · Rapport ◇ Mitteilung

**berichten:** Bericht erstatten |über| · einen Bericht geben |über| · referieren • schildern · darstellen ◇ darlegen · erzählen · mitteilen

**Berichterstatter:** Reporter • Korrespondent ◇ Journalist

**berichtigen:** 1. ⟨*Fehler*⟩ korrigieren · verbessern – **sich b.**: sich verbessern · sich korrigieren – 2. ⟨*eine Äußerung, Information*⟩ richtigstellen · klarstellen · klarlegen

**berücksichtigen:** 1. ⟨*bei seinem Planen, Handeln beachten*⟩ bedenken · vorbedenken · Rechnung tragen · in Rechnung ziehen · in seine Überlegungen einbeziehen ◇ mit einbeziehen – 2. ⟨*jmds. Wunsch, Anliegen entsprechen*⟩ in Betracht / Erwägung ziehen · nicht übergehen

**Beruf:** Profession · Metier · Gewerbe (*veraltend*) • erlernte Tätigkeit · Arbeit · Beschäftigung ◇ Arbeitsgebiet

**berufen: sich b. |auf|**: sich beziehen |auf| · verweisen |auf| · Bezug nehmen |auf|

**beruhen: b. |auf|**: sich gründen |auf| · basieren |auf| · fußen |auf| · sich stützen |auf|

**beruhigen:** besänftigen · beschwichtigen · zur Ruhe bringen • abwiegeln – **sich b.**: sich besänftigen · sich abkühlen · sich abreagieren ✦ *umg*: sich abregen

**berühmt:** gefeiert · weltbekannt · weltberühmt · namhaft · illuster · bedeutend · renommiert · prominent · von Weltgeltung / Weltrang ◇ angesehen · bekannt

**berühren:** 1. ⟨*körperlich*⟩ antasten · anfassen · angreifen · anrühren · antupfen · anstreifen · rühren |an| · streifen |an| · in Berührung kommen |mit| ◇ anfassen – 2. ⟨*einen Ort auf einer Reise*⟩ streifen · kurz besuchen – 3. ⟨*im Gespräch*⟩ streifen · erwähnen ✦ *umg*: antippen ◇ erwähnen

**Besatz:** Borte · Rand · Einfassung · Bordüre • Paspel · Kante

**Besatzung:** 1. ⟨*Schiff, Flugzeug*⟩ Mannschaft · Crew • Schiffsbesatzung – 2. ⟨*Truppen für die Besetzung*⟩ Besatzungstruppen

**beschädigen:** lädieren · Schaden verursachen |an| · schadhaft machen · ruinieren · in Mitleidenschaft ziehen ✦ *umg*: ramponieren • zurichten ◇ verwüsten

**beschaffen:** 1. ⟨*dafür sorgen, daß man etw. Notwendiges erhält*⟩ besorgen · herbeischaffen · heranschaffen · sorgen |für| ✦ *umg*: auftreiben · verschaffen · organisieren – 2. ⟨*eine bestimmte Geldsumme zu erhalten suchen*⟩ aufbringen ✦ *umg*: auftreiben · flüssig machen

**Beschaffenheit:** Beschaffensein · Art und Weise · Qualität • Eigenschaft

**beschäftigen:** 1. ⟨*etw. lenkt jmds. Gedanken auf etw., jmdn.*⟩ in Anspruch nehmen · bewegen • zu denken geben – 2. **sich b.** |mit|: ⟨*etw. zum Gegenstand seiner Tätigkeit machen*⟩ sich befassen |mit| · sich widmen · beschäftigt sein |mit| · arbeiten |an| · sich abgeben |mit| – 3. **sich b.** |mit|: ⟨*seine Überlegungen auf etw. richten*⟩ umgehen |mit| · sich tragen |mit| ✦ *umg*: schwanger gehen |mit| (*scherzh*)

**beschämend:** blamabel · demütigend • schändlich · schäbig

**beschämt:** voll Scham · mit Beschämung ◇ betreten · schamrot

**beschaulich:** besinnlich • kontemplativ

**bescheiden:** unaufdringlich · sich nicht in den Vordergrund stellend • zurückhaltend

**bescheinigen:** schriftlich bestätigen · schriftlich geben; attestieren (*fachspr*) • quittieren; testieren (*fachspr*) ◇ beglaubigen · bestätigen

**Bescheinigung:** Bestätigung · Nachweis • Beleg · Quittung ✦ *umg*: Schein

**beschenken:** bescheren • beglücken ✦ *gehoben*: bedenken ◇ schenken

**beschießen:** unter Beschuß / Feuer nehmen · schießen |auf| • bestreichen ✦ *umg*: beharken · bepflastern

**beschimpfen:** insultieren (*österr*) • betiteln ✦ *gehoben*: schmähen ◇ beleidigen

[1]**beschlagen** (*Glas*): anlaufen · beschwitzen ✦ *gehoben*: betauen

[2]**beschlagen** 1. ⟨*Glas; von etw. überzogen*⟩ angelaufen · trübe · blind – 2. ⟨*umfassende Kenntnisse über etw. besitzend*⟩ kundig · erfahren • belesen ✦ *umg*: sattelfest

**beschlagnahmen:** konfiszieren · einziehen · abnehmen · die Hand legen |auf|; requirieren (*milit veraltend*) ◇ pfänden

**beschleunigen:** vorantreiben · forcieren · es kurz machen ✦ *umg*: Druck dahinter machen ✦ *salopp*: Dampf / Feuer dahinter machen

**beschließen:** einen Beschluß / eine Entschließung fassen |über|

**beschmieren:** vollschmieren ✦ *gehoben*: besudeln ◇ beschmutzen

**beschmutzen:** verunreinigen · schmutzig machen; einschmutzen (*selten*) • beflecken ✦ *umg*: dreckig machen · vollmachen · verdrecken • bekleckern · beklecksen ✦ *derb*: einsauen · versauen ◇ beschmieren – **sich b.**: sich schmutzig machen • sich beflecken ✦ *umg*: sich dreckig machen · sich vollmachen · sich einschmieren • sich bekleckern · sich beschlabbern · sich beklecksen ✦ *salopp*: sich bemachen · schweinigeln · sauen ✦ *derb*: sich einsauen

**beschneiden:** schneiden · stutzen · zurechtstutzen ✦ *umg*: beschnippeln ◇ scheren

**beschnuppern:** beschnüffeln · beriechen

**beschönigen:** bemänteln · schönfärben • idealisieren ◇ verharmlosen

**beschränken:** einschränken · restringieren · Schranken setzen • dafür sorgen, daß die Bäume nicht in den Himmel wachsen · eingrenzen · beschneiden ◇ knapphalten

**beschränkt:** engstirnig · borniert · geistig begrenzt ✦ *umg*: vernagelt; unterbelichtet (*spött*) ◇ dumm · einfältig – **b. sein:** einen engen / beschränkten Horizont haben ✦ *umg*: • Scheuklappen haben

**beschreiben:** 1. ⟨*mit Worten wiedergeben*⟩ schildern • erzählen · berichten ◇ schildern – 2. ⟨*mit Schriftzeichen bedecken*⟩ vollschreiben; besudeln · beschmieren · bekritzeln (*abwert*) • beschriften

**beschuldigen: 1.** ⟨*behaupten, daß jmd. Schuld hat*⟩ anschuldigen · anklagen · zur Last legen · bezichtigen · die Schuld an etw. geben • belasten ✦ *gehoben*: zeihen – **2.** ⟨*zu Unrecht*⟩ die Schuld aufbürden · die Schuld schieben |auf| · bezichtigen ✦ *umg*: die Schuld in die Schuhe schieben · etw. unter die Weste jubeln

**Beschützer:** Schützer · Protektor ◇ Schirmherr

**beschweren: sich b. |über|:** sich beklagen |über| · Klage führen |über| · Beschwerde einlegen |wegen| · eine Beschwerde vorbringen |über| ✦ *umg*: Krach schlagen |wegen|

**beschwerlich:** mühsam · mühevoll · ermüdend · aufreibend · zermürbend · strapaziös · anstrengend · mühselig · lästig ◇ schwierig

**beschwören:** anflehen · kniefällig bitten · jmdm. zu Füßen fallen ✦ *umg*: anwinseln (*abwert*) ◇ bitten

**beseitigen:** entfernen · ausräumen · aus der Welt schaffen · aus dem Weg räumen · auslöschen · ausmerzen · aufheben ✦ *umg*: aufräumen |mit|

**besetzen: 1.** ⟨*einen Platz*⟩ belegen · freihalten · reservieren – **2.** ⟨*einen Ort, ein Land*⟩ okkupieren · einmarschieren |in|

**besiegen:** bezwingen · überwinden · niederringen · niederkämpfen · schlagen · den Sieg erringen |über| · in die Knie zwingen • matt setzen · außer Gefecht setzen · kampfunfähig machen ◇ siegen · unterwerfen

**besiegt:** • knockout · k. o. · schachmatt

**besinnen: sich b.:** sich bedenken · mit sich zu Rate gehen · nachdenken • überlegen

**Besitz:** Besitztum · Eigentum · das Seine · das Seinige · Gut ✦ *gehoben*: Eigen ◇ Besitzung · Habe

**besitzen: b. wollen:** haben wollen · reflektieren |auf| ✦ *umg*: • sich reißen |um| ◇ erstreben

**Besitzung:** Besitz · Besitztum · Haus und Hof · Landbesitz · Grundbesitz ◇ Anwesen · Besitz · Grundbesitz

**besonders:** hauptsächlich · vorwiegend · insbesondere · vor allem · vor allen Dingen · in erster Linie · vornehmlich • vorzugsweise · namentlich

**besonnen:** beherrscht · bedächtig · überlegt • umsichtig ✦ *gehoben*: bedachtsam

**besorgt:** von Sorge erfüllt · voller Sorge · voll ernster Befürchtungen · besorglich • unruhig ◇ ängstlich

**besprechen** (*ein Buch, einen Artikel*): rezensieren · eine Kritik / Rezension schreiben |über|

**bespritzen:** anspritzen · besprühen · besprengen · naß machen ✦ *umg*: vollspritzen

**bessern: sich b.: 1.** ⟨*vom Menschen*⟩ besser werden · ein anderer Mensch werden · sich zum Besseren ändern • sich eines Besseren besinnen ✦ *gehoben*: sich läutern · den alten Adam ablegen ◇ bereuen – **2.** ⟨*vom Wetter*⟩ besser werden · schöner werden ◇ sich aufklären

**Besserwisser:** Allesbesserwisser · Klugredner · Rechthaber ✦ *umg*: Neunmalkluger · Neunmalschlauer ✦ *derb*: Klugscheißer ◇ Angeber

**Bestand:** Vorrat · Fundus · Menge · Ist-Bestand · Bestandsmasse • Inventar · Lagerbestand

**Beständigkeit: 1.** ⟨*das Beständigsein*⟩ Unwandelbarkeit · Stetigkeit · Kontinuität – **2.** ⟨*vom Charakter*⟩ Festigkeit · Standhaftigkeit

**Bestandsaufnahme:** Inventur • Inventarisation

**Bestandteil:** Komponente · Element • Zubehör

**bestätigen: 1.** ⟨*Nachricht, Urteil od.*

*dgl.*⟩ als richtig / zutreffend erklären · bekräftigen ◇ bescheinigen – **2. sich b.**: ⟨*sich als richtig herausstellen*⟩ sich bewahrheiten · zutreffen ◇ eintreffen

**bestechen**: kaufen ✦ *umg*: die Hand füllen · spicken ✦ salopp: schmieren

**bestechlich**: käuflich · korrupt

**bestehen**: 1. ⟨*als Gegebenheit*⟩ existieren · dasein · vorhanden sein · sein – **2.** ⟨*eine Prüfung*⟩ absolvieren · gut abschneiden ✦ *umg*: hinter sich bringen · durchkommen ◇ ablegen – **3. b.** |auf|: ⟨*von der Erfüllung einer rechtmäßigen Forderung nicht abgehen*⟩ beharren |auf| · dringen |auf| · pochen |auf| · insistieren |auf| ✦ *umg*: nicht lockerlassen ◇ beanspruchen · fordern

**bestellen**: 1. ⟨*Lieferung*⟩ in Auftrag geben · eine Bestellung für etw. aufgeben • anfordern ◇ vorbestellen – **2.** ⟨*jmds. Erscheinen verlangen*⟩ zu sich beordern · kommen lassen · zu sich bitten · zu kommen bitten · berufen ◇ befehlen – **3.** ⟨*mitteilen lassen*⟩ ausrichten · übermitteln · die Nachricht überbringen – **4.** ⟨*Acker*⟩ bebauen · bearbeiten; beackern (*veraltend*) ◇ pflanzen

**bestimmen**: 1. b. |für|: ⟨*vorsehen*⟩ **a)** ⟨*Sachen*⟩ zudenken · haben sollen – **b)** ⟨*Personen*⟩ *gehoben*: ausersehen · auserwählen – **2.** ⟨*das Recht, die Macht haben, zu bestimmen, was geschehen soll*⟩ die Zügel in der Hand haben • herrschen ✦ *umg*: das Regiment führen; die Hosen anhaben (*scherzh*) – **3.** ⟨*wissenschaftlich ermitteln*⟩ definieren · festlegen · beschreiben

**bestimmt**: entschieden · kategorisch · apodiktisch · ausdrücklich ◇ nachdrücklich

**bestrafen**: 1. ⟨*eine Person*⟩ strafen · eine Strafe auferlegen · maßregeln · ins Gericht gehen |mit| ✦ *umg*: einen Denkzettel verabreichen / verpassen · eine Strafe aufbrummen – **2.** ⟨*ein Vergehen*⟩ strafen ✦ *gehoben*: ahnden

**bestreiten**: in Abrede stellen · abstreiten · leugnen · ableugnen · für nicht zutreffend erklären • anfechten

**bestürzt**: entsetzt · fassungslos · konsterniert · wie vor den Kopf geschlagen · aus der / außer Fassung · betroffen ✦ *umg*: verdattert ◇ überrascht · verwirrt

**besuchen**: einen Besuch abstatten / machen · zu Besuch kommen · aufsuchen ✦ *gehoben*: seine Aufwartung machen · beehren ✦ *umg*: auf die Bude rücken; überfallen (*scherzh*) • auf einen Sprung / Husch vorbeikommen

**betäuben**: 1. ⟨*Schmerz*⟩ schmerzunempfindlich machen; anästhesieren · narkotisieren (*fachspr*); chloroformieren (*veraltet*) – **2.** ⟨*Wahrnehmungsfähigkeit*⟩ benebeln · benommen machen · berauschen

**beteiligen**: 1. ⟨*einen Teil abgeben*⟩ teilhaben lassen |an| · finanziellen Anteil geben |an| · partizipieren lassen – **2. sich b.**: ⟨*aktiv beitragen*⟩ Anteil haben |an| · mitmachen · mitwirken · teilnehmen |an| · mit von der Partie sein • seine Hände / Finger im Spiel haben (*abwert*) ◇ teilnehmen · mitwirken

**betonen**: 1. ⟨*Wort, Silbe*⟩ den Ton legen |auf| · akzentuieren – **2.** ⟨*mit Nachdruck äußern*⟩ hervorheben · unterstreichen · herausstellen · herausstreichen · geltend machen · Gewicht legen |auf| · besondere Bedeutung beimessen

**betrachten**: sich ansehen · sich besehen · in Augenschein nehmen · beaugenscheinigen ✦ *umg*: begucken · sich angucken ✦ *salopp*: beschnuppern

**beträchtlich**: beachtlich · stattlich ·

ansehnlich · respektierlich · respektabel ✦ *umg*: anständig · nicht von Pappe · nicht von schlechten Eltern
**Betrag:** Summe · Geldsumme
**betragen:** sich belaufen |auf| · ausmachen · sich beziffern |auf|
**betreffen:** anbelangen · anbetreffen · sich beziehen |auf| ◇ es handelt sich |um|
**betreten:** verlegen · peinlich berührt ✦ *umg*: wie ein begossener Pudel ✦ *salopp*: bedeppert · bedrippt ◇ beschämt
**betriebsbereit:** einsatzbereit · betriebsfertig · einsatzfertig
**betrinken: sich b.:** sich bezechen · sich einen Rausch antrinken ✦ *umg*: sich beschwipsen · sich einen [Schwips] antrinken · einen über den Durst trinken · zu tief ins Glas gukken ✦ *salopp*: einen verlöten · sich einen Affen antrinken · sich die Nase begießen · einen auf die Lampe gießen · sich beduseln · sich vollaufen lassen; sich betütern (*berlin*) ✦ *derb*: sich besaufen · sich vollsaufen · sich einen ansaufen ◇ trinken
**betrüben:** bekümmern · die Freude verderben · traurig machen · traurig stimmen ◇ kränken
**Betrug:** Schwindel · Gaunerei • Schiebung · Bauernfang · Nepp ✦ *umg*: Schummelei · krumme Sache · fauler Zauber ✦ *salopp*: Schmu ✦ *derb*: Beschiß ◇ Täuschung
**betrügen:** **1.** ⟨*sich durch Täuschung Vorteil verschaffen*⟩ übervorteilen ✦ *umg*: hereinlegen · begaunern · übers Ohr hauen · über den Löffel balbieren · das Fell über die Ohren ziehen ✦ *salopp*: leimen · lackieren · anschmieren · aufs Kreuz legen · behumpsen · Schmu machen ✦ *derb*: anscheißen ◇ belügen · hintergehen · täuschen – **2.** ⟨*die eheliche Treue brechen*⟩ ehebrechen · Ehebruch begehen · untreu sein ✦ *umg*: fremdgehen – **3.** ⟨*dem Ehemann nicht treu sein*⟩ Hörner aufsetzen · zum Hahnrei machen
**betrunken:** volltrunken · stockbetrunken; alkoholisiert (*österr*) ✦ *gehoben*: bezecht · trunken · berauscht ✦ *umg*: angeschlagen · hinüber ✦ *salopp*: blau · sternhagelvoll · groggy · fett · knille · voll wie eine Haubitze; beschickert · betütert (*landsch*) ✦ *derb*: besoffen ◇ angeheitert – **b. sein:** *umg*: schwer geladen haben · Schlagseite haben · weiße Mäuse sehen ✦ *salopp*: einen Affen haben · einen sitzen haben · einen in der Krone haben · den Kanal voll haben
**Betrunkenheit:** Trunkenheit • Delirium ✦ *salopp*: Besoffenheit ◇ Rausch
**Bett:** *umg*: Klappe · Koje · Falle · Nest · Kahn; Heia (*kinderspr*) ◇ Schlafgelegenheit
**betteln:** fechten • anbetteln ✦ *salopp*: schnorren · Klinken putzen
**beugen** (*Gramm*): flektieren; abwandeln (*veraltet*) • deklinieren · konjugieren
**Beule:** **1.** ⟨*durch Stoß verursachte Anschwellung des Gewebes*⟩ Schwellung ✦ *umg*: Horn; Brausche (*landsch*) – **2.** ⟨*durch Stoß verursachte Wölbung, Vertiefung an einem Gegenstand*⟩ Delle · Eindellung · Einbeulung
**beunruhigen:** in Sorge / Unruhe versetzen · unruhig machen · alarmieren
**beurlauben:** **1.** ⟨*zeitweilig von den Pflichten befreien*⟩ entbinden |von| · suspendieren |von| ◇ befreien – **2.** ⟨*arbeitsfreie Zeit zur Erholung gewähren*⟩ Urlaub geben • freigeben
**beurteilen:** begutachten · bewerten · einschätzen · denken |über| · halten |von| ✦ *umg*: eintaxieren
**Bevölkerung:** die Bewohner · Bewohnerschaft; Population (*selten*)

**bevorzugen:** vorziehen · den Vorzug geben · lieber mögen · eine besondere Vorliebe haben |für| ◇ vorziehen

**bewachen:** wachen |über| · beaufsichtigen · nicht aus den Augen lassen · aufpassen |auf| ◇ überwachen

**bewähren: sich b.:** seinen Mann stehen ◇ sich behaupten

**bewährt:** altbewährt · alterprobt · erprobt • probat ◇ zuverlässig

**bewegen:** rühren · regen – **sich b.:** sich rühren · sich regen · eine Bewegung machen

**beweglich:** mobil • transportabel · verrückbar · versetzbar

**bewegungslos:** regungslos · reglos · unbeweglich · unbewegt · ohne Bewegung • starr · erstarrt – **b. dastehen:** • wie angewurzelt dastehen · wie aus Erz gegossen dastehen

**Beweis: 1.** ⟨*Richtigkeitserweis*⟩ Zeugnis · Erweis · Nachweis • Beweismittel · Beweisgrund ◇ Argument – **2.** ⟨*etw. Kennzeichnendes*⟩ Zeichen · Erweis · Ausdruck • Kostprobe

**beweisbar:** erweisbar · belegbar · unwiderlegbar; erweislich (*veraltet*)

**beweisen: 1.** ⟨*die Richtigkeit erweisen*⟩ den Beweis führen / erbringen |für| · unter Beweis stellen · den Nachweis führen |für| · nachweisen • dokumentieren – **2.** ⟨*zeigen, daß etw. jmdm., einer Sache innewohnt*⟩ unter Beweis stellen · erkennen lassen · zeigen · offenbar werden lassen

**bewenden: es b. lassen |mit / bei|:** belassen · lassen · auf sich beruhen lassen · abgetan / erledigt sein lassen

**bewerben: sich b. |um|:** sich bemühen |um|; ansuchen |um| (*papierdt*) • werben |um| · nachsuchen |um| ✦ *gehoben*: einkommen |um|

**bewerkstelligen:** zustande bringen · zuwege bringen ✦ *umg*: anstellen · managen ✦ *salopp*: drehen · fingern · deichseln · hinbiegen · hinkriegen ◇ erreichen · meistern

**bewölken: sich b.:** sich beziehen · sich bedecken · sich trüben · sich eintrüben

**bewölkt:** bedeckt · bezogen · wolkig · trübe · verhangen

**bewundern:** bestaunen • anstaunen

**bewußt: 1.** ⟨*wissend*⟩ wissentlich · mit Bewußtsein · in vollem Bewußtsein · mit klarem Verstande ◇ absichtlich – **2.** ⟨*bereits erwähnt*⟩ besagt · erwähnt · betreffend • bekannt

**bewußtlos:** besinnungslos · ohnmächtig · ohne Bewußtsein · ohne Besinnung – **b. werden:** ohnmächtig / besinnungslos werden · das Bewußtsein / die Besinnung verlieren · in Ohnmacht fallen / sinken ✦ *umg*: umkippen · umsacken · zusammensacken · wegsacken ◇ zusammenbrechen

**bezahlen:** zahlen · entrichten · Geld geben |für| • honorieren ✦ *salopp*: berappen · blechen

**bezaubern:** entzücken · hinreißen · faszinieren · verzaubern · betören · bestricken

**bezaubernd:** faszinierend · hinreißend · berückend · betörend · bestrickend · verwirrend • verführerisch · unwiderstehlich ◇ entzückend · verlockend

**bezeichnen: b. |als|:** charakterisieren |als| · erklären |für| · hinstellen |als| ◇ stempeln |zu / als| – **sich b. |als|:** sich ausgeben |für / als|

**Bezeichnung:** Benennung • Betitelung

**bezeugen:** zeugen |für| · ein Zeugnis ablegen |für| · als Zeuge bestätigen / bekräftigen; bekunden (*Rechtsw*)

**beziehen: 1.** ⟨*eine Zeitschrift*⟩ halten · bestellt haben · abonniert haben – **2.** ⟨*eine Wohnung*⟩ einziehen |in| ◇ sich einmieten – **3.** ⟨*ein Federbett*⟩ überziehen |mit| – **4. b. |auf|:** ⟨*Rede-*

*ziel*⟩ in Zusammenhang bringen |mit| · in Beziehung setzen |mit|

**Beziehung:** 1. ⟨*Berührung mit anderen Personen*⟩ Verbindung · Kontakt · Konnex · Umgang · Verkehr – 2. **Beziehungen:** ⟨*vorteilhafte Beziehung*⟩ Verbindungen ✦ *umg*: Vitamin B (*scherzh*)

**beziehungslos:** zusammenhanglos · ohne Beziehung / Zusammenhang

**Bezirk:** Verwaltungsbezirk • Distrikt · Departement; Kanton (*schweiz*)

**Bezug:** Bezugnahme · Beziehung

**bezweifeln:** zweifeln |an| · anzweifeln · in Zweifel ziehen · in Frage stellen

**biegen:** • zurechtbiegen · krümmen ✦ *umg*: krumm machen

**biegsam:** flexibel · biegbar ◇ elastisch

**Biegung:** Krümmung · Bogen • Knick ◇ Kurve

**Bier:** Gerstensaft · flüssiges Brot (*scherzh*) – **ein Glas helles B.:** eine kühle Blonde · ein Blondes (*scherzh*) ✦ *umg*: eine Molle (*berlin*)

**Bierlokal:** Bierstube • Bierkeller · Stehbierhalle · Biergarten · Schenke ✦ *umg*: Schwemme · Kneipe · Bierkneipe (*landsch*) ✦ *salopp*: Budike ◇ Gaststätte

**bieten:** 1. ⟨*als Möglichkeit, es anzunehmen*⟩ in Aussicht stellen · anbieten • zur Verfügung stellen · geben · gewähren – 2. ⟨*bei einer Versteigerung*⟩ ein Angebot machen • mitsteigern – 3. **sich b.:** ⟨*als Möglichkeit*⟩ sichtbar / erkennbar werden · sich zeigen · sich darbieten · sich eröffnen

**Bilanz:** Abschlußrechnung · Kontenabschluß · Bilanzierung · Rechnungslegung

**Bild:** 1. ⟨*gemaltes, gezeichnetes Kunstwerk*⟩ • Gemälde · Aquarell · Zeichnung ✦ *salopp*: Schinken (*abwert*) ◇ Bildnis – 2. ⟨*jmds. Bild im Spiegel*⟩ Spiegelbild · Abbild – 3. ⟨*was sich dem Auge bietet*⟩ Anblick · Ansicht – 4. ⟨*bildlicher Ausdruck*⟩ Metapher · Trope · Tropus • Bildlichkeit · Allegorie · Parabel · Sinnbild · Symbol · Übertragung

**bilden:** 1. ⟨*sich durch seine Existenz ergeben*⟩ sein · darstellen · bedeuten · ausmachen – 2. **sich b.:** ⟨*sich Bildung aneignen*⟩ sich weiterbilden · sich fortbilden · sich qualifizieren

**bildlich:** figürlich · metaphorisch • allegorisch · symbolisch · sinnbildlich · gleichnishaft

**Bildnis:** Porträt · Konterfei · Bild ◇ Bild

**Bildungsgrad:** Bildungsniveau · Bildungsstufe · Bildungsstand · Niveau • Horizont

**Bildwerfer:** Projektor · Projektionsgerät · Projektionsapparat • Diaskop · Epidiaskop

**billig:** preiswert · nicht teuer · günstig · preiswürdig · preisgünstig · spottbillig; wohlfeil (*veraltet*) • erschwinglich – **billiger werden:** im Preis sinken / heruntergehen

**billigen:** zustimmen · seine Zustimmung geben |zu| · gutheißen · für gut befinden · akzeptieren ◇ befürworten · zustimmen

**binden:** 1. ⟨*Krawatte*⟩ knüpfen – 2. ⟨*Kranz*⟩ winden

**Bindfaden:** Schnur · Band ✦ *umg*: Strippe (*landsch*)

**Biographie:** Lebensbeschreibung · Lebensgeschichte · Lebensbild • Lebenslauf

**bisher:** bis jetzt · bis heute · seither · bislang

**Bissen:** Brocken ✦ *umg*: Happen ◇ Stück

**bissig:** scharf

**Bitte:** Wunsch · Anliegen · Ersuchen; Ansuchen (*veraltend*)

**bitten:** b. |um|: ersuchen |um| · flehen |um| · fragen |um| · ansprechen |um| · angehen |um|; ansuchen |um| (*veraltend*) ✦ *umg*: anbohren |um| · an-

hauen |uml ◇ anpumpen · beschwören
**blamieren:** bloßstellen · lächerlich machen · eine Blamage bereiten · dem Gelächter preisgeben · zum Gespött [der Leute] machen • kompromittieren – **sich b.:** sich lächerlich machen · sich zum Gespött [der Leute] machen · sich unmöglich machen · sich eine Blöße geben • sich kompromittieren
**blank: b. reiben:** blank putzen; wichsen (*landsch*) ✦ *umg*: wienern ◇ polieren
**blasen: 1.** ⟨*Luft ausstoßen*⟩ den Atem ausstoßen ✦ *umg*: pusten – **2.** ⟨*auf einem Blasinstrument spielen*⟩ schmettern • trompeten · posaunen ✦ *umg*: tuten
**blaß: 1.** ⟨*Gesichtsfarbe*⟩ bleich · bläßlich · blaßgesichtig · kreidebleich · kreideweiß · weiß wie die Wand · käseweiß · käsebleich · totenbleich · totenblaß · leichenblaß · grau · blutleer • bleichsüchtig – **2.** ⟨*Farbton*⟩ farblos · hell • matt – **3. b. werden:** ⟨*vor Angst im Gesicht bleich werden*⟩ erblassen · erbleichen · bleich werden
**Blatt:** • Bogen · Zettel
**bleiben:** dableiben · hierbleiben · nicht fortgehen • verharren ✦ *gehoben*: verweilen
**bleichen: 1.** ⟨*Wäsche*⟩ heller machen · aufhellen – **2.** ⟨*Haare*⟩ blondieren · blond färben
**blicken: 1.** ⟨*den Blick richten*⟩ schauen ✦ *umg*: gucken · linsen • blinzeln · zwinkern; kneisten (*landsch*) – **2.** ⟨*in bestimmter Weise mit den Augen reagieren*⟩ dreinblikken · dreinsehen · dreinschauen
**blind:** ohne Augenlicht · stockblind
**Blitz:** *gehoben*: Blitzstrahl ◇ Blitzschlag
**Blitzschlag:** Schlag · Blitz ◇ Blitz
**blond:** blondhaarig • hellblond · semmelblond · flachsblond · strohgelb · wasserstoffblond
**bloß: 1.** ⟨*Fels, Erde*⟩ unbewachsen · kahl · nackt – **2.** ⟨*nicht zugedeckt*⟩ ohne Zudeck · unbedeckt ◇ nackt
**blühen:** in Blüte stehen · in voller Pracht stehen
**Blumenstrauß:** Strauß · Bukett • Blumengewinde · Gebinde · Blumenarrangement
**Blumentopf:** Scherben (*süddt*)
**Blut:** der rote Saft · Lebenssaft; Schweiß (*weidm*)
**Blutandrang:** Andrang · Wallung • Hitzewelle · fliegende Hitze
**blutarm:** anämisch (*Med*); bleichsüchtig (*veraltend*)
**Blutbad:** Gemetzel · Metzelei · Massaker · Schlächterei (*abwert*) • Massenmord ◇ Mord
**blutbefleckt:** blutbesudelt · blutbeschmiert • bluttriefend · blutig
**bluten:** Blut verlieren; schweißen (*weidm*)
**Bluterguß:** Erguß · Blutbeule; Hämatom (*Med*)
**Blutgefäß:** Gefäß · Ader • Aorta · Kapillargefäß ◇ Schlagader · Vene
**Blutschande:** Inzest (*Med*)
**Blutserum:** Blutplasma · Plasma · Serum · Blutflüssigkeit · Blutwasser
**Bluttransfusion:** Blutübertragung · Transfusion
**bocken** (*Zug-, Reittiere*): nicht weitergehen wollen · bockig sein · störrisch sein • sich aufbäumen
**Bodenerhebung:** Bodenwelle · Bodenerhöhung · Erhebung · Welle · Buckel ◇ Berg · Hügel
**Bodensatz:** Niederschlag · Ablagerung · Absatz; Sediment (*Med*)
**Bodenverbesserung:** Bodenmelioration · Melioration • Bodenentwässerung
**Bogen: 1.** ⟨*gekrümmtes Bauteil*⟩ Rundung · Wölbung • Rundbogen · Spitzbogen – **2.** ⟨*Abzug des umbro-*

*chenen Satzes*⟩ Korrekturbogen · Umbruchabzug · Abzug ◇ Korrekturfahne

**Bogengang:** Arkaden · Laubengang

**bohren: in der Nase b.:** *umg*: popeln

**Boiler:** Warmwasserspeicher • Durchlauferhitzer · Gastherme

**bombardieren:** mit Bomben belegen ✦ *umg*: bomben

**Bon:** Gutschein • Wertmarke

**Boot:** Ruderboot · Motorboot; Nachen (*veraltet*) ✦ *umg*: Nußschale • Beiboot ◇ Paddelboot · Kahn

**Bordell:** Freudenhaus · Etablissement · öffentliches Haus (*verhüll*) ✦ *derb*: Puff · Hurenhaus

**Bordsteinkante:** Bordkante · Bordrand · Bordschwelle · Bordstein

**borgen:** leihen · verborgen · verleihen · ausborgen · ausleihen ✦ *umg*: auf Borg geben ✦ *salopp*: pumpen · verpumpen · auf Pump geben – **sich b.:** borgen · sich leihen · leihen · sich entleihen · entleihen · sich ausborgen · ausborgen · sich ausleihen · ausleihen · abborgen ✦ *salopp*: sich pumpen · pumpen – **Geld b.:** Schulden machen · einen Kredit aufnehmen · ein Darlehen aufnehmen; eine Anleihe machen (*scherzh*) • anschreiben lassen ✦ *salopp*: einen Pump aufnehmen

**bösartig:** lebensbedrohend · gefährlich · tückisch; maligne (*Med*)

**böse: 1.** ⟨*Charakter*⟩ schlecht · bösartig · übel · schlimm; arg (*veraltend*) ✦ *umg*: sauber (*iron*) ◇ boshaft · gemein – **2.** ⟨*psychische Stimmung*⟩ bitterböse · gram · voller Groll

**boshaft:** bösartig · übelwollend · übelgesinnt · infam · teuflisch · niederträchtig · tückisch · maliziös · meschant • böswillig ◇ böse · gehässig · hinterlistig – **b. sein:** voller Gift stecken · ein Teufel sein

**Bote:** Kurier · Überbringer; Sendbote (*veraltet*) • Botenjunge · Botenfrau

**Böttcher:** Faßbinder (*österr*); Küfer · Kübler · Schäffler (*landsch*)

**Bottich:** Kübel · Zuber; Bütte (*landsch*) • Faß

**bourgeois:** bürgerlich

**Bourgeoisie:** Bürgertum · Großbürgertum · die Kapitalisten · das Kapital · die Imperialisten ◇ Finanzkapital

**branden:** fluten · wogen · schlagen · prallen • sich brechen |an|

**brandschatzen:** verheeren · morden und brennen; mit Feuer und Schwert wüten (*veraltend*) ◇ Feuer legen

**Brandstifter:** Brandleger · Feuerleger · Feuerteufel

**Branntwein:** Trinkbranntwein · Schnaps · Klarer; Fusel (*abwert*) ✦ *umg*: blauer Zwirn; Rachenputzer (*scherzh*) ◇ Alkohol · Weinbrand

**braten:** rösten; backen (*landsch*) • grillen · schmoren · garen ✦ *umg*: brutzeln · schmurgeln · bräteln ◇ dünsten

**Bratkartoffeln:** Röstkartoffeln ✦ *umg*: Röster

**Bratpfanne:** Pfanne · Tiegel

**Brauch:** Sitte · Konvention • Ritus · Ritual ✦ *umg*: Mode

**brauchen: 1.** ⟨*nicht auskommen ohne etw., jmdn.*⟩ benötigen · nötig haben · Bedarf haben |an| ✦ *gehoben*: jmds., einer Sache bedürftig sein · jmds., einer Sache bedürfen; jmds., einer Sache nicht entraten können (*veraltet*) ✦ *umg*: gebrauchen · nötig haben wie das liebe Brot – **2. b. |für|:** ⟨*bestimmte Zeit für etw. benötigen*⟩ aufwenden müssen |für| · benötigen |für|

**bräunen: 1.** ⟨*Haut: durch Sonneneinwirkung*⟩ Farbe bekommen · braun werden – **2.** *Kochk* ⟨*Fleisch, Zwie-*

*beln, Mehl durch Hitze*⟩ braun werden lassen

**brausen:** rauschen · tosen · sausen • stürmen ◇ stürmen

**Brechung** (*Phys*): Ablenkung · Beugung · Refraktion

**Brei:** Mus • Püree ✦ *salopp*: Pamps · Papp (*abwert*)

**breiig:** breiartig · musig · musartig ◇ dickflüssig

**breitmachen: sich b.** (*umg*): *normalspr*: sich ausbreiten ✦ *umg*: sich dickmachen

**Bremse:** Bremsvorrichtung • Fußbremse · Handbremse ◇ Hemmschuh

**bremsen:** die Bremse betätigen • auf die Bremse treten · die Bremse anziehen · abbremsen ◇ hemmen

**brennen: 1.** ⟨*Feuer*⟩ flammen · lodern ✦ *gehoben*: lohen ◇ flackern – **2.** ⟨*Gebäude*⟩ in Flammen stehen

**brenzlig:** brandig · verbrannt; sengerig (*landsch*) • angebrannt

**Brief:** Schreiben · Zeilen • Post · Nachricht ✦ *umg*: Schrieb · Wisch (*abwert*) ◇ Schriftstück

**Briefkasten:** Postkasten • Einwurf ✦ *umg*: Kasten

**Briefmarke:** Postwertzeichen · Freimarke ✦ *umg*: Marke

**Briefumschlag:** Kuvert · Umschlag · Briefkuvert

**Briefwechsel:** Korrespondenz · Schriftwechsel · Briefverkehr · Schriftverkehr

**Briefzusteller:** Postbote · Briefträger · Zusteller · Briefbote

**Brille:** Gläser ✦ *umg*: Nasenfahrrad · Intelligenzprothese (*spött*)

**bringen:** herbringen · herschaffen · herholen · heranbringen · heranschaffen · heranholen · herbeibringen · herbeischaffen · herbeiholen ✦ *umg*: anbringen · anschleppen ◇ hinbringen · liefern

**Brosche:** Nadel · Anstecknadel · Vorstecknadel • Agraffe · Spange

**Broschüre:** Druckschrift · Heftchen · Heft · dünnes Buch

**Brötchen:** Semmel; Schrippe (*berlin*); Wecken (*süddt*)

**Brotkanten:** Kanten ✦ *umg*: Ranft · Ränftchen · Runks · Knust (*landsch*)

**Bruch: 1.** ⟨*gebrochene Zahl*⟩ Bruchzahl – **2.** ⟨*von Knochen*⟩ Knochenbruch · Fraktur · Knochenfraktur – **3. zu B. fahren:** ⟨*ein Fahrzeug durch Havarie stark beschädigen*⟩ Bruch machen |mit| ✦ *umg*: in Klump fahren

**Bruchfläche:** Bruchstelle · Bruchkante

**Bruchstück:** Fragment • Torso

**Brücke:** • Steg · Übergang · Viadukt · Überführung

**Brühe: 1.** ⟨*Speise*⟩ Fleischbrühe · Kraftbrühe · Bouillon · Brühsuppe ◇ Suppe – **2.** *salopp abwert* ⟨*minderwertiges Getränk*⟩ Gesöff · Lorke · Plempe · Plörre · Jauche

**brummen:** • brummeln · grunzen · summen · murren ◇ murmeln

**brünstig:** brunftig (*weidm*) • läufig · stierig · rossig – **b. sein:** brunften (*weidm*) • stieren · rossen · bocken · rauschen · ranzen

**Brunstzeit:** Brunst · Paarungszeit • Läufigkeit · Rauschzeit · Ranzzeit

**Brust:** Busen · Büste; Mammae (*Med*) • Atombusen ✦ *gehoben*: Paradiesäpfel · Lilienhügel (*Pl*) · Rosenhügel (*Pl*) (*veraltend, auch scherzh*) ✦ *salopp*: Vorbau · Veranda · Balkon · Holz vor der Tür · Milchladen; Titten (*norddt*)

**Brustkorb:** Brust; Thorax (*Med*); Busen (*veraltet*) ✦ *umg*: Brustkasten

**brutal: 1.** ⟨*von Menschen*⟩ gewalttätig · roh · rabiat • gefühllos · grausam ◇ entmenscht · unmenschlich – **2.** ⟨*von der Art des Vorgehens*⟩ schonungslos · rücksichtslos · rabiat ◇ rücksichtslos · umbarmherzig

**brüten:** auf den Eiern sitzen • glukken

**Brutstätte:** Brutherd · Entstehungsherd · Herd

**Bube:** Wenzel · Unter · Scharwenzel

**Buch:** Druckwerk · Band; Titel (*fachspr*) • Werk · Bestseller ✦ *umg*: Scharteke · Schmöker · Wälzer (*abwert*)

**Bücherei:** Bibliothek • Volksbücherei · Leihbücherei

**Bücherfreund:** Büchernarr · Bibliophiler; Bücherwurm (*scherzh*) • Leseratte

**Buchhandlung:** Bücherstube • Sortimentsbuchhandlung · Antiquariat ✦ *umg*: Bücherladen · Buchladen

**Bucht:** Meeresbucht • Bai · Golf

**Buckel:** krummer Rücken · Höcker; Wirbelsäulenverkrümmung (*Med*) ✦ *salopp*: Ast; Knast · Ranzen (*landsch*)

**bücken: sich b.:** sich niederbeugen · sich zur Erde beugen

**bucklig:** krumm · verwachsen ◇ mißgestaltet · verkrüppelt

**Bude:** 1. ⟨*als Verkaufsstand*⟩ Verkaufsbude · Marktbude · Kiosk ◇ Verkaufsstand – 2. ⟨*als Aufenthaltsraum*⟩ Bretterbude · Baracke • Hütte · Blockhaus · Baubude · Baubaracke ◇ Gebäude · Haus

**Bügeleisen:** Plätteisen • Dampfbügeleisen ✦ *umg*: Plätte · Eisen

**bügeln:** plätten

**Bühnendekoration:** Dekoration · Bühnenausstattung • Szenerie · Bühnenbild

**Bulle:** Stier

**Bund:** 1. ⟨*von Menschen*⟩ Bündnis · Verbindung · Vereinigung – 2. ⟨*von Ländern, Staaten*⟩ Föderation · Konföderation • Bundesstaat · Staatenbund

**Bündel:** Packen · Päckchen • Ballen

**bündeln:** zusammenschnüren · zusammenbinden · zusammenfügen

**Bündnis:** Pakt · Bund · Zusammenschluß • Allianz · Entente · Koalition

**bunt:** vielfarbig · farbenreich · farbig • grellbunt · schreiend ✦ *umg*: knallbunt ◇ farbenfroh

**bürgen: b.** |für|: 1. ⟨*allgemein*⟩ gutsagen |für| · die Bürgschaft übernehmen |für| · Bürgschaft leisten |für| · sich verbürgen |für| · einstehen |für| · die / seine Hand ins Feuer legen |für| – 2. ⟨*für jmds. finanzielle Verbindlichkeiten*⟩ eine Bürgschaft leisten |für| · Sicherheit leisten |für|

**Bürger:** 1. ⟨*Angehöriger eines Staates*⟩ Staatsbürger · Staatsangehöriger – 2. ⟨*Einwohner einer Gemeinde*⟩ Einwohner • Mitbürger – 3. *hist* ⟨*Angehöriger der Mittelschichten*⟩ Bürgersmann (*veraltend*) • Patrizier

**Bürgermeister:** 1. ⟨*dörfl. Gemeinde*⟩ Gemeindeoberhaupt; Gemeindevorsteher · Gemeindevorstand (*BRD*); Dorfschulze · Schulze (*veraltet*) – 2. ⟨*Stadt*⟩ Stadtoberhaupt • Oberbürgermeister

**Bürgschaft:** 1. ⟨*allgemein*⟩ Garantie ◇ Gewähr – 2. ⟨*für jmds. finanzielle Verbindlichkeiten*⟩ Sicherheit · Sicherheitsleistung • Bürgschaftserklärung – 3. ⟨*Haftungsbetrag*⟩ Kaution · Pfand

**Büro:** Kontor (*veraltend*); Kanzlei (*noch süddt österr schweiz*)

**Bürokrat** (*abwert*): Paragraphenreiter • Aktenkrämer · Schreiberseele · Federfuchser

**Bürokratie:** 1. ⟨*Personenkreis der Bürokraten*⟩ Beamtenapparat • Beamtenherrschaft – 2. ⟨*Denk-, Handlungsweise*⟩ Bürokratismus • Engstirnigkeit · Pedanterie · Amtsschimmel · engstirniges Administrieren

**bürsten:** 1. ⟨*Kleidung*⟩ ausbürsten • reinigen – 2. ⟨*Haare, Fell*⟩ durchbürsten • striegeln

**Buschwerk:** Gebüsch · Gesträuch · Strauchwerk • Gestrüpp · Dickicht
**büßen:** wiedergutmachen · einstehen müssen |für| · geradestehen |für| · teuer bezahlen ✦ *umg*: ausbaden · die Suppe auslöffeln ◇ sühnen
**Büstenhalter:** BH ✦ *umg*: Klößchenheber (*scherzh*)
**Butterbrot:** Butterschnitte · Scheibe Brot; Butterstulle · Stulle (*landsch*)

# C

**Café:** • Kaffeestube · Espresso · Cafeteria
**charakterfest:** charakterstark · charaktervoll ◇ unerschütterlich
**Charme:** Zauber · Reiz · das gewisse Etwas ◇ Anmut
**Chor:** • Singkreis · Singakademie ◇ Gesangverein
**Chorsänger:** Chorist • Chorknabe
**Christus:** Heiland · Erlöser · Messias · Gottessohn · der Gekreuzigte (*Rel*)
**Clique** (*abwert*): Sippschaft · Kamarilla · Klüngel ✦ *umg*: Blase ◇ Bande · Gruppe
**Clown:** dummer August · Spaßmacher; Possenreißer · Possenmacher (*veraltend*); Hanswurst · Harlekin · Pickelhering · Narr (*hist*) • Bajazzo · Hofnarr · Schalksnarr · Hofzwerg · Eulenspiegel · Kasper · Kasperle · Kobold ✦ *umg*: Faxenmacher ◇ Komiker
**Conférence:** Moderation • Ansage
**Conférencier:** Moderator • Ansager

# D

**Dachboden:** Boden; Dachstock (*landsch*)
**Dachkammer:** Mansarde · Bodenkammer · Bodengelaß · Dachzimmer; Dachstube (*landsch*)
**Dachrinne:** Regenrinne; Dachkandel · Dachkännel (*landsch*) • Dachtraufe
**Dachziegel:** Dachschindel · Schindel • Dachpfanne
**dagegen:** **1.** ⟨*vergleichend*⟩ im Vergleich dazu · verglichen damit – **2.** ⟨*entgegensetzend*⟩ hingegen · dahingegen · jedoch · indessen · indes · aber · wiederum; hinwieder · hinwiederum (*veraltend*) ◇ sondern
**daheim:** **1.** ⟨*dort, wo man zu Hause ist*⟩ zu Hause · im Kreis der Familie ✦ *umg*: in den eigenen vier Wänden; bei Muttern (*landsch*) – **2.** ⟨*dort, wo jmds. Heimat ist*⟩ in der Heimat · zu Hause
**dahinleben:** sein Leben fristen · dahinvegetieren • dahindämmern · dahinkümmern ✦ *umg*: dahinwursteln · herumkrebsen ◇ gammeln
**damals:** in jener Zeit · zu jener Zeit · in jenen Tagen · seinerzeit; dunnemals (*landsch*) ◇ früher
**Damenrock:** Rock; Schoß · Kittel (*österr*); Jupe (*schweiz*)
**damit:** **1.** ⟨*final*⟩ um ... zu; auf daß (*veraltend*) – **2.** ⟨*mit Hilfe dieser Sache*⟩ dadurch · hierdurch
**Damm:** Wall · Schutzwall · Erdwall · Aufschüttung • Deich
**dämmerig:** halbdunkel · dämmergrau · zwielichtig; schummerig (*norddt*)
**dämmern:** **1.** ⟨*von der Nacht zum Tag*⟩ grauen · tagen · hell werden · Tag werden · aufdämmern – **2.** ⟨*vom Tag zur Nacht*⟩ dunkeln · dunkel / finster

werden · Nacht werden; schummern (*norddt*)

**Dampf:** Wasserdampf; Wrasen (*norddt*) • Dampfwolke ✦ *gehoben*: Brodem ◇ Dunst

**danach:** darauf · hinterher · hierauf · dann · im Anschluß daran · anschließend · nach diesem · später · alsdann · hernach ◇ seitdem

**daneben:** 1. ⟨*örtlich*⟩ an der Seite davon · neben diesem · seitlich daran • dabei · nahebei · nebenan ◇ nahe · neben – 2. ⟨*das zeitl. Nebeneinander zweier Handlungen einer Person bezeichnend*⟩ nebenher · nebenbei · außerdem ◇ außerdem · gleichzeitig

**dank:** auf Grund [von] · infolge · durch • kraft ◇ durch · wegen

**Dank:** Dankesbezeigung · Anerkennung • Dankeswort · Erkenntlichkeit · Lohn ◇ Dankbarkeit

**dankbar:** dankerfüllt · dankbeflissen · von Dank erfüllt • zu Dank verpflichtet

**Dankbarkeit:** Dankgefühl · Dankbarkeitsgefühl ◇ Dank

**danken:** seinen Dank bekunden / ausdrücken / abstatten / abtragen · seinen Dank sagen / zum Ausdruck bringen · sich bedanken

**daran:** an dieser Stelle · dabei ✦ *umg*: dran

**darauf:** darauf folgend · dahinter · danach · hierauf • daraufhin · hieraufhin

**daraus:** hieraus ✦ *umg*: draus

**darben:** Mangel / Not leiden ✦ *umg*: am Daumen lutschen ◇ dürsten · entbehren · hungern

**darbieten:** vorführen · zum besten geben · bieten · geben · bringen ◇ aufführen · darstellen

**darin:** 1. ⟨*örtlich*⟩ drinnen · darinnen ✦ *umg*: drin – 2. ⟨*hinweisend*⟩ hierin · in diesem Punkt · in dieser Beziehung

**darlegen:** erläutern · erklären · auseinandersetzen · darstellen · skizzieren · eine Darstellung geben |von| · ein Bild entwerfen |von| · entwickeln · demonstrieren • beleuchten ◇ berichten · erklären

**Darlehen:** Anleihe

**darstellen:** 1. ⟨*bildende Kunst*⟩ abbilden · wiedergeben ◇ malen · zeichnen – 2. ⟨*Bühne, Film*⟩ spielen · verkörpern · gestalten • vorstellen · agieren ◇ darbieten

**darüber:** 1. ⟨*örtlich*⟩ *umg*: drüber ◇ oberhalb – 2. ⟨*hinweisend*⟩ dazu · hierüber · hiervon · was dies betrifft ✦ *umg*: drüber

**darunter:** 1. ⟨*örtlich*⟩ drunter – 2. ⟨*mit anderen zusammen*⟩ dazwischen · dabei · darin · unter dieser Menge

**das:** 1. ⟨*hinweisend*⟩ dies · ebendieses · ebendas – 2. ⟨*bezüglich*⟩ welches

**Dasein:** Vorhandensein · Bestehen · Existenz · Sein

**dasselbe:** ebendas ✦ *umg*: das gleiche – **immer d.**: immer das alte Lied ✦ *umg*: immer die alte Leier · immer der gleiche Trott · immer das gleiche

**Daten:** Fakten · Angaben · Befunde · Datenmaterial · Datenbestand • Werte

**Dauer:** 1. ⟨*bestimmte Zeitlänge*⟩ Zeitraum · Zeitdauer – 2. ⟨*unbegrenzte Zeitlänge*⟩ Andauern · Fortbestehen · Fortdauer · Permanenz • Stetigkeit · Endlosigkeit · Unendlichkeit

**dauerhaft:** beständig · fest · bleibend · von Dauer · unwandelbar • unverbrüchlich · unverrückbar · unzerstörbar ◇ haltbar

**dauern:** währen · anhalten · Dauer haben ◇ andauern · sich erstrecken |bis|

**dauernd:** anhaltend · permanent · beständig ◇ endlos · ewig · ununterbrochen

**davon:** dadurch · hiervon

**davonkommen:** mit heiler Haut davonkommen · am Leben bleiben · dem Tod entrinnen · durchkommen ✦ *salopp*: dem Tod von der Schippe springen

**dazu:** überdies · zudem · darüber hinaus · weiterhin · des weiteren · alsdann · ferner · fernerhin; weiters (*österr*) ◇ außerdem

**dazwischen: 1.** ⟨*am Ort*⟩ mitten darin ✦ *umg*: zwischendrin · mittendrin; mittenmang (*landsch*) ◇ inmitten – **2.** ⟨*auf den Ort weisend*⟩ mitten hinein ✦ *umg*: zwischendrein · mittendrein

**Deckbett:** Oberbett · Federdeckbett · Bettdecke ◇ Federbett

**Decke: 1.** ⟨*textiles Erzeugnis*⟩ Wolldecke ✦ *umg*: Zudeck (*landsch*) – **2.** ⟨*oberer Abschluß eines Raumes*⟩ Zimmerdecke; Plafond (*noch österr*)

**Deckel:** Topfdeckel; Stürze · Stülpe (*landsch*)

**Deckname:** falscher Name • Pseudonym

**dehnbar:** zugfähig · elastisch ◇ elastisch

**dehnen:** ausdehnen · recken · strekken · längen · in die Länge ziehen • weiten – **sich d.:** sich ausdehnen · sich recken · sich strecken • sich ausweiten

**Delegation:** • Deputation · Abordnung · Vertretung

**dementsprechend:** demgemäß

**demgegenüber:** im Vergleich dazu

**Demokratie: 1.** ⟨*im Sozialismus*⟩ sozialistische Demokratie · Volksdemokratie • Volksmacht – **2.** ⟨*im Kapitalismus*⟩ bürgerliche / parlamentarische Demokratie • Parlamentarismus

**demonstrieren:** auf die Straße gehen · eine Demonstration veranstalten ✦ *umg*: eine Demo machen

**demoralisieren: 1.** ⟨*langsam das sittl. Verhalten, Empfinden zunichte machen*⟩ die Moral untergraben / zersetzen ✦ *gehoben*: entsittlichen – **2.** ⟨*die Widerstandskraft, den Einsatzwillen lähmen*⟩ entmutigen · entnerven

**demütigen: 1.** ⟨*jmds. persönl. Würde verletzen*⟩ erniedrigen · einen Schimpf antun ✦ *salopp*: wie einen Hund behandeln – **2. sich d.:** ⟨*in würdeloser Weise um etw. bitten*⟩ sich erniedrigen · sich herabwürdigen · einen Fußfall machen · den Kanossagang antreten ✦ *umg*: Kotau machen · auf den Knien rutschen · kriechen

**denken:** Denkarbeit leisten · den Verstand anstrengen · den Geist anstrengen ◇ überlegen

**Denkmal:** Monument · Standbild • Mahnmal · Ehrenmal · Obelisk

**Denkschrift:** Memorandum · Adresse; Aide-mémoire · Note (*Diplom*)

**Denkvermögen:** Denkfähigkeit · Denkkraft ✦ *umg*: die kleinen grauen Zellen (*scherzh*) • Urteilskraft · Urteilsfähigkeit · Geisteskraft ◇ Verstand

**Denkweise:** Denkart · Denkungsart · Denkungsweise · Mentalität · Sinnesart ◇ Gesinnung

**denunzieren:** melden ✦ *umg*: angeben · ans Messer liefern ◇ verraten

**der: 1.** ⟨*hinweisend*⟩ dieser · ebender · ebendieser – **2.** ⟨*bezüglich*⟩ welcher

**derb:** grob · grobschlächtig · grobschrötig · rauh · unfein ◇ barsch

**Deserteur:** Fahnenflüchtiger

**desertieren:** fahnenflüchtig werden • seinen Posten verlassen · fliehen · überlaufen ✦ *umg*: stiftengehen

**deshalb:** deswegen · darum · daher · aus diesem Grunde · infolgedessen · ebendeshalb · ebendarum · ebendaher ✦ *umg*: aus diesem kühlen Grunde (*scherzh*)

**desinfizieren:** entseuchen · keimfrei machen ✦ *umg*: entkeimen ◇ keimfrei machen
**Dessert:** Nachtisch · Nachspeise
**destillieren:** • brennen
**deutlich:** **1.** ⟨*gut zu erkennen*⟩ scharf · klar · erkennbar · plastisch • leserlich ✦ *umg*: groß und breit – **2.** ⟨*gut zu verstehen*⟩ klar · verstehbar · verständlich – **3.** ⟨*nicht mißzuverstehen*⟩ eindeutig · unzweideutig · klar · unmißverständlich ✦ *umg*: sonnenklar ◇ offensichtlich · verständlich
**Diapositiv:** Dia ◇ Fotografie
**dicht:** **1.** ⟨*Wald, Gebüsch*⟩ undurchdringlich – **2.** ⟨*Menschenmenge*⟩ zusammengedrängt · gedrängt · eng zusammenstehend · dichtgedrängt · dicht bei dicht · Kopf an Kopf – **3.** ⟨*Absperrung*⟩ hermetisch
**dichten:** **1.** ⟨*Prosa*⟩ schreiben; schriftstellern (*oft spött*) – **2.** ⟨*Lyrik*⟩ reimen · Verse machen; den Pegasus satteln / reiten (*scherzh*); Verse schmieden (*spött*)
**Dichter:** Schriftsteller · Literat; Dichterling · Schreiberling · Skribifax (*abwert*); Musensohn · Poet · Barde (*iron*)
**Dichtkunst:** Dichtung · Poesie • Literatur ◇ Dramatik · Lyrik
**Dichtung:** Werk · Dichterwerk · literarisches Werk • Drama · Gedicht · Roman
**dick:** korpulent · dickleibig · feist · drall · üppig · massig • pausbäckig · stattlich ✦ *umg*: rund · rundlich · kugelig · mopsig · schwabbelig · nudeldick ✦ *salopp*: fett · dick und rund ◇ aufgeschwemmt · dickbäuchig · dicklich – **d. sein:** aus den Nähten geplatzt sein · auseinandergegangen sein · Speck auf den Rippen haben
**dickbäuchig:** schmerbäuchig ✦ *umg*: fettbäuchig ✦ *salopp*: dickwanstig · fettwanstig (*abwert*) ◇ dick
**Dicke:** *umg*: Kugel · Mops · Nudel; Elefantenbaby (*scherzh*) ✦ *salopp*: Maschine ✦ *derb*: Fettsau
**Dicker:** *umg*: Dickbauch · Kugel · Mops · Faß · Tonne · Kloß; Elefantenbaby (*scherzh*) ✦ *salopp*: Fettbauch · Fettsack · Fettwanst · Dickwanst ✦ *derb*: Fettsau
**dickflüssig:** zähflüssig · viskos · fadenziehend • seimig · sämig ◇ breiig · schleimig
**dicklich:** füllig · rundlich ✦ *umg*: mollig · pummelig ◇ dick
**die:** **1.** ⟨*hinweisend*⟩ diese · ebendie · ebendiese – **2.** ⟨*bezüglich*⟩ welche
**Dieb:** • Taschendieb ✦ *umg*: Langfinger · Spitzbube • Räuber
**Diebesbande** (*abwert*): *salopp*: Diebsgesindel · Diebsgelichter · Diebespack · Diebesvolk
**Diebstahl:** widerrechtliche Aneignung · Entwendung; Eigentumsdelikt · Eigentumsvergehen (*Rechtsw*) ✦ *umg*: Dieberei ✦ *salopp*: Mauserei
**Diele:** Vorraum · Entree; Ern (*landsch*) • Halle · Eingangshalle ◇ Flur
**dienen** (*veraltet*): im Dienst sein |bei| · in Stellung sein |bei|
**Diener** (*veraltend*): Domestik; Lakai (*veraltet*); dienstbarer Geist (*scherzh*) • Hausdiener · Kammerdiener · Butler; Page (*hist*)
**dienstbeflissen:** diensteifrig • übereifrig
**dienstbereit:** einsatzbereit
**Dienstgeheimnis:** Amtsgeheimnis
**diensthabend:** diensttuend · ... vom Dienst · zum Dienst eingeteilt
**Dienstleistungsbetrieb:** Dienstleistungseinrichtung · Dienstleistungskombinat
**Dienstpersonal:** Personal; Dienerschaft · Dienstleute (*veraltet*)
**Dienstraum:** Dienstzimmer · Amtszimmer; Amtsstube (*veraltend*) • Geschäftszimmer

**Dienstschluß:** Feierabend · Arbeitsschluß ✦ *umg*: Schluß
**Dienstschreiben:** Dienstsache • geheime Postsache · Verschlußsache
**dienstuntauglich:** dienstunfähig • unbrauchbar · nicht verwendungsfähig
**Diktatur: D. des Proletariats:** Arbeitermacht · Arbeiter-und-Bauern-Macht · sozialistische Staatsmacht · Volksdemokratie
**Dingsda** (*umg*): **1.** ⟨*nicht näher bezeichneter Gegenstand*⟩ *normalspr*: Ding · Sache · Etwas ✦ *salopp*: Dingsbums – **2.** ⟨*namentlich nicht bezeichneter Ort*⟩ *normalspr*: Nirgendwo ✦ *umg*: Dingsdorf · Dingskirchen
**Direktor: 1.** ⟨*einer Schule*⟩ Schulleiter ✦ *umg*: Chef · Direx (*schülerspr*) – **2.** ⟨*eines wirtschaftl. Betriebes*⟩ Leiter • Generaldirektor ✦ *umg*: Chef
**Direktsendung:** Livesendung · Originalübertragung · Direktübertragung
**Dirigent:** • Orchesterleiter · Kapellmeister
**diskriminieren:** zurücksetzen · benachteiligen ◇ herabwürdigen
**distanzieren: sich d.:** abrücken |von| · nichts zu tun haben wollen |mit| · auf Distanz gehen |zu| · sich zurückziehen |von|
**dogmatisch:** unduldsam · starr · doktrinär · engstirnig
**Donner:** Donnerschlag · Schlag • Donnerrollen · Grollen ✦ *umg*: Kracher · Bums
**donnern: es donnert:** • es grollt · es gewittert; es grummelt (*landsch*) ✦ *umg*: es kracht · es bumst; es rumpelt (*landsch*)
**doppelt:** zweifach · zwiefach • noch einmal
**Dorf:** • Weiler · Flecken · Bauerndorf ✦ *umg*: Nest ✦ *salopp*: Kuhdorf · Kaff · Drecknest · Quetsche (*abwert*) ◇ Ort
**dornig:** stachelig
**dörren: 1.** ⟨*von der Sonne in bezug auf Ackerboden*⟩ austrocknen · ausdörren – **2.** ⟨*in bezug auf Obst, Gemüse, Getreide*⟩ darren · backen · rösten ◇ trocknen
**Dorsch:** Kabeljau • Schellfisch
**dort:** da · an jenem Ort · ebendort · ebenda; daselbst · dortselbst (*veraltend*)
**dorther:** von dort · aus dieser Richtung · von da
**dorthin:** nach dort · in diese Richtung · nach da
**Dosis:** Quantum • Menge ✦ *umg*: Dose ◇ Maß
**Dotter:** Eidotter · Eigelb ✦ *umg*: Gelbei (*landsch*)
**Drache:** Lindwurm • Wurm ◇ Ungeheuer
**Drama:** Schauspiel ◇ Theaterstück
**Dramatik:** dramatische Dichtung ◇ Dichtkunst
**Dramatiker:** Dramenautor · Bühnenautor · Stückeschreiber
**drängen: 1.** ⟨*von einer Menschenmenge: sich irgendwo schiebend bewegen*⟩ schieben · drücken • zwängen · stoßen ✦ *umg*: drängeln ✦ *salopp*: rammeln – **2.** ⟨*von einer Menschenmenge: sich irgendwohin schiebend bewegen*⟩ sich irgendwohin schieben / drücken / zwängen ✦ *umg*: drängeln – **3. d.** |**zu**|: ⟨*ungeduldig antreiben, etw. zu tun*⟩ auffordern |zu| · zu bewegen suchen |zu| • zusetzen ✦ *umg*: drängeln · keine Ruhe geben; urgieren (*österr*) • quengeln ◇ bedrängen
**drastisch:** derb · vulgär · nicht salonfähig · unanständig ✦ *umg*: gepfeffert · saftig; deftig (*landsch*)
**Draufgänger:** Haudegen ✦ *umg*: toller Kerl ◇ Tausendsassa
**draußen:** außerhalb |von| · vor der Tür • im Freien · unter freiem Himmel

**Drehbuch:** Filmmanuskript · Skript • Treatment · Szenarium

**drehen:** 1. ⟨*etw. um seine Achse bewegen*⟩ kurbeln ✦ *umg:* leiern – 2. **sich d.:** ⟨*sich um seine Achse bewegen*⟩ rotieren · umlaufen

**dressieren:** abrichten; abführen (*fachspr*)

**drillen:** schinden · schleifen ✦ *umg:* zwiebeln · bimsen

**drinnen:** im Inneren · innen • inwendig

**drohen:** Drohungen ausstoßen |gegen| · die Faust schütteln / zeigen ✦ *umg:* die Faust unter die Nase halten

**dröhnen:** erdröhnen · donnern • hämmern · brummen ✦ *umg:* wummern ◇ schallen

**drüben:** auf der anderen Seite · gegenüber |von|

**Druck:** Tension (*fachspr*) • Schwere · Last · Gewicht

**drücken:** pressen · quetschen

**Druckerzeugnis:** Druckwerk · Druckschrift · Schrift

**ducken:** **sich d.:** sich klein / krumm machen · in die Hocke gehen ◇ sich kauern

**Duckmäuser** (*abwert*): Mucker ✦ *umg:* Schleicher · Leisetreter ◇ Feigling · Kriecher

**duckmäuserisch** (*abwert*): muckerisch · muckerhaft ✦ *umg:* leisetreterisch ◇ unterwürfig

**Duft:** Wohlgeruch · Odeur • Parfüm · Duftwolke

**duften:** angenehm / gut riechen · einen Duft von sich geben

**duftend:** duftreich · duftschwer · düfteschwer ◇ wohlriechend

**dumm:** ohne Verstand · mit Dummheit geschlagen · blöd · schwachköpfig · hohlköpfig · dümmlich · erzdumm · strohdumm · stockdumm · eselig ✦ *umg:* schwach im Kopf · einfältig · geistig minderbemittelt / unterbelichtet · aus / von Dummsdorf · dumm wie Bohnenstroh · dümmer als die Polizei erlaubt · mordsdumm ✦ *salopp:* behämmert · bescheuert · dämlich · dusselig · doof · total bekloppt ✦ *derb:* saudumm ◇ beschränkt · geistlos · unbegabt – **d. sein:** *umg:* das Pulver nicht erfunden haben · nicht bis drei zählen können · Stroh im Kopf haben · vor Dummheit brüllen ✦ *salopp:* die Weisheit nicht mit Löffeln gefressen haben

**Dummejungenstreich:** Lausbüberei · Dummheit ◇ Streich

**Dummkopf** (*abwert*): 1. ⟨*Mensch von geringer Intelligenz*⟩ Schwachkopf · Hohlkopf • Ignorant · Nichtskönner ✦ *umg:* Flachkopf · Strohkopf · Spatzenhirn · kein großes Licht ✦ *salopp:* Wasserkopf · Holzkopf · Nulpe · Dämlack · Dummerjan – 2. ⟨*Mensch von geringer Einsicht, töricht Handelnder*⟩ Narr · Hanswurst ✦ *gehoben:* Tor · Tropf ✦ *umg:* Kindskopf · Kohlkopf · Einfaltspinsel; Depp (*landsch*) ✦ *salopp:* Pflaumenaugust · Esel · Hammel · Schaf · Kamel · Pfeifenkopf · Döskopp · Dusseltier · Blödmann · Pinsel · Trottel · Stiesel · Armloch · Armleuchter ✦ *derb:* Hornochse · Rindvieh · blöder Arsch · Arschloch ◇ Grünschnabel · Tolpatsch · Versager

**dumpf:** 1. ⟨*nach Fäulnis riechend*⟩ muffig · moderig · dumpfig · dumpfriechend – 2. ⟨*vom Klang*⟩ dumpftönend · hohlklingend · hohl

**Dünger:** 1. ⟨*natürlich*⟩ Düngemittel · Naturdünger · natürlicher Dünger • Mist · Dung · Guano – 2. ⟨*künstlich*⟩ Kunstdünger · Düngemittel · künstlicher Dünger · Mineraldünger

**dunkel:** 1. ⟨*wenig od. nicht erhellt*⟩ finster · stockdunkel · stockfinster • schwarz ✦ *umg:* rabenschwarz · pechschwarz · pechfinster · duster –

2. ⟨*fast schwarz*⟩ dunkelfarbig · dunkelfarben
**dunkelhaarig**: schwarzhaarig · dunkel · schwarz
**Dunkelheit**: Finsternis · Dunkel • Düsternis · Düsterkeit · Finsterkeit ✦ *gehoben*: Grabesdunkel · Grabesnacht
**dünn**: **1.** ⟨*Brett, Eisdecke od. dgl.*⟩ von geringer Dicke • schwach – **2.** ⟨*Haar, Faden od. dgl.*⟩ fein · fadendünn · hauchdünn • schmal
**Dunst**: Diesigkeit · Dunstschicht · Dunstschleier; Dust (*norddt*) • Dunstglocke ◇ Dampf · Rauch
**durch**: **1.** ⟨*örtlich*⟩ hindurch · mittendurch · querdurch – **2.** ⟨*begründend*⟩ *gehoben*: vermöge · kraft; ob ⟨*veraltend*⟩ ◇ dank · wegen
**durcharbeiten**: durchstudieren ✦ *umg*: durchpflügen · durchackern · durchwühlen ◇ durchsehen
**durchblättern**: durchgehen · durchfliegen ✦ *umg*: durchwälzen ◇ durchsehen · überfliegen
**durchbohren**: **1. durchbohren**: ⟨*durch etw. bohren*⟩ durchstechen · durchstoßen – **2. durchbohren**: ⟨*bohrend durchdringen*⟩ durchschlagen · durchlochen · durchlöchern · durchsieben
**durchbrechen**: **1.** ⟨*von Brettern, Zweigen od. dgl.*⟩ in zwei Teile brechen • durchschlagen · durchhauen ◇ zerbrechen – **2.** ⟨*sich einen Durchbruch verschaffen*⟩ durchstoßen · sich durchkämpfen · eine Bresche schlagen ✦ *umg*: sich durchhauen
**durchdacht**: überlegt • ausgeklügelt ◇ wohlüberlegt
**durchdrängen**: **sich d.**: sich hindurchdrängen · sich durchzwängen · sich einen Weg bahnen · sich durcharbeiten ✦ *umg*: sich durchdrängeln · sich durchquetschen
**durchdrehen**: durch den Fleischwolf drehen; durchtreiben (*landsch*); faschieren (*österr*) ✦ *umg*: durchleiern · durchjagen · durch den Wolf jagen
**durchdringen**: hindurchdringen · durchkommen · sich durchfressen ◇ durchsickern
**durchdrücken**: **1.** ⟨*durch ein Sieb od. Tuch*⟩ durchquetschen · durchpressen · durchschlagen • durchstreichen · durchrühren · passieren · durchpassieren – **2.** ⟨*Arme, Beine*⟩ durchbiegen · strecken
**Durcheinander**: **1.** ⟨*von Dingen*⟩ Wust · Kunterbunt · Wirrwarr · Pelemele; Schurrmurr (*norddt*); Charivari (*veraltet*) ✦ *umg*: Sammelsurium · Kuddelmuddel · Gefitze • Krimskrams · Mischmasch ◇ Unordnung – **2.** ⟨*von Menschen*⟩ Getümmel · Gewimmel · Gebrodel ◇ Gedränge · Trubel
**durcheinanderbringen**: durcheinanderwerfen · in Unordnung bringen · auf den Kopf stellen • durcheinanderwürfeln
**durchessen**: **sich d.**: auf Kosten anderer essen ✦ *umg*: nassauern ✦ *salopp*: sich durchschlauchen ✦ *derb*: sich durchfressen ◇ schmarotzen
**durchfahren**: hindurchfahren • durchbrausen · durchsausen · durchrasen · durchjagen •
**Durchfall**: Diarrhöe (*Med*) • Ruhr · Dysenterie ✦ *umg*: Durchmarsch ✦ *salopp*: Dünnpfiff · flotter Otto · flotter Heinrich ✦ *derb*: Dünnschiß · Scheißerei · Scheißeritis
**durchfallen**: durch die Prüfung fallen · nicht bestehen ✦ *umg*: durchplumpsen · durchfliegen · durch die Prüfung rasseln · durchrasseln · durchrauschen ◇ versagen
**durchfeiern**: bis zum Morgen feiern • durchzechen ✦ *umg*: lange Nacht machen · durchmachen · durchsumpfen
**durchfeuchten**: durchtränken ·

durchnässen • einfeuchten · feuchtmachen · einweichen
**durchfließen:** durchströmen • durchlaufen · durchrinnen · durchfluten
**durchforschen:** erforschen · durcharbeiten ✦ *umg*: durchackern · beackern ◇ untersuchen
**durchführbar:** realisierbar · machbar ◇ möglich
**Durchgang:** Durchlaß · Passage; Durchweg (*landsch*) • Durchschlupf · Schlupfloch · Gasse
**durchgehen:** **1.** ⟨*sich gehend hindurchbewegen*⟩ hindurchgehen · gehen |durch| • durcheilen · durchrennen · durchjagen ✦ *umg*: durchlaufen · durchmarschieren – **2.** ⟨*von Zugtieren: wild davonstürmen*⟩ ausbrechen • scheuen · wild werden
**durchgreifen:** andere / drastische Maßnahmen ergreifen · energisch einschreiten • energisch werden ✦ *umg*: andere Saiten aufziehen • nicht lange fackeln · kurzen Prozeß machen
**durchhalten: nicht d.:** nicht durchstehen · auf der Strecke bleiben ✦ *umg*: schlappmachen · nicht schaffen
**durchhelfen:** *umg*: durchschleppen · durchschleifen · ins Schlepptau nehmen ◇ helfen
**durchkommen:** **1.** ⟨*durch einen Ort, ein Gebiet*⟩ durchziehen • vorbeikommen · vorüberziehen – **2.** ⟨*mit Geschick hindurchgelangen*⟩ durchgelangen · durchschlüpfen • durchhuschen · durchrutschen ✦ *umg*: durchflutschen · durchwutschen
**durchkriechen:** hindurchkriechen · durchrobben • durchklettern · sich durchschlängeln
**durchlässig:** undicht · porös • löcherig · durchlöchert · undicht ◇ [2]lekken
**durchlesen:** fertig lesen · auslesen
**durchleuchten:** röntgen · röntgenologisch untersuchen; röntgenisieren (*österr*)
**durchlügen: sich d.:** sich durchschwindeln ✦ *umg*: sich durchmogeln
**durchqueren:** **1.** ⟨*zu Fuß: einen Raum*⟩ durchschreiten ✦ *gehoben*: durchmessen – **2.** ⟨*ein Land*⟩ durchfahren · durchziehen • durchrollen – **3.** ⟨*ein Gewässer*⟩ durchfahren · durchschiffen · durchkreuzen • durchschwimmen
**durchreichen:** durchgeben · durchlangen
**durchreißen:** in zwei Teile reißen · durchtrennen • entzweireißen ✦ *umg*: durchfetzen • entzweifetzen ◇ zerreißen
**durchsagen:** durchgeben • senden
**durchschaubar:** leicht zu durchschauen · durchsichtig • vordergründig · fadenscheinig
**durchschauen:** durchblicken · durchsehen · hinter die Kulissen blicken · erkennen ✦ *umg*: durchgucken · dahintergucken • wissen, wie der Hase läuft · klarsehen · auf die Schliche kommen ◇ sich auskennen
**durchscheinen:** • durchschimmern · durchleuchten
**Durchschlag:** Kopie • Doppel · Duplikat ◇ Abschrift
**durchschlagen:** **1.** ⟨*ein Brett od. dgl.*⟩ durchhauen · in zwei Teile hauen – **2. sich d.:** ⟨*allen Widerständen zum Trotz sein Ziel erreichen*⟩ sich durchkämpfen · sich durchbeißen · sich durchschleppen · sich durchquälen ✦ *umg*: sich durchboxen; sich durchfretten (*süddt österr*)
**durchschmelzen:** durchbrennen · durchglühen ✦ *umg*: durchschmoren
**durchschneiden:** durchteilen · in zwei Teile schneiden • durchtren-

nen ✦ *umg*: durchsäbeln ◇ trennen · zerschneiden
**durchschnittlich**: im Durchschnitt ✦ *umg*: im Schnitt
**durchschütteln**: durchrütteln · durchbeuteln ✦ *umg*: • aus dem Anzug schütteln (*scherzh*)
**durchsehen**: **1.** ⟨*durch etw. sehen*⟩ durchschauen · durchblicken · hindurchsehen · hindurchschauen · hindurchblicken • durchspähen · hindurchspähen ✦ *umg*: durchgukken – **2.** ⟨*nach bestimmten Gesichtspunkten ansehen*⟩ durchgehen · durchmustern · sichten ✦ *umg*: durchgucken ◇ durchblättern
**durchsetzen**: erzwingen · erreichen · ertrotzen · durchfechten · durchdrücken • durchpauken · durchpeitschen · zur Geltung bringen · durchbringen ✦ *umg*: durchkriegen · durchboxen ◇ erreichen – **sich d.** |mit|: Erfolg haben |mit| · sich Bahn brechen |mit| · durchdringen |mit|
**Durchsicht**: Sichtung • Prüfung · Überprüfung
**durchsichtig**: transparent · lichtdurchlässig • durchscheinend · glasklar ◇ klar
**durchsickern**: durchtreten • durchlecken · durchschlagen · durchrieseln · durchtröpfeln ◇ durchdringen
**durchsieben**: durch ein Sieb schütten / rühren · sieben • durchseihen · abseihen · passieren ◇ filtern
**durchstehen**: durchhalten · bestehen
**durchstreichen**: durchkreuzen · ausstreichen • durchixen · ausixen ◇ streichen
**durchströmen**: **etw. durchströmt jmdn.**: etw. durchdringt / durchflutet / durchrieselt / durchschauert / durchzittert / durchbebt / durchwogt jmdn. ◇ etw. überkommt jmdn.
**durchsuchen**: **1.** ⟨*etw.*⟩ durchstöbern · durchforschen; durchwühlen · das Unterste zuoberst kehren (*abwert*) • visitieren ✦ *umg*: filzen · durchkramen; durchschnüffeln (*abwert*) ◇ absuchen – **2.** ⟨*jmdn.*⟩ *umg*: filzen
**durchtönen**: durchschallen · durchklingen · durchhallen ✦ *gehoben*: durchtosen
**durchwandern**: durchziehen; durchwandeln (*veraltend*) • durchstreifen · durchschweifen
**durchweg**: allgemein · fast ausnahmslos · fast ohne Ausnahme · durchgängig; durchwegs (*süddt österr*) ✦ *umg*: durch die Bank
**durchwinden**: **sich d.**: sich hindurchwinden · dich durchschlängeln • [hin]durchkriechen
**durchziehen**: **1. durchziehen**: ⟨*von Gewürzgurken od. dgl.*⟩ durchliegen ✦ *umg*: durchsein – **2. durchzogen sein** |mit|: ⟨*in größerer Anzahl in etw. eingestreut sein*⟩ durchsetzt sein |mit| · durchwuchert sein |von|
**durchzucken**: **etw. durchzuckt jmdn.**: etw. durchfährt / durchjagt jmdn.
**dürfen**: können · die Erlaubnis / Genehmigung haben • befugt / ermächtigt sein
**dürftig**: schäbig · armselig · kümmerlich · kläglich ✦ *umg*: popelig
**Dürre[r]**: *umg*: Hering · schmales Handtuch · Gerippe · Gestell
**Durst**: Durstgefühl · Durstigkeit · trockene Kehle ✦ *umg*: Brand · Riesendurst · Mordsdurst · Höllenbrand · Höllendurst
**dürsten**: **jmdn. dürstet**: jmd. hat Durst / ist durstig · jmd. verspürt Durst ✦ *umg*: jmdm. klebt die Zunge am Gaumen ◇ darben
**Dusche**: **1.** ⟨*das Duschen*⟩ Duschbad · Brausebad – **2.** ⟨*Möglichkeit zum Duschen*⟩ Duschbad · Duschgelegenheit • Duschecke · Duschkabine

**duschen:** abduschen · absprühen · abbrausen – **sich d.:** sich unter die Dusche stellen · eine Dusche nehmen · sich abduschen · sich abbrausen

**Düsenflugzeug:** Düsenmaschine · Düsenklipper · Klipper · Jet · Strahlflugzeug • Überschallflugzeug ◇ Flugzeug

**duzen:** mit du anreden · du sagen |zu| ✦ *umg*: auf Duzfuß stehen |mit| – **sich d.:** einander / sich mit du anreden · du zueinander sagen • miteinander auf du und du stehen ✦ *umg*: miteinander auf Duzfuß stehen

# E

**eben: 1.** ⟨*keine Erhebungen aufweisend*⟩ plan · platt · flach – **2.** ⟨*unmittelbar zuvor*⟩ gerade · soeben · vor einem Augenblick

**Ebenbild:** Abbild

**ebenbürtig:** gleichwertig · gleichrangig – **jmdm. e. sein:** jmdm. gewachsen sein · jmdm. gleichkommen · jmdm. nicht nachstehen • mithalten können

**ebenfalls:** gleichfalls · auch · desgleichen • gleichermaßen ◇ ebenso

**ebenso:** in gleicher Weise · so · geradeso · genauso · gleicherweise · in demselben Maße ◇ ebenfalls

**Echo:** Widerhall · Widerschall · Widerklang · Gegenhall ◇ Schall

**echt:** nicht imitiert · nicht nachgemacht · original · unverfälscht • richtig · rein

**eckig:** kantig • scharfkantig

**Ehe:** Bund fürs Leben · Ehebund • Lebensgemeinschaft ✦ *gehoben*: Ehebündnis · ewiger Bund

**Ehefrau:** Frau · Gattin · Ehegattin; Ehegenossin (*veraltend*) • Lebensgefährtin ✦ *gehoben*: Ehegemahlin · Gemahlin ✦ *umg*: Weib · Ehehälfte · Eheweib; schönere / bessere Hälfte (*scherzh*) ✦ *salopp*: Alte · Olle

**Eheleute:** Mann und Frau · Ehepaar · Paar ✦ *umg*: Ehegespann · Gespann (*scherzh*)

**ehemalig:** einstig · einstmalig · vormalig · früher · gewesen ✦ *umg*: verflossen

**Ehemann:** Mann · Gatte · Ehegenosse · Ehegatte • Lebensgefährte · Lebenskamerad ✦ *gehoben*: Ehegemahl · Gemahl · Vermählter ✦ *umg*: Ehehälfte · Göttergatte · bessere Hälfte · Herr und Gebieter (*scherzh*) ✦ *salopp*: Alter · Oller; Ehekrüppel · Eheknochen (*abwert*)

**Ehre:** Achtung · Anerkennung · Wertschätzung ◇ Ansehen

**ehren:** feiern · anerkennen • hochhalten · preisen · hochleben lassen ◇ achten

**ehrenvoll:** ehrenreich · ehrend • schmeichelhaft

**Ehrfurcht:** Pietät · achtungsvolle Scheu · Ehrerbietung ◇ Verehrung

**ehrfurchtsvoll:** ehrfürchtig · pietätvoll ◇ respektvoll

**Ehrgefühl:** Wertgefühl • Selbstachtung · Stolz

**Ehrgeiz:** Ehrsucht · Ehrbegierde · Ambition • Ruhmsucht · Geltungsbedürfnis ◇ Eifer · Geltungsbedürfnis

**ehrgeizig:** ehrsüchtig · ambitiös · ambitioniert • streberhaft · ruhmsüchtig · geltungsbedürftig ◇ eifrig

**ehrlich:** aufrichtig · wahrheitsliebend · ohne Falsch · grundehrlich • reell · redlich ◇ rechtschaffen

**ehrlos:** ohne Ehrgefühl · unehrenhaft • verächtlich · verachtungswürdig · würdelos

**ehrwürdig:** ehrfurchtgebietend · achtunggebietend · respektgebietend • verehrungswürdig ◇ würdevoll

**Eid:** • eidesstattliche Versicherung · Versicherung an Eides Statt

**Eierkuchen:** Omelett · Pfannkuchen; Eierfladen · Eierschmarren (*landsch*) • Palatschinke (*österr*)

**Eifer:** Aktivität · Beflissenheit · Eifrigkeit · Rührigkeit · Feuereifer • Betriebsamkeit · Emsigkeit · Energie ✦ *umg*: Mordseifer ◇ Ehrgeiz · Fleiß · Hingabe

**eifrig:** aktiv · beflissen · rührig • betriebsam · emsig · regsam ◇ ehrgeizig

**eigen:** privat · persönlich · jmdm. gehörig – **in eigener Sache:** pro domo · zum eigenen Nutzen · für sich selbst

**Eigenart:** Eigentümlichkeit · Eigenheit · Besonderheit · Spezifikum • Kennzeichen · Merkmal · Charakter ◇ Eigenschaft · Wesensart

**eigenmächtig:** selbstherrlich • unberechtigt · unbefugt

**Eigenschaft:** Wesensmerkmal · Wesenszug · Kennzeichen · Qualität ◇ Eigenart

**eigensinnig:** dickköpfig · hartköpfig · halsstarrig · steifnackig · stur · obstinat • starrsinnig · starrköpfig ✦ *umg*: dickschädelig ◇ widerspenstig – **e. sein:** *umg*: einen Dickkopf / Dickschädel haben · seinen Dickkopf aufsetzen

**eigenständig:** originär

**eigentlich:** im Grunde genommen · genaugenommen · strenggenommen · an und für sich · an sich ◇ grundsätzlich

**eigentümlich:** typisch · charakteristisch · kennzeichnend · bezeichnend · wesenseigen · eigen ◇ kennzeichnend

**Eignung:** Geeignetsein · Brauchbarkeit · Tauglichkeit · Befähigung

**Eile:** Eiligkeit · Gehetze · Hetze · Hast • Hektik ✦ *umg*: Hatz · Tempo ✦ *salopp*: Fitz

**eilen:** **1.** ⟨*sich mit Hast zu Fuß fortbewegen*⟩ hasten · hetzen • jagen · preschen ◇ laufen – **2. etw. eilt:** ⟨*etw. muß schnell erledigt werden*⟩ etw. drängt · etw. duldet keinen Aufschub ✦ *umg*: etw. pressiert · etw. brennt auf den Nägeln ◇ eilig

**eilends:** eiligst · in größter Eile · schleunigst · rasch ◇ sofort

**eilig:** **1.** ⟨*in Eile befindlich*⟩ hastig · in großer Eile · in wilder Hast • Hals über Kopf · überstürzt · fluchtartig ◇ rasch · schnell – **2.** ⟨*schnelle Erledigung erfordernd*⟩ dringend · dringlich · höchste Zeit ✦ *umg*: höchste Eisenbahn ◇ eilen

**einäschern:** kremieren · verbrennen

**einatmen:** **1.** ⟨*Atem in die Lunge einziehen*⟩ Atem holen · den Atem / die Luft einziehen ◇ atmen – **2.** ⟨*Rauch od. dgl. durch Atmen in die Lunge bringen*⟩ einziehen · einsaugen · inhalieren

**Einband:** Bucheinband • Einbanddecke

**einbauen:** hineinbauen • einmontieren · einsetzen · einfügen · einpassen

**einberufen:** [zum Wehrdienst] einziehen; zu den Fahnen rufen (*veraltend*) ✦ *umg*: ziehen

**einbeziehen: mit e.:** mit einrechnen · mit hinzurechnen · mit dazuzählen · mit dazurechnen · mitzählen · mitrechnen · implizieren · inkludieren ✦ *gehoben*: mit einbegreifen ◇ berücksichtigen

**einbiegen:** einschwenken • abbiegen

**einbilden: sich e.:** sich einreden · sich vormachen · sich vorspiegeln

**Einbildung:** falsche Vorstellung · Illusion · Wahn · Phantasiegebilde; Hirngespinst (*abwert*) • Wunschvorstellung · Spekulation ◇ Sinnestäuschung

**Einbildungsvermögen:** Einbildungskraft · Einbildungsgabe · Vorstellungskraft · Vorstellungsvermögen ◇ Phantasie

**Einblick:** **1.** ⟨*in Unterlagen, Akten*⟩ Einsichtnahme · Einsicht • Kenntnisnahme – **2.** ⟨*Kenntnis durch Zugang zu etw.*⟩ Kenntnis · Einsicht

**einbrechen:** **1. e.** |in|: ⟨*in eine Bank, Wohnung*⟩ einsteigen |in| · eindringen |in| · einen Einbruch verüben |in| – **2.** ⟨*auf dem Eis od. dgl.*⟩ [hin]durchbrechen ✦ *umg*: einkrachen · durchkrachen · einsacken

**einbringen:** **1.** ⟨*Ernte*⟩ unter Dach und Fach bringen • einfahren · einernten · bergen – **2.** ⟨*Nutzen*⟩ eintragen · ergeben · abwerfen · bringen

**einbürgern:** **1.** ⟨*die Staatsbürgerschaft verleihen*⟩ naturalisieren – **2.** ⟨*Tiere, Pflanzen*⟩ seßhaft werden lassen · heimisch machen – **2. sich e.:** ⟨*üblich werden*⟩ heimisch werden · zum Durchbruch kommen · sich ausbreiten; einreißen (*abwert*) ◇ sich verbreiten

**eindämmen:** **1.** ⟨*Bach, Fluß*⟩ eindeichen ✦ *gehoben*: in seine Grenzen zwingen · zähmen · bändigen – **2.** ⟨*an der Ausbreitung hindern*⟩ zurückdämmen · bändigen · unter Kontrolle bekommen · niederhalten · Einhalt gebieten · aufhalten · steuern |einer Sache|

**eindampfen:** kondensieren · eindikken; evaporieren (*fachspr*) • verdampfen

**eindringen:** **e.** |in|: einfallen |in| · hereindringen

**Eindruck:** Impression • Sinneswahrnehmung · Sinnesreiz

**eindrucksvoll:** imponierend · imposant · beeindruckend; eindrücklich (*selten*) ◇ wirkungsvoll

**einebnen:** ebnen · nivellieren · planieren • glätten · abtragen

**einfach:** ohne Luxus · schlicht · bescheiden · puritanisch · spartanisch • frugal

**Einfall:** Idee · Gedankenblitz · Inspiration · Eingebung · Geistesblitz • Intuition ◇ Schnapsidee

**einfallen: etw. fällt jmdm. ein:** jmd. kommt auf die Idee / den Gedanken · jmd. verfällt auf einen Gedanken · etw. kommt jmdm. in den Sinn ✦ *umg*: etw. schießt jmdm. durch den Kopf ◇ sich erinnern |an|

**einfallsreich:** erfindungsreich · ideenreich • phantasiebegabt · phantasiereich · phantasievoll ◇ geistreich · schöpferisch

**Einfalt:** Einfältigkeit · Naivität · Arglosigkeit · Simplizität · Tölpelei • Treuherzigkeit · Harmlosigkeit

**einfältig:** **1.** ⟨*von einfachem Gemüt*⟩ naiv · simpel · harmlos • treuherzig ◇ gutgläubig – **2.** ⟨*geistig etw. beschränkt*⟩ gimpelhaft · tölpelhaft ✦ *umg*: stieselig ◇ beschränkt · dumm

**einfarbig:** uni · unifarben

**einfassen:** **e.** |mit|: säumen |mit| · einsäumen |mit| · umfassen |mit| ◇ rahmen · umrahmen

**einfetten:** fetten · einschmieren • einölen ◇ ölen

**einflößen:** infiltrieren · eingeben ✦ *umg*: einfiltrieren · eintrichtern

**Einfluß:** **1.** ⟨*beeinflussende Wirkung*⟩ Einwirkung · Wirkung • Beeinflussung – **2.** ⟨*beherrschende Stellung*⟩ Ansehen · Geltung · Gewicht

**Einflußbereich:** Einflußsphäre · Einflußzone · Einwirkungsbereich · Einwirkungssphäre • Wirkungsbereich · Interessensphäre ◇ Herrschaftsbereich

**einförmig:** eintönig · monoton · gleichförmig • fade · grau · abwechslungslos

**einfrosten**: einfrieren · frosten · tiefgefrieren • konservieren

**einfügen**: **1.** ⟨*allgemein*⟩ einsetzen · einbauen · einpassen · einarbeiten · einbetten · einreihen · einschieben • einzwängen ◇ einordnen – **2.** ⟨*Worte, Sätze, Satzteile*⟩ einschalten · einschachteln ◇ erwähnen

**Einfuhrartikel**: Einfuhrgut · Importartikel · Importe

**einführen**: importieren · aus dem Ausland beziehen

**einfüllen**: einschütten · hineingießen · hineinschütten · schütten |in| • einschöpfen ◇ gießen

**Eingang**: Eingangstür · Eingangspforte · Eingangsportal · Entreetür

**eingebildet**: dünkelhaft · von sich eingenommen / überzeugt · blasiert • snobistisch ◇ eitel · überheblich – **e. sein**: *umg*: die Nase hoch tragen

**eingehend**: ausführlich · gründlich • reiflich

**eingeklemmt**: eingekeilt · eingezwängt · eingepreßt • eingeschlossen

**Eingeweide** (*Pl; vom Menschen*): • Gedärm ✦ *salopp*: Kaldaunen ◇ Innereien

**eingraben**: einscharren (*meist abwert*) ✦ *umg*: einbuddeln ◇ vergraben

**eingravieren**: gravieren |in| ◇ einritzen

**eingreifen**: sich einschalten |in| · einschreiten |gegen| · dazwischenfahren ✦ *umg*: dazwischenfunken

**einhaken**: **sich e.**: sich einhängen · jmds. Arm nehmen ✦ *umg*: unterhaken · unterfassen; sich einhenkeln (*landsch*)

**einhandeln**: erhandeln; erschachern (*abwert*) • eintauschen ◇ tauschen

**einheimisch**: heimisch · eingeboren · hiesig ✦ *umg*: von hier ◇ ansässig

**Einheit**: • Zusammengehörigkeit · Verbundenheit · Geschlossenheit ◇ Einigkeit · Eintracht

**einheitlich**: **1.** ⟨*eine Einheit erkennen lassend*⟩ geschlossen · aus einem Guß – **2.** ⟨*in gleicher Weise geltend*⟩ gleich · unterschiedslos

**einhellig**: einmütig · übereinstimmend • einstimmig · einträchtig

**einhüllen**: hüllen |in| · einwickeln · umhüllen |mit| ✦ *umg*: einmumme[l]n · einpacken ◇ bedecken · einwickeln – **sich e.**: sich einrollen ✦ *umg*: sich einpacken

**einig**: **1.** ⟨*zu einer Einheit verbunden*⟩ geeint · vereinigt – **2.** ⟨*in seiner Meinung übereinstimmend*⟩ eines Sinnes · einer Meinung · einträchtig · einmütig

**einige**: etliche · ein paar · manche · diese und jene ✦ *umg*: welche

**einigen**: **sich e.**: einig werden · übereinkommen · zu einer Übereinstimmung / Einigung kommen · Verständigung erzielen · eine gemeinsame Formel finden ◇ einen Kompromiß schließen

**einigermaßen**: in erträglichem Maß · leidlich [gut]

**Einigkeit**: Einigsein · Einmütigkeit · Einträchtigkeit • Zusammenhalt ◇ Einheit · Eintracht

**einkaufen**: Einkäufe / Besorgungen machen • Wege erledigen ✦ *umg*: einholen ◇ kaufen

**einkochen**: einmachen; einsieden (*landsch*) • einwecken · eindosen

**Einkünfte**: Einnahmen • Revenue ◇ Lohn

**einladen**: **1.** ⟨*zum Besuch*⟩ zu Gast / zu sich bitten · laden – **2.** ⟨*zur kostenlosen Teilnahme*⟩ freihalten ◇ eine Runde ausgeben

**einlagern**: • einkellern · einwintern · einmieten · speichern

**einlassen**: hereinlassen · eintreten / hereinkommen lassen

**Einlauf:** Darmspülung · Klistier; Klysma (*Med*)
**Einleitung:** einleitendes Kapitel · Einführung • Vorbemerkung · Präambel
**einmieten: sich e.:** sich einlogieren · eine Wohnung mieten • sich einquartieren ◇ beziehen · mieten
**einmischen: sich e.:** sich einmengen · sich mischen |in| · sich mengen |in| · sich dazwischenmischen · sich dazwischenmengen · sich dreinmengen ✦ *umg*: seine Nase stecken |in|
**einnehmen** (*Medizin*): nehmen · schlucken
**Einöde:** öde / einsame Gegend; Öde (*veraltend*) ✦ *derb*: Arsch der Welt
**einordnen:** einreihen · eingruppieren · eingliedern · zuordnen · rubrizieren ◇ einfügen
**einpacken:** packen |in| • verpacken · verstauen ✦ *salopp*: einsacken
**einprägen: 1.** ⟨*im Gedächtnis*⟩ einhämmern · einimpfen; einschleifen (*Psych*) ✦ *umg*: einbimsen · einbüffeln · einbleuen · eintrichtern – **2.** ⟨*prägend hineinpressen*⟩ eindrücken · einstampfen · prägen |in| – **sich e.:** sich eindrücken · sich abdrücken
**einreden: 1.** ⟨*glauben machen wollen*⟩ • suggerieren · einsuggerieren ✦ *umg*: weismachen · erzählen · aufbinden • einen Floh ins Ohr / Flausen in den Kopf setzen – **2. e.** |**auf**|: ⟨*eindringlich u. ständig etw. zu jmdm. sagen*⟩ einsprechen |auf| ✦ *umg*: totreden · ein Loch in den Bauch reden • sich den Mund fusselig / fransig / in Fransen reden
**einreiben:** einschmieren · eincremen · einfetten · einsalben; einbalsamieren (*scherzh*)
**einrichten:** mit Möbeln ausstatten · möblieren • ausgestalten
**Einrichtung: 1.** ⟨*Gesamtheit des Mobiliars*⟩ Mobiliar · Möbel · Interieur · Wohnungseinrichtung · Ausstattung – **2.** ⟨*techn. Ausstattung*⟩ Vorrichtung · Anlage · Ausrüstung – **3.** ⟨*behördl. Stelle*⟩ Institution • Behörde · Anstalt
**einritzen:** ritzen |in| · einkratzen ◇ eingravieren
**einsam** (*von Menschen*): vereinsamt · einsiedlerisch · zurückgezogen · ohne Kontakte · kontaktlos • verlassen ◇ allein
**Einsatz:** Einsatzbereitschaft · Engagement
**einschalten:** anstellen · einstellen ✦ *umg*: anknipsen · andrehen · anmachen ◇ anschalten
**einschärfen:** ans Herz legen · ermahnen |zu| ✦ *umg*: auf die Seele binden ◇ raten
**einschlafen:** in Schlaf sinken · einschlummern • einnicken ✦ *umg*: einduseln ✦ *salopp*: einpennen
**einschlagen: 1.** ⟨*Nagel*⟩ schlagen |in| · treiben |in| · einnageln ✦ *umg*: einhauen – **2.** ⟨*Pfahl*⟩ einrammen · rammen |in| · treiben |in| ✦ *umg*: einhauen – **3.** ⟨*Fenster, Tür*⟩ • einrennen · einstoßen · eintreten ◇ einwerfen · zerschlagen
**einschließlich:** inbegriffen · einbegriffen · inklusive · eingerechnet · mit · samt • implizite ◇ zuzüglich
**einschmeicheln: sich e.:** sich anbiedern · sich anschmeicheln ✦ *umg*: sich ankratzen · sich einkratzen · herumscharwenzeln |um| · sich lieb Kind machen wollen ✦ *salopp*: sich anschmieren · in den Hintern kriechen ✦ *derb*: in den Arsch kriechen
**einschneiden:** einkerben · schneiden / kerben |in|
**Einschnitt:** Zäsur · Abschnitt
**einschränken: sich e.:** sich einrichten · sich bescheiden · bescheiden leben · sparsam sein ✦ *umg*: den Gürtel / Riemen enger schnallen

**einschreiben:** **1.** ⟨*Notizen od. dgl.*⟩ eintragen · hineinschreiben · schreiben |in| – **2.** ⟨*Teilnehmer in eine Liste od. dgl.*⟩ eintragen · einzeichnen – **sich e.**: sich eintragen • sich inskribieren
**einschüchtern:** verschüchtern · mutlos machen · verängstigen ◇ ängstigen · entmutigen
**einsegnen:** konfirmieren (*evang*); firmen (*kathol*)
**einsehen:** zur Einsicht kommen · ein Einsehen haben · Verständnis haben |für|
**einseitig:** nicht objektiv • parteiisch ◇ verzerrt
**einsetzen:** **sich e. |für|**: durch dick und dünn gehen |für| · durchs Feuer gehen |für| · sein Gewicht in die Waagschale legen |für| ◇ eintreten |für|
**Einsiedler:** Eremit · Klausner · Anachoret
**einsperren:** einkerkern · in Gewahrsam nehmen · in Arrest setzen · in den Kerker werfen · gefangensetzen ✦ *umg*: einstecken · festsetzen · hinter Schloß und Riegel bringen ✦ *salopp*: einbuchten · einlochen · cinkassieren · einbunkern ◇ verhaften
**einspritzen:** spritzen; injizieren (*Med*) • einimpfen
**Einspruch:** Protest; Veto · Demarche (*Diplom*); Interpellation · Rekurs (*Rechtsw*) ◇ Einwand
**einst** (*Zukunft*): dereinst · einmal; einstens (*veraltend*) ◇ irgendwann · künftig
**einstellen:** justieren · stellen • regulieren · einrichten
**einstürzen:** [in sich] zusammenstürzen · einfallen · [in sich] zusammenfallen · [in sich] zusammenbrechen ✦ *umg*: einsausen · [in sich] zusammenkrachen · einkrachen
**eintauchen:** **etw. e.**: tauchen |in| · eintunken · tunken |in| ✦ *umg*: einstippen · stippen |in| · eintitschen · titschen |in| (*landsch*)
**einteilen:** gliedern · aufgliedern ◇ aufteilen · ordnen
**Eintracht:** Harmonie · Einklang · Frieden ◇ Einigkeit
**einträglich:** einbringlich · lukrativ · rentabel · lohnend · gewinnbringend · profitabel • vorteilhaft · günstig ◇ ergiebig
**eintreffen:** **1.** ⟨*entsprechend der Voraussage geschehen*⟩ eintreten · sich erfüllen · in Erfüllung gehen ◇ sich bestätigen – **2.** ⟨*zugestellt bekommen*⟩ einlangen (*österr*) • einlaufen ✦ *umg*: eintrudeln ◇ ankommen
**eintreten:** **1.** ⟨*als Mitglied*⟩ beitreten · Mitglied werden ✦ *umg*: gehen |in| – **2. e. |für|**: ⟨*sich öffentlich für etw. aussprechen*⟩ Partei ergreifen |für| · sich erklären |für| · sich bekennen |für / zu| · plädieren |für| · eine Lanze brechen |für| ◇ sich einsetzen |für| · unterstützen · sich verwenden |für|
**Eintrittskarte:** Karte · Einlaßkarte; Billett · Eintrittsbillet (*schweiz*)
**einüben:** einstudieren • einexerzieren ✦ *umg*: eindrillen ◇ proben
**einverstanden:** in Ordnung · o. k. · gemacht · abgemacht ◇ ja
**Einwand:** Gegenargument · Gegenmeinung · Gegenbehauptung · Einwendung ◇ Einspruch
**einwandern:** immigrieren
**einwandfrei:** **1.** ⟨*Sache*⟩ ohne jeden Mangel / Makel · makellos · fehlerlos · in tadellosem Zustand · tadellos ✦ *umg*: tipptopp · astrein ◇ fehlerlos · richtig – **2.** ⟨*Verhalten*⟩ untadelig · korrekt • vorbildlich
**einwärts:** nach innen
**einweihen:** **1.** ⟨*feierlich seiner Bestimmung übergeben*⟩ • enthüllen · eröffnen · weihen – **2.** ⟨*vertraut machen*⟩ ins Vertrauen ziehen ◇ unterrichten
**einwenden:** entgegenhalten · Beden-

ken vorbringen |gegen| · zu bedenken geben · einen Einwand geltend machen ◇ einwerfen · protestieren
**einwerfen:** **1.** ⟨*Postsendung*⟩ einstekken · in den Briefkasten / Kasten werfen – **2.** ⟨*durch Werfen zerschlagen*⟩ *umg*: einschmeißen ◇ einschlagen – **3.** ⟨*eine Zwischenbemerkung einschalten*⟩ dazwischenwerfen · dazwischenrufen ◇ einwenden
**einwickeln:** wickeln |in| · einrollen · rollen |in| • einschlagen · schlagen |in| ◇ einhüllen · verpacken
**Einwohner:** Bewohner · Ansässiger
**Einzelgänger:** Individualist ✦ *umg*: Einspänner
**Einzelhandelspreis:** Endverbraucherpreis · Einzelhandelsverkaufspreis · Verbraucherendpreis · Ladenpreis · Verkaufspreis · Abgabepreis ◇ Preis
**Einzelheit:** Detail • Teilstück · einzelner Umstand
**einzeln:** **1.** ⟨*für sich allein*⟩ gesondert · separat · apart · für sich – **2.** ⟨*bis in die Einzelheiten*⟩ detailliert · en detail · Punkt für Punkt · genau
**einziehen:** **1.** ⟨*in einen Ort, ein Gebiet*⟩ einrücken · einmarschieren – **2.** ⟨*Fahne*⟩ einholen · niederholen – **3.** ⟨*Segel*⟩ reffen · streichen – **4.** ⟨*Geldforderungen*⟩ einfordern · einmahnen · eintreiben · einkassieren; beitreiben (*Rechtsw*) ◇ kassieren – **5. sich einen Splitter e.:** ⟨*unter die Haut*⟩ sich einen Splitter einreißen
**eisern:** aus Eisen • stählern
**eitel:** selbstgefällig • dandyhaft · stutzerhaft · geckenhaft · affig · gefallsüchtig ◇ eingebildet
**eitern:** schwären · Eiter absondern / bilden ✦ *umg*: buttern
**Ekel:** widerliche Person · widerlicher Mensch · Widerling · Scheusal ✦ *umg*: Ekelpaket ✦ *salopp*: Fiesling · fieser Kerl; fiese Möpp (*norddt*) ✦ *derb*: Kotzbrocken
**ekelhaft:** ekelerregend · ekel · eklig · abscheulich · scheußlich · widerlich · unangenehm · gräßlich ✦ *gehoben*: degoutant ◇ häßlich – **das ist e.:** *umg*: das ist das reinste Brechmittel ✦ *derb*: das ist zum Kotzen
**ekeln:** Ekel erregen · abstoßen · anekeln ✦ *gehoben*: degoutieren ◇ anwidern – **sich e.:** Ekel empfinden · sich schütteln ✦ *derb*: die Kotze kriegen ◇ schaudern
**elastisch:** **1.** ⟨*Material*⟩ federnd • nachgebend · biegsam · geschmeidig – **2.** ⟨*Mensch*⟩ voller Spannkraft · schwungvoll · beweglich ◇ energiegeladen – **3.** ⟨*Gang*⟩ geschmeidig · federnd
**Elefant:** Dickhäuter • Rüsseltier
**elegant:** schick · fashionable · mondän • rassig ✦ *umg*: flott · todschick · piekfein; fesch (*österr*); schnieke (*norddt*)
**elektrisieren: sich e.:** einen Schlag bekommen ✦ *umg*: einen gewischt bekommen
**Elektroenergie:** Energie · Strom · Elektrizität • Elektrik
**Elektronenrechner:** Elektronenrechengerät · Elektronen[ge]hirn · Computer · Rechner · elektronische Datenverarbeitungsanlage · Rechenautomat
**Elektronik:** • Mikroelektronik
**Elektrotechniker:** Elektriker • Elektroinstallateur · Elektromonteur
**Elementarkenntnisse:** ABC · Einmaleins · Anfangsgründe
**elend:** krank und schwach · matt · kränklich · angegriffen · angeschlagen · mitgenommen · nur noch ein Schatten seiner selbst ✦ *umg*: wie das Leiden Christi ✦ *salopp*: hundeelend ◇ abgemagert · heruntergekommen · unwohl
**Elfmeter** (*Fußball*): Strafstoß ✦ *umg*: Elfer

**Eltern:** Vater und Mutter ✦ *salopp:* die / meine Alten
**Embryo:** Keimling · Leibesfrucht; Fetus (*Med*)
**empfangen:** **1.** ⟨*bekommen u. nehmen*⟩ entgegennehmen · in Empfang nehmen ◇ annehmen · erhalten – **2.** ⟨*Rundfunk, Fernsehen*⟩ • hören · sehen ✦ *umg:* hereinbekommen · hereinkriegen
**Empfängnis:** Konzeption (*Med*)
**empfehlen:** anpreisen · anrühmen • raten
**empfehlenswert:** **1.** ⟨*wert, empfohlen zu werden*⟩ empfehlungswürdig • gut · ausgezeichnet · zweckmäßig – **2.** ⟨*so geartet, daß man sein Verhalten danach richten sollte*⟩ ratsam · nützlich
**empfinden:** fühlen · spüren · in seinem Innersten fühlen · das Gefühl haben ...
**empfindlich:** **1.** ⟨*auf Grund körperl. Schwäche*⟩ anfällig · überempfindlich · von zarter Gesundheit · zart · schwächlich – **2.** ⟨*auf Reize leicht reagierend*⟩ allergisch – **3.** ⟨*von unangenehmer Wirkung*⟩ spürbar · merklich · fühlbar · einschneidend · schmerzlich • durchschlagend
**empfindsam:** zartfühlend · feinfühlig · empfindlich · sensitiv · sensibel · feinnervig; zartbesaitet · feinbesaitet (*iron*) • einfühlsam · verletzlich · verletzbar · dünnhäutig ◇ gefühlvoll
**empfindungslos:** gefühllos · unempfindlich · taub · ohne Gefühl; fühllos (*veraltend*) • abgestorben
**emporarbeiten: sich e.:** sich hocharbeiten · im Beruf weiterkommen · emporkommen ◇ beruflich Erfolg haben
**empören: sich e.:** sich erheben · meutern · revoltieren · rebellieren · an den Ketten rütteln; aufstehen (*veraltend*) ◇ aufbegehren
**emporfliegen:** hochfliegen · auffliegen · sich erheben · sich aufschwingen · emporschweben
**Ende:** **1.** ⟨*räumlich*⟩ Schluß · Abschluß ✦ *umg:* Hinterteil • Schwanz – **2.** ⟨*zeitlich*⟩ Abschluß · Schluß · Ausgang · Ausklang · Schlußakt · Finale • Endpunkt · Endstation
**enden:** **1.** ⟨*räumlich*⟩ aufhören ✦ *gehoben:* endigen – **2.** ⟨*zeitlich*⟩ aufhören · schließen · zu Ende gehen · ausklingen ✦ *gehoben:* endigen ◇ beenden
**endgültig:** definitiv · unabänderlich · unwiderruflich · unumstößlich · für immer
**Endkampf:** Finale • Schlußrunde · Endspiel
**endlos:** **1.** ⟨*räumlich*⟩ ohne Ende · unendlich · unbegrenzt · unermeßlich · weit – **2.** ⟨*zeitlich*⟩ ohne Ende · ad infinitum · uferlos • eine Schraube ohne Ende · dauernd ✦ *umg:* ewig ◇ dauernd
**energiegeladen:** dynamisch · kraftvoll • aktiv ◇ elastisch · schwungvoll
**eng:** **1.** ⟨*von geringer Ausdehnung nach beiden Seiten*⟩ schmal – **2.** ⟨*Kleidung*⟩ knapp · enganliegend · hauteng ✦ *salopp:* knallig · knalleng
**Enkelkind:** Enkel; Kindeskind (*veraltend*)
**entarten:** degenerieren · aus der Art schlagen
**entbehren:** missen · vermissen ✦ *gehoben:* ermangeln ⌊einer Sache⌋ ◇ darben
**entbehrlich:** **1.** ⟨*von einer Person*⟩ abkömmlich – **2.** ⟨*von einer Sache*⟩ nicht notwendig
**entdecken:** finden · stoßen ⌊auf⌋ · ausfindig machen · aufspüren · ans Licht bringen ◇ finden
**entehren:** der Ehre berauben · entwürdigen • beflecken · beschmutzen ◇ herabwürdigen – **sich e.:** sich

entwürdigen • sich beschmutzen · sich beflecken
**entfallen: e.** |aufl: fallen |aufl · kommen |aufl
**entfernen:** beseitigen ✦ *umg*: wegmachen · abmachen · herausmachen
**Entfernung:** Distanz · Abstand • Weite
**entfliehen:** flüchten · entlaufen · davonlaufen · entweichen ✦ *umg*: ausreißen · auskneifen · sich davonmachen · sich abseilen · abhauen · sich aus dem Staub machen ✦ *salopp*: ausbüxen · stiftengehen ◇ entkommen · fliehen · weglaufen
**entführen:** verschleppen · wegschleppen · rauben • kidnappen
**Entführung:** Verschleppung · Menschenraub · Raub • Kidnapping
**entgegenkommen:** auf jmds. Forderungen eingehen · goldene Brücken bauen • Zugeständnisse machen
**entgleisen:** aus den Schienen / Gleisen springen
**entglorifizieren:** • entgöttern · entgotten · entsakralisieren · entzaubern · entmythisieren · enttabuisieren
**enthalten:** zum Inhalt haben · beinhalten · umschließen · umfassen • beherbergen
**enthaltsam:** mäßig · maßvoll · abstinent · asketisch – **e. sein:** wie ein Mönch leben · keusch leben
**enthaupten:** durch das Beil hinrichten · köpfen • guillotinieren ✦ *umg*: einen Kopf kürzer machen ✦ *salopp*: die Rübe abhacken ◇ hinrichten · töten
**entkommen:** der Gefahr entgehen · davonkommen ✦ *gehoben*: entrinnen ✦ *umg*: entwischen · durch die Lappen gehen ◇ entfliehen · fliehen
**entkräften:** kraftlos machen · schwächen · erschöpfen · auszehren · paralysieren ◇ ausmergeln · ermüden
**entladen:** ausladen; löschen (*seem*)
**entlarven:** den wahren Charakter enthüllen · enthüllen · die Maske vom Gesicht reißen · die Maske herunterreißen · demaskieren · jmdm. hinter die Schliche kommen – **sich e.:** sein wahres Gesicht zeigen · die Maske fallenlassen ◇ sich offenbaren
**entlassen: 1.** ⟨*einen Gefangenen*⟩ freilassen · freigeben · auf freien Fuß setzen • in Freiheit setzen ✦ *umg*: herauslassen · laufenlassen – **2.** ⟨*einseitig jmds. Dienst-, Arbeitsverhältnis lösen*⟩ kündigen • suspendieren · von seinem Amt entbinden · abbauen ✦ *gehoben*: seines Postens / Amtes entheben ✦ *umg*: • auf die Straße setzen · hinauswerfen · den Stuhl vor die Tür setzen · den Laufpaß geben ✦ *salopp*: feuern · schassen ◇ absetzen – **e. werden:** gehen müssen ✦ *umg*: gegangen werden · fliegen
**Entlüfter:** Exhaustor · Entlüftung · Entlüftungsanlage • Ventilator
**entmachten:** stürzen · entthronen · zu Fall bringen · das Heft aus der Hand nehmen · den Einfluß nehmen ◇ absetzen
**entmannen:** kastrieren · sterilisieren ◇ kastrieren
**entmenscht:** bestialisch · tierisch · viehisch ◇ brutal · unmenschlich
**entmündigen:** unter Vormundschaft / Kuratel stellen – **politisch e.:** unmündig machen · bevormunden • gängeln · entrechten
**entmutigen:** den Mut / das Selbstvertrauen / die Hoffnung nehmen ◇ einschüchtern
**entmutigend:** bedrückend · belastend · niederdrückend · lähmend · deprimierend ◇ bedrückend
**entnehmen:** nehmen |ausl · herausnehmen

**entnerven:** nervlich erschöpfen · enervieren · nervös machen · ein Nervenbündel machen |aus|

**entrahmen:** den Rahm abschöpfen · absahnen

**enträtseln:** entschleiern · den Schleier des Geheimnisses lüften ◇ ergründen · erraten

**entreißen:** aus der Hand reißen · wegreißen ✦ *gehoben*: entwinden · aus der Hand winden ✦ *umg*: aus den Händen / Fängen reißen ◇ wegnehmen

**entrüsten:** empören · erbosen · erbittern • schockieren; indignieren (*veraltend*) – **sich e.**: sich empören · sich erbosen ·sich erbittern ◇ sich ärgern

**entrüstet:** empört · schockiert · außer sich · indigniert ◇ ärgerlich · wütend

**Entsafter:** Entmoster · Moster • Saftpresse · Obstpresse

**entsagungsvoll:** **1.** ⟨*zu Entsagungen bereit*⟩ aufopfernd · aufopferungsvoll ◇ selbstlos – **2.** ⟨*Entsagung bedingend*⟩ entbehrungsvoll · entbehrungsreich

**entschädigen:** wiedergutmachen · Schadenersatz leisten |für| • ersetzen

**entschärfen:** mildern · abmildern · die Schärfe nehmen · den Stachel nehmen · die Spitze abbrechen / nehmen

**entscheiden:** **1.** ⟨*einen Zweifelsfall durch Urteilskraft klären*⟩ eine Entscheidung treffen |über| – **2.** ⟨*für etw. bestimmend werden*⟩ den Ausschlag geben – **3. sich e.** |**für**|: ⟨*zwischen Möglichkeiten wählen*⟩ sich durchringen |zu| · wählen · seine Wahl treffen ◇ sich entschließen

**entscheidend:** ausschlaggebend · bestimmend · lebenswichtig · zentral ◇ grundlegend · maßgebend · wichtig

**entschieden:** erklärt · ausgesprochen

**entschließen: sich e.**: sich schlüssig werden · einen / den Entschluß fassen ✦ *umg*: sich aufschwingen |zu| · sich aufraffen |zu| ◇ sich entscheiden |für|

**entschlossen:** zielbewußt · entschieden · resolut • energisch ◇ charakterfest

**entschlüpfen: etw. entschlüpft jmdm.**: etw. entfährt jmdm. ✦ *umg*: etw. rutscht jmdm. heraus

**entschlüsseln:** dechiffrieren · auflösen • entziffern

**Entschlußkraft:** Entschlußfreude · Entschlußfreudigkeit · Entschlußfähigkeit ◇ Initiative · Tatkraft

**entschuldigen: sich e.**: um Entschuldigung / Verzeihung / Nachsicht bitten · Abbitte tun / leisten

**entsetzen: sich e.**: erschrecken • erzittern · erbleichen ✦ *umg*: jmdm. sträuben sich die Haare · jmdm. stehen die Haare zu Berge ◇ sich ängstigen · sich grauen

**entsetzenerregend:** entsetzlich · grauenhaft · grauenerregend · grauenvoll · grausig · schrecklich · gräßlich · greulich · schaurig · schaudererregend · furchtbar ◇ abscheulich

**entspannen:** **1.** ⟨*den Körper, die Muskeln*⟩ lockern · von Spannungen befreien · entkrampfen – **2. sich e.**: ⟨*von der polit. Lage*⟩ sich beruhigen · sich entkrampfen · sich wieder geben

**entsprechen:** gleichen · gleichkommen • gemäß sein ◇ übereinstimmen

**entstehen:** sich herausbilden · sich bilden · sich entwickeln · werden |aus| · erwachsen |aus| ◇ aufkommen

**entstellen** (*einen Sachverhalt*): verdrehen · verfälschen · ummünzen · ins Gegenteil verkehren · aus schwarz weiß machen • mißdeuten ◇ verzerren

**Enttäuschung:** *umg:* Schlag · Reinfall ✦ *salopp:* Pleite
**entwerfen:** **1.** ⟨*Text, Plan*⟩ skizzieren · ein Konzept / einen Plan machen |von| · konzipieren · einen Entwurf machen |von| · aufsetzen – **2.** ⟨*in Form einer Zeichnung*⟩ skizzieren • projektieren
**entwickeln:** **1.** ⟨*als Fähigkeit zeigen*⟩ entfalten · zeigen · an den Tag legen – **2.** ⟨*jmdn. durch Schulung voranbringen*⟩ heranbilden · heranziehen · qualifizieren • bilden – **3. sich e.:** **a)** ⟨*sich als Prozeß fortsetzen*⟩ sich entfalten · in Fluß sein · in der Entwicklung begriffen sein – **b)** ⟨*in körperl., geistigem Wachstum Reife erlangen*⟩ sich entfalten · erblühen · gedeihen ✦ *umg:* sich mausern · sich herausmachen ◇ gedeihen
**Entwicklungsalter:** Entwicklungsjahre · Reifezeit · Pubertät ◇ Jugend
**Entwicklungsstufe:** Entwicklungsstadium · Entwicklungsphase · Entwicklungsetappe · Entwicklungsabschnitt · Stufe · Phase · Etappe · Stadium
**entwirren:** auseinanderbekommen · auflösen ✦ *umg:* auseinanderfitzen
**Entwurf:** **1.** ⟨*eines Textes, Planes*⟩ Skizze · Konzept · Exposé – **2.** ⟨*einer Zeichnung od. dgl.*⟩ Skizze · Entwurfsskizze · Entwurfszeichnung
**entzückend:** reizend · charmant · zauberhaft · reizvoll · herzig · goldig · allerliebst · süß • apart · pikant ◇ anmutig · bezaubernd · schön
**entzünden: sich e.:** in Brand geraten · Feuer fangen · anbrennen ✦ *umg:* angehen
**entzündlich:** leicht brennbar · entflammbar · sich leicht entzündend
**entzwei: e. sein:** kaputt sein ✦ *umg:* hinsein ✦ *salopp:* kapores sein · im Eimer sein ✦ *derb:* im Arsch sein ◇ schadhaft
**entzweien:** auseinanderbringen · uneins machen · einen Keil treiben |zwischen| · veruneinigen
**entzweigehen:** kaputtgehen • entzweibrechen · entzweireißen · in Stücke gehen ✦ *umg:* aus dem Leim gehen · in den Eimer gehen ◇ zerbrechen
**entzweit:** uneins · uneinig · verfeindet · zerfallen · zerstritten
**epochemachend:** epochal · bahnbrechend · in die Zukunft weisend • umwälzend · revolutionierend · überragend · aufsehenerregend · phänomenal ◇ aufsehenerregend · bedeutsam · erstaunlich · großartig
**Erachten: meines Erachtens:** meiner Ansicht nach · meiner Meinung nach · nach meinem Dafürhalten
**erbarmungswürdig:** erbarmenswert · erbärmlich · jämmerlich · elend · kläglich ◇ jämmerlich
**erben:** eine Erbschaft machen · eine Erbschaft antreten · als Erbe zufallen
**erbeuten:** erobern · als Beute erringen
**erblicken:** jmds. ansichtig werden · zu Gesicht bekommen · wahrnehmen · zu sehen bekommen ◇ bemerken · erkennen
**erblinden:** blind werden · das Augenlicht verlieren
**erbrechen:** ausspeien · von sich geben · ausbrechen ✦ *derb:* auskotzen ◇ sich übergeben
**Erdbeben:** Beben · Erdstoß
**Erdboden:** Fußboden · Boden · Erde · Untergrund
**Erde:** **1.** ⟨*Planet*⟩ Erdball · Erdkugel · der blaue Planet ◇ Welt – **2.** ⟨*als feinkörniges stoffl. Gemisch*⟩ Erdreich · Erdkrume · Erdboden
**Erdgeschoß:** **1.** ⟨*ebenerdiges Stockwerk*⟩ Parterre ◇ Stockwerk – **2. im E.:** ⟨*im ebenerdigen Stockwerk*⟩ parterre · zu ebener Erde

**Erdölleitung:** Pipeline · Ölleitung • Trasse
**erdrücken:** totdrücken · totquetschen · zu Tode drücken
**Erdscholle:** Ackerscholle · Scholle · Erdbrocken • Krume · Bodenkrume · Erdkrume
**erdulden:** mit Geduld ertragen · dulden · über sich ergehen lassen ◇ hinnehmen – **viel e. können:** einen breiten Rücken haben
**Ereignis:** Begebenheit · Geschehnis · Geschehen • Vorgang · Vorfall · Affäre · Schauspiel · Zwischenfall · Episode
[1]**erfahren:** Kenntnis erhalten / bekommen |von| · hören · jmdm. zu Ohren kommen ✦ *umg*: läuten hören · Wind bekommen |von|
[2]**erfahren:** bewandert · kundig · erfahrungsreich · erprobt • versiert ✦ *umg*: gestanden ◇ geübt · weise
**erfahrungsgemäß:** wie man weiß · der Erfahrung nach ◇ bekanntlich
**erfassen:** festhalten · buchen · registrieren
**erfinden:** ersinnen · erdenken
**Erfindung:** Fiktion · Fabel · Legende · Dichtung; Hirngespinst · Spinnerei (*abwert*) ◇ Lügengeschichte
**Erfindungsgabe:** Erfindergeist · Erfindungskraft · Erfindungsreichtum
**Erfolg:** gutes Gelingen • Triumph · glücklicher Wurf ✦ *umg*: Bombenerfolg – **E. haben:** erfolgreich sein · Fortschritte machen · Furore machen – **beruflich E. haben:** vorwärtskommen · seinen Weg machen · Karriere machen · groß herauskommen · ein Senkrechtstarter sein ◇ sich emporarbeiten
**erfolglos: e. sein** |mit|: keinen Erfolg haben |mit| ✦ *umg*: keinen Blumentopf gewinnen können |mit|
**erfolgversprechend:** vielversprechend · verheißungsvoll · erfolgssicher · mit Aussicht auf Erfolg · mit Erfolgschancen
**erfreuen:** jmdm. Freude bereiten / machen · glücklich machen · beglücken · freudig stimmen · entzükken ◇ aufheitern · belustigen
**erfrieren** (*vom Menschen*): dem weißen Tod zum Opfer fallen
**erfrischen:** neu beleben · stärken ✦ *gehoben*: erquicken · erlaben · laben – **sich e.:** sich stärken ✦ *gehoben*: sich erquicken · sich erlaben · sich laben
**erfrischend:** wohltuend ✦ *gehoben*: erquickend · erlabend · erquicklich · labend
**Erfrischung:** etwas Erfrischendes ✦ *gehoben*: Labsal • Erfrischungstrunk · Labetrunk
**erfüllen: 1.** ⟨*Verpflichtung, Forderung*⟩ seiner Verpflichtung nachkommen · einlösen · entsprechen – **2.** ⟨*Versprechen*⟩ halten ◇ verwirklichen
**ergänzen:** vervollständigen · komplettieren · auffüllen · auffrischen
[1]**ergeben: 1.** ⟨*voll demütiger Zuneigung*⟩ hingebungsvoll · ergebungsvoll · voll Ergebenheit · demutsvoll · demütig ◇ anhänglich · treu – **2.** ⟨*hilflos dem Schicksal gegenüber*⟩ resignierend · ergebungsvoll · voll Ergebung / Ergebenheit
[2]**ergeben: 1. sich e.:** ⟨*dem militär. Gegner*⟩ kapitulieren · die Waffen niederlegen / strecken · die Flagge streichen • die Hände heben – **2. sich. e.** |aus|: ⟨*als Ergebnis*⟩ resultieren |aus| · folgen |aus| · hervorgehen |aus| · erhellen |aus|
**Ergebnis: 1.** ⟨*des Rechnens*⟩ Resultat · Endergebnis · Endresultat – **2.** ⟨*eines Vorgangs, einer Tätigkeit*⟩ Resultat · Effekt · Fazit · Quintessenz · Schlußergebnis · Bilanz · Ausfluß ◇ Folge
**ergebnislos:** ohne Ergebnis · ohne Erfolg • umsonst ◇ unverrichteter-

dinge – **e. sein**: im Sande verlaufen · verpuffen · ausgehen wie das Hornberger Schießen

**ergiebig**: lohnend · ertragreich · dankbar ◇ einträglich

**ergreifen**: **1.** ⟨*in die Hand nehmen*⟩ fassen · packen · nehmen – **2.** ⟨*jmdn. greifen u. festhalten*⟩ fassen · greifen ✦ *umg*: erwischen · kriegen · am Kragen packen · am Schlafittchen packen · beim Wickel kriegen / nehmen ✦ *salopp*: kaschen · schnappen · beim Kanthaken kriegen ◇ fangen · verhaften – **3. etw. ergreift jmdn.**: ⟨*wirkt stark auf jmds. Gefühl*⟩ etw. bewegt jmdn. · etw. geht jmdm. nahe / zu Herzen · etw. geht jmdm. durch und durch / durch Mark und Bein ✦ *gehoben*: etw. rührt jmdn. an ✦ *umg*: etw. geht jmdm. unter die Haut / an die Nieren · etw. fährt jmdm. in die Knochen ◇ erschüttern

**ergreifend**: bewegend · herzbewegend · erschütternd

**ergriffen**: bewegt · erschüttert

**ergründen**: erforschen · enträtseln · entschlüsseln · herausfinden · herausbekommen · herausbringen · eruieren ✦ *umg*: herauskriegen · kommen |hinter| · dahinterkommen ◇ enträtseln

**erhalten**: bekommen ✦ *gehoben*: empfangen ✦ *umg*: kriegen • erwischen ◇ abbekommen · empfangen

**erhängen**: hängen · aufhängen · henken • an den Galgen bringen ✦ *umg*: aufknüpfen ◇ hinrichten · töten – **sich e.**: sich aufhängen ✦ *umg*: sich aufknüpfen · den Strick nehmen ✦ *salopp*: sich aufbammeln · sich aufbaumeln ◇ Selbstmord begehen

**erhärten**: hart werden · erstarren • abbinden

**erhaschen** (*eine Bemerkung*): auffangen ✦ *umg*: aufschnappen · mitkriegen; aufhaschen (*landsch*)

**erheben**: nach oben strecken · hochstrecken · emporstrecken · hochheben · aufrecken · emporrecken

**erhellen**: erleuchten · hell machen • ausleuchten

**erhitzen**: heiß machen · stark erwärmen ◇ erwärmen – **sich e.**: heiß werden · sich stark erwärmen

**erhoffen**: hoffen |auf| · sich erwarten • sich errechnen · sich ausrechnen

**erholen**: **sich e.**: sich regenerieren · sich restaurieren · wieder zu Kräften kommen · aufleben ✦ *umg*: sich aufrappeln · sich hochrappeln · sich herausmachen · wieder auf die Beine kommen ◇ gesund werden

**erholsam**: der Erholung dienend · gesundheitsfördernd • entspannend

**erholungsbedürftig**: erholungsreif • urlaubsreif ◇ erschöpft

**Erholungsurlaub**: Erholungsaufenthalt • Sommeraufenthalt · Sommerfrische

**erinnerlich**: gegenwärtig · präsent • parat

**erinnern**: **e.** |an|: ins Gedächtnis rufen / zurückrufen · in Erinnerung bringen ✦ *gehoben*: gemahnen |an| ◇ mahnen – **sich e.** |an|: sich entsinnen |auf| · sich zurückerinnern |an| · sich wiedererinnern · wiedereinfallen ◇ einfallen · Rückschau halten

**Erinnerung**: **1.** ⟨*etw., woran man sich erinnert*⟩ Reminiszenz • Erlebnis · Eindruck – **2.** ⟨*das Sicherinnern an etw.*⟩ Gedenken · Angedenken · Andenken – **3. zur. E.** |an|: ⟨*um daran zu denken*⟩ zum Andenken |an| · zum Gedenken |an| • in memoriam

**erkalten**: kalt werden · abkühlen · auskühlen

**erkälten**: **sich e.**: sich verkühlen

**erkämpfen**: erfechten · erstreiten · erringen

**erkennen**: **1.** ⟨*deutlich mit den Augen*⟩ deutlich sehen / wahrnehmen · ausmachen · erspähen ◇ erblicken – **2.**

*(mit dem Intellekt)* zu der Erkenntnis kommen, daß ... · erfassen · etw. wird jmdm. bewußt · etw. kommt jmdm. zu Bewußtsein ✦ *umg*: es dämmert jmdm. · jmdm. geht ein Licht auf ◇ verstehen

**erklären: 1.** *(mit Worten das Verstehen ermöglichen)* erläutern · klar / verständlich / begreiflich machen · auseinanderlegen · explizieren • exemplifizieren ✦ *umg*: verklaren *(norddt)* ✦ *salopp*: auseinanderklamüsern · auseinanderposamentieren ◇ darlegen – **2.** *([offiziell] mitteilen)* die Erklärung abgeben · deklarieren · verkünden • sagen ◇ bekanntgeben

**erkunden: das Gelände e.**: auf Patrouille / Entdeckung / Kundschaft gehen · sondieren · auskundschaften

**erkundigen: sich e.**: zu erfahren suchen · fragen |nach| · Erkundigungen einziehen / einholen · sich umhören ✦ *umg*: herumfragen · herumhorchen · sich umtun

**erlahmen** *(jmds. Kräfte, Beine)*: ermüden · ermatten · den Dienst versagen · schwach werden · versagen

**Erlaß**: Verfügung · Anordnung · Dekret • Runderlaß · Rundverfügung ◇ Verordnung

**erlauben: 1.** *(die Freiheit gewähren für etw.)* seine Zustimmung geben |zu| · die Erlaubnis geben |zu| · seine Einwilligung geben |zu| · gestatten · stattgeben ◇ genehmigen · gewähren · zulassen – **2. sich etw. e.**: *(sich das Recht zu etw. nehmen)* sich die Freiheit nehmen ◇ sich unterstehen

**erleben: 1.** *(ein Geschehnis)* ein Erlebnis haben – **2.** *(Negatives)* durchleben · am eigenen Leibe erfahren · mitmachen · durchmachen

**erledigen**: durchführen · ausführen · fertigmachen · absolvieren; zur Durchführung bringen *(papierdt)*; durchziehen *(auch abwert)* ◇ ableisten · beenden

**erledigt: 1.** *(zu einem positiven Abschluß gebracht)* fertig · abgeschlossen · beendet – **2.** *(der Mißachtung preisgegeben)* *umg*: geliefert · gestorben · ein toter Mann • unmöglich · unten durch

**erleiden**: erdulden · dulden ✦ *umg*: durchmachen · mitmachen · über sich ergehen lassen

**erlernen**: lernen · sich aneignen • sich anlesen

**Erlös**: Nettoertrag · Reinertrag · Reinerlös · Reineinnahme ◇ Ertrag · Nutzen

**erlöschen**: verlöschen · ausgehen · auslöschen • verglimmen · verglühen

**ermahnen**: zur Ordnung rufen · verwarnen • ins Gewissen reden ◇ mahnen

**ermöglichen** *(jmdm. etw.)*: möglich machen · die Möglichkeit / Gelegenheit bieten / geben · in den Stand setzen · in die Lage versetzen · instand setzen · gestatten · erlauben

**ermorden**: umbringen • aus dem Wege räumen · beseitigen ✦ *gehoben*: morden · meucheln ✦ *umg*: erledigen · abservieren · stumm machen · um die Ecke bringen ✦ *salopp*: kaltmachen · killen • umlegen · fertigmachen ◇ erschießen · erschlagen · erstechen · erwürgen · töten

**ermüden**: müde / schläfrig machen · ermatten · erschöpfen ✦ *salopp*: fertigmachen ◇ entkräften

**ermutigen**: Mut machen · bestärken · Antrieb geben · Kraft / Mut verleihen · stärken ◇ helfen

**ernennen**: berufen |zu| · bestimmen |zu| · einsetzen |als| · bestellen |zu / als|; bestallen |zu| *(veraltend)*

**erneuern**: wieder neu machen · renovieren · wiederherstellen • modernisieren · überholen ◇ reparieren · wiederherstellen

**ernst:** **1.** ⟨*nicht leicht zu nehmend*⟩ bedrohlich · besorgniserregend · gefährlich · bitterernst · todernst ◇ gefährlich – **2.** ⟨*nicht leichtfertig*⟩ ernsthaft • seriös

**ernstlich:** im Ernst · allen Ernstes · ernsthaft · ohne Spaß

**Ernteertrag:** Ernteergebnis · Ernteresultat · Ernte • Bodenertrag ◇ Ertrag

**ernüchtern:** desillusionieren · die Illusionen rauben / nehmen · zu Verstand bringen

**Ernüchterung:** Desillusionierung ✦ *umg*: kalte Dusche · Dämpfer

**erobern:** **1.** ⟨*etw. durch Krieg, Gewalt*⟩ nehmen · an sich bringen · okkupieren ◇ annektieren · einverleiben – **2.** ⟨*jmdn. durch Liebeswerbung*⟩ jmds. Herz erobern / gewinnen · für sich gewinnen · erringen • eine Eroberung machen

**eröffnen:** **1.** ⟨*eine Einrichtung erstmalig zugänglich machen*⟩ der Öffentlichkeit übergeben – **2.** ⟨*ein Geschäft*⟩ aufmachen ◇ anfangen · gründen – **3.** ⟨*beginnen lassen*⟩ einleiten

**erörtern:** beraten · besprechen · bereden · diskutieren · durchsprechen · durchdiskutieren ✦ *umg*: bekakeln · bequatschen ◇ behandeln

**erraten:** raten • herausfinden · herauskriegen · herausbekommen · an den Augen / der Nase ablesen ◇ enträtseln

**erregend:** aufregend · aufreizend · aufpeitschend · nervenzerreißend ◇ spannend

**Erregung:** Erregtheit · Erregungszustand · Aufregung · Aufgeregtheit • Affekt · Hektik · Rausch · Taumel · Aufruhr – **in der E.:** vor Erregung · in / vor Aufregung ✦ *umg*: in der Hitze / im Eifer des Gefechts

**erreichen:** **1.** ⟨*einen Zug*⟩ *umg*: erwischen · kriegen – **2.** ⟨*zum gewünschten Erfolg kommen*⟩ zustande / zuwege bringen · vollbringen • erzielen · bewirken ✦ *umg*: schaffen · fertigbekommen · fertigkriegen · fertigbringen ◇ bewerkstelligen · durchsetzen

**errichten:** erbauen · aufbauen · bauen ◇ bauen

**erröten:** rot werden · puterrot werden • sich verfärben

**Ersatzmann:** Reservemann • Notnagel · Lückenbüßer (*oft abwert*)

**Ersatzstoff:** Ersatzmittel · Surrogat · Ersatz

**erscheinen:** **1.** ⟨*plötzlich dasein*⟩ in Erscheinung treten · auf der Bildfläche erscheinen · auftauchen · auf den Plan treten • sich einfinden ✦ *umg*: angerückt kommen · aufkreuzen · angetanzt / angeschneit kommen ◇ ankommen · angeschlendert kommen – **2.** ⟨*von Druckerzeugnissen*⟩ herauskommen · publiziert werden

**erschießen:** niederschießen · niederstrecken · totschießen • an die Wand stellen ✦ *umg*: abknallen · umlegen · über den Haufen schießen / knallen ◇ ermorden · töten – **sich e.:** sich eine Kugel in / durch den Kopf jagen / schießen • die Waffe gegen sich kehren ◇ Selbstmord begehen

**erschlagen:** totschlagen · totprügeln • den Schädel einschlagen ◇ ermorden · töten

**erschließen:** aufbereiten · aufschließen · nutzbar machen

**erschöpft:** ermattet · entkräftet · abgespannt · schlaff · zerschlagen · abgekämpft · ausgelaugt · ausgepumpt · kaputt • übermüde · übermüdet ✦ *umg*: erledigt · fertig · k.o. · groggy · down · erschossen · mitgenommen · geschafft · schachmatt · wie gerädert · halbtot · am Ende ✦ *salopp*: knille · abgeklappert · matsch ◇ atemlos · erholungsbedürftig · müde ·

schwach – **e. sein:** *salopp:* auf dem Zahnfleisch kriechen
**erschrecken:** **1.** ⟨*plötzlich in Angst versetzen*⟩ in Schrecken versetzen · einen Schreck einjagen – **2.** ⟨*plötzlich in Angst geraten*⟩ in Schrecken geraten · einen Schreck bekommen ✦ *umg:* der Schreck fährt jmdm. in die Glieder ◇ zurückschrecken · zusammenzucken
**erschrocken:** zu Tode erschrocken · starr vor Schreck · wie vom Donner gerührt
**erschüttern:** zutiefst bewegen • einen Schock versetzen · niederschmettern ◇ ergreifen
**Erschütterung:** **1.** ⟨*Bewegung durch Stöße*⟩ Vibration • Rüttelei · Gerüttel – **2.** ⟨*seelisch*⟩ • Schock · Nervenschock · Trauma
**erschweren:** Schwierigkeiten bereiten · schwieriger machen · komplizieren ◇ behindern
**erschwindeln:** erlügen • ergaunern · erschleichen
**ersetzen:** Ersatz schaffen |für| · substituieren • auswechseln
**Ersparnisse:** das Ersparte · Rücklage · Spargroschen (*Pl*) · Sparguthaben • Spargelder
**erstarken:** stark / kräftig werden · an Kraft / Stärke gewinnen · sich kräftigen ◇ aufleben
**erstarren:** **1.** ⟨*vor Kälte, von Flüssigkeiten od. dgl.*⟩ gefrieren · vor Kälte starr werden – **2.** ⟨*vor Entsetzen*⟩ starr vor Schreck werden ✦ *umg:* zur Salzsäule erstarren
**erstarrt:** starr · steif • hart · fest
**erstaunlich:** bewundernswürdig · bewundernswert · staunenerregend · staunenswert · verblüffend · stupend • fabelhaft ◇ epochemachend · großartig
**erstechen:** niederstechen • erdolchen ◇ ermorden · töten
**ersteigen:** erklettern · erklimmen · besteigen • bezwingen
**erstens:** als erstes · zum ersten · an erster Stelle
**erstklassig:** von bester Qualität · exzellent · exquisit · extrafein · ausgezeichnet · auserlesen · erlesen · ausgesucht; prima · ff · erste Wahl (*kaufm*) ◇ auserlesen · hervorragend · wertvoll
**erstmals:** zum ersten Male · das erstemal · erstmalig
**erstreben:** streben |nach| · anstreben · reflektieren |auf| · trachten |nach| · wollen ✦ *umg:* aussein |auf| ◇ besitzen wollen
**erstrecken:** **sich e.** |**bis**|: **1.** ⟨*räumlich*⟩ reichen |bis| · sich dehnen |bis| · sich spannen |über| – **2.** ⟨*zeitlich*⟩ dauern |bis| · sich ausdehnen |bis| ◇ dauern
**ertappen:** überraschen · auf frischer Tat ertappen • überführen |einer Tat| ✦ *umg:* erwischen · schnappen
**ertönen:** erschallen ✦ *gehoben:* gellen · aufgellen · aufbranden · aufbrausen · ertosen · aufrauschen • erklingen ◇ klingen
**Ertrag:** Ausbeute · Gewinn · Nutzen ◇ Ernteertrag · Gewinn · Nutzen
**erträglich:** leidlich · passabel · hinlänglich · einigermaßen ◇ mittelmäßig
**ertrinken:** untergehen · in den Wellen umkommen / sein Grab finden · ein nasses Grab finden ✦ *salopp:* versaufen · ersaufen
**erwachsen:** **e. sein:** *umg:* groß / flügge sein
**erwähnen:** beiläufig nennen · nebenbei sagen · einflechten · einfließen lassen · fallenlassen ◇ anführen · berühren · einfügen
**erwärmen:** warm machen ◇ erhitzen · wärmen – **sich e.:** warm werden
**erwarten:** warten |auf| · entgegensehen · entgegenblicken ✦ *gehoben:*

harren |auf| · erharren ◇ herbeiwünschen
**erweisen** (*jmdm. etw.*): zuteil werden lassen · bezeigen · erzeigen · entgegenbringen
**erwerben:** 1. ⟨*ein Vermögen*⟩ erlangen · gewinnen · kommen |zu| · gelangen |zu| – 2. ⟨*eine Ware gegen Bezahlung*⟩ erhandeln · erlangen • sich zulegen ◇ kaufen
**erwiesenermaßen:** nachweislich • nach Adam Riese
**erwürgen:** erdrosseln · strangulieren · die Kehle zudrücken / zuschnüren ◇ ermorden · töten
**erzählen:** schildern · berichten • zum besten geben ◇ berichten
**Erzeugnis:** Produkt · Fabrikat • Artikel · Ware
**erziehen:** formen · heranbilden · in die Schule nehmen • ausbilden
**erzieherisch:** pädagogisch; erziehlich (*österr*) • schulisch
**Erziehung:** 1. ⟨*das Erziehen*⟩ Formung · Heranbildung – 2. ⟨*gutes Ergebnis des Erziehens*⟩ Benehmen; Kinderstube (*scherzh*) ✦ *umg*: Schliff · Politur
**erzürnen:** 1. ⟨*Unwillen hervorrufen*⟩ zornig / wütend machen · erbosen · aufbringen · in Zorn / Wut versetzen · in Harnisch bringen · bis zur Weißglut reizen · zur Weißglut bringen ✦ *umg*: in Fahrt / Rage bringen · auf die Palme bringen ◇ ärgern – 2. ⟨*Unwillen empfinden*⟩ zürnen · zornig / wütend werden · in Zorn / Wut geraten · in Harnisch geraten ✦ *gehoben*: ergrimmen ✦ *umg*: in Fahrt kommen / geraten · giftig werden · die Galle läuft jmdm. über ◇ sich ärgern
**Esel:** Grautier; Langohr (*scherzh*); Grauchen (*Kosef*)
**eßbar:** genießbar ◇ bekömmlich
**essen:** 1. ⟨*etw. als Nahrung aufnehmen*⟩ zu sich nehmen; sich einverleiben · sich zu Gemüte führen (*scherzh*) • den Hunger stillen · sich stärken ✦ *umg*: futtern · spachteln · mampfen ✦ *derb*: fressen ◇ aufessen · die Mahlzeit einnehmen · sich satt essen – 2. ⟨*zu einer bestimmten Mahlzeit*⟩ das Essen einnehmen · Mahlzeit halten
**ewig:** für alle Zeit · die Zeiten überdauernd · immerwährend; ewiglich (*veraltet*) • unaufhörlich · endlos ✦ *gehoben*: [jetzt und] immerdar · in alle Ewigkeit ◇ dauernd
**Exil:** Exilzeit · Emigration • Verbannung
**experimentieren:** Experimente / Versuche anstellen / machen
**explodieren:** 1. ⟨*Bombe, Sprengladung*⟩ • detonieren ✦ *umg*: hochgehen · in die Luft gehen / fliegen – 2. ⟨*Druckkessel od. dgl.*⟩ bersten · zerspringen · zerbersten ✦ *umg*: auseinanderfliegen
**explosiv:** 1. ⟨*Ladung*⟩ brisant · explosibel · hochexplosiv – 2. ⟨*Situation od. dgl.*⟩ brisant · gefährlich
**Extrakt:** Auszug · Essenz • Absud · Elixier

# F

**fabeln:** fabulieren · spinnen · spintisieren • Seemansgarn spinnen ◇ faseln
**Fach:** • Schrankfach · Regalfach
**Fachausdruck:** Fachwort · Fachterminus · Terminus ◇ Wort
**Fachgebiet:** Fachbereich · Sachgebiet · Gebiet · Fach · Zweig
**Fachmann:** Experte · Spezialist · Sachverständiger · Sachkenner · Fachkenner · Kenner · Mann vom

Fach; Professionist (*österr*) ◇ Meister · Routinier – **F. sein:** vom Fach sein · sich auf dem Gebiet auskennen

**fachmännisch:** fachgemäß · fachgerecht · fachmäßig · zünftig · sachgemäß · sachgerecht • richtig ◇ sachkundig

**Fachrichtung:** Fachdisziplin · Fach · Fachgebiet

**Fähigkeit:** Vermögen • Befähigung

**Fahne:** Flagge • Banner · Wimpel · Standarte

**Fahrbahn:** Fahrdamm; Damm (*landsch*) • Fahrspur · Straße ◇ Straße

**Fähre:** Fährboot · Fährschiff • Eisenbahnfähre · Trajekt

**fahren:** **1.** ⟨*mit einem Fahrzeug*⟩ *umg*: gondeln · rollen · kutschen · karriolen • zischen · brausen · dampfen – **2.** ⟨*mit einem Fahrzeug befördern*⟩ befördern · transportieren ✦ *umg*: kutschen; chauffieren (*veraltend*)

**Fahrer:** **1.** ⟨*jmd., der ein Kraftfahrzeug fährt*⟩ Autofahrer; Automobilist (*schweiz*) – **2.** ⟨*jmd., der beruflich ein Kraftfahrzeug fährt*⟩ Kraftfahrer · Chauffeur

**Fahrgast:** Passagier · Reisegast • Fahrtgenosse · Mitreisender · Insasse

**fahrig:** zerfahren · zappelig · unstet · haspelig ✦ *umg*: fummelig ◇ nervös · unruhig

**Fahrkarte:** Fahrausweis · Fahrschein; Billett (*schweiz*) ✦ *umg*: Karte

**Fahrrad:** Rad; Velo (*schweiz*); Stahlroß (*scherzh*) ✦ *umg*: Drahtesel (*scherzh*) ✦ *salopp*: Karre · Mühle · Schlitten · Karrete

**Fahrstuhl:** Lift · Aufzug · Personenaufzug • Paternoster

**Fahrtrichtungsanzeiger:** Blinker · Blinkleuchte

**Fall:** das Hinfallen · Sturz ✦ *umg*: Plumps · Plumpser

**Falle:** • Fallgrube · Schlinge · Netz · Leimrute · Fangeisen

**fallen:** **1.** ⟨*sich durch Schwerkraft nach unten bewegen*⟩ herabfallen · hinunterstürzen · niederfallen ◇ herunterfallen · hinfallen – **2.** ⟨*als Soldat im Krieg sterben*⟩ im Feld bleiben (*veraltend*) ✦ *salopp*: ins Gras beißen

**fällen:** schlagen · abschlagen · umhauen ◇ abholzen · abschlagen

**falsch:** verkehrt · nicht richtig · unrichtig · fehlerhaft · grundfalsch · grundverkehrt • schief ◇ abwegig

**fälschen:** nachmachen · falsifizieren

**fälschlich:** irrtümlich • auf einem Irrtum beruhend · unrichtig

**Fälschung:** Falsifikat • Nachbildung

**Falte:** **1.** ⟨*in Stoff, Papier*⟩ Bruch · Kniff • Knitter – **2.** ⟨*im Gesicht*⟩ Runzel · Furche • Krähenfuß · Sorgenfalte · Kummerfalte

**falten:** kniffen · umbiegen · umknikken • falzen · fälteln

**faltig:** **1.** ⟨*von Stoff, Papier*⟩ faltenreich · zerknittert · knittrig · kraus – **2.** ⟨*vom Gesicht*⟩ runzelig · zerknittert ◇ runzelig

**Familie:** die Familienangehörigen · die Familienmitglieder; Sippe · Sippschaft (*meist scherzh*); Mischpoke (*abwert*) ◇ Verwandtschaft

**Familienname:** Nachname · Zuname

**fanatisch:** unbelehrbar; scharfmacherisch · verrannt (*abwert*) ✦ *umg*: verbohrt · vernagelt

**fangen:** **1.** ⟨*mit den Händen etw. Fliegendes fassen*⟩ auffangen · greifen ◇ ergreifen – **2.** ⟨*durch Zugreifen in seine Gewalt bringen*⟩ erhaschen · fassen · haschen

**Farbe:** Anstrichmittel · Anstrichstoff · Anstrichfarbe • Lackfarbe

**farbecht:** lichtecht · lichtbeständig · wetterecht · nicht abfärbend

**färben:** **1.** ⟨*mit Farbe versehen*⟩ farbig machen · tönen · Farbe geben – **2.** ⟨*Farbstoff abgeben*⟩ abfärben · Farbe

lassen • nicht waschecht sein – **3. sich f.**: ⟨*eine Färbung erhalten*⟩ eine Farbe annehmen / bekommen
**farbenfroh**: farbenprächtig · farbenfreudig ✦ *gehoben*: farbenprangend ◇ bunt
**Farbstift**: Malstift · Buntstift
**Farbstoff**: Farbe · Färbemittel
**Farbton**: Färbung · Tönung · Ton · Farbnuance
**faseln**: *umg*: spintisieren · spinnen · daherreden ◇ fabeln · schwafeln · schwatzen
**fassen**: **1.** ⟨*von einem Behälter*⟩ gehen |in| · hineingehen |in| · hineinpassen |in| · aufnehmen · ein bestimmtes Fassungsvermögen haben – **2. sich f.**: ⟨*sich wieder innerlich beruhigen*⟩ wieder zu sich kommen · sich erholen · sich fangen · die Fassung wiedergewinnen · wieder ins Gleichgewicht kommen ◇ sich beherrschen
**Fasson**: Paßform · Schnitt · Machart
**faul**: **1.** ⟨*durch Fäulnis verdorben*⟩ verfault · faulig • verrottet · vermodert · moderig ✦ *salopp*: matsch ◇ verdorben – **2.** ⟨*nicht fleißig*⟩ faulenzerisch · arbeitsscheu • bequem · träge ✦ *umg*: erzfaul · faul wie die Sünde ✦ *salopp*: stinkend faul · stinkfaul ◇ träge · untätig – **f. sein**: die Arbeit nicht erfunden haben · der Arbeit aus dem Wege gehen
**faulen**: in Fäulnis übergehen · verfaulen • verwesen · verrotten ◇ schimmeln · verderben
**faulenzen**: faul / müßig sein · nichts tun · sich einen faulen Tag machen ✦ *umg*: sich auf die faule Haut legen · die Daumen drehen • blaumachen · krankfeiern ◇ müßiggehen
**Faulenzer**: Nichtstuer · Tagedieb • Eckensteher · Bummelant · Flaneur ✦ *umg*: Faulpelz ✦ *salopp*: fauler Strick / Sack / Hund ◇ Schmarotzer · Taugenichts
**faulig**: stinkig · aasig • muffig · brakkig
**Fäulnis**: Fäule • Verwesung · Moder
**fechten**: die Klingen kreuzen; sich schlagen (*hist*)
**Federbett**: Bett ◇ Deckbett
**federn**: schwingen · wippen • zurückfedern
**Federvieh**: Geflügel • Hausgeflügel
**fegen**: kehren ◇ reinigen
**Fehlbetrag**: Defizit · Minus · Minusbetrag · Manko · Differenz
**fehlen**: **1.** ⟨*nicht dort sein, wo man es erwartet*⟩ abwesend sein · nicht anwesend sein · nicht dasein; durch Abwesenheit glänzen (*spött*) – **2.** ⟨*aus Mangel*⟩ nicht vorhanden sein · es mangelt |an| ✦ *gehoben*: es gebricht |an| ✦ *umg*: es hapert |an|
**Fehler**: **1.** ⟨*was falsch ist*⟩ Kapitalfehler • Unrichtigkeit · Inkorrektheit · Lapsus – **2.** ⟨*irrtüml. Entscheidung od. dgl.*⟩ Versehen · Mißgriff · Fauxpas • Fehlentscheidung · Fehlurteil ✦ *umg*: Patzer · Korken · Schnitzer · Eselei · Dummheit ◇ Irrtum – **einen F. machen**: *umg*: einen Bock schießen · sich verhauen · danebenhauen · sich vertun
**fehlerfrei**: richtig · fehlerlos · korrekt ◇ fehlerlos
**fehlerlos**: makellos · ohne Fehl · tadellos · korrekt · integer ◇ einwandfrei · fehlerfrei · richtig
**Fehlgeburt**: Abort[us] (*Med*) ◇ Abtreibung · Schwangerschaftsabbruch · Geburt
**Fehlinterpretation**: Fehldeutung
**Fehlkalkulation**: Fehlrechnung
**Fehlplanung**: Fehldisposition
**Fehlschluß**: Trugschluß
**Fehltritt**: Verfehlung · Entgleisung · ein Schritt vom Wege; Sünde (*Rel*) ◇ Vergehen
**Feier**: Festveranstaltung · Festakt • Feierstunde · Festsitzung · Gedenkfeier · Ehrung ◇ Fest

**Feierabendheim:** Seniorenheim; Altersheim (*veraltend*) ◇ Pflegeheim
**feierlich:** festlich · weihevoll · erhebend • zeremoniell ◇ würdevoll
**feige:** feigherzig • furchtsam · ängstlich ✦ *umg*: hasenherzig · hasenfüßig; memmenhaft (*abwert*) ◇ ängstlich
**Feigling:** *umg*: Angsthase · Hasenherz · Hasenfuß; Memme · Jammerlappen · Waschlappen (*abwert*) ✦ *derb*: Hosenscheißer · Kacker · Scheißer · Scheißkerl ◇ Duckmäuser
**feilschen** (*abwert*): markten · schachern · handeln • herunterhandeln ◇ abhandeln
**Feind:** Widersacher • Todfeind ◇ Gegner
**feindlich:** 1. ⟨*persönl. Feindschaft entspringend*⟩ feindschaftlich · animos · feindselig · haßerfüllt · übelwollend – 2. ⟨*der militär. Gegnerschaft entspringend*⟩ gegnerisch
**Feindschaft:** • Feindlichkeit · Feindseligkeit · Gegnerschaft
**Feinheit:** 1. ⟨*zarte, zierl. Beschaffenheit*⟩ Zartheit • Subtilität · Raffinement · Raffinesse – 2. ⟨*feine künstler. Einzelheit*⟩ Finesse · Nuance
**Feinschmecker:** Gourmet · Gourmand · Lukullus • Genießer ◇ Lekkermaul
**feinsinnig:** kunstsinnig · musisch · fein • ästhetisch
**Feldmark:** Gemarkung · Flur · Feldflur
**Fell:** Haarkleid · Pelz · Haardecke • Balg · Decke ◇ Haut
**Felsen:** Felsblock · Gesteinsblock ✦ *gehoben*: Fels
**Fensterladen:** Laden • Jalousie · Rolladen
**Ferien** (*Pl*): Urlaub · Urlaubszeit • Schulferien
**fern:** entfernt · weitab · weit · in der Ferne · fernab · weit weg ✦ *umg*: weit vom Schuß · j. w. d. ◇ abgelegen · abseits
**fernbleiben:** sich fernhalten |von| ✦ *umg*: jmdm. vom Halse bleiben
**Fernglas:** Feldstecher · Glas • Prismenglas · Fernrohr ✦ *umg*: Opernkieker (*scherzh*)
**fernhalten:** f. |von|: abhalten |von| · nicht heranlassen |an| • vom Halse / Leibe halten ◇ abwehren · abweisen
**Fernsehgerät:** Fernsehapparat · Fernseher · Fernsehempfänger ✦ *umg*: Mattscheibe; Flimmerkiste · Pantoffelkino · Glotzophon (*scherzh*); Glotze (*abwert*)
**Fernsprecher:** Telefon · Fernsprechapparat · Apparat • Fernsprechanlage · Fernsprecheinrichtung ✦ *salopp*: • Strippe · Quasselstrippe
**Fernsprechverzeichnis:** Telefonbuch · Fernsprechbuch · Teilnehmerverzeichnis
**Fernsprechzelle:** Telefonzelle · Zelle • Fernsprechkabine
**Fernsprechzentrale:** Amt · Zentrale · Vermittlung
**fertig** (*von einer Person*): gerüstet · bereit · parat · soweit
**fesseln:** in Fesseln legen · Fesseln / Ketten anlegen · binden • knebeln ◇ anbinden
**fest:** 1. ⟨*nicht von der Stelle entfernbar*⟩ festsitzend · unverrückbar · unlösbar – 2. ⟨*als Summe nicht veränderlich*⟩ fix · feststehend
**Fest:** Festlichkeit · Feier · Geselligkeit • Lustbarkeit · Vergnügen · Freudenfest · Party · Cocktailparty · Empfang · Hausball ✦ *umg*: Fete · Festivität · Ringelpietz • Budenzauber ◇ Feier · geselliges Beisammensein
**festbinden:** festzurren · festmachen · festschnüren; vertäuen (*seem*) ◇ anbinden
**festbleiben:** nicht nachgeben · nicht nachlassen · nicht aufgeben · nicht

ablassen |von| · sich nicht abbringen lassen |von| · dabeibleiben ✦ *umg*: bei der Stange bleiben ◇ beharren
**Festessen**: Festmahl · Essen · Galaessen · Galadiner · Diner • Festbankett · Bankett · Gastmahl · Festschmaus · Göttermahl
**festhalten**: nicht loslassen · halten · nicht aus den Händen lassen – **sich f.**: sich anklammern · sich festklammern · sich klammern |an| · sich festkrallen |an|
**festklammern**: anheften · anklammern · beiheften
**festlegen**: **1.** ⟨*verbindlich bestimmen, beschließen*⟩ festsetzen · festhalten · fixieren ✦ *umg*: festmachen – **2.** ⟨*jmdn. auf Grund seiner Äußerung*⟩ beim Wort nehmen ✦ *umg*: festnageln
**festlich**: glanzvoll · eindrucksvoll • galamäßig
**Festspiele**: Festwochen · Festtage · Festival
**feststehen**: festliegen · sicher / gewiß sein · außer Zweifel stehen · keinem Zweifel unterliegen · unumstößlich sein
**feststellen**: konstatieren · bemerken · erkennen · die Feststellung / Erfahrung machen ✦ *umg*: registrieren
**Festung**: • Fort · Zitadelle · Festungsbau · Bollwerk ◇ Befestigungsanlage
**festziehen** (*den Gurt*): zusammenziehen · anziehen
**Fettgewebe**: Fettpolster · Polster · Fett; Fettdepot (*Med*)
**fettig**: fett · fetthaltig • fetttriefend · ölig · tranig · schmalzig · sahnig
**Fetzen**: *umg*: Schnippel · Schnipsel • Schnitzel ◇ Stück
**feucht**: humid (*fachspr*) ◇ naß
**Feudalismus**: Feudalherrschaft · Feudalsystem · Feudalordnung · Feudalwesen
**Feuer**: **F. legen**: in Brand setzen / stecken · in Flammen setzen · den roten Hahn aufs Dach setzen ◇ brandschatzen · niederbrennen
**feuerfest**: feuerbeständig · feuersicher • feuerhemmend
**Feuerlöscher**: Feuerlöschgerät · Feuerlöschapparat • Naßlöscher · Trokkenlöscher
**Feuerwerkskörper**: • Rakete · Höhenrakete · Schwärmer · Knaller · Kanonenschlag · Frosch · Cracker
**Fieber**: Temperatur
**fieberfrei**: ohne Temperatur · ohne Fieber
**fieberhaft**: fiebrig; febril (*Med*)
**fieberkrank**: fiebrig · vom Fieber befallen · an Fieber erkrankt
**fiebern**: Fieber haben · Temperatur haben
**Film**: **1.** ⟨*Material*⟩ Filmmaterial · Filmstreifen · Filmband · Filmrolle – **2.** ⟨*Kunstwerk*⟩ Filmwerk · Streifen • Spielfilm · Dokumentarfilm
**Filmemacher**: Filmer • Regisseur
**filmen**: drehen · Filmaufnahmen / Dreharbeiten machen
**Filmkamera**: Kamera · Filmapparat
**Filmstar**: Filmstern · Star · Stern · Filmgröße • Filmheld · Filmdiva · Diva ◇ Schauspieler
**Filter**: **1.** ⟨*für Flüssigkeiten, Gase*⟩ Filtermaterial · Filtermittel • Filterpapier · Filtrierpapier · Filtertuch – **2.** ⟨*für Lichtstrahlen*⟩ Filtermaterial • Filterglas
**filtern**: filtrieren ◇ durchsieben · klären
**Finanzier**: Finanzmann · Finanzmagnat · Finanzgewaltiger · Geldmann ✦ *umg*: Geldsack · Finanzhyäne (*abwert*) ◇ Kapitalist
**finanzieren**: die Kosten tragen / bestreiten |für| · die Mittel zur Verfügung stellen |für| · aufkommen |für|
**Finanzkapital**: Finanzoligarchie · Hochfinanz · Finanzmagnaten · Finanzaristokratie · Geldaristokratie ·

die Imperialisten; Finanzhyänen (*abwert*) • Wallstreet ◇ Bourgeoisie

**finden:** auffinden · in die Hände fallen · entdecken · stoßen |auf| • einen Fund machen ◇ entdecken

**Findling:** erratischer Block · Findlingsblock · Findlingsstein

**Fingerring:** Ring ✦ *gehoben*: Reif · Fingerreif

**flach** (*von Gewässern*): seicht • untief

**Flachland:** Tiefebene · Niederung · Ebene · Tiefland

**flackern:** zucken · flacken • züngeln ◇ brennen

**flaggen:** die Flagge / Fahne hissen · die Flagge setzen

**Flamme:** Flammensäule · Feuersäule · Feuerzunge · Feuerflamme • Feuergarbe

**Flasche:** *umg*: Buddel (*landsch*) ✦ *salopp*: Pulle

**Fleck:** Flecken • Schmutzfleck · Dreckfleck · Klecker

**fleckig:** voller Flecke · befleckt · mit Flecken bedeckt ◇ schmutzig

**Flegel:** Lümmel · Rüpel · Rowdy · Rabauke; Lorbaß (*veraltend*) ✦ *umg*: Fläz · Flaps · Schnösel · Lackel; Runks (*landsch*) ◇ Frechdachs · Grobian

**flegelhaft:** flegelig · lümmelhaft · rüpelhaft · rüpelig · rowdyhaft · pöbelhaft ✦ *umg*: fläzig · ruppig · schnöselig · flapsig ◇ frech

**Fleischer:** Schlächter · Schlachter (*norddt*); Selcher · Metzger (*süddt*); Fleischhauer (*österr*)

**Fleiß:** Arbeitsamkeit · Emsigkeit · Arbeitseifer • Schaffensfreude · Tätigkeitsdrang ◇ Eifer · Hingabe

**fleißig:** arbeitsam · emsig · eifrig • rührig · schaffensfreudig · tatkräftig ◇ unermüdlich

**fliegen:** **1.** ⟨*von Vögeln*⟩ • segeln · gleiten · schwirren · flattern · durch die Luft schießen – **2.** ⟨*von Flugzeugen*⟩ • segeln · gleiten

**fliehen:** die Flucht ergreifen · sich zur Flucht wenden · flüchten · das Weite suchen ✦ *umg*: Fersengeld geben · Reißaus nehmen · das Hasenpanier ergreifen ✦ *salopp*: türmen · verduften · sich verdünnisieren · die Kurve kratzen ◇ entfliehen · entkommen · weglaufen

**fließen:** • rinnen · rieseln · laufen ◇ plätschern · strömen

**flink:** behende · schnellfüßig · leichtfüßig ✦ *umg*: fix ◇ gewandt · schnell

**flirten:** tändeln · den Hof machen · schöne Augen machen · kokettieren • poussieren · schäkern ✦ *umg*: balzen ◇ anbändeln · werben

**Floskel:** **1.** ⟨*aus Höflichkeit*⟩ Formel · Höflichkeitsformel – **2.** ⟨*inhaltsarme Wendung*⟩ Redensart ◇ Phrase

**Flotte:** • Kriegsflotte · Handelsflotte

**Fluch:** Verwünschung · Kraftwort · Fluchwort

**fluchen:** einen Fluch / Flüche / Verwünschungen ausstoßen ◇ schimpfen

**Flügel:** **1.** ⟨*beim Vogel*⟩ *gehoben*: Schwinge · Fittich – **2.** ⟨*beim Flugzeug*⟩ Tragfläche ✦ *gehoben*: stählerne Schwinge

**Fluggast:** Passagier · Flugreisender · Flugpassagier

**Flughafen:** Airport · Airterminal • Flugplatz

**Flugreise:** Flug · Luftreise • Jetflug

**Flugzeug:** Maschine • Luftfahrzeug ✦ *umg*: Flieger · Kiste ◇ Düsenflugzeug

**Flugzeugführer:** Pilot · Flugkapitän

**fluktuieren:** schwanken · wechseln

**Flur:** Korridor • Gang ◇ Diele

**Fluß:** Strom • Wasserlauf ◇ Bach

**flüssig:** ohne Stocken / Unterbrechung · fließend · zügig ✦ *umg*: hintereinanderweg

**flüstern:** wispern · wispeln · fispeln • zischeln · hauchen · säuseln ◇ sprechen

**Flut: eine F. von etw.:** eine Menge von etw. · ein Schwall von etw.

**Folge:** Auswirkung · Wirkung · Resultat · Frucht • Nachwirkung ✦ *umg*: Ende vom Lied ◇ Ergebnis – **zur F. haben:** nach sich ziehen · mit sich bringen · führen |zu| ◇ verursachen

**folgen:** **1.** ⟨*zu Fuß*⟩ hinterhergehen · hergehen |hinter| · nachfolgen · auf dem Fuß folgen • nachrennen · hinterherrennen · nachlaufen ✦ *umg*: hinterherzuckeln – **2.** ⟨*zu einem späteren Zeitpunkt auch dahin kommen*⟩ nachfolgen · nachkommen

**folgend:** **1.** ⟨*zeitlich*⟩ nächst · nachfolgend · darauffolgend – **2.** ⟨*örtlich*⟩ nachstehend · nachfolgend

**folgenlos:** ohne Folgen · ohne Auswirkung · keine Folgen nach sich ziehend

**folgenreich:** weitreichend · weittragend ◇ wichtig

**folgerichtig:** konsequent · logisch · folgerecht · schlüssig

**folgern: f.** |**aus**|: schließen |aus| · schlußfolgern |aus| · einen Schluß ziehen |aus| ◇ zurückführen |auf|

**folglich:** demnach · demzufolge · infolgedessen · also · ergo · logischerweise · somit; sonach (*veraltend*)

**foltern:** • quälen · mißhandeln ✦ *gehoben*: martern

**Fön:** Haartrockner · Heißluftdusche • Hairstyler · Fönkamm

**fordern:** verlangen · wollen · die Forderung erheben · geltend machen • drängen |auf| · postulieren ✦ *gehoben*: heischen · begehren ◇ bestehen |auf|

**fördern:** **1.** ⟨*zum Vorankommen unterstützen*⟩ vorwärtsbringen · vorwärtshelfen · hochbringen · weiterhelfen · unterstützen · den Weg bahnen / ebnen · den Boden ebnen • in den Sattel heben · protegieren ✦ *umg*: unter seine Fittiche nehmen – **2.** ⟨*Bodenschätze*⟩ abbauen · gewinnen

**Forderung:** Verlangen · Bitte • Postulat ◇ Aufforderung

**Form:** **1.** ⟨*äußere plastische Gestalt von etw.*⟩ Gestalt · Formung · Äußeres • Fasson – **2.** ⟨*Gestaltetsein des Inhalts*⟩ Gestaltung · Darstellungsweise

**formal:** nur der Form nach · äußerlich • dem Buchstaben nach

**Formalität:** Äußerlichkeit · Formsache

**formbeständig:** formstabil · formtreu • schrumpfecht (*fachspr*)

**formen:** gestalten · ausformen · Form geben · in Form bringen · bilden • prägen ◇ gestalten

**formgewandt:** formvollendet · formvoll ◇ höflich

**förmlich:** **1.** ⟨*die Höflichkeitsformen mehr als notwendig beachtend*⟩ konventionell · unpersönlich · formell · steif – **2.** ⟨*durch Vorschrift angeordnet*⟩ formell · offiziell · amtlich festgelegt

**formlos:** amorph · gestaltlos · ungestaltet · ungeformt

**Formular:** Formblatt · Vordruck

**fort:** weg ✦ *umg*: auf und davon · über alle Berge

**fortfahren:** weitermachen ✦ *umg*: fortmachen; beibleiben (*norddt*) ◇ weiterführen

**Fortschritt:** Fortentwicklung • Progreß · Weiterentwicklung ◇ Aufwärtsentwicklung

**fortschrittlich:** progressiv · zukunftsgerichtet • revolutionär

**Fotoapparat:** Kamera · Apparat • Pocketkamera · Spiegelreflexkamera ✦ *umg*: Kasten · Fotokasten

**Fotografie:** Lichtbild · Aufnahme · Foto · Bild ◇ Abzug · Diapositiv

**fotografieren:** aufnehmen · eine Aufnahme machen |von| ✦ *umg*: knipsen · auf die Platte bannen • einen Schnappschuß machen |von|

**Fracht:** Frachtgut · Ladung · Last • Frachtstück · Fuhre
**Frack:** *umg*: Schniepel · Schwalbenschwanz · Schwenker
**fragen:** **1.** ⟨*eine Auskunft erbitten*⟩ eine Frage stellen · eine Frage richten |an| · sich mit einer Frage wenden |an| • mit Fragen überschütten / bombardieren ◇ anfragen · ausfragen · befragen – **2.** ⟨*eine Erörterung anstellen*⟩ eine Frage anschneiden / aufwerfen
**Frau:** Krone der Schöpfung · Evastochter · weibliches Wesen (*scherzh*); Frauensperson · Frauenzimmer (*abwert*) ✦ *umg*: Person · Mensch (*Neutr*) · Weibsbild (*meist abwert*) ✦ *salopp*: Weibsperson · Weibsstück (*abwert*) • Scharteke · Schrulle · alte Schachtel · alte Schraube · Spinatwachtel (*abwert*) ◇ Jungfrau · Xanthippe – **die Frauen:** Frauensleute (*norddt*); Frauenvolk (*veraltend*) ✦ *umg*: das schwache Geschlecht · die holde Weiblichkeit (*scherzh*)
**Frauenemanzipation:** Emanzipation • Gleichberechtigung der Frau · rechtliche Gleichstellung der Frau
**Frauenheld:** Herzensbrecher · Casanova · Belami; Schürzenjäger (*abwert*) ✦ *umg*: Poussierstengel · Schwerenöter ✦ *salopp*: Weiberheld (*abwert*) ◇ Verführer
**Frauenrechtlerin:** Feministin; Emanze (*abwert*)
**fraulich:** frauenhaft • feminin ◇ weiblich
**frech:** dreist · respektlos · unehrerbietig • dummfrech · dummdreist · patzig ✦ *umg*: pampig · kiebig · frech wie Oskar ✦ *derb*: rotzig ◇ flegelhaft · keck · ungezogen · unverschämt – **f. sein:** *salopp*: ein loses / freches / ungewaschenes Maul haben ✦ *derb*: eine koddrige Schnauze haben
**Frechdachs:** Lausejunge · Lausebengel · Schlingel; Lausbub (*süddt*) ✦ *umg*: Racker · Räbchen · Lausekerl ✦ *salopp*: freches Stück · Luder · freche Rübe ✦ *derb*: Rotznase · Rotzbengel · Rotzlöffel · freche Schnauze ◇ Flegel
**frei:** **1.** ⟨*ohne lästige Bindungen*⟩ ungebunden · unabhängig · frei / los und ledig • unbeschränkt – **2.** ⟨*ohne Unterdrückung*⟩ befreit · freigekämpft ◇ unabhängig – **3.** ⟨*bei einem Vortrag: nicht auf ein Manuskript gestützt*⟩ aus dem Stegreif · unvorbereitet · improvisiert · ohne Manuskript
**freigebig:** großzügig · gebefreudig · generös · nobel · splendid · spendabel – **f. sein:** eine milde / offene Hand haben ✦ *umg*: • sich nicht lumpen lassen
**freigeistig:** freisinnig · aufgeklärt
**Freiheitsentzug:** Arrest • Hausarrest
**Freiheitskampf:** Befreiungskampf • Widerstandskampf
**Freiheitsstrafe:** Freiheitsentzug; Gefängnis · Zuchthaus (*veraltet*) ✦ *salopp*: Knast ◇ Haft
**freilegen:** bloßlegen · aufschaufeln · aufdecken ◇ ausgraben
**freilich:** allerdings • wohl aber · zwar
**freistehen: etw. steht jmdm. frei:** etw. steht jmdm. offen / ist jmdm. anheimgestellt / überlassen • etw. ist jmdm. unbenommen / unverwehrt
**freiwillig:** aus freiem Willen · spontan · aus freien Stücken • unaufgefordert · ungeheißen
**fremd:** **1.** ⟨*nicht vertraut*⟩ fremdartig · ungewöhnlich • unbekannt – **2.** ⟨*nicht einheimisch*⟩ ausländisch · wildfremd · nicht von hier • fremdländisch
**Fremder:** Fremdling · Unbekannter
**Freude:** **1.** ⟨*das Frohsein*⟩ Entzücken · Wonne · Beglückung · Herzensfreude • Freudentaumel ◇ Glück · Jubel – **2.** ⟨*das, was jmdn. erfreut*⟩

Gaudi (*süddt*); Spaß • Genuß · Hochgenuß

**freudig:** **1.** ⟨*von Freude erfüllt*⟩ freudevoll · freudetrunken · froh · freudestrahlend · erfreut · himmelhoch jauchzend • wohlgemut ◇ froh · glücklich – **2.** ⟨*Freude bereitend*⟩ erfreulich · wohltuend · herzerfreuend · freudebringend · froh ◇ wohltuend

**freuen: sich f.:** Freude empfinden · jmdm. lacht das Herz im Leibe · jmdm. hüpft das Herz vor Freude · froh sein · strahlen ✦ *umg*: vor Freude an die Decke springen · sich freuen wie ein Schneekönig ◇ glücklich sein · jubeln – **sich f.** |an|: sich erfreuen |an| · sich ergötzen |an| · seine helle Freude haben |an| • sein Wohlgefallen haben |an|

**Freund:** Herzensfreund · Herzensbruder (*veraltend*); Busenfreund (*spött*); Bruderherz (*scherzh*) • Gesinnungsfreund · Intimus · Vertrauter · Schulfreund · Studienfreund ✦ *umg*: Kumpel; Spezi (*süddt österr schweiz*) ◇ Kamerad

**Freundeskreis:** Clique · Klub · Verein · Freunde; Freundschaft (*selten*)

**freundlich:** liebenswürdig · herzlich · nett • gutgelaunt ✦ *derb*: scheißfreundlich ◇ gefällig · heiter · wohlgesinnt

**Freundschaft:** Verbundenheit • Kameradschaft · Gesinnungsverwandtschaft ✦ *gehoben*: Bruderbund

**freundschaftlich:** • kameradschaftlich · brüderlich · gutnachbarlich · freundnachbarlich

**friedfertig:** friedlich · verträglich; friedsam (*selten*) ◇ friedlich

**Friedhof:** Kirchhof; Gottesacker (*landsch*) • Gräberfeld

**friedlich:** **1.** ⟨*nicht kriegerisch*⟩ friedliebend; friedsam (*selten*) ◇ friedfertig – **2.** ⟨*auf nichtkrieger. Weise*⟩ im guten · gütlich • versöhnlich

**frieren:** **1. jmd. friert:** ⟨*jmd. empfindet Kälte*⟩ jmdm. ist kalt • jmd. fröstelt ✦ *umg*: jmd. bibbert · jmd. friert wie ein Schneider / wie ein junger Hund • jmd. klappert mit den Zähnen – **2. es friert:** ⟨*die Außentemperatur ist unter den Gefrierpunkt gesunken*⟩ es herrscht Frost / Kälte · es friert Stein und Bein

**frisch:** **1.** ⟨*von Lebensmitteln*⟩ unverdorben · in bestem Zustand · taufrisch – **2.** ⟨*nicht müde*⟩ ausgeruht · erholt · wie neugeboren – **3.** ⟨*von der Luft*⟩ unverbraucht

**Friseur:** Figaro · Haarkräusler · Haarschneider (*scherzh*); Barbier (*veraltet*); Coiffeur (*schweiz*) ✦ *salopp*: Bartkratzer

**frisieren:** die Haare machen

**Frisur:** Haartracht • Haarschnitt

**froh:** erleichtert · beruhigt · heilfroh • befreit ◇ glücklich

**fröhlich:** frohgestimmt · frohgelaunt · froh ✦ *gehoben*: frohmütig ◇ gutgelaunt · heiter – **f. sein:** frohen Mutes / guter Dinge sein · sich des Lebens freuen

**fromm:** gläubig · religiös; gottesfürchtig · gottergeben (*veraltend*) • bigott ◇ orthodox

**frömmlerisch:** frömmelnd · scheinfromm · scheinheilig

**Front:** Frontgebiet · Frontlinie · Frontzone · Kampfgebiet · Kampfzone ◇ Kampflinie

**Frost:** Frostwetter • Winterkälte · Kälte

**frostanfällig:** frostempfindlich · frostgefährdet

**frostbeständig:** frosthart · frostfest · frostresistent

**frottieren [sich]:** [sich] abreiben · [sich] abfrottieren ✦ *umg*: [sich] abrubbeln ◇ abtrocknen

**fruchtbar:** fruchtbringend · fertil · ertragreich

**früh:** zeitig · frühzeitig ◇ bald

**früher:** einst · vor undenklichen Zei-

ten · zu Olims Zeiten · einstmals · ehemals ✦ *gehoben*: vorzeiten · einstens ◇ damals · vorher
**Frühling:** Frühjahr • Maienzeit ✦ *gehoben*: Lenz ✦ *umg*: Knospenknall
**Frühstück:** Morgenimbiß; Brotzeit (*landsch*)
**fühlen:** spüren · merken · wahrnehmen · empfinden
**führen:** führend sein · die Führung innehaben · den Ton angeben · an der Spitze stehen ✦ *umg*: die erste Geige spielen ◇ leiten
**führend:** maßgebend · bestimmend · tonangebend • federführend
**Führerschein:** Fahrerlaubnis
**Fülle:** Reichtum · Üppigkeit ◇ Überfluß
**füllen:** vollfüllen · vollmachen · anfüllen • vollschütten · vollgießen
**Füllung:** **1.** ⟨*in Speisen*⟩ Füllmasse · Füllsel; Fülle (*landsch*) – **2.** ⟨*im Zahn*⟩ *umg*: Plombe • Einlage
**Fundament:** Grundmauer · Fundamentmauer; Gründung · Grundbau (*fachspr*)
**funktionieren** (*von Maschinen gesagt*): gehen · laufen ✦ *umg*: wie geschmiert gehen / laufen • es noch tun
**Fürsorge:** Sozialfürsorge · Sozialhilfe; Wohlfahrt (*veraltend*); Diakonie (*evang*)
**fürsorglich:** besorgt · betulich
**Fürsprache:** Fürbitte
**Fürsprecher:** *gehoben*: Fürsprech · Anwalt
**Fußabtreter:** Abtreter · Abstreicher · Fußabstreicher · Fußmatte · Matte
**Fußball:** Ball ✦ *umg*: das Leder
**Fußbank:** Fußschemel ✦ *umg*: Hitsche · Rutsche
**Füße:** *umg*: Beine ✦ *salopp*: Quanten · Käsebeine
**Fußgänger:** Passant; Fußgeher (*österr*)
**Fußrücken:** Rist · Spann · Rücken
**Futter:** Fressen; Atzung · Äsung · Geäse (*weidm*)
**füttern:** Futter geben · zu fressen geben; atzen (*weidm*) ◇ mästen

# G

**gabeln: sich g.:** sich teilen • sich verzweigen
**gackern:** gackeln · gacksen (*landsch*)
**gallertartig:** gallertig · gelatinös · gelatineartig ✦ *umg*: glibberig · wabbelig · schwabbelig (*landsch*)
**gammeln** (*umg*): herumgammeln · herumlottern ◇ dahinleben
**Gangart:** • Trott · Gang
**Gangrän** (*Med*): Brand
**ganz:** total · von A bis Z · gesamt · in vollem Umfang · hundertprozentig; zur Gänze (*papierdt*) ◇ alles · insgesamt · völlig · vollständig
**gänzlich:** glatterdings · platterdings · schlechthin ◇ völlig
**gar:** weichgekocht • weich
**garantieren** (*als Betrieb für gekaufte Waren*): die Garantie übernehmen \|für\| · Garantie leisten \|für\|
**Garderobe:** Ablage · Kleiderablage • Kleiderständer · Kleiderhaken
**Gardine:** Store · Vorhang • Scheibengardine · Übergardine · Wolkenstore
**gären:** **1.** ⟨*Wein, Bier*⟩ treiben · arbeiten (*fachspr*) – **2. es gärt:** ⟨*in einer Menschenmenge*⟩ es brodelt · es schwelt
**Gärfutter:** Silage · Silofutter
**Gas: G. geben:** *salopp*: auf die Tube drücken · einen Zahn zulegen · aufdrehen
**Gast:** Geladener · Besucher
**gastfreundlich:** gastlich · gastfrei;

wirtlich (*veraltend*) – **g. sein**: ein offenes Haus haben

**Gastgeber**: Hausherr · Wirt

**Gaststätte**: Restaurant · Speisegaststätte; Gasthaus · Gastwirtschaft · Wirtshaus · Krug · Schenke (*landsch*) • Raststätte · Rasthaus ◇ Bierlokal · Weinrestaurant

**Gastwirt**: Wirt; Schankwirt · Krüger (*landsch*) ✦ *salopp*: Kneipier · Budiker

**Gastzimmer**: Wirtsstube · Gaststube

**geächtet**: verfemt · vogelfrei • friedlos ◇ rechtlos

**Gebäck**: Backwerk • Backware

**gebären**: zur / auf die Welt bringen; kreißen (*Med*) • niederkommen – **ein Kind g.**: *gehoben*: eines Kindes genesen ✦ *umg*: ein Kind / Baby kriegen

**Gebäude**: Bau · Bauwerk · Baulichkeit ✦ *umg*: Kasten ◇ Bude · Haus

**geben**: reichen • überreichen · zureichen ✦ *gehoben*: darreichen · darbieten

**Gebet**: • Vaterunser · Bittgebet · Dankgebet

**gebildet**: kenntnisreich · hochgebildet · belesen • geistvoll · kulturvoll · kultiviert · niveauvoll ◇ gelehrt

**Gebirge**: Berge • Gebirgskette · Gebirgszug · Gebirgsmassiv

**gebogen**: gekrümmt • geschwungen ◇ krumm

**geboren**: **g. werden**: das Licht der Welt erblicken · zur Welt / auf die Welt kommen

**geborgen**: in guten / sicheren Händen · gut aufgehoben · wie in Abrahams Schoß · unter Dach und Fach ◇ sicher

**Gebrauch**: **G. machen** |**von**|: sich bedienen |einer Sache| · anwenden

**gebrauchen**: verwenden · benutzen · in Gebrauch haben ◇ verwenden

**Gebrauchsanweisung**: Anleitung · Gebrauchshinweis · Gebrauchsanleitung · Gebrauchsvorschrift • Hinweis

**Gebrauchsgüter**: Gebrauchswaren · Gebrauchsartikel • Konsumgüter · Bedarfsgüter

**gebraucht**: nicht neu • aus zweiter Hand

**Gebrauchtfahrzeug**: • Gebrauchtwagen

**Gebrauchtwarenhändler**: Altwarenhändler; Trödler · Althändler (*veraltend*) ◇ Altstoffhändler

**Gebrechen**: • Makel · Defekt · Mangel ◇ Schaden

**gebrechlich**: hinfällig · altersschwach • schwächlich ✦ *umg*: klapprig • taperig

**Gebühr**: Abgabe · Taxe • Betrag

**gebührend**: gebührlich · angemessen · geziemend · gebührendermaßen · gebührenderweise · wie es sich gehört ◇ gerecht · richtig

**Geburt**: Entbindung • Niederkunft · die schwere Stunde ◇ Fehlgeburt

**gebürtig**: stammend |aus| · geboren |in|

**Geck**: Dandy · Elegant · Stutzer · Schönling; Beau (*meist spött*) • Snob ✦ *umg*: Stenz · Fatzke · Lackaffe · Affe; Gigerl (*süddt österr*)

**gedacht**: angenommen · fiktiv • gedachtermaßen · ideell · gedanklich

**Gedächtnis**: Erinnerung · Erinnerungsvermögen

**Gedächtnisschwäche**: Gedächtnisschwund; Amnesie (*Med*)

**Gedächtnisstörung**: *umg*: Blackout · Filmriß

**Gedankenflug**: geistiger Höhenflug · Geistesflug • geistiger Schwung

**Gedankengang**: Ideengang · Gedankenfolge • Gedankenkette · Ideenkette

**Gedankengehalt**: Ideengehalt · Inhalt · Substanz • Gedankentiefe

**Gedankenverbindung**: Assoziation · Gedankenassoziation · Gedankenverknüpfung · Ideenassoziation · Ideenverknüpfung

**gedeihen:** fortschreiten · blühen · florieren • einen Aufschwung erleben ✦ *umg*: flott gehen ◇ sich entwickeln

**Gedicht:** Verse ✦ *gehoben*: Poem

**gediegen:** von guter Qualität · solide

**Gedränge:** Gewühl · Gemenge · Geschiebe ✦ *umg*: Rammelei ◇ Durcheinander

**Geduld:** Langmut · Engelsgeduld · Lammsgeduld • Nachsicht · Gelassenheit

**gedulden: sich g.:** Geduld haben · sich in Geduld fassen · Geduld üben; zuwarten (*landsch*) ✦ *umg*: abwarten und Tee trinken ◇ an sich herankommen lassen

**geduldig:** langmütig · mit / voller Geduld · geduldig wie ein Schaf / Lamm

**geeignet:** befähigt · tauglich · den Anforderungen genügend · sich eignend |für| · prädestiniert

**Geesse** (*umg*): Esserei · Geschmause · Schmauserei · Gegesse ✦ *derb*: Fresserei · Gefresse

**Gefahr:** drohendes Unheil • Gefahrenmoment · Risiko · Gefährlichkeit

**gefährden:** in Gefahr bringen · einer Gefahr aussetzen • bedrohen – **sich g.:** sich einer Gefahr aussetzen · sich in Gefahr begeben • sich in die Höhle des Löwen begeben

**gefährdet: g. sein:** in Gefahr schweben

**Gefahrenbereich:** Gefahrenzone · Gefahrengebiet

**Gefahrenherd:** Gefahrenmoment · Gefahrenquelle

**gefährlich:** Gefahren enthaltend · gefahrenträchtig · gefahrdrohend · gefahrvoll · gefahrbringend · unheilvoll · unheilbringend · unheildrohend · bedrohlich ✦ *umg*: brenzlig · mulmig ◇ ernst · gewagt · unheilvoll – **g. sein:** den Hals kosten können • ein heißes Eisen sein

**gefallen:** 1. ⟨*angenehm sein*⟩ ansprechen · für sich einnehmen · Anklang finden · Beifall finden · Zuspruch finden · bestechen · behagen · zusagen ✦ *umg*: es jmdm. angetan haben · in die Augen stechen · jmdm. schmecken – 2. ⟨*vom anderen Geschlecht*⟩ jmds. Typ sein • Chancen haben |bei|

**Gefallen:** Anklang · Zuspruch · Resonanz • Echo

**gefällig:** 1. ⟨*zum Helfen bereit*⟩ hilfreich · hilfsbereit · zuvorkommend · entgegenkommend · dienstbereit · dienstfertig; erbötig (*veraltend*) ◇ aufmerksam · freundlich – **g. sein:** eine Gefälligkeit / einen Gefallen / einen Dienst erweisen – 2. ⟨*von der Form, vom Wesen*⟩ ansprechend · sympathisch · angenehm • bestechend · annehmlich

**Gefälligkeit:** Freundschaftsdienst · Gefallen · Entgegenkommen; Liebesdienst (*scherzh*)

**gefärbt:** tendenziös ✦ *umg*: angehaucht

**Gefecht:** Geplänkel · Plänkelei · Schießerei ✦ *umg*: Geschieße ◇ Kampf

**gefleckt:** • scheckig · gescheckt · gesprenkelt · fleckig · apfelig · buntscheckig

**Geflüster:** Gewisper · Flüsterei • Gelispel · Lispelei · Gezischel

**Gefolgschaft:** Anhängerschaft · Gefolge

**gefräßig:** freßgierig · freßsüchtig · unersättlich ✦ *salopp*: verfressen ◇ unersättlich

**gefrieren:** zu Eis werden · frieren · zu Eis erstarren • zufrieren

**Gefühl:** [psychische] Regung · Empfinden · Emotion • Stimmung

**gefühllos:** gefühlsroh · gemütsarm · kaltherzig · eiskalt · gefühlskalt ·

ohne Gefühl / Mitgefühl · kaltschnäuzig • herzlos · liebeleer ◇ kühl · unempfindlich – **g. sein**: kein Gemüt haben
**gefühlskalt**: frigid[e] · kalt • fischig – **g. sein**: *umg*: Fischblut haben
**gefühlsmäßig**: intuitiv · instinktiv • emotional ◇ unbewußt
**gefühlvoll**: sensibel · gemütvoll • gefühlsbetont · gefühlsselig · verinnerlicht ◇ empfindsam · rührselig
**gegen**: **1.** ⟨*gegensätzlich*⟩ kontra · wider · entgegen – **2.** ⟨*beim Tausch*⟩ für · im Tausch gegen
**Gegend**: **1.** ⟨*als Landschaftsteil*⟩ Region · Landstrich · Strich · Breiten (*Pl*) • Abschnitt · Sektor ✦ *gehoben*: Himmelsstrich – **2.** ⟨*als nicht genaue Lokalisierung*⟩ *umg*: Ecke · Dreh[e] · Revier ◇ Landschaft
**Gegensatz**: Kontrast · Gegensätzlichkeit · Gegenüber · Unvereinbarkeit • Antagonismus · Polarität ◇ Gegenteil · Widerspruch – **im G.** |**zu**|: gegenüber · im Vergleich |zu| · neben
**gegensätzlich**: völlig verschieden · widerstreitend · unvereinbar · entgegengesetzt · konträr • polar · antagonistisch ◇ gegenteilig · widersprüchlich
**Gegenstand**: Ding • Sache · Körper
**gegenständlich**: dinglich · konkret • sachlich
**gegenstandslos**: hinfällig · überflüssig · unnötig ◇ grundlos
**Gegenstück**: Pendant · Entsprechung
**Gegenteil**: Gegenstück ◇ Gegensatz
**gegenteilig**: entgegengesetzt ◇ gegensätzlich
**gegenüber**: vis-à-vis · auf der entgegengesetzten Seite • jenseits
**Gegenwart**: Jetztzeit · heutige Zeit · das Heute
**gegenwärtig**: zur Zeit · heutzutage · heute · jetzt ◇ jetzig · zeitgenössisch
**Gegner**: Rivale · Gegenspieler · Kontrahent · Widersacher · Gegenseite • Opponent · Antagonist ◇ Feind
**Gehabe** (*abwert*): Getue · Gewese · Gesums · Theater ✦ *salopp*: Affentheater · Affenkomödie · Affenzeck • Zirkus · Trara
**Gehacktes**: Hackfleisch · Hackepeter; Faschiertes (*österr*)
**gehaltlos**: saftlos · ohne Saft und Kraft
**gehässig**: bissig · boshaft · haßerfüllt ✦ *umg*: giftig ◇ boshaft
**geheim**: nichtöffentlich · intra muros · hinter verschlossenen Türen • verborgen ◇ heimlich · vertraulich
**geheimnisvoll**: geheimnisumwittert · unerforschlich · unergründlich · orakelhaft · delphisch · rätselhaft · dunkel • mystisch ◇ unbegreiflich
**gehemmt**: verkrampft · verklemmt • kontaktscheu · gezwungen ◇ schüchtern · steif
**gehen**: **1.** ⟨*sich zu Fuß vorwärts bewegen*⟩ laufen · schreiten; ein Bein vor das andere setzen (*scherzh*) ✦ *umg*: marschieren · tippeln ◇ marschieren · stapfen · trotten · wandern – **2. g.** |**nach** / **in**|: ⟨*in Richtung auf ein Ziel*⟩ seine Schritte lenken |nach| · sich begeben |nach / in| · sich verfügen |nach / in| – **3. gut g.**: ⟨*zur Zufriedenheit verlaufen*⟩ glatt gehen ✦ *umg*: klappen · wie am Schnürchen gehen · funken; schnorpsen (*landsch*) ◇ gelingen
**gehorchen**: folgen · gehorsam sein · Folge / Gehorsam leisten ✦ *gehoben*: willfahren ✦ *umg*: parieren • spuren · kuschen · tanzen, wie jmd. pfeift
**gehören**: **1. g.** |**zu**|: ⟨*als zugehörig gerechnet werden*⟩ zugeordnet werden · rechnen / zählen |zu| · gerechnet werden |zu| – **2. sich g.**: ⟨*dem guten Benehmen entsprechen*⟩ sich ziemen · sich geziemen · sich schicken · angemessen sein

**gehörig:** kräftig · ordentlich · tüchtig · weidlich ✦ *umg*: anständig · schön ✦ *salopp*: feste • nach Strich und Faden

**gehorsam:** folgsam · gefügig · willfährig; botmäßig (*veraltend*) ◇ artig

**Gehörsinn:** Gehör · Hörvermögen

**Gehweg:** Gehsteig · Fußgängerweg; Trottoir · Bürgersteig (*veraltend*) ◇ Weg

**Geige:** Violine; Fiedel (*noch scherzh od. abwert*) ✦ *umg*: Wimmerholz (*scherzh*)

**geistesabwesend:** gedankenverloren · in Gedanken versunken · abwesend · traumverloren ✦ *umg*: dösig ◇ unaufmerksam · zerstreut – **g. sein:** seine Gedanken woanders haben · in Gedanken sein ✦ *umg*: schlafen ◇ unaufmerksam sein

**geisteskrank:** geistig umnachtet · irrsinnig · wahnsinnig • unzurechnungsfähig ✦ *umg*: verrückt · plemplem ◇ schwachsinnig · verrückt – **g. sein:** *umg*: einen Dachschaden haben – **g. werden:** den Verstand verlieren

**geistlich:** sakral · spiritual • theologisch ◇ kirchlich

**Geistlicher:** Pfarrer · Pastor · Theologe; Seelsorger · Seelenhirte · Gottesdiener (*Rel*); Priester · Pater · Kaplan (*kathol*); Pfaffe · Schwarzkittel · Schwarzrock (*abwert*)

**geistlos:** einfallslos · ideenlos · geistesarm · hohl • banal · platt · geisttötend · witzlos · nichtssagend ◇ abgedroschen · dumm

**geistreich:** geistvoll · ideenreich • witzig · spritzig · launig ◇ einfallsreich · genial · klug

**geizen:** *umg*: knausern · knickern • knapsen · sparen ◇ geizig sein · sparen

**Geizhals:** Geiziger · Geizkragen · Pfennigfuchser ✦ *umg*: Knauser · Knicker ◇ Habgieriger

**geizig:** *umg*: knauserig · knickerig · hartleibig ◇ sparsam – **g. sein:** auf dem Geld sitzen · die Hand auf die Tasche halten ◇ geizen

**gekränkt:** pikiert ✦ *umg*: verschnupft · eingeschnappt ◇ beleidigt

**gekünstelt:** gesucht · manieriert · erkünstelt • theatralisch ✦ *umg*: gemacht ◇ affektiert

**Gelage:** **1.** ⟨*Essen*⟩ Orgie • Völlerei ✦ *derb*: Freßgelage · Freßfest · Fresserei – **2.** ⟨*Trinken alkohol. Getränke*⟩ Zechgelage · Trinkgelage · Orgie · Bacchanal ✦ *umg*: feuchter Abend · Kneiperei · Schwiemelei ✦ *salopp*: Saufgelage · Besäufnis · Sauferei

**gelassen:** kühl · kaltblütig • gefaßt ◇ beherrscht · besonnen · ruhig – **g. bleiben:** die Nerven / seine Fassung behalten · einen kühlen / klaren Kopf bewahren · ruhig / kaltes Blut bewahren ✦ *umg*: nicht durchdrehen ◇ sich beherrschen

**gelaunt:** gestimmt · aufgelegt · disponiert

**Geld:** Geldmittel (*Pl*) · Mittel (*Pl*); Mammon (*abwert*) ✦ *umg*: Taler (*Pl*); Emmchen (*Pl*) · Marie · Pinkepinke ✦ *salopp*: Moneten · Piepen · Zaster · Kröten · Blech · Moos · Heu · Kies · Kohlen · Eier · Penunzen ◇ Bargeld

**Geldbörse:** Portemonnaie · Börse · Geldtasche · Geldbeutel ✦ *umg*: Beutel

**Geldentwertung:** Inflation · Entwertung

**Geldforderung:** Außenstände · Forderung

**geldgierig:** gewinnsüchtig · geldhungrig ◇ habgierig – **g. sein:** *umg*: hinter dem Geld her sein · auf den Pfennig aussein

**gelegen:** opportun · geeignet · passend · recht – **g. sein:** zupaß kommen · passen ◇ behagen

**gelehrt:** akademisch; hochgelahrt (*scherzh*) ✦ *umg*: studiert ◇ gebildet
**geleiten:** führen · bringen
**geliebt:** teuer · heißgeliebt
**Geliebte:** Liebste · Freundin · Schatz · Allerliebste · Herzallerliebste; Dulzinea (*scherzh*); Liebchen (*abwert*) ✦ *gehoben*: Dame seines Herzens ✦ *umg*: Puppe · Flamme · Poussage ✦ *salopp*: Ische · Zahn · Stammzahn – **eine G. haben:** eine Freundin haben · gehen |mit| · liiert sein |mit| · ein Verhältnis haben
**Geliebter:** Liebhaber · Freund · Schatz · Allerliebster · Herzallerliebster; Herzensdieb (*scherzh*); Galan (*abwert*) ✦ *salopp*: Macker · Scheich ◇ Liebhaber
**gelingen:** glücken · glücklich vonstatten gehen · nach Wunsch gehen · zum Guten ausschlagen · gut ausgehen / auslaufen / abgehen / ablaufen ✦ *umg*: werden ◇ gut gehen
**gelten: g. |als|:** gehalten werden |für| · angesehen werden |als| – **nichts mehr g.:** keinen Eindruck mehr machen · ausgespielt haben ✦ *umg*: fertig sein · erledigt sein · abgemeldet sein
**Geltungsbedürfnis:** Geltungsdrang · Geltungssucht ◇ Ehrgeiz
**gemäß:** entsprechend • laut · nach Maßgabe
**gemein:** niederträchtig · infam · schäbig · schuftig · ruchlos · perfide · miserabel · elend; bübisch (*veraltend*) ✦ *umg*: hundsgemein · schofel · dreckig ◇ abscheulich · böse · verwerflich
**gemeineigen:** vergesellschaftet · volkseigen • verstaatlicht · staatlich
**Gemeinplatz:** Allgemeinplatz · Binsenweisheit · Platitüde ✦ *umg*: alter Hut ◇ längst Bekanntes · Phrase · Plattheit
**gemeinsam:** gemeinschaftlich · zusammen · vereint · im Kollektiv · in Gemeinschaft · Hand in Hand • Schulter an Schulter · Arm in Arm · Seite an Seite ◇ mit
**Gemüt:** • Psyche · Seele · Herz
**gemütlich:** anheimelnd · heimelig · behaglich • traulich · wohlig · bequem
**Gemütsruhe:** Seelenruhe · Ruhe · Ausgeglichenheit • Gemächlichkeit
**genau:** **1.** ⟨*mit völliger Übereinstimmung*⟩ exakt · präzis · akkurat · aufs Haar genau • säuberlich – **2.** ⟨*mit großer Sorgfalt*⟩ akkurat · säuberlich · ordentlich
**genehmigen:** die Genehmigung erteilen / geben |für| · bewilligen · billigen • zulassen ◇ erlauben – **genehmigt werden:** durchgehen · durchkommen · angenommen werden · bewilligt werden
**genesen:** wieder gesund · geheilt · wiederhergestellt · gesundet ◇ gesund werden
**Genesung:** Gesundung · Besserung · Wiederherstellung · Rekonvaleszenz · Heilung • Gesundungsprozeß
**genial:** begnadet · hochbegabt · überbegabt • genialisch ◇ begabt · geistreich
**Genie:** **1.** ⟨*genialer Mensch*⟩ Genius · Geistesgröße; Geistesfürst (*veraltet*) – **2.** ⟨*Fähigkeit*⟩ Genialität · Genius ◇ Begabung
**genießen:** auskosten · schwelgen |in| · sich delektieren |an| · Genuß haben |von| · sich erfreuen |an|
**Genießer:** Schlemmer · Epikureer · Schwelger · Genußmensch
**Gepäck:** Koffer (*Pl*); Bagage (*veraltet*) • Traglasten · Reisegepäck ✦ *umg*: die Siebensachen; die sieben Zwetschgen (*landsch*)
**gepflegt:** kultiviert · kulturvoll · soigniert ◇ geschmackvoll · sauber
**Gepflogenheit:** Usus · Gebrauch · Brauch · Sitte • Tradition

**geplagt:** gepeinigt · heimgesucht · gequält · geprüft · gestraft

**gepunktet:** getüpfelt · getupft · tüpfelig

**gerade:** pfeilgerade · schnurgerade · geradlinig

**geradeaus:** *umg:* der Nase nach · geradezu ✦ *umg:* • direkt draufzu

**geradewegs:** direkt · stracks · schnurstracks ✦ *umg:* direktemang (*berlin*)

**geraten:** **1. g.** |**an**|: ⟨*unbeabsichtigt zu jmdm. kommen*⟩ in jmds. Hände fallen / geraten – **2. g.** |**nach**|: ⟨*Ähnlichkeit zeigen*⟩ arten |nach| · schlagen |nach| · in jmds. Art schlagen ◇ ähneln

**gerecht:** **1.** ⟨*Sache*⟩ gerechtfertigt · recht und billig ◇ gebührend – **2.** ⟨*Person*⟩ rechtsliebend ◇ unparteiisch

**Gerede:** Klatsch • Gemunkel · Munkelei ✦ *umg:* Tratsch · Getratsche · Kakelei ◇ Geschwätz

**Gericht:** **1.** ⟨*zubereitetes Essen*⟩ Essen · Mahl · Speise ✦ *salopp:* Schlangenfraß · Fraß (*abwert*) ✦ *derb:* Fressen · Saufraß (*abwert*) – **2.** ⟨*Organ der Rechtsprechung*⟩ • Kreisgericht · Oberstes Gericht · Stadtbezirksgericht · Gerichtshof ✦ *gehoben:* Tribunal

**geringfügig:** gering · wenig · kaum von Bedeutung · unbedeutend · unbeträchtlich • unerheblich ✦ *umg:* lächerlich

**geringschätzig:** abschätzig · verächtlich • gering · despektierlich ◇ abfällig

**gerinnen:** zusammenlaufen; koagulieren (*fachspr*) ✦ *umg:* hackern (*landsch*)

**gern[e]:** mit Vergnügen · mit Freuden • freudig ✦ *umg:* liebend gern · mit Kußhand; mit geschmatzten Händen (*landsch*)

**Geruchssinn:** Geruchsempfindung · Geruch ✦ *umg:* Nase

**Gerücht:** Fama · Ondit • Flüsterpropaganda ✦ *salopp:* Latrinenparole · Latrinengerücht (*abwert*)

**gerüchtweise:** vom Hörensagen · dem Vernehmen nach ✦ *umg:* durch Buschfunk (*scherzh*)

**Gerümpel:** Rumpel (*landsch*); Schurrmurr (*norddt*); Graffel (*süddt österr*) • Sperrmüll ◇ Kram

**Gerüst:** **1.** ⟨*beim Bauen*⟩ Baugerüst · Leitergerüst • Stahlgerüst – **2.** ⟨*zugrunde liegender Plan*⟩ Gerippe · Skelett · Grundgerüst · Grundplan · der rote Faden ◇ Leitgedanke

**Gesang:** Singsang (*abwert*); Cantus (*Mus*) ✦ *umg:* Gesinge; Gekrächze (*abwert*)

**Gesangverein:** Chorverein · Sängervereinigung · Sängerkreis ◇ Chor

**Gesäß:** *umg:* Hintern · Hinterteil · Po · Podex · Popo; Allerwertester · die vier Buchstaben (*scherzh*); Achtersteven (*norddt*) ✦ *salopp:* Hinterbakken · Semmel ✦ *derb:* Arsch ◇ After

**Geschäft:** **1.** ⟨*Verkaufseinrichtung*⟩ Laden · Verkaufsstelle; Krämerladen (*veraltend*) • Kaufhaus · Warenhaus · Supermarkt ✦ *umg:* Ramschladen (*abwert*) ✦ *salopp:* Quetsche – **2.** ⟨*vertragl. kaufmänn. Abschluß*⟩ Geschäftsabschluß · Abschluß · Handel · Handelsgeschäft

**Geschäftemacher** (*abwert*): Jobber · Schacherer • Spekulant · Schieber ◇ Wucherer

**Geschäftsmann:** Kaufmann; Handelsmann (*veraltend*)

**geschehen:** sich zutragen · sich ereignen · vor sich gehen · vorfallen · passieren · sich abspielen ✦ *umg:* vorgehen • los sein ◇ stattfinden · verlaufen

**Geschenk:** Präsent · Gabe · Angebinde • Aufmerksamkeit ✦ *umg:* • Mitbringsel ◇ Schenkung · Spende

**Geschichte:** Vergangenheit · Historie • Frühgeschichte ◇ Vorgeschichte

**geschichtlich:** historisch
**geschickt:** kunstfertig · handfertig; fingerfertig (*veraltend*) • praktisch · anstellig – **g. sein:** eine geschickte / glückliche Hand haben · goldene Hände haben
**Geschirr:** Porzellan · Teller und Tassen • Haushaltsgeschirr · Tafelgeschirr
**Geschlecht:** Familie · Stamm; Geblüt (*veraltend*)
**Geschlechtsteil:** Geschlechtsorgan · Genitale · Scham ◇ Penis · Vagina · Vulva
**Geschlechtstrieb:** Libido • Wollust · Lüsternheit
**Geschlechtsverkehr:** Verkehr ◇ Koitus
**Geschmack:** Schönheitssinn · Geschmackssinn · ästhetisches Empfinden; Gusto (*österr*) ✦ *gehoben*: Gout
**geschmacklos:** unschön · abgeschmackt • kitschig · stillos
**geschmackvoll:** schön · apart • ästhetisch · reizvoll ◇ gepflegt
**geschmeichelt: sich g. fühlen:** *salopp*: sich gebauchkitzelt / gebauchtrampelt / gebauchpinselt / gebauchklatscht / gebumfiedelt fühlen
**geschmeidig:** leicht formbar · schmiegsam • flexibel
**Geschoß: 1.** ⟨*von Handfeuerwaffen*⟩ Kugel · Projektil ✦ *umg*: blaue Bohne (*scherzh*) – **2.** ⟨*von Geschützen*⟩ Granate ✦ *umg*: Koffer
**Geschrei: 1.** ⟨*aus Freude*⟩ Freudengeschrei · Hallo · Gebrüll · Gekreische ✦ *umg*: Gegröle ◇ Lärm – **2.** ⟨*aus Schmerz*⟩ Gebrüll · Geheul · Geplärr ✦ *umg*: Konzert
**Geschwätz:** leeres Gerede · Gewäsch · Gefasel ✦ *umg*: Blabla · Wischiwaschi · Schnickschnack · Gebabbel · Geschnatter · Gedöns ✦ *salopp*: Gequatsche · Quatscherei · Geschwafel · Schwafelei · Gequassel · Quasselei · Geseiche (*abwert*) ◇ Gerede
**geschwätzig:** schwatzhaft · klatschhaft · klatschsüchtig ✦ *umg*: tratschig · schnatterig · plapperig ◇ gesprächig
**Geschwindigkeit:** Tempo · Schnelligkeit · Schnelle ✦ *umg*: Rasanz – **mit G.:** mit Tempo ✦ *umg*: mit Karacho
**Geschwulst:** Geschwulstbildung · Tumor · Gewächs • Wucherung
**Geschwür:** Abszeß; Ulkus (*Med*) • Furunkel · Karbunkel
**gesellen: sich g. |zu|:** sich anschließen · sich zugesellen · sich beigesellen
**gesellig: geselliges Beisammensein:** Gesellschaft · gesellige Runde · Zusammenkunft ◇ Fest
**Gesellschaftsschicht:** Schicht • Gruppe
**gesetzlos:** anarchisch • chaotisch ◇ ungeordnet
**Gesicht:** Physiognomie (*meist abwert*) ✦ *gehoben*: Antlitz · Angesicht ✦ *umg*: Frätzchen; Gefrett (*süddt*) ✦ *salopp*: Visage · Fratze ✦ *derb*: Fresse (*abwert*)
**Gesichtskreis:** Blickfeld · Gesichtsfeld · Sehkreis • Horizont
**Gesichtspunkt:** Aspekt · Blickpunkt · Blickwinkel · Gesichtswinkel · Perspektive ◇ Standpunkt
**Gesindel** (*abwert*): Gelichter · Abschaum · Geschmeiß · Mob · Pöbel · Sippschaft ✦ *umg*: Bagage · Pack · Lumpengesindel · Lumpenpack · Gesocks · Kroppzeug
**Gesinnung:** Einstellung · Sinnesart • Haltung ◇ Denkweise
**gespannt:** erwartungsvoll • gefesselt · atemlos ✦ *umg*: gespannt wie ein Flitzbogen / Regenschirm (*scherzh*)
**Gespenst:** Geist · Spuk · Spukgestalt • Höllenspuk · Alp · Mahr · Kobold
**gespenstisch:** spukhaft • schattenhaft · schemenhaft
**Gespräch:** Unterhaltung · Konversa-

tion · Unterredung • Dialog · Zwiegespräch · Aussprache ◇ Plauderei

**gesprächig**: redselig · redefreudig • mitteilsam ◇ geschwätzig

**Gestalt**: **1.** ⟨*jmds. Körperbau*⟩ Körperform · Statur · Figur · Erscheinungsbild – **2.** ⟨*Erscheinungsbild einer nicht näher bestimmten Person*⟩ Erscheinung

**gestalten**: herrichten · arrangieren ✦ *umg*: machen · aufziehen ◇ formen

**geständig**: **g. sein**: ein Geständnis ablegen · seine Schuld bekennen · zugeben ◇ gestehen

**Gestank**: übler Geruch; Duft (*iron*) • Aasgestank · Aasgeruch ✦ *umg*: Mief · Muff

**gestehen**: eingestehen · zugeben · bekennen ✦ *umg*: Farbe bekennen · mit der Sprache / Wahrheit rausrükken ◇ geständig sein

**Gestein**: Fels · Felsgestein

**gestikulieren**: mit den Händen reden / fuchteln ✦ *umg*: herumfuchteln · herumfuhrwerken

**Gesuch**: Petition; Bittschrift (*veraltet*) • Eingabe ◇ Antrag

**gesucht**: an den Haaren herbeigezogen · weit hergeholt

**gesund**: **1.** ⟨*ohne Krankheit*⟩ wohl · kerngesund • blühend – **g. sein**: wohlauf sein · sich gut befinden ✦ *umg*: auf dem Damm sein · gut bei Wege sein – **g. werden**: gesunden · genesen · auf dem Wege der Besserung sein ✦ *umg*: wieder auf die Beine kommen ◇ sich erholen · genesen – **2.** ⟨*der Gesundheit dienlich*⟩ gesundheitsfördernd · der Gesundheit / jmdm. zuträglich • bekömmlich ◇ heilwirksam

**Gesundheitszustand**: Befinden · Allgemeinbefinden · Verfassung · Zustand

**geübt**: routiniert ✦ *umg*: eingefuchst ◇ ²erfahren

**gewachsen**: **1.** ⟨*den Körperbau betreffend*⟩ entwickelt ✦ *umg*: gebaut – **2. jmdm., einer Sache g. sein**: ⟨*einen Vergleich mit jmdm., einer Sache bestehen können*⟩ es aufnehmen können |mit| · sich messen können |mit| ✦ *umg*: fertig werden |mit|

**gewagt**: riskant · gefährlich • heikel · halsbrecherisch ◇ gefährlich

**Gewähr**: Sicherheitsgarantie · Garantie · Unterpfand ◇ Bürgschaft

**gewähren**: **1.** ⟨*einer Bitte od. dgl. entsprechen*⟩ bewilligen • einräumen ◇ erlauben – **2. g. lassen**: ⟨*jmds. Handeln nicht einschränken*⟩ den Willen lassen · freies Spiel lassen · schalten und walten lassen · die Freiheit lassen, etw. Bestimmtes zu tun

**gewährleisten**: garantieren · Garantie bieten · die Gewähr bieten / geben · sicherstellen

**Gewaltherrschaft**: Despotie · Despotismus; Schreckensherrschaft · Tyrannei (*abwert*) ◇ Herrschaft

**Gewaltherrscher**: Despot · Diktator · Unterdrücker; Tyrann (*abwert*) ◇ Herrscher

**gewaltig**: kolossal · mächtig · gigantisch • wuchtig · überdimensional ✦ *umg*: riesig · ungeheuer · enorm · pyramidal ◇ groß

**gewaltsam**: mit Gewalt · zwangsweise · unter Zwang

**Gewalttätigkeiten**: Ausschreitungen • Terror · Pogrom

**gewandt**: **1.** ⟨*in den Bewegungen*⟩ behende · wendig · gelenkig · geschmeidig · katzenartig · fix ◇ flink – **2.** ⟨*im Auftreten*⟩ weltgewandt · weltmännisch · wendig · smart • routiniert

**Gewebe**: Stoff • Tuch · Gewirke

**Gewehr**: Schießgewehr (*kinderspr*); Donnerbüchse (*scherzh*) • Karabiner · Flinte · Büchse ✦ *umg*: Schießeisen · Schießprügel · Knarre ◇ Schußwaffe

**Gewicht:** Schwere · Last – **G. haben:** Bedeutung haben · schwer wiegen · ins Gewicht fallen · zählen
**gewillt:** entschlossen · willens · gesonnen · bereit
**Gewinn:** finanzieller Ertrag · Profit ✦ *umg*: Geschäft · Rebbach · guter Schnitt ◇ Ertrag – **G. bringen:** *umg*: rausspringen · was bringen – **G. erzielen:** Gewinn schlagen / ziehen |aus| ✦ *umg*: rausholen · einen guten Schnitt machen
**gewiß:** 1. ⟨*bestätigend oder eine Behauptung unterstreichend*⟩ sicherlich · sicher · bestimmt · fraglos · zweifellos ◇ selbstverständlich · sicher – 2. ⟨*sich auf etw. beziehend, es aber nicht näher nennend*⟩ bestimmt
**gewissenlos:** ohne Gewissen · skrupellos · ohne Skrupel • bedenkenlos · verantwortungslos
**Gewissensbisse:** Skrupel (*Pl*) · Gewissensskrupel (*Pl*) · moralische Bedenken ◇ Reue
**Gewohnheit:** Angewohnheit · Gepflogenheit
**gewöhnlich:** 1. ⟨*von alltägl. Art*⟩ alltäglich · normal; kommun (*veraltend*) • profan ◇ üblich – 2. ⟨*nicht von kulturvoller Art*⟩ ordinär · vulgär; pöbelhaft (*abwert*); gossenhaft (*veraltend*)
**gewohnt:** 1. ⟨*beim Denken, Arbeiten immer wieder schematisch angewandt*⟩ gängig ✦ *umg*: ausgetretene / ausgefahrene Wege gehend – 2. ⟨*seit langem zur Gewohnheit geworden*⟩ altgewohnt · langgewohnt · alteingewurzelt · eingefleischt ◇ üblich
**gierig:** voller Gier · giererfüllt · begehrlich ✦ *salopp*: jieperig (*berlin*) ◇ lüstern
**gießen:** 1. ⟨*eine Flüssigkeit*⟩ schütten · laufen lassen |in| ◇ einfüllen – **2. es gießt:** ⟨*es regnet stark*⟩ • es schauert ✦ *umg*: es schüttet · es gießt wie mit Kannen / Eimern · es regnet Strippen; es pladdert (*landsch*) ◇ es regnet
**Gift:** Giftstoff; Toxikum (*fachspr*)
**giftig:** toxisch (*fachspr*) ◇ ungesund
**Gipfel:** Berggipfel · Bergspitze · Bergkuppe · Kuppe · Spitze
**Glanz:** 1. ⟨*Lichterscheinung*⟩ • Schimmer · Feuer · Schmelz · Silber; Glast (*veraltend*) – 2. ⟨*das Glänzen einer polierten Fläche*⟩ Hochglanz – 3. ⟨*polierte Fläche*⟩ Politur
**glänzen:** • blinken · funkeln · glitzern · schimmern · strahlen · gleißen ◇ leuchten
**glatt:** 1. ⟨*ohne Unebenheit*⟩ spiegelglatt – 2. ⟨*so beschaffen, daß man darauf ausgleiten kann*⟩ rutschig · schlüpfrig ✦ *umg*: glitschig – 3. ⟨*von einer Person: nur schwer zu fassen*⟩ aalglatt · aalartig • schlangenartig
**glätten:** glattmachen • ebnen · schleifen · schlichten
**glattstreichen:** glätten · glattmachen • zurechtzupfen · zurechtziehen
**Glatze:** Kahlkopf · Glatzkopf ✦ *umg*: Platte; Mond · Vollmond (*scherzh*)
**glauben:** für wahr halten · für bare Münze nehmen · Glauben schenken |jmdm. / einer Sache| ✦ *umg*: abnehmen · abkaufen
**glaubwürdig:** glaubhaft · glaubenswert ◇ überzeugend
**gleich:** 1. ⟨*mit denselben Merkmalen*⟩ übereinstimmend · identisch · ohne Unterschied · gleichartig • analog · deckungsgleich · kongruent – 2. ⟨*nicht besser od. schlechter als anderes*⟩ einerlei ✦ *umg*: gehüpft wie gesprungen · Jacke wie Hose · 'rum wie 'num (*landsch*)
**Gleichberechtigung:** Gleichstellung · Gleichgestelltheit · Gleichheit
**Gleichgewicht:** Balance • Waage
**gleichgültig:** 1. ⟨*ohne teilnehmende Aktivität*⟩ indifferent · unbeteiligt ✦ *umg*: wurstig · dickhäutig · schnurzig ◇ teilnahmslos – **2. etw. ist**

**jmdm. g.**: ⟨*etw. hat keine Bedeutung für jmdn.*⟩ etw. ist jmdm. gleich / einerlei / egal ✦ *salopp*: etw. ist jmdm. piepe / piepegal / schnuppe / schnurz / schnurzpiepe / Wurscht ✦ *derb*: etw. ist jmdm. scheißegal

**gleichmachen**: nivellieren · unifizieren

**gleichsam**: gewissermaßen · sozusagen · quasi

**gleichsetzen**: *umg*: zusammenwerfen · mit der gleichen Elle messen · über einen Kamm scheren · in einen Topf werfen · über einen Leisten schlagen

**gleichzeitig** (*ein Geschehen betreffend*): in demselben Atemzug · zur selben / gleichen Zeit • simultan · synchron ◇ daneben · zugleich

**Gleis**: Schienen · Schienenstrang · Eisenbahnschienen · Eisenbahngleis

**gliedern: sich g.**: sich unterteilen · zerfallen |in| · sich aufbauen · angeordnet sein

**Gliederung**: • Anlage · Staffelung · Fächerung ◇ Aufbau

**glimpflich**: schonend · nachsichtig

**Glück**: **1.** ⟨*Gefühl*⟩ Seligkeit · Glückseligkeit · Wonne ◇ Freude – **2.** ⟨*glückl. Umstand*⟩ Glückszufall • Glücksgriff · Glückswurf ✦ *umg*: Dusel · Schwein · Massel – **G. haben**: das große Los gezogen haben ✦ *umg*: Schwein haben – **3.** ⟨*als Personifizierung*⟩ Fortuna · Glücksstern · guter Stern

**glücklich**: glückselig · selig · glückstrahlend · überglücklich · beseligt · beschwingt ✦ *gehoben*: wonnetrunken ◇ freudig · froh – **g. sein**: sich wie im Himmel fühlen ◇ sich freuen

**glücklicherweise**: erfreulicherweise · zum Glück · Gott sei Dank

**Glückwunsch**: Gratulation · gute Wünsche

**Glühlampe**: Glühbirne ✦ *umg*: Birne

**gnädig**: mildherzig · barmherzig · mild · gütig • nachsichtig · indulgent

**gönnen: sich etw. g.**: sich etwas leisten · sich etwas zugute tun

**Gönner**: Förderer · Mäzen · Sponsor

**gönnerhaft**: gnädig · herablassend · jovial • wohlwollend

**Gosse**: Rinnstein • Rinne

**Gott**: **1.** ⟨*christlich*⟩ Herr · Herrgott · der Allmächtige · der himmlische Vater · Schöpfer · Weltenlenker · der höchste Richter – **2.** ⟨*nichtchristlich*⟩ Gottheit

**Gottesdienst**: • Andacht; Messe · Amt (*kathol*)

**Grab**: Grabstätte · Grabstelle · letzte Ruhestätte ◇ Gruft

**graben**: • schaufeln · schippen · baggern ✦ *umg*: buddeln

**grauen: sich g.**: sich grausen · sich graulen · sich gruseln · Grauen empfinden · Furcht haben · eine Gänsehaut bekommen · einen Horror haben ◇ sich ängstigen · sich entsetzen

**greifen: g. |nach|**: langen / fassen / die Hand ausstrecken |nach| ✦ *umg*: grapsen / grapschen |nach|

**Greis**: alter Mann · Alter; bemoostes Haupt (*scherzh*) ✦ *umg*: Opa · Mummelgreis · Tattergreis (*abwert*); altes Semester · alter Knabe (*scherzh*) ✦ *salopp*: alter Knacker (*abwert*)

**greisenhaft**: greis; senil (*auch abwert*) ◇ alt

**Grenze**: Grenzlinie · Begrenzung • Abgrenzung ◇ Staatsgrenze

**Greueltat**: Greuel · Scheußlichkeit · Verbrechen ◇ Verbrechen

**Griesgram** (*abwert*): *umg*: Miesepeter · Sauertopf · Gnatzkopf · Muffel

**Griff**: Handgriff • Henkel · Heft · Schaft · Bügel · Knauf ◇ Stiel

**Grimasse**: Fratze ✦ *salopp*: Fresse

**Grobian**: grober Klotz ✦ *umg*: Rauhbein ◇ Flegel

**Groll:** Bitterkeit · Verbitterung · Erbitterung • Mißmut
**grollen:** Groll hegen / empfinden · zürnen ◇ sich ärgern · schmollen · wütend sein
**groß:** **1.** ⟨*räuml. Ausdehnung*⟩ unermeßlich · ungeheuer · enorm · riesig · riesengroß · gigantisch · mächtig ◇ ausgedehnt · gewaltig – **2.** ⟨*Körpergröße*⟩ großgewachsen · großwüchsig · von hohem Wuchs · hünenhaft ✦ *umg*: lang; lang wie eine Bohnenstange (*scherzh*)
**großartig:** hervorragend · ausgezeichnet · grandios · wunderbar · wundervoll · phantastisch • blendend · überwältigend ✦ *umg*: toll · famos · fabelhaft · dufte · knorke · pfundig · ideal · prima ✦ *salopp*: stark · urst · echt gut ◇ epochemachend · erstaunlich · hervorragend – **g. sein:** *umg*: ein Gedicht / große Klasse sein ✦ *salopp*: 'ne Wucht / Wolke sein
**Größe:** Unermeßlichkeit · Mächtigkeit ◇ Ausdehnung · Ausmaß
**Großgrundbesitzer:** Agrarier · Großagrarier; Junker · Krautjunker (*abwert*) • Gutsbesitzer
**großherzig:** hochherzig · großdenkend · großmütig · großgesinnt · ritterlich · edel · edelmütig · gentlemanlike · nobel ◇ selbstlos
**Großmutter:** *umg*: Oma · Großmama
**Großvater:** *umg*: Opa · Großpapa
**Grube:** Loch ✦ *umg*: Kuhle · Kute (*norddt*) ◇ Mulde · Vertiefung
**grübeln:** sinnieren · brüten · lange nachdenken / nachsinnen |über| • rätseln · herumrätseln · sich den Kopf zermartern / zerbrechen · spintisieren ◇ nachdenken · [1]überlegen
**Gruft:** Grabgewölbe · Grabkammer • Gewölbe ◇ Grab
**Grund: auf G. laufen:** auflaufen · auffahren · auf Grund geraten • stranden; aufsitzen (*seem*) ✦ *umg*: aufbrummen (*seem*)
**Grundbesitz:** Grundeigentum · Landbesitz · Grund und Boden · Länderei · Besitzung · Liegenschaft ◇ Grundstück
**gründen:** ins Leben rufen · aus der Taufe heben · den Grund legen |zu| · begründen • stiften · etablieren · konstituieren ◇ eröffnen
**Grundlage:** Voraussetzung · Basis · Grund · Fundament • Ausgangspunkt
**grundlegend:** fundamental · elementar · konstitutiv ◇ entscheidend
**gründlich:** **1.** ⟨*sorgfältig ins einzelne gehend*⟩ tiefschürfend · gewissenhaft · mit Akribie · alles erfassend · erschöpfend · profund – **2.** ⟨*alle negativen Faktoren ausräumend*⟩ radikal · bis ins kleinste · von Grund auf
**grundlos:** ohne Grund · unbegründet ◇ gegenstandslos
**Grundsatz:** **1.** ⟨*für jmds. Denken, Handeln*⟩ Maxime · Prinzip · Richtschnur ◇ Regel – **2.** ⟨*einer Sache zugrunde liegendes Prinzip*⟩ Grundprinzip · grundlegendes Prinzip
**grundsätzlich:** **1.** ⟨*einem Grundsatz folgend*⟩ aus Prinzip · prinzipiell – **2.** ⟨*im allgemeinen zutreffend, aber mit Vorbehalten*⟩ eigentlich · im Prinzip · im Grunde · im allgemeinen · aufs Ganze gesehen · im großen und ganzen ◇ allgemein · eigentlich
**Grundstoff:** **1.** ⟨*chemisch nicht zerlegbarer Stoff*⟩ Element – **2.** ⟨*als Material der chem. Industrie*⟩ Rohmaterial · Grundmaterial · Ausgangsmaterial · Ausgangsstoff · Rohstoff
**Grundstück:** Stück Land • Areal ◇ Anwesen
**Grundzug:** Hauptmerkmal · Hauptkennzeichen · Haupteigenschaft · Hauptzug · Charakteristikum
**Grünschnabel:** Gimpel · Naseweis · junger Dachs · Greenhorn • Narr · Tor ◇ Anfänger · Dummkopf
**Gruppe:** Haufen · Schar • Ansamm-

lung · Pulk ◇ Bande · Clique · Personenkreis · Schar

**gruselig:** schaurig · schauervoll · schauerlich · schauererregend ◇ unheimlich

**grüßen: 1.** ⟨*allgemein*⟩ die Zeit / Tageszeit bieten (*veraltet*) • guten Tag sagen · den Hut ziehen ✦ *gehoben*: einen Gruß entbieten – **2.** ⟨*militärisch*⟩ die Ehrenbezeigung machen · salutieren – **3.** ⟨*einen Abwesenden*⟩ einen Gruß / Grüße senden / übermitteln

**gültig: 1.** ⟨*Währung, Ausweis*⟩ gelten · Geltung haben – **2.** ⟨*Maximen od. dgl.*⟩ unbestreitbar · unanfechtbar · allgemein anerkannt

**Günstling:** Protegé · Favorit · Liebling

**Gürtel:** Gurt · Riemen; Schmachtriemen (*scherzh*); Leibriemen (*landsch*)

**gut:** trefflich · schön · nicht übel · nicht schlecht ◇ hervorragend

**Gut:** Gutshof • Rittergut · Domäne

**Güte:** Gütigkeit · Herzensgüte • Herzenswärme · Selbstlosigkeit · Freundlichkeit

**gutgelaunt:** aufgekratzt · aufgeräumt · bei guter Laune ◇ fröhlich · heiter

**gutgläubig:** leichtgläubig · arglos · naiv · vertrauensselig • blauäugig · treuherzig ◇ einfältig · zutraulich

**gütig:** gut · seelengut · herzensgut · grundgütig • warmherzig ◇ gutmütig

**gutmütig:** weichherzig · gutherzig · seelengut · engelsgut ◇ gütig – **g. sein:** eine Seele von Mensch sein

# H

**Haar: 1.** ⟨*einzelnes Haar*⟩ • Borste – **2.** ⟨*Gesamtheit der Haare auf dem Kopf*⟩ Kopfhaar · Haare · Haarschopf; Haarpracht (*scherzh*)

**Haarknoten:** Dutt · Knoten ✦ *umg*: Kauz; Zwiebel (*scherzh*)

**Habe:** Habseligkeiten · Habschaft · Hab und Gut ✦ *umg*: Siebensachen; die sieben Zwetschgen (*landsch*) ◇ Besitz

**habgierig:** raffgierig · habsüchtig • gierig ◇ geldgierig – **h. sein:** *umg*: den Rachen / Hals nicht voll genug kriegen können

**Habgieriger:** *salopp*: Raffzahn · Raffke ◇ Geizhals

**Hafen:** Port (*veraltet*) • Handelshafen · Fischereihafen

**Haft:** Gewahrsam · Arrest • Sicherungsverwahrung ◇ Freiheitsstrafe – **in H. sitzen:** inhaftiert sein · eingesperrt sein; einsitzen (*fachspr*) ✦ *umg*: sitzen · auf Nummer Sicher / hinter Gittern / hinter Schloß und Riegel / hinter schwedischen Gardinen sitzen · brummen; gesiebte Luft atmen (*scherzh*) ✦ *salopp*: Knast schieben · im Knast sitzen

**haftbar:** schadenersatzpflichtig · haftpflichtig · ersatzpflichtig

**haften: h. |für|:** die Haftung tragen |für| · Ersatz leisten / die Kosten tragen müssen |für| · aufkommen |für|

**Häftling:** Inhaftierter · Gefängnisinsasse · Strafgefangener · Arrestant

**Hagelkorn:** Schloße · Hagelschloße (*landsch*) • Graupelkorn · Graupel

**hageln: es hagelt:** es schloßt (*landsch*) • es graupelt

**Hahn: 1.** ⟨*männl. Haushuhn*⟩ *umg*: Gockel · Gockelhahn – **2.** ⟨*Absperrvorrichtung von Rohrleitungen*⟩ Kran (*landsch*) • Drossel

**halbamtlich:** halboffiziell · offiziös • inoffiziell
**Halbdunkel:** Halblicht · Schattenlicht · Halbdämmer • Zwielicht ◇ Abenddämmerung
**Halbschlaf:** Halbschlummer · Dämmerzustand ✦ *umg*: Dusel ◇ Schlaf
**Hälfte:** Halbteil (*selten*)
**Hals:** Kragen (*veraltet*) ✦ *umg*: Krips (*landsch*) ◇ Kehle · Nacken · Schlund
**Halsschmerz: Halsschmerzen haben:** *umg*: es im Hals haben • einen Frosch im Hals haben
**haltbar:** strapazierfähig · solide · stabil • fest · langlebig · unzerbrechlich ✦ *umg*: unverwüstlich ◇ dauerhaft · widerstandsfähig
**haltlos:** ohne Halt · labil · charakterlos · charakterschwach ◇ willensschwach
**Haltung:** Körperhaltung · Stellung • Pose · Attitüde
**Hand: 1.** ⟨*Körperteil*⟩ *umg*: Patsche · Pranke ✦ *salopp*: Pfote · Flosse · Tatze · Pratze – **2. die H. geben:** ⟨*als Geste der Begrüßung*⟩ die Hand drücken / schütteln / reichen ✦ *salopp*: die Flosse / Pfote drücken
**Händedruck:** • Handschlag ✦ *umg*: Shakehands (*scherzh*)
**Handel:** Warenaustausch · Güteraustausch · Warenverkehr • Handelsbeziehungen · Wirtschaftsbeziehungen – **H. treiben** |mit|: in Geschäftsverkehr stehen |mit| · Handelsbeziehungen / Wirtschaftsbeziehungen unterhalten |mit|
**handeln: 1. h.** |mit|: ⟨*mit etw. ein Geschäft betreiben*⟩ Handel treiben |mit| ✦ *umg*: machen |in| ◇ Handel treiben |mit| – **2.** ⟨*in bestimmter Weise tätig sein*⟩ verfahren · operieren · machen · tun · vorgehen – **3. es handelt sich** |um|: ⟨*etw. ist Gegenstand der Rede od. dgl.*⟩ es geht |um| · die Rede ist |von| · es dreht sich |um| ◇ betreffen
**Handelsunternehmen:** Geschäft · Firma · Unternehmen
**handlich:** griffig · griffrecht · handgerecht · leicht zu handhaben
**Handlung: 1.** ⟨*bei einer Person*⟩ Handlungsweise · Tun · Tat – **2.** ⟨*im Drama*⟩ Fabel · Geschehen
**Handschelle:** Handfessel; Eisen (*veraltet*) • Fessel ✦ *umg*: Manschette
**Handschrift:** Schrift ✦ *umg*: Klaue (*abwert*) ✦ *salopp*: Pfote (*abwert*) ✦ *derb*: Sauklaue · Sauschrift (*abwert*)
**hängen:** hangen (*landsch*) • herabhängen ✦ *umg*: baumeln · bammeln • herabbaumeln · herunterbaumeln
**harmlos:** unschädlich · gutartig
**Harmonie:** Ausgewogenheit • Gleichmaß
**hart:** fest · steinhart · glashart · stahlhart · eisenhart; beinhart (*süddt österr*)
**Hase:** Langohr · Schlappohr · Mümmelmann · Meister Lampe (*scherzh*)
**hassen:** Haß empfinden / hegen |gegen| · nicht ausstehen können ✦ *umg*: auf den Tod nicht leiden können · nicht riechen können • nicht grün sein ✦ *salopp*: gefressen haben ◇ verabscheuen
**häßlich:** abstoßend · scheußlich • unansehnlich · fratzenhaft ◇ ekelhaft · mißgestaltet
**Haufen:** Berg · Anhäufung • Stapel · Stoß ◇ Häufung
**Häufung:** Anhäufung · Aufhäufung · Ballung · Ansammlung ◇ Haufen
**Hauklotz:** Haublock · Hackklotz; Hackstock (*österr*)
**Häuptling:** Stammeshäuptling · Stammesoberhaupt · Stammesführer
**Hauptsache:** das Wichtigste · Kardinalpunkt · Kernpunkt · das A und O • Angelpunkt · der springende Punkt ◇ Schwerpunkt · Wesen
**Hauptstadt:** Metropole; Residenz (*veraltend*)

**Hauptstraße:** Magistrale • Hauptverkehrsstraße · Boulevard ◇ Straße
**Haus:** Wohnhaus • Hochhaus · Reihenhaus · Einfamilienhaus · Villa · Wochenendhaus · Holzhaus ✦ *umg*: Kasten · Bude (*abwert*) ◇ Bude · Gebäude
**Häuserblock:** Häusergruppe · Gebäudekomplex · Häuserkomplex · Wohnblock • Häuserreihe · Häuserzeile · Häuserviertel
**Haushalt:** Haushaltung; Hausstand · Hauswirtschaft · Hauswesen (*veraltend*)
**haushalten:** [sparsam] wirtschaften · sein Geld zusammenhalten • mit jedem Gramm / Pfennig sparen · sparen · sich nach der Decke strecken ✦ *umg*: • knapsen ◇ sparsam sein
**Haushaltsplan:** Haushalt · Staatshaushalt · Etat · Budget • Haushaltsmittel (*Pl*)
**Hausmeister:** **1.** ⟨*in einem großen Mietshaus*⟩ Hauswart; Hausbesorger (*österr*); Hausmann (*veraltend*) – **2.** ⟨*in einer Schule*⟩ Pedell · Schuldiener (*veraltend*)
**Hausrat:** • Einrichtungsgegenstände · Hausgerät · Haushaltsartikel (*Pl*) ✦ *salopp*: Klamotten · Hauskram
**Hausschuhe:** Filzschuhe ✦ *umg*: Filzlatschen (*Pl*) · Hauslatschen (*Pl*); Niedertreter (*Pl*; *landsch*) ◇ Pantoffeln
**Haut:** Epidermis (*fachspr*) ✦ *salopp*: Fell · Pelle · Schwarte · Balg ◇ Fell
**heben:** hochheben · emporheben • in die Höhe bringen · hochbringen · hochwuchten ◇ anheben
**Heft:** • Schreibheft · Rechenheft
**heftig:** **1.** ⟨*in seiner Wirkung*⟩ vehement · stark · wuchtig · gewaltig • kraftvoll – **2.** ⟨*von Gemütsbewegungen*⟩ ungestüm • unbändig · hitzig ◇ leidenschaftlich · wild – **3.** ⟨*von Kälte-, Schmerzempfindung*⟩ grimmig · scharf · schneidend
**heikel:** delikat ✦ *umg*: kitzlig
**heilen:** gesund machen · kurieren · wiederherstellen • retten ✦ *umg*: wieder auf die Beine bringen · wieder in die Reihe bringen; aufhelfen (*landsch*) • durchkriegen ◇ gesund werden
**Heilkraft:** Heilwirkung
**heilwirksam:** heilkräftig; heilsam · heilvoll · heilbringend (*veraltend*) • gesundheitsfördernd · kräftigend ◇ gesund
**heim:** nach Hause · heimwärts ✦ *umg*: Richtung Heimat
**Heimat:** Heimatland • Vaterland
**heimgehen:** nach Hause gehen · sich heimbegeben · sich nach Hause begeben · sich auf den Heimweg machen • auf dem Heimweg sein
**heimisch: h. werden:** sich einleben · sich eingewöhnen · Fuß fassen · sich akklimatisieren ✦ *umg*: warm werden ◇ sich akklimatisieren
**heimlich:** im geheimen · insgeheim · in aller Heimlichkeit • verstohlen · bei Nacht und Nebel · unterderhand ✦ *umg*: klammheimlich ◇ geheim · unbemerkt
**heimlichtun:** geheimnisvoll tun · geheimtun • ein Geheimnis machen |aus|
**Heimstatt:** Heimstätte (*selten*)
**heiraten:** **1.** ⟨*einander*⟩ sich trauen lassen · Hochzeit feiern · den Bund der Ehe eingehen / schließen · die Ringe tauschen / wechseln ✦ *gehoben*: sich vermählen • vor den Altar treten · zum Traualtar gehen · in den heiligen Stand der Ehe treten ✦ *umg*: in den Hafen der Ehe / Ehehafen einlaufen (*scherzh*) – **2.** ⟨*eine Frau*⟩ ehelichen · zur Frau nehmen · heimführen (*veraltend*) ✦ *gehoben*: zum Weibe nehmen • zum Traualtar führen
**Heiratsantrag:** Antrag • Bewerbung
**heiser:** rauh · belegt – **h. sein:** eine

rauhe Kehle haben ✦ *umg*: krächzen · einen Frosch im Hals haben (*scherzh*)

**heiß: 1.** ⟨*Lufttemperatur*⟩ glühendheiß · glühheiß · tropisch ✦ *umg*: bullig · wie in einem Backofen / Brutofen ◇ schwül · warm – **2.** ⟨*Erhitztes*⟩ kochendheiß · brühheiß · siedendheiß · siedeheiß ◇ warm

**heißen:** genannt werden · den Namen haben

**heiter:** fröhlich · vergnügt · frohgestimmt · frohgemut · vergnüglich · aufgeheitert • stillvergnügt ◇ freundlich · fröhlich · gutgelaunt · lustig

**heizen:** einheizen · feuern • Feuer machen ✦ *salopp*: einkacheln

**Heizgerät:** Heizapparat · Heizofen • Heizstrahler · Heizsonne · Heizlüfter · Raumheizer · Raumheizlüfter · Thermolüfter · Radiator ◇ Heizung

**Heizmaterial:** Feuerung · Brennstoff · Brennmaterial • Hausbrand · Hausbrandkohle

**Heizung:** Zentralheizung · Heizanlage · Heizungsanlage ◇ Heizgerät

**helfen:** Beistand / Hilfe leisten · Hilfe erweisen · Unterstützung gewähren · zur Seite stehen · behilflich sein · beistehen • mit Hand anlegen · zur Hilfe eilen · unter die Arme greifen · sekundieren · assistieren · heraushelfen ◇ durchhelfen · ermutigen · sorgen |für| · unterstützen · zugreifen – **sich zu h. wissen:** Rat wissen

**hell: 1.** ⟨*vom Tageslicht*⟩ taghell · strahlend hell · sonnenhell ✦ *gehoben*: licht ◇ sonnig – **2.** ⟨*vom künstl. Licht*⟩ lichterfüllt · helleuchtend · hellerleuchtet · lichtvoll • hellglänzend · glanzhell – **3.** ⟨*von einem Ton*⟩ silberhell · silbern · glockenrein · glockenhell · glockenklar · hellklingend

**hellsehen: h. können:** Gedanken lesen / erraten können ◇ wahrsagen

**hemmen:** eindämmen · dämmen · drosseln · abdrosseln · bremsen · abbremsen • lähmen ◇ bremsen

**Hemmschuh: 1.** ⟨*für Schienenfahrzeuge*⟩ Radschuh · Radsperre · Bremsschuh ◇ Bremse – **2.** ⟨*für Autos*⟩ Bremsklotz · Hemmklotz · Bremskeil – **3.** ⟨*etw., was ein Hemmnis für eine Entwicklung darstellt*⟩ Hemmnis · Hemmklotz • Handikap

**Hemmung:** Gehemmtheit; Verklemmung (*spött*) • Scheu ◇ Schüchternheit

**hemmungslos:** ungehemmt · ohne Hemmung · zügellos · ungeniert • enthemmt · zutraulich · zwanglos ◇ wild · zügellos

**herablassen: sich h. |zu|** (*iron*): sich herbeilassen |zu| · geruhen · sich bequemen |zu|; sich verstehen |zu| (*veraltend*)

**herabwürdigen:** diskreditieren · herabziehen · abqualifizieren · herabsetzen • verkleinern ◇ diskriminieren · entehren · verunglimpfen

**herandrängen:** andrängen · andringen

**herankommen: an sich h. lassen:** auf sich zukommen lassen ✦ *umg*: • abwarten und Tee trinken ◇ sich gedulden

**heranschaffen:** heranbringen · herbeischaffen · antransportieren · anfahren

**heranwachsen:** groß werden · aufwachsen • aufschießen · sich entwickeln

**heranziehen:** zu Rate ziehen · hinzuziehen · herzuziehen · zuziehen · hinzuholen · herzuholen; beiziehen (*süddt österr*)

**herauf:** von unten her · von unten auf ✦ *umg*: hoch

**herausfordern: 1.** ⟨*zum Kampf*⟩ den Kampf ansagen · den Fehdehand-

schuh hinwerfen · den Handschuh ins Gesicht schleudern / werfen – 2. ⟨*um eine Reaktion zu erreichen*⟩ provozieren · reizen
**herausgeben**: edieren • herausbringen ◇ verlegen
**heraushalten: sich h.**: nichts zu tun haben wollen |mit| · die Finger lassen |von|
**heraushelfen**: *umg*: herausreißen · aus der Patsche / Klemme helfen / ziehen ✦ *salopp*: aus dem Dreck ziehen ◇ retten
**herausholen**: 1. ⟨*aus einer Flüssigkeit, Menge herausbefördern*⟩ *umg*: herausangeln · herausfischen · angeln / fischen |aus| • herausklauben – 2. ⟨*eine Person aus dem Wasser*⟩ bergen ✦ *umg*: auffischen · herausfischen ◇ retten
**herauskommen**: bekannt werden · ruchbar werden · ans Tageslicht kommen · an den Tag kommen; aufkommen (*süddt*) • durchsickern ◇ bekannt werden
**herausputzen: sich h.**: sich schmükken · sich putzen · sich anputzen · sich schönmachen · sich feinmachen ✦ *umg*: sich in Gala / Schale werfen · sich herausstaffieren (*scherzh*); sich aufdonnern · sich auftakeln (*abwert*)
**herausreden: sich h.**: sich herauslügen · sich herausschwindeln • Ausflüchte machen ◇ sich herauswinden
**herausstellen: sich h.**: sich zeigen · sich ergeben · sich erweisen
**herauswinden: sich h.**: *umg*: seine Hände in Unschuld waschen · den Kopf aus der Schlinge ziehen ◇ sich herausreden
**herbeieilen**: herbeilaufen · herbeirennen · herbeistürzen ✦ *gehoben*: herzueilen · herzuspringen ◇ angelaufen kommen
**herbeirufen**: herrufen · heranrufen · rufen; herzurufen (*veraltend*) • herbestellen · herbeordern
**herbeiwünschen**: herbeisehnen · sich sehnen |nach| · ersehnen · erhoffen; erschmachten · erlechzen (*scherzh*) ◇ erwarten
**hereinfallen**: ins Netz / Garn gehen · in die Schlinge gehen ✦ *umg*: auf den Leim gehen · aufsitzen · hereinfliegen · hereinrasseln · aufs Kreuz gelegt werden
**hereinkommen**: hereintreten • hereinplatzen · hereinschneien · sich hereinstehlen ✦ *umg*: hereinspazieren (*scherzh*)
**herrisch**: gebieterisch · diktatorisch · despotisch • herrschsüchtig · rechthaberisch · selbstherrlich ◇ herrschsüchtig
**herrlich**: wunderbar · himmlisch · köstlich · paradiesisch ◇ hervorragend
**Herrschaft**: Macht · Gewalt; Regiment (*scherzh*) • Regierungsgewalt · Machtbefugnis · Machtausübung ◇ Befehlsgewalt · Gewaltherrschaft
**Herrschaftsbereich**: Machtbereich · Machtsphäre ◇ Einflußbereich
**herrschen**: 1. ⟨*die Herrschaft ausüben*⟩ die Herrschaft innehaben · die Macht ausüben / besitzen · an der Macht sein · die Geschicke des Landes bestimmen ✦ *umg*: am Ruder sein · das Regiment führen · die Zügel in der Hand haben ◇ regieren – 2. ⟨*von bestimmendem Einfluß sein*⟩ walten · vorherrschen; obwalten (*veraltend*)
**Herrscher**: Machthaber · Herr · Gebieter • Regent · Oberhaupt · Imperator ◇ Gewaltherrscher
**herrschsüchtig**: herrschbegierig · despotisch · voller Herrschsucht · cäsarisch • selbstherrlich · autokratisch ◇ herrisch – **h. sein**: keinen Widerspruch ertragen können
**herrühren: h. |von|**: kommen |von| ·

resultieren |aus| · sich herleiten |von| · beruhen |auf| • zugrunde liegen · basieren |auf|

**herstellen:** produzieren · erzeugen • anfertigen ✦ *umg*: machen ◇ anfertigen

**Herstellungskosten:** Produktionskosten · Gestehungskosten · Fertigungskosten; Fabrikationskosten (*veraltend*)

**herumalbern:** albern · kaspern ✦ *umg*: [herum]kalbern ◇ Unfug

**herumkommen: h.** |um|: davonkommen ✦ *umg*: drum rumkommen

**herumtreiben: sich h.**: vagabundieren · herumvagabundieren · sich umhertreiben ✦ *umg*: stromern · herumstromern · zigeunern · herumlottern

**herunter:** herab · hernieder ◇ hinunter

**herunterfallen: 1.** ⟨*aus den Händen*⟩ zu Boden fallen · entgleiten ◇ fallen – **2.** ⟨*aus der Höhe*⟩ herunterstürzen · herabfallen · herabstürzen ✦ *umg*: herabpurzeln (*scherzh*) ✦ *salopp*: herunterfliegen · heruntersegeln

**heruntergekommen: 1.** ⟨*wirtschaftlich*⟩ abgewirtschaftet · verlottert · verschlampt · abgewrackt · am Boden – **2.** ⟨*gesundheitlich*⟩ abgezehrt · elend · hinfällig ✦ *umg*: angeschlagen · angekratzt ◇ abgemagert · elend

**herunterspringen:** hinunterspringen · herabspringen

**herunterwirtschaften:** herunterbringen · abwirtschaften · in Grund und Boden wirtschaften ✦ *salopp*: die Karre / den Karren in den Dreck fahren

**hervorbringen:** entstehen lassen · schaffen · aus der Erde / dem Boden stampfen

**hervorgucken:** herausschauen · herausgucken · hervorsehen • hervorscheinen · hervorleuchten

**hervorkommen:** hervortreten • hervorstürzen · hervorspringen · hervorbrechen · hervordrängen

**hervorragend:** ausgezeichnet · großartig · meisterhaft · einmalig · einzig · vortrefflich · beispiellos · unübertroffen ✦ *umg*: bombig · prima · picobello ◇ erstklassig · großartig · gut · herrlich · vorbildlich

**hervortun: sich h.**: sich auszeichnen · sich verdient machen · sich einen Namen machen

**Herz:** *umg*: Pumpe; Kognakpumpe (*scherzh*)

**Hetze:** Hetzpropaganda · Hetzerei · Wühlarbeit · Wühltätigkeit · zersetzende Reden • Hetzrede · Hetztirade · Hetzkampagne

**hetzen:** Haß schüren · Hetze / Wühlarbeit betreiben |gegen| · wühlen ◇ aufhetzen

**Heuchelei:** Doppelzüngigkeit · Falschheit • Scheinheiligkeit · Verlogenheit

**heucheln:** so tun, als ob • Krokodilstränen weinen · Theater spielen ◇ lügen

**heuchlerisch:** doppelzüngig · schlangenzüngig · falsch • scheinheilig ◇ unaufrichtig

**heute:** am heutigen Tage · an diesem Tage

**hier:** an diesem Ort; hierorts · hierselbst · ebenhier (*veraltend*) • hierzulande

**hierbei:** das Genannte betreffend · bei dieser Gelegenheit · an dieser Stelle

**Hilfe:** Unterstützung · Beistand · Hilfeleistung • Hilfsaktion · Samariterdienst · Nothilfe ◇ Mithilfe

**hilflos:** ratlos • hilfesuchend · hilfeflehend ✦ *umg*: bedeppert – **h. sein:** nicht aus noch ein wissen ✦ *umg*: mit seinem Latein / seiner Weisheit am Ende sein ◇ in Verlegenheit sein

**hilfsbedürftig**: hilfebedürftig · notleidend ◇ arm
**Himmel**: Firmament · Himmelsgewölbe ✦ *gehoben*: Himmelszelt · Himmelsrund · Sternenzelt • Azur
**hinabgleiten**: hinuntergleiten · hinabrutschen · hinunterrutschen; abgleiten (*veraltend*)
**hinauf**: in die Höhe · aufwärts • himmelan · himmelwärts ✦ *gehoben*: empor ✦ *umg*: hoch
**hinaufklettern**: hochklettern; hinaufentern (*scherzh od. seem*) ✦ *gehoben*: emporklettern
**hinaufsteigen**: hochsteigen ✦ *gehoben*: emporsteigen ✦ *umg*: nach oben steigen · hochgehen
**hinausfahren: aufs Meer h.**: in See stechen / gehen • die Anker lichten
**hinaussehen**: hinausschauen · hinausblicken ◇ Ausschau halten |nach|
**hinauswerfen**: die Tür weisen · aus dem Haus weisen · hinausweisen · hinausjagen ✦ *umg*: zum Tempel hinausjagen · vor die Tür setzen ✦ *salopp*: rausschmeißen · rausfeuern · zeigen, wo der Zimmermann das Loch gelassen hat
**hinbringen**: hintragen · hinschaffen ✦ *umg*: hinschleppen ◇ bringen
**hinderlich**: hindernd · störend • im Wege
**hindern**: abhalten |von| · in den Arm / die Zügel fallen · Halt / Einhalt gebieten · sich entgegenstellen ◇ stören · verhindern
**hineindeuten**: hineininterpretieren · hineinlegen · hineingeheimnissen
**hineingehen**: betreten · eintreten
**hineingeraten: h. |in|**: hineingezogen werden |in| · verwickelt werden |in|
**hineinschlüpfen**: schlüpfen |in| · kriechen |in| · hineinkriechen ✦ *salopp*: wutschen / witschen |in|
**hineinversetzen: sich h. |in|**: sich hineindenken |in| · sich hineinfühlen |in| · sich versetzen |in|
**hinfallen**: stürzen · fallen · zu Fall kommen · hinschlagen ✦ *umg*: hinfliegen · hinpurzeln ✦ *salopp*: hinsegeln · hinsausen · hinknallen ◇ fallen
**Hingabe**: Einsatzbereitschaft · Opferbereitschaft • Idealismus ◇ Eifer · Fleiß
**hingeben: sich h.**: **1.** ⟨*aus Opferbereitschaft*⟩ sich rückhaltlos einsetzen · sein Bestes geben · sein Herzblut geben – **2.** ⟨*sexuell, einem Mann*⟩ zu Willen sein • ins Bett gehen |mit|
**hinhalten**: **1.** ⟨*mit ausgestrecktem Arm darbieten*⟩ hinreichen · reichen · bieten • anbieten – **2.** ⟨*zum Warten veranlassen*⟩ • Zeit gewinnen wollen · vertrösten ✦ *umg*: zappeln lassen
**hinken**: humpeln · lahm gehen · lahmen
**hinlegen: sich h.**: sich hinstrecken ✦ *umg*: sich hinhauen · alle viere von sich strecken ◇ schlafen gehen
**hinnehmen**: sich gefallen lassen · sich bieten lassen ✦ *umg*: schlucken ◇ sich abfinden |mit| · erdulden
**hinrichten**: exekutieren ✦ *gehoben*: richten · vom Leben zum Tode bringen ◇ enthaupten · erhängen · töten
**hinsehen**: hinschauen · hingucken ✦ *salopp*: hinglotzen (*abwert*)
**hinsichtlich**: in Hinsicht auf · im Hinblick auf · in bezug auf · betreffs · bezüglich ◇ angesichts · wegen
**hinten**: zuhinterst · am Ende / Schluß; achtern (*norddt od. seem*); achteraus (*seem*)
**hinterbringen**: zutragen · zubringen · zuflüstern • verraten ✦ *umg*: zublasen · stecken ◇ mitteilen
**hintereinander**: nacheinander · der Reihe nach · nach der Reihe · einer nach dem andern ✦ *umg*: aufeinander • im Gänsemarsch
**hintergehen**: ein doppeltes Spiel treiben |mit| · ein falsches Spiel treiben |mit| ◇ betrügen

**Hinterlassenschaft:** Erbe · Erbschaft • Nachlaß
**hinterlistig:** heimtückisch · arglistig · hinterhältig · verschlagen · hintertückisch ◇ boshaft · intrigant
**Hintermann:** Drahtzieher (*abwert*); geheimer Auftraggeber ✦ *umg*: Macher (*abwert*)
**hinunter:** hinab · abwärts · in die Tiefe ◇ herunter
**hinuntersehen:** hinabsehen · hinunterblicken · hinabblicken · hinunterschauen · hinabschauen
**Hinweis:** Tip · Wink • Fingerzeig ◇ Rat
**hinweisen: h. |auf|:** ins Blickfeld rükken · aufmerksam machen |auf| ✦ *umg*: mit der Nase stoßen |auf| ◇ hinzeigen |auf| · zeigen
**hinzeigen: h. |auf|:** hindeuten |auf| · mit dem Finger zeigen |auf| ◇ hinweisen |auf| · zeigen
**hinzufügen:** ergänzen · zufügen · hinzusetzen • einflechten · einstreuen
**Hitze: 1.** ⟨*von der Lufttemperatur*⟩ Bruthitze · Gluthitze • Schwüle ✦ *gehoben*: Gluthauch ✦ *salopp*: Affenhitze · Bullenhitze – **2.** ⟨*von Erhitztem*⟩ Gluthitze · Siedehitze
**Hitzkopf:** Heißsporn · Brausekopf · Feuerkopf • Choleriker
**hoch:** haushoch · turmhoch · himmelhoch; klafterhoch (*veraltend*)
**Hoch** (*Met*): Hochdruckzone · Hochdruckgebiet · Antizyklone
**Hochebene:** Hochfläche · Hochplateau · Plateau
**hochgestellt:** hochstehend · von hohem Rang
**Hochgestellter:** Großkopfeter (*abwert*) ✦ *umg*: großes / hohes Tier
**Hochruf:** Hoch · Lebehoch · Hurra · Hurraruf; Vivat (*veraltend*)
**Hochschulabsolvent:** Akademiker ✦ *umg*: studierter Mann
**Hochsitz:** Hochstand; Kanzel · Jagdkanzel (*weidm*)
**Höchstmaß:** Maximum · Optimum · das Höchste • Höchststand · Höchstwert · Bestwert
**Hochwasser:** Hochflut · Flut • Sturmflut · Springflut · Flutwelle · Flutkatastrophe
**hochwerfen:** in die Höhe werfen ✦ *gehoben*: emporwerfen
**hochziehen:** in die Höhe / nach oben ziehen · hinaufziehen · heraufziehen ✦ *gehoben*: emporziehen ✦ *umg*: hochhieven · hieven
**Hocke:** Hockstellung · Kauerstellung
**Hocker:** Schemel; Stockerl (*österr*)
**hoffen:** die Hoffnung haben / hegen · der Hoffnung sein · sich der Hoffnung hingeben
**Hoffnung:** Erwartung · Hoffnungsschimmer • Zuversicht · Glaube ◇ Optimismus
**höflich:** galant · artig · ritterlich · wie ein Kavalier · in aller Höflichkeit ◇ formgewandt
**Hoheitszeichen:** Emblem
**Höhepunkt:** Gipfel · Gipfelpunkt · Krönung · Glanzpunkt · Nonplusultra • Kulmination ✦ *umg*: Spitze
**hohl:** ausgehöhlt • innen / im Innern leer
**Höhle:** • Grotte · Hohlraum
**holen:** herbeiholen · herholen · herzuholen · abholen ✦ *umg*: ranholen ◇ bringen
**holpern:** rumpeln · stoßen · rattern ✦ *umg*: stuckern (*landsch*)
**Holzpantoffeln:** Holzschuhe; Holzpantinen (*landsch*) ✦ *umg*: Holzlatschen; Klumpen (*landsch*)
**homosexuell: a)** ⟨*allgemein*⟩ gleichgeschlechtlich · invertiert · homophil · homoerotisch ✦ *salopp*: schwul – **h. sein:** *umg*: andersherum sein – **b)** ⟨*unter Frauen*⟩ lesbisch · sapphisch – **c)** ⟨*unter Männern*⟩ *umg*: halbseiden

**Homosexuelle**: Lesbierin · Urninde · Tribade · Invertierte · Homophile
**Homosexueller**: Uranist · Urning · Invertierter · Homophiler ✦ *umg*: warmer Bruder · Halbseidener · Homo ✦ *salopp*: Schwuler · Schwuchtel · Hinterlader
**Honorar**: • Gage · Vergütung ◇ Lohn
**hörbar**: vernehmbar · vernehmlich · ohrenfällig
**hören**: *gehoben*: vernehmen
**hörig**: verfallen
**Horizont**: Kimm · Kimmung (*seem*)
**Hörspiel**: • Hörbild · Feature
**horten**: anhäufen · aufhäufen · aufspeichern · speichern · stapeln ✦ *umg*: • hamstern
**Hose / Hosen** (*Pl*): *gehoben*: Beinkleid (*noch scherzh*) ✦ *umg*: Büx · Buxe (*norddt*)
**Hotel**: • Gasthof · Gasthaus · Pension · Fremdenheim · Hospiz · Herberge · Motel ◇ Unterkunft
**hübsch**: ansprechend · gefällig · niedlich
**Hubschrauber**: Helikopter
**Hügel**: Erhebung · Anhöhe · Höhe; Hübel (*landsch*); Bühel (*süddt österr*) ◇ Berg · Bodenerhebung
**hügelig**: wellig · gewellt
**humorlos**: ohne Humor ✦ *umg*: tierisch ernst – **h. sein**: keinen Humor haben · keinen Spaß verstehen
**Hund**: Wauwau (*kinderspr*) ✦ *umg*: Vierbeiner; Promenadenmischung (*scherzh*); Kläffer (*abwert*); Töle (*norddt abwert*) ✦ *salopp*: Köter (*abwert*)
**Hüne**: Riese · Gigant ✦ *umg*: Goliath · Schlagetot · Kaventsmann; Kleiderschrank (*scherzh*) • Koloß · Bulle ◇ Langer
**Hunger**: *umg*: Kohldampf ✦ *salopp*: Knast · Qualm (*landsch*) ◇ Appetit · Riesenhunger
**hungern**: Hunger leiden · nichts zu essen haben · nichts zu [brechen und zu] beißen haben ✦ *umg*: Kohldampf schieben; am Hungertuch nagen (*scherzh*)
**hungrig: h. sein**: Hunger haben · nichts im Magen / Leibe haben ✦ *gehoben*: jmdn. hungert ✦ *umg*: Kohldampf haben · jmdm. knurrt der Magen · jmdm. ist flau im Magen ✦ *salopp*: Knast / Qualm haben (*landsch*)
**hüpfen**: hoppeln ✦ *umg*: hopsen; huppen (*landsch*)
**husten**: *umg*: bellen
**Hut**: • Kopfbedeckung ✦ *umg*: Filz • Melone ✦ *salopp*: Deckel · Dohle; Eiersieder · Dunstkiepe (*scherzh*)
**Hypothese**: • Annahme

# I

**ich**: meine Wenigkeit (*meist scherzh*)
**ichbezogen**: egozentrisch
**ideal**: bestgeeignet · geeignet · gegeben – **i. sein |für|**: wie geschaffen sein |für|
**identifizieren**: **1.** ⟨*genau wiedererkennen*⟩ die Identität feststellen – **2. i. |mit|**: ⟨*als gleich ansehen*⟩ gleichsetzen |mit|
**Idol**: Gott · Halbgott · Abgott
**idyllisch**: ländlich-friedlich · bukolisch · beschaulich • still · verträumt
**ignorieren** (*Personen*): nicht beachten · übersehen · hinwegsehen |über| · keine Beachtung schenken · keines Blickes würdigen · mit Nichtachtung strafen · keine Notiz nehmen |von| ✦ *umg*: schneiden · links liegenlassen · wie Luft behandeln ◇ mißachten · verachten

**Imbiß:** Stärkung · Bissen · Snack ✦ *umg*: Happen

**immer:** stets · ständig · dauernd · fortwährend · fortgesetzt · immerfort · immerzu · jederzeit · allzeit · allezeit · allemal · fort und fort · zu jeder Zeit / Stunde · früh und spät · Tag und Nacht · tagaus, tagein · Tag für Tag · jahraus, jahrein · Sommer wie Winter; alleweil (*noch landsch*) ✦ *umg*: egal (*landsch*) ◇ ununterbrochen – **schon i.:** seit / von jeher · seit [eh und] je · seit alters · von alters her

**immerhin:** wenigstens · jedenfalls · schließlich

**immun:** gefeit · geschützt · unempfindlich ◇ widerstandsfähig

**immunisieren:** immun machen

**impfen:** schutzimpfen; vakzinieren (*fachspr*)

**implantieren** (*Med*): einpflanzen · eine Implantation durchführen ◇ transplantieren

**Impuls:** Antrieb · Stimulus · Ansporn · Anstoß • Anlaß ◇ Veranlassung

**Inbegriff:** Urbild · Prototyp; Ausbund (*iron*)

**Individuum:** Einzelwesen · Einzelmensch · Einzelperson ◇ Person

**Indiz:** Merkmal · Kennzeichen · Hinweis

**Inhalt:** • Füllung

**inhaltsreich:** inhaltsvoll · gehaltvoll · gehaltreich · substanzreich

**Initiative:** Unternehmungsgeist

**inkognito:** unter anderem Namen · unter falschem Namen

**inkonsequent:** folgewidrig · nicht folgerichtig • grundsatzlos · prinzipienlos

**inmitten:** mitten in · in der Mitte von · im Zentrum von · im Herzen von ◇ dazwischen

**in natura:** leibhaftig · in natürlicher Gestalt

**innehaben:** bekleiden · einnehmen

**innen: nach i. gekehrt:** in sich gekehrt · introvertiert ◇ menschenscheu · verschlossen

**Innenstadt:** Zentrum · Stadtzentrum · City · Stadtinneres · Stadtkern · Stadtmitte; Innerstadt (*schweiz*)

**Innereien:** • Kaldaunen · Gekröse · Flecke · Geschlinge; Kutteln · Kuttelflecke (*süddt österr*) ◇ Eingeweide

**innerhalb:** binnen · in; innert (*schweiz*)

**innewohnen:** immanent sein · enthalten sein

**innewohnend:** immanent · inhärent · enthalten

**innig** (*von persönl. Beziehungen*): eng • unlösbar

**Insel:** • Schäre · Atoll ✦ *gehoben*: Eiland ◇ Sandbank

**insgesamt:** zusammen · im ganzen · alles in allem · in Bausch und Bogen · summa summarum · pauschal · en bloc; gesamthaft (*schweiz*) ◇ ganz

**inspizieren:** visitieren · prüfen ◇ kontrollieren · überprüfen

**inständig:** flehentlich · kniefällig · fußfällig · eindringlich ◇ nachdrücklich

**integrierend:** unerläßlich · unentbehrlich · notwendig · wesentlich

**interessant:** instruktiv · lehrreich · aufschlußreich · anregend • belebend

**Interesse:** Anteilnahme · Anteil · Aufmerksamkeit

**interesselos:** uninteressiert · desinteressiert · gleichgültig · ohne Interesse

**interessieren:** Interesse wecken · fesseln · gefangennehmen · in seinen Bann ziehen – **sich i. |für|:** interessiert sein |an| · Interesse haben / zeigen |an / für| · Anteil nehmen |an| · sein Herz entdecken |für|

**Internat:** Studentenwohnheim · Schülerwohnheim · Wohnheim

**international:** zwischenstaatlich · überstaatlich • staatenverbindend · völkerverbindend · völkerumfassend ◇ weltumspannend

**interviewen:** befragen · ein Interview machen |mit|

**intrigant:** ränkesüchtig · ränkevoll ◇ hinterlistig

**Intrige:** Ränkespiel · Intrigenspiel · Intrigenstück · Ränke · [dunkle / geheime] Machenschaften • Hinterlist ✦ *umg*: Schliche

**intrigieren:** Ränke schmieden · Intrigen spinnen

**invalid[e]:** invalidisiert · erwerbsunfähig • arbeitsunfähig ◇ schwerbeschädigt

**Investition:** Investierung · Anlage · Geldanlage · Kapitalanlage; Investment (*BRD*)

**inzwischen:** unterdessen · unterdes · mittlerweile · derweil · derweilen · währenddessen · währenddem · indessen · indes · zwischendurch · dazwischen · zwischenzeitlich · in der Zwischenzeit · solange · einstweilen

**irdisch:** erdgebunden

**irgendwann:** irgendeinmal · einmal · eines [schönen] Tages · dann und wann · gleichgültig wann ◇ einst

**irgendwie:** auf die eine oder andere Art · so oder so · gleichgültig wie

**irgendwo:** an irgendeinem Ort · gleichgültig wo ✦ *umg*: wo

**irren: sich i.:** sich täuschen · irregehen · in die Irre gehen · fehlgehen · sich versehen · sich verrechnen · im Irrtum sein · sich im Irrtum befinden · auf der falschen Fährte sein · sich einer Illusion / falschen Hoffnungen hingeben · Illusionen haben ✦ *gehoben*: irren ✦ *umg*: danebenschießen · danebenhauen · danebengreifen · fehlschließen · sich vergaloppieren · sich in den Finger schneiden · auf die falsche Karte setzen · aufs falsche Pferd setzen · die Rechnung ohne den Wirt machen · auf den Holzweg geraten · auf dem Holzweg sein ✦ *salopp*: auf dem falschen Dampfer sitzen · schief gewickelt sein

**irrereden:** phantasieren; delirieren (*Med*)

**Irrtum:** Täuschung · Versehen · Mißverständnis · Fehlschluß · Fehlgriff · Mißgriff · Illusion ✦ *salopp*: Fehlzündung; typischer Fall von denkste (*scherzh*) ◇ Fehler

# J

**ja:** jawohl · o ja · aber ja · ja doch · freilich · natürlich · selbstverständlich · selbstredend · durchaus · auf jeden Fall · unbedingt ✦ *umg*: klar · na klar · was denn sonst ◇ einverstanden

**Jacke:** Jackett · Sakko; Rock (*noch landsch*) • Joppe · Blazer; Janker (*süddt österr*)

**Jagd:** Jägerei · Weidwerk • Pirsch

**jagen:** auf die Jagd gehen • auf [die] Pirsch gehen · pirschen ◇ schießen

**Jäger:** Weidgenosse · Weidmann; Nimrod (*oft scherzh*); Grünrock (*scherzh*)

**Jahr: dieses J.:** in diesem Jahr; heuer (*süddt österr schweiz*)

**jahrelang:** langjährig · viele Jahre • seit [vielen] Jahren · auf Jahre hinaus

**Jammer:** Wehklage · Wehklagen · Jammergeschrei · Wehgeschrei · Gewimmer · Gejammer · Geklage ✦ *gehoben*: Jeremiade (*veraltend*); Lamentation (*abwert*) ✦ *umg*: Lamento (*abwert*); Gebarme (*landsch abwert*)

**jämmerlich:** erbärmlich · kläglich ·

jammervoll ✦ *umg*: gottsjämmerlich · gottserbärmlich · zum Gotterbarmen · wie ein Häufchen Unglück ◇ bedauernswert · erbarmungswürdig · mitleiderregend

**jammern:** klagen · wehklagen · wimmern · winseln · ein Jammergeschrei erheben; lamentieren · ein Klagelied anstimmen · zetern (*abwert*) ✦ *umg*: jaulen; barmen (*landsch abwert*)

**je:** pro

**jedenfalls:** auf alle Fälle · auf jeden Fall · in jedem Fall

**jeder:** jeder einzelne · jedermann; jedweder (*veraltend*) ✦ *gehoben*: [ein] jeglicher (*veraltend*) ✦ *umg*: gicks und gacks

**jederlei:** [von] jeder Art · von jedem

**jemals:** je · irgendwann

**jemand:** irgend jemand · irgendeiner · irgendwer • jeder beliebige · jeder x-beliebige · man · eine Person ✦ *umg*: einer · wer • sonsteiner · sonstwer · sonstjemand

**jener:** der dort · ebenjener

**jenseitig:** gegenüberliegend

**Jenseits:** Himmel · Himmelreich · Ewigkeit (*Rel*); die ewigen Jagdgründe (*scherzh*)

**jetzig:** derzeitig · gegenwärtig · augenblicklich · momentan · nunmehrig • diesmalig · gegeben ◇ gegenwärtig

**jetzt:** nun · nunmehr · gegenwärtig · derzeit · momentan · augenblicklich · im Augenblick / Moment · zur Stunde; jetzo (*noch scherzh*)

**jeweils:** je · jedesmal; jeweilen (*schweiz*)

**Journalist:** Publizist · Zeitungsmann · Pressevertreter; Schmierfink · Schmock (*abwert*) ✦ *umg*: Zeitungsschreiber; Schreiberling · Zeitungsfritze (*abwert*) ◇ Berichterstatter

**Jubel:** Freudenausbruch · Freudentaumel · Jubelgeschrei · Freudengeschrei · Freudengeheul · Gejubel · Gejauchze ✦ *gehoben*: Frohlocken ◇ Freude

**jubeln:** triumphieren · jauchzen ✦ *gehoben*: jubilieren · frohlocken ✦ *umg*: juchzen ◇ sich freuen

**Jubiläum:** Gedenktag · Jahrestag; Jubeltag · Jubelfeier (*meist scherzh*)

**jucken:** kribbeln · krabbeln · kratzen • kitzeln · prickeln

**Jugend:** **1.** ⟨*Zeit*⟩ Jugendzeit ✦ *dicht*: Lenz des Lebens ✦ *gehoben*: Lebensfrühling ◇ Entwicklungsalter · Kindheit – **2.** ⟨*Zustand*⟩ Jugendlichkeit · Blüte der Jugend · Jugendblüte – **3.** ⟨*Menschen*⟩ die Jugendlichen · das junge Volk · die jungen Leute ✦ *umg*: das junge Gemüse (*scherzh*)

**Jugendlicher:** Bursche · Twen; Jüngling · Milchbart · Milchgesicht · Halbstarker (*abwert*) ✦ *gehoben*: Jüngling ✦ *umg*: Bengel · junger Kerl / Spund ◇ Junge · Mann

**jung:** jugendlich · juvenil · jung an Jahren · blutjung; halbwüchsig (*auch abwert*) • jugendfrisch · blühend ◇ jungenhaft

**Junge:** Kleiner; Bengel (*lobend od. abwert*); Bub (*süddt österr schweiz*) ✦ *gehoben*: Knabe (*veraltend*) ✦ *umg*: Bubi (*Kosef*); Jungchen · Kerlchen (*auch abwert*) ◇ Knirps · Jugendlicher

**jungenhaft:** wie ein Junge ◇ *gehoben*: knabenhaft · wie ein Knabe ◇ jung

**Jungfer:** **alte J.**: spätes / altes Mädchen (*scherzh*); Tunte (*abwert*)

**Jungfrau:** Mädchen · Fräulein ◇ Frau

**jungfräulich:** unberührt; unschuldig · unverdorben (*veraltend*)

**Junggeselle:** Hagestolz ✦ *umg*: Einspänner (*scherzh*)

**Justiz:** Rechtswesen · Rechtspflege · Rechtsprechung · Jurisdiktion • Gerichtsbarkeit

# K

**Kaffee:** Bohnenkaffee • Espresso · Mokka
**kahl:** 1. ⟨*Erdboden*⟩ unbewachsen · ohne Bewuchs ✦ *umg*: ratzekahl – 2. ⟨*Pflanzen[teile]*⟩ unbelaubt · ohne Blätter / Laub · entlaubt · entblättert ✦ *umg*: ratzekahl
**Kahlkopf:** Glatzkopf
**kahlköpfig:** kahl · glatzköpfig • haarlos
**Kahn:** Zille (*landsch*) ✦ *dicht*: Nachen ✦ *salopp*: Äppelkahn ◇ Boot
**Kai:** Hafenkai · Kaimauer • Pier · Bollwerk ◇ Mole
**kalt:** eisig · eiskalt · eisigkalt • frostig ✦ *umg*: lausekalt ✦ *salopp*: hundekalt ✦ *derb*: saukalt ◇ kühl
**kaltstellen** (*Personen*): *umg*: abschieben · aufs Abstellgleis / tote Gleis schieben • zum alten Eisen werfen · auf den Aussterbeetat setzen ✦ *salopp*: abservieren · abhalftern · abschießen
**Kamerad:** Gefährte · Genosse ✦ *umg*: Kumpel ◇ Freund · Schicksalsgefährte
**Kammer:** Nebenraum · Nebengelaß ✦ *umg*: Kabuff; Käfter (*landsch*); Kabuse (*norddt*)
**Kampagne:** Aktion · Feldzug
**Kampf:** 1. ⟨*Krieg*⟩ Kampfhandlungen · Kampfgeschehen · Auseinandersetzung · Feindseligkeiten ✦ *gehoben*: Waffengang (*veraltend*) • Schlacht ◇ Gefecht – 2. ⟨*angestrengtes Bemühen*⟩ Ringen
**kämpfen:** einen Kampf führen / austragen • aneinandergeraten · ringen ✦ *gehoben*: fechten · streiten · sich schlagen • die Schwerter kreuzen
**kämpferisch:** streitbar · kampflustig · kriegerisch · militant · martialisch ◇ aggressiv
**Kampflinie:** Gefechtslinie · Feuerlinie · Hauptkampflinie ◇ Front
**kampfunfähig:** außer Gefecht [gesetzt]
**kandidieren:** k. |für|: sich bewerben |um| · Kandidat sein |für|
**Kaninchen:** *umg*: Karnickel; Stallhase (*scherzh*)
**Kannibalismus:** Menschenfresserei; Anthropophagie (*fachspr*)
**Kante:** Rand
**Kap:** Vorgebirge
**Kapitalismus:** Monopolkapitalismus · Monopolismus · staatsmonopolistischer Kapitalismus · Imperialismus
**Kapitalist:** Monopolkapitalist · Monopolist · Großkapitalist · Imperialist • Bourgeois ◇ Ausbeuter · Finanzier · Unternehmer
**Kapsel:** • Gehäuse · Hülse · Behälter
**karg:** kärglich · kümmerlich · mager · schmal · gering ◇ ärmlich
**kariert:** gewürfelt · gekästelt · würfelig · schachbrettartig
**Karikatur:** Zerrbild · Spottbild
**Karneval:** Fasching · Faschingszeit · Fastnacht (*landsch*)
**Kartei:** Kartothek • Zettelkartei · Zettelkatalog
**Kartoffel:** Erdapfel (*süddt österr*) ✦ *umg*: Knolle
**Kartoffelbrei:** Kartoffelmus · Kartoffelpüree; Stampfkartoffeln · Quetschkartoffeln (*landsch*); Kartoffelstock (*schweiz*)
**Kartoffelpuffer:** Puffer; Plinse · Reibekuchen (*landsch*)
**Karussell:** Reitschule · Ringelbahn (*landsch*); Ringelspiel (*österr*)
**Kasse:** Kassenschalter · Zahlschalter; Kassa (*süddt österr*)
**Kassette:** Schatulle · Kästchen • Etui
**kassieren:** abkassieren · einkassieren · einnehmen · vereinnahmen ◇ einziehen

**kastrieren** (*Tiere*): verschneiden ◇ entmannen

**katzbuckeln** (*abwert*): kriechen · liebedienern · dienern · buckeln · unterwürfig sein · antichambrieren · im Staub kriechen ✦ *umg*: einen [krummen] Buckel machen · auf dem Bauch liegen / rutschen ✦ *salopp*: jmdm. in den Hintern kriechen ✦ *derb*: jmdm. in den Arsch kriechen

**Katze:** Hauskatze (*fachspr*); Mieze · Miez (*Kosef*); Miezekatze (*kinderspr*) ✦ *umg*: Dachhase (*scherzh*)

**kauen:** *umg*: mümmeln (*landsch*) ✦ *salopp*: muffeln · mampfen; kätschen (*landsch*)

**kauern:** hocken · dahocken – **sich k.**: sich hinkauern · sich hinhocken · sich niederhocken · in die Hocke / Kniebeuge gehen ◇ sich ducken

**Kauf:** Erwerb · Ankauf · Anschaffung · Erwerbung · Erstehung • Abnahme · Bezug ◇ Einkauf

**kaufen:** käuflich erwerben · ankaufen; einen Kauf tätigen (*papierdt*) ✦ *umg*: • mitnehmen · nehmen ◇ abhandeln · einkaufen · erwerben

**Käufer:** Kunde · Abnehmer • Interessent · Reflektant; Kundschaft (*österr*)

**Kaufinteresse:** Kauflust · Kaufneigung · Nachfrage • Interesse

**käuflich: k. sein:** zu haben / bekommen sein; feil sein (*veraltend*) ◇ vorrätig haben

**kaufmännisch:** kommerziell · merkantil • geschäftlich

**kaum:** knapp · gerade noch · eben noch · [nur] mit Mühe [und Not] · [nur] mit knapper / genauer Not · mit Hangen und Bangen ✦ *umg*: mit Hängen und Würgen · mit Ach und Krach

**keck:** keß ◇ frech · vorlaut

**Kehle:** Gurgel ◇ Hals

**Kehlkopf:** • Adamsapfel ✦ *umg*: Griebs (*landsch*)

**keimfrei:** steril · aseptisch – **k. machen:** steril machen · sterilisieren · entkeimen • pasteurisieren ◇ desinfizieren

**Keimzelle:** Geschlechtszelle; Gamet (*fachspr*) ◇ Samen

**keineswegs:** keinesfalls · auf [gar] keinen Fall · unter [gar] keinen Umständen · [ganz] im Gegenteil · durchaus nicht · überhaupt nicht · nicht im entferntesten / geringsten / mindesten · ganz und gar nicht · weit gefehlt!; mitnichten (*scherzh*) • das sei mir fern! / fern von mir! ✦ *umg*: nicht im Traum · gottbewahre! · kein Gedanke! · ach woher! · woher denn! · i wo! · i bewahre!; in keinster Weise (*scherzh*) • wo werd ich denn! ✦ *salopp*: nicht im Schlaf ◇ nein · niemals

**Kellner:** Ober · Bedienung; Ganymed (*scherzh*)

**Kellnerin:** Serviererin · Fräulein; Serviertochter · Saaltochter (*schweiz*); Hebe (*scherzh*)

**kennen:** kennengelernt haben · bekannt sein |mit| · Bekanntschaft gemacht haben |mit| ◇ befreundet sein |mit|

**kennenlernen:** bekannt werden |mit| · Bekanntschaft machen |mit|

**Kennzeichen:** Merkmal · Charakterzug · Zeichen · Attribut · Symptom · Kriterium

**kennzeichnen:** markieren · bezeichnen

**kennzeichnend:** charakteristisch · typisch · symptomatisch · unverkennbar · bezeichnend ◇ eigentümlich

**Kerbe:** Einkerbung · Einschnitt • Scharte

**Kerl** (*umg*): *normalspr*: Mann · Bursche ✦ *umg*: Mordskerl · Kapitalkerl; Malefizkerl (*süddt österr*); Bazi (*süddt österr scherzh*) ◇ Tausendsassa

**Kernenergie:** Kernkraft · Atomenergie · Atomkraft

**Kernreaktor:** Atomreaktor · Reaktor • Atommeiler

**Ketzer** (*Rel*): Häretiker · Irrgläubiger • Schismatiker

**keuchen:** pusten · schnaufen • röcheln ✦ *umg*: japsen ◇ schnauben

**Kind: 1.** ⟨*allgemein*⟩ Kleines; Kleinchen (*Kosef*); Springinsfeld (*scherzh veraltend*); Bébé (*schweiz*) ✦ *umg*: Krabbe · [kleines] Wurm; Matz · Spatz · Pusselchen (*vertraul od. Kosef*); Racker (*vertraul-scheltend*); Krümel (*scherzh*); Balg (*abwert*); Gör · Göre (*landsch*); Fratz (*südd österr schweiz abwert*) ◇ Knirps · Säugling – **2.** ⟨*in bezug auf die Eltern*⟩ *umg*: Sprößling (*scherzh*)

**Kinderlähmung:** spinale Kinderlähmung; Poliomyelitis · Polio (*Med*)

**Kindesbeine: von Kindesbeinen an:** von Jugend an · von frühauf

**Kindesentführung:** Kindesraub · Kidnapping

**Kindheit:** Kinderzeit · Kinderjahre · Kindesalter ◇ Jugend

**kindlich:** kindhaft · infantil ◇ unreif

**Kino:** Filmtheater · Filmbühne · Lichtspiele · Lichtspielhaus · Lichtspieltheater • Filmpalast ✦ *umg*: Kintopp (*scherzh od. abwert*) ✦ *salopp*: Flimmerkiste (*scherzh od. abwert*)

**Kirche:** Gotteshaus (*Rel*) • Domkirche · Dom · Münster · Kathedrale

**kirchlich:** klerikal • christlich ◇ geistlich

**Kissen:** Polster (*österr*); Pfulmen (*schweiz*)

**kitzeln:** *umg*: krabbeln · killekille machen (*vertraul*)

**Kladde:** Diarium ◇ Notizbuch

**klaffen: etw. klafft:** etw. gähnt

**Klang:** Ton

**Klangfarbe:** Timbre · Kolorit • Klang

**klappern:** *umg*: rappeln · scheppern ◇ poltern · rasseln

**klar: a)** ⟨*Flüssigkeit, Glas*⟩ kristallklar · ungetrübt · lauter · rein · hell ◇ durchsichtig – **b)** ⟨*Himmel*⟩ wolkenlos · unbewölkt · heiter · aufgeklärt ◇ sonnig

**klären:** läutern · reinigen ◇ filtern

**Klasse:** Klassenzimmer · Klassenraum · Schulzimmer; Schulstube (*noch landsch*)

**Klassenbewußtsein:** Bewußtsein

**klatschen** (*umg abwert*): tratschen · lästern ◇ sich aufhalten |über|

**Klavier:** Piano • Pianino · Flügel ✦ *salopp*: Klimperkasten · Klapperkasten (*abwert*) – **K. spielen:** *umg*: klimpern (*abwert*)

**kleben: 1.** ⟨*fest hängenbleiben*⟩ haften; backen (*landsch*) ✦ *umg*: pappen – **2.** ⟨*mit Klebstoff verbinden*⟩ • leimen · kitten · kleistern ✦ *umg*: pappen; picken (*österr*)

**Klebstoff:** Klebemittel · Kleber • Leim · Kleister · Kitt ✦ *umg*: Klebe; Pappe (*landsch*); Pick (*österr*)

**Kleid:** *umg*: Fahne · Fähnchen (*abwert*) ✦ *salopp*: Fummel (*landsch abwert*)

**Kleidung:** Bekleidung · Garderobe · Kleider ✦ *umg*: Sachen • Aufzug (*abwert*) ✦ *salopp*: Klamotten · Zeug; Kledasche (*abwert*)

**klein:** winzig; lütt (*norddt*) • kleingewachsen · zierlich ✦ *umg*: klitzeklein (*scherzh*); fipsig (*landsch*)

**Kleinigkeit:** Lappalie · Bagatelle · Kinderspiel · Spielerei · Spiel ✦ *umg*: Läpperei · Sächelchen · kleine Fische

**kleinlich** (*abwert*): pedantisch · engherzig · übergenau · krämerhaft · schulmeisterlich • bürokratisch · kleindenkend ✦ *umg*: kleinkariert · pinslig; pingelig (*landsch*) ◇ spitzfindig – **k. sein:** päpstlicher als der Papst sein

**Kleinstadt:** Städtchen; Krähwinkel (*abwert*) ✦ *salopp*: Drecknest (*abwert*) ◇ Ort

**klettern**: steigen · klimmen • krabbeln · bergsteigen ✦ umg: kraxeln
**Klient**: Mandant • Auftraggeber
**Klingel**: Glocke; Schelle (*landsch*) ✦ *umg*: Bimmel
**klingen**: **1.** ⟨*einen Klang geben*⟩ tönen • erklingen ◇ ertönen · schallen – **2.** ⟨*akustisch in bestimmter Weise wirken*⟩ sich anhören
**Klinke**: Türklinke · Türdrücker · Türgriff · Drücker · Griff; Türschnalle · Schnalle (*österr*); Türfalle · Falle (*schweiz*)
**klopfen**: pochen • trommeln · hämmern ✦ *umg*: bummern · bumsen · ballern · wummern; pumpern (*landsch*)
**Kloß**: Knödel (*süddt österr*)
**Klotz**: Holzklotz · Kloben
**klug**: intelligent · gescheit · aufgeweckt · geweckt · wach · gelehrig · scharfsinnig · klardenkend ✦ *umg*: helle ◇ begabt · geistreich · schlau – **k. sein**: Geist haben / besitzen ✦ *umg*: Köpfchen haben · Grütze im Kopf haben
**Klumpen**: Batzen · Brocken • Klunker ✦ *salopp*: Flatschen (*landsch*)
**knacken**: knacksen • knistern
**Knall**: *umg*: Krach ✦ *salopp*: Plauz
**knallen**: krachen ✦ *umg*: • bumsen · puffen ✦ *salopp*: plauzen · einen Plauz tun
**knapp**: **1.** ⟨*materielle Mittel*⟩ karg · kümmerlich · dürftig · spärlich · beschränkt · rar ◇ unzureichend – **2.** ⟨*Äußerung*⟩ gedrängt · kurz · [kurz und] bündig · lakonisch · lapidar · konzis · summarisch · mit / in dürren Worten ◇ treffend
**knapphalten**: kurzhalten ✦ *umg*: den Brotkorb höher hängen · den Hahn zudrehen · den Daumen draufhalten ◇ beschränken
**knarren**: ächzen
**Kneifer**: Klemmer · Zwicker
**kneten**: durchkneten · durcharbeiten; durchwirken (*fachspr*)
**knicken**: umknicken · abknicken · einknicken
**Kniefall**: Fußfall
**knien**: auf den Knien liegen ◇ niederknien
**Knirps**: *umg*: Dreikäsehoch; kleiner Wicht · halbe Portion · Purzel · Matz (*oft scherzh*); Steppke · Butz (*landsch*) ✦ *salopp*: [kleiner] Knopp (*landsch*) ◇ Junge · Kind
**knittern**: knittrig werden · Knitter bilden · Falten machen ✦ *umg*: knautschen ◇ zerknittern
**knorrig**: *umg*: knorzig · knubbelig (*landsch*)
**knusprig**: scharf; kroß (*norddt*); rösch (*süddt*); resch (*österr*)
**Kobold** (*Abergl*): Gnom · Wichtel · Wichtelmännchen · Hutzelmännchen · Heinzelmännchen · Hausgeist ◇ Zwerg
**Koch**: Smutje (*seem scherzh*) • Küchenchef · Gastronom ✦ *salopp*: Küchenbulle
**kochen**: **1.** ⟨*Speisen*⟩ das Essen zubereiten / machen – **2.** ⟨*den Siedepunkt erreicht haben*⟩ sieden · wallen • garen
**Köchin**: • Küchenfrau ✦ *umg*: Küchenfee · Küchendragoner (*scherzh*)
**Kochkunst**: Küche · Gastronomie
**Kofferradio**: Kofferempfänger · Koffergerät ✦ *umg*: Heule (*oft abwert*) ◇ Rundfunkgerät
**Kohl**: Kraut; Kappes (*landsch*); Kabis (*schweiz*)
**Kohlepapier**: Karbonpapier (*österr*)
**koitieren**: Verkehr haben · sich vereinigen · sich begatten · den Beischlaf vollziehen · sich lieben · zusammenliegen; kopulieren (*fachspr*) ✦ *gehoben*: beiwohnen ✦ *salopp*: bumsen · ins Bett gehen |mit| ✦ *derb*: vögeln · pimpern · ficken · bürsten · eine Nummer machen

**Koitus**: Geschlechtsakt · Akt · Begattung · Beischlaf · Vereinigung; Kohabitation · Kopulation (*fachspr*) ✦ *gehoben*: Beiwohnung ✦ *derb*: Fick · Nummer ◇ Geschlechtsverkehr
**Kollege**: Arbeitskollege · Berufskollege
**Kollektiv**: Arbeitsgruppe · Brigade · Aktiv · Team ◇ Arbeitsgemeinschaft
**Kollektivarbeit**: Gemeinschaftsarbeit · Teamarbeit ◇ Zusammenarbeit
**Kolloquium**: Fachgespräch · wissenschaftliches Gespräch
**Kölnischwasser**: Eau de Cologne; Duftwasser (*scherzh*) • Eau de toilette · Lavendel ◇ Parfüm
**Komiker**: Humorist · Spaßmacher; Possenreißer (*veraltend*) ✦ *umg*: Faxenmacher · Kasper (*abwert*) ◇ Clown · Spaßvogel
**komisch**: ulkig · grotesk · spaßig · skurril · possenhaft · schnurrig · burlesk · närrisch · putzig · zwerchfellerschütternd ✦ *umg*: gottvoll · göttlich · gediegen ◇ spaßig – **k. sein**: *umg*: zum Brüllen / Schießen / Piepen / Kringeln sein
**kommen**: herkommen · herankommen · herbeikommen · sich nähern · daherkommen • entgegenkommen ✦ *umg*: im Anmarsch sein (*oft scherzh*) ◇ anmarschieren · sich nähern
**Komponist**: *gehoben*: Tondichter
**Komposition**: Musikstück · Musikwerk ✦ *gehoben*: Tondichtung
**Kompromiß**: **einen K. schließen**: sich vergleichen · einen Vergleich schließen ◇ sich einigen
**kompromittieren**: bloßstellen · desavouieren • blamieren – **sich k.**: sich eine Blöße geben · sich unmöglich machen · das Gesicht verlieren • sich blamieren
**Konditor**: Zuckerbäcker (*noch österr*); Konfiseur (*schweiz*)
**kondolieren**: sein Beileid / Mitgefühl / seine Teilnahme / Anteilnahme aussprechen / ausdrücken / bekunden / bezeugen
**Konfekt**: Zuckerwerk · Süßigkeiten · Pralinen · Naschwerk · Näschereien
**Konkurrent**: Mitbewerber · Rivale · Konkurrenz • Nebenbuhler
**konkurrieren**: Konkurrenz machen · rivalisieren
**können**: vermögen · imstande sein |zu| · fähig sein |zu| · in der Lage sein |zu| ✦ *umg*: bringen
**konsolidieren**: festigen · stärken · stabilisieren
**konsultieren**: um Rat fragen · zu Rate ziehen · fragen · befragen
**kontaktfreudig**: gesellig · soziabel • umgänglich ◇ weltoffen
**Kontrolleur**: Kontrollor (*österr*) • Inspekteur · Inspektor · Inspizient · Prüfer
**kontrollieren**: inspizieren · sehen |nach| · nachsehen · nach dem Rechten sehen ◇ inspizieren · prüfen · überprüfen
**Konzentration**: Konzentrierung · Zusammenziehung · Zusammenfassung · Zentralisation · Zentralisierung
**Konzentrationslager**: KZ · Massenvernichtungslager · Vernichtungslager
**konzentrieren**: **1.** ⟨*Truppen od. dgl.*⟩ zusammenziehen · zusammenfassen · zentralisieren · sammeln; besammeln (*schweiz*) – **2. sich k.**: ⟨*die Denkfähigkeit betreffend*⟩ sich sammeln · seine Gedanken / seinen Verstand zusammennehmen ✦ *umg*: seine fünf Sinne zusammennehmen
**konzentriert**: angereichert · gesättigt • hochkonzentriert · hochprozentig
**konzertieren**: ein Konzert geben · spielen
**Kopf**: *gehoben*: Haupt ✦ *umg*: Schädel ✦ *salopp*: Dez · Rübe · Birne ·

Kürbis · Ballon; Kuller · Nischel (*landsch*)
**Kopfschmerz:** Kopfweh • Migräne
**kopfüber:** mit dem Kopf voran; häuptlings (*veraltend*) ✦ *umg*: koppheister (*norddt*)
**körnig:** gekörnt; graniert · granulös · grusig (*fachspr*)
**Körper:** Leib; Soma (*fachspr*) • Rumpf ◇ *umg*: Korpus (*scherzh*)
**körperlich:** physisch · leiblich; somatisch (*fachspr*)
**Korrekturfahne:** Fahne · Fahnenabzug · Korrekturabzug ◇ Bogen
**korrespondieren:** im Briefwechsel / Schriftwechsel / Briefverkehr / Schriftverkehr stehen ✦ *umg*: sich / einander schreiben
**Korsett:** • Mieder · Korsage
**Kosmetik:** Schönheitspflege · Make-up
**Kosmonaut:** Astronaut · Weltraumfahrer · Raumfahrer · Weltraumflieger · Raumflieger
**kosten:** versuchen · probieren · schmecken · verkosten · abschmekken · eine Kostprobe nehmen; gustieren (*österr*)
**kostenlos:** umsonst · unentgeltlich · gratis · kostenfrei · frei • gebührenfrei
**kostspielig:** aufwendig ◇ teuer
**Kot:** Stuhl · Exkremente; Fäkalien · Fäzes (*fachspr*) ✦ *umg*: Aa (*kinderspr*) ✦ *salopp*: Haufen (*verhüll*); Schiet (*norddt verhüll*) ✦ *derb*: Kacke · Scheiße · Schiß
**Kraft:** Stärke; Sthenie (*Med*) • Körperkraft
**kräftig:** stark · athletisch · muskulös · herkulisch · kraftvoll · kraftstrotzend · bärenstark · baumstark; sthenisch (*Med*) • rüstig ◇ athletisch · robust · sehnig
**kraftlos:** geschwächt · marklos · energielos · lasch · laß ✦ *umg*: flügellahm ◇ schwach
**Kraftstoff:** Treibstoff • Benzin · Kerosin ✦ *umg*: Sprit
**Kram** (*abwert*): Zeug · Trödel · Plunder · Ramsch ✦ *umg*: Krimskrams · Krempel · Kitt · Zimt · Zinnober · Klimbim ✦ *salopp*: Gelumpe · Dreck · Dreckszeug · Klumpatsch · Mist ✦ *derb*: Scheiße · Scheißdreck ◇ Gerümpel · Schund
**Krampf:** Spasmus · Konvulsion (*Med*) • Kolik
**krampfartig:** krampfhaft · konvulsivisch; spastisch · spasmisch (*Med*)
**krank:** leidend · nicht gesund · kränklich • angekränkelt · morbid · schwerkrank · siech · bettlägerig ✦ *umg*: malade ◇ todkrank · unwohl – **k. sein:** kränkeln · das Bett hüten · im / zu Bett liegen • ans Bett gefesselt sein · dahinsiechen ✦ *gehoben*: daniederliegen ✦ *umg*: nicht auf dem Damm / Posten / auf der Höhe / auf Deck sein · auf der Nase liegen ✦ *salopp*: auf der Plauze liegen ✦ *derb*: auf der Schnauze liegen ◇ schlecht gehen
**kränken:** verletzen · treffen · verwunden · weh tun · Schmerz bereiten · jmds. Gefühle verletzen · einen Tort / ein Leid antun / zufügen • brüskieren · vor den Kopf stoßen ✦ *gehoben*: ins Herz / [bis] ins Mark treffen ✦ *umg*: auf die Hühneraugen / Zehen / auf den Schlips treten · einen Hieb versetzen ◇ betrüben · beleidigen
**Krankenhaus:** Klinik; Spital (*österr schweiz*) • Lazarett · Ambulanz · Ambulatorium ◇ Sanatorium – **psychiatrisches K.:** Nervenheilanstalt · Heilanstalt; Irrenanstalt · Irrenhaus (*veraltend*) ✦ *salopp*: Klapsmühle · Verrücktenanstalt
**Krankenschwester:** Schwester; Diakonisse · Diakonissin (*evang Kirche*) • Rotkreuzschwester ✦ *umg*: Karbolmäuschen (*scherzh*)

**Krankenwagen:** Ambulanz · Ambulanzwagen · Sanitätswagen · Rettungswagen · Klinomobil ✦ *umg*: Sanka · Sankra; Sanität (*österr schweiz*); Rettung (*österr*)

**Kranker:** Patient • Leidender

**Krankheit:** Erkrankung · Leiden (*Sg*) · Beschwerden · Gebrechen (*Sg*); Übel (*veraltend*) • Siechtum ◇ Seuche · Unwohlsein

**Krätze:** Skabies (*Med*) • Räude

**kratzen:** scharren; schubben (*landsch*) • jucken

**Krawatte:** Schlips · Binder · Binde · Selbstbinder • Fliege · Schleife · Plastron ✦ *umg*: Kulturstrick (*scherzh*)

**Krebsgeschwulst:** Karzinom • Krebs

**kreisförmig:** [kreis]rund · ringförmig; orbikular (*fachspr*) • rundlich

**kreuzen:** hybridisieren · bastardisieren • paaren

**Kreuzungspunkt:** Schnittpunkt • Knotenpunkt · Kreuzung · Scheitel ◇ Mittelpunkt

**kriechen:** krabbeln · robben; krauchen (*landsch*)

**Kriecher:** Liebediener · Speichellekker · Lakai ✦ *derb*: Arschkriecher · Arschlecker ◇ Duckmäuser

**Krieg:** [militärischer] Konflikt · bewaffnete Auseinandersetzung

**Kritik:** Krittelei · Beckmesserei (*abwert*)

**Kritiker:** Kritikaster · Krittler · Beckmesser (*abwert*) ◇ Nörgler

**kritiklos:** blindgläubig · blind · blindlings ◇ gutgläubig

**kritisieren:** Kritik üben · attackieren · zu Felde ziehen |gegen| · Front machen |gegen|; kritteln · bekritteln · beckmessern · bemäkeln (*abwert*) ✦ *umg*: zerpflücken ◇ nörgeln · tadeln

**Krümel:** Krümchen · Krume · Brösel · Bröckchen ✦ *gehoben*: Brosame (*veraltend*)

**krumm:** gekrümmt · verkrümmt · verbogen • wie ein Fragezeichen ◇ gebogen

**Küche:** Kombüse (*seem*)

**kugelig:** kugelrund · rund • rundlich

**kühl:** **1.** ⟨*Temperatur*⟩ frisch · gekühlt · abgekühlt ◇ kalt – **2.** ⟨*ohne Beteiligung des Gefühls*⟩ frostig · distanziert · unfreundlich ◇ gefühllos

**kühlen:** abkühlen; überkühlen (*österr*) • kalt stellen · abschrecken · fächeln

**kühn:** unerschrocken · verwegen · draufgängerisch · forsch · schneidig · waghalsig · wagemutig · tollkühn · tolldreist ◇ mutig · tapfer

**Kühnheit:** Unerschrockenheit · Verwegenheit · Draufgängertum · Forsche · Schneid · Waghalsigkeit · Wagemut · Tollkühnheit ◇ Mut · Tapferkeit

**kultivieren** (*Land*): urbar machen · bebauen

**Kummer:** Gram · Trübsal · Betrübnis · Kümmernis ✦ *gehoben*: Harm (*veraltend*) ◇ Sorge · Leid

**kümmern:** **1. sich nicht k.** |um|: ⟨*keine Aufmerksamkeit zuwenden*⟩ sich nicht kehren |an| · keine Beachtung schenken ✦ *umg*: sich nicht scheren |um| – **2. etw. kümmert jmdn. nicht:** ⟨*die Folgen von etw. sind jmdm. gleichgültig*⟩ etw. läßt jmdn. kalt ✦ *umg*: nicht den Henker / Teufel / Kuckuck fragen |nach| ✦ *salopp*: einen Dreck fragen |nach|

**Kundendienst:** Service · Dienst am Kunden

**Kundgebung:** Demonstration · Massenversammlung · Aufmarsch · Manifestation

**kündigen:** aufkündigen · aufsagen • den Dienst quittieren ✦ *umg*: gehen · den Kram hinwerfen ✦ *salopp*: den Kram / Krempel hinschmeißen / hinhauen · in den Sack hauen

**Kundschaft:** Kundenkreis; Kunde (*österr*)
**Kundschafter:** Aufklärer
**künftig:** zukünftig · in Zukunft · in spe · künftighin · fortan · hinfort · von jetzt / nun an; inskünftig (*schweiz*) ✦ *dicht*: fürder · fürderhin ◇ einst · weiterhin
**künstlich:** artifiziell • synthetisch
**Kunststoff:** Plast
**kunstvoll:** kunstreich · künstlerisch • stilvoll
**Kurve:** Biegung • Krümmung · Kehre ◇ Biegung
**kurz:** **1.** ⟨*räumlich*⟩ knapp · klein – **2.** ⟨*zeitlich*⟩ kurzfristig · kurzzeitig · nicht lange · auf einen Augenblick · schnell ✦ *umg*: auf einen Sprung ✦ *salopp*: auf die Schnelle
**kurzerhand:** kurz entschlossen · kurzweg · ohne weiteres · ohne Umschweife ✦ *umg*: schlankweg · mir nichts, dir nichts · ohne viel Federlesens
**kürzlich:** neulich · unlängst · letzthin · letztens · vor kurzem · vor kurzer Zeit ✦ *gehoben*: jüngst · jüngsthin · jüngstens (*veraltend*)
**Kuß:** *umg*: Schmatz; Bussel · Busserl (*süddt österr*)
**küssen:** einen Kuß geben ✦ *umg*: schmatzen; busseln (*süddt österr*); schnäbeln (*scherzh*) ✦ *salopp*: knutschen · einen aufdrücken ◇ abküssen

# L

**lächeln:** schmunzeln · grinsen ✦ *umg*: feixen · grienen ◇ lachen
**lachen:** Tränen lachen · sich ausschütten / biegen vor Lachen • kichern ✦ *umg*: feixen · sich kringeln / kugeln vor Lachen · sich schieflachen · sich scheckig lachen · sich kranklachen · sich totlachen · sich kaputtlachen • gickern ✦ *salopp*: wiehern · sich einen Ast lachen · vor Lachen vom Stuhl fallen ◇ lächeln · in Lachen ausbrechen
**Lachen: in L. ausbrechen:** in ein Gelächter ausbrechen · einen Lachkrampf bekommen ✦ *umg*: losplatzen · herausplatzen · losprusten · losbrüllen ◇ lachen
**lächerlich:** lachhaft · grotesk – **etw. ist l.:** *umg*: da lachen ja die Hühner!
**Lage:** Situation · Verhältnisse · Sachlage · Zustand · Status · Konstellation ◇ Sachverhalt · Verhältnisse – **in eine schwierige L. kommen:** in Schwierigkeiten / in Bedrängnis geraten ✦ *umg*: ins Gedränge / in Teufels Küche kommen
**Lager:** **1.** ⟨*Unterlage zum Liegen*⟩ Lagerstatt · Liegestatt · Ruhelager ◇ Schlafgelegenheit – **2.** ⟨*Ort des Lagerns*⟩ Lagerplatz · Campingplatz · Lagerstelle; Biwak (*Milit*) – **3.** ⟨*Räumlichkeit zum Lagern von Waren*⟩ Lagerraum · Magazin · Warenlager ◇ Speicher
**lagern:** magazinieren · speichern
**lahm:** gelähmt; paralytisch (*Med*) • hüftlahm · lendenlahm · kreuzlahm
**lahmlegen:** zum Erliegen bringen · zum Stillstand bringen
**Lähmung:** Paralyse (*Med*)
**Laie:** Nichtfachmann · Dilettant · Nichtkundiger
**laienhaft:** unfachmännisch · dilettantisch · dilettantenhaft
**Lampe:** Leuchte · Beleuchtungskörper • Leuchter · Ampel · Laterne ✦ *umg*: Funzel (*abwert*)
**Land:** Erde · fester Boden · festes Land
**landen:** niedergehen · aufsetzen • wassern

**Landesverteidigung:** Verteidigung / Schutz der Heimat
**ländlich:** dörflich · rustikal; provinziell · hinterwäldlerisch (*abwert*) • kleinstädtisch
**Landschaft:** Landstrich · Gebiet • Gelände · Terrain · Flur ✦ *dicht*: Gefilde ◇ Gegend
**landschaftlich:** gebietsweise · regional · strichweise ◇ örtlich
**Landstraße:** Chaussee ◇ Straße
**Landwirtschaft:** Agrikultur • Ackerbau
**landwirtschaftlich:** agrarisch
**lang:** **1.** ⟨*räumlich*⟩ gedehnt · langgestreckt • länglich ✦ *umg*: ellenlang – **2.** ⟨*zeitlich*⟩ langgezogen · gedehnt ✦ *umg*: ewig · eine [halbe] Ewigkeit ◇ jahrelang
**lange:** *umg*: ewig · bis in die Puppen · eine [halbe] Ewigkeit ✦ *salopp*: ewig und drei Tage
**Langer** (*umg*): Hopfenstange · Langbein (*scherzh*) ✦ *salopp*: [lange] Latte; [langer] Lulatsch · Schlaks · langes Laster (*abwert*) ◇ Hüne
**langsam:** gemächlich · bedächtig · ruhig · sacht · sachte · schleppend · behäbig; trödelig (*abwert*) • im Schrittempo ✦ *umg*: im Schneckentempo • pomadig · bummlig
**langweilen:** ennuyieren ✦ *umg*: anöden – **sich l.**: Langeweile haben · sich ennuyieren ✦ *umg*: sich öden · Däumchen / die Daumen drehen · vor Langerweile umkommen; sich fadisieren (*österr*) ✦ *salopp*: sich mopsen; sich bocken (*landsch*)
**langweilig:** sterbenslangweilig · öde · trist · fad · fade · geisttötend · trokken · uninteressant · ennuyant ✦ *umg*: lahm · langstielig · tranig ✦ *salopp*: stinklangweilig · doof · mopsig; bockig (*landsch*) ◇ prosaisch
**Lärm:** Getöse · Krach · Hallo • Ruhestörung; Gelärme (*abwert*) ✦ *umg*: Krawall · Radau · Spektakel · Rabatz · Tamtam · Klamauk · Trara · Krakeel · Höllenlärm · Heidenlärm · Höllenspektakel · Heidenspektakel ✦ *salopp*: Krakeelerei · Affenspektakel ◇ Geschrei
**lärmen:** Krach machen · randalieren ✦ *umg*: Krawall / Radau / Spektakel / Rabatz machen · spektakeln · krakeelen
**Last:** Bürde · Belastung · Joch · Kreuz · Crux
**Lastkraftwagen:** Lastwagen · LKW · Lastauto; Camion (*schweiz*) ✦ *umg*: Laster
**lau:** lauwarm · überschlagen · verschlagen · handwarm · mild · lind
**Laub:** Blätter · Laubwerk · Blattwerk ✦ *gehoben*: Blätterschmuck
**lauern:** auf der Lauer / im Hinterhalt liegen
**Laufbahn:** Werdegang · Karriere · Entwicklungsgang ◇ Lebenslauf
**laufen:** **1.** ⟨*Lebewesen*⟩ rennen · hasten · sausen · rasen · preschen · fegen; sprinten · spurten (*Sport*); springen (*süddt schweiz*) ✦ *umg*: flitzen · wetzen · pesen ✦ *salopp*: socken · spritzen; schesen (*landsch*) ◇ eilen – **2.** ⟨*Motoren*⟩ in Betrieb / Gang sein · arbeiten
**Laune:** Grille · Schrulle · Mucke · Kaprice · Kapriole · Einfall · Stimmung · Anwandlung
**launisch:** launenhaft · wetterwendisch · grillenhaft · kapriziös · unberechenbar ◇ unbeständig
**lauschen:** horchen · ganz Ohr sein • aufhorchen ✦ *umg*: lange Ohren machen · die Ohren spitzen / aufsperren ✦ *salopp*: die Löffel spitzen / aufsperren ◇ zuhören
**laut:** **1.** ⟨*allgemein*⟩ lautstark · geräuschvoll · ohrenbetäubend • überlaut – **2.** ⟨*beim Gebrauch der Stimme*⟩ lautstark · lauthals · aus vollem Halse · aus voller Kehle · mit erhobener Stimme · mit Stentorstimme

**lauten:** heißen · den Wortlaut haben
**läuten:** klingeln; die Glocke ziehen (*veraltend*); schellen (*landsch*) ✦ *umg*: bimmeln
**lautlos:** geräuschlos · unhörbar ◇ leise · still
**leben:** am Leben sein · lebendig sein • sein · existieren ✦ *gehoben*: unter den Lebenden weilen
**Leben:** Sein · Dasein · Existenz
**Lebensform:** Daseinsform · Daseinsweise
**Lebensjahr:** Jahr; Altersjahr (*schweiz*); Lenz (*scherzh*) ✦ *dicht*: Winter · Sommer
**Lebenslauf:** Leben · Lebensweg • Lebenszeit · Lebensdauer ✦ *gehoben*: Lebensbahn ◇ Laufbahn
**Lebensmittel** (*Pl*): Nahrungsmittel (*Pl*) · Eßwaren; Nahrungsgüter (*fachspr*) ✦ *salopp*: Fressalien · Fresserei ◇ Nahrung
**lebensmüde:** daseinsmüde · lebensüberdrüssig
**Lebensweise:** Leben · Lebensführung · Lebensstil · Lebenswandel ✦ *umg*: • Fasson
**Lebewesen:** Geschöpf · Kreatur · Wesen
**lebhaft:** agil · beweglich · lebendig · quicklebendig · temperamentvoll · vital · sanguinisch · sprudelnd; vif (*veraltend*); · quick (*landsch*) ✦ *umg*: quecksilbrig • wie aufgezogen ◇ munter · schwungvoll – **l. sein:** Temperament haben · den Teufel im Leib haben
[1]**lecken:** schlecken
[2]**lecken:** leck sein · ein Leck haben
**Leckerbissen:** Delikatesse · Köstlichkeit · Gaumenfreude · Gaumenkitzel; Schleck (*südd schweiz*) ✦ *umg*: Leckerei; Gustostückerl (*österr*)
**Leckermaul** (*umg*): Naschkatze; Schlecker · Schleckermaul (*landsch*) ◇ Feinschmecker
**ledig:** ehelos · unverheiratet · unverehelicht; einschichtig (*südd österr*) • unbeweibt · unbemannt (*scherzh*) ✦ *gehoben*: unvermählt ◇ alleinstehend – **l. sein:** *umg*: noch zu haben sein (*scherzh*)
**leer:** **1.** ⟨*Gefäße*⟩ entleert · ausgeleert – **2.** ⟨*Räumlichkeiten*⟩ leerstehend · unbesetzt • unbewohnt – **3. l. ausgehen:** ⟨*benachteiligt werden*⟩ nichts abbekommen · das Nachsehen haben · zurückstehen / verzichten müssen ✦ *umg*: nichts abkriegen ✦ *salopp*: in den Mond / Eimer gucken · in / durch die Röhre gucken
**Leere:** Vakuum • Nichts
**leeren:** entleeren · ausleeren ✦ *umg*: leer machen ◇ ausgießen
**Lehre:** Theorie · Lehrmeinung • Doktrin · Dogma – **eine L. ziehen |aus|:** lernen |aus|
**Lehrer:** Lehrkraft · Pädagoge · Schulmann; Schullehrer (*landsch*); Schulmeister (*noch abwert od. scherzh*) · Pauker (*schülerspr veraltend*) • Dozent · Lektor · Mentor · Tutor · Erzieher
**Lehrgang:** Kurs · Kursus • Unterricht
**lehrhaft:** didaktisch · belehrend; schulmeisterlich · professorenhaft · professoral (*abwert*)
**lehrreich:** instruktiv · informativ · informatorisch · belehrend · aufschlußreich • wissenswert · lesenswert
**Lehrsatz:** These · Theorem · Satz
**Lehrzeit:** Lehre · Lehrjahre • Berufsausbildung
**Leibesfülle:** Korpulenz · Körperfülle · Beleibtheit · Dickleibigkeit · Embonpoint · Üppigkeit; Umfang · Volumen (*scherzh*)
**Leiche:** Leichnam · Toter · Verstorbener ✦ *gehoben*: die sterblichen Überreste · die sterbliche Hülle
**leicht:** federleicht
**leichtfertig:** oberflächlich · pflicht-

vergessen · pflichtwidrig · frivol · obenhin ◇ leichtsinnig · unüberlegt
**Leichtfuß:** Bruder Leichtfuß ✦ *umg:* Luftikus · Windhund · Windbeutel · windiger Bursche · lockerer Vogel / Zeisig; Hallodri (*süddt österr*)
**leichtlebig:** leichtblütig · lebenslustig · flott · flatterhaft · unsolide · locker ◇ sorglos
**Leichtsinn:** Verantwortungslosigkeit · Fahrlässigkeit • Sorglosigkeit · Spiel mit dem Feuer ✦ *umg:* • Windbeutelei
**leichtsinnig:** verantwortungslos · unverantwortlich · fahrlässig · unvorsichtig ◇ leichtfertig · sorglos
**leid: jmd.** *bzw.* **etw. tut jmdm. l.:** jmd. *bzw.* etw. dauert / erbarmt / jammert jmdn. · etw. tut jmdm. in der Seele weh
**Leid:** Jammer · Pein · Schmerz · Qual · Elend · Drangsal · Kreuz · Crux ✦ *gehoben:* Weh · Herzeleid ◇ Kummer
**leiden:** sich quälen · Leid erdulden · schmachten · die Hölle auf Erden haben
**Leidenschaft:** Feuer · Glut · Inbrunst · Pathos · Begeisterung ✦ *gehoben:* Feueratem ◇ Schwung
**leidenschaftlich:** feurig · mit [innerem] Feuer · glühend · heiß · heißblütig · passioniert · inbrünstig · besessen · stürmisch · enragiert ◇ heftig · schwungvoll
**leidenschaftslos:** kühl · beherrscht
**leider:** bedauerlicherweise · unglücklicherweise · fatalerweise · zu meinem Leidwesen / Bedauern · mit Bedauern ✦ *umg:* dummerweise
**leidvoll:** qualvoll · schmerzvoll ✦ *gehoben:* peinvoll · dornenvoll
**leihweise:** als Leihgabe • auf Kredit ✦ *umg:* auf Borg ✦ *salopp:* auf Pump
**leise:** kaum hörbar · gedämpft · halblaut • verhalten · flüsternd · piano ◇ lautlos
**Leistungsfähigkeit:** Leistungsvermögen · Leistung · Spannkraft · Arbeitskraft · Kraft • Potential · Potenz · Können
**leiten:** führen · die Leitung haben · lenken · an der Spitze stehen • verwalten ✦ *umg:* regieren ◇ führen
**Leiter:** Direktor · Manager • Führer ✦ *umg:* Chef ✦ *salopp:* Alter · Boß
**Leitgedanke:** Leitidee · Grundgedanke · Leitmotiv · Grundidee · Hauptgedanke • der rote Faden ◇ Gerüst
**Lerneifer:** Lernbegierde · Wißbegierde · Wißbegier · Wissensdurst · Wissensdrang
**lernen: 1.** ⟨*allgemein*⟩ studieren · über den Büchern sitzen • üben ✦ *umg:* die Nase ins Buch stecken; sich auf den Hosenboden / die Hosen setzen ✦ *salopp:* pauken · büffeln · ochsen · bimsen; stucken (*süddt österr*) – **2.** ⟨*Berufsausbildung*⟩ in der Lehre stehen · in die Lehre gehen • sich fortbilden ◇ studieren
**Lesart:** Version · Variante
**lesen:** ein Buch zur Hand nehmen ✦ *umg:* schmökern · schwarten • verschlingen
**lesenswert:** interessant
**Letter:** Drucktype · Type ◇ Schriftzeichen
**letztmöglich:** letzt · allerletzt · äußerst
**leuchten:** scheinen · strahlen • blenden · schimmern ◇ glänzen
**Licht:** Schein · Lichtschein • Lichtstrom · Strahlung ◇ Schein
**Lichtung:** Blöße · Waldlichtung; Schlag · Schwende (*fachspr*) • Schneise · Rodung
**lieb:** teuer · wert • liebenswert
**Liebe:** Zuneigung • Verliebtheit · Eros ✦ *dicht:* Minne
**lieben:** liebhaben · gern haben · gut / zugetan / zugeneigt sein · ins Herz geschlossen haben · sich hingezogen

fühlen |zu| • hängen |an| · verliebt sein |in| ✦ *dicht*: minnen ✦ *gehoben*: im Herzen tragen · entflammt / entbrannt sein |für| · sein Herz verschenkt haben |an| ✦ *umg*: vernarrt sein |in| ✦ *salopp*: verrückt sein |nach|

**Liebesabenteuer:** Liebeserlebnis · Abenteuer · Erlebnis · Romanze; Liebesaffäre · Affäre (*abwert*) ✦ *umg*: Liebesgeschichte ◇ Liebesverhältnis

**Liebespaar:** Pärchen · Paar · Liebesleute · Liebende

**Liebesverhältnis:** Liebesbeziehung · Verhältnis · Liaison · intime Beziehung; Liebschaft (*oft abwert*) • Flirt ✦ *umg*: Techtelmechtel; Gspusi (*landsch*) ◇ Liebesabenteuer

**liebevoll:** lieb · liebreich · rührend · fürsorglich

**Liebhaber:** Verehrer; Romeo · Troubadour (*scherzh*) ✦ *umg*: Freund · Kavalier; Anbeter · Schmachtlappen (*scherzh*) ✦ *salopp*: Macker ◇ Geliebter

**Liebhaberei:** Hobby · Steckenpferd · Lieblingsbeschäftigung · Freizeitbeschäftigung · Spezialität ✦ *umg*: Sport

**liebkosen:** kosen · herzen · zärtlich sein · zärteln • tätscheln ✦ *umg*: schmusen ◇ streicheln · umarmen

**Liebling:** Liebster *bzw.* Liebste · Schatz · Darling ✦ *umg*: Goldchen (*Kosef*)

**Liebstes:** Allerliebstes · ein und alles

**liefern:** anliefern · ausliefern · zustellen ◇ bringen · schicken – **geliefert bekommen:** hereinbekommen · erhalten · beliefert werden |mit| ✦ *umg*: kriegen

**liegen:** • daliegen ✦ *umg*: langliegen

**Limonade:** Brauselimonade; Sprudel (*landsch*) ✦ *umg*: Limo · Brause; Kracherl (*süddt österr*) ✦ *salopp*: Krabbelwasser

**links:** linkerseits · linksseitig · auf der linken Seite · linker Hand · zur Linken · zur linken Hand; backbord (*seem*) ✦ *umg*: an der grünen Seite (*scherzh*)

**lispeln:** mit der Zunge anstoßen

**List:** Manöver · Winkelzug · Schachzug ◇ Trick

**listig:** listenreich · fintenreich • verschmitzt ◇ schlau – **l. sein:** *umg*: es [faustdick] hinter den Ohren haben

**Literatur:** Schrifttum • Schriftgut

**Lob:** Belobigung · Eloge • Lobrede ◇ Anerkennung

**loben:** ein Lob aussprechen / erteilen · belobigen · Lob zollen / spenden · mit Lob überschütten · des Lobes voll sein |über| · rühmen · preisen • herausstreichen ✦ *gehoben*: lobpreisen ✦ *umg*: ein Loblied anstimmen / singen |auf| · jmds. Lob singen · in den Himmel heben · über den grünen Klee loben ◇ verherrlichen

**lochen:** knipsen • perforieren

**locken:** heranlocken • ködern · reizen · verlocken ◇ anlocken

**locker:** lose · wackelig · unbefestigt · unfest

**lockig:** gelockt · wellig · gewellt · gekräuselt · geringelt · kraus · wuschelig

**Lohn:** Verdienst · Einkommen · Arbeitslohn · Arbeitseinkommen · Bezahlung · Entlohnung · Entgelt, Heuer (*seem*); Salär (*süddt österr schweiz*) • Gehalt · Bezüge · Vergütung · Besoldung · Fixum ◇ Einkünfte · Honorar

**lohnen: sich l.:** sich rentieren · sich verlohnen · sich bezahlt machen · sich auszahlen · der Mühe wert sein

**Lokomotive:** Maschine · Lok; Dampfroß (*scherzh veraltend*)

**löschen:** auslöschen · zum Erlöschen bringen • ersticken · austreten · ausschlagen ✦ *umg*: ausmachen

**loslassen:** freilassen; auslassen (*süddt österr*)

**loslösen: sich l.**: sich lösen • sich abspalten ◇ sich ablösen
**lossagen: sich l.**: brechen |mit| · sich lösen • abfallen ✦ *umg*: abspringen
**Lösung**: Schlüssel • Ei des Kolumbus · Deus ex machina
**Löwe**: Wüstenkönig (*scherzh*) ✦ *gehoben*: König der Tiere
**Lücke**: Zwischenraum • Bresche ◇ Spalt
**Luft**: Atmosphäre · Lufthülle
**lüften**: durchlüften · frische Luft hereinlassen · das Fenster öffnen · auslüften · belüften · entlüften · ventilieren ✦ *umg*: Durchzug machen
**Lufthauch**: Hauch · Luftzug · Zug · Luftstrom
**Lüftung**: Ventilation · Belüftung · Frischluftzufuhr
**Lüge**: Unwahrheit · Schwindel • Falschmeldung ◇ Lügengeschichte · Täuschung
**lügen**: die Unwahrheit sagen · schwindeln · nicht bei der Wahrheit bleiben • erlügen ✦ *umg*: flunkern · das Blaue vom Himmel herunterlügen; kohlen · sohlen (*landsch*) ◇ heucheln
**Lügengeschichte**: Münchhausiade · Ammenmärchen • Seemannsgarn · Jägerlatein ✦ *umg*: Märchen · Flunkerei · Geflunker · Schwindelei ◇ Erfindung · Lüge
**lümmeln: sich l.** (*abwert*): sich flegeln ✦ *umg*: sich fläzen
**Lumpen**: Fetzen · Lappen; Hader (*süddt österr*)
**Lunge**: *salopp*: Plauze
**Lupe**: Vergrößerungsglas
**lüstern**: begehrlich · begierig · wollüstig · brünstig · faunisch; geil (*abwert*) ✦ *salopp*: scharf ◇ gierig · sinnlich
**lustig**: vergnügt · fidel · vergnüglich · aufgeräumt · scherzhaft · pudelnärrisch ✦ *umg*: puppenlustig · quietschvergnügt · quietschfidel · kreuzfidel ✦ *derb*: kackfidel (*landsch*) ◇ heiter · spaßig – **l. sein:** [in] gehobener Stimmung sein
**Lüstling**: Wollüstling · Wüstling ✦ *gehoben*: Faun ✦ *umg*: Lustmolch (*meist scherzh*); Hengst (*abwert*) ✦ *salopp*: geiler Bock (*abwert*)
**lustlos**: unlustig
**Lustspiel**: Komödie • Burleske · Posse · Schwank · Farce ◇ Theaterstück
**lutschen**: saugen ✦ *umg*: nutschen · zutschen (*landsch*); zuzeln (*österr*)
**Lyrik**: Poesie · [lyrische] Dichtung ◇ Dichtkunst

# M

**Machenschaften**: dunkle Machenschaften · Manipulationen · Schiebung
**Macht: die M. übernehmen**: an die Macht kommen / gelangen · die Macht ergreifen · zur Herrschaft gelangen; die Herrschaft an sich reißen · usurpieren (*abwert*) ✦ *umg*: ans Ruder kommen / gelangen
**mächtig**: einflußreich · allmächtig · allgewaltig
**machtlos**: ohnmächtig · einflußlos · schwach – **m. sein:** keinen Einfluß haben · ohne Einfluß sein • jmdm. sind die Hände gebunden
**Machwerk** (*abwert*): Elaborat ✦ *umg*: Geschreibsel
**Mädchen: 1.** ⟨*Kind*⟩ Kleine ✦ *umg*: Kücken · Ding – **2.** ⟨*unverheiratete junge Frau*⟩ Fräulein · junges Geschöpf; Dirn · Dirne · Jungfer (*landsch*); Dirndl (*süddt österr*); Tochter (*schweiz*) ✦ *dicht*: Maid · Mägdlein ✦ *umg*: Mädel • Gänschen (*abwert*) ✦ *salopp*: Biene · Käfer ·

Puppe; Püppchen (*auch abwert*) ◇ Teenager

**madig:** wurmstichig · wurmig

**mager:** hager · dürr · dünn · schmächtig; spillerig (*landsch*) ✦ *umg*: spindeldürr · klapperdürr · rappeldürr; wie eine Bohnenstange (*scherzh*) ◇ abgemagert · schlank

**Mähbinder:** Bindemäher • Binder

**mähen:** abmähen · hauen · schneiden • sensen · sicheln

**Mahlzeit:** Essen • Schmaus · Imbiß · Picknick ✦ *gehoben*: Mahl – **die M. einnehmen:** essen • frühstücken · Picknick machen / halten ✦ *gehoben*: speisen · tafeln · dinieren ◇ zu Abend essen · essen

**mahnen:** anmahnen ◇ erinnern |an| · ermahnen

**majestätisch:** königlich · erhaben ◇ würdevoll

**Makel:** Schandfleck · Odium · Schandmal · Fleck

**malen:** *umg*: pinseln; klecksen · schmieren (*abwert*) ◇ darstellen · zeichnen

**Malzkaffee:** Kaffee-Ersatz · Ersatzkaffee ✦ *umg*: Muckefuck ✦ *salopp*: Lorke (*landsch abwert*)

**manchmal:** zuweilen · bisweilen · mitunter · hin und wieder · dann und wann · ab und zu · ab und an · von Zeit zu Zeit · zuzeiten · verschiedentlich · gelegentlich · vereinzelt · hier und da; okkasionell (*fachspr*) ◇ selten

¹**Mangel:** Knappheit · Not · Beschränktheit · Entbehrung

²**Mangel:** Rolle · Wäschemangel · Wäscherolle

**Manifest:** Programm · Grundsatzerklärung

**Mann: 1.** ⟨*erwachsener Mensch männl. Geschlechts*⟩ Herr; männliches Wesen (*oft scherzh*) ✦ *umg*: Mannsperson · Mannsbild (*oft abwert*); Mannsstück · Kerl · Bursche (*abwert*); Männchen (*spött od. abwert*); Männeken (*landsch*) ✦ *salopp*: Knilch (*abwert*); Fritze · Dingerich (*landsch abwert*) ◇ Jugendlicher – **die Männer:** Männerwelt ✦ *umg*: Mannsvolk · Mannsleute ; das starke Geschlecht (*scherzh*) – **2. keinen M. bekommen:** ⟨*ohne Ehemann bleiben*⟩ • eine alte Jungfer bleiben ✦ *umg*: sitzenbleiben · den Anschluß verpassen

**Mannequin:** Vorführdame

**mannhaft:** männlich · tapfer • standhaft · stark · aufrecht

**mannigfaltig:** mannigfach · vielfältig · vielgestaltig · abwechslungsreich · reichhaltig • wechselvoll · differenziert

**männlich:** maskulin · viril

**Mannschaft** (*Sport*): Team · Equipe · Crew ◇ Auswahl

**Märchenland:** Zauberland · Wunderland · Fabelland · Fabelwelt

**marinieren:** in Marinade einlegen; einmarinieren (*landsch*)

**Markstein:** Meilenstein ◇ Wendepunkt

**Marktforschung:** Absatzforschung · Bedarfsforschung · Bedarfsermittlung · Marktbeobachtung

**Marktplatz:** Markt

**marktschreierisch** (*abwert*): *umg*: anreißerisch ◇ reißerisch

**Marotte:** Schrulle · Spleen · Absonderlichkeit ✦ *umg*: Mucke · Tick · Fimmel ✦ *salopp*: Macke

**marschieren:** *umg*: tigern · stiefeln · pilgern ◇ gehen · trotten

**Maschinenschreiberin:** Schreibkraft · Schreiberin · Facharbeiter für Schreibtechnik; Maschinschreiberin (*österr*); Daktylographin · Daktylo (*schweiz*) • Stenotypistin ✦ *salopp*: Klapperschlange (*scherzh*); Tippse (*abwert veraltend*)

**maschineschreiben:** Schreibmaschine schreiben; maschinschreiben (*österr*) ✦ *umg*: tippen

**Maskenball:** Maskenfest · Maskerade · Mummenschanz; Redoute (*österr*)
**maskenhaft:** starr · unbeweglich
**massenhaft:** massenweise · in Massen · in Mengen · en masse · dutzendweise ✦ *umg*: haufenweise · bergeweise · scheffelweise ✦ *salopp*: in rauhen Mengen ◇ reichlich · viel
**maßgebend:** maßgeblich · bestimmend · richtungweisend · richtunggebend · normativ · autoritativ ◇ entscheidend · wegweisend
**maßlos:** unmäßig · ohne Maß · exzessiv · ausschweifend · ungezügelt · unersättlich ✦ *umg*: wüst · bis dorthinaus ◇ übertrieben
**maßvoll:** mäßig · gemäßigt · in Maßen · in Grenzen · zurückhaltend
**mästen:** *umg*: fettfüttern · herausfüttern ◇ füttern
**Mauer:** • Wand · Wall
**Maul:** Rachen · Schnauze; Äser · Schmecker (*weidm*)
**mechanisch** (*von Körperbewegungen*): automatisch · unwillkürlich · wie von selbst · wie ein Automat · gedankenlos
**Medikament:** Arzneimittel · Heilmittel · Präparat; Arznei (*veraltend*) ✦ *umg*: Medizin
**mediterran:** mittelmeerisch · dem Mittelmeerraum zugehörig · im Mittelmeerraum verbreitet
**Medizin:** Heilkunde · Heilkunst
**Meer:** See (*Fem*) • Ozean · Weltmeer ✦ *umg*: • der große Teich (*meist scherzh*)
**Megäre:** Furie
**mehrdeutig:** vieldeutig · zweideutig · doppelsinnig · doppelbödig · schillernd · dehnbar; polysem (*Sprachw*); äquivok · amphibolisch (*fachspr*)
**Mehrdeutigkeit:** Vieldeutigkeit · Zweideutigkeit · Doppelsinn · Doppelsinnigkeit · Doppelbödigkeit; Polysemie · Ambiguität (*Sprachw*)
**Mehrheit:** Majorität · Mehrzahl · Überzahl · Hauptmasse · Großteil · Gros · die meisten · der überwiegende Teil; Mehr (*schweiz*)
**mehrmals:** mehrere Male · einigemal · einige Male · mehrfach · ein paarmal · ein paar Male ◇ oft
**meiden:** umgehen · aus dem Weg gehen · ausweichen · einen [großen] Bogen machen |um| • sich verstekken |vor| ✦ *gehoben*: fliehen
**meinen:** glauben · denken · der Meinung / Ansicht sein · finden
**meinetwegen:** **1.** ⟨*in meinem Interesse*⟩ meinethalben · um meinetwillen · mir zuliebe · für mich – **2.** ⟨*zustimmend*⟩ *umg*: meinethalben · in Gottes Namen · von mir aus · wegen mir
**Meinung:** Ansicht · Auffassung · Anschauung • Urteil · Überzeugung ◇ Standpunkt
**Meinungsforschung:** Demoskopie ◇ Umfrage
**Meinungsverschiedenheit:** Meinungsunterschied · Differenz · Unstimmigkeit · Dissens · Divergenz
**meist:** meistens · zumeist · meistenteils · in der Mehrzahl · [für] gewöhnlich · gemeinhin · in der Regel · normalerweise ◇ überwiegend
**Meister:** Kapazität · Koryphäe · Könner • Virtuose ✦ *umg*: Größe · As; Leuchte (*oft scherzh*) ✦ *salopp*: Kanone ◇ Fachmann · Routinier
**meistern:** schaffen · bewältigen · Herr werden · beikommen • in den Griff bekommen · überwinden ✦ *umg*: fertig werden |mit| · schaukeln ✦ *salopp*: den Laden schmeißen ◇ bewerkstelligen
**melden:** **1.** ⟨*etw. dienstlich mitteilen*⟩ Meldung machen / erstatten – **2. sich m.:** ⟨*das Wort erbitten*⟩ sich zu Wort melden · die Hand heben • sich bemerkbar machen

**Memoiren:** Lebenserinnerungen · Erinnerungen • Autobiographie
**Menge:** Masse · Vielzahl · Vielheit · Unzahl · Unmenge · Unmasse • Serie · Legion · Heer ✦ *umg*: Schwung · Haufen · Berg · Wust · eine ganze Ladung ✦ *salopp*: Wucht ◇ Anzahl
**Mensch:** Homo sapiens (*fachspr*) • Erdbewohner ✦ *gehoben*: Erdenbürger ✦ *umg*: Zweibeiner (*scherzh*)
**menschenfreundlich:** humanitär · philanthropisch ◇ menschlich
**menschenleer:** einsam · verlassen · entvölkert · öde · verödet · unbevölkert · unbelebt · ausgestorben · tot
**Menschenmenge:** Menschenmasse · Volksmenge · Menge ✦ *umg*: Menschenhaufen · Haufen ✦ *salopp*: Herde · Hammelherde (*abwert*) ◇ Auflauf · Schar
**menschenscheu:** ungesellig · kontaktarm · kontaktscheu ◇ nach innen gekehrt
**menschenunwürdig:** nicht menschenwürdig · inhuman ◇ unmenschlich
**Menschheit:** die Menschen · Erdbevölkerung ✦ *gehoben*: Menschengeschlecht
**menschlich:** human · humanitär · menschenwürdig • humanistisch ◇ menschenfreundlich
**Menschlichkeit:** Humanität · Menschenliebe • Humanismus
**Menstruation:** Periode · Regel · Regelblutung · Monatsblutung · die kritischen Tage; Katamenien (*Pl*) · Menses (*Pl*) · Menorrhöe (*Med*)
**merken:** **1.** ⟨*darauf aufmerksam werden*⟩ *umg*: spitzkriegen · wegkriegen · spitzbekommen · wegbekommen · Lunte riechen ✦ *salopp*: den Braten riechen ◇ bemerken – **2. sich m.:** ⟨*nicht aus dem Gedächtnis verlieren*⟩ behalten · im Gedächtnis / in der Erinnerung behalten · sich einprägen · nicht vergessen ✦ *umg*: sich hinter die Ohren schreiben · sich hinter den Spiegel stecken ✦ *salopp*: in der Optik behalten
**merkwürdig:** sonderbar · seltsam · eigenartig · eigentümlich · absonderlich · kurios · ominös · wunderlich · verwunderlich · erstaunlich · befremdlich · befremdend · eigen · sonderlich · drollig · närrisch ✦ *umg*: ulkig · komisch ◇ schrullig
**merkwürdigerweise:** sonderbarerweise · seltsamerweise · eigentümlicherweise · erstaunlicherweise ✦ *umg*: komischerweise
**messen: sich m.** |**mit**|: wetteifern |mit| · wettstreiten |mit| · sich vergleichen |mit|
**Miene:** Gesichtsausdruck · Ausdruck
**Miesmacher** (*umg*): Flaumacher • Miesepeter ◇ Nörgler · Pessimist
**Miete:** Zins · Mietzins (*süddt österr schweiz*)
**mieten:** abmieten; chartern (*fachspr*); heuern (*seem*) ◇ sich einmieten · pachten
**mildern:** abmildern · abschwächen • mäßigen · dämpfen · lindern · temperieren
**Mimik:** Mienenspiel • Gebärdenspiel
**Minderheit:** Minorität · Minderzahl
**minderjährig:** minorenn · unmündig · noch nicht volljährig / mündig
**minderwertig:** zweitklassig · inferior · wertgemindert · billig · miserabel ✦ *umg*: dünn ◇ schlecht · wertlos
**mindestens:** wenigstens · zumindest · zum mindesten ✦ *gehoben*: geringstenfalls
**Mineralwasser:** Tafelwasser · Sauerbrunnen · Brunnen · Wasser • Selters · Selterswasser · Sodawasser ✦ *umg*: Krabbelwasser (*scherzh*)
**Minimum:** Mindestmaß · Mindestwert · das mindeste · Untergrenze
**mischen:** mengen · vermischen · vermengen · durchmischen · durchmengen · zusammenschütten • mi-

xen · verschneiden · versetzen |mit| ✦ *umg*: zusammenbrauen • manschen

**Mischung:** Gemisch · Gemenge · Mixtur · Konglomerat; Gemengsel (*abwert*) ✦ *umg*: Mischmasch (*abwert*)

**mißachten:** geringachten · geringschätzen · herabsehen |auf| · hinabsehen |auf| · herabblicken |auf| · hinabblicken |auf| · heruntersehen |auf| · hinuntersehen |auf| · gering denken |von| · von oben herab ansehen · scheel ansehen · über die Schulter / Achsel ansehen · von der Seite ansehen · die Nase rümpfen |über| • herabwürdigen · nicht für voll ansehen ◇ ignorieren · verachten

**Mißachtung:** Geringachtung · Nichtachtung · Nichtbeachtung · Respektlosigkeit · Despektierlichkeit · Unehrerbietigkeit ◇ Verachtung

**Mißbildung:** Deformation · Deformierung · Mißartung • Mißform · Mißwuchs

**Mißbilligung:** Mißfallen • Ablehnung ◇ Tadel

**mißbrauchen:** Mißbrauch treiben |mit| ✦ *umg*: Schindluder treiben |mit|

**Mißerfolg:** Fehlschlag · Fiasko · ein Schlag ins Wasser • Rückschlag · Durchfall ✦ *umg*: Reinfall ✦ *salopp*: Pleite ◇ Niederlage – **M. haben:** einen Fehlschlag / ein Fiasko erleiden · Schiffbruch erleiden · kein Glück / keine glückliche Hand haben ✦ *umg*: auf keinen grünen Zweig kommen · Pech haben ✦ *salopp*: einbrechen ◇ scheitern

**mißfallen:** 1. ⟨*als unangenehm empfunden werden*⟩ nicht zusagen · nicht behagen · Mißfallen erregen · verdrießen · ein Dorn im Auge sein ✦ *umg*: gegen den Strich gehen · nicht [in den Kram / Streifen] passen – 2. ⟨*nicht als schön empfunden werden*⟩ nicht gefallen / ansprechen · keinen Anklang finden · keinen Gefallen finden |an| ✦ *umg*: nicht ankommen · sich nichts ersehen können |an|

**Mißgeburt:** Mißgestalt • Scheusal *umg*: Wechselbalg (*abwert veraltend*)

**Mißgeschick:** Ungeschick · Pech · Malheur · Panne · Fatalität ◇ Unglück

**mißgestaltet:** mißgebildet · verbildet · ungestalt · monströs ◇ bucklig · häßlich · verkrüppelt

**Mißklang:** Mißton · Dissonanz · Disharmonie

**mißlingen:** mißglücken · mißraten · fehlschlagen · schlecht ausgehen / abgehen / ablaufen ✦ *umg*: danebengehen · danebengeraten · danebengelingen · verunglücken · quer / verquer / der Quere gehen ◇ scheitern

**mißmutig:** verdrossen · verdrießlich · mißgestimmt · mißgelaunt · mißlaunig · übellaunig · übelgelaunt · schlechtgelaunt · verstimmt · unmutig · mißvergnügt · unzufrieden · unleidlich · unwirsch ✦ *umg*: grätig; ungenießbar (*scherzh*) ◇ mürrisch · unfreundlich – **m. sein:** in schlechter Stimmung sein

**mißtrauen:** beargwöhnen · Mißtrauen / Argwohn hegen |gegen| · kein Vertrauen haben |zu| ✦ *umg*: nicht über den Weg / um die Ecke trauen ◇ verdächtigen

**Mißtrauen:** Argwohn • Skepsis ◇ Zweifel

**mißtrauisch:** argwöhnisch • skeptisch · kleingläubig

**Mißverhältnis:** Disproportion · Diskrepanz • Disproportionalität

**mißverstehen:** falsch verstehen / auffassen · mißdeuten ✦ *umg*: in die falsche Kehle / den falschen Hals bekommen / kriegen

**mit:** nebst · samt · mitsamt · im Verein mit · zusammen mit ◇ gemeinsam

**mitfühlen:** mitempfinden · mitleiden · Mitgefühl / Teilnahme / Anteilnahme zeigen · Anteil nehmen
**Mitgefühl:** Mitfühlen · Mitempfinden · Anteilnahme · Teilnahme · Anteil ◇ Mitleid
**Mithilfe:** Zutun · Dazutun · Assistenz ◇ Hilfe
**mitkommen** (*im gleichen Tempo*): Schritt halten · folgen können ✦ *umg*: mitkönnen
**Mitleid:** Erbarmen · Erbarmung • Barmherzigkeit ◇ Mitgefühl
**mitleiderregend:** herzzerreißend · bejammernswert ◇ bedauernswert · jämmerlich
**mitleidig:** • barmherzig · erbarmungsvoll · mitfühlend
**Mitschuldiger:** Mittäter · Helfershelfer; Komplize · Spießgeselle (*abwert*) • Mitwisser ✦ *umg*: Kumpan (*abwert*)
**mitteilen:** Mitteilung machen |von| · sagen · wissen lassen · übermitteln; vermelden (*noch scherzh*) • melden · Meldung machen · eröffnen ✦ *umg*: auf die Nase binden ◇ bekanntgeben · berichten · hinterbringen · unterrichten
**Mitteilung:** Nachricht · Bescheid · Botschaft · Benachrichtigung · Information · Meldung • Neuigkeit ◇ Bericht
**mittelbar:** indirekt · auf einem Umweg · auf Umwegen ✦ *umg*: hintenherum
**Mittelding** (*umg*): Zwischending
**Mittelmaß:** Durchschnitt · Mittelmäßigkeit
**mittelmäßig:** durchschnittlich · mäßig · alltäglich ✦ *umg*: mittelprächtig · nicht besonders · [so] mittel · so lala · soso ✦ *salopp*: nicht [gerade] berühmt · nicht weither • durchwachsen ◇ erträglich
**Mittelpunkt:** Zentrum · Kern · Brennpunkt · Sammelpunkt ◇ Kreuzungspunkt
**mittels:** mit Hilfe von · durch · mit · per · anhand von; vermittels · vermöge (*veraltend*)
**Mittelwert:** Durchschnittswert • Durchschnitt
**mitwirken:** mitarbeiten · mitmachen ✦ *umg*: mittun · mitspielen ✦ *salopp*: mitmischen (*oft abwert*) ◇ sich beteiligen
**Mode:** Zeitgeschmack · Tagesgeschmack
**modern:** zeitgemäß · neuzeitlich; neumodisch (*abwert*) • hochmodern · hypermodern · modisch – **m. sein:** [in] Mode sein · en vogue sein · im Schwange sein · up to date sein • mit der Zeit gehen ✦ *umg*: in sein · der letzte Schrei sein
**mögen:** Gefallen haben / finden |an| · Geschmack finden / gewinnen |an| · angetan / eingenommen sein |von| · etw. / viel übrig haben |für| · nicht abgeneigt / abhold sein |einer Sache| · ein Freund sein |von| • sympathisieren |mit| ◇ eine Vorliebe haben |für| · wohlwollen – **nicht m.:** keinen Geschmack / Gefallen finden |an| · keinen Reiz / Geschmack abgewinnen können |einer Sache|
**möglich:** ausführbar · durchführbar · denkbar · erreichbar · potentiell · potential · nicht unmöglich · nicht ausgeschlossen – **m. sein:** im Bereich der Möglichkeit / des Möglichen liegen · nicht von der Hand zu weisen sein ✦ *salopp*: drinsein
**möglicherweise:** vielleicht · eventuell · unter Umständen · gegebenenfalls · allenfalls · womöglich; allfällig (*österr schweiz*)
**möglichst:** tunlichst · tunlich · nach Möglichkeit
**Möhre:** Karotte; Mohrrübe (*bes. norddt*)
**Mole:** Hafendamm · Hafenmole · Hafenmauer ◇ Kai
**Monogamie:** Einehe

**montieren:** zusammenbauen • installieren
**Mord:** Bluttat · Mordtat · Ermordung • Meuchelmord · Totschlag ◇ Blutbad
**Mörder:** • Meuchelmörder · Totschläger ✦ *salopp:* • Killer ◇ Verbrecher
**Morgen:** Frühe · Morgenstunde
**morgens:** früh · frühmorgens · am Morgen · in aller Frühe · frühzeitig ✦ *umg:* in aller Herrgottsfrühe
**morsch:** brüchig · mürbe · mulmig • vermodert
**Motor:** Verbrennungsmotor • Triebwerk
**Motorrad:** Maschine · Krad; Kraftrad (*papierdt*); Feuerstuhl (*jugendspr*)
**Mücke:** Stechmücke; Schnake (*landsch*); Gelse (*österr*)
**müde:** ermüdet · ruhebedürftig · schläfrig · schlafbedürftig · todmüde · zum Umsinken müde ✦ *umg:* bettreif ✦ *salopp:* hundemüde ✦ *derb:* saumüde ◇ erschöpft · unausgeschlafen
**Mühe:** Beschwerlichkeit · Beschwerde · Beschwernis · Anstrengung · Plage · Arbeit ◇ Mühsal
**mühelos:** leicht · einfach · unschwer · unproblematisch ✦ *umg:* kinderleicht – **m. schaffen:** spielend / ohne Mühe / ohne Schwierigkeiten schaffen ✦ *umg:* aus dem Ärmel / Handgelenk schütteln · mit dem kleinen Finger / der linken Hand machen
**Mühsal:** Plage · Fron ✦ *umg:* Plackerei · Schinderei · Rackerei · Knochenarbeit · Pferdearbeit ✦ *salopp:* Hundearbeit ✦ *derb:* Sauarbeit ◇ Anstrengung · Mühe
**Mulde:** Senke · Bodensenke · Bodenvertiefung ✦ *umg:* Delle (*landsch*) ◇ Grube · Tal · Vertiefung
**Müll:** Kehricht ◇ Abfall
**multilateral** (*Polit*): mehrseitig · vielseitig ◇ zweiseitig
**multiplizieren:** malnehmen · vervielfachen
**Mumps:** Parotitis (*Med*) ✦ *umg:* Ziegenpeter
**Mund:** *umg:* Schnabel; Schnute (*landsch*) ✦ *salopp:* Klappe · Rachen; Flappe (*landsch*) ✦ *derb:* Gusche · Maul · Schnauze · Fresse
**Mundart:** Idiom · Dialekt
**Mundwerk:** Mund ✦ *salopp:* Schlabber · Dreckschleuder (*abwert*) ✦ *derb:* Maulwerk · Maul · Gusche · Schnauze; Schandmaul · Schandschnauze (*abwert*)
**munter:** frisch · rege · regsam · springlebendig · alert · munter wie ein Fisch im Wasser ✦ *umg:* obenauf; kregel (*landsch*); resch (*süddt österr*) ◇ lebhaft
**Münze:** Geldstück • Hartgeld
**murmeln:** *umg:* brabbeln · mummeln · in den Bart brummeln ◇ brummen
**murren:** brummen · knurren ✦ *umg:* gnatzen (*norddt*); granteln (*süddt*)
**mürrisch:** bärbeißig · griesgrämig · griesgrämlich · grämlich • verbittert ✦ *umg:* brummig · knurrig · grätig · miesepetrig · sauertöpfisch · muffelig; gnatzig (*norddt*); grantig (*süddt österr*) ◇ mißmutig
**Musiker:** Musikant; Musikus (*scherzh*) ✦ *gehoben:* Tonkünstler
**musizieren:** Musik machen · spielen · aufspielen
**müssen:** gezwungen / genötigt sein · sich gezwungen / genötigt sehen · nicht umhinkönnen · keine andere Wahl haben · verurteilt sein |zu| • sich nicht enthalten können ◇ verpflichtet sein
**müßiggehen:** nichts tun · dem lieben Gott den Tag stehlen • in den Tag hinein leben · den lieben Gott einen frommen Mann sein lassen ◇ faulenzen
**Muster:** Musterstück · Modell · Vor-

lage • Dessin · Schema · Schablone ◇ Vorbild
**Musterbeispiel:** Schulbeispiel • Musterfall · Präzedenzfall
**Mut:** Furchtlosigkeit · Unerschrokkenheit · Beherztheit · Mannesmut · Löwenmut • Zivilcourage ✦ *umg*: Courage · Mumm · Traute ◇ Kühnheit · Tapferkeit
**mutig:** furchtlos · unerschrocken · beherzt · unverzagt · couragiert · wagemutig · todesmutig ◇ kühn · tapfer
**mutlos:** entmutigt · verzagt · kleinmütig · flügellahm ◇ niedergeschlagen
**Mutter:** *umg*: Mama · alte Dame; Mutti · Mami · Muttchen (*vertraul*) ✦ *salopp*: Alte
**Mütze:** Kappe • Kopfbedeckung

# N

**nachahmen:** nachmachen · imitieren · kopieren · gleichtun; nachäffen · äffen (*abwert*) ◇ nachbilden
**Nachahmung:** Imitation · Kopie • Plagiat
**nachbilden:** nachschaffen · kopieren • abklatschen · reproduzieren · wiedergeben · nachformen · abformen · nachmalen ◇ abbilden · nachahmen
**nachblicken:** nachsehen · hinterhersehen · nachschauen · hinterherschauen · hinterherblicken ✦ *umg*: nachgucken; nachgaffen (*abwert*)
**nachdenken:** denken · grübeln · sinnen · nachgrübeln · nachsinnen · sinnieren · reflektieren · sich den Kopf zerbrechen · den Kopf / seinen Geist anstrengen · das / sein Hirn zermartern • meditieren ◇ grübeln · [1]überlegen
**nachdenklich:** gedankenvoll · grüblerisch · versonnen · besinnlich · grübelnd · versunken · in sich gekehrt · tiefsinnig
**Nachdruck:** Nachdrücklichkeit · Entschiedenheit · Bestimmtheit · Eindringlichkeit · Intensität · Dringlichkeit · Inständigkeit · Emphase · Energie • Stringenz
**nachdrücklich:** eindringlich · dringlich · dringend · ultimativ · energisch · intensiv · emphatisch; mit Aplomb (*veraltend*) • stringent ◇ bestimmt · inständig
**nacheifern:** nachstreben · es gleichtun wollen • nachleben
**nacheilen:** nachjagen · hinterherjagen · hinterdreinjagen · nachhetzen · hinterherhetzen · nachstürzen · hinterherstürzen ◇ folgen · verfolgen
**nachforschen:** recherchieren · ermitteln · Nachforschungen / Recherchen / Ermittlungen anstellen · nachspüren; erheben (*süddt österr papierdt*) ◇ suchen
**nachgeben:** einlenken · zurückstekken · zurückweichen · sich beugen · sich fügen ✦ *umg*: klein beigeben · zu Kreuze kriechen · weich werden · einen Rückzieher machen · Flötentöne anstimmen ◇ sich abfinden |mit|
**Nachkomme:** Abkomme · Abkömmling · Nachfahre · Sproß · Enkel
**Nachkömmling:** Nachzügler · Spätling
**nachlassen:** sich abschwächen · abnehmen · zurückgehen · abklingen · abflauen · abebben • erlöschen · abschwellen · absinken ◇ abnehmen
**nachlässig:** salopp · lässig · liederlich · lax ✦ *umg*: schlampig · lotterig; luschig (*landsch*) ✦ *salopp*: latschig ◇ ungenau · unordentlich
**nachreden:** nachsprechen · nachsagen; echoen (*abwert*) ✦ *umg*: nach-

plappern · nachbeten (*abwert*) ✦ *salopp*: nachlallen (*abwert*)
**Nachruf:** Nekrolog • Gedenkrede · Gedächtnisrede
**Nachschlagewerk:** Lexikon · Enzyklopädie • Kompendium · Handbuch ◇ Wörterbuch
**Nachschrift:** Postskript · Postskriptum
**nachsehen:** Nachsicht üben · durchgehen / hingehen lassen · Gnade vor / für Recht ergehen lassen ✦ *umg*: ein Auge / beide Augen zudrücken · durch die Finger sehen • fünf gerade sein lassen ◇ zulassen
**Nachspiel:** **1.** ⟨*Theater*⟩ Epilog – **2.** ⟨*das einem Geschehen Folgende*⟩ Folgen · Nachwirkung ✦ *umg*: böses Ende
**Nachteil:** Kehrseite · Schattenseite
**Nachtrag:** Anhang · Zusatz • Annex
**nachts:** [mitten] in der Nacht · während der / bei Nacht · zu / bei nachtschlafender Zeit · zur Nachtzeit · nachtsüber ✦ *gehoben*: zu nächtlicher Stunde
**Nachwort:** Epilog
**Nacken:** Genick ◇ Hals
**nackt:** unbekleidet · ausgezogen · entkleidet · bloß · unverhüllt · hüllenlos · splitternackt · fasernackt · splitterfasernackt • entblößt · unbedeckt ✦ *umg*: pudelnackt; nackig · nackend (*landsch*) ◇ bloß – **n. sein:** *umg*: im Adamskostüm / barfuß bis an den Hals sein (*scherzh*)
**Nacktbadestrand:** FKK-Strand ✦ *umg*: Antitextilstrand (*scherzh*)
**nagen:** • knabbern
**nahe:** in der Nähe · nahebei · in Reichweite · dicht bei · direkt bei · zunächst • zum Greifen nahe ✦ *umg*: • vor der Nase ◇ daneben · neben
**nähern: sich n.:** näher kommen · herankommen · zukommen |aufl · sich annähern · nahe kommen; aufkommen (*seem*) • im Anzug / Verzug sein · zugehen |aufl · herangehen · herantreten ✦ *gehoben*: nahen ✦ *umg*: sich heranmachen ◇ anmarschieren · aufziehen · kommen
**Nahrung:** Essen · Speise · Kost • Ernährung · Nährstoff ◇ Lebensmittel · Verpflegung
**Narbe:** Schmarre · Schmitz · Schmiß • Wundmal ◇ Schramme
**narren:** zum Narren halten · zum besten halten / haben · foppen · nasführen · anführen · äffen ✦ *umg*: auf den Arm / auf die Schippe nehmen · veralbern · verulken · veräppeln · verladen · an der Nase herumführen · am Narrenseil haben ✦ *salopp*: verkohlen · verklapsen · vergackeiern · auf den Besen laden ✦ *derb*: verscheißern · verarschen ◇ necken · täuschen
**Narrheit:** Torheit · Narretei · Narrenstreich · Narrenpossen
**naschen:** schlecken (*landsch*) ✦ *umg*: leckern
**naschhaft:** vernascht; genäschig (*landsch*)
**Nase:** Riechorgan; Windfang (*weidm*) ✦ *umg*: Erker (*scherzh*) ✦ *salopp*: Riecher · Zinken · Rüssel · Riechkolben • Gurke · Knolle · Kartoffel ✦ *derb*: Rotzkolben – **die N. putzen:** sich die Nase putzen · sich schneuzen · sich ausschneuzen; sich schnauben · sich die Nase schnauben (*landsch*) ✦ *umg*: • trompeten (*scherzh*) ✦ *salopp*: • einen Charlottenburger machen ✦ *derb*: rotzen
**naß:** durchnäßt · tropfnaß · triefnaß · triefend ✦ *umg*: pudelnaß · klatschnaß · klitschnaß · patschnaß · pitschnaß · platschnaß · quatschnaß · quitschnaß ◇ feucht – **n. sein:** vor Nässe triefen · naß bis auf die Haut sein ✦ *umg*: keinen trockenen Faden mehr am Leibe haben
**Nationalismus:** Chauvinismus

**naturhaft:** urwüchsig · naturwüchsig · elementar · erdhaft · erdverbunden · naturverbunden; urchig (*schweiz*)
**natürlich:** ursprünglich · echt · genuin · unverfälscht · ungekünstelt · unverbildet • naturgemäß
**neben:** bei · nächst · an der Seite von · seitlich von · zu seiten ◇ daneben · nahe
**nebeneinanderhalten:** aneinanderhalten · zusammenhalten · danebenhalten • nebeneinanderstellen ◇ vergleichen
**nebensächlich:** untergeordnet · zweitrangig · sekundär · peripher · akzessorisch • an zweiter Stelle · in zweiter Linie ◇ unwichtig
**necken:** foppen · hänseln · vexieren · seinen Spaß machen / treiben |mit| ✦ *umg*: aufziehen · hochnehmen · frotzeln · uzen · anulken ✦ *salopp*: anpflaumen ◇ narren · verspotten
**Negligé:** Morgenrock · Morgenkleid
**Neid:** Mißgunst; Scheelsucht (*veraltend*)
**neiden:** mißgönnen · nicht gönnen ◇ neidisch sein
**neidisch:** mißgünstig · neiderfüllt · scheel; scheelsüchtig (*veraltend*) ✦ *umg*: schiefmäulig – **n. sein:** vor Neid erblassen / bersten · scheele Augen machen · keinen Bissen gönnen • beneiden ✦ *umg*: vor Neid platzen / grün werden / gelb werden ◇ neiden
**neigen: n. |zu|:** tendieren |zu| · hinneigen |zu|
**Neigung: 1.** ⟨*Ansatz zu einer Entwicklung*⟩ Tendenz · Hinneigung ◇ Tendenz – **2.** ⟨*Abweichung von der Senkrechten*⟩ Schrägheit · Schrägstellung
**nein:** nicht, daß ich wüßte · nein doch! · nicht doch! ✦ *umg*: nichts da! · um Himmels willen! · das fehlte [gerade] noch! ✦ *salopp*: denkste! ◇ keineswegs
**nennen: 1.** ⟨*einen Namen geben*⟩ benennen · taufen · rufen; heißen (*veraltend*) ✦ *umg*: benamsen – **2.** ⟨*als etw. charakterisieren*⟩ bezeichnen |als| · betiteln |mit / als|; schimpfen (*abwert*) – **3. sich n.:** ⟨*einen bestimmten Namen haben*⟩ heißen · genannt werden
**nennenswert:** erwähnenswert • beachtenswert ◇ wichtig
**nervös:** reizbar · erregbar · gereizt · überreizt · nervenschwach · neurasthenisch ✦ *umg*: kribbelig; fickrig (*landsch*) ◇ aufgeregt · fahrig · unruhig
**neu:** neuwertig · fabrikneu · ungebraucht • frisch · jung ✦ *umg*: nagelneu · funkelnagelneu · brandneu
**Neugier[de]:** • Spannung · Gespanntheit
**neugierig:** • gespannt – **n. sein:** voller Neugier sein – **n. machen:** Interesse wecken · in Spannung versetzen · auf die Folter spannen
**Neuheit:** Novum · Novität · Neuerung • Dernier cri ✦ *umg*: der letzte Schrei
**Neuordnung:** Neugestaltung · Reorganisation · Neuregelung • Neuerung · Umgestaltung · Umformung
**Nichtigkeit:** Nichts · Belanglosigkeit · Nebensächlichkeit · Nebensache • Kleinigkeit ✦ *umg*: Quark
**nichts:** gar / überhaupt nichts · nicht das geringste / mindeste ✦ *umg*: nix • keine / nicht die Spur · kein Stück · kein Funken · kein / nicht ein Deut · nicht das Schwarze unterm Nagel · keine Silbe ✦ *salopp*: ein Dreck · nicht die Bohne
**niederbrennen:** abbrennen · einäschern · in Flammen aufgehen lassen • in Schutt und Asche legen ◇ Feuer legen · verbrennen
**niedergeschlagen:** gedrückt · bedrückt · deprimiert · depressiv · niedergedrückt · niedergebeugt • beklommen · entmutigt · kleinlaut ✦

*umg*: geknickt · down ✦ *salopp*: bedeppert · bedrippt ◇ mutlos · verzweifelt – **n. sein:** *umg*: die Flügel / Ohren / die Nase hängenlassen · Trübsal blasen
**niederknien:** sich knien · sich hinknien • auf die Knie fallen · sich auf die Knie werfen ◇ knien
**Niederlage:** Schlappe ◇ Mißerfolg · Zusammenbruch
**niederlassen: sich n.:** seinen Wohnsitz nehmen / aufschlagen · seine Zelte aufschlagen · sich ansiedeln · sich ansässig machen · ansässig werden · sich seßhaft machen · seßhaft werden · Wurzeln schlagen • sich etablieren · siedeln · sich ankaufen ✦ *umg*: sich festsetzen · sich einnisten
**niederschlagen: 1.** ⟨*Personen*⟩ niederstrecken · zu Boden schlagen / strecken · niederschmettern; k. o. / knockout schlagen (*Boxsp*) ◇ zusammenschlagen – **2.** ⟨*Aufstand*⟩ niederwerfen · unterdrücken • im Keim ersticken – **3. sich n.:** ⟨*Bodensatz bilden*⟩ sich absetzen · sich setzen · sich ablagern; sedimentieren (*fachspr*)
**Niederschrift:** Aufzeichnung • Manuskript · Typoskript · Protokoll
**niedrig:** nieder · gering
**niemals:** nie [und nimmer] · nie im Leben · keinesfalls · unter [gar] keinen Umständen · um keinen Preis; nimmer (*süddt österr*) ✦ *umg*: mein Lebtag nicht; am [Sankt-]Nimmerleins-Tag (*scherzh*) ◇ keineswegs
**niemand:** keiner · kein Mensch · keine Seele / Menschenseele ✦ *salopp*: kein Schwanz • keine zehn Pferde ✦ *derb*: kein Aas / Schwein · keine Sau
**nieseln: es nieselt:** es sprüht · es rieselt • es tröpfelt ✦ *umg*: es fusselt (*landsch*) ◇ es regnet
**niesen:** prusten
**Nixe:** Meerjungfrau · Seejungfrau · Wasserjungfrau · Meerfrau • Nymphe · Najade
**nochmalig:** abermalig · erneut ◇ wiederholt
**nominieren:** auf die Wahlliste setzen · als Kandidaten aufstellen · kandidieren lassen
**nörgeln:** querulieren · räsonieren · mäkeln ✦ *umg*: herumnörgeln · herummäkeln · [herum]meckern · [herum]kritteln · quengeln · immer ein Haar in der Suppe finden; raunzen (*landsch*) ◇ kritisieren
**Nörgler:** Querulant · Mäkler · Räsonierer ✦ *umg*: Meckerer · Quengler · Krittler; Raunzer (*landsch*) ✦ *salopp*: Nörgelfritze ◇ Kritiker · Miesmacher
**Not:** Notlage · Notstand · Misere · Bedrängnis · Drangsal ✦ *umg*: Dalles
**notgedrungen:** gezwungenermaßen · zwangsläufig · wohl oder übel · nolens volens ◇ unfreiwillig
**notieren:** sich notieren · [sich] aufschreiben • [sich] anmerken · vermerken · verzeichnen
**nötigenfalls:** notfalls · erforderlichenfalls · schlimmstenfalls · im schlimmsten Fall ✦ *umg*: im Fall der Fälle
**Notiz:** Vermerk ◇ Anmerkung · Bemerkung
**Notizbuch:** Taschenbuch · Merkbuch · Vormerkbuch ◇ Kladde
**notwendig:** nötig · erforderlich · geboten · unerläßlich · unumgänglich · unentbehrlich · unabdingbar · obligat · vonnöten
**nüchtern:** *umg*: ungefrühstückt · ungegessen (*scherzh*)
**numerieren:** mit Nummern versehen · durchnumerieren · beziffern · benummern • paginieren
**nur:** bloß · lediglich · ausschließlich · [einzig und] allein · nichts anderes als · nicht mehr als

**nutzen:** nützen · Nutzen bringen · von Nutzen sein · nützlich sein · zum Nutzen / Vorteil gereichen · förderlich sein · dienlich sein · helfen · gute Dienste leisten / tun · dienen · zustatten / zugute kommen · fruchten; frommen (*veraltend*)
**Nutzen:** Vorteil · Gewinn · Profit ◇ Erlös · Ertrag
**nützlich:** nutzbringend · förderlich · dienlich · ersprießlich · gedeihlich • fruchtbringend · fruchtbar · heilsam
**nutzlos:** unnütz · unersprießlich · zwecklos · sinnlos · wertlos · fruchtlos ◇ unnötig – **n. sein:** keinen Zweck / Sinn haben
**Nutzung:** Verwertung · Auswertung

# O

**obdachlos:** wohnungslos – **o. sein:** keine Wohnung haben · kein Dach über dem Kopf haben · ohne Unterkunft / Bleibe sein
**Obduktion:** Sektion · Autopsie · Leichenöffnung
**obenauf:** zuoberst · ganz oben ✦ *umg*: obendrauf
**obengenannt:** obenerwähnt · obig · vorgenannt · vorerwähnt · vorstehend
**oberflächlich** (*in bezug auf Gefühle, Gedanken*): seicht · flach · verflacht · äußerlich · veräußerlicht · vordergründig
**oberhalb:** über ◇ darüber
**Oberschicht:** die oberen Zehntausend · [gute] Gesellschaft · High Society; Hautevolee · Creme · die Stützen der Gesellschaft (*meist iron od. scherzh*) • Honoratioren
**Obst:** Früchte • Kompott
**obszön:** schlüpfrig · lasziv · zweideutig · frivol · pikant · anstößig · zotig · zotenhaft ◇ unanständig · unsittlich · unzüchtig
**Obszönität:** Schlüpfrigkeit · Laszivität · Zweideutigkeit · Frivolität · Pikanterie
**obwohl:** obgleich · obschon · wenngleich · wenn auch · wiewohl · trotzdem · obzwar · wennschon
**öde:** trist · trostlos · wüst • wild · unwirtlich
**oder:** oder auch · oder vielmehr · beziehungsweise · das heißt · besser gesagt · mit anderen Worten; respektive (*veraltend*)
**offen:** **1.** ⟨*nicht geschlossen*⟩ unverschlossen · geöffnet · aufgeschlossen; aufgesperrt (*landsch*) ✦ *umg*: auf – **2.** ⟨*Raum lassend*⟩ frei · licht; raum (*Forstw*) – **3.** ⟨*beim Sichäußern*⟩ rückhaltlos · ohne Rückhalt · freiheraus · geradeheraus · direkt · frank und frei · ohne Umschweife · deutlich · unumwunden · ungeschminkt · unverblümt · unverhohlen · unmißverständlich ✦ *umg*: geradezu · rundheraus · freiweg · rundweg · schlankweg · auf [gut] deutsch · frisch / frei von der Leber weg ◇ offenherzig
**offenbaren:** **sich o.:** **1.** ⟨*Menschen*⟩ die / seine Karten aufdecken / auf den Tisch legen ✦ *gehoben*: sich erschließen; sich entdecken (*veraltend*) ◇ sich anvertrauen · sich entlarven – **2.** ⟨*geistiger Gehalt, Zusammenhänge*⟩ offenkundig / verständlich werden · sich eröffnen ✦ *gehoben*: sich enthüllen · sich erschließen
**offenherzig:** freimütig · aufrichtig ◇ offen – **o. sein:** das Herz auf der Zunge tragen ✦ *umg*: aus seinem Herzen keine Mördergrube machen
**offensichtlich:** offenkundig · offenbar · augenscheinlich · evident ·

eklatant · flagrant · sichtlich · ersichtlich · sichtbar ◇ deutlich – **o. sein:** [klar] auf der Hand liegen · mit Händen zu greifen sein · offen zutage liegen

**öffentlich:** in aller Öffentlichkeit · coram publico · vor allen Leuten • auf offener Straße

**Öffentlichkeit:** [das breite] Publikum · Allgemeinheit · die Leute

**öffnen:** eröffnen (*fachspr*) • aufstoßen · aufziehen · aufreißen ✦ *umg*: aufmachen; auftun (*landsch*) ◇ aufbrechen · aufschließen – **sich ö.**: aufgehen · sich auftun • aufspringen · aufbrechen – **ö. können:** *umg*: aufbekommen · aufbringen · aufkriegen

**oft:** öfter · öfters · des öfteren · oftmals · oftmalig · häufig · nicht selten · viele Male · vielmals · vielfach · in vielen Fällen · unzähligemal · unzählige Male ✦ *umg*: doppelt und dreifach · dutzendfach · dutzendemal · hundertfach · hundertmal · tausendfach · tausendmal · x-mal · x-fach ✦ *salopp*: alle nase[n]lang · alle fingerlang ◇ mehrmals · wiederholt

**ohne:** frei von • exklusive ✦ *gehoben*: bar ◇ außer

**Ohr:** Hörorgan; Löffel · Lauscher · Luser (*weidm*) ✦ *umg*: Löffel

**Ohrfeige:** Backenstreich (*veraltend*) ✦ *umg*: Backpfeife · Schelle · Maulschelle; Watsche · Watschen · Dachtel (*landsch*) ✦ *salopp*: Patsch ◇ Schläge – **eine O. bekommen:** *umg*: eins hinter die Löffel kriegen ✦ *salopp*: eine fangen

**ohrfeigen:** *umg*: eine herunterhauen · backpfeifen · eine [Ohrfeige] verabreichen · eine Backpfeife / Maulschelle / Schelle geben · eins hinter die Löffel geben; watschen · dachteln (*landsch*) ✦ *salopp*: eine schmieren / kleben / langen / knallen / latschen · eine aufs Maul geben ◇ schlagen

**Öl: Öl ins Feuer gießen:** das Feuer schüren · ins Feuer blasen • hetzen · verschlimmern

**ölen:** schmieren; abschmieren (*fachspr*) ◇ einfetten

**Olympiade:** Olympische Spiele ✦ *gehoben*: Olympia

**Operation:** [chirurgischer / operativer] Eingriff

**operieren:** eine Operation durchführen · einen Eingriff vornehmen ✦ *umg*: schneiden · unter das Messer nehmen

**opfern:** Opfer bringen · aufopfern · hinopfern · hingeben ✦ *gehoben*: darangeben ✦ *umg*: verheizen (*abwert*)

**Opportunismus:** Prinzipienlosigkeit · Gesinnungslosigkeit ✦ *umg*: Gesinnungslumperei (*abwert*)

**Opportunist:** Chamäleon (*abwert*) • Mitläufer ✦ *umg*: Gesinnungslump · Wetterfahne (*abwert*)

**opportunistisch: o. sein:** seine Gesinnung [wie sein Hemd] wechseln (*abwert*) ✦ *umg*: den Mantel / die Fahne nach dem Wind hängen · mit dem Strom schwimmen · mit den Wölfen heulen (*abwert*) • die Farbe wechseln (*abwert*)

**optimal:** bestmöglich · beste

**Optimismus:** Zuversicht · Zuversichtlichkeit • Lebensbejahung · Zukunftsglaube · Fortschrittsglaube ◇ Hoffnung

**optimistisch:** zuversichtlich · voller Zuversicht · hoffnungsvoll · getrost · guten Mutes • lebensbejahend · zukunftsgläubig · fortschrittsgläubig ✦ *gehoben*: hoffnungsfroh – **zu o. sein:** alles von der besten Seite / in rosigem Licht / durch eine rosa[rote] Brille sehen

**Orchester:** Klangkörper · Kapelle • Band

**ordentlich:** **1.** ⟨*in geordnetem Zustand*⟩ geordnet · wohlgeordnet · akkurat · proper · adrett · aufgeräumt · tadellos – **2.** ⟨*für Ordnung sorgend*⟩ ordnungsliebend · auf Ordnung bedacht · akkurat · proper • präzise · pedantisch

**ordinieren:** Sprechstunde haben / halten • praktizieren

**ordnen:** in die / eine richtige Ordnung bringen · sortieren · gruppieren · kategorisieren • anordnen · reihen ◇ einteilen

**Ordnung:** Disziplin; Zucht (*veraltend*) – **in O. sein:** im Lot sein ✦ *umg*: in Schuß sein ✦ *salopp*: in Butter sein – **etw. in O. bringen:** etw. [wieder] ins [rechte] Gleis / ins Lot bringen ✦ *salopp*: die Karre aus dem Dreck ziehen

**Organisation:** • Bund · Gesellschaft · Verein · Klub · Partei ◇ Vereinigung

**orientieren:** **1. o.** |aufl|: ⟨*seine Bestrebungen auf ein bestimmtes Ziel richten*⟩ hinlenken |aufl| · hinarbeiten |aufl| · hinweisen |aufl| · ausrichten |aufl| · zielen |aufl| · anstreben · sich richten |aufl| – **2. sich o.:** ⟨*sich erforderl. Informationen verschaffen*⟩ **a)** ⟨*räumlich*⟩ seinen Standort feststellen · die Lage erkunden • sich zurechtfinden – **b)** ⟨*geistig*⟩ sich Klarheit / einen Überblick verschaffen · die Lage erkunden ✦ *salopp*: [die Lage] peilen ◇ auskundschaften

**Ort:** Ortschaft • Flecken · Stadt ✦ *umg*: Nest ✦ *salopp*: Quetsche · Kaff ◇ Dorf · Kleinstadt · Siedlung

**orthodox:** strenggläubig; rechtgläubig (*Rel*) ◇ fromm

**örtlich:** lokal · räumlich · regional ◇ landschaftlich

**Ortssinn:** Orientierungsvermögen · Orientierungssinn • Ortsgedächtnis

**oval:** ellipsenförmig · länglichrund · eiförmig · eirund

# P

**paarweise:** paarig · in Paaren · zu zweit / zweien

**pachten:** in Pacht nehmen ◇ mieten

**Paddelboot:** • Kajak · Kanu · Faltboot ◇ Boot

**Pampelmuse:** Grapefruit

**Pantoffelheld** (*umg abwert*): Simandl (*österr*) ✦ *salopp*: Weiberknecht

**Pantoffeln:** • Pantoletten · Filzpantoffeln ✦ *umg*: Schlappen (*landsch*); Schlurren (*norddt*) ✦ *salopp*: Latschen ◇ Hausschuhe

**Panzer:** **1.** ⟨*Gefechtsfahrzeug*⟩ Panzerwagen; Tank (*veraltet*) • Kettenfahrzeug – **2.** ⟨*Teil der ritterl. Kampfkleidung*⟩ Rüstung · Harnisch • Küraß

**Pappe:** Pappdeckel · Pappendeckel · Karton

**Papst:** Oberhaupt der römisch-katholischen Kirche; der Heilige Vater · Pontifex maximus · Summus Episcopus (*kathol*)

**päpstlich:** apostolisch (*kathol*)

**Paradies:** **1.** ⟨*allgemein*⟩ Dorado · Eldorado – **2.** ⟨*im christl. Sprachgebrauch*⟩ [Garten] Eden · Garten Gottes

**Parfüm:** Duftwasser (*scherzh*) • Eau de toilette ◇ Kölnischwasser

**Park:** Parkanlage · Anlagen · Grünanlage • englischer Garten · grüne Lunge · Wildpark · Kulturpark

**parken:** abstellen; parkieren (*schweiz*) • unterstellen

**Parole:** Losung · Losungswort · Kennwort

**Parteilichkeit:** Parteinahme

**Parteimitglied:** • Genosse · Parteifreund

**Paß:** Reisepaß ◇ Ausweis · Personalausweis

**passen:** **1.** ⟨*allgemein*⟩ zusammenpassen · zusammenstimmen · passen |zu| · stimmen |zu| · wie geschaffen sein |für| • entsprechen · sich eignen ✦ *umg*: hinkommen ✦ *salopp*: hinhauen – **2.** ⟨*Kleidung*⟩ **a)** ⟨*wie nach Maß gearbeitet sein*⟩ [gut / wie angegossen] sitzen • anliegen – **b)** ⟨*beim Getragenwerden schön aussehen*⟩ kleiden · stehen • schmeicheln

**passend:** **1.** ⟨*allgemein*⟩ angebracht · angemessen · adäquat · angezeigt · opportun · entsprechend · recht; füglich (*veraltend*) ◇ annehmbar · richtig · verwendbar · zweckmäßig – **2.** ⟨*Kleidung*⟩ • bequem · fußgerecht

**Paste:** Creme · Krem · Pasta ◇ Salbe

**patriotisch:** vaterländisch · vaterlandsliebend

**Patriotismus:** Vaterlandsliebe • Heimatliebe

**Pauschale:** Pauschalbetrag · Pauschalsumme; Pauschbetrag · Pauschsumme (*fachspr*)

**Pause:** Ruhepause · Erholungspause · Verschnaufpause · Atempause • Werkpause · Zigarettenpause · Rast · Unterbrechung · Halt; Halbzeit[pause] (*Sport*) ✦ *salopp*: Fuffzehn ◇ Stillstand

**Pedant** (*abwert*): Kleinigkeitskrämer · Schulmeister ✦ *umg*: Prinzipienreiter · Krämerseele · Kümmelspalter ✦ *derb*: Korinthenkacker ◇ Wortklauber

**Peitsche:** Knute; Geißel (*landsch*) • Karbatsche · Kantschu · neunschwänzige Katze ◇ Rute

**peitschen:** mit der Peitsche schlagen / hauen; geißeln (*landsch*) • karbatschen ✦ *umg*: eins / ein paar mit der Peitsche überziehen ◇ schlagen

**Pelzwaren:** Pelzwerk; Rauchwaren (*fachspr*); Rauhwaren (*süddt österr*)

**Penis:** [männliches] Glied · Phallus · Rute; Piephahn · Schniepel (*kinderspr*) ✦ *derb*: Pimmel · Schwanz ◇ Geschlechtsteil

**pensioniert:** **p. sein:** im Ruhestand / außer Dienst sein • emeritiert / entpflichtet sein ✦ *umg*: in Pension sein

**periodisch:** regelmäßig wiederkehrend · in gleichen Abständen auftretend

**Person:** Mensch · Figur • Jemand · Wesen · Geschöpf · Kopf; Subjekt · Element (*abwert*) ✦ *umg*: Pflanze (*scherzh*) ◇ Individuum · Persönlichkeit

**Personalausweis:** Ausweis • Papiere ◇ Ausweis · Paß

**Personenbeschreibung:** Signalement (*österr schweiz*); Personsbeschreibung (*österr*)

**Personenkreis:** Kreis · Zirkel · Runde · Ring ◇ Gruppe

**Personenzug:** *umg*: Bummelzug

**persönlich:** in [eigener] Person · selbst · in persona • eigenhändig ✦ *umg*: selber

**Persönlichkeit:** Charakter · Charaktergestalt · Respektsperson • Individualität

**Perspektive:** Zukunftsausblick · Zukunftsaussicht · Aussichten

**Pessimismus:** Schwarzseherei · Schwarzmalerei · Defätismus • Nihilismus · Lebensverneinung ✦ *umg*: Unkerei • Miesmacherei

**Pessimist:** Schwarzseher · Schwarzmaler · Defätist • Nihilist ✦ *umg*: Unker · Unke ◇ Miesmacher

**pessimistisch:** schwarzseherisch · defätistisch • nihilistisch · lebensverneinend – **p. sein:** schwarzsehen · schwarzmalen · alles durch eine schwarze Brille sehen ✦ *umg*: unken • miesmachen

**Petroleum:** Kerosin · Leuchtöl; Petrol (*schweiz*) • Erdöl

**Pfahl:** Pfosten; Steher (*österr*); Poller (*seem*) ◇ Pflock

**Pfand:** Einsatz

**pfänden:** als Pfand nehmen; exekutieren (*österr*) ◇ beschlagnahmen

**Pfannkuchen**: Krapfen (*landsch*) • Kräppelchen (*landsch*)

**Pfeife**: Tabakspfeife ✦ *derb*: Rotzkocher (*scherzh od. abwert*)

**pfeifen**: *umg*: flöten (*landsch*) • fiepen

**Pfeiler**: Säule • Pilaster · Pfosten

**Pferd**: Roß (*süddt*); Gaul · Klepper · Mähre · Schindmähre (*abwert*); Rosinante (*scherzh*); Hottehü (*kindersprr*) • Krippensetzer · Krippenbeißer (*fachspr*) ✦ *dicht*: Roß ✦ *umg*: Kracke (*landsch abwert*)

**Pflanze**: Gewächs • Baum · Strauch · Staude · Blume

**pflanzen**: anpflanzen · einpflanzen · einsetzen · setzen; stecken (*landsch*) • anbauen · bauen ◇ bestellen · säen

**Pflanzenreich**: Flora · Pflanzenwelt ◇ Vegetation

**Pflanzung**: Anpflanzung · Plantage; Wuchs (*Forstw*) • Baumschule

**Pflaume**: Zwetsche (*landsch*); Zwetschge (*süddt schweiz*); Zwetschke (*österr*)

**Pflege**: **1**. ⟨*Personen*⟩ Betreuung · Fürsorge • Hege · Behandlung · Sorge – **2**. ⟨*Gegenstände, Maschinen*⟩ Wartung · Instandhaltung · Erhaltung

**Pflegeheim**: • Pflegeanstalt · Pflegestätte ◇ Feierabendheim

**pflegen**: **1**. ⟨*Personen*⟩ betreuen · umhegen · hüten · Pflege / Fürsorge angedeihen lassen ◇ sorgen |für| – **2**. ⟨*Gegenstände, Maschinen*⟩ warten · instand halten • pfleglich behandeln · pfleglich umgehen |mit| ◇ schonen

**Pflicht**: Verpflichtung · [Pflicht und] Schuldigkeit • Menschenpflicht ✦ *umg*: Muß

**pflichtbewußt**: verantwortungsbewußt · pflichteifrig · pflichttreu • gewissenhaft

**Pflichtbewußtsein**: Pflichtgefühl · Verantwortungsbewußtsein · Verantwortungsgefühl · Pflichteifer · Pflichttreue • Gewissenhaftigkeit · Pflichterfüllung

**pflichtgemäß**: pflichtschuldig

**Pflock**: • Stock ◇ Pfahl · Stock

**pflücken**: abpflücken; brocken (*österr*) • abreißen · losreißen · abnehmen ✦ *gehoben*: brechen ✦ *umg*: abrupfen · rupfen

**pflügen**: ackern · umpflügen · umbrechen • schälen

**Pförtner**: Portier; Zerberus (*scherzh*) • Wächter

**pfui!**: pfui Teufel! ✦ *umg*: pfui Spinne! · igitt! · igittigitt! · puh! ✦ *salopp*: äks! · pfui Deibel!

**Pfütze**: Lache; Lacke (*österr*) ◇ Tümpel

**Phantasie**: Erfindungsgabe · Ideenreichtum · Einfallsreichtum · Inspiration · Imagination · Einbildungskraft • Vorstellungsvermögen ◇ Einbildungsvermögen

**Phrase**: Schlagwort · leere / hohle Phrase · allgemeine / abgegriffene Redensart · leere / hohle / große / schöne Worte ◇ Floskel · Gemeinplatz

**Phrasendrescher** (*abwert*): Schwätzer ✦ *umg*: Sprücheklopfer · Sprüchemacher ◇ Schwätzer

**Pickel**: Pustel · Eiterbläschen ✦ *umg*: Blüte; Wimmerl (*süddt österr*)

**piepen**: piepsen · tschilpen • zirpen · ziepen ◇ singen

**Piste**: Startbahn · Landebahn • Rollbahn

**Pistole**: • Browning · Terzerol · Revolver · Colt ◇ Schußwaffe

**Plan**: Vorhaben · Projekt · Programm • Arbeitsplan · Volkswirtschaftsplan ✦ *umg*: Fahrplan

**Plane**: Verdeck; Blache (*süddt*); Plache (*österr*)

**plangemäß**: planmäßig · programmgemäß · nach Plan · wie geplant / vorgesehen

**Planierraupe:** Bulldozer

**planlos:** ohne [jeden] Plan · ohne Planung · unsystematisch · unmethodisch · ziellos · aufs Geratewohl · auf gut Glück ✦ *umg*: ins Blaue [hinein]

**planmäßig:** planvoll · nach Plan · systematisch · methodisch

**planschen:** plantschen · panschen · pantschen · platschen · plätschern • spritzen

**Plastik:** Skulptur · Statue · Bildwerk · Figur • Statuette · Figurine · Torso · Büste

**plätschern:** • gluckern · glucksen ◇ fließen

**Plattheit** (*abwert*): Platitüde · Banalität · Trivialität ◇ Gemeinplatz

**Platz:** Raum · Unterbringungsmöglichkeit

**platzen:** zerplatzen · zerspringen · bersten · zerbersten

**Platzmangel:** Raumnot · Raummangel · Raumknappheit • Enge

**Plauderei:** Geplauder; Plausch (*landsch*) • Unterhaltung ✦ *umg*: Schwatz · Schwätzchen ◇ Gespräch

**plötzlich:** jäh · unvermittelt · abrupt · urplötzlich · schlagartig · auf einmal · mit einem Mal · unversehens · jählings · mit einem Schlag · [wie der Blitz] aus heiterem Himmel · von heute auf morgen · ehe man sich's versieht • über Nacht ✦ *umg*: plitz, platz · mir nichts, dir nichts · Knall und Fall ◇ sofort · unerwartet

**plumps!:** plauz! · patsch! • hoppla!

**plündern:** fleddern (*abwert*) • marodieren · brandschatzen ◇ rauben

**Podium:** • Podest

**pökeln:** einpökeln · in Pökel legen · einsalzen

**polieren:** blank polieren / reiben / putzen · auf Hochglanz polieren; politieren (*österr*); rollieren · schwabbeln (*Techn*) • bohnern ✦ *umg*: wienern · flimmern · blank machen ◇ blank reiben

**Politikaster** (*abwert*): Stammtischpolitiker · Biertischpolitiker; Kannegießer (*veraltend*)

**Politiker:** Staatsmann

**Polizei:** Volkspolizei; Exekutive (*österr*); Auge des Gesetzes (*scherzh*) ✦ *salopp*: Polente

**Polizist:** Volkspolizist · Polizeibeamter; Wachmann (*österr*); Schutzmann (*veraltend*); Gesetzeshüter · Ordnungshüter (*meist scherzh*); Auge des Gesetzes (*scherzh*) • Gendarm · Wachtmeister ✦ *umg*: Schupo (*veraltend*); Büttel (*veraltend abwert*) ✦ *salopp*: Bulle · Polyp (*abwert*) ◇ Verkehrspolizist

**Polsterer:** Tapezierer (*süddt österr*)

**poltern:** rumpeln; rummeln · schollern (*landsch*) ◇ klappern · rasseln

**Polygamie:** Vielehe · Mehrehe • Vielweiberei

**populär** (*Texte*): [all]gemeinverständlich; volkstümlich (*veraltend*) • populärwissenschaftlich

**Portiere:** Vorhang

**portofrei:** gebührenfrei · franko

**Postenkette:** Kordon · Absperrung · Absperrkommando · Absperrkette

**Prachtexemplar:** *umg*: Prachtkerl · Kaventsmann

**Prachtmensch:** *umg*: Prachtkerl · Pfundskerl · Staatskerl · Prachtjunge; Prachtexemplar · Prachtstück (*scherzh*)

**prachtvoll:** prächtig · glanzvoll · herrlich · glänzend · splendid · märchenhaft ◇ prunkvoll

**prahlen:** aufschneiden · sich brüsten · sich aufspielen · sich rühmen · renommieren · den Mund voll nehmen ✦ *gehoben*: bramarbasieren ✦ *salopp*: auf die Pauke / den Pudding hauen ✦ *derb*: das Maul voll nehmen ◇ angeben · sich aufspielen

**prahlerisch:** großsprecherisch · aufschneiderisch · ruhmredig · hochtönend ✦ *umg*: großmäulig ✦ *salopp*: großschnäuzig · großkotzig ◇ angeberisch

**Pranke:** Tatze; Pratze (*landsch*) • Pfote

**Preis: 1.** ⟨*Geldwert einer Ware*⟩ Kaufpreis · Wert • Kosten ◇ Einzelhandelspreis – **2.** ⟨*Belohnung für den Sieger eines Wettkampfes*⟩ Siegespreis · Trophäe · Siegestrophäe • Pokal · Cup

**Preisanstieg:** Preiserhöhung · Preissteigerung · Teuerung · Verteuerung; Preistreiberei · Preiswucher (*abwert*)

**Preisgericht:** Jury · Preisrichter (*Pl*)

**Preisschild:** Etikett; Etikette (*veraltend*)

**Presse:** die Zeitungen; Blätterwald (*scherzh*) ◇ Zeitungswesen

**privat:** außerdienstlich · nicht öffentlich · nicht offiziell · nicht amtlich · privatim • inoffiziell · persönlich

**proben** (*Mus, Theat*): üben • durchproben ✦ *umg*: probieren ◇ einüben · üben

**Problem:** Frage · Problematik

**Produktionsbetrieb:** Betrieb · Werk · Industriebetrieb · Fabrik ◇ Werkstatt

**professionell:** beruflich · berufsmäßig · gewerbsmäßig

**prognostisch:** vorausschauend

**Programm: 1.** ⟨*Darbietungsfolge*⟩ **a)** ⟨*für eine Veranstaltung*⟩ Ablauf • Tagesordnung · Festordnung – **b)** ⟨*für einen Zeitraum*⟩ • Spielplan · Repertoire – **2.** ⟨*Darbietungsverzeichnis*⟩ Programmheft · Programmzettel

**promovieren:** den Doktorgrad erwerben; doktorieren (*veraltend*) • dissertieren ✦ *gehoben*: die Doktorwürde erlangen ✦ *umg*: den Doktor machen

**Propaganda:** • Agitation[sarbeit]

**prosaisch:** phantasielos · nüchtern · trocken · poesielos · amusisch · dürr ◇ langweilig

**prosit!:** wohl bekomm's! · zum Wohl! ✦ *umg*: prost!; prösterchen!

**prostituieren: sich p.:** sich verkaufen · auf die Straße gehen · eine Hure sein ✦ *umg*: auf den Strich gehen ✦ *salopp*: • huren (*abwert*) ◇ sich hingeben

**Prostituierte:** Dirne; Hure · Straßenmädchen (*abwert*); Freudenmädchen (*veraltend*) • Callgirl · Kurtisane · Hetäre ✦ *umg*: leichtes Mädchen (*scherzh*); Strichmädchen · Flittchen · Schnepfe (*abwert*) ✦ *salopp*: Rennpferd · Strichvogel · Strichbiene ✦ *derb*: Nutte · Schickse · Fose · Schnecke (*abwert*)

**Prostitution:** *umg*: horizontales Gewerbe (*scherzh*)

**protestieren:** Einspruch erheben · Protest einlegen / erheben · sich verwahren · Verwahrung einlegen · widersprechen ◇ einwenden

**protokollieren:** zu Protokoll nehmen · mitschreiben • ein Protokoll aufnehmen

**Provenienz:** Herkunft · Ursprung

**Provinz:** [das platte / flache] Land

**Prozeß:** Gerichtsverfahren · Rechtsstreit · Verfahren • Gerichtsverhandlung · Verhandlung

**prozessieren:** einen Prozeß führen |gegen| • belangen · den Prozeß machen ◇ anklagen · verklagen

**prüde:** zimperlich · übertrieben sittsam ◇ altjüngferlich · schamhaft

**prüfen: 1.** ⟨*die Leistungsfähigkeit, den Zustand untersuchen*⟩ erproben · testen · einer Prüfung unterziehen • untersuchen ✦ *gehoben*: einer Prüfung unterwerfen ✦ *umg*: unter die Lupe nehmen · auf Herz und Nieren prüfen ◇ kontrollieren · überprüfen – **2.** ⟨*jmds. Wissen feststellen*⟩ examinieren ✦ *umg*: auf den Zahn fühlen ◇ abfragen

**Prüfling:** Examinand · Kandidat · Examenskandidat

**Prüfung:** **1.** ⟨*Untersuchung der Leistungsfähigkeit, des Zustandes*⟩ Erprobung · Test • Durchsicht – **2.** ⟨*Feststellung des Wissens*⟩ Examen

**Prügelknabe:** *umg*: Sündenbock; Watschenmann (*österr*) ✦ *salopp*: Karnickel – **zum Prügelknaben machen:** *umg*: den Schwarzen Peter zuschieben

**Prunk:** Pomp · Pracht · Gepränge · Prachtentfaltung • Luxus ✦ *umg*: Staat ◇ unnötiger Aufwand

**prunken:** Prunk / Pracht entfalten ✦ *gehoben*: paradieren

**prunkvoll:** pompös · pomphaft · luxuriös ✦ *umg*: • mit allen Schikanen ◇ prachtvoll

**Pullover:** Pulli • Nicki · Jumper · Westover

**Pulver:** Staub · Mehl • Puder

**Pulverkaffee:** löslicher Kaffee · Kaffee-Extrakt · Instantkaffee

**Pumpe:** *umg*: Plumpe (*landsch*)

**pünktlich:** auf die Sekunde / Minute [genau] · mit dem / auf den Glokkenschlag · ohne Verspätung • fristgemäß ✦ *umg*: pünktlich wie die Maurer ◇ rechtzeitig

**Puppentheater:** Puppenspiel · Marionettentheater • Kasperletheater

**Putzmacherin:** Modistin · Hutmacherin

# Q

**Quacksalber** (*abwert*): Kurpfuscher · Medikaster · Scharlatan

**Qual:** Leiden · Pein · Drangsal · Martyrium · Tortur · Folter · Marter ✦ *umg*: Quälerei · Höllenqual · Höllenpein ◇ Schmerz

**quälen:** peinigen · martern · mißhandeln · Qualen / Schmerzen / Pein bereiten · schinden · malträtieren · traktieren · weh tun ✦ *umg*: bearbeiten · zwiebeln ◇ foltern

**quälend:** qualvoll · peinigend · martervoll ◇ schmerzlich

**Quälgeist:** Plagegeist · Störenfried; Peiniger (*scherzh*) ✦ *umg*: Quengler · Nervensäge

**Qualität:** Güte · Wert • Qualitätsmerkmal

**Quark:** Weißkäse (*landsch*); Topfen (*süddt österr*)

**Quecksilber** (*umg*): Wirbelwind (*normalspr veraltend*) ✦ *umg*: Quirl · Zappelphilipp ◇ Wildfang

**Quelle:** Spring (*landsch*) ✦ *gehoben*: Quell ✦ *dicht*: Born

**quieken:** • quietschen ✦ *umg*: quieksen

**Quittung:** Empfangsbescheinigung · Empfangsbestätigung

# R

**Rabatt:** Preisnachlaß · Nachlaß · Ermäßigung · Prozente • Skonto

**Rache:** Vergeltung · Revanche • Blutrache

**Rachegöttin:** Furie · Erinnye · Eumenide

**rächen: sich r.:** Rache nehmen · Rache / Vergeltung üben · es heimzahlen · sich revanchieren · mit gleicher Münze zurückzahlen · Gleiches mit Gleichem vergelten ✦ *umg*: den Spieß umdrehen

**radebrechen:** nur ein paar Brocken

sprechen / können • kauderwelschen
**radfahren:** *umg*: radeln · strampeln
**radikal:** extremistisch
**Radikalkur:** *umg*: Roßkur · Pferdekur
**raffiniert:** smart · clever; durchtrieben · abgefeimt (*abwert*); gefinkelt (*österr*) • geschäftstüchtig ✦ *umg*: gerieben · gerissen · gewieft · gewiegt · ausgefuchst · gefuchst · ausgepicht · mit allen Wassern gewaschen · mit allen Hunden gehetzt; schlitzohrig (*oft scherzh*); gehaut (*österr*) ✦ *salopp*: ausgekocht; ausgebufft (*landsch*) ◇ schlau
**rahmen:** einrahmen · in einen Rahmen fassen ◇ einfassen |mit|
**Rand:** Umrandung · Begrenzung · Umgrenzung · Einfassung • Saum · Bord · Kante · Peripherie
**Rang:** **1.** ⟨*Stufe in einer gesellschaftl. Ordnung*⟩ Stellung · Grad · Rangstufe · Dienstrang · Dienstgrad · Dienststellung; Charge (*Milit*) – **2.** ⟨*Plazierung bei einer Wertung*⟩ Platz · Stelle
**Rangordnung:** Rangfolge · Hierarchie · Stufenleiter
**ranken:** **sich r.:** sich winden · sich schlingen • sich emporranken · klettern
**rasch:** schnell · flink · geschwind · blitzschnell · in Windeseile ✦ *umg*: fix · flott · ruck, zuck ◇ eilig
**rascheln:** • knistern · säuseln · wispern · lispeln
**Rasen:** Rasendecke · Grasdecke · Rasenfläche · Grasfläche · Grünfläche • Wiese · Gras
**Raserei:** Tollheit · Tobsucht · Furor · Berserkerwut · Wildheit ◇ Wut
**Rasierwasser:** • After-shave-Lotion · Pre-shave-Lotion
**Rassel:** Knarre · Klapper; Ratsche (*landsch*)
**rasseln:** • klirren ✦ *umg*: scheppern ◇ klappern · poltern
**rasten:** Rast machen / halten · eine Pause / Ruhepause machen / einlegen / einschieben · kurz ruhen / verschnaufen · haltmachen ◇ sich ausruhen · aussetzen
**Rat:** Ratschlag · Empfehlung ◇ Hinweis
**raten:** empfehlen · nahelegen · anraten · anempfehlen · einen Rat geben / erteilen • zuraten ◇ beraten · einschärfen · vorschlagen
**ratenweise:** in Raten ✦ *umg*: auf Stottern
**ratifizieren** (*Völkerrecht*): bestätigen · in Kraft setzen
**Ration:** Zuteilung • Verpflegungssatz
**Raub:** Beute · Raubgut • Diebesgut ✦ *umg*: Sore · heiße Ware
**rauben:** wegnehmen · abnehmen · nehmen · entreißen ✦ *umg*: räubern ◇ plündern · stehlen
**Rauch:** Qualm • Rauchwolke · Rauchfahne ✦ *umg*: Schmok (*norddt*) ✦ *salopp*: • Hecht ◇ Dunst
**rauchen:** **1.** ⟨*Rauch entwickeln*⟩ qualmen • schwelen ◇ rußen – **2.** ⟨*Tabak rauchen*⟩ schmauchen • Raucher sein ✦ *umg*: qualmen · paffen; schmoken · schmöken (*norddt*) • wie ein Schlot rauchen / qualmen
**rauchig:** verraucht · verräuchert · verqualmt · qualmig · rauchgeschwängert · raucherfüllt • rauchgeschwärzt
**Raufbold:** Rowdy · Schläger ✦ *umg*: Raufbruder; Eisenbeißer (*veraltend*) ◇ Zänker
**raufen:** **sich r.:** sich balgen ✦ *umg*: rangeln · sich katzbalgen; sich kampeln (*landsch*)
**rauh:** **1.** ⟨*Fläche*⟩ rissig · uneben; rubbelig (*landsch*) • kratzig · aufgesprungen · spröde – **2.** ⟨*Wind*⟩ scharf · harsch · heftig · schneidend – **3.** ⟨*Wetter*⟩ unfreundlich · unangenehm kalt

**Rauhreif:** Reif; Rauhfrost (*landsch*)
**Raum:** Räumlichkeit ◇ Saal · Zimmer
**Raumfahrt:** Weltraumfahrt · Kosmonautik · Astronautik
**Raumpflegerin:** Reinigungskraft; Reinemachefrau · Putzfrau · Scheuerfrau (*veraltend*); Aufwartung · Aufwartefrau · Stundenfrau · Zugeherin (*landsch*); Bedienerin · Bedienung (*österr*)
**Raumschiff:** Raumfahrzeug · Weltraumschiff • Raumsonde · Raumkapsel
**Raumstation:** Orbitalstation · Weltraumstation
**Rausch:** *umg*: Schwips · Dusel; Dulliäh (*österr*) ✦ *salopp*: Affe ◇ Betrunkenheit
**Rauschgift:** Rauschmittel · Droge ✦ *umg*: Stoff
**räuspern: sich r.:** hüsteln
**reagieren: r. |auf|:** ansprechen |auf| · Wirkung zeigen • gehorchen ✦ *umg*: anspringen |auf|
**Reaktion:** Gegenwirkung · Rückwirkung · Wirkung • Gegenbewegung
**Reaktionär:** Rückschrittler · Ewiggestriger • Konterrevolutionär
**Realismus:** Wirklichkeitssinn · Sachlichkeit • Wirklichkeitstreue
**Rechnung:** Faktur · Faktura (*kaufm*) • Liquidation · Zeche
**recht: r. haben:** im Recht sein · sich nicht irren • recht behalten ✦ *salopp*: richtig liegen
**Recht: mit R.:** zu Recht · mit Fug und Recht · mit [gutem] Grund · aus guten Gründen · füglich · begründeterweise · berechtigterweise
**rechtfertigen:** rehabilitieren • entlasten ✦ *umg*: reinwaschen · weißwaschen – **sich r.:** sich rehabilitieren ✦ *umg*: sich reinwaschen · sich weißwaschen ◇ sich verantworten
**rechtlich:** gesetzlich · juristisch · de jure · vom Rechtsstandpunkt aus · nach Recht und Gesetz; juridisch (*österr*) ◇ rechtmäßig
**rechtlos:** entrechtet · seiner Rechte beraubt • schutzlos ◇ geächtet · unterdrückt
**rechtmäßig:** legitim · legal · gesetzlich · gesetzmäßig · zu Recht · nach Recht und Gesetz ◇ rechtlich
**rechts:** rechterseits · rechtsseitig · auf der rechten Seite · rechter Hand · zur Rechten · zur rechten Hand; steuerbord (*seem*)
**Rechtsanwalt:** Anwalt; Advokat (*noch österr u. schweiz*); Fürsprech (*schweiz*); Winkeladvokat (*abwert*) • Rechtsbeistand · Verteidiger
**rechtschaffen:** integer · redlich · ordentlich · unbescholten · ehrenhaft · bieder · von echtem / altem Schrot und Korn; wacker (*veraltend*) • loyal · solide · brav · unbestechlich ◇ ehrlich · zuverlässig
**Rechtschreibung:** Orthographie
**rechtsgültig:** rechtskräftig · rechtsverbindlich
**Rechtswissenschaft:** Jurisprudenz ✦ *umg*: Juristerei (*meist abwert*) – **R. studieren:** Jura / Jus studieren
**rechtzeitig:** zur [rechten] Zeit · beizeiten; zeitgerecht (*österr schweiz*) ◇ pünktlich
**Rede:** • Ansprache ✦ *umg*: Speech (*scherzh*); Predigt (*scherzh od. abwert*) ◇ Vortrag
**reden: vergeblich r.:** tauben Ohren / in der Wüste predigen · in den Wind reden · kaltes Eisen hämmern
**Redensart:** Phraseologismus · stehende Redewendung ◇ Redewendung – **sprichwörtliche R.:** idiomatische Redewendung · Idiom
**Redeschwall:** Wortschwall · Tirade · Suada · Erguß • Redefluß
**Redewendung:** Wendung · Fügung · Ausdruck ◇ Redensart
**Redner:** Referent · Vortragender • Redekünstler ◇ Sprecher

**Regal:** Bücherregal · Gestell; Stellage (*österr*) ◇ Wandbord

**Regel:** Norm · Standard · Prinzip · Regelung • Faustregel · Merkspruch ◇ Grundsatz · Satzung

**regeln:** ordnen · in Ordnung bringen · ins gleiche bringen · ins rechte Gleis bringen · regulieren · normalisieren ✦ *umg*: ins Geschick bringen ◇ bereinigen

**Regelwidrigkeit:** Regelverstoß; Foul · Unsauberkeit (*Sport*)

**Regen:** Niederschlag ◇ Regenguß

**Regenguß:** Guß · Sturzregen · Platzregen · Regenschauer · Schauer • Wolkenbruch ✦ *umg*: Dusche · Husche; Pflatsch · Pflatschen (*süddt*) ◇ Regen

**regieren:** die Macht ausüben/haben · an der Macht sein ✦ *gehoben*: die Geschicke des Landes bestimmen ✦ *umg*: am Ruder sein (*auch abwert*) ◇ herrschen

**Regierung:** Ministerrat · Kabinett; Junta (*oft abwert*)

**Regierungsform:** Staatsform · System; Regime (*meist abwert*)

**registrieren:** erfassen · verzeichnen · festhalten

**regnen: es regnet:** *salopp*: es pinkelt ✦ *derb*: es schifft · es seicht ◇ es gießt · es nieselt

**Rehabilitierung:** Rehabilitation • Ehrenrettung

**reiben:** scheuern; rubbeln (*landsch*); schamfilen (*seem*) • schaben · wetzen

**reich:** vermögend · begütert · wohlhabend · bemittelt · finanzkräftig · kapitalkräftig · potent · steinreich; vermöglich (*süddt schweiz*); hablich · behäbig (*schweiz*) ✦ *umg*: betucht – **r. sein:** *umg*: bei Gelde sein · Geld wie Heu haben · im Geld schwimmen ✦ *salopp*: nach Geld stinken

**reichlich:** ausgiebig · übergenug · mehr als genug · in Hülle und Fülle; kopiös (*noch Med*) • opulent · reichhaltig · unerschöpflich ◇ massenhaft · üppig · viel

**Reichweite:** Aktionsradius

**Reifen:** Pneu (*veraltend*) • Decke

**Reihe: 1.** ⟨*Einzeldinge*⟩ • Linie · Zeile · Kette – **2.** ⟨*Menschen*⟩ • Schlange · Kette ✦ *umg*: Schwanz – **an der R. sein:** ⟨*der Nächstfolgende sein*⟩ an die Reihe kommen ✦ *umg*: dran sein · drankommen; an dransten sein (*scherzh*)

**Reihenfolge:** Aufeinanderfolge · Abfolge · Folge · Sequenz · Reihung · Ordnung · Turnus • Hintereinander · Nacheinander; Kehrordnung (*schweiz*)

**reinigen:** säubern · putzen • abputzen · abwischen · abwaschen · abseifen ✦ *umg*: wienern ◇ abstauben · abwischen · fegen · saubermachen · scheuern

**Reise:** Fahrt · Trip ◇ Ausflug

**Reiseleiter:** Reiseführer • Fremdenführer; Cicerone (*scherzh*)

**reisen:** eine Reise machen · auf Reisen sein · auf der Reise sein • verreisen – **r. |nach|**: fahren |nach| ✦ *salopp*: rutschen |nach|

**reißerisch** (*meist abwert*): reklamehaft · aufdringlich • penetrant ◇ marktschreierisch

**Reitbahn:** Hippodrom · Manege

**Reiz:** Reizung · Kitzel • Sinnesreiz

**Renegat:** Abweichler · Abtrünniger • Sektierer · Verräter

**Rennen:** Wettrennen • Lauf · Kriterium (*Sport*)

**Rentner:** Rentenempfänger · Ruheständler · Senior; Pensionär (*landsch*); Pensionist (*österr*)

**Reparatur:** Instandsetzung; Instandstellung (*schweiz*) • Wiederherstellung · Ausbesserung

**reparieren:** instand setzen · den Schaden beheben · wieder in Ordnung bringen · ausbessern; instand

stellen (*schweiz*) ✦ *umg*: ganz / heil machen ◇ ausbessern · erneuern · wiederherstellen
**Reportage**: Augenzeugenbericht • Bericht
**resignieren**: sich in sein Schicksal fügen · seine Hoffnung begraben · den Dingen ihren Lauf lassen ✦ *umg*: die Flinte ins Korn werfen ◇ aufgeben · verzichten
**Respekt**: achtungsvolle Scheu • Furcht ✦ *umg*: Mordsrespekt • Manschetten ◇ Achtung
**respektabel**: respekteinflößend · achtunggebietend · respektgebietend ◇ beachtenswert
**respektieren**: anerkennen · ernst nehmen ◇ achten – **nicht r.**: *umg*: nicht für voll ansehen / nehmen
**respektvoll**: ehrerbietig · achtungsvoll • ehrfürchtig ◇ ehrfurchtsvoll
**Rest**: Überrest · Überbleibsel · Rückstand • Bodensatz · Satz · Neige ◇ Abfall
**Restant** (*Wirtsch*): Ladenhüter (*abwert*)
**retten**: in Sicherheit bringen · bergen · der Gefahr entreißen · Rettung bringen |für| • erlösen ✦ *gehoben*: erretten ◇ befreien · heraushelfen · herausholen
**Reue**: Reumütigkeit · Zerknirschung · Zerknirschtheit; Bußfertigkeit (*Rel*) • böses Gewissen · Selbstvorwurf ◇ Gewissensbisse
**reuevoll**: reuig · reumütig · zerknirscht · schuldbewußt; bußfertig (*Rel*)
**Revolution**: [revolutionäre] Umwälzung · Umbruch · Volksaufstand · Volkserhebung ◇ Aufstand · Umsturz
**Rhetorik**: Redekunst · Sprechkunst · Beredsamkeit
**Rheumatismus**: Rheuma • Gliederreißen ✦ *umg*: Reißen
**Richter**: *umg*: Kadi (*scherzh*)
**richtig**: recht · in Ordnung · passend • wohlgetan ✦ *umg*: goldrichtig ◇ einwandfrei · fehlerlos · gebührend · passend · vorschriftsmäßig – **richtig!**: so ist es! ✦ *umg*: genau!
**Richtlinie**: Richtschnur · Direktive · Instruktion · Regel · Kanon · Kompaß ◇ Vorschrift
**riechen**: ⟨*mit dem Geruchssinn wahrnehmen wollen*⟩ **1.** ⟨*Menschen*⟩ *umg*: schnuppern · schnüffeln; schnobern (*landsch*) – **2.** ⟨*Tiere*⟩ schnuppern · schnüffeln · wittern; winden (*weidm*); schnobern (*landsch*)
**Riesenhunger**: • Heißhunger ✦ *umg*: Mordshunger · Bärenhunger · Wolfshunger ◇ Hunger
**Rinde**: Borke
**Ring**: *gehoben*: Reif
**ringsum**: rings · ringsherum · ringsumher · rundum · rundherum · im Umkreis · in der Runde ◇ überall
**Riß**: Einriß • Loch; Dreiangel (*landsch*) ◇ Spalt
**Ritual**: Ritus · Zeremoniell • Liturgie
**ritzen**: **sich r.**: sich reißen · sich aufritzen · sich aufreißen • sich schrammen · sich aufschürfen ◇ sich verletzen
**Rivale**: Nebenbuhler • Konkurrent
**robust**: stämmig · stabil · kernig · markig · kernfest · derbknochig · knochig ◇ kräftig · widerstandsfähig
**rodeln**: Schlitten fahren; schlitteln (*österr schweiz*); schlitten (*schweiz*)
**roden**: **1.** ⟨*Land*⟩ urbar machen – **2.** ⟨*Knollen, Wurzeln*⟩ ausroden ✦ *umg*: ausmachen · ausbuddeln
**Rohr**: Röhre • Katheter · Schlauch
**Rohrleitung**: Pipeline
**rollen**: kugeln · wälzen • trudeln ✦ *umg*: kullern
**rösten**: toasten; bähen (*süddt österr*)
**rothaarig**: fuchsig • rotblond
**Route**: Reiseweg • Richtung · Kurs
**Routinier**: *umg*: alter Hase ◇ Fachmann · Meister

**Rückblick:** Rückschau · Retrospektive · Rückerinnerung • Rückblende
**rücken:** [beiseite] schieben · beiseite rücken · zur Seite schieben / rücken · wegrücken · abrücken · wegschieben
**Rücken:** • Kreuz ✦ *umg*: Buckel ✦ *salopp*: Ast
**Rückfahrt:** Rückreise · Heimfahrt · Heimreise ◇ Rückkehr
**Rückfall:** Rezidiv · Relaps (*Med*)
**Rückkehr:** Rückkunft · Wiederkehr · Heimkehr · Wiederkunft ◇ Rückfahrt
**Rücklicht:** Schlußlicht · Schlußleuchte ◇ Rückstrahler
**rücklings:** hintenüber · nach hinten ◇ rückwärts
**Rückschau: R. halten:** zurückblicken · zurückschauen · zurückdenken ◇ sich erinnern [an]
**rückschrittlich:** reaktionär · fortschrittsfeindlich · restaurativ · zopfig · ewig gestrig • stockreaktionär · konservativ – **r. sein:** *umg*: von gestern sein
**Rückseite:** Hinterseite · Kehrseite • Rückenteil
**rückseitig:** rückseits · im Rücken · auf der Rückseite · dahinter · hinten
**Rücksicht:** Rücksichtnahme • Behutsamkeit · Diskretion · Schonung
**rücksichtslos:** rigoros · radikal · ohne [jede] Rücksicht • kaltlächelnd ✦ *umg*: ohne Rücksicht auf Verluste ◇ brutal · selbstsüchtig · unbarmherzig – **r. sein:** seine Ellbogen gebrauchen · über Leichen gehen
**rücksichtsvoll:** taktvoll · diskret · schonungsvoll · zartfühlend · schonend · behutsam • vorsichtig
**Rücksitz:** Hintersitz • Fond
**rückständig:** zurückgeblieben · unterentwickelt • hinterwäldlerisch – **r. sein:** *umg*: hinter dem Mond sein · auf dem Mond leben
**Rückstrahler:** Katzenauge ◇ Rücklicht
**Rückstrahlung:** Reflexion · Spiegelung ◇ Widerschein
**Rücktritt:** Demission · Amtsniederlegung • Abdankung
**rückwärts:** nach hinten ◇ rücklings
**Rückzahlung:** Erstattung · Rückerstattung · Wiedererstattung · Vergütung · Rückvergütung • Entschädigung
**Rückzug:** • Räumung · Abzug
**Ruder:** Riemen; Pullstengel (*scherzh*) • Skull · Paddel
**rudern:** pullen · rojen (*seem*) • sich in die Riemen legen · skullen · paddeln · wriggen · staken
**Ruf:** Reputation · Leumund · Renommee ◇ Ansehen · Ruhm
**ruhig:** seelenruhig · in [aller] Ruhe · in aller Gemütsruhe · geruhsam · ruhevoll · ohne Hast · gemächlich; gemach (*veraltend*) • beherrscht ◇ gelassen
**Ruhm:** Glorie · Gloria (*spött*) • Nimbus · Weltruhm · Weltgeltung · Weltruf ◇ Ruf – **R. ernten:** Lorbeeren ernten (*scherzh*)
**ruhmvoll:** ruhmreich · ehrenvoll · glorreich · glorios · glanzvoll · glänzend
**rührselig:** sentimental · gefühlsselig · tränenselig ✦ *umg*: gefühlsduselig; schmalzig (*spött od. abwert*) ◇ gefühlvoll
**ruiniert:** ✦ *umg*: fertig ✦ *salopp*: pleite ◇ bankrott · zahlungsunfähig – **r. sein:** am Ende sein · vor dem Nichts stehen
**Runde:** Lage – **eine R. ausgeben:** eine Runde / Lage spendieren • freihalten ✦ *umg*: einen ausgeben / spendieren / zum besten geben / springen lassen ✦ *salopp*: eine Runde / Lage schmeißen ◇ einladen
**Rundfunk:** Hörfunk · Radio · Funk; Rundspruch (*schweiz*)

**Rundfunkgerät:** Rundfunkempfänger · Radio · Apparat · Empfänger · Gerät ◇ Kofferradio

**Rundschreiben:** Kreisschreiben (*schweiz*); Zirkular (*noch österr*); Enzyklika (*kathol*) • Umlauf; Umläufer (*österr*)

**runzelig** (*von der Haut od. dgl.*): hutzelig · verhutzelt · welk · zerfurcht · durchfurcht · verrunzelt • zerklüftet ✦ *umg*: schrumpelig · verschrumpelt · zerknittert ◇ faltig

**rußen:** blaken (*norddt*) ◇ rauchen

**Rute:** Gerte ◇ Peitsche

**rutschen:** *umg*: schurren (*landsch*) ◇ schlittern

# S

**Saal:** • Festsaal · Halle ◇ Raum

**Sabotage:** Sabotageakt · Diversion · Diversionsakt · Schädlingsarbeit

**Saboteur:** Diversant · Schädling

**sabotieren:** Sabotage treiben · entgegenarbeiten · Sand ins Getriebe streuen • desorganisieren · hemmen ◇ stören

**Sachbearbeiter:** Referent

**sachkundig:** sachverständig • erfahren ◇ fachmännisch

**sachlich:** **1.** ⟨*nicht von Gefühlen od. Vorurteilen beeinflußt*⟩ objektiv · unvoreingenommen · unparteiisch • pragmatisch · sachbezogen ◇ unparteiisch · unvoreingenommen – **s. bleiben sollen:** *umg*: auf dem Teppich bleiben sollen · die Kirche im Dorf lassen sollen ◇ nicht übertreiben sollen – **2.** ⟨*ausschließlich auf den Zweck ausgerichtet*⟩ nüchtern · leidenschaftslos • unpersönlich

**Sachschaden:** Sachbeschädigung · Beschädigung

**Sachverhalt:** Sachlage · Situation · Lage / Stand der Dinge · Tatbestand · Sache ◇ Lage

**Sack:** • Beutel; Säckel (*landsch*)

**säen:** aussäen • drillen · dibbeln ◇ pflanzen

**Safe:** Panzerschrank · Tresor · Stahlschrank · Geldschrank • Kassenschrank

**Sahne:** Rahm · Schmant (*landsch*); Flott (*norddt*); Obers (*österr*); Schmetten (*österr landsch*); Nidel (*schweiz*)

**Salbe:** *salopp*: Schmiere (*meist abwert*) ◇ Paste

**Samen** (*von Menschen od. Tieren*): Sperma · Samenflüssigkeit • Ejakulat ◇ Keimzelle

**Sammelplatz:** Sammelstelle · Sammelpunkt • Treffpunkt

**Sanatorium:** • Heilstätte · Genesungsheim · Heilanstalt ◇ Krankenhaus

**Sandbank:** Barre • Untiefe ◇ Insel

**sanft:** sacht · sachte · zart · weich; gelinde (*veraltend*) ◇ behutsam · schonend

**sanftmütig:** lammfromm ◇ zahm

**sanitär:** gesundheitlich; sanitarisch (*schweiz*) • hygienisch

**Sanitäter:** • Gesundheitshelfer · Rotkreuzhelfer ✦ *umg*: Sani ✦ *salopp*: Pflasterkasten (*scherzh*)

**satt:** gesättigt ✦ *umg*: voll [bis oben hin] · genudelt ✦ *derb*: vollgefressen – **s. sein:** *umg*: nicht mehr können · genug haben – **sich s. essen:** *umg*: sich vollessen · sich den Bauch vollschlagen · sich vollstopfen ✦ *salopp*: sich [den Bauch] vollhauen ✦ *derb*: sich vollfressen ◇ essen · sich überessen

**Satzung:** Statut ◇ Regel · Vorschrift

**sauber:** rein · schmutzfrei · blitzsauber · blitzblank · fleckenlos · proper

· adrett · reinlich • blank ✦ *umg*: pieksauber · wie geleckt • wie aus dem Ei gepellt ◇ gepflegt

**saubermachen**: rein machen; putzen (*landsch*) • wischen · aufwischen · auskehren ✦ *umg*: reinemachen · die Wohnung machen ◇ reinigen

**sauer**: **1.** ⟨*Geschmack*⟩ säuerlich · herb · essigsauer – **2.** ⟨*nicht mehr genießbar*⟩ stichig · verdorben – **s. werden**: säuern – **s. sein**: einen Stich haben

**Säuferwahnsinn**: Delirium tremens (*Med*)

**saugen**: • die Brust nehmen ✦ *umg*: nuckeln; zulpen · zullen · schrullen (*landsch*) ◇ trinken

**Säugling**: Baby; kleiner Erdenbürger (*scherzh*) • Neugeborenes · Brustkind · Flaschenkind ◇ Kind

**saumselig**: säumig · nachlässig ✦ *umg*: bummlig

**schaben**: kratzen • schuppen ✦ *umg*: schrappen (*norddt*)

**Schachtel**: • Karton · Packung

**schaden**: **1.** ⟨*Nachteil bringen*⟩ schädigen · Schaden zufügen / bereiten · übel mitspielen · Böses zufügen · ein Bein stellen • Unheil stiften · übelwollen ✦ *umg*: einen Strick drehen · eins auswischen ◇ zugrunde richten – **sich s.**: • sich schädigen · sich Schaden zufügen · sich ins eigene Fleisch schneiden · den Ast absägen, auf dem man sitzt • sich sein eigenes Grab schaufeln ✦ *umg*: sich in den Finger schneiden · sich in die Nesseln / in ein Wespennest setzen · sich die Finger verbrennen · sich hereinreiten · sich den Mund / die Zunge verbrennen ✦ *salopp*: sich die Pfoten verbrennen ◇ sich zugrunde richten – **jmdm. nicht s. können**: jmdm. nichts anhaben können / nicht beikommen können · nichts ausrichten können |gegen| – **2.** ⟨*sich ungünstig auswirken*⟩ zum Schaden gereichen · von Schaden sein ✦ *umg*: • Gift sein |für|

**Schaden**: **1.** ⟨*körperl. Beeinträchtigung*⟩ *umg*: Knacks ◇ Gebrechen · Verletzung – **2.** ⟨*teilweise Zerstörung*⟩ Defekt · Panne – **3. S. erleiden**: ⟨*einen Nachteil haben*⟩ Abbruch erleiden ✦ *umg*: Haare / Federn lassen [müssen] · draufzahlen ◇ verlieren

**Schadenfeuer**: Brand · Feuer; Feuersbrunst (*veraltend*)

**schadenfroh**: hämisch • höhnisch ◇ boshaft – **s. sein**: Schadenfreude empfinden · frohlocken · sich weiden |an| · sich die Hände reiben ✦ *umg*: sich [eins] ins Fäustchen lachen · jmdm. eine Nase drehen

**schadhaft**: defekt · beschädigt · lädiert • brüchig · angestoßen · baufällig; ruinös (*veraltend*) ✦ *umg*: ramponiert ◇ entzwei

**schädlich**: verderblich · unzuträglich · nachteilig · abträglich · schlecht ◇ ungünstig

**Schaffner**: Kondukteur (*schweiz*)

**schal**: fad · fade · abgestanden • geschmacklos · wäßrig ✦ *umg*: labberig · flau (*abwert*) ◇ ungewürzt

[1]**Schale**: Napf · Becken ◇ Schüssel

[2]**Schale**: Pelle · Schelfe · Schilfe · Schlaube (*landsch*)

**schälen**: abschälen; pellen · abpellen (*landsch*)

**Schall**: Hall ◇ Echo · Ton

**schallen**: hallen • gellen ◇ dröhnen · klingen

**Scham**: Beschämung • Schamgefühl

**schämen: sich s.**: Scham empfinden · sich genieren · rot / schamrot werden · [vor Scham] erröten · sich in Grund und Boden schämen · vor Scham erglühen / vergehen / in die Erde versinken

**schamhaft**: verschämt; genant · genierlich · schämig (*landsch*) • züchtig ✦ *umg*: gschamig (*süddt österr*) ◇ prüde · schamrot · schüchtern

**Schamhaftigkeit:** Scham • Prüderie ◇ Schüchterheit
**schamrot:** wie mit Blut übergossen ◇ beschämt · schamhaft
**Schande:** Schmach · Blamage · Bloßstellung · Entehrung · Unehre ✦ *gehoben*: Schimpf
**Schar:** Trupp · Schwarm ✦ *umg*: Haufen · Truppe · Kolonne · Horde ◇ Gruppe · Menschenmenge
**scharenweise:** in Scharen · in hellen Haufen / Scharen
**scharf:** 1. ⟨*Klingen*⟩ geschliffen – 2. ⟨*Speisen*⟩ stark gewürzt • salzig · versalzen · beißend · brennend
**schärfen:** scharf machen · schleifen · wetzen • abziehen
**Schattenriß:** Schattenbild · Silhouette
**schätzen:** taxieren · abschätzen • überschlagen ✦ *gehoben*: wägen ✦ *umg*: abtaxieren ✦ *salopp*: über den Daumen peilen ◇ veranschlagen
**schaudern:** schauern · erschaudern · erschauern · es läuft jmdm. eiskalt / heiß und kalt über den Rücken / den Rücken herunter ◇ sich ängstigen · sich ekeln
**Schauergeschichte:** Schauerroman · Gruselgeschichte · Spukgeschichte · Gespenstergeschichte · Geistergeschichte ✦ *umg*: Räuberpistole
**Schaufel:** Schippe (*landsch*) ◇ Spaten
**Schaukel:** Wippe ✦ *umg*: Hutsche (*österr*)
**schaukeln:** wippen; • schwingen · kippeln · wiegen ✦ *umg*: hutschen (*österr*)
**Schaulustiger:** Zuschauer • Umstehender · Zaungast · Schlachtenbummler ✦ *umg*: Zugucker · Gukker; Gaffer (*abwert*) • Kiebitz ◇ Zuschauer
**Schauplatz:** Ort des Geschehens · Szene · Szenerie • Arena · Bühne · Tatort
**Schauspieler:** Darsteller · Akteur; Mime (*noch scherzh*); Komödiant (*abwert*) • Bühnenkünstler · Filmschauspieler ◇ Filmstar
**Scheibe:** Platte
**Schein:** 1. ⟨*Lichterscheinung*⟩ Schimmer • Feuerschein ◇ Licht – 2. ⟨*das äußere Bild von etw.*⟩ Anschein · Aussehen – **zum S.**: dem Scheine nach · nach außen · pro forma • dem Namen nach – 3. ⟨*äußerer Anstand*⟩ Dehors · Dekorum (*veraltend*)
**scheinbar:** dem Scheine nach · imaginär · eingebildet · illusorisch · illusionär ◇ trügerisch · unwirklich
**scheinen: etw. scheint [jmdm.]:** etw. hat den Anschein · etw. erscheint [jmdm.] · etw. mutet [jmdn.] an · etw. kommt jmdm. vor · etw. dünkt jmdn. / jmdm.
**scheitern:** 1. ⟨*Personen*⟩ stranden · Schiffbruch erleiden · es zu nichts bringen · aus dem Gleis geworfen werden · sich den Hals brechen ✦ *umg*: nicht durchkommen · Schliff backen · sich das Genick brechen ✦ *salopp*: baden gehen ◇ Mißerfolg haben · versagen · sich zugrunde richten – **eine gescheiterte Existenz:** *umg*: eine verkrachte Existenz – 2. ⟨*Vorhaben*⟩ fehlschlagen · sich zerschlagen · zusammenbrechen ✦ *umg*: in die Brüche gehen · platzen · zu Wasser werden · schiefgehen · schieflaufen • auffliegen · hochgehen ◇ mißlingen
**schematisch:** schablonenhaft · uniform · gleichförmig ✦ *umg*: nach Schema F
**schenken:** zum Geschenk / Präsent machen · verehren · geben; vergaben (*schweiz*) • stiften · zukommen lassen · dedizieren · zuwenden · darbringen ✦ *umg*: • spendieren ◇ beschenken · spenden · verschenken · zustecken – **geschenkt bekommen:** *umg*: erben

**Schenkung:** Zuwendung · Dotation · Dotierung · Stiftung ◇ Geschenk
**scheren:** kurzschneiden · stutzen • abschneiden ◇ beschneiden
**Scherz:** Ulk · Schabernack • Scherzwort ✦ *umg*: Jux · Jokus ◇ Spaß · Witz
**scherzen:** spaßen · einen Scherz / Scherze machen · [einen] Spaß / Ulk machen · sich einen Scherz / Spaß erlauben • Possen machen / treiben / reißen · schäkern · ulken ✦ *umg*: juxen · einen Jux machen · flachsen · blödeln • pflaumen · Witze reißen
**scheuen: sich s.:** zurückschrecken · zurückscheuen
**Scheuerlappen:** Scheuertuch · Aufwischlappen; Aufnehmer (*landsch*); Feudel (*norddt*); Ausreibtuch (*österr*) ✦ *umg*: Scheuerhader · Hader (*landsch*); Ausreibfetzen (*österr*)
**scheuern:** schrubben; ausreiben (*österr*); fegen (*süddt schweiz*) • wischen ◇ reinigen
**Scheune:** Scheuer · Stadel (*süddt österr schweiz*); Schauer (*landsch*)
**Schicht** (*Stoff, Material*): Lage; Schichte (*österr*)
**schicken:** 1. ⟨*zu einem Empfänger bringen lassen*⟩ senden · übersenden · zuschicken · zusenden · zugehen / zukommen lassen · zuleiten ◇ liefern – 2. ⟨*zum Aufsuchen eines Ortes bzw. einer Person veranlassen*⟩ senden · entsenden · beordern · bescheiden • delegieren · verweisen |an|
**Schicksal:** Geschick · Los; Bestimmung · Vorsehung · Fügung (*Abergl*) • Fatum · Kismet · Zufall · Verhängnis
**Schicksalsgefährte:** Schicksalsgenosse · Leidensgenosse · Leidensgefährte • Kampfgenosse · Kampfgefährte ◇ Kamerad
**Schiedsrichter** (*Sport*): Unparteiischer · Referee; Ringrichter (*Boxsp*); Mattenrichter (*Ringen*) • Kampfrichter · Punktrichter ✦ *umg*: Schiri
**schief:** geneigt ✦ *umg*: windschief (*abwert*) ◇ schräg
**schielen:** *umg*: schräg gucken • einen Silberblick haben ✦ *salopp*: mischeln · einen Knick in der Optik haben (*landsch*)
**schießen:** 1. ⟨*eine Schußwaffe benutzen*⟩ einen Schuß abgeben / abfeuern · Schüsse abgeben / abfeuern · einen Schuß auslösen · feuern · Feuer geben ✦ *umg*: knallen · ballern · pulvern ◇ abdrücken – 2. ⟨*Wild mit einer Jagdwaffe töten*⟩ erlegen · zur Strecke bringen · auf die Decke legen • abschießen · treffen ✦ *salopp*: abknallen (*abwert*) ◇ jagen
**Schiff:** • Dampfer · Frachter ✦ *umg*: Pott · Kahn · Kasten; alter Kasten · Seelenverkäufer (*abwert*)
**schikanieren:** drangsalieren · peinigen · plagen · Pein / Qual / Schmerz bereiten · das Leben zur Hölle machen; sekkieren (*noch österr*) • tyrannisieren ✦ *umg*: schurigeln · kujonieren · piesacken · triezen; striezen (*landsch*)
**Schilf:** 1. ⟨*einzelne Pflanze*⟩ Schilfrohr · Schilfgras · Teichrohr · Rohr · Ried – 2. ⟨*größerer Bestand*⟩ Röhricht · Ried · Schilfdickicht
**schillern:** changieren • irisieren
**schimmeln:** verschimmeln · Schimmel ansetzen • modern ◇ faulen
**schimpfen:** schelten · zanken · räsonieren • poltern ✦ *umg*: wettern · schimpfen wie ein Rohrspatz; kläffen · keifen · geifern · zetern (*abwert*) • sich Luft machen ✦ *salopp*: bullern · futtern • kollern ◇ fluchen · schnauzen
**Schirmherr:** Protektor ◇ Beschützer
**Schizophrenie** (*Med*): Spaltungsirresein · Bewußtseinsspaltung

**Schlaf**: Nachtruhe • Ruhe ◇ Halbschlaf · Schlummer

**Schlafanzug**: Pyjama · Nachtanzug • Nachthemd

**schlafen**: im Schlaf liegen · in Morpheus' Armen liegen • ruhen ✦ *umg*: sich von innen begucken · an der Matratze horchen (*scherzh*) ✦ *salopp*: pennen · koksen · einen einziehen ◇ schlummern – **fest s.**: tief schlafen · in tiefem / im tiefsten Schlaf liegen ✦ *umg*: wie ein Ratz / Murmeltier / Toter schlafen; ratzen (*landsch*) – **s. gehen**: zu / ins Bett gehen · sich zur Ruhe begeben · sich schlafen legen / niederlegen ✦ *umg*: in die Klappe / Falle gehen · in die Federn gehen · sich aufs Ohr legen; in die Heia gehen (*kinderspr*) ✦ *salopp*: ins Nest gehen · sich aufs Ohr / in die Falle hauen ◇ sich hinlegen

**Schlafgelegenheit**: **1.** ⟨*Platz zum Schlafen*⟩ Schlafstelle · Übernachtungsmöglichkeit ✦ *umg*: etw. zum Schlafen • Schlafzimmer ◇ Unterkunft – **2.** ⟨*Möbelstück zum Schlafen*⟩ Bett • Couch · Sofa ◇ Bett · Lager

**Schlafmittel**: Hypnotikum • Schlaftablette · Schlafpulver

**Schlafmütze** (*umg abwert*): Trantute · Nachtwächter · Nachtmütze • langweiliger Peter · Transuse

**schlaftrunken**: verschlafen · schläfrig ✦ *umg*: dösig

**schlafwandeln**: nachtwandeln · traumwandeln · somnambulieren · umgehen ✦ *umg*: herumgeistern

**Schlafwandler**: Nachtwandler · Traumwandler · Mondsüchtiger · Somnambuler

**Schlag**: Hieb • Klaps; Schmitz (*landsch*) • Haken · Schwinger (*Boxsp*) ✦ *gehoben*: Streich (*veraltend*) ✦ *umg*: Patsch · Klatsch ◇ Stoß

**Schlagader**: Arterie · Pulsader • Aorta ◇ Blutgefäß

**Schlaganfall**: Gehirnschlag · Hirnschlag; Apoplexie (*Med*) ✦ *umg*: Schlag

**Schläge**: Prügel (*Pl*) • Auspeitschung ✦ *umg*: Hiebe · Haue · eine Tracht Prügel ✦ *salopp*: Dresche · Keile · Kloppe · Senge · Wichse · Zunder · Abreibung; Schwumse · Poche (*landsch*) ◇ Ohrfeige

**schlagen**: **1.** ⟨*einen Schlag, mehrere Schläge versetzen*⟩ prügeln · Prügel austeilen · einschlagen |auf| · einhauen |auf| · einprügeln |auf| • einen Klaps geben · klapsen · knüppeln ✦ *umg*: hauen · ein paar / eins draufgeben / draufhauen / überziehen ✦ *salopp*: dreschen · eins überbraten / verplätten ◇ ohrfeigen · peitschen · verprügeln · züchtigen · zuschlagen – **sich s.**: sich prügeln · sich raufen ✦ *umg*: sich hauen · sich herumschlagen ✦ *salopp*: sich keilen – **2.** ⟨*vom Herzen gesagt*: *tätig sein*⟩ klopfen • hämmern · pulsen · pulsieren ✦ *umg*: bubbern · pumpern (*landsch*)

**Schlager**: • Hit · Evergreen · Song · Gassenhauer; Schnulze (*abwert*)

**Schlägerei**: Prügelei · Rauferei · Handgemenge · Tätlichkeiten ✦ *umg*: Holzerei ✦ *salopp*: Keilerei

**schlagfertig**: **s. sein**: den Mund auf dem rechten Fleck haben · nicht auf den Mund gefallen sein

**Schlamm**: Morast · Schlick; Modder (*norddt*); Mud (*norddt u. seem*); Schmant (*landsch*); Pflotsch (*schweiz*) ✦ *umg*: Matsch · Mansch · Pampe · Pamps · Patsche (*abwert*) ◇ Sumpf

**Schlampe** (*umg abwert*): liederliches Frauenzimmer · Vettel · Schmutzliese; Schlumpe · Ruschel · Zaupe (*landsch*)

**Schlamperei** (*abwert*): Nachlässigkeit; Hudelei (*landsch*) ✦ *umg*: Schluderei ◇ Schlendrian

**schlank**: gertenschlank · rank [und

schlank] · grazil · schmal · schmächtig; schlankwüchsig (*fachspr*); leptosom (*Med*) ◇ mager

**Schlankheitskur:** Abmagerungskur · Entfettungskur

**schlau:** pfiffig · findig · gewitzt · gewiegt · clever; anschlägig (*norddt*) ✦ *umg*: vigilant • bauernschlau (*veraltend*) ◇ klug · listig · raffiniert · überklug – **s. sein:** *umg*: Köpfchen haben · nicht auf den Kopf gefallen sein · nicht von gestern sein

**Schlauheit:** Schläue · Pfiffigkeit · Findigkeit · Gewitztheit · Gewiegtheit · Finesse • Gerissenheit · Klugheit ✦ *umg*: Vigilanz • Bauernschläue (*veraltend*)

**Schlaukopf:** Fuchs · alter / schlauer Fuchs • Filou ✦ *umg*: Pfiffikus · Schlauberger · Schlaumeier • Schlawiner · Schlitzohr ✦ *salopp*: Luder · Aas

**schlecht:** übel · miserabel · erbärmlich ✦ *umg*: mies · belemmert · unter aller Kritik · zum Davonlaufen; bescheiden (*verhüll*) ✦ *salopp*: unter aller Kanone · nichts dran ✦ *derb*: saumäßig · hundsmiserabel · beschissen · unter aller Sau ◇ minderwertig · wertlos – **es geht jmdm. s.:** **a)** ⟨*wirtschaftlich*⟩ es geht jmdm. miserabel ✦ *umg*: es geht jmdm. mies / belemmert · jmd. steckt in Schwierigkeiten · jmdm. steht das Wasser bis an den Hals; es geht jmdm. bescheiden (*verhüll*) ✦ *salopp*: es geht jmdm. dreckig · jmd. steckt im Dreck · das Wasser steht jmdm. bis an die Gurgel ✦ *derb*: es geht jmdm. saumäßig / beschissen – **b)** ⟨*gesundheitlich*⟩ es geht jmdm. miserabel · jmd. ist übel / schlimm dran ✦ *umg*: es geht jmdm. mies / belemmert; es geht jmdm. bescheiden (*verhüll*) ✦ *salopp*: es geht jmdm. dreckig ✦ *derb*: es geht jmdm. saumäßig / beschissen ◇ krank sein – **es steht s.** |mit|: es sieht schlecht aus |mit| · es steht übel / miserabel |mit| / sieht übel / miserabel aus |mit| ✦ *umg*: es steht mies |mit| / sieht mies aus |mit|

**schleifen:** • schleppen ✦ *umg*: am Boden langziehen

**schleimig:** schlüpfrig · schmierig · quallig ✦ *umg*: schlierig · glitschig · qualsterig (*landsch*) ✦ *derb*: rotzig ◇ dickflüssig

**schlendern:** flanieren · umherschlendern ✦ *umg*: schlenkern (*landsch*) ◇ spazierengehen

**Schlendrian** (*abwert*): Trott • Mißwirtschaft ✦ *derb*: Sauwirtschaft ◇ Schlamperei

**schlenkern:** schwingen · pendeln ✦ *umg*: schlackern (*norddt*) ◇ schwenken · wedeln

**Schleuder:** Katapult

**schlicht:** **1.** ⟨*Aussehen, Form*⟩ schmucklos · prunklos · kunstlos · einfach · natürlich · ungeschmückt • bescheiden – **2.** ⟨*Geist, Verstand*⟩ simpel (*oft abwert*) • einfältig · naiv

**schlichten:** beilegen · aus der Welt schaffen ◇ bereinigen

**schließen:** **1.** ⟨*Tür*⟩ zumachen · zuklinken · einklinken • ins Schloß fallen lassen ✦ *umg*: dicht machen ◇ zuschlagen – **2.** ⟨*Fenster, Behälter*⟩ zumachen · zuklappen ✦ *umg*: dicht machen ◇ zuschlagen – **3.** ⟨*Buch, Heft*⟩ zumachen · zuklappen · zuschlagen – **4.** ⟨*Geschäft, Dienststelle*⟩ zumachen · Feierabend machen ✦ *umg*: Schluß machen · dicht machen

**schließlich:** [schließlich und] endlich · zuletzt · am Ende · zum Schluß · letztlich · letzten Endes · zu guter Letzt • in der Endkonsequenz ✦ *umg*: • im Endeffekt · glücklich

**Schlinge:** Schlaufe • Schleife

**schlingern** (*Schiffe*): rollen · schaukeln • dümpeln · stampfen

**Schlitterbahn:** Rutschbahn · Eisbahn ✦ *umg*: Rutsche · Schusselbahn · Schussel · Glitschbahn · Glitsche (*landsch*)

**schlittern**: *umg*: schusseln · glitschen · schindern (*landsch*) ◇ rutschen

**Schloß**: Palast · Palais • Burg

**schlottern**: baumeln · schlenkern · schlappen ✦ *umg*: bammeln

**Schlucht**: Klamm; Tobel (*süddt österr schweiz*); Krachen (*schweiz*) • Cañon · Spalte · Kluft · Kamin; Schrund · Schrunde (*österr schweiz*) ◇ Abgrund · Tal

**Schluck**: Zug

**schlucken**: verschlucken · hinunterschlucken • hinunterwürgen ✦ *umg*: hinterschlucken (*landsch*) • verschlingen · hinunterschlingen; hinterschlingen · hinterbringen · hinterwürgen (*landsch*)

**Schlucken**: Schluckauf

**Schluderei** (*umg abwert*): Pfuscherei · Pfuscharbeit · Schluderarbeit · Schusterei; Huschelei · Hudelei · Sudelei (*landsch*) ◇ Ausschuß · Stümperei

**schludern** (*umg abwert*): pfuschen · schustern; huscheln · hudeln · sudeln (*landsch*) ✦ *salopp*: schlampen ◇ stümpern

**Schlummer**: Schläfchen ◇ Schlaf

**schlummern**: ein Schläfchen machen / halten ✦ *umg*: duseln · dösen · ein Nickerchen machen; druseln (*norddt*) ◇ schlafen

**Schlund**: Rachen · Rachenhöhle; Pharynx (*Med*) ✦ *umg*: Hals

**schlürfen**: **1.** ⟨*mit schleifenden Füßen gehen*⟩ schlurfen · schlappen • sich schleppen ✦ *umg*: schlurren (*landsch*) – **2.** ⟨*geräuschvoll essen od. trinken*⟩ *umg*: schlabbern · labbern (*landsch*) ◇ trinken

**schmackhaft**: wohlschmeckend · lekker · köstlich · delikat · deliziös · fein · gut; himmlisch (*scherzh*) • pikant · würzig ◇ appetitlich

**Schmähschrift**: Pamphlet; Pasquill (*veraltend*)

**schmarotzen** (*abwert*): sich durchbetteln ✦ *umg*: sich durchfechten · schnorren · nassauern ◇ sich durchessen

**Schmarotzer**: **1.** ⟨*Tier od. Pflanze*⟩ Parasit – **2.** *abwert* ⟨*Mensch*⟩ Parasit ✦ *umg*: Schnorrer · Nassauer ◇ Faulenzer

**schmarotzerhaft**: **1.** ⟨*Tiere od. Pflanzen*⟩ parasitär · parasitisch · schmarotzerisch – **2.** *abwert* ⟨*Mensch*⟩ parasitär · parasitisch · schmarotzerisch

**schmecken**: munden • zusagen

**Schmeichelei**: Geschmeichel · Kompliment · Artigkeit · schöne Worte; Schmeichelrede (*veraltend*) • Lobhudelei (*abwert*) ✦ *umg*: Schöntuerei · Schönrednerei · Schönrederei · Schmus · Geschmuse (*abwert*)

**schmeicheln**: umschmeicheln · Komplimente machen; die Cour machen / schneiden (*veraltend*); schöne Worte machen · nach dem Munde / zu Gefallen reden (*abwert*) • vor Liebenswürdigkeit überfließen · Süßholz raspeln (*scherzh*) ✦ *umg*: schöntun · schönreden · schmusen · Schmus machen · um den Bart gehen · Honig um den Bart schmieren · Brei um den Mund schmieren ✦ *salopp*: schleimen · Honig ums Maul schmieren

**Schmeichler**: Charmeur ✦ *umg*: Schönredner · Schöntuer · Schmuser · Schmuspeter • Schmeichelkatze

**schmeichlerisch**: *umg*: schönrednerisch · honigsüß · süß wie Honig; schleimig · schmierig (*abwert*) ◇ unterwürfig

**schmelzen**: **1.** ⟨*flüssig machen*⟩ zerschmelzen ◇ auftauen – **2.** ⟨*flüssig werden*⟩ zerschmelzen · zergehen · zerfließen · zerlaufen · zerrinnen ◇ auftauen

**Schmerz:** *gehoben*: Weh ◇ Qual – **S. empfinden:** *umg*: die Engel singen hören

**schmerzen: etw. schmerzt:** etw. tut weh • etw. geht durch Mark und Bein · etw. sticht / brennt / zieht / beißt ✦ *umg*: • etw. geht durch Mark und Pfennig (*scherzh*)

**schmerzlich:** schmerzvoll · bitter • bitterlich ◇ quälend

**schmieren** (*abwert*): schlecht / nachlässig / unleserlich schreiben · kritzeln ✦ *umg*: krakeln ✦ *salopp*: schmierakeln ✦ *derb*: eine Saupfote haben

**Schmiererei** (*abwert*): Geschmier · Kritzelei · Gekritzel ✦ *umg*: Geschmiere · Geschreibsel · Schmierage · Krakelei · Gekrakel; Hieroglyphen (*scherzh*)

**schmierig:** *umg*: schmuddlig (*abwert*) • speckig ◇ schmutzig

**schminken:** Schminke / Make-up auflegen / auftragen • zurechtmachen · Rouge auflegen / auftragen ✦ *umg*: anmalen – **sich s.:** Schminke / Make-up auflegen / auftragen • sich zurechtmachen · Rouge auflegen / auftragen · die Lippen nachziehen ✦ *umg*: sich anmalen · sich bemalen

**schmollen:** beleidigt tun · ein Gesicht machen / ziehen ✦ *umg*: eine Schippe ziehen / machen · die gekränkte / beleidigte Leberwurst spielen · einen Flunsch ziehen; eine Flappe ziehen · eine Schnute ziehen / machen (*landsch*) ✦ *salopp*: maulen ◇ grollen

**Schmuck:** Schmucksachen • Geschmeide · Juwelen · Pretiosen · Bijouterie ◇ Schmuckstück

**schmücken:** herausputzen · aufputzen · anputzen · putzen · verschönern • drapieren · verzieren ✦ *umg*: herausstaffieren ✦ *gehoben*: zieren

**Schmuckstück:** Juwel · Kleinod · Kostbarkeit • Kette · Anhänger · Ring ◇ Schmuck · Wertstück

**schmuggeln:** Schmuggel treiben ✦ *umg*: paschen

**Schmuggelware:** Schleichware · Bannware; Konterbande (*veraltend*)

**Schmutz:** Unflat · Kot (*veraltend*) • Schmiere ✦ *gehoben*: Unrat ✦ *umg*: Dreck; Schmuddel (*landsch*); Klater (*norddt*)

**Schmutzfink** (*abwert*): Schmierfink ✦ *umg*: Dreckfink · Dreckspatz · Ferkel ✦ *salopp*: Sauigel · Schweinigel · Mistfink ✦ *derb*: Sau · Schwein · Dreckschwein · Drecksau

**schmutzig:** beschmutzt · verschmutzt · angeschmutzt · unsauber · unrein · unreinlich ✦ *umg*: dreckig · verdreckt · schmuddlig · angeschmuddelt; schnuddlig (*landsch*); klaterig (*norddt*) • speckig ✦ *salopp*: mistig ✦ *derb*: saumäßig · schweinemäßig · schweinisch · säuisch ◇ fleckig · schmierig · staubig – **s. sein:** • vor Schmutz starren

**schnalzen: 1.** ⟨*mit der Zunge*⟩ schnallen (*süddt*) – **2.** ⟨*mit den Fingern*⟩ schnipsen · schnippen; knipsen (*landsch*); schnallen (*süddt*)

**Schnapsidee** (*umg*): Kateridee · verrückter Einfall ◇ Einfall

**schnarchen:** *umg*: [Holz / Bretter] sägen · einen Ast durchsägen (*scherzh*) ✦ *salopp*: mit Reißzwecken gurgeln (*scherzh*)

**schnauben:** schnaufen · prusten · pusten • blasen ✦ *umg*: schniefen · schnieben (*landsch*); pruschen (*norddt*) ◇ keuchen

**schnauzen** (*umg*): *normalspr*: brüllen • bellen · schreien ✦ *umg*: donnern · belfern ◇ schimpfen

**Schneetreiben:** Schneegestöber · Flockentanz · Flockenwirbel • Schneefall

**schneidern:** nähen

**schneien: es schneit:** die Flocken fallen · der Schnee rieselt
**Schneise:** Durchhieb (*Forstw*)
**schnell: 1.** ⟨*mit großer Geschwindigkeit*⟩ geschwind · rasch · pfeilschnell · blitzschnell · wie der Blitz; presto (*Mus*) • hurtig · in Windeseile · im Fluge · im Nu / Handumdrehen · mit Siebenmeilenstiefeln · wie ein Lauffeuer · rapid[e] ✦ *umg*: fix · flott · rasant · ruck, zuck · heidi · in einem Hui · wie der Teufel / die Feuerwehr / eine Rakete / ein geölter Blitz · mit achtzig / ...zig Sachen · in mörderischem Tempo · haste was kannste · haste nicht gesehen; im Sauseschritt (*scherzh*) • mit affenartiger Geschwindigkeit · wie von der Tarantel gestochen ✦ *salopp*: mit einem Affenzahn • wie angestochen ◇ eilig · flink · sofort – **2. schnell!** ⟨*als Aufforderung*⟩ *umg*: dalli! · Tempo, Tempo! ✦ *salopp*: ein bißchen plötzlich! · hopphopp!
**Schnellzug:** D-Zug • Expreß · Expreßzug · Eilzug
**Schnitt:** Einschnitt
**Schnitte:** Scheibe Brot · Brotschnitte · Brotscheibe · Brot; Stulle (*landsch*) ✦ *umg*: Bemme (*landsch*)
**Schnittentbindung:** Kaiserschnitt
**Schnuller:** Sauger ✦ *umg*: Lutscher · Nuckel · Zulp (*landsch*); Luller (*österr*)
**Schnürsenkel:** Senkel · Schuhband; Schnürband · Schuhriemen (*landsch*)
**schon:** bereits • [schon] lange / längst
**schön:** wunderschön · bildschön · hübsch · bildhübsch · schmuck · ästhetisch • blühend · fotogen ✦ *dicht*: hold · holdselig (*veraltend*) ✦ *umg*: blendend; sauber (*süddt österr schweiz*) ◇ entzückend · wohlgestaltet
**schonen:** schonend / sorgsam umgehen |mit| / behandeln · Rücksicht nehmen |auf| ✦ *umg*: mit Glacéhandschuhen anfassen · wie ein rohes Ei behandeln / anfassen – **sich s.**: sich pflegen (*meist scherzh*) ✦ *umg*: etw. kürzer treten; seinen Leib pflegen (*scherzh*) ◇ pflegen
**schonend:** pfleglich · sorgsam · schonungsvoll; sorglich (*veraltend*) ◇ behutsam · sanft
**schöpferisch:** kreativ · produktiv · ingeniös • erfinderisch · gestalterisch ◇ einfallsreich
**Schorf:** Grind; Borke (*norddt*); Räude (*süddt*) • Kruste
**Schornstein:** Kamin · Esse · Feueresse (*landsch*); Rauchfang (*österr*) • Schlot
**Schornsteinfeger:** Kaminfeger · Essenkehrer (*landsch*); Rauchfangkehrer (*österr*)
**schräg:** kursiv (*fachspr*) • quer ◇ schief
**Schramme: 1.** ⟨*Hautverletzung*⟩ Kratzer · Riß · Ritz · Schrunde · Schürfung ✦ *umg*: Schmarre · Ritzer · Schmiß ◇ Narbe · Verletzung – **2.** ⟨*Beschädigung an einem Gegenstand*⟩ Kratzer · Ritz · Riß · Scharte ✦ *umg*: Ritzer
**Schranke:** Schlagbaum · Barriere; Schranken (*österr*)
**Schreck:** Schrecken · Erschrecken · Entsetzen • Schock · Bestürzung
**Schreckensbotschaft:** Schreckensnachricht · Hiobsbotschaft · Unglücksbotschaft
**Schrei:** Ruf • Aufschrei
**schreiben:** • zur Feder greifen ✦ *umg*: pinseln ◇ schmieren
**schreien:** rufen · brüllen • einen Schrei ausstoßen · grölen ✦ *umg*: kreischen · plärren · johlen • donnern · röhren ✦ *salopp*: quäken; bläken (*landsch*)
**Schriftstück:** Schreiben · Papier • Dokument · Skript · Urkunde · Akte · Unterlage ✦ *umg*: Schrieb (*oft ab-*

wert) ✦ *salopp*: Wisch (*abwert*) ✦ *derb*: Arschwisch (*abwert*) ◇ Brief
**Schriftzeichen:** Buchstabe · Type ◇ Letter
**schrill:** grell · gellend · gell · durchdringend · markerschütternd • überlaut · kreischend
**schröpfen:** *umg*: rupfen · ausnehmen · ausräubern; erleichtern · zur Ader lassen (*scherzh*) • bis aufs Hemd ausziehen ✦ *salopp*: flöhen ◇ abgewinnen
**Schrott:** Altmetall • Alteisen ◇ Altstoff
**schrullig:** wunderlich · kauzig · verschroben · spleenig · schrullenhaft · grillig · grillenhaft · schnurrig · skurril · bizarr • eigenbrötlerisch ✦ *umg*: überkandidelt ◇ altjüngferlich · merkwürdig – **s. sein:** einen Spleen haben ✦ *umg*: einen Tick haben ✦ *salopp*: eine Macke haben
**schrumpfen:** einschrumpfen · zusammenschrumpfen · sich zusammenziehen • zusammentrocknen · eintrocknen · eingehen · einlaufen ✦ *umg*: [ein]schrumpeln · zusammenschrumpeln · einhutzeln (*landsch*)
**schüchtern:** befangen · scheu • verschüchtert ✦ *umg*: gschamig (*süddt österr*) ◇ gehemmt · schamhaft
**Schüchternheit:** Befangenheit · Scheu ◇ Hemmung · Schamhaftigkeit – **die S. ablegen:** die Scheu verlieren ✦ *umg*: auftauen
**schuften** (*umg*): rackern · arbeiten, daß die Schwarte knackt · wie ein Pferd arbeiten · wuchten; wurzeln (*landsch*) ◇ sich abmühen · arbeiten
**Schuhe:** • Schuhwerk ✦ *umg*: Treter (*oft abwert*) ✦ *salopp*: Latschen · Gurken · Kähne · Quanten (*oft abwert*)
**Schuhmacher:** Schuster; Flickschuster (*veraltend abwert*)
**Schulanfänger:** Erstkläßler · Abc-Schütze
**Schuld:** Verschulden
**Schulden:** Schuld · Verbindlichkeiten · Passiva • Rückstände · Verpflichtungen – **S. haben:** in Schulden stecken ✦ *umg*: in der Kreide stehen |bei|
**schuldig:** schuldbeladen · in Schuld verstrickt; fehlbar (*schweiz*) • schuldhaft ✦ *gehoben*: schuldvoll
**Schule:** • Lehranstalt · Bildungsanstalt · Bildungsstätte – **zur S. gehen:** die Schule besuchen ✦ *umg*: die Schulbank drücken
**schulmeistern** (*abwert*): dozieren · belehren wollen
**Schulranzen:** Ranzen; Tornister (*landsch*); Schulsack (*schweiz*) ◇ Schultasche
**Schultasche:** Schulmappe ◇ Schulranzen
**Schulter:** *umg*: Achsel
**Schund** (*abwert*): Plunder · Ramsch · Tand · Schleuderware • Kitsch · Ladenhüter ✦ *umg*: Tinnef; Schrutz (*landsch*) ✦ *salopp*: Mist ◇ Ausschuß · Kram · Talmi
**Schundliteratur** (*abwert*): Schund · Schmutzliteratur • Groschenhefte · Groschenromane
**Schuppen:** Remise (*veraltend*); Schauer (*landsch*); Schupfen (*süddt österr*)
**schüren:** anfachen · anschüren · anblasen
**Schurke** (*abwert*): Schuft · Halunke · Lump · Gauner · Ganove · Strolch · Spitzbube · Individuum · Kanaille · Hundsfott; Bube (*veraltend*); Schubiack (*norddt*); Fötzel (*schweiz*) ✦ *umg*: Lumpenkerl; Falott (*österr*) ✦ *salopp*: Dreckskerl · Dreckstück · Mistkerl ✦ *derb*: Saukerl · Schwein · Schweinehund ◇ Verbrecher
**Schurkerei** (*abwert*): Lumperei; Schurkenstreich · Bubenstreich (*veraltend*) • Gemeinheit ◇ Verbrechen

**Schüssel:** Napf; Asch · Kumme (*landsch*) • Terrine ◇ [1]Schale
**Schußwaffe:** Handfeuerwaffe • Waffe ✦ *umg*: Schießeisen ◇ Gewehr · Pistole
**Schutt** (*Geol*): Geröll • Grus · Geschiebe
**schütteln:** rütteln
**Schutz:** **1.** ⟨*das Schützen*⟩ Sicherung; Deckung (*bes. Milit*) – **2.** ⟨*das Schützende*⟩ • Bedeckung · Geleit ✦ *gehoben*: Hut · Obhut
**schützen:** beschützen · sichern · abschirmen · absichern · behüten · Schutz gewähren · die Hand halten |über| • bewachen · bewahren · verteidigen · den Rücken decken ✦ *gehoben*: beschirmen · hüten
**Schutzgebiet:** Reservat · Reservation • Naturschutzgebiet
**Schutzhülle:** Hülle · Überzug; Schoner (*veraltend*) • Futteral · Mantel
**schutzlos:** ungeschützt · ohne Schutz · unbeschützt ✦ *gehoben*: unbehütet
**schwach:** **1.** ⟨*Körper*⟩ matt · schlapp · schlaff · schwächlich; asthenisch (*Med*) ✦ *umg*: piepsig ◇ erschöpft · kraftlos – **2.** ⟨*Stimme*⟩ zart · dünn ✦ *umg*: piepsig
**Schwäche:** **1.** ⟨*Mangel an Körperkraft*⟩ Schwachheit · Mattigkeit · Schlappheit · Schlaffheit · Schwächezustand · Entkräftung; Asthenie (*Med*) • Erschöpfung – **2.** ⟨*Merkmal der Unvollkommenheit*⟩ Mangel · Fehler; Schwachheit (*selten*) ✦ *umg*: schwache Seite ◇ Achillesferse
**Schwächling** (*abwert*): *umg*: Kümmerling; Schwachmatikus (*scherzh*) ✦ *salopp*: Schlappschwanz · Schlappsack ◇ Weichling
**Schwachsinn:** Geistesschwäche · Schwachsinnigkeit · Blödheit; Imbezillität · Debilität · Idiotie · Kretinismus (*Med*) • Geisteskrankheit ◇ Stumpfsinn
**schwachsinnig:** geistesschwach · blödsinnig · blöd; imbezill · debil · idiotisch (*Med*) ◇ geisteskrank – **s. sein:** *salopp*: einen weghaben · eine weiche Birne haben · nicht ganz rund laufen (*meist scherzh*)
**schwafeln** (*abwert*): daherreden · dummes Zeug reden · Phrasen / leeres Stroh dreschen · Stuß reden ✦ *salopp*: käsen · Käse reden (*landsch*) ◇ faseln · schwatzen
**schwanger:** gravid (*Med*) – **s. sein:** in anderen Umständen sein · ein Kind / Baby / etw. Kleines erwarten / bekommen · Mutter werden ✦ *gehoben*: Mutterfreuden entgegensehen · sich Mutter fühlen · guter Hoffnung sein · ein Kind unter dem Herzen tragen ✦ *umg*: ein Kind kriegen · Zuwachs erwarten • in die Wochen kommen
**schwängern:** *salopp*: ein Kind machen / andrehen ✦ *derb*: anbuffen · dick machen ◇ zeugen
**Schwangerschaftsabbruch:** Unterbrechung · Schwangerschaftsunterbrechung ◇ Abtreibung · Fehlgeburt
**schwanken:** wanken · torkeln · taumeln • wackeln ✦ *umg*: schaukeln; Schlagseite haben (*scherzh*)
**Schwanz:** Schweif; Zagel (*landsch*); Sterz (*norddt*) • Wedel · Lunte · Bürzel · Rute · Blume · Standarte (*weidm*)
**schwärmen:** phantasieren · träumen
**Schwärmer:** Schwarmgeist · Phantast · Träumer · Idealist · Romantiker · Illusionist · Traumtänzer
**Schwärmerei:** Phantasterei · Träumerei · Romantik
**Schwarzfahrer:** blinder Passagier
**schwatzen:** schwadronieren; parlieren (*veraltend*) ✦ *umg*: wie ein Buch reden; plappern · palavern · schnattern · sabbeln · sabbern · schlabbern (*abwert*); schwabbeln · schwätzen · babbeln · labbern · quackeln · kakeln (*landsch*) • salbadern ✦ *salopp*:

quatschen · quasseln (*abwert*) ✦ *derb*: jmdm. geht der Mund wie ein Entenarsch ◇ faseln · schwafeln · sprechen · sich unterhalten
**Schwätzer:** Schwadroneur; Fabulant (*veraltend*) ✦ *umg*: Wortemacher · Plapperer · Plapperhans (*abwert*) • Salbader ✦ *salopp*: Quatschkopf · Quasselstrippe · Quasselfritze · Plappermaul (*abwert*) ◇ Phrasendrescher
**Schwätzerin:** Plaudertasche (*scherzh*) ✦ *umg*: Klatschbase · Klatschtante · Plapperliese · Plappertasche · Schwatzbase (*abwert*); Raffel (*landsch*) ✦ *salopp*: Klatsche · Klatschweib · Klatschtrine · Klatschmaul · Quatschliese · Quasseltante · Schnattergans · Schnatterente · Waschweib (*abwert*)
**schweigen: 1.** ⟨*nicht sprechen, nicht antworten*⟩ nichts sagen · still / stumm sein · den Mund halten · stillschweigen · sich in Schweigen hüllen · kein Sterbenswort sagen ✦ *umg*: den Schnabel / Rand / die Klappe halten; nicht meff sagen (*landsch*) ✦ *salopp*: nicht piep / pieps sagen · keinen Piep / Pieps sagen • Sendepause haben · die Luft anhalten ✦ *derb*: das Maul / die Schnauze / Fresse halten – **2.** ⟨*ein Geheimnis für sich behalten*⟩ nichts / kein Sterbenswort sagen · Stillschweigen bewahren · sich ausschweigen · wie das Grab schweigen · den / reinen Mund halten · keine Silbe verraten · seine Zunge hüten / zügeln / im Zaum halten • sich in Schweigen hüllen · kein Wort verlieren · sich lieber die Zunge abbeißen / auf die Zunge beißen ✦ *umg*: dichthalten · den Schnabel / Rand / die Klappe halten ✦ *derb*: das Maul / die Schnauze / Fresse halten ◇ verschweigen
**schweigend:** stumm · wortlos · stillschweigend • tonlos ✦ *umg*: stumm wie ein Fisch
**schweigsam:** redescheu ◇ wortkarg
**Schwein: 1.** ⟨*allgemein*⟩ Hausschwein (*fachspr*); Borstenvieh · Borstentier (*scherzh*); Sau (*landsch*) – **2.** ⟨*das weibl. Tier*⟩ Sau • Mutterschwein
**schwelgen:** schlemmen · prassen ✦ *umg*: Fettlebe machen (*landsch*) ◇ im Überfluß leben
**schwenken:** schwingen · wedeln ◇ schlenkern
**schwer:** bleischwer · [schwer] wie Blei • lastend · drückend
**schwerbeschädigt:** körperbehindert · behindert · versehrt • verkrüppelt ◇ invalid[e]
**schwerfallen: etw. fällt jmdm. schwer:** etw. macht jmdm. Mühe · etw. wird jmdm. schwer / sauer ✦ *umg*: etw. kommt jmdm. schwer / sauer an
**schwerfällig:** unbeholfen · langsam • schwerblütig ✦ *umg*: lahm · tranig ✦ *derb*: lahmarschig ◇ träge · ungeschickt
**Schwerkraft:** Anziehungskraft · Schwere · Gravitation · Erdanziehung
**schwerlich:** kaum · wahrscheinlich / vermutlich nicht
**Schwermut:** Trübsinn · Melancholie · Grillenfängerei • Hypochondrie (*Med*)
**schwermütig:** trübsinnig · melancholisch • hypochondrisch (*Med*)
**Schwerpunkt:** Schwergewicht · Hauptgewicht • Hauptbedeutung ◇ Hauptsache
**schwierig:** schwer · mit Schwierigkeiten verbunden · problematisch · kompliziert · diffizil · subtil · vielschichtig • langwierig ✦ *gehoben*: steinig · dornig ✦ *umg*: knifflig · verzwickt · verzwackt · vertrackt · verteufelt; knaupelig (*landsch*) ◇ beschwerlich · verwickelt – **etw. ist s.:** etw. ist kein Kinderspiel • etw. ist eine schwere Geburt (*scherzh*)

**Schwierigkeit:** Problem · Problematik · Kompliziertheit · Diffizilität · Subtilität · harte Nuß • Klippe ✦ *umg*: harter Brocken – **verborgene S.**: Pferdefuß ✦ *umg*: Haken
**Schwindel:** Taumel · Schwindelanfall · Schwindelgefühl; Torkel (*landsch*) • Benommenheit ✦ *umg*: Dusel ✦ *salopp*: Schwiemel (*norddt*)
**schwindelig:** taumelig ✦ *umg*: duselig · dumm · schwummerig ✦ *salopp*: schwiemelig (*norddt*) ◇ benommen – **jmdm. ist s.**: jmdm. schwindelt ✦ *salopp*: jmd. hat den Drehwurm (*scherzh*)
**schwingen:** pendeln · schaukeln · sich wiegen ✦ *umg*: baumeln ✦ *salopp*: bammeln (*landsch*)
**Schwingung:** Pendelbewegung; Oszillation (*Phys*)
**schwitzen:** transpirieren • in Schweiß geraten ✦ *salopp*: dampfen
**schwören:** einen Eid / Schwur ablegen / leisten • beschwören · beeiden ✦ *gehoben*: • beeidigen ✦ *umg*: Stein und Bein schwören ◇ versichern
**schwül:** drückend · feuchtwarm • gewitterschwül · gewittrig ✦ *umg*: demsig (*landsch*) ◇ heiß
**schwülstig:** bombastisch · geschwollen · geschraubt · hochtönend · hochtrabend • blumig
**Schwung:** Elan · Temperament · Verve · Impetus • Dynamik ✦ *umg*: Schmiß ◇ Leidenschaft
**schwungvoll:** mit Elan · temperamentvoll • beschwingt ✦ *umg*: schmissig ◇ energiegeladen · lebhaft · leidenschaftlich
**See** (*Mask*): Binnensee • Gewässer ◇ Teich
**Seegang:** Dünung · Wellengang · Wellen
**seekrank: s. sein**: Neptun opfern (*scherzh*) ✦ *umg*: die Fische füttern (*scherzh*) ◇ sich übergeben
**Seele:** Psyche · das Innerste · Seelenleben · Innenleben • Herz · Wesen · Gemüt
**seelenlos:** automatenhaft · wie ein Automat • ohne innere Anteilnahme
**Seeräuber:** Pirat; Korsar · Freibeuter · Flibustier (*hist*)
**Segelschiff:** Segler · Windjammer
**sehen:** schauen (*bes. süddt österr schweiz*) ✦ *umg*: gucken; kucken (*norddt*) ◇ ansehen · blicken · spähen
**sehenswert:** sehenswürdig · interessant
**sehnen: sich s.**: Sehnsucht haben · von Sehnsucht erfüllt sein · vor Sehnsucht vergehen
**sehnig:** drahtig · nervig ◇ kräftig
**Sehnsucht:** Sehnen · Verlangen; Schmachten (*meist scherzh*) • Heimweh · Fernweh ◇ Verlangen
**sehnsüchtig:** sehnlich · sehnsuchtsvoll · verlangend · voller Sehnsucht / Verlangen
**sehr:** recht · arg · beträchtlich · beachtlich · bedeutend · ausnehmend · denkbar · stark · ungemein · überaus · außerordentlich · außergewöhnlich · ungeheuer · unermeßlich · unendlich · unbeschreiblich · unsagbar · unsäglich · äußerst · höchst · zutiefst · aufs höchste · in hohem / höchstem Maße / Grade · über alle Maßen; gar (*süddt österr schweiz*) • höchlich · unbändig · abgöttisch · bitter · bitterlich · grenzenlos · wie die Pest ✦ *umg*: so · unheimlich · unsinnig · irrsinnig · rasend · riesig · kolossal · schrecklich · furchtbar · fürchterlich · entsetzlich · schändlich · verteufelt · verflixt; bannig (*norddt*) • klotzig · lausig · diebisch · sündhaft · mörderisch · mordsmäßig · höllisch · ekelhaft; aasig (*landsch*) ✦ *salopp*: verdammt · verflucht

**Sehvermögen:** Sehkraft · Sehfähigkeit · Augenlicht · Gesichtssinn
**Seil:** Strick · Strang · Tau · Leine; Reep (*seem*)
**seitdem:** **1.** ⟨*von einem bestimmten Zeitpunkt an*⟩ seit · seither · seit dieser / jener Zeit · seit damals · von da an ◇ danach – **2.** ⟨*Konjunktion*⟩ seit
**Seitenansicht:** Profil
**seitlich:** an / auf der Seite
**seitwärts:** nach der Seite · zur Seite hin · auf die Seite
**Sekt:** • Champagner · Schaumwein ✦ *umg*: Schampus
**selbständig:** eigenständig · eigenverantwortlich · souverän • flügge (*scherzh*) ◇ unabhängig – **s. sein:** auf eigenen Füßen / Beinen stehen
**Selbstbefriedigung:** Onanie · Masturbation · Ipsation
**Selbstbetrug:** Selbsttäuschung frommer Betrug
**selbstbewußt:** selbstsicher · erfolgssicher · sicher ◇ stolz · überheblich
**Selbstbewußtsein:** Selbstsicherheit · Selbstgefühl · Sicherheit • Selbstvertrauen · Stolz
**selbstlos:** uneigennützig · altruistisch · unter Hintansetzung der eigenen Person • hingebend · hingebungsvoll · mit Hingebung ◇ entsagungsvoll · großherzig
**Selbstlosigkeit:** Uneigennützigkeit · Altruismus • Selbstverleugnung · Selbstaufopferung
**Selbstmord:** Freitod · Suizid · Selbsttötung • Harakiri – **S. begehen:** Selbstmord verüben · sich das Leben nehmen · sich umbringen · sich [selbst] töten · Hand an sich legen · von eigener Hand sterben · den Freitod wählen · [freiwillig] aus dem Leben gehen · seinem Leben ein Ende machen · sich ein Leid / etwas antun · Suizid begehen / verüben; sich entleiben (*veraltend*) ✦ *umg*: Schluß machen ◇ sich erhängen · sich erschießen
**selbstsüchtig:** egoistisch · ichsüchtig · eigensüchtig · selbstisch • eigennützig ◇ rücksichtslos
**selbstverständlich:** natürlich · natürlicherweise · selbstredend · freilich · ohne Frage – **s. sein:** sich von selbst / selber verstehen · sich am Rande verstehen ✦ *salopp*: klar wie Kloßbrühe / dicke Tinte sein (*scherzh*) ✦ *derb*: arschklar sein – **selbstverständlich!:** natürlich! · selbstredend! · gewiß doch! · ohne Frage! · allerdings! ✦ *umg*: klar! · klarer Fall! · eisern!
**selbstzufrieden:** saturiert · satt (*abwert*) • übersättigt
**selten:** rar · fast nie • nicht oft ✦ *umg*: alle Jubeljahre [einmal] ◇ manchmal · spärlich · vereinzelt
**senden:** ausstrahlen · bringen • übertragen · aussenden
**senken:** **1.** ⟨*auf ein niedrigeres Niveau bringen*⟩ herabsetzen · heruntersetzen · heruntergehen |mit| • ermäßigen · verbilligen · ablassen · abbauen – **2. sich s.:** ⟨*sich nach unten bewegen*⟩ sich setzen · sich absenken · absinken · einsinken · zusammensinken • sich neigen ✦ *umg*: absakken · zusammensacken · einsacken · sacken
**senkrecht:** lotrecht · vertikal
**Sensationspresse** (*abwert*): Boulevardpresse · Asphaltpresse · Revolverpresse
**Serie:** Satz · Reihe · Garnitur; Charge (*Pharm*)
**setzen: sich s.:** sich hinsetzen · sich niedersetzen · Platz nehmen · sich niederlassen; niedersitzen (*landsch*) • seinen Platz einnehmen · die Plätze einnehmen · es sich bequem machen ✦ *umg*: sich plazieren · sich auf seine vier Buchstaben / seinen Allerwertesten setzen (*scherzh*)

**Seuche:** Epidemie • Infektionskrankheit ◇ Krankheit
**Seufzer:** Stoßseufzer · Ächzer • Schluchzer
**Sexualität:** Geschlechtlichkeit · Sexus ✦ *umg*: Sex ◇ Sinnlichkeit
**sexuell:** geschlechtlich ◇ sinnlich
**sezieren:** obduzieren • öffnen · zerlegen
**sicher:** **1.** ⟨*keiner Gefahr ausgesetzt*⟩ geschützt · ungefährdet · in Sicherheit · außer Gefahr · gesichert ◇ geborgen · ungefährlich – **2.** ⟨*nicht irrend bzw. fehlend*⟩ unfehlbar · mit nachtwandlerischer Sicherheit • untrüglich – **3.** ⟨*bestimmt eintretend bzw. bestehend*⟩ unanfechtbar · unbestreitbar · unwiderlegbar · unwiderleglich · unangreifbar · unstreitig · unbestritten · unleugbar · unzweifelhaft · unbezweifelbar · zweifelsfrei · erwiesen · verbürgt · authentisch · zuverlässig · gesichert · fundiert · hieb- und stichfest ✦ *umg*: todsicher · hundertprozentig · sicher wie das Amen in der Kirche • ausgemacht ◇ gewiß
**sichergehen:** kein Risiko eingehen · sich absichern · sich versichern · sich rückversichern ✦ *umg*: auf Nummer Sicher gehen · sich [stets] eine Hintertür offenhalten
**sicherstellen:** **1.** ⟨*einem unberechtigten Zugriff entziehen*⟩ sichern · in Verwahrung / Gewahrsam nehmen • sich versichern – **2.** ⟨*verhindern, daß etw. unterbrochen od. eingeschränkt wird*⟩ sichern · gewährleisten · garantieren ◇ gewährleisten
**sichtbar:** erkennbar · kenntlich • in Sicht · wahrnehmbar ✦ *gehoben*: schaubar
**Siedlung:** Ansiedlung · Niederlassung · Kolonie ◇ Ort
**siegen:** den Sieg erkämpfen / erringen / davontragen · Sieger werden · Sieger bleiben · als Sieger hervorgehen |aus| · gewinnen · die Oberhand behalten ✦ *gehoben*: die Palme des Sieges erringen ✦ *umg*: das Rennen machen ◇ besiegen
**Sieger:** Gewinner • Besieger
**siegreich:** erfolgreich • preisgekrönt ✦ *gehoben*: sieggekrönt · erfolggekrönt
**Sigel:** Kürzel · Abkürzungszeichen
**signalisieren:** Signal / Zeichen geben • blinken · winken
**silieren** (*Landw*): einsäuern · einsilieren
**singen:** **1.** ⟨*Menschen*⟩ grölen · plärren (*abwert*) • trällern · trillern · schmettern · summen · jodeln · tremolieren – **2.** ⟨*Vögel*⟩ • tirilieren · quirilieren · quinkelieren · trillern · pfeifen · schlagen · zwitschern ◇ piepen
**Sinn:** Sinngehalt · Bedeutung · Gehalt
**Sinnestäuschung:** Halluzination · Trugbild · Täuschung · Phantom · Phantasma · Phantasmagorie · Schimäre · Vision · Erscheinung • Fata Morgana · Wahnvorstellung · Fieberphantasie ◇ Einbildung
**sinngemäß:** dem Sinne nach · [dem Sinn] entsprechend · analog
**sinnlich:** erotisch; fleischlich (*veraltend*) • wollüstig · triebhaft · animalisch · genußfreudig ◇ lüstern · sexuell
**Sinnlichkeit:** Erotik · Eros; Fleischlichkeit (*veraltend*) • Triebhaftigkeit · Sinnenfreude · Genußfreude · sinnliche Liebe ◇ Sexualität
**sinnlos:** unsinnig · widersinnig · töricht • ungereimt · lächerlich ✦ *umg*: blödsinnig · blöd ◇ unvernünftig · widersinnig – **etw. ist s.:** etw. hat keinen Sinn / weder Sinn noch Verstand
**Sinnlosigkeit:** Unsinnigkeit · Widersinnigkeit · Torheit ✦ *umg*: Blödsinnigkeit ◇ Widersinn

**sinnreich:** sinnvoll · sinnig · vernünftig · zweckvoll · mit Verstand gemacht ◇ zweckmäßig
**Sinnspruch:** Sentenz · Denkspruch • Gnome
**sittenstreng:** puritanisch ◇ sittlich
**sittlich:** moralisch · ethisch ◇ sittenstreng
**sittsam** (*veraltend*): züchtig · tugendhaft · tugendsam · sittlich ◇ wohlerzogen
**sitzen:** *umg*: hocken • dahocken
**Sitzung:** Besprechung · Konferenz • Session ◇ Beratung · Tagung · Versammlung
**Skandal:** Eklat · Aufsehen · Sensation • Stadtgespräch
**Skat: S. spielen:** *umg*: skaten · einen [Skat] klopfen ✦ *salopp*: Skat dreschen
**Skelett:** Gerippe · Knochengerüst ✦ *gehoben*: Gebein
**Ski:** Schi · Schneeschuh · Brett; Brettel (*süddt österr*)
**so:** **1.** ⟨*die Form des Geschehens bezeichnend*⟩ auf diese [Art und] Weise · in dieser Weise · folgendermaßen · folgenderweise · auf folgende Weise · wie folgt · derart · derartig · dergestalt · solcherart · solcherweise · solchermaßen; dieserart (*bes. österr*) • dahingehend – **2.** ⟨*den Grad bezeichnend*⟩ dermaßen · derart · derartig · solch
**sobald:** sowie · [gleich] wenn
**Sockel:** Fuß · Postament · Piedestal
**Sofa:** Kanapee (*veraltend, oft scherzh*) • Couch · Liege; Chaiselongue · Diwan · Ottomane (*veraltend*)
**sofort:** gleich · sogleich · unverzüglich · ohne Verzug · augenblicklich · augenblicks · spornstreichs · schleunigst · geradewegs · auf schnellstem Wege · auf der Stelle · prompt; stracks · unverweilt · ungesäumt (*veraltend*) • stehenden Fußes · umgehend · postwendend · direkt · alsbald · flugs · im Nu · im Handumdrehen ✦ *umg*: schnurstracks · a tempo • auf Anhieb ◇ eilends · plötzlich · schnell
**sofortig:** unverzüglich · augenblicklich · prompt · schleunig • alsbaldig
**sogar:** selbst noch · auch • ja [sogar] · mehr noch · um nicht zu sagen
**Sohn:** • Junge; Sohnemann (*vertraul*); Filius (*scherzh*); Stammhalter (*meist scherzh*) ✦ *umg*: Sprößling · Ableger (*scherzh*)
**solch:** dementsprechend · derlei · dergleichen · derartig · solcherlei · dieserart • ebensolch
**Soldat: S. sein:** den Wehrdienst / Ehrendienst / seine Dienstzeit ableisten ✦ *umg*: bei der Armee / bei den Soldaten sein; bei der Fahne sein (*meist scherzh*) – **S. werden:** seinen Wehrdienst antreten · [zum Wehrdienst] einberufen / eingezogen werden; einrücken (*veraltend*) ✦ *umg*: zur Armee gehen; zur Fahne gehen (*meist scherzh*)
**Solidarität:** Zusammengehörigkeitsgefühl · Zusammengehörigkeit · Verbundenheit ◇ Gemeinsamkeit
**Soll:** **1.** ⟨*das zu erbringende Ergebnis*⟩ Planauflage · Planaufgabe · Plansoll · Auflage • Arbeitsnorm – **2.** ⟨*linke Seite eines Kontos*⟩ Debet
**sollen:** müssen ✦ *gehoben*: obliegen ◇ verpflichtet sein
**sommerlich:** hochsommerlich • heiß · tropisch ◇ sonnig
**Sonderling:** Eigenbrötler · Original · Kauz ✦ *umg*: Unikum · Type · Krauter · [putzige] Gurke · komischer / ulkiger Vogel · wunderliche Haut; Kruke (*norddt*)
**sondern:** vielmehr · im Gegenteil ◇ dagegen
**Sonne:** • Zentralgestirn ✦ *umg*: Klärchen (*landsch scherzh*) ◇ Stern
**sonnengebräunt:** gebräunt · braun · braungebrannt · sonnenverbrannt

**sonnig:** heiter · schön · freundlich · prächtig · strahlend • sonnendurchflutet ✦ *gehoben:* sonnenhell • durchsonnt ◇ hell · klar · sommerlich

**sonntäglich:** sonntägig • feiertäglich · festtäglich

**Sorge:** Besorgnis · Befürchtung · Beunruhigung · Unruhe · Bekümmernis · Kümmernis ◇ Kummer – **Sorgen haben:** schlaflose Nächte haben · sein Päckchen zu tragen haben ✦ *umg:* einen dicken Kopf haben ◇ sich sorgen

**sorgen:** **1. s.** |für|: ⟨*mit Fürsorge umgeben*⟩ umsorgen · versorgen · betreuen · besorgen · sich kümmern |um| · sich bekümmern |um| · sich bemühen |um| • bemuttern ✦ *umg:* herum sein |um| ◇ helfen · pflegen – **2. sich s.:** ⟨*im Denken von Furcht und Hoffnung zugleich bestimmt werden*⟩ sich Sorgen / Gedanken machen · in Sorge sein · besorgt sein · fürchten |für| · bangen |um| · sich abängstigen · sich abhärmen · sich abgrämen ◇ Sorgen haben

**sorgenfrei:** sorgenlos · frei von Sorgen · ohne Sorgen · unbeschwert · unbelastet · leicht

**sorgenvoll:** sorgenbeladen · kummervoll · gramvoll · gramerfüllt · vergrämt · verhärmt

**sorgfältig:** sorgsam · akkurat · ordentlich · sauber · peinlich · penibel · gründlich · genau · gewissenhaft; sorglich (*veraltend*) • ängstlich · reinlich

**sorglos:** unbekümmert · unbesorgt ◇ leichtlebig · leichtsinnig – **s. sein:** sich keine Sorgen machen ✦ *umg:* sich keine grauen Haare wachsen lassen

**Soße:** Tunke; Stippe (*landsch*)

**souverän:** eigenstaatlich • selbständig · autonom ◇ unabhängig

**sowieso:** **1.** ⟨*auch ohne die vorher genannten Umstände*⟩ ohnehin · ohnedies · auf alle Fälle · auf jeden Fall ✦ *umg:* eh (*süddt österr*) – **2. Herr Sowieso:** ⟨*ein Mann, der nicht näher bezeichnet werden kann*⟩ Herr Soundso ✦ *umg:* [Herr] Dings · [Herr] Dingsda ✦ *salopp:* [Herr] Dingsbums

**spähen:** äugen • sichern · verhoffen (*weidm*) ✦ *gehoben:* lugen (*veraltend*) ✦ *umg:* luchsen · linsen; illern (*landsch*) ◇ sehen · starren

**Spalt:** Spalte · Schlitz · Ritz · Ritze; Klinse · Klinze (*landsch*) • Fuge · Loch · Einschnitt ◇ Lücke · Riß

**spalten:** zerspalten · aufspalten; klieben (*süddt österr*)

**Span:** Splitter; Spleiß (*landsch*)

**spannen:** straffen · straffziehen · strammziehen; strammen (*selten*) • anziehen · anspannen

**spannend:** packend · fesselnd · dramatisch · aufregend · atemberaubend • interessant ◇ erregend

**sparen:** zurücklegen · auf die Seite legen · [sein Geld] auf die hohe Kante legen · beiseite legen · weglegen · wegtun • aufsparen · einsparen · abzweigen ◇ geizen

**spärlich:** dünn · licht · schütter · sparsam • kümmerlich · dürftig ✦ *umg:* dünngesät ◇ selten · vereinzelt · wenig

**sparsam:** haushälterisch · wirtschaftlich · ökonomisch ◇ geizig – **s. sein:** rechnen · mit dem / jedem Pfennig rechnen / sparen ◇ geizig sein · haushalten

**Spaß:** Ulk · Schelmerei • Hanswursterei · Hanswurstiade · Harlekinade ✦ *umg:* Jux · Fez ◇ Scherz · Streich · Witz

**spaßig:** spaßhaft · ulkig · putzig · drollig · scherzhaft • possierlich · neckisch · witzig · humoristisch · schalkhaft · schelmisch ◇ komisch · lustig · unterhaltsam

**Spaßvogel:** Witzbold · Schelm · Schäker · Schalk ✦ *umg*: Nummer · Marke · fideles Haus / Huhn ◇ Komiker

**spät:** in letzter Sekunde / Minute / Stunde · in elfter Stunde • verspätet

**Spaten:** Grabscheit (*landsch*) ◇ Schaufel

**spazierengehen:** einen Spaziergang machen; spazieren (*veraltend*) • promenieren · hinausgehen · sich die Beine vertreten · [ein wenig] Luft schnappen · sich Bewegung verschaffen ✦ *gehoben*: lustwandeln · auswandeln (*veraltend*) • sich ergehen ✦ *umg*: bummeln ◇ schlendern

**Spedition:** Speditionsbetrieb · Speditionsgeschäft · Transportfirma · Fuhrunternehmen; Camionnage (*schweiz*)

**Speichel:** • Geifer · Schaum; Sabber · Sabbel (*landsch*) ✦ *umg*: Spucke

**Speicher:** Lagerhaus · Lagerhalle · Depot · Silo ◇ Lager

**Speiseeis:** Eis · Gefrorenes; Glace (*schweiz*)

**Speisesaal:** Speiseraum · Kantine; Messe (*seem*) • Mensa

**Speisezettel:** Speiseplan · Küchenzettel • Speisekarte ✦ *umg*: Magenfahrplan (*scherzh*)

**Spende:** Obolus · Scherflein · Gabe; Almosen (*veraltend*); milde Gabe (*meist nur noch scherzh*) • Beitrag ◇ Geschenk

**spenden:** stiften · seinen Obolus entrichten · sein Scherflein beitragen • zeichnen · opfern ✦ *umg*: spendieren ◇ schenken

**Sperling:** Spatz

**Sperre:** Absperrung • Barriere · Hindernis

**sperren:** absperren · abriegeln • abschließen · blockieren ◇ absperren · versperren

**Spiel:** Partie (*bes. Schach*)

**spielen:** ein Spiel machen ✦ *umg*: ein Spielchen machen (*bes. Skat od. dgl.*)

**Spielfeld:** Spielplatz • Rasen · Sportplatz

**Spielplatz:** Spielwiese · Tummelplatz • Sandkasten ✦ *umg*: • Buddelkasten (*landsch*)

**Spießbürger** (*abwert*): Spießer · Philister · Banause · Biedermann · Schildbürger • Krämer

**spießbürgerlich** (*abwert*): spießig · spießerhaft · philisterhaft · philiströs · engstirnig

**Spionage: S. treiben:** als Spion / Agent tätig sein · spionieren • auskundschaften · erkunden

**spitz:** nadelspitz; spitzig (*veraltend*) • lanzettförmig

**Spitzel** (*abwert*): Aufpasser · Spion · Achtgroschenjunge; Konfident (*österr*) ✦ *umg*: Schnüffler ◇ Agent · Zuträger

**Spitzenleistung:** Höchstleistung · Gipfelleistung · Meisterleistung · Glanzleistung • Bestleistung · Rekord – **Spitzenleistungen erzielen:** die Spitze halten · an der Spitze / an erster Stelle stehen · den ersten Platz / die erste Stelle einnehmen · führen · führend sein

**Spitzensportler:** Crack • Meister · Champion ✦ *umg*: As · Kanone

**spitzfindig** (*abwert*): haarspalterisch · wortklauberisch · sophistisch · rabulistisch · kasuistisch · scholastisch; silbenstecherisch (*veraltend*) • jesuitisch · talmudistisch ◇ kleinlich – **s. sein:** Haare spalten

**Spitzname:** Spottname · Scherzname · Neckname; Übername (*Sprachw*); Ekelname (*landsch*) • Beiname · Schimpfname

**Sport:** • Körpererziehung · Leibeserziehung · Leibesübungen · Körperkultur · Turnen

**Spott:** Spöttelei · Spötterei · Witzelei · Gewitzel · Ironie · Hohn · Sarkasmus · Zynismus • Satire · Parodie · Persiflage

**spotten:** spötteln · witzeln · höhnen • sich mokieren |über| ◇ verspotten

**spöttisch:** mokant · ironisch · höhnisch · sarkastisch · kaustisch · zynisch • satirisch · parodistisch

**sprechen:** 1. ⟨*Worte hervorbringen*⟩ reden ✦ *umg*: den Mund aufmachen • laut denken ✦ *salopp*: quaken (*abwert*) ✦ *derb*: das Maul aufmachen ◇ flüstern · schwatzen · sich unterhalten – 2. ⟨*sich vor Zuhörern [über ein Thema] äußern*⟩ eine Rede / Ansprache / einen Vortrag / ein Referat halten • das Wort ergreifen / nehmen ✦ *umg*: eine Rede schwingen / vom Stapel lassen (*spött*)

**Sprecher:** 1. ⟨*Rundfunk, Fernsehen*⟩ Ansager – 2. ⟨*für eine Gruppe sprechende Person*⟩ Wortführer • Sprachrohr

**Sprechfähigkeit:** Sprechvermögen · Sprache

**spreizen: sich s.:** sich gespreizt benehmen · sich aufblähen · auf Stelzen gehen ✦ *umg*: affektiert tun · sich affig benehmen

**sprengen:** schießen (*bergm*) ✦ *umg*: in die Luft jagen · hochgehen lassen

**sprießen:** sprossen · treiben · ausschlagen · keimen · austreiben · knospen ◇ aufkeimen

**springen:** einen Sprung machen · hüpfen • hechten · setzen |über| ✦ *umg*: hopsen

**sprudeln:** perlen · prickeln · schäumen · moussieren

**Sprung:** 1. ⟨*Körperbewegung*⟩ Satz; Flucht (*weidm*) • Kaskade ✦ *umg*: Hüpfer · Hopser – 2. ⟨*Materialdefekt*⟩ Riß • Knick ✦ *umg*: Knacks

**Sprungschanze:** Schanze; Bakken (*Sport*)

**spucken:** speien ✦ *derb*: rotzen; qualstern (*landsch*)

**spülen:** durchspülen; schwenken (*landsch*); schwemmen (*österr*)

**spürbar:** wahrnehmbar · fühlbar · merklich · merkbar · bemerkbar

**spüren:** merken · fühlen · im Gefühl haben · ein Gespür haben |für| • wittern ✦ *umg*: riechen · eine [feine] Nase haben |für| ✦ *salopp*: einen guten Riecher haben |für|; im Urin haben (*scherzh*) ◇ ahnen · voraussehen

**Spürsinn:** Gespür · Instinkt; Flair (*bes. schweiz*) • Scharfsinn ✦ *umg*: Spürnase ✦ *salopp*: Riecher

**Staat:** Land • Reich

**Staatsanwalt:** Anklagevertreter · öffentlicher Ankläger

**Staatsgebiet:** Hoheitsgebiet · Territorium

**Staatsgrenze:** Grenze · Landesgrenze

**Staatsmacht:** Staatsgewalt · Macht

**Staatsoberhaupt:** Vorsitzender des Staatsrates · Präsident · Staatspräsident; Bundespräsident (*BRD, Ö, S*)

**Stabilität:** 1. ⟨*von Gebautem, Konstruiertem*⟩ Festigkeit – 2. ⟨*von gesellschaftlichen Gegebenheiten*⟩ Festigkeit · Sicherheit

**stagnieren:** stocken · zum Stillstand kommen • stehenbleiben · stillstehen · auf der Stelle treten

**stammen: s. |aus|:** gebürtig sein |aus| · kommen |aus| · zu Hause sein |in| · geboren sein |in|

**Standardsprache:** Literatursprache · Hochsprache · Schriftsprache · Gemeinsprache

**standhaft:** unbeugsam · fest · wie ein Fels ✦ *gehoben*: ehern ◇ unerschütterlich · unnachgiebig – **s. sein:** den Rücken / Nacken steifhalten ✦ *umg*: immer senkrecht bleiben (*scherzh*)

**standhalten:** widerstehen · nicht zurückweichen · nicht [wanken und] weichen · das Feld behaupten ◇ aushalten

**Standort:** Position · Stellung · Standplatz · Standpunkt · Stand • Lage
**Standpunkt:** Blickpunkt · Position · Warte · Sicht ✦ *gehoben:* Schau ◇ Gesichtspunkt · Meinung
**Stange:** • Stab · Stock · Latte
**stapfen:** stampfen · trappen ✦ *umg:* stiefeln · trapsen ◇ gehen · trotten
**stark:** **1.** ⟨*viel Kraft besitzend*⟩ kräftig · herkulisch · bärenstark · kraftstrotzend • athletisch – **2.** ⟨*von besonderer Wirksamkeit*⟩ hochwirksam · intensiv · hochgradig · kräftig – **3.** ⟨*eine hohe Konzentration aufweisend*⟩ gehaltvoll · konzentriert
**Stärke:** **1.** ⟨*Stufe der Wirksamkeit*⟩ Grad · Intensität – **2.** ⟨*jmds. besondere Fähigkeit*⟩ *umg:* Spezialstrecke · starke Seite (*oft scherzh*) – **3.** ⟨*innerer Durchmesser*⟩ Kaliber
**starr:** **1.** ⟨*Augenausdruck*⟩ stier · glasig · gläsern · verglast – **2.** ⟨*geistig nicht wandlungsfähig*⟩ verknöchert · orthodox (*abwert*) • dogmatisch · doktrinär ◇ unduldsam
**starren:** stieren ✦ *umg:* Stielaugen machen; glotzen · gaffen (*abwert*) ◇ spähen
**Starrkopf:** Dickkopf • Querkopf ✦ *umg:* Dickschädel · Quadratschädel · Rappelkopf ✦ *salopp:* sturer Bock
**stationär:** ortsfest · ortsgebunden
**stationieren:** [an einem Ort] aufstellen · an einen Standort stellen
**Statist** (*Theat*): Figurant · Komparse · stumme Person
**statt:** anstatt · anstelle [von] · für • im Austausch mit · stellvertretend / in Vertretung für
**stattfinden:** erfolgen · sein · vonstatten gehen ✦ *umg:* über die Bühne / die Bretter gehen · abrollen ◇ geschehen · verlaufen
**stattlich:** ansehnlich · imposant · repräsentativ ◇ eindrucksvoll · groß
**Staub:** Dust (*norddt*) ◇ Pulver
**staubig:** verstaubt · bestaubt · mit Staub bedeckt ◇ schmutzig
**stauen:** anstauen · aufstauen • abdämmen
**staunen:** erstaunen · sich wundern · sich verwundern · verwundert sein · in Erstaunen geraten · große Augen machen ✦ *umg:* Mund und Nase aufsperren ✦ *salopp:* Bauklötze staunen ✦ *derb:* das Maul aufsperren ◇ überrascht sein
**stechen:** *umg:* piken · piksen
**steckenbleiben:** **1.** ⟨*nicht weiter vorwärts kommen*⟩ nicht weiterkommen · nicht mehr von der Stelle kommen · auf der Strecke bleiben · [sich] festfahren • festlaufen · festsitzen · festliegen – **2.** ⟨*nicht weitersprechen können*⟩ stocken · ins Stocken geraten · sich festfahren • den Faden verlieren
**stehenbleiben:** anhalten · stoppen • stocken
**stehlen:** entwenden · einen Diebstahl begehen · sich an fremdem Eigentum vergreifen • beiseite bringen · auf die / zur Seite bringen ✦ *umg:* mitgehen lassen / heißen · mopsen · stibitzen · verschwinden lassen · klebrige Finger haben · lange / krumme Finger machen · seine Hände in fremde Taschen stecken · mein und dein verwechseln; mitnehmen · wegnehmen · nehmen · organisieren · besorgen · abstauben (*verhüll*) ✦ *salopp:* klauen · mausen · klemmen · krallen; kratzen (*landsch*) ◇ rauben · wegnehmen
**steif:** **1.** ⟨*Gliedmaßen*⟩ starr · ungelenkig · unbeweglich ✦ *umg:* eingerostet · bocksteif – **2.** ⟨*Benehmen*⟩ hölzern · ungelenk · ungraziös · wie ein Stock · wie ein Stück Holz ✦ *umg:* staksig ◇ gehemmt · ungeschickt
**steigern:** **1.** ⟨*Wirkung*⟩ vergrößern · verstärken · intensivieren · aktivie-

ren • vervielfachen · potenzieren · verhundertfachen – **2.** ⟨*Effektivität*⟩ erhöhen · heben ◇ verbessern

**steil: 1.** ⟨*stark ansteigend*⟩ aufragend · schroff – **2.** ⟨*stark nach unten geneigt*⟩ abschüssig · schroff · stark abfallend · jäh · jählings; stotzig (*schweiz*)

**Stelle:** Platz · Ort · Örtlichkeit · Stätte · Punkt • Standort ✦ *umg*: Winkel · Ecke; Kante (*landsch*)

**stellen:** setzen · hinstellen · hinsetzen · plazieren

**stempeln: s.** |**zu / als**|: abstempeln |als / zu| ◇ bezeichnen |als|

**Stengel:** Stiel

**sterben:** versterben · verscheiden · die Augen [für immer] zumachen / schließen · sein Leben aushauchen · seinen letzten Seufzer tun · gehen |von| · aus dem Leben / aus unserer *bzw.* ihrer Mitte gerissen werden · vom Tode ereilt werden · jmds. letzte Stunde ist gekommen · jmds. letztes Stündlein hat geschlagen; ableben (*veraltend*); einschlafen · einschlummern · hinüberschlummern · seinen letzten Gang / seine letzte Reise antreten (*verhüll*); heimgehen · abberufen werden · erlöst werden · seine Seele aushauchen · seinen Geist aufgeben · das Zeitliche segnen · zur ewigen Ruhe / in die Ewigkeit eingehen · den Weg allen Fleisches gehen (*Rel*) • enden · eingehen · zugrunde gehen · sein Leben verlieren · im Sterben / in den letzten Zügen liegen · seinen Verletzungen erliegen ✦ *gehoben*: hinscheiden · dahingehen · seine Tage beschließen · sein Leben / Dasein beschließen / vollenden · die Welt verlassen · aus der Welt gehen / scheiden · von der Bühne des Lebens / vom Schauplatz abtreten · den Acheron überqueren; entschlafen · entschlummern (*verhüll*) • mit dem Tode ringen · den Tod erleiden · verröcheln ✦ *umg*: sich davonmachen · dran glauben müssen; sein Sterbchen machen · sich zu den Vätern versammeln · zu seinen Vätern versammelt werden · in die ewigen Jagdgründe eingehen (*scherzh*) ✦ *salopp*: abfahren · abkratzen · hopsgehen · ins Gras beißen · den Löffel abgeben · zum Teufel gehen · zur Hölle fahren ✦ *derb*: draufgehen · verrecken · krepieren · den Arsch zukneifen · einen kalten Arsch kriegen ◇ fallen · umkommen · verenden

**Stern:** Gestirn · Himmelskörper • Sonne · Planet ◇ Sonne

**Steuer** (*Fem*): Abgabe • Akzise

**steuern:** lenken • fahren · führen

**sticheln:** Spitzen austeilen · Anspielungen machen · Giftpfeile abschießen ✦ *umg*: sein Gift verspritzen

**Stichwort:** Lemma (*fachspr*) • Lexem (*Sprachw*)

**Stiel:** Schaft · Holm · Halm ◇ Griff

**Stil: 1.** ⟨*die Art zu formulieren*⟩ Ausdrucksweise · Ausdruck · Diktion • Schreibweise – **2.** ⟨*in der Kunst*⟩ Kunstrichtung

**still:** geräuschlos · totenstill ✦ *umg*: mucksmäuschenstill · mäuschenstill ◇ lautlos – **still!:** ruhig! · Ruhe!; Silentium! (*noch scherzh*)

**Stille:** Ruhe · Lautlosigkeit · Schweigen • Totenstille · Grabesstille

**stillegen:** außer Betrieb setzen; auflassen (*landsch*)

**stillen:** die Brust geben · nähren; säugen (*veraltend*)

**Stillstand: 1.** ⟨*Zustand ohne Bewegung*⟩ Halt • Stockung ◇ Pause – **2.** ⟨*Ende, Unterbrechung einer Entwicklung*⟩ Stagnation · Stockung

**Stimme:** Organ

**stimmen:** zutreffen · richtig / wahr / zutreffend sein · der Fall sein ✦ *umg*: hinkommen

**Stimmung:** 1. ⟨*gefühlsmäßige Einstellung*⟩ Gemütsverfassung · Gemütsstimmung · Gemütslage · Gefühlslage · Gemütszustand · Verfassung – 2. **in S. kommen / geraten:** ⟨*lebhaft u. lustig werden*⟩ *umg*: in Fahrt / Schwung kommen / geraten

**Stimmwechsel:** Stimmbruch; Mutation (*Med*)

**stinken:** [schlecht / übel] riechen; duften (*iron*) • dunsten

**Stirn: die S. runzeln:** die Stirn krausen / in Falten legen / ziehen • finster dreinschauen

**Stock:** Knüppel · Knüttel · Prügel; Stecken (*landsch*) • Stab ◇ Pflock

**Stockwerk:** Etage · Geschoß · Obergeschoß · Stock ◇ Erdgeschoß

**Stoff:** Substanz · Materie · Material • Masse

**stöhnen:** ächzen • aufstöhnen · seufzen

**stolpern:** straucheln

**stolz:** mit erhobenem Haupt; mit geschwellter Brust (*scherzh*) ✦ *gehoben*: erhobenen Hauptes ◇ selbstbewußt · überheblich – **s. sein** |auf|: sich etw. einbilden |auf| · sich etw. zugute tun / halten |auf|

**stopfen: s.** |in|: *umg*: pfropfen |in|

**Stöpsel:** Pfropfen; Stopfen (*landsch*) • Korken; Kork (*landsch*)

**stören:** 1. ⟨*jmds. Pläne durchkreuzen*⟩ in die Quere / ins Gehege kommen ✦ *umg*: dazwischenfunken · querschießen ◇ hindern · sabotieren – 2. ⟨*zum unpassenden Zeitpunkt kommen*⟩ ungelegen / verquer / zur Unzeit kommen; genieren (*veraltend*) ✦ *umg*: angekleckert kommen • hereinplatzen ✦ *derb*: angeschissen kommen ◇ belästigen

**Störung:** Unterbrechung · Stockung • Kurzschluß

**Stoß:** Schub (*selten*) • Rippenstoß · Nasenstüber · Tritt ✦ *umg*: Puff · Stupser · Schubs · Stups · Knuff; Schlenkrich (*landsch*) ◇ Schlag

**stoßen:** 1. ⟨*nach heftiger* [*gezielter*] *Bewegung auf etw. od. jmdn. treffen*⟩ einen Stoß geben / versetzen • stauchen · rempeln ✦ *umg*: schubsen · stupsen · puffen · knuffen; schuppen (*landsch*) • rammeln – **sich s.**: anecken · sich weh tun ✦ *umg*: sich rammeln; sich rennen (*landsch*) – 2. **sich s.** |an|: ⟨*etw. als unangemessen empfinden*⟩ Anstoß nehmen |an| · sich stören |an|

**stottern:** stammeln

**Strafe:** Bestrafung · Buße; Lohn (*iron*) • Denkzettel

**Straferlaß:** Amnestie · Begnadigung • Straffreiheit

**straff:** 1. ⟨*Körperhaltung*⟩ stramm · fest ◇ aufrecht – 2. ⟨*Seil od. dgl.*⟩ straffgezogen · gestrafft · gespannt – 3. ⟨*Haut, gewölbte Oberfläche*⟩ gestrafft · prall · stramm

**straffrei: s. ausgehen:** noch einmal davonkommen · ungeschoren bleiben ✦ *umg*: mit einem blauen Auge / mit heiler Haut davonkommen

**Strafpredigt:** Epistel (*veraltend*) ✦ *umg*: Standpauke · Gardinenpredigt · Donnerwetter ◇ Tadel

**Strafvollzugsanstalt:** Strafanstalt · Haftanstalt • Zuchthaus · Gefängnis · Kerker ✦ *umg*: Kittchen · Nummer Sicher; Bau (*soldatenspr*) ✦ *salopp*: Knast · Bunker · Loch ◇ Arrestlokal

**Strang:** Strick

**Straße:** Fahrstraße • Fahrweg · Ringstraße ◇ Fahrbahn · Hauptstraße · Landstraße

**Straßenbahn:** Trambahn (*süddt*); Tramway (*österr*) ✦ *umg*: Bahn; Elektrische (*noch landsch*)

**sträuben: sich s.** (*Haare*): hochstehen · sich aufstellen · sich aufrichten ✦ *umg*: zu Berge stehen

**Streben:** Bestreben · Trachten • Wetteifer · Ehrgeiz
**Strecke:** Wegstrecke · Etappe · Weglänge; Distanz (*Sport*) ✦ *umg*: Ende · Ecke
**strecken: sich s.**: sich recken · sich dehnen
**Streich:** Schabernack · Eulenspiegelei · Eskapade • Schelmenstreich ◇ Dummejungenstreich · Spaß
**streicheln:** • krauen · kraulen ✦ *umg*: ei, ei machen (*kinderspr*) ◇ liebkosen
**streichen: 1.** ⟨*mit Aufstrich versehen*⟩ schmieren · bestreichen · beschmieren – **2.** ⟨*mit einem Anstrich versehen*⟩ anstreichen • tünchen ✦ *umg*: anmalen · anpinseln; anschmieren (*abwert*) – **3.** ⟨*aus einem Text herausnehmen*⟩ herausstreichen · weglassen ◇ durchstreichen · tilgen – **4. s.** |**über**|: ⟨*die Hand od. einen Gegenstand leicht über etw. hinführen*⟩ fahren |über| · hinstreichen |über| · hinfahren |über|
**Streik:** Ausstand · Arbeitsniederlegung · Arbeitseinstellung
**streiken:** in den Streik / Ausstand treten · die Arbeit niederlegen / einstellen · sich im Ausstand befinden
**Streit:** Streitigkeit · Zusammenstoß · Auseinandersetzung · Kontroverse · Konflikt · Strauß · Zank · Gezänk · Zwist · Zwistigkeit · Reiberei · Auftritt · Händel; Hader (*veraltend*) • Plänkelei · Geplänkel · Häkelei · reinigendes Gewitter ✦ *umg*: Streiterei · Zänkerei · Gezanke · Krach (*abwert*); Mord und Totschlag (*scherzh*); Kabbelei (*norddt*) ✦ *salopp*: Stunk · Stank · Krakeel · Krakeelerei (*abwert*) ◇ Zwietracht – **im S. leben** |**mit**|: im Streit liegen |mit| · auf gespanntem Fuß leben |mit| · auf [dem] Kriegsfuß stehen / leben |mit| • keinen guten Faden spinnen |mit| ✦ *umg*: sich in den Haaren liegen ◇ sich streiten
**streiten:** rechten • eine Szene machen ✦ *umg*: Stunk machen · stänkern (*abwert*) – **sich s.**: sich zanken · in Streit geraten · einen Strauß ausfechten • sich häkeln ✦ *umg*: sich herumstreiten · sich in die Haare geraten / kriegen · Krach haben · krakeelen; sich kabbeln (*norddt*) ✦ *salopp*: sich in die Wolle kriegen · sich krachen · einen Tanz haben |mit| ◇ in Streit leben |mit| · zusammenstoßen
**Streitgespräch:** Wortgefecht · Wortstreit · Disput · Debatte • Disputation · Polemik
**Streitkräfte:** Armee; Militär (*veraltend*); Wehrmacht (*nazist*) ✦ *umg*: Kommiß · Barras (*veraltend soldatenspr abwert*)
**streitsüchtig:** zänkisch · zanksüchtig • unverträglich ✦ *umg*: krakeelerisch ◇ aggressiv
**streng: 1.** ⟨*Verhalten, Handeln*⟩ unnachsichtig · unerbittlich · rigoros · hart · hartherzig · eisern · scharf; gestreng (*noch scherzh*) • spartanisch – **2.** ⟨*Maßnahmen*⟩ rigoros · hart · drakonisch • disziplinarisch · disziplinell – **3.** ⟨*Ausführungsweise*⟩ strikt · [peinlich] genau · exakt – **4.** ⟨*Gesichtszüge*⟩ herb · hart · scharf – **5.** ⟨*Geruch*⟩ herb · penetrant
**Strich:** Linie
**Strickleiter:** Jakobsleiter · Fallreep (*seem*)
**strittig:** umstritten · streitig ◇ ungewiß · unglaubwürdig · zweifelhaft
**strömen:** fluten · sich ergießen ◇ fließen
**Strömung: 1.** ⟨*Bewegung des Wassers*⟩ Drift · Strom; Trift (*landsch*) • Sog – **2.** ⟨*geistige Bewegung*⟩ Richtung · Schule • Schattierung
**Strudel:** Wirbel • Sog

**struppig:** zottig · strubbelig · borstig · stoppelig • zerzaust · rauh
**Stück:** Bruchstück · Brocken • Schnitzel · Streifen ✦ *umg*: Ende · Ecke; Trumm (*landsch*) ◇ Bissen · Fetzen · Teil
**studieren:** eine Hochschule / Fachschule besuchen · Student sein ◇ lernen
**Studio:** Atelier • Filmstudio · Fernsehstudio
**Stuhlgang:** Darmentleerung · Entleerung
**Stümper** (*abwert*): Nichtskönner • Dilettant ✦ *umg*: Murkser · Pfuscher
**Stümperei** (*abwert*): Gestümper • Dilettantismus ✦ *umg*: Murkserei · Pfuscherei ◇ Schluderei
**stümperhaft** (*abwert*): • dilettantisch · dilettantenhaft ✦ *umg*: pfuscherhaft ◇ unzureichend
**stümpern** (*abwert*): dilettieren ✦ *umg*: murksen · pfuschen ◇ schludern
**stumpf:** abgestumpft • schartig
**Stumpfsinn:** Dumpfheit · Stupidität ◇ Schwachsinn
**stumpfsinnig:** abgestumpft · stupide · stumpf · dumpf ◇ träge
**stunden:** prolongieren (*kaufm*) • verlängern ◇ aufschieben
**Sturm:** Orkan • Blizzard · Unwetter ✦ *dicht*: Windsbraut · Sturmwind ◇ Wind · Wirbelsturm
**stürmen:** brausen · tosen · toben · fegen · fauchen · pfeifen • wüten ◇ brausen · wehen
**Stütze:** 1. ⟨*senkrecht stehendes Bauteil*⟩ Pfosten · Pfeiler · Säule • Eckpfeiler – 2. ⟨*die Hauptlast tragende Person od. Sache*⟩ Eckpfeiler · Rückgrat · Hauptstütze · Halt · Säule · Pfeiler
**stutzen:** stutzig werden · aufmerken · aufhorchen · aufmerksam werden
**stützen:** Halt geben / bieten
**Suche:** Nachforschung · Fahndung • Erkundung
**suchen:** auf die Suche gehen · auf der Suche sein · sich umsehen / umschauen |nach| • spüren |nach| · fahnden |nach| ✦ *umg*: sich umgucken |nach| · sich die Beine / Hacken / Schuhsohlen ablaufen |nach| ◇ nachforschen
**Sucht:** Manie ◇ Trieb · Verlangen
**sühnen:** büßen
**summieren: sich s.:** anlaufen · anwachsen · auflaufen · zusammenkommen
**Sumpf:** Morast · Moor · Bruch; Fenn · Luch (*landsch*) ◇ Schlamm
**sündigen** (*Rel*): eine Sünde begehen ◇ sich vergehen
**Symbol:** Sinnbild · Wahrzeichen • Farbe · Zeichen · Personifikation
**symbolisieren:** versinnbildlichen · verkörpern
**synonym:** sinnverwandt · bedeutungsähnlich · bedeutungsverwandt · sinnähnlich · bedeutungsgleich · gleichbedeutend · sinngleich

# T

**Tabak:** *umg*: Kraut · Knaster (*abwert*)
**Tabakwaren:** Rauchwaren; Rauchzeug (*schweiz*)
**Tabelle:** Übersicht · Aufstellung ◇ Verzeichnis
**Tablette:** • Dragée · Pastille · Kapsel ✦ *umg*: Pille
**Tadel:** Rüge · Verweis · Zurechtweisung · Kritik ✦ *gehoben*: Schelte ✦ *umg*: Rüffel · Zigarre · Anpfiff; Wischer (*landsch*) ✦ *salopp*: Anranzer · Anschnauzer · Ranzer ✦ *derb*: Anschiß ◇ Mißbilligung · Strafpredigt · Vorwurf
**tadeln:** rügen · einen Tadel / eine

Rüge erteilen · verweisen · einen Verweis geben / erteilen • mißbilligen ✦ *gehoben*: schelten ✦ *umg*: rüffeln · anmeckern ✦ *salopp*: einen Rüffel / eine Zigarre verpassen · zur Minna machen ✦ *derb*: zur Sau machen ◇ anfahren · ausschimpfen · kritisieren · zurechtweisen – **getadelt werden:** *umg*: eins auf den Hut / aufs Dach bekommen / kriegen · sein Fett kriegen

**tagen:** konferieren · eine Sitzung haben ✦ *umg*: sitzen (*scherzh*) ◇ beraten

**täglich:** Tag für Tag · jeden Tag · tagaus, tagein

**Tagung:** Konferenz · Kongreß • Symposium ◇ Beratung · Sitzung · Versammlung

**Takt:** Feingefühl · Zartgefühl · Taktgefühl · Feinfühligkeit

**taktlos:** verletzend · geschmacklos · indezent · unhöflich • indiskret ◇ aufdringlich · ungehörig

**Taktlosigkeit:** Geschmacklosigkeit · Entgleisung · Indezenz • Indiskretion

**Tal:** • Becken · Kessel · Cañon ◇ Mulde · Schlucht

**Talisman:** Glücksbringer • Amulett · Maskottchen

**Talmi:** Flitter · Tand ✦ *umg*: Firlefanz (*abwert*) ◇ Schund

**tanzen:** ein Tänzchen machen • sich im Tanze drehen ✦ *umg*: das Tanzbein schwingen · eine Tour drehen; scherbeln (*landsch*) ✦ *salopp*: eine kesse Sohle abdrehen / aufs Parkett legen · eine saubere Sohle schleifen · einen aufs Parkett hauen • schwofen

**Tanzlokal:** Tanzgaststätte · Tanzdiele; Tingeltangel (*abwert*) • Amüsierlokal · Diskothek · Disko ✦ *salopp*: Bumslokal · Preßluftschuppen (*abwert*)

**Tanzveranstaltung:** Tanz · Tanzvergnügen · Ball ✦ *salopp*: Ringelpietz (*scherzh*); Schwof (*meist abwert*); Bums (*abwert*)

**tapfer:** heldenhaft · heldenmütig · heroisch · todesmutig · schneidig • entschlossen ◇ kühn · mutig

**Tapferkeit:** Heldenhaftigkeit · Heroismus · Schneid · Bravour · Todesmut · Heldentum ✦ *umg*: Mumm ◇ Kühnheit · Mut

**Taschentuch:** Sacktuch (*süddt österr schweiz*) ✦ *umg*: Schnupftuch ✦ *salopp*: Popelfahne ✦ *derb*: Rotzfahne

**tasten:** fühlen ✦ *umg*: tappen; grabbeln (*norddt*)

**Tat:** Leistung · Werk • Großtat

**tätig:** aktiv · rührig – **t. sein:** in Aktion sein · beschäftigt sein • auf den Beinen sein

**Tätigkeit:** Beschäftigung · Betätigung · Funktion • Wirksamkeit · Verrichtung · Geschäft

**Tatkraft:** Aktivität · Energie · Schwung · Schaffensdrang • Tüchtigkeit ◇ Entschlußkraft

**Tatsache:** Fakt · Faktum · Realität · Gegebenheit • Gewißheit · Grundwahrheit

**tatsächlich:** faktisch · wirklich · in der Tat · in Wirklichkeit · realiter · de facto • praktisch · in praxi ◇ wirklich – **tatsächlich!:** bestimmt! · wirklich! · doch! ✦ *umg*: Tatsache!

**taub:** gehörlos ✦ *umg*: stocktaub

**tauen:** schmelzen · wegschmelzen · zerschmelzen ◇ auftauen

**Taugenichts** (*abwert*): Tunichtgut · Nichtsnutz; Haderlump (*süddt österr*) • Strolch ✦ *umg*: Früchtchen · Galgenvogel · Galgenstrick · verkrachte Existenz · verkrachtes / verbummeltes Genie • Gammler ◇ Faulenzer

**tauschen:** einen Tausch machen ✦ *umg*: kaupeln (*landsch*) ◇ einhandeln

**täuschen:** irreführen · irreleiten · düpieren · Sand in die Augen streuen · blauen Dunst vormachen • bluffen · hereinlegen · trügen ✦ *umg*: verladen · verschaukeln · ein X für ein U vormachen · hinters Licht führen • aufs Glatteis führen ◇ belügen · betrügen · narren · übertölpeln

**Täuschung:** Irreführung • Spiegelfechterei · Bluff · Tünche · Kulisse ✦ *gehoben*: Trug (*veraltend*) ◇ Betrug · Lüge

**Tausendsassa:** Teufelskerl; Hansdampf in allen Gassen (*scherzh*) ✦ *umg*: Allerweltskerl ✦ *salopp*: ein Aas auf der Baßgeige (*scherzh*) ◇ Draufgänger · Kerl

**Taxi:** Taxe; Droschke (*veraltend*)

**Teenager:** Backfisch (*veraltend*) ◇ Mädchen

**Teich:** Weiher; Tümpel (*abwert*) ◇ See · Tümpel

**Teil:** Teilstück · Abschnitt · Ausschnitt · Partie • Bruchteil ◇ Stück

**teilen:** halb und halb machen · halbpart machen · die Hälfte geben • halbieren ✦ *umg*: halbe-halbe / fifty-fifty machen ✦ *salopp*: Kippe machen

**teilhaben:** partizipieren · beteiligt sein · Anteil haben

**teilnahmslos:** apathisch • interesselos · leidenschaftslos ◇ gleichgültig

**teilnehmen:** dabeisein · mitmachen ✦ *gehoben*: beiwohnen · teilhaben ✦ *umg*: mit von der Partie sein ◇ sich beteiligen

**teilweise:** zum Teil · [teils,] teils · partiell

**telefonieren:** *salopp*: an der Strippe hängen ◇ anrufen

**telefonisch:** fernmündlich

**telegrafieren:** drahten (*veraltend*) • kabeln (*veraltend*)

**Tendenz:** **1.** ⟨*Richtung einer Entwicklung*⟩ Trend · Entwicklungslinie · Zug ◇ Neigung – **2.** ⟨*erkennbare Komponente*⟩ Färbung · Einschlag

**terrorisieren:** tyrannisieren · in Schrecken versetzen · in Angst und Schrecken halten

**Testament:** Letzter Wille · letztwillige Verfügung ◇ Vermächtnis

**teuer:** • unerschwinglich · unbezahlbar ✦ *umg*: gepfeffert · gesalzen ◇ kostspielig – **t. sein:** viel kosten ✦ *umg*: eine [schöne] Stange [Geld] kosten · ein Vermögen / Heidengeld kosten · ins Geld laufen / gehen · teuer kommen

**Teufel:** Urian; der Leibhaftige · Gottseibeiuns (*verhüll*); Antichrist · Satan · Satanas · Luzifer · Beelzebub · Versucher (*Rel*) ✦ *dicht*: Höllenfürst ✦ *salopp*: Deiwel · Deibel · Deixel (*landsch*)

**Teufelskreis:** Circulus vitiosus

**teuflisch:** dämonisch · diabolisch · infernalisch · mephistophelisch · satanisch

**Textdichter:** Texter • Librettist

**Theater:** **1.** ⟨*kulturelle Institution*⟩ Bühne; die Bretter, die die Welt bedeuten (*auch scherzh*) – **2.** ⟨*Theatergebäude*⟩ Bühne; Musentempel (*scherzh*) • Schaupielhaus · Opernhaus ✦ *umg*: Schmiere (*abwert*) ◇ Wanderbühne

**Theaterstück:** Bühnenwerk · Stück ◇ Drama · Lustspiel · Trauerspiel

**Theke:** Schanktisch · Ausschank · Büfett; Tresen (*norddt*); Zapf (*süddt*)

**Thema:** Gegenstand · Stoff · Materie · Sujet · Vorwurf

**tief:** abgrundtief; klaftertief (*veraltend*) • grundlos · bodenlos

**Tief** (*Met*): Tiefdruckzone · Tiefdruckgebiet · Depression · Zyklone

**tiefgründig:** tiefsinnig · tiefgreifend · gedankentief · tief

**Tier:** • Bestie ✦ *umg*: Biest · Vieh (*oft abwert*) ✦ *salopp*: Viech (*meist abwert*)

**Tierarzt:** Veterinär (*fachspr*) ✦ *umg*: Viehdoktor (*scherzh*)

**tierisch:** tierhaft · animalisch
**Tierwelt:** Fauna · Tierreich
**tilgen: 1.** ⟨*Schulden*⟩ löschen · abstoßen · begleichen · bezahlen • abgelten · ausgleichen · abdecken · ablösen · amortisieren ◇ annullieren – **2.** ⟨*Schmach*⟩ abwaschen · löschen – **3.** ⟨*Schriftzeichen*⟩ löschen • ablöschen ◇ streichen
**Titel:** Überschrift • Kopf
**Toast: einen T. ausbringen:** einen Trinkspruch ausbringen · toasten ◇ zutrinken
**Tod: 1.** ⟨*Ende des Lebens*⟩ Ableben · Ende · Lebensende; Erlösung · Heimgang · Abberufung (*Rel*); Exitus (*Med*) ✦ *gehoben*: Hinscheiden; Hinschied (*schweiz*) ◇ Todeskampf – **2.** ⟨*als Personifizierung*⟩ Knochenmann · Sensenmann · Freund Hein; Schnitter Tod (*veraltend*)
**Todesfall:** Sterbefall · Trauerfall
**Todeskampf:** Agonie • die letzte Stunde ◇ Tod
**todkrank:** sterbenskrank · auf den Tod krank · unheilbar [krank] • todgeweiht ◇ krank – **t. sein:** mit einem Bein / Fuß im Grabe stehen · am Rande des Grabes stehen · nicht mehr lange zu leben haben
**tödlich:** todbringend • letal (*Med*)
**Toilette:** Klosett; Abort (*veraltend*) • WC · Wasserklosett · Pissoir ✦ *umg*: Klo; [stilles] Örtchen · gewisser Ort · Häuschen · Kabinett (*verhüll*); Tante Meier (*scherzh*); Abtritt · Kloster (*landsch*); Latrine (*soldatenspr*) ✦ *salopp*: Lokus · Nummer Null • Pinkulatorium · Plumpsklo ✦ *derb*: Scheißhaus • Pinkelbude
**tolerant:** duldsam · großzügig · weitherzig • nachsichtig · indulgent
**Tolpatsch:** Tölpel ✦ *umg*: Taps · Trampel; Toffel · Stoffel · Torkel (*landsch*); Depp · Tepp (*süddt österr schweiz*) ◇ Dummkopf
**Tomate:** Paradiesapfel (*noch landsch*); Paradeiser (*österr*)
**Ton:** Laut ◇ Schall
**Topf:** Hafen (*süddt österr*) • Kasserolle ✦ *umg*: Pott (*norddt*)
**Tor: 1.** ⟨*türartiger Durchlaß*⟩ Portal • Einfahrt ◇ Tür – **2.** ⟨*Zielvorrichtung bei manchen Spielen*⟩ Gehäuse · Kasten (*Sport*)
**Torwart:** Torhüter · Torsteher · Tormann · Schlußmann; Goalkeeper · Keeper (*bes. österr*)
**tot:** leblos · gestorben; entseelt (*Rel*) ✦ *umg*: dahin · hinüber · mausetot ✦ *salopp*: hin · hops ✦ *derb*: krepiert ◇ verstorben
**töten: 1.** ⟨*Menschen*⟩ umbringen · beseitigen · unter die Erde bringen • lynchen · niedermachen · abschlachten ✦ *gehoben*: • hinmetzeln · hinschlachten ✦ *umg*: erledigen · das Lebenslicht ausblasen · ins Jenseits befördern; den Garaus machen (*veraltend*) ✦ *salopp*: abmurksen · das Lebenslicht auspusten · abservieren · fertigmachen · über die Klinge springen lassen · kaltmachen · killen · massakrieren ◇ enthaupten · erhängen · ermorden · erschießen · erschlagen · erstechen · erwürgen · hinrichten – **2.** ⟨*Tiere*⟩ • den Todesstoß versetzen · den Rest geben · den Gnadenschuß geben; abfangen · abnicken · den Fang / Fangschuß geben (*weidm*) ✦ *umg*: totmachen
**Trabantenstadt:** Satellitenstadt
**trächtig:** tragend; beschlagen (*weidm*) • hochtragend
**träge:** bequem · indolent · lethargisch · phlegmatisch · schwunglos ✦ *umg*: pomadig · schlafmützig ✦ *derb*: lahmarschig ◇ faul · schwerfällig · stumpfsinnig
**tragen: 1.** ⟨*hochheben u. fortbewegen*⟩ • schleppen ✦ *umg*: • buckeln ✦ *salopp*: • asten – **2.** ⟨*am Körper haben*⟩ anhaben · bekleidet sein [mit] · auf

dem Leibe haben – **3.** ⟨*auf dem Kopf haben*⟩ aufhaben
**Traktor:** Trecker · Schlepper · Zugmaschine • Raupenschlepper
**trampeln:** stampfen
**Transparent:** Spruchband
**transplantieren** (*Med*): verpflanzen · überpflanzen · eine Transplantation vornehmen ◇ implantieren
**Trauerfeier:** Totenfeier
**trauern: 1.** ⟨*in bezug auf das Gefühl*⟩ Trauer empfinden – **2.** ⟨*in bezug auf das Verhalten*⟩ Trauerkleidung tragen · Schwarz tragen · schwarz gehen
**Trauerspiel:** Tragödie ◇ Theaterstück
**träufeln:** tröpfeln · tropfen
**träumen:** einen Traum haben
**Träumer:** *salopp*: Döskopp (*abwert*)
**träumerisch:** verträumt · versonnen · traumversunken · traumverloren
**traurig: 1.** ⟨*Kummer empfindend*⟩ betrübt · bekümmert · unglücklich · todunglücklich · untröstlich – **t. sein:** sich grämen • Leid tragen ✦ *gehoben*: sich betrüben · sich bekümmern (*veraltend*) – **2.** ⟨*gedrückte Stimmung zeigend*⟩ kummervoll · wehmütig · wehmutsvoll · weh · elegisch · trübe · trübselig
**treffen: sich t.:** sich begegnen · zusammentreffen · zusammenkommen · aufeinanderstoßen • sich finden ◇ sich versammeln
**treffend:** prägnant • lakonisch · epigrammatisch ◇ knapp
**Treibhaus:** Gewächshaus · Glashaus
**trennen: 1.** ⟨*eine Verbindung lösen*⟩ sondern · scheiden · teilen · separieren ◇ absondern · durchschneiden – **2. sich t.:** ⟨*von Menschen: nicht beieinander bleiben*⟩ auseinandergehen ✦ *gehoben*: scheiden ✦ *umg*: auseinanderlaufen ◇ sich verabschieden – **3. sich t. |von|:** ⟨*[ungern] auf den weiteren Besitz verzichten*⟩ hergeben · weggeben · abgeben · nicht behalten
**Treppe:** Stiege (*süddt österr*) ✦ *umg*: Hühnerleiter (*abwert od. scherzh*)
**treu:** treugesinnt · treu wie Gold ✦ *gehoben*: getreu • getreulich ◇ anhänglich · [1]ergeben · zuverlässig
**Trick:** Kunstgriff · Kniff · Schlich • Manipulation · Praktik ✦ *umg*: Dreh ◇ List
**Trieb:** Drang ◇ Sucht
**Triebkraft:** Dynamik · Motor · Triebfeder · Agens • Antrieb
**trinkbar:** genießbar
**trinken: 1.** ⟨*allgemein*⟩ seinen Durst löschen / stillen; hinuntertrinken (*abwert*) • eine Erfrischung zu sich nehmen · hinunterstürzen · in sich hineingießen ✦ *umg*: • süffeln; läppern (*landsch*) ✦ *derb*: saufen ◇ saugen · schlürfen – **2.** ⟨*Alkohol*⟩ *umg*: süffeln · kümmeln · picheln · kübeln · tanken · einen heben / nehmen · sich einen genehmigen · sich einen zu Gemüte führen · einen zur Brust nehmen · die Kehle anfeuchten · einen auf die Lampe gießen; pietschen · schwiemeln (*landsch*) • schnapsen · die Pfropfen knallen lassen ✦ *salopp*: einen schmettern / zischen / zwitschern / stemmen / kippen · einen durch die Gurgel jagen · sich einen in die Figur schütten · einen unter das Jackett brausen · einen hinter die Binde gießen · in die Kanne steigen; einen abbeißen (*landsch*) ✦ *derb*: saufen [wie ein Bürstenbinder / Loch] ◇ sich betrinken · zechen
**Trinker:** Trunkenbold · Gewohnheitstrinker · Alkoholiker ✦ *umg*: Süffel · Schnapsbruder; Pichler · Pietsch · Schwiemel (*landsch*) ✦ *derb*: Säufer · Saufbold · Saufbruder · Saufsack ◇ Zecher
**trinkfest: t. sein:** viel vertragen [können] ✦ *umg*: einen Stiefel vertragen [können]; ein gutes Gefälle haben (*scherzh*)

**trocken**: ausgetrocknet · ausgedörrt ✦ *umg*: knochentrocken; rappeltrocken (*landsch*) ✦ *derb*: furztrocken
**Trockenheit**: Dürre • Wassermangel
**trocknen**: trocken werden • austrocknen · abtrocknen · durchtrocknen · ausdorren · dorren · eintrocknen · auftrocknen ◇ dörren · vertrocknen
**Troddel**: Quaste • Portepee ✦ *umg*: Bummel; Bommel · Puschel (*landsch*)
**Trödelei**: *umg*: Bummelei; Märerei (*landsch*) • Wurstelei · Muddelei · Schneckentempo
**trödeln**: sich Zeit lassen • schlendern ✦ *umg*: bummeln; mären (*landsch*); nölen (*norddt*) • wursteln · muddeln · zotteln
**tropfen**: tröpfeln • triefen · perlen
**Trost**: Tröstung · Zuspruch • Lichtblick ✦ *gehoben*: Aufrichtung
**trösten**: Trost spenden / zusprechen · Mut zusprechen ◇ aufrichten
**tröstlich**: tröstend · trostreich · ermutigend
**trostlos**: freudlos · trist · desolat • düster ✦ *gehoben*: freudenarm ◇ bedrückend
**trotten**: latschen • watscheln ✦ *umg*: • staksen · zuckeln ◇ gehen · marschieren · stapfen
**trotz**: ungeachtet • ohne Rücksicht auf
**trotzdem**: dennoch · dessenungeachtet · gleichwohl · nichtsdestoweniger · doch ✦ *umg*: nichtsdestotrotz (*scherzh*)
**trotzen**: bocken · trotzig / bockig / bockbeinig / störrisch / halsstarrig / widerspenstig sein · den Bock haben
**trübe**: unklar · nicht klar • unsauber · schmutzig · undurchsichtig
**Trubel**: Treiben · Hochbetrieb · Betrieb • Unruhe ✦ *umg*: Rummel · Remmidemmi • Tamtam ◇ Durcheinander
**trügerisch**: schimärisch · täuschend • falsch ◇ scheinbar
**Trümmer**: Schutt • Ruine · Trümmerhaufen
**Trunksucht**: Alkoholismus ✦ *derb*: Suff
**trunksüchtig**: *derb*: versoffen – **t. sein**: ein Trinker sein · dem Trunk ergeben / verfallen sein ✦ *derb*: saufen · dem Suff ergeben / verfallen sein
**Truppeneinheit**: Einheit · Formation · Truppe · Truppenteil • Kompanie · Bataillon · Regiment
**tuberkulös**: schwindsüchtig (*veraltend*) • lungenkrank; hektisch (*veraltend*)
**Tuberkulose**: Tbk · Tb · Tbc; Schwindsucht (*veraltend*); Phthise (*Med*)
**tüchtig**: fähig · leistungsfähig · leistungsstark · patent • lebenstüchtig – **t. sein**: etw. leisten · seinen Mann stehen · [sich auf] sein Handwerk verstehen • mit beiden Beinen im Leben stehen
**Tümpel**: Pfuhl • Suhle (*weidm*) ◇ Pfütze · Teich
**tun**: machen · unternehmen · verrichten · vollführen · treiben · anstellen · beginnen ◇ verüben
**tüpfeln**: sprenkeln · tupfen · punkten • punktieren
**Tupfen**: Punkt · Tüpfel · Sprenkel; Tupf (*süddt österr schweiz*)
**Tür**: • Pforte · Ausgang · Eingang ◇ Tor

# U

**übel:** schlecht · speiübel · miserabel ✦ *umg*: blümerant ✦ *salopp*: hundeelend · hundsmiserabel; kodderig (*landsch*) ◇ unwohl

**Übelkeit:** Übelbefinden · Brechreiz ◇ Unwohlsein

**Übelstand:** Mißstand · Übel · Krebsschaden ✦ *gehoben*: Ungemach (*veraltend*)

**Übeltäter:** Missetäter · Täter

**üben:** trainieren (*Sport*) ✦ *umg*: exerzieren · durchexerzieren ◇ proben

**überall:** allerorts · an allen Orten · allerwärts · landauf, landab · auf Schritt und Tritt · wo man hintritt · wo man geht und steht; allenthalben · allerorten (*veraltend*) • vielerorts · meistenorts ✦ *umg*: an allen Ecken und Enden / Kanten ✦ *salopp*: wo man hinspuckt ◇ ringsum

**überallher:** aus allen Richtungen · aus / von nah und fern

**überallhin:** in alle Richtungen · in alle Welt · in alle Winde

**überanstrengen: sich ü.:** sich übernehmen · sich überfordern · sich zuviel zumuten · sich strapazieren • sich überarbeiten ✦ *umg*: sich totmachen ◇ sich verausgaben

**überarbeiten: 1.** ⟨*Text*⟩ ausfeilen · durchfeilen · die letzte Feile anlegen · feilen |an| • redigieren ✦ *umg*: polieren ◇ vervollkommnen – **2.** ⟨*ein Werkstück od. dgl.*⟩ nacharbeiten

**Überbleibsel:** Überrest · Relikt · Rudiment · Rest

**überdauern:** überstehen · überleben ◇ weiterbestehen

**überdrüssig: ü. sein |einer Sache|:** müde sein |einer Sache| · etw. ist jmdm. leid ✦ *umg*: genug haben / bedient sein |von| · überhaben · satt haben · etw. steht jmdm. bis an den / zum Hals / bis oben ✦ *salopp*: dick haben · etw. hängt jmdm. zum Halse heraus · etw. reicht jmdm. · die Nase / den Kanal voll haben ✦ *derb*: die Schnauze voll haben

**übereilt:** überstürzt · überhastet · voreilig · vorschnell · eilfertig · Hals über Kopf ◇ unüberlegt

**übereinander:** aufeinander · eins auf / über dem andern

**Übereinkommen:** Übereinkunft · Abkommen · Vereinbarung · Konvention · Pakt • Handel ◇ Vertrag

**übereinstimmen: 1.** ⟨*keine unterschiedl. Ansicht haben*⟩ einer Meinung / eines Sinnes sein · eins / einig / sich einig sein · konform gehen · korrespondieren · im Einklang stehen / sein ✦ *umg*: in dasselbe Horn stoßen / blasen · in die gleiche Kerbe hauen ✦ *salopp*: in dasselbe Horn tuten ◇ entsprechen – **2. etw. stimmt überein:** ⟨*etw. weist Gleichheit auf*⟩ etw. kongruiert · etw. deckt sich · etw. stimmt zusammen · etw. fällt zusammen · etw. konvergiert

**Übereinstimmung:** Identität · Kongruenz · Deckung · Konformität; Korrespondenz (*veraltend*) • Parallelismus · Parallelität

**überessen: sich ü.:** sich den Magen überladen ✦ *umg*: sich überfuttern (*scherzh*) ✦ *derb*: sich überfressen ◇ sich satt essen

**überfahren:** überrollen • umfahren ✦ *salopp*: über den Haufen fahren

**Überfall: 1.** ⟨*plötzl. gewaltsames Eindringen in ein anderes Land*⟩ Aggression · Einfall · Invasion • Angriff · Einmarsch · Feuerüberfall ◇ Angriff – **2.** ⟨*überraschender Angriff auf Personen*⟩ Überrumpelung • Raubüberfall ◇ Angriff

**überfallen: 1.** ⟨*plötzlich gewaltsam in ein anderes Land eindringen*⟩ einfallen |in| · einbrechen |in| • einmarschieren |in| ◇ angreifen – **2.** ⟨*Personen* *überraschend angreifen*⟩ herfallen |über| · anfallen · überrumpeln ◇ angreifen

**überfliegen** (*Texte*): überlesen · durchfliegen · diagonal / quer lesen • anlesen · anblättern ◇ durchblättern

**überflügeln:** übertreffen · überbieten · übertrumpfen · ausstechen · in den Schatten stellen · den Rang ablaufen · überrunden · schlagen; distanzieren (*Sport*) • überragen · über den Kopf wachsen · den Vogel abschießen ✦ *umg*: in die Tasche / den Sack stecken · einstecken ◇ verdrängen

**Überfluß: 1.** ⟨*zu reichl. Vorhandensein*⟩ Überfülle ◇ Fülle – **2. im Ü. leben:** ⟨*ein Leben in materiellem Wohlstand führen*⟩ in Saus und Braus / wie im Himmel / wie ein Fürst leben · aus dem vollen schöpfen / leben ✦ *umg*: leben wie Gott in Frankreich · im Fett schwimmen / sitzen ◇ schwelgen

**überfordern:** überbeanspruchen · überlasten · strapazieren

**überfüllt:** übervoll · überbesetzt · brechend / zum Brechen / Bersten voll ✦ *umg*: vollgestopft · vollgepfropft · proppenvoll · rappelvoll · knüppelvoll · gestopft / gerammelt voll

**übergeben: 1.** ⟨*in jmds. Verfügung geben*⟩ überreichen · aushändigen · in die Hand / die Hände geben • überbringen · weitergeben · abgeben – **2. sich ü.:** ⟨*den Mageninhalt durch den Mund von sich geben*⟩ sich erbrechen · speien; vomieren (*Med*) ✦ *umg*: brechen · spucken ✦ *salopp*: kälbern · reihern ✦ *derb*: kotzen [wie ein Reiher] ◇ erbrechen · seekrank sein

**übergießen:** überschütten · gießen / schütten |über| ◇ begießen

**übergreifen: etw. greift über:** etw. springt über · etw. schlägt über

**überhandnehmen:** sich häufen · stark anwachsen · zuviel werden · ins Kraut schießen · über den Kopf wachsen ◇ sich verbreiten

**überhaupt: ü. nicht:** [ganz und] gar nicht · nicht im geringsten

**überheblich:** arrogant · hochmütig · dünkelhaft · hochnäsig · selbstherrlich · selbstgefällig · blasiert · dummstolz · hybrid · hoffärtig • herablassend · süffisant · großspurig · von oben herab · hochfahrend ✦ *umg*: aufgeblasen · geschwollen · hochgestochen ◇ anmaßend · eingebildet · selbstbewußt · stolz

**überholen:** hinter sich lassen; abfangen (*Sport*)

**überklug** (*iron*): übergescheit ✦ *umg*: neunmalklug · neunmalgescheit · oberschlau · superschlau · superklug · siebengescheit ◇ schlau – **ü. sein** (*iron*): *derb*: die Weisheit mit Löffeln gefressen haben

**überkommen: etw. überkommt jmdn.:** etw. wandelt jmdn. an / befällt jmdn. · etw. bemächtigt sich jmds. · etw. überfällt / beschleicht / übermannt / ergreift / überwältigt jmdn.

**überlastet: ü. sein:** *umg*: zuviel auf dem / am Hals haben · in Arbeit ersticken · bis über die Ohren in Arbeit stecken

**überlaufen:** überfließen · überströmen • überschäumen · übersprudeln · überwallen · überquellen ✦ *umg*: • überschwappen

[1]**überlegen:** sich überlegen · überdenken · bedenken · erwägen · durchdenken · nachdenken |über| · sich durch den Kopf gehen lassen · ventilieren · mit sich zu Rate gehen • abwägen ✦ *umg*: • beschlafen ✦ *salopp*: • beschnarchen ◇ denken · grübeln · nachdenken

[2]**überlegen:** souverän · erhaben

**Überlieferung:** Tradition • Erbe

**übermütig:** ausgelassen · mutwillig ◇ wild – **ü. sein:** außer Rand und

Band sein · über die Stränge schlagen · vom Teufel geritten werden ✦ *umg*: jmdn. sticht der Hafer · jmdm. juckt das Fell • jmdm. schwillt der Kamm

**übernachten:** nächtigen · schlafen ✦ *umg*: kampieren

**überprüfen:** nachprüfen · durchprüfen · kontrollieren • revidieren · nachsehen ◇ inspizieren · kontrollieren · prüfen

**überraschen:** **1.** ⟨*unerwartet in Erstaunen versetzen*⟩ verblüffen · frappieren · eine Überraschung bereiten – **2.** ⟨*unerwartet aufsuchen*⟩ überfallen · überrumpeln ✦ *umg*: über den Hals kommen · plötzlich ins Haus schneien

**überrascht:** verblüfft · sprachlos · perplex · fassungslos ✦ *umg*: baff · platt · erschlagen • entgeistert ✦ *salopp*: geplättet ◇ bestürzt · verwundert – **ü. sein:** aus allen Wolken fallen · keine Worte finden · seinen Augen nicht trauen ✦ *umg*: vom Stengel / Stuhl fallen ✦ *salopp*: von den Socken sein · gucken wie eine Gans, wenn's blitzt / donnert · gukken wie ein Auto / Omnibus · mit den Ohren schlackern · jmdm. bleibt die Spucke weg · aus den Latschen kippen · ich denke, mich laust der Affe · ich denke, mein Schwein pfeift ◇ staunen

**überreden:** bereden • umstimmen ✦ *umg*: beschwatzen · breitschlagen • herumkriegen · einwickeln ✦ *salopp*: bequatschen; belatschern (*landsch*) ◇ überzeugen

**überreichlich:** verschwenderisch · üppig • redundant (*fachspr*)

**überschätzen:** überbewerten · zu hoch einschätzen • eine zu hohe Meinung haben |von|

**überschaubar:** übersehbar

**überschlagen: sich ü.:** sich überkugeln · kopfüber rollen · einen Purzelbaum schießen / schlagen / machen; Kobolz schießen (*landsch*) • einen Salto machen

**überschneiden: sich ü.:** sich überkreuzen · sich schneiden · sich kreuzen • zusammenlaufen

**überschreiten:** überqueren · passieren · hinüberwechseln

**Überschuß:** Plus · Mehr · Zuviel

**überschwemmen:** überfluten · überspülen • unter Wasser setzen

**Überschwemmung:** Hochwasser • Sintflut

**überschwenglich:** schwärmerisch · überschäumend ◇ überspannt · übertrieben

**übersehen:** **1.** ⟨*etw. absichtlich nicht beachten*⟩ ignorieren · hinwegsehen |über| · übergehen • die Augen verschließen |vor| – **2.** ⟨*in einem Text nicht bemerken*⟩ überlesen • außer acht lassen

**übersetzen:** übertragen • dolmetschen · verdolmetschen · verdeutschen

**Übersetzung:** Übertragung; Translation (*fachspr*)

**Übersicht:** **1.** ⟨*Fähigkeit zum Erkennen der Zusammenhänge*⟩ Überblick ✦ *umg*: Durchblick – **2.** ⟨*zusammenfassende Darstellung*⟩ Überblick · Zusammenschau · Querschnitt · Abriß ◇ Zusammenfassung

**übersichtlich:** überschaubar

**übersiedeln/übersiedeln** (*in einen anderen Ort, ein anderes Land*): seinen Wohnsitz wechseln / verlegen · wegziehen · fortziehen ◇ umziehen

**übersinnlich:** übernatürlich · überirdisch · transzendent · metaphysisch · jenseitig

**überspannt:** verstiegen · exaltiert · exzentrisch · extravagant ✦ *umg*: überkandidelt · verrückt ◇ überschwenglich

**überstanden: es ü. haben:** es ausgestanden haben · es hinter sich [gebracht] haben · darüber hinweg sein · über den Berg sein

**überstehen:** durchstehen · hinter sich bringen · durchkommen • überleben ✦ *umg*: sich über Wasser halten ◇ überwinden

**überstürzen:** übereilen · überhasten • unüberlegt handeln · übers Knie brechen

**übertölpeln:** überlisten · hereinlegen • in einen Hinterhalt / eine Falle locken ✦ *umg*: austricksen · einwikkeln · auf den Leim / ins Garn lokken · aufs Kreuz legen • ein Schnippchen schlagen ◇ täuschen

**übertreiben: 1.** ⟨*etw. schlimmer darstellen, als es ist*⟩ aufbauschen · dramatisieren • hochspielen ✦ *umg*: zu dick auftragen · aus einer Mücke einen Elefanten machen ✦ *derb*: aus einem Furz einen Donnerschlag machen – **2.** ⟨*zu oft od. zu sehr tun*⟩ auf die Spitze treiben · bis zum Exzeß treiben – **3. nicht ü. sollen:** ⟨*auf dem Boden der Tatsachen bleiben sollen*⟩ *umg*: auf dem Teppich bleiben sollen · die Kirche im Dorf lassen sollen ◇ sachlich bleiben sollen

**übertrieben:** übermäßig · übersteigert · überzogen · überspitzt · extrem · exorbitant · über Gebühr ◇ maßlos · überschwenglich

**übervölkert:** überbevölkert · zu dicht besiedelt / bewohnt • volkreich

**überwachen: 1.** ⟨*bei einer Tätigkeit ständig kontrollieren*⟩ ein wachsames Auge haben |auf| ✦ *umg*: auf die Finger sehen ◇ bewachen – **2.** ⟨*ständig unter Beobachtung halten*⟩ beschatten; observieren (*fachspr*); bespitzeln (*abwert*) ◇ beobachten

**überwältigen: etw. überwältigt jmdn.:** etw. erdrückt jmdn. · etw. übermannt jmdn. ◇ etw. überkommt jmdn.

**überwiegend:** vorwiegend · hauptsächlich · größerenteils · größtenteils · zum größten Teil • weitgehend ◇ meist

**überwinden: 1.** ⟨*eine starke psych. Belastung*⟩ hinwegkommen |über| · verwinden · abschütteln · verkraften • sich hinwegsetzen |über| · verschmerzen ✦ *umg*: wegkommen |über| · verdauen ◇ überstehen – **2. sich ü.:** ⟨*gegen die eigene Neigung, den eigenen Vorteil handeln*⟩ sich [selbst] besiegen · sich bezwingen

**überzeugen:** zur Einsicht bringen • bekehren ◇ überreden

**überzeugend:** stichhaltig · zwingend · schlagend · triftig · bündig · schlüssig · plausibel · einleuchtend · einsichtig • beweiskräftig ◇ glaubwürdig

**überzeugt:** bewußt · aus Überzeugung • klassenbewußt

**Überzeugung:** Gewißheit · Sicherheit

**üblich:** gebräuchlich · usuell · gang und gäbe · im Schwange • alltäglich · landläufig ◇ gewöhnlich · gewohnt

**übrig:** überschüssig · restlich • entbehrlich – **ü. haben:** erübrigen ✦ *umg*: überhaben

**übrigbleiben:** übrig sein · zurückbleiben · verbleiben • abfallen

**übrigens:** apropos · nebenbei bemerkt / gesagt · notabene

**Ufer:** • Küste · Strand ✦ *dicht*: Gestade

**umarmen:** umfangen · umfassen · umschlingen · umhalsen · um den Hals fallen · in die Arme nehmen / schließen · die Arme schlingen |um| · [ans Herz] drücken ◇ liebkosen – **sich u.:** sich in die Arme / um den Hals fallen · sich in den Armen liegen

**umdrehen:** umwenden · umkehren • umstülpen · umklappen – **sich u.:** sich umwenden / wenden · kehrtmachen; sich kehren (*selten*) ◇ sich abwenden · sich umsehen

**umfangreich:** umfassend · umfänglich · groß · reich • allseitig · universell · enzyklopädisch
**Umfrage:** Befragung · Rundfrage · Meinungsumfrage · Repräsentativumfrage · Repräsentativerhebung · demoskopische Untersuchung · Enquete ◇ Meinungsforschung
**umgänglich:** konziliant · verbindlich · entgegenkommend
**umgarnen:** umstricken · in sein Netz locken / ziehen ✦ *umg*: bezirzen ◇ verführen
**Umgebung:** Umgegend · Gegend · Umkreis · Umland • Nähe
**umgestalten:** verändern · ändern · umändern · umformen · umbilden · ummodeln · modeln • reformieren · revolutionieren ✦ *umg*: umkrempeln ◇ abändern
**umhängen:** überhängen · umlegen · umnehmen · überwerfen ✦ *umg*: umtun ◇ anziehen
**umherstreifen:** umherstreichen · umherschweifen · umherstrolchen · herumstreifen · herumstrolchen
**umhertollen:** herumtollen · herumtoben · tollen · toben · sich tummeln · umherspringen · herumspringen ✦ *salopp*: • die Bude auf den Kopf stellen
**umhüllen:** einhüllen · umgeben
**Umkehrung:** Umdrehung; Reversion · Inversion (*fachspr*)
**umkommen:** den Tod finden · ums Leben / zu Tode kommen · enden ✦ *umg*: kaputtgehen ✦ *salopp*: vor die Hunde gehen ◇ sterben
**umrahmen:** einrahmen · einschließen · umgeben • umringen ◇ einfassen |mit|
**Umriß:** Kontur • Silhouette · Schattenriß · Profil
**Umschlag:** Kompresse · Wickel · Packung ◇ Verband
**umschlagen:** **1.** ⟨*Kleidungsteile*⟩ einschlagen – **2.** ⟨*vom Wetter, Wind*⟩ unvermittelt wechseln · sich plötzlich ändern
**Umschrift:** Transkription • Lautschrift · Transliteration
**umsehen:** **sich u.**: sich umblicken · sich umschauen · zurücksehen · zurückblicken · zurückschauen ✦ *umg*: sich umgucken ◇ sich umdrehen
**Umstände:** **U. machen**: Schwierigkeiten machen ✦ *umg*: Sperenzien / Fisimatenten / Späne / Zirkus machen; Menkenke machen (*landsch*) ◇ sich widersetzen
**umständlich:** langatmig · zeitaufwendig · zeitraubend
**umstoßen:** umwerfen · umreißen • niederstoßen ✦ *salopp*: umschmeißen ◇ umstürzen
**Umsturz:** Umschwung · Staatsstreich · Subversion • Wende · Wechsel · Wandel · Wendung · Erdrutsch ◇ Revolution
**umstürzen:** **1.** ⟨*plötzlich auf die Seite od. die Rückseite bewegen*⟩ umwerfen · umkippen ◇ umstoßen – **2.** ⟨*auf die Seite od. die Rückseite fallen*⟩ umfallen · umkippen · umschlagen; kentern (*seem*)
**umwandeln:** umformen · verwandeln · umsetzen; transformieren · transmutieren (*fachspr*)
**Umwelt:** Umgebung · Milieu · Lebensbereich · Lebenskreis · Atmosphäre; Peristase (*fachspr*)
**umziehen:** **1.** ⟨*in eine andere Wohnung*⟩ die Wohnung wechseln • wegziehen · fortziehen ◇ übersiedeln – **2. sich u.**: ⟨*sich anders anziehen*⟩ sich umkleiden · die Kleidung wechseln
**unabhängig:** selbständig; autark (*Wirtsch*) ◇ frei · selbständig · souverän – **u. sein:** sein eigener Herr sein
**unangenehm:** unliebsam · leidig · unerfreulich · mißlich · unerquicklich · ärgerlich · lästig · widrig · unerwünscht · verwünscht · fatal · prekär · heikel · böse; sekkant (*österr*) •

peinlich · genierlich ✦ *umg*: dumm · blöd · haarig · eklig
**unanständig**: anstößig · ordinär · unflätig · gemein • schmutzig · pornographisch ✦ *umg*: dreckig ✦ *derb*: schweinemäßig · schweinisch · säuisch ◇ obszön · unsittlich · unzüchtig
**unantastbar**: unverletzlich · tabu
**unaufdringlich**: dezent · unauffällig
**unauffällig**: verstohlen · heimlich • ohne Aufsehen
**unaufgefordert**: von sich aus · von selbst / selber · aus sich heraus · aus eigenem Antrieb · aus freien Stükken • spontan ✦ *umg*: von allein
**unaufmerksam**: unachtsam · gedankenlos · unkonzentriert • achtlos ◇ geistesabwesend · zerstreut – **u. sein**: nicht bei der Sache sein · seine Gedanken woanders / nicht beisammen haben ✦ *umg*: seine fünf Sinne nicht beisammen haben · schlafen · träumen ◇ geistesabwesend sein
**unaufrichtig**: unehrlich · unlauter · unwahrhaftig · lügnerisch · verlogen · falsch ◇ heuchlerisch
**unausführbar**: undurchführbar · unrealisierbar ◇ unmöglich
**unausgeschlafen**: übernächtig · übernächtigt ◇ müde
**unbarmherzig**: erbarmungslos · mitleidslos · schonungslos • kaltlächelnd ◇ brutal · rücksichtslos · unmenschlich
**unbedeutend**: bedeutungslos · klein · wesenlos • nichtssagend – **u. sein**: kein Format haben · ohne Gewicht sein ✦ *umg*: da ist nichts dahinter
**unbedingt**: unter allen Umständen · auf alle Fälle · auf jeden Fall · um jeden Preis · koste es, was es wolle · durchaus ✦ *umg*: auf Biegen oder Brechen · partout
**unbegabt**: untalentiert ◇ dumm · unfähig
**unbegreiflich**: unfaßbar · unverständlich · unerklärlich · unerklärbar · unerfindlich · rätselhaft ✦ *umg*: schleierhaft ◇ geheimnisvoll · unergründlich
**Unbehagen**: Mißbehagen · Mißvergnügen
**unbehaglich**: ungemütlich · ungut · unwohl ✦ *umg*: mulmig
**unbeherrscht**: aufbrausend · reizbar · cholerisch · heftig · poltrig ✦ *umg*: kollerig · bullerig (*landsch*) ◇ wild
**unbeirrbar**: unbeirrt · beharrlich · geradlinig ◇ beharrlich · zielbewußt
**unbeliebt**: mißliebig · unpopulär • verhaßt ✦ *umg*: schlecht / nicht gut angeschrieben ◇ unsympathisch – **u. sein**: es verdorben haben ✦ *salopp*: unten durch sein ✦ *derb*: es verschissen haben
**unbemerkt**: unbeobachtet · ungesehen · unbeachtet · im verborgenen ◇ heimlich
**unbeschädigt**: unversehrt · heil · intakt · ganz
**unbeständig**: flatterhaft · flatterig · unstet · sprunghaft · wechselhaft · schwankend · wetterwendisch ◇ launisch
**unbewußt**: instinktiv · instinktmäßig • dumpf ◇ gefühlsmäßig
**unbezähmbar**: unstillbar · unbezwingbar · unbezwinglich
**Unbill**: Unrecht · Kränkung · üble Behandlung ✦ *gehoben*: Ungemach
**unbrauchbar**: nicht verwendbar · ungeeignet · untauglich
**und**: sowie · wie
**undiszipliniert**: disziplinlos · disziplinwidrig; zuchtlos (*veraltend*) • zügellos
**unduldsam**: intolerant · intransigent ◇ starr
**unecht**: falsch · gefälscht · nachgemacht · imitiert • künstlich [hergestellt]

**unehelich:** nichtehelich · außerehelich · illegitim ✦ *umg*: ledig (*landsch*)
**uneingeschränkt:** unbeschränkt · unbegrenzt • schrankenlos
**unempfindlich:** [seelisch] gefühllos · stumpf • robust ✦ *umg*: dickfellig ◇ gefühllos – **u. sein:** *umg*: ein dickes Fell haben
**unentschlossen:** unschlüssig · entschlußlos · unentschieden · zaudernd • wankelmütig · zaghaft · lau ◇ zwiespältig
**unerfahren:** unbewandert · jung · neu • unwissend · unkundig ✦ *umg*: unbedarft; grün (*abwert od. scherzh*) ◇ unreif
**unergründlich:** unerforschlich ◇ unbegreiflich
**unerhört:** empörend · ungeheuerlich · bodenlos · hanebüchen · beispiellos · unglaublich · unbeschreiblich · skandalös · haarsträubend · himmelschreiend ✦ *umg*: toll · nicht mehr feierlich – **das ist u.!:** das ist noch nicht dagewesen! · das ist wirklich allerhand! · das geht zu weit! · das ist ein Skandal! · das schreit zum Himmel! · das schlägt dem Faß den Boden aus! · das setzt allem die Krone auf! · das geht auf keine Kuhhaut! · das geht über die Hutschnur! ✦ *salopp*: das ist ein dicker Hund! · das ist eine Affenschande! · das stinkt zum Himmel!
**unermüdlich:** rastlos • unverdrossen ✦ *gehoben*: nimmermüde ◇ fleißig
**unersättlich:** • unmäßig · eßlustig ✦ *salopp*: gefräßig · verfressen ◇ gefräßig
**unerschütterlich:** fest · felsenfest · eisern · stählern · unbeirrt ◇ charakterfest · standhaft · unnachgiebig
**unersetzlich:** unersetzbar • unschätzbar · unbezahlbar
**unerwartet:** unvermutet · unverhofft · unvorhergesehen · überraschend · frappant ◇ plötzlich · unwägbar
**unfähig:** untüchtig · impotent; unvermögend (*veraltend*) ◇ unbegabt
**Unfall:** Unglücksfall ◇ Unglück
**unförmig:** ungeschlacht · grobschlächtig · plump · grobschrötig · vierschrötig · klotzig · klobig · ungefüge
**unfreiwillig:** gezwungen · gezwungenermaßen · wider Willen ◇ notgedrungen
**unfreundlich:** unwirsch · ungnädig · grob • ungalant · unritterlich · ungefällig ◇ barsch · mißmutig
**unfruchtbar:** steril · infertil (*fachspr*)
**Unfug:** Allotria ◇ Unsinn – **U. treiben:** Unsinn / Dummheiten machen ✦ *umg*: Zicken / Faxen machen ◇ herumalbern
**ungebräuchlich:** unüblich · nicht üblich
**ungeeignet:** untauglich · unbrauchbar · unzweckmäßig • unpraktisch · unpassend
**ungefähr:** annähernd · rund · gegen · [in] etwa · zirka · überschlägig · schätzungsweise · annäherungsweise; beiläufig (*österr*) ✦ *umg*: um [... herum] · sagen wir · an · so
**ungefährlich:** harmlos · gefahrlos ◇ sicher
**Ungeheuer:** Scheusal · Monstrum · Monster · Untier; Ungetüm (*veraltend*) ◇ Drache
**ungehörig:** ungebührlich · unfein · unschicklich · unziemlich ◇ taktlos
**ungehorsam:** unfolgsam · widersetzlich · aufsässig; unbotmäßig (*veraltend*) ◇ ungezogen
**ungelegen:** unpassend · unzeitig
**ungemütlich:** unbehaglich • unwohnlich · kalt
**ungenau:** inexakt · unpräzise · flüchtig · oberflächlich • kursorisch ✦ *umg*: huschelig (*landsch*) ◇ nachlässig · unordentlich

**ungenutzt: u. sein:** brachliegen

**ungeordnet: 1.** ⟨*Verhältnisse*⟩ verworren · unklar · wirr · chaotisch · wüst · regellos · wild • planlos ◇ gesetzlos – **2.** ⟨*Sachen*⟩ kunterbunt · [bunt / wild] durcheinander · wüst • unordentlich – **u. sein:** *umg*: drunter und drüber liegen · wie Kraut und Rüben herumliegen / durcheinanderliegen

**ungern:** widerstrebend · widerwillig · mit Widerwillen / Unlust

**ungeschickt:** ungewandt · unbeholfen · ungelenk · linkisch · tolpatschig · täppisch · plump · eckig · unpraktisch · tölpelhaft · tölpisch • undiplomatisch ✦ *umg*: tapsig · wie ein Elefant [im Porzellanladen]; tappig (*landsch*) ◇ schwerfällig · steif – **u. sein:** *umg*: zwei linke Hände haben

**ungesetzlich:** gesetzwidrig · illegal · rechtswidrig · widerrechtlich · unrechtmäßig · illegitim · irregulär • ordnungswidrig · polizeiwidrig · strafbar ◇ verboten

**ungesund:** schädlich · gesundheitsschädlich · abträglich · unzuträglich · unbekömmlich ◇ giftig

**ungewiß:** unsicher · fraglich · zweifelhaft · unbestimmt · ungesichert · ungeklärt · unentschieden · unverbürgt • problematisch ◇ strittig · zweifelhaft – **etw. ist u.:** etw. steht [noch] nicht fest · etw. steht in den Sternen · etw. schwebt in der Luft ◇ etw. ist unsicher

**ungewöhnlich:** ausgefallen · absonderlich · unüblich · atypisch · abnorm · anomal · anormal · irregulär; abnormal (*österr schweiz*) • bizarr · ungewohnt

**ungewürzt:** würzlos · nüchtern · fad · fade • ungesalzen · salzlos ✦ *umg*: labberig (*abwert*); lasch (*landsch*) ◇ schal

**ungezogen:** unartig • ungeraten · mißraten · nichtsnutzig ◇ frech · ungehorsam

**ungezwungen:** zwanglos · natürlich · unverkrampft · leger · unzeremoniell · ungeniert · burschikos · nonchalant · salopp · lässig · formlos · unförmlich · aufgelockert · frei · unbefangen · familiär ✦ *umg*: hemdsärmelig

**unglaubwürdig:** unglaubhaft · unwahrscheinlich · unsicher ◇ strittig

**Unglück:** Unheil · Katastrophe · Desaster · Schicksalsschlag · [harter] Schlag • Verhängnis · Heimsuchung · Tragik · Elend ◇ Mißgeschick · Unfall

**Unglücksmensch** (*umg*): Pechvogel · Unglücksrabe · Unglückswurm

**Unglückstag:** schwarzer Tag

**ungültig:** [null und] nichtig · unwirksam • hinfällig · verfallen

**ungünstig:** nachteilig · unzweckmäßig · unzuträglich · abträglich · unratsam · ungeeignet · schlecht ◇ schädlich – **u. sein:** von Übel sein

**unheilvoll:** unheilverkündend · unheildrohend · ominös ◇ gefährlich

**unheimlich:** dämonisch · geisterhaft · gespensterhaft · gespenstisch · gespenstig • makaber ◇ gruselig

**Universität:** Alma mater • Hochschule ✦ *umg*: Uni

**unkameradschaftlich:** unkollegial · unfair • unsportlich

**unklar:** verschwommen · nebelhaft · nebulos · nebulös · unbestimmt · undeutlich · vage · unscharf · unpräzise · verwaschen · dunkel · undurchsichtig · unverständlich · undefinierbar ◇ verworren

**unkompliziert:** einfach · simpel · primitiv · elementar · leicht

**unmanierlich:** ungesittet · ungeschliffen · ungehobelt • unkultiviert · unzivilisiert ✦ *umg*: unpoliert · stoffelig ◇ derb

**Unmensch:** Scheusal · Ungeheuer ·

Unhold · Bestie · Tier · Vieh · Teufel · Satan · Kannibale (*abwert*) ◇ Verbrecher

**unmenschlich** (*Verhalten*): inhuman · barbarisch · bestialisch · viehisch · kannibalisch ◇ brutal · entmenscht · menschenunwürdig · unbarmherzig

**unmittelbar**: direkt • dicht

**unmöglich**: nicht möglich · ausgeschlossen · undenkbar • utopisch ◇ unausführbar – **u. sein**: *umg*: ein Ding der Unmöglichkeit sein ✦ *salopp*: nicht drinsein

**unnachgiebig**: hartnäckig · fest · starr · starrköpfig • erbittert ◇ standhaft · unerschütterlich

**unnötig**: entbehrlich · nicht notwendig · überflüssig • müßig · zwecklos ◇ nutzlos

**unordentlich**: unsorgfältig · liederlich • wuschelig ✦ *umg*: schlampig · schludrig · lotterig · ruschelig ◇ nachlässig · ungenau · ungeordnet

**Unordnung**: Durcheinander · Chaos · Wirrwarr · Wirrnis · Konfusion • Desorganisation · Regellosigkeit · Gesetzlosigkeit ✦ *gehoben*: Wirrsal ✦ *umg*: Drunter und Drüber ◇ Durcheinander

**unparteiisch**: neutral ◇ gerecht · sachlich

**unpassend**: unangebracht · deplaciert · nicht / fehl am Platz; unschicklich (*veraltend*) ✦ *umg*: unmöglich

**unpünktlich**: nicht pünktlich · mit Verspätung

**unreif**: **1.** ⟨*Früchte*⟩ grün – **2.** ⟨*Menschen*⟩ unfertig · schülerhaft · kindisch · unmündig ✦ *umg*: noch feucht / nicht trocken hinter den Ohren ◇ kindlich · unerfahren · zurückgeblieben

**Unruhe**: Ruhelosigkeit · Unrast

**Unruhestifter**: Störenfried · Provokateur · Hetzer ✦ *umg*: Krawallmacher · Radaumacher · Radaubruder · Krakeeler · Schreier (*abwert*) ◇ Zänker

**unruhig**: ruhelos · unstet · flatterig ✦ *gehoben*: friedlos ✦ *umg*: quirlig · wirbelig; fickrig (*landsch*) ◇ aufgeregt · fahrig · nervös – **u. sein**: *salopp*: Hummeln im Hintern haben

**unschädlich**: **u. machen**: das Handwerk legen

**unscheinbar**: unauffällig · farblos • einfach

**unschöpferisch**: unproduktiv · steril · unfruchtbar · einfallslos • eklektisch · epigonal · epigonenhaft · unoriginell

**Unschuld**: **1.** ⟨*das Freisein von Schuld*⟩ Schuldlosigkeit – **2.** ⟨*Unfähigkeit zum Bösen*⟩ Reinheit · Lauterkeit – **3.** ⟨*Unfähigkeit, Böses zu vermuten*⟩ Arglosigkeit · Naivität • Ahnungslosigkeit

**unschuldig**: **1.** ⟨*nicht mit einer Schuld belastet*⟩ schuldlos · frei von Schuld – **u. sein**: *umg*: eine weiße / reine / saubere Weste haben – **2.** ⟨*zu Bösem unfähig*⟩ rein · lauter · unverdorben – **u. sein**: *umg*: kein Wässerchen trüben können – **3.** ⟨*unfähig, Böses zu vermuten*⟩ unschuldsvoll · arglos · ohne Arg · naiv · unverdorben • ahnungslos

**unselbständig**: stark abhängig • anlehnungsbedürftig – **u. sein**: sehr auf fremde Hilfe angewiesen sein ✦ *umg*: an jmds. Schürze / Schürzenband / Schürzenzipfel hängen ◇ abhängen |von|

**unsicher**: **etw. ist u.**: etw. ist ein zweischneidiges Schwert • etw. steht auf wackeligen / tönernen / schwachen Füßen ✦ *umg*: etw. steht auf der Kippe ◇ etw. ist ungewiß

**Unsinn**: Nonsens · Wahnwitz · Aberwitz ✦ *umg*: Blödsinn · Quatsch · dummes Zeug · Humbug · Stuß · Mumpitz · Tinnef · Kohl · Blech · Koks · Larifari · Kokolores · Firlefanz · Flausen · Zinnober · Wahnsinn · Irrsinn; Schnack (*norddt*) ✦ *salopp*: Bockmist · Käse ◇ Unfug

**unsinnlich**: nichtsinnlich · unkörperlich · geistig · spirituell · immateriell • platonisch

**unsittlich**: unmoralisch · amoralisch · sittenlos · liederlich; zuchtlos (*veraltend*) ◇ obszön · unanständig · unzüchtig

**unsympathisch**: unausstehlich · unleidlich ✦ *umg*: ungenießbar (*scherzh*); nicht meine Blutgruppe (*meist scherzh*) ◇ unbeliebt

**untätig**: inaktiv · passiv · müßig · tatenlos • unbeschäftigt ◇ faul

**unterbieten**: • den Preis drücken

**unterbinden**: Einhalt gebieten • ausschalten · abstellen · sperren ✦ *umg*: einen Riegel vorschieben ◇ vereiteln

**unterdrücken**: **1.** ⟨*Menschen*⟩ niederhalten · ducken · knechten · unterjochen · tyrannisieren • versklaven ◇ unterwerfen – **2.** ⟨*Gefühle, Stimmungen*⟩ bezwingen · nicht aufkommen lassen • abtöten · abwürgen · betäuben ✦ *umg*: • in Alkohol ertränken – **3.** ⟨*Schmerzen, Lachen*⟩ bezwingen · sich verbeißen ✦ *umg*: sich verkneifen

**unterdrückt**: geknechtet · geknebelt · versklavt · unter der Knute • unfrei ◇ rechtlos

**untergehen**: **1.** ⟨*Sonne, Mond*⟩ niedergehen (*selten*) ✦ *dicht*: zur Rüste gehen ✦ *gehoben*: versinken · sinken – **2.** ⟨*Schiffe u. dgl.*⟩ sinken · versinken · untersinken; absinken (*selten*) • in den Fluten / Wellen verschwinden ✦ *umg*: absacken · wegsacken; versacken (*selten*) ✦ *salopp*: absaufen · wegsaufen – **3.** ⟨*Gesellschafts- od. Naturformationen*⟩ absterben ✦ *gehoben*: vergehen · dahinschwinden ◇ verfallen · zerfallen

**untergraben**: unterminieren · unterhöhlen · aushöhlen · aufweichen • durchlöchern

**Untergrundbahn**: U-Bahn · Metro

**unterhalten**: **1.** ⟨*jmds. Existenz gewährleisten*⟩ erhalten · ernähren · sorgen |für| · für jmds. Lebensunterhalt sorgen / aufkommen • durchbringen · aushalten ✦ *umg*: durchfüttern – **2. sich u.**: ⟨*sich mit jmdm. im Gespräch befinden*⟩ sprechen / reden |mit| · ein Gespräch / eine Unterhaltung führen · plaudern; kommunizieren (*fachspr*) • Konversation machen · Worte wechseln ✦ *umg*: plauschen · einen Plausch / Schwatz machen · ein Schwätzchen halten / machen; klönen · schnacken (*norddt*); ratschen (*süddt österr*) ✦ *salopp*: quatschen ◇ schwatzen · sprechen

**unterhaltsam**: vergnüglich · amüsant · ergötzlich · kurzweilig · gesellig ◇ spaßig

**Unterhaltsbeitrag**: Alimente · Unterhaltsgeld • Unterhaltszahlung

**unterkommen**: **1.** ⟨*in jmds. Haus aufgenommen werden*⟩ Unterkunft / Obdach finden • unterschlüpfen · Unterschlupf finden ✦ *umg*: unterkriechen – **2.** ⟨*eine Arbeitsstelle bekommen*⟩ eine Anstellung finden · eine Stelle bekommen ✦ *umg*: ankommen

**Unterkunft**: Quartier · Bleibe · Obdach; Absteige (*abwert*); Logis (*veraltend*) • Behausung · schützendes Dach ✦ *salopp*: Penne (*abwert*) ◇ Hotel · Schlafgelegenheit · Wohnung

**unterlassen**: absehen |von| · Abstand nehmen |von| · abstehen |von| · lassen · sich enthalten · sich ersparen · sich sparen • nicht dergleichen tun · vermeiden ✦ *umg*: sein lassen · bleibenlassen · sich verkneifen

**unterliegen**: besiegt werden · den

kürzeren ziehen · nicht ankommen / aufkommen |gegen|

**untermauern:** fundieren · erhärten · stützen · absichern

**Unternehmer:** Industrieller; Fabrikant (*veraltend*); Schlotbaron (*abwert*); Arbeitgeber (*verhüll*) ✦ *umg*: Brötchengeber (*scherzh*) ◇ Ausbeuter · Kapitalist

**Unternehmung:** Unternehmen · Vorhaben · Aktion · Operation • Coup ✦ *gehoben*: Beginnen

**Unternehmungslust:** Tatendurst · Tatendrang · Tatenlust · Unternehmungsgeist • Abenteuerlust

**unterrichten: 1.** ⟨*einen Sachverhalt vermitteln*⟩ informieren · in Kenntnis / ins Bild setzen · instruieren · orientieren · benachrichtigen · verständigen · Bescheid geben / sagen · eine Information geben ◇ einweihen · mitteilen – **2.** ⟨*regelmäßig Lehrstoff vermitteln*⟩ lehren · Unterricht geben / erteilen · Stunden geben · Schule halten • beibringen · ausbilden ◇ Vorlesungen halten

**Unterrichtsfach:** Fach · Schulfach; Gegenstand (*österr*) • Wissensgebiet · Fachgebiet

**unterschätzen:** nicht ernst nehmen · nicht für voll nehmen / ansehen · auf die leichte Schulter nehmen • in den Wind schlagen ◇ verkennen

**unterscheiden:** einen Unterschied machen · differenzieren · auseinanderhalten · abheben |von|

**Unterschied:** Differenz · Abweichung · Verschiedenheit • Kontrast

**unterschlagen:** veruntreuen · hinterziehen · in die eigene Tasche stekken ◇ sich bereichern

**unterschreiben:** unterzeichnen · seinen Namen setzen |unter| · seine Unterschrift geben; zeichnen (*veraltend*); unterfertigen (*papierdt veraltend*) • abzeichnen · paraphieren · signieren · gegenzeichnen

**Unterschrift:** Namenszug • Signum · Namenszeichen · Paraphe · Autogramm ✦ *umg*: [Friedrich] Wilhelm (*scherzh*)

**untersetzt:** stämmig · kompakt · massiv · gedrungen · bullig · massig; pyknisch (*Med*)

**unterstehen: 1.** ⟨*jmds. Weisungen befolgen müssen*⟩ unterstellt / untergeordnet sein; untergeben sein (*veraltend*) – **2. sich u.:** ⟨*trotz drohender Strafe tun*⟩ sich erdreisten · die Stirn haben · sich unterfangen; sich erkekken (*veraltend*) ✦ *gehoben*: sich erkühnen · sich vermessen; sich erfrechen · sich nicht entblöden (*veraltend*) ◇ sich anmaßen · sich erlauben

**unterstellen:** unterschieben ◇ verdächtigen

**unterstützen: 1.** ⟨*moralisch*⟩ Rückhalt geben · den Rücken / das Rückgrat stärken · stehen |hinter| · dahinter stehen · halten |zu| ◇ eintreten |für| · helfen – **2.** ⟨*finanziell*⟩ Geld zuwenden / zuschießen; subventionieren (*Wirtsch*) ◇ einen Beitrag leisten |zu|

**untersuchen:** • analysieren · zergliedern · durchleuchten · auf den Grund gehen ◇ durchforschen

**unterwegs: u. sein: 1.** ⟨*irgendwohin gehen od. fahren*⟩ auf dem Wege sein ✦ *umg*: auf [der] Achse sein – **2.** ⟨*sich auf einer Reise befinden*⟩ auf Reisen / einer Reise sein

**Unterwelt: 1.** ⟨*Reich der Toten in der antiken Mythologie*⟩ Totenreich · Schattenreich · Hades · Orkus – **2.** ⟨*die organisierten Verbrecher in kapitalist. Großstädten*⟩ Verbrechertum · Verbrecherwelt · Gangstertum • Mafia

**unterwerfen:** auf / in die Knie zwingen ✦ *gehoben*: sich untertan machen ◇ besiegen · unterdrücken

**unterwürfig:** ergeben · devot; untertänig · servil · sklavisch · knechtisch · lakaienhaft · kriecherisch · liebedienerisch · speichelleckerisch · hündisch (*abwert*) ◇ duckmäuserisch · schmeichlerisch

**untreu: 1.** ⟨*anderen gegenüber nicht mehr redlich*⟩ treulos · illoyal · wortbrüchig · perfide ✦ *gehoben*: ungetreu – **2.** ⟨*die eheliche Treue verletzend*⟩ treulos · ehebrecherisch

**unüberlegt:** unbedacht · unbesonnen · gedankenlos · ohne Überlegung • impulsiv · blindlings ◇ leichtfertig · übereilt · unvernünftig

**unumschränkt:** absolut · souverän · uneingeschränkt · autokratisch · alleinherrschend • diktatorisch

**ununterbrochen:** dauernd · andauernd · fortwährend · ständig · fortgesetzt · fortdauernd · beständig · immerfort · unaufhörlich · anhaltend · fortlaufend · laufend · immerwährend · unablässig · pausenlos · ohne Pause · ohne Unterlaß · in einem fort · am laufenden Band · unverwandt · stet · stetig · in steter Folge • alle Augenblicke · ohne Absatz · rund um die Uhr · von früh bis spät · vom Morgen bis zum Abend ✦ *umg*: in einem weg · hintereinanderweg • in einer Tour · in einem Ritt · auf einen Sitz · Schlag auf Schlag ◇ dauernd · immer

**unveränderlich:** gleichbleibend · konstant

**unverbesserlich:** uneinsichtig ✦ *umg*: hartgesotten – **u. sein:** *umg*: bei jmdm. ist Hopfen und Malz verloren · ein hoffnungsloser Fall sein

**unvergleichbar:** unvergleichlich · inkomparabel · inkommensurabel

**unverletzt:** unversehrt · heil · gesund · wohlbehalten • intakt

**unvermeidlich:** unvermeidbar · unabwendbar · unausweichlich · unausbleiblich · unumgänglich

**unvermischt:** rein · pur · unverfälscht · lauter • naturrein · gediegen

**unvernünftig:** töricht · unklug · vernunftlos · ohne Vernunft ◇ sinnlos · unüberlegt

**unverpackt:** lose · nicht abgepackt

**unverrichteterdinge:** unverrichtetersache · ohne etwas erreicht zu haben ◇ ergebnislos

**unverschämt:** impertinent · unverfroren · dreist · schamlos; ausverschämt (*landsch*) ◇ frech

**Unverschämtheit:** Impertinenz · Unverfrorenheit · Dreistigkeit · Schamlosigkeit • Beleidigung · Frechheit – **das ist eine U.:** *umg*: das ist starker Tobak · das ist ein starkes Stück

**unversöhnlich: 1.** ⟨*Menschen*⟩ unversöhnbar · todfeind • unverträglich ✦ *umg*: wie Hund und Katze – **2.** ⟨*Gegensätze*⟩ unüberbrückbar · wie Feuer und Wasser

**unverständlich: etw. ist jmdm. / für jmdn. u.:** etw. ist für jmdn. ein Buch mit sieben Siegeln ✦ *umg*: etw. ist jmdm. / für jmdn. zu hoch; etw. sind für jmdn. böhmische Dörfer (*scherzh*)

**unverzeihlich:** unverzeihbar · unentschuldbar

**unvollständig:** lückenhaft · unvollkommen · unfertig · unvollendet; nichts Halbes und nichts Ganzes (*abwert*) • halb · defekt · bruchstückhaft

**unvoreingenommen:** unbefangen · vorurteilslos · vorurteilsfrei · ohne Vorurteil ◇ sachlich

**unwägbar:** unberechenbar; imponderabel (*veraltend*) ◇ unerwartet

**unwahr:** lügenhaft · lügnerisch · [von A bis Z] erlogen ✦ *salopp*: erstunken und erlogen

**unwegsam:** weglos · unzugänglich · unpassierbar · unbegehbar · unbefahrbar

**unwichtig:** unwesentlich · unbedeu-

tend · unerheblich · bedeutungslos · belanglos · ohne Bedeutung / Belang · irrelevant · akzidentell · nichtig · gleichgültig · nicht / kaum der Rede wert ◇ nebensächlich
**unwirklich:** irreal · traumhaft · surreal ◇ scheinbar
**unwirksam:** wirkungslos – **u. sein:** keine Wirkung zeigen
**Unwissenheit:** Unkenntnis · Kenntnislosigkeit · Ignoranz · Ignorantentum
**unwohl:** indisponiert · unpäßlich · elend ✦ *umg*: blümerant ◇ elend · krank · übel
**Unwohlsein:** Unpäßlichkeit ◇ Übelkeit · Krankheit
**unzivilisiert:** primitiv · auf niedriger Kulturstufe stehend; wild (*veraltend*)
**Unzucht:** Unkeuschheit (*veraltend*) • Ausschweifung · Orgie ✦ *salopp*: Hurerei (*abwert*)
**unzüchtig:** schamlos; unkeusch (*veraltend*) • ausschweifend · pornographisch ◇ obszön · unanständig · unsittlich
**unzureichend:** unzulänglich · ungenügend · unbefriedigend · mangelhaft · kümmerlich · dürftig · armselig · ärmlich ◇ knapp · stümperhaft
**unzuverlässig:** unverläßlich – **u. sein:** *umg*: ein unsicherer Kantonist sein
**üppig: 1.** ⟨*Mahlzeiten*⟩ opulent · schwelgerisch ◇ reichlich – **2.** ⟨*Pflanzen*⟩ geil · wuchernd
**Urheber:** Schöpfer • Vater ✦ *gehoben*: Erschaffer ◇ Verfasser
**Urin:** Harn · Wasser ✦ *umg*: Pipi (*kinderspr*) ✦ *derb*: Pisse · Piß · Seiche · Seich
**Urkunde:** Dokument • Diplom
**Urlauber:** Feriengast · Erholungsuchender; Sommerfrischler (*veraltend*) • Tourist
**Urlaubsort:** Ferienort · Erholungsort; Sommerfrische (*veraltend*) • Urlauberparadies · Ferienparadies ✦ *gehoben*: Erholungsstätte
**Ursache:** Anlaß · Grund · Wurzel · Warum • Hintergrund · des Pudels Kern ◇ Veranlassung
**ursächlich:** kausal
**Ursprung:** Ausgangspunkt · Wurzel · Wiege • Beginn ✦ *gehoben*: Quell
**ursprünglich:** original · originär · primär · eigentlich · von Haus aus
**Urteil:** Urteilsspruch · Richterspruch · Rechtsspruch; Erkenntnis (*noch österr*) • Schiedsspruch – **ein U. fällen:** einen Spruch fällen · richten · Recht sprechen · befinden |über| ◇ verurteilen
**urteilen:** sich ein Urteil bilden · zu einem Urteil gelangen • ein Urteil abgeben – **u. |über|:** beurteilen · denken |über|

# V

**Vagina:** Scheide ✦ *salopp*: Muschi ✦ *derb*: Möse · Schnecke · Fotze ◇ Geschlechtsteil · Vulva
**Vater:** Erzeuger; alter Herr (*veraltend*); Vati · Papa · Papi (*kinderspr*) ✦ *salopp*: Alter ◇ Familienoberhaupt
**Vegetation:** Pflanzenwuchs ◇ Pflanzenreich
**Vene:** Blutader ◇ Blutgefäß
**Venus:** Abendstern · Morgenstern
**Verabredung:** Rendezvous; Stelldichein (*veraltend*) ✦ *umg*: Bestellung (*scherzh*)
**verabscheuen:** Abscheu empfinden / hegen |vor| · von Abscheu ergriffen / erfüllt sein · nicht leiden können ◇ hassen
**verabschieden: sich v.:** Abschied nehmen · sich empfehlen · Lebe-

wohl / auf Wiedersehen sagen ✦ *gehoben*: scheiden ◇ sich trennen

**verachten:** als minderwertig / unwürdig ansehen · herabsehen |auf| · hinabsehen |auf| · heruntersehen |auf| · hinuntersehen |auf| · von oben herab ansehen · geringschätzen • mit Verachtung strafen · herabwürdigen ◇ ignorieren · mißachten

**Verachtung:** Geringschätzung · Geringschätzigkeit ◇ Mißachtung

**verallgemeinern:** generalisieren • verabsolutieren

**veralten:** unmodern / unüblich werden · aus der Mode / dem Gebrauch kommen • verstauben

**veraltet:** überholt · überlebt · unmodern · unzeitgemäß · obsolet · abgelebt; vorsintflutlich · vorweltlich · fossil (*scherzh*) • vergangen · rückständig ◇ altmodisch – **etw. ist v.**: etw. gehört der Vergangenheit an ✦ *umg*: etw. ist passé

**veränderlich:** veränderbar · wandelbar · abwandelbar · variabel; mutabel (*meist fachspr*)

**Veränderung:** Änderung · Wandel · Wandlung · Umänderung · Abänderung • Wechsel

**veranlagt:** beschaffen · geartet • disponiert ✦ *umg*: gebaut

**Veranlagung:** Anlage • Beschaffenheit · Art · Artung • Disposition ◇ Wesensart

**veranlassen:** anregen · anhalten |zu| · bewegen |zu| · bestimmen |zu| · den Anstoß geben |zu| · ins Werk setzen · initiieren · dazu bringen, daß ... · dafür sorgen, daß ... · Sorge tragen, daß ... · Veranlassung geben / sein ◇ verursachen

**Veranlassung:** Anlaß · Grund · Beweggrund · Motiv ◇ Impuls · Ursache

**veranschaulichen:** verbildlichen · verlebendigen · demonstrieren · illustrieren · deutlich machen · beleuchten · erläutern · erklären · vor Augen führen · hervorheben ◇ verdeutlichen

**veranschlagen:** ansetzen · anschlagen · schätzen |auf| · einschätzen · valutieren; in Ansatz / Anschlag bringen (*papierdt*) ◇ berechnen · schätzen

**veranstalten:** abhalten · durchführen · ausrichten; zur Durchführung bringen (*papierdt*) • organisieren · inszenieren · in Szene setzen · arrangieren · halten ✦ *umg*: machen

**verantworten:** **1.** ⟨*für etwaige Folgen aufkommen [wollen]*⟩ die Verantwortung übernehmen / tragen |für| · verantwortlich sein / zeichnen |für| · einstehen |für| · geradestehen |für| · haften |für| · auf seine Kappe nehmen ✦ *umg*: den Buckel hinhalten |für| – **2. sich v.**: ⟨*sich gegen einen Vorwurf verteidigen*⟩ Rede und Antwort stehen · Rechenschaft ablegen ◇ rechtfertigen

**verantwortlich:** haftbar – **v. sein:** die Folgen tragen müssen

**verantwortungsvoll:** verantwortlich • ehrenvoll

**verarbeiten:** **1.** ⟨*von Material: zur Produktion verwenden*⟩ verwerten – **2.** ⟨*geistig bewältigen*⟩ aufarbeiten • durchdenken

**verärgern:** ärgerlich machen · verstimmen • böses Blut machen · erbittern ✦ *umg*: verschnupfen; vergnatzen (*landsch*)

**verarmen:** arm werden · in Armut geraten · an den Bettelstab kommen · verelenden

**verausgaben: sich v.**: sich aufreiben ✦ *gehoben*: sich verzehren ◇ sich abmühen · sich überanstrengen

**Verband:** Wundverband • Bandage · Binde · Pflaster ◇ Umschlag

**verbannen:** in die Verbannung schikken • deportieren ◇ ausweisen

**verbeißen: sich v.** |in|: sich festbeißen |an| · sich versteifen |auf| · sich verrennen |in| ✦ *umg*: sich verbohren |in|

**verbergen: 1.** ⟨*den Blicken entziehen*⟩ verdecken · abdecken · verhüllen · kaschieren · tarnen ◇ bedecken · verschleiern – **2. sich v.** |**hinter**|: ⟨*der wahre Grund sein*⟩ dahinterstekken · dahinterstehen

**verbessern: 1.** ⟨*Fehler beseitigen*⟩ berichtigen · korrigieren – **2.** ⟨*das Niveau anheben*⟩ bessern · aufbessern · heben · aufhelfen ◇ steigern – **3.** ⟨*in der Qualität besser machen*⟩ veredeln · verfeinern · kultivieren ◇ vervollkommnen – **4. sich v.:** ⟨*in den Leistungen*⟩ sich bessern · besser werden • es geht bergauf

**verbeugen: sich v.:** eine Verbeugung machen · sich verneigen · seine Reverenz machen; einen Bückling machen · dienern (*abwert*); einen Kratzfuß machen (*scherzh*); einen Diener machen (*kinderspr veraltend*) • knicksen · einen Knicks machen

**verbeulen:** zerbeulen · einbeulen · eindrücken ✦ *umg*: eindellen

**verbieten: 1.** ⟨*nicht [mehr] gestatten*⟩ untersagen · für unzulässig erklären · verwehren • sich verbitten · verhindern · sperren – **2. den Mund v.:** ⟨*nicht [mehr] zu sprechen gestatten*⟩ das Wort verbieten • das Wort entziehen · zum Schweigen bringen ✦ *umg*: • den Mund stopfen

**verbinden: 1.** ⟨*eine Wunde fest abdekken*⟩ einen Verband anlegen • bandagieren · Erste Hilfe leisten – **2.** ⟨*Teile [fest] zusammenbringen*⟩ zusammenfügen · aneinanderfügen • verknüpfen · verketten · koppeln · verkoppeln · verkuppeln · kuppeln · verflechten · verweben · vereinigen · verquicken – **3. sich v.** (*Chem*): ⟨*eine Verbindung bilden*⟩ eine Verbindung eingehen

**verbindlich:** bindend · obligatorisch · verpflichtend · fest

**Verbindungsglied:** Bindeglied · Zwischenglied · Verbindungsstück · Zwischenstück

**Verbindungsmann:** Kontaktmann • Mittelsmann · Bindeglied ◇ Vermittler

**verbissen:** krampfhaft · bis zum letzten

**verblassen:** verbleichen · bleichen · ausbleichen · ausblassen · verschießen • ausgehen · verfärben ✦ *gehoben*: abblassen

**verborgen:** versteckt · unsichtbar • latent

**Verbot:** Untersagung • Sperre · Tabu · Prohibition · Interdikt

**verboten:** untersagt · unstatthaft · unerlaubt · unzulässig • tabu · strafbar ◇ ungesetzlich

**Verbrauch:** Konsum · Konsumtion · Konsumierung • Verzehr

**verbrauchen:** konsumieren · aufbrauchen · aufzehren; verwirtschaften (*meist abwert*) ✦ *umg*: kleinkriegen ✦ *salopp*: verbraten · verbuttern (*oft abwert*)

**verbraucht: 1.** ⟨*alt u. kraftlos*⟩ abgelebt · abgearbeitet · verarbeitet • verlebt ◇ verkalkt – **v. sein:** *umg*: zum alten Eisen gehören ✦ *salopp*: hinsein · hinüber sein – **2.** ⟨*durch ständiges Wegnehmen nicht mehr vorhanden*⟩ aufgebraucht · ausgegangen · erschöpft ✦ *umg*: alle – **etw. wird v.:** etw. zehrt sich auf ✦ *umg*: etw. geht drauf

**Verbrechen:** Straftat · schweres Vergehen · Untat · Schandtat • Kapitalverbrechen · Mord · Anschlag · Übertretung ✦ *gehoben*: Übeltat · Freveltat; Missetat (*veraltend*) ◇ Greueltat · Schurkerei · Vergehen

**Verbrecher:** Gangster · Bandit · Krimineller · Unterweltler · Gewohnheitsverbrecher · Schwerverbrecher

• Räuber ✦ *umg*: schwerer Junge ◇ Mörder · Schurke · Unmensch
**verbrecherisch**: kriminell • asozial ✦ *gehoben*: frevelhaft
**verbreiten**: **1.** ⟨*Nachrichten*⟩ ausstreuen · unter die Leute bringen · in Umlauf bringen / setzen • weiterverbreiten · lancieren ✦ *gehoben*: aussprengen ✦ *umg*: herumtragen · herumerzählen · herumposaunen · an die große Glocke hängen (*abwert*) ◇ verlegen · veröffentlichen – **2.** ⟨*Neuerungen*⟩ popularisieren · propagieren • einführen – **3. sich v.**: ⟨*in die Weite wirken*⟩ sich ausbreiten · sich weiterverbreiten · um sich greifen · grassieren · Kreise ziehen · [an] Boden gewinnen • sich durchsetzen ◇ sich einbürgern · überhandnehmen
**verbrennen**: **1.** ⟨*vom Feuer vernichtet werden*⟩ niederbrennen · abbrennen · in Flammen / Rauch aufgehen · ein Raub der Flammen werden – **2.** ⟨*vom Feuer verzehren lassen*⟩ dem Feuer / den Flammen übergeben ◇ einäschern · niederbrennen
**verbringen**: zubringen · hinbringen · verleben
**verbrühen**: **sich v.**: sich verbrennen
**verbünden**: **sich v.**: sich zusammenschließen · sich zusammentun · sich verbinden · ein Bündnis / einen Pakt schließen · sich alliieren • sich anschließen; paktieren (*abwert*) ✦ *gehoben*: einen Bund eingehen ◇ sich vereinigen
**Verbündeter**: Bundesgenosse · Bündnispartner · Allierter
**verbüßen**: abbüßen ✦ *umg*: absitzen · abbrummen ✦ *salopp*: abreißen
**Verdacht**: Argwohn • Vermutung · Befürchtung · Zweifel – **einen V. haben**: [einen] Verdacht hegen · argwöhnen · Argwohn hegen • Verdacht schöpfen ✦ *umg*: etw. wittern · dem Frieden nicht recht trauen · Lunte riechen ✦ *salopp*: den Braten riechen
**verdächtig**: suspekt · nicht geheuer • obskur · ominös ✦ *umg*: faul · oberfaul · dunkel ◇ bedenklich · zweifelhaft · zwielichtig – **v. sein**: Verdacht erregen / wecken – **etw. kommt jmdm. v. vor**: *umg*: etw. kommt jmdm. spanisch vor
**verdächtigen**: in Verdacht haben · einen Verdacht hegen |gegen| ◇ mißtrauen · unterstellen
**verdammen**: verurteilen · den Stab brechen |über| · einen Stein werfen |auf| · schuldig sprechen · für schuldig erklären
**verdanken**: danken · schulden
**verderben**: **1.** ⟨*von Lebensmitteln gesagt*⟩ schlecht / ungenießbar werden · dem Verderb anheimfallen · verkommen · umkommen ✦ *umg*: vergammeln · gammelig werden ◇ faulen – **2.** ⟨*Personen*⟩ ins Verderben stürzen / stoßen / reißen – **3.** ⟨*etw. mehr od. weniger zunichte machen*⟩ verpatzen ✦ *umg*: verpfuschen · vermurksen · verhunzen · verkorksen; vermären · verhudeln (*landsch*) ✦ *salopp*: vermasseln ✦ *derb*: versauen
**Verderben**: Verderb · Verhängnis · Untergang · Unglück · Ruin
**verdeutlichen**: konkretisieren · präzisieren ◇ veranschaulichen
**verdichten** (*Techn*): komprimieren ◇ verflüssigen
**Verdickung**: Knoten · Wulst • Verhärtung ✦ *umg*: Knubbel (*landsch*)
**verdienen**: **1.** ⟨*für eine Tätigkeit Geld erhalten*⟩ einnehmen • ein Geschäft machen ✦ *umg*: Geld machen – **2.** ⟨*zu Recht zugesprochen bekommen*⟩ gebühren ✦ *umg*: gehören
**Verdienste**: Meriten
**verdoppeln**: duplieren · duplizieren · verzweifachen ◇ vervielfachen
**verdorben**: schlecht [geworden] · an-

gegangen • verfault · ranzig ✦ *umg*: gammelig ◇ faul
**verdorrt:** dürr · vertrocknet ✦ *umg*: knochendürr ◇ welk
**verdrängen:** wegdrängen · wegschieben · beiseite drängen / schieben · zur Seite drängen / schieben · an die Wand drängen / drücken · in den Hintergrund drängen · aus dem Felde schlagen · aus dem Sattel heben ✦ *umg*: ausbooten ◇ überflügeln
**verdummen:** *umg*: vertrotteln · verblöden
**verdünnen:** verwässern · panschen • strecken · verlängern · verfälschen ✦ *umg*: taufen (*scherzh*)
**verdursten:** • verschmachten
**verehren:** aufblicken |zu| · aufsehen |zu| · vergöttern · zu Füßen liegen • lieben ✦ *gehoben*: huldigen (*veraltend*) ✦ *umg*: anhimmeln (*meist abwert*) ◇ anbeten
**Verehrer:** Bewunderer · Anbeter · Liebhaber
**verehrt:** geehrt · geschätzt · wert · teuer · hochverehrt · hochgeschätzt
**Verehrung:** Bewunderung · Vergötterung · Anbetung; Kult (*abwert*) • Liebe ✦ *umg*: Anhimmelei (*abwert*) ◇ Ehrfurcht
**vereinbaren:** eine Vereinbarung / Abmachung treffen · abmachen · ausmachen · verabreden · absprechen · eine Absprache treffen · abschließen · aushandeln; abkarten (*abwert*)
**vereinen:** 1. ⟨*zu einem Ganzen zusammenfassen*⟩ verbinden · integrieren · zusammenschließen · vereinigen • zusammenlegen · einverleiben ◇ verschmelzen – 2. ⟨*Widersprüche ausgleichen*⟩ in Einklang / Übereinstimmung bringen · harmonisieren · unter einen Hut bringen • vereinbaren · vereinigen
**vereinfachen:** simplifizieren; versimpeln (*abwert*) • vergröbern · schematisieren
**vereinheitlichen:** normen · normieren · standardisieren · gleichmachen · einander angleichen • typisieren
**vereinigen:** vereinen ✦ *gehoben*: einen • sammeln – **sich v.**: sich verbinden · sich zusammenschließen · sich zusammentun · sich liieren · sich assoziieren • sich sammeln · sich organisieren ◇ sich verbünden
**Vereinigung:** 1. ⟨*das Sichvereinigen*⟩ Zusammenschluß · Assoziation · Integration – 2. ⟨*zu einem bestimmten Zweck gebildete Gruppe*⟩ Verband · Union · Bund · Körperschaft · Korporation · Assoziation · Ring; Bruderschaft · Brüderschaft (*Kirche*) ◇ Organisation
**vereinzelt:** sporadisch · verstreut · stellenweise · streckenweise · singulär · gelegentlich · mancherorts · hier und da · da und dort ◇ selten · spärlich
**vereiteln:** unmöglich / zunichte machen · durchkreuzen · einen Strich durch die Rechnung machen · hintertreiben · torpedieren · zu Fall bringen ✦ *umg*: dazwischenfunken · das Spiel verderben ✦ *salopp*: [die Suppe] versalzen · in die Suppe spucken ◇ unterbinden · verhindern
**verenden:** eingehen; fallen (*weidm*) ✦ *gehoben*: sterben ✦ *umg*: draufgehen ✦ *salopp*: krepieren · verrecken ◇ sterben
**vererben:** hinterlassen · nachlassen · vermachen; übermachen (*veraltend*)
**Verfahren:** Methode · Verfahrensweise · Modus · Prozedur • Art und Weise
**Verfall:** Niedergang · Untergang · Abstieg · Zerfall • Fäulnis
**verfallen:** 1. ⟨*allmählich zerstört werden*⟩ verkommen · zerfallen ✦ *gehoben*: niedergehen ◇ untergehen – 2. ⟨*seine Gültigkeit verlieren*⟩ ungültig

werden · ablaufen · außer Kraft treten
**verfangen: sich v.**: sich verstricken · sich verwickeln • hängenbleiben ✦ *umg*: sich verheddern · sich verfitzen
**verfassen**: abfassen · schreiben • formulieren · aufsetzen · anfertigen ✦ *umg*: zusammenschreiben (*abwert*)
**Verfasser**: Autor; Schreiber (*auch abwert*) ◇ Urheber
**verfeinden: sich v.**: sich zerstreiten · sich verzanken · sich überwerfen · sich entzweien ✦ *umg*: sich verkrachen
**verfeinern**: kultivieren · sublimieren · veredeln
**verflucht!** (*salopp*): *umg*: verwünscht! verflixt! ✦ *salopp*: verdammt! · zum Donnerwetter! · zum Kuckuck! · Himmeldonnerwetter! · Himmelkruzitürken! · Himmelherrgott!; sakra! (*süddt*) ✦ *derb*: Himmel, Arsch und Zwirn! / Wolkenbruch! · Gott verdamm mich noch mal!
**verflüchtigen: sich v.**: sich auflösen · verfliegen • verdunsten · verdampfen · verduften
**verflüssigen** (*Phys*): kondensieren ◇ verdichten
**verfolgen**: nachsetzen · nachjagen · hinterhersetzen · hinterherjagen · hinterher sein · sich jmdm. an die / sich an jmds. Fersen / Sohlen heften • hinterherlaufen · nachgehen ◇ nacheilen
**verfügbar**: greifbar · disponibel · parat – **v. sein**: zur Verfügung / Disposition / zu Gebote / zu Diensten stehen · bei der / zur Hand sein
**verführen**: auf Abwege bringen · vom rechten Weg abbringen • in Versuchung führen ◇ umgarnen · verleiten · verlocken
**Verführer**: Don Juan · Casanova ◇ Frauenheld
**Verführerin**: Circe · Sirene • Vamp
**vergangen**: verflossen · zurückliegend · fern
**vergänglich**: flüchtig · von kurzer Dauer • kurzlebig · sterblich ◇ vorübergehend
**vergebens: etw. ist v.**: etw. ist vergeblich / umsonst · etw. nutzt / nützt nichts · etw. ist verlorene / vergebliche Liebesmühe • etw. verfängt nicht ✦ *umg*: etw. ist für die Katz / für den alten Fritzen
**vergehen: 1.** ⟨*nicht weiterbestehen, nicht andauern*⟩ vorbeigehen · vorübergehen · verstreichen; entfleuchen (*scherzh*) • verfliegen ✦ *gehoben*: verrinnen · dahingehen · dahinschwinden · entschwinden · enteilen – **2. sich v.: a)** ⟨*ein Gesetz übertreten*⟩ sich etw. zuschulden kommen lassen · sich strafbar machen · straffällig / schuldig werden · straucheln · das Gesetz brechen · ein Verbrechen begehen – **b)** ⟨*gegen ein Gebot, eine Norm verstoßen*⟩ unrecht tun · einen Fehltritt tun / begehen · sündigen · sich versündigen ✦ *gehoben*: fehlen ◇ sündigen
**Vergehen**: Delikt · Straftat · Übertretung · Verstoß · Verfehlung • Unrecht ◇ Fehltritt · Verbrechen · Zuwiderhandlung
**vergeistigen**: spiritualisieren • sublimieren
**vergelten: 1.** ⟨*mit einer Vergeltungsmaßnahme beantworten*⟩ rächen · ahnden · heimzahlen ✦ *umg*: anstreichen · besorgen ✦ *salopp*: eintränken – **2.** ⟨*sich mit einer Gegenleistung bedanken*⟩ sich revanchieren · sich abfinden · sich erkenntlich zeigen · lohnen · belohnen · danken
**Vergeltung**: Vergeltungsmaßnahme · Repressalie · Abrechnung; Retorsion (*Rechtsw*) • Gegenschlag · Vergeltungsschlag
**vergesellschaften**: in Volkseigentum überführen · verstaatlichen · natio-

nalisieren; sozialisieren (*veraltend*) • kollektivieren ◇ enteignen
**vergessen:** nicht im Gedächtnis / Kopf behalten · etw. entfällt jmdm. · etw. schwindet aus dem Gedächtnis • verlernen ✦ *umg*: verschwitzen · verbummeln · verdösen · verdusseln · verschusseln – **v. werden:** in Vergessenheit geraten · der Vergessenheit anheimfallen – **v. wollen:** nicht mehr daran denken wollen · begraben wollen · als erledigt betrachten wollen · einen [dicken] Strich machen wollen |unter| · Gras wachsen lassen wollen |über|
**vergeßlich:** gedächtnisschwach – **v. sein:** *umg*: ein kurzes Gedächtnis haben · ein Gedächtnis wie ein Sieb haben
**vergewaltigen:** Gewalt antun · mißbrauchen · notzüchtigen · Notzucht verüben |an| • sich vergehen |an| · sich vergreifen |an| · verführen
**vergewissern: sich v.:** sich Gewißheit verschaffen · sich versichern · sich überzeugen · sichergehen ✦ *umg*: auf Nummer Sicher gehen
**vergleichbar:** komparabel · kommensurabel • analog · parallel
**vergleichen:** einen Vergleich anstellen / ziehen · gegenüberstellen · Parallelen ziehen; komparieren (*veraltet*) • kollationieren (*fachspr*) ◇ nebeneinanderhalten
**vergnügen: sich v.:** sich amüsieren · sich unterhalten · sich zerstreuen; sich verlustieren (*scherzh*); sich belustigen (*veraltend*) • sich die Zeit vertreiben ✦ *umg*: lumpen (*abwert*)
**Vergnügen:** Vergnüglichkeit · Spaß · Gaudium · Fidelität; Pläsier (*noch landsch*) ✦ *umg*: Gaudi
**Vergnügungsstätte:** Vergnügungslokal · Amüsierlokal · Amüsierbetrieb; Tingeltangel (*abwert*) ✦ *umg*: Bumslokal (*abwert*)
**Vergnügungstour:** *umg*: Bummel · Lokalbummel ✦ *salopp*: Kneiptour · Sause
**vergraben:** eingraben; verscharren · einscharren (*meist abwert*) ✦ *umg*: verbuddeln · einbuddeln
**vergrämen** (*weidm*): verprellen · vertreten ◇ verscheuchen
**vergreisen:** verknöchern · verkalken ✦ *gehoben*: ergreisen ◇ altern
**vergrößern:** ausweiten · erweitern · ausdehnen · ausbreiten – **sich v.:** sich ausweiten · sich erweitern · sich ausdehnen · sich ausbreiten
**verhaften:** festnehmen · fassen · dingfest machen; arretieren (*veraltend*) • aufgreifen · inhaftieren · in Haft nehmen · abführen · wegbringen · abholen · holen · sistieren · gefangennehmen ✦ *umg*: greifen ✦ *salopp*: schnappen · hopp nehmen · kaschen ◇ einsperren · ergreifen · gefangensetzen
**verhalten: sich v.: 1.** ⟨*in bestimmter Weise reagieren*⟩ sich benehmen · sich betragen · sich geben · auftreten · sich bewegen; sich aufführen · sich gebärden · sich gebaren (*oft abwert*) • reagieren · sich führen · sich halten ✦ *umg*: sich anstellen – **2. etw. verhält sich |mit|:** ⟨*etw. befindet sich in einem bestimmten Zustand*⟩ es steht |mit / um| · es ist bestellt |um / mit| · es hat seine Bewandtnis |mit|
**Verhalten:** Verhaltensweise · Benehmen · Betragen · Auftreten · Handlungsweise; Gebaren · Gehabe · Gehaben (*auch abwert*) • Führung · Allüren · Reaktion
**Verhältnis:** Proportion · Relation • Beziehung
**verhältnismäßig:** relativ · vergleichsweise • ziemlich
**Verhältnisse:** Umstände · Bedingungen; Zustände · Zustand (*auch scherzh*) ◇ Lage
**verhandeln: 1.** ⟨*zum Zweck einer Einigung beraten*⟩ unterhandeln · Ver-

handlungen / eine Verhandlung führen • beraten · konferieren · diskutieren – **2.** ⟨*in einem Gerichtsverfahren behandeln*⟩ zu Gericht sitzen · Gericht halten

**verhängen:** verhüllen · verdecken · behängen |mit| · überhängen ◇ bedecken

**verhängnisvoll:** folgenschwer · fatal · unselig · unglückselig · unglücklich · unheilvoll · katastrophal · tragisch

**verharmlosen:** bagatellisieren · verniedlichen • verkleinern ◇ beschönigen

**verheddern: sich v.:** • sich versprechen ✦ *umg*: sich verhaspeln

**verheilen:** abheilen · zuheilen • vernarben · verwachsen

**verheiratet: 1.** ⟨*einen Ehepartner besitzend*⟩ verehelicht (*veraltend*) ✦ *gehoben*: vermählt – **v. sein:** *umg*: • in festen Händen sein – **2.** ⟨*eine Ehefrau besitzend*⟩ *umg*: beweibt (*scherzh*) – **3.** ⟨*einen Ehemann besitzend*⟩ *umg*: bemannt (*scherzh*)

**verherrlichen:** glorifizieren; beweihräuchern · Kult treiben |mit| (*abwert*) • vergöttern · feiern ✦ *umg*: in den Himmel heben ◇ loben

**verhindern:** verhüten · abwenden · abwehren · unmöglich machen; verunmöglichen (*schweiz*) ✦ *umg*: abbiegen ◇ hindern · vereiteln

**Verhör:** Vernehmung; Einvernahme · Einvernehmung (*österr schweiz Rechtsw*) • Kreuzverhör

**verhören: 1.** ⟨*polizeilich od. richterlich befragen*⟩ vernehmen · ins Verhör nehmen · einem Verhör unterziehen · inquirieren; einvernehmen (*österr schweiz Rechtsw*) – **2. sich v.:** ⟨*falsch hören*⟩ falsch verstehen · mißverstehen · verhören

**verhungern:** an Hunger sterben ✦ *gehoben*: Hungers sterben

**verirren: sich v.:** in die Irre gehen · irregehen · sich verlaufen · fehlgehen · den Weg verfehlen · vom Wege abkommen / abirren • sich verfahren · die Orientierung verlieren ✦ *umg*: sich verfranzen

**verjüngen: etw. verjüngt sich:** etw. verengt sich · etw. wird enger / dünner · etw. spitzt sich zu · etw. läuft spitz aus

**verkalkt:** senil · vergreist ◇ verbraucht – **v. sein:** *umg:* bei jmdm. rieselt schon der Kalk

**verkaufen:** veräußern · abgeben · absetzen · abstoßen · losschlagen · ablassen • vertreiben · umsetzen ✦ *umg*: versilbern · zu Geld machen · an den Mann bringen; verhandeln (*veraltend*); verhökern (*abwert*) • verschachern ✦ *salopp*: verscheuern · verkloppen · verklitschen · verscherbeln ◇ verschleudern

**verkäuflich:** absetzbar · veräußerlich; feil (*veraltend*)

**Verkaufsschlager:** • Bestseller ✦ *umg*: Kassenschlager · Schlager · Knüller ✦ *salopp*: Renner · Heuler

**Verkaufsstand:** Stand • Marktstand ◇ Bude

**verkehren: v. |mit / bei|:** Umgang haben / pflegen |mit| · Kontakt haben / pflegen |mit| · zusammenkommen |mit| ✦ *umg*: • sich einlassen |mit| (*abwert*)

**Verkehrspolizist:** • Verkehrsposten ✦ *umg*: weiße Maus (*scherzh*) ◇ Polizist

**verkehrt:** umgekehrt · umgedreht • seitenverkehrt

**verkennen:** falsch beurteilen · falsch einschätzen · falsch deuten · mißverstehen • nicht gerecht werden ◇ unterschätzen

**verklagen:** einen Prozeß anstrengen |gegen| · einen Prozeß anhängig machen |gegen| · vor Gericht fordern · auf die Anklagebank bringen · vor die Schranken zitieren • beschuldigen · klagen ✦ *umg*: vor Gericht bringen / ziehen ✦ *salopp*: einen Prozeß an den Hals hängen ◇ anklagen · anzeigen · prozessieren

**verkleiden:** vermummen · kostümieren • tarnen · verkappen

**verklingen:** verhallen · ausklingen · abklingen · verstummen • aufhören · ausschwingen ✦ *gehoben*: ersterben · verwehen • schwinden

[1]**verkommen:** herunterkommen · auf die schiefe Bahn geraten / kommen · auf Abwege geraten · abgleiten · zugrunde gehen · in der Gosse enden ✦ *gehoben*: untergehen; verderben (*veraltend*) ✦ *umg*: unter die Räder kommen · versacken ◇ verwahrlosen

[2]**verkommen:** verdorben · heruntergekommen · verworfen · lasterhaft; verderbt (*veraltend*) • schamlos

**Verkörperung:** Personifikation · Personifizierung · Inkarnation

**verkrüppelt:** verwachsen · krüppelig • verkümmert ◇ bucklig · mißgestaltet

**verkümmert:** zurückgeblieben · kümmerlich · schwächlich; dürftig (*veraltend*) • piepsig ✦ *umg*: vermikkert

**verkuppeln:** • sich einen Kuppelpelz verdienen

**verkürzen:** abkürzen · kürzen • verkleinern · abschneiden

**verladen:** einladen · verfrachten · aufladen • umladen

**Verlangen:** Bedürfnis · Begierde · Gier · Gierigkeit · Begehrlichkeit · Gelüst · Gelüste · Lust • Hunger · Durst ✦ *gehoben*: Begehr · Begehren · Begier ✦ *umg*: Gieper (*landsch*) ◇ Sehnsucht · Sucht · Wunsch – **V. haben |nach|:** verlangen |nach| · gieren |nach| · begierig sein |nach / auf| · es gelüstet jmdn. |nach| · fiebern |nach| · lechzen |nach| · schmachten |nach| · sich sehnen |nach| · hungern |nach| · dürsten |nach| • schreien |nach| · die Hand / die Hände ausstrecken |nach| ✦ *gehoben*: begehren ✦ *umg*: erpicht / versessen sein |auf|; einen Gieper haben |auf| (*landsch*) • hinterhersein ✦ *salopp*: sich alle zehn Finger lecken |nach|; giepern |nach| (*landsch*) ◇ wünschen

**verlassen:** **1.** ⟨*[infolge einer Aufforderung] nicht an einem Ort bleiben*⟩ räumen · sich entfernen · abziehen ◇ weggehen – **2.** ⟨*sich böswillig von jmdm. trennen*⟩ allein lassen · im Stich lassen · seinem Schicksal überlassen · sich selbst überlassen • desertieren ✦ *umg*: sitzenlassen · aufsitzen lassen – **3. darauf kannst du dich v.!:** ⟨*daran brauchst du nicht im geringsten zu zweifeln!*⟩ da kannst du versichert / sicher sein! ✦ *umg*: darauf kannst du Gift nehmen! · das kann ich dir sagen / flüstern!

**Verlauf:** Ablauf · Hergang · Fortgang · Gang · Lauf • Prozeß · Entwicklung

**verlaufen** (*von Vorgängen, Prozessen*): ablaufen · abgehen · hergehen · abrollen · sich abwickeln · einen Verlauf nehmen ◇ geschehen · stattfinden

**verlegen:** **1.** ⟨*an einen falschen Platz legen*⟩ • verstellen ✦ *umg*: verkramen · versieben · verbummeln · verschusseln; vermären (*landsch*) ✦ *salopp*: verschmeißen – **2.** ⟨*auf einen anderen Zeitpunkt legen*⟩ verschieben · umlegen • umdisponieren · umstoßen – **3.** ⟨*Manuskripte erwerben u. daraus Druckerzeugnisse herstellen lassen*⟩ herausbringen • drucken · nachdrucken · reproduzieren ◇ herausgeben · verbreiten · veröffentlichen

**Verlegenheit:** Kalamität · Bedrängnis · mißliche / peinliche / schwierige Lage ✦ *umg*: Schwulität ◇ Zwangslage – **in V. sein:** in einer Schwierigkeit sein / stecken ✦ *umg*:

in der Bredouille / Klemme sein · in der Patsche / Tinte sitzen · in Schwulitäten sein; in Schwulibus sein (*scherzh*) ✦ *salopp*: aufgeschmissen sein · im Dreck sitzen / stecken ◇ hilflos sein

**verleiden:** verekeln · vergällen ✦ *umg*: vergraulen · vermiesen · miesmachen · madig machen

**verleiten:** mißleiten · anstiften |zu| • aufreizen |zu| ◇ verführen

**verletzen:** lädieren · eine Verletzung / Wunde beibringen / zufügen; blessieren (*veraltend*) • verwunden – **sich v.:** sich eine Verletzung / Wunde zuziehen · zu Schaden kommen · Schaden nehmen • sich schneiden ◇ sich abschürfen · sich ritzen

**Verletzung:** Wunde; Trauma (*Med*) • Verwundung ◇ Schaden · Schramme

**verleumden:** diffamieren · Übles nachreden · die Ehre abschneiden · mit Schmutz bewerfen · in den Schmutz / Kot ziehen · durch die Gosse ziehen • anschwärzen ✦ *umg*: in den Dreck ziehen / treten ◇ andichten · verunglimpfen

**Verleumder:** Ehrabschneider · Brunnenvergifter ◇ Zuträger

**verleumderisch:** diffamierend · diffamatorisch · ehrenrührig ✦ *gehoben*: ehrenschänderisch

**verlieben: sich v.** |in|: sein Herz verlieren |an| · entflammen |für| · Zuneigung fassen |zu| ✦ *umg*: Feuer fangen · sich vergucken |in| · sich vernarren |in| ✦ *salopp*: sich verknallen |in| · sich vergaffen |in| ◇ verliebt sein

**verliebt: v. sein:** bis über die / beide Ohren verliebt sein; von Amors Pfeil getroffen sein · im siebenten Himmel schweben (*scherzh*) ✦ *umg*: verschossen sein |in| ◇ sich verlieben

**verlieren:** 1. ⟨*ungewollt abhanden kommen lassen*⟩ *umg*: versaubeuteln · verbumfiedeln · verbummeln ◇ verlorengehen – **2.** ⟨*preisgeben müssen*⟩ einbüßen · kommen |um|; verlustig gehen (*papierdt*) • einen Verlust erleiden / haben ✦ *gehoben*: verwirken ✦ *umg*: loswerden ◇ Schaden erleiden · verspielen – **3.** ⟨*nicht gewinnen*⟩ verspielen • auf der Strecke bleiben – **4. sich v.** |in|: ⟨*sich [zu lange] mit unwichtigen Dingen beschäftigen*⟩ sich verzetteln ✦ *umg*: sich verkleckern · sich verplempern

**verlocken:** reizen ✦ *umg*: den Mund wäßrig machen ◇ verführen

**verlockend:** verführerisch · einladend ◇ bezaubernd

**Verlockung:** Versuchung · Verführung · Lockung · Reiz · Kitzel

**verloren:** 1. ⟨*nicht mehr vorhanden*⟩ zerronnen • unersetzlich ✦ *umg*: weg · perdu ✦ *salopp*: futsch · hops · hin; pfutsch (*österr*) – **2. v. sein:** ⟨*nicht mehr gerettet werden können*⟩ es ist geschehen |um| ✦ *umg*: geliefert sein · zum Kuckuck sein · zum / beim Teufel sein ✦ *salopp*: im Eimer sein ✦ *derb*: im Arsch sein – **3. v. geben:** ⟨*sich mit dem Verlust abfinden*⟩ *umg*: in die Esse / den Schornstein / Kamin / Rauchfang schreiben

**verlorengehen:** abhanden kommen · wegkommen; verlustig gehen · in Verlust geraten · in Abgang kommen (*papierdt*) ✦ *umg*: fortkommen · verschüttgehen · in die Binsen / Wicken gehen · zum Teufel gehen; sich selbständig machen · Beine kriegen / bekommen (*scherzh*); in die Rapuse gehen / kommen (*landsch*) ✦ *salopp*: flötengehen · hopsgehen ◇ verlieren

**Verlust:** Einbuße · Ausfall · Aderlaß · Schaden · Schädigung; Abgang (*noch kaufm*) • Verlustgeschäft

**Vermächtnis:** **1.** ⟨*durch letztwillige Verfügung bestimmte Zuwendung*⟩ Legat – **2.** ⟨*von einem Verstorbenen hinterlassener Auftrag an die Lebenden*⟩ letzter Wunsch / Wille ◇ Testament

**vermehren:** **1.** ⟨*sorgen, daß etw. zunimmt*⟩ mehren; äufnen (*schweiz*) • steigern – **2. sich v.:** ⟨*Nachkommen zeugen*⟩ sich fortpflanzen • die Art erhalten · hecken

**vermenschlichen:** • personifizieren

**vermitteln:** **1.** ⟨*zwischen Streitenden eine Einigung herbeiführen [wollen]*⟩ sich ins Mittel legen · schlichten – **2.** ⟨*[lehrend] zur Kenntnis bringen*⟩ beibringen · weitergeben |an|

**Vermittler:** Mittelsmann · Mittelsperson · Mittler • Makler ◇ Verbindungsmann

**Vermögen:** Vermögenswerte · Geld; Gut (*veraltend*)

**Vermögensverhältnisse:** Finanzlage · finanzielle Lage / Situation ✦ *umg*: Finanzen · Etat (*oft scherzh*)

**vermuten:** annehmen · glauben · mutmaßen · schätzen · die Vermutung haben · eine Vermutung haben / hegen; präsumieren (*fachspr*) • wähnen · für möglich halten ✦ *umg*: kalkulieren · tippen

**vernachlässigen:** verkommen / verwahrlosen / herunterkommen / verlottern lassen • verfallen lassen ✦ *umg*: verschludern / verschlampen / verlumpen / verludern lassen

**verneinen:** nein sagen · mit nein antworten · mit nein beantworten · den / mit dem Kopf schütteln • negieren (*fachspr*)

**Verneinung:** • Negierung · Negation (*fachspr*)

**vernichten:** auslöschen; aufreiben (*Milit*) • zermalmen ✦ *salopp*: in die Pfanne hauen ◇ vertilgen · zerstören

**Vernunft:** Ratio · Einsicht · Verstand • Besinnung · Verständigkeit · Verständnis ◇ Verstand

**vernünftig: v. werden:** zur Vernunft / Einsicht kommen · Vernunft annehmen

**vernunftmäßig:** rational

**veröffentlichen:** publizieren · herausbringen · drucken · abdrucken ◇ herausgeben · verbreiten · verlegen

**Verordnung:** Verfügung · Anordnung · Bestimmung · Dekret · Weisung; Ukas (*scherzh*) • Kannbestimmung · Gesetz ◇ Erlaß · Vorschrift

**verpacken:** emballieren (*kaufm*) • abpacken · versandfertig machen · verschnüren ◇ einwickeln

**Verpackung:** Umhüllung; Emballage (*kaufm*) • Umkleidung · Kartonage

**verpesten:** *umg*: verstänkern • verräuchern ✦ *salopp*: vermiefen · vollmiefen

**verpfänden:** versetzen · ins / aufs / zum Leihhaus bringen / tragen • als / zum Pfand geben

**verpflanzen:** umsetzen; pikieren · verschulen (*fachspr*) • umtopfen · auspflanzen · umpflanzen

**verpflegen:** beköstigen · verköstigen · in Kost haben · bewirten · versorgen; bekochen · atzen (*scherzh*); abspeisen (*abwert*) ✦ *gehoben*: speisen ✦ *umg*: abfüttern

**Verpflegung:** **1.** ⟨*das Versorgen mit Nahrung*⟩ Beköstigung · Verköstigung ✦ *gehoben*: Speisung – **2.** ⟨*Vorrat an Nahrung für unterwegs*⟩ Proviant · Mundvorrat · Marschverpflegung · Reiseproviant · Wegzehrung • eiserne Ration ✦ *umg*: Futterage ◇ Nahrung

**verpflichten: sich v.:** die Verpflichtung eingehen · verbindlich / fest zusagen / versprechen ◇ versprechen

**verpflichtet: v. sein:** die Pflicht / Verpflichtung haben · gehalten sein • sich bemüßigt sehen ◇ müssen · sollen

**verplomben:** plombieren · mit einer Plombe versehen

**verproviantieren: sich v.**: sich [mit Proviant] versorgen · sich eindekken

**verprügeln**: durchprügeln · prügeln · verhauen ✦ *umg*: verwalken · durchwalken · vergerben · das Fell / Leder vergerben / gerben · eine Tracht Prügel geben · eine Tracht [Prügel] verabreichen · windelweich schlagen · grün und blau schlagen · Saures / Kattun geben; verkamisolen (*veraltend*) ✦ *salopp*: verdreschen · dreschen · verbleuen · zerbleuen · durchbleuen · verkloppen · vermöbeln · den Buckel / die Jacke / Hucke vollhauen · versohlen · vertobaken · verkeilen · verholzen · verwichsen · durchwichsen · verwamsen · durchwamsen · vertrimmen · verbimsen · Senge geben · eine Naht / Wucht verpassen · zu Brei schlagen · Hackepeter machen |aus| ✦ *derb*: die Fresse / Schnauze vollhauen · die Fresse polieren ◇ schlagen · züchtigen

**Verrat**: **1.** ⟨*das Preisgeben von Geheimnissen*⟩ *umg*: Verräterei – **2.** ⟨*das Zerstören eines Vertrauensverhältnisses*⟩ Vertrauensbruch · Treubruch · Wortbruch · Treulosigkeit; Felonie (*veraltend*)

**verraten**: **1.** ⟨*jmds. Geheimnis preisgeben*⟩ angeben ✦ *umg*: petzen · verpetzen · verklatschen (*meist schülerspr*) • hochgehen lassen ✦ *salopp*: verpfeifen · verzinken ◇ anzeigen · denunzieren – **2.** ⟨*ein Vertrauensverhältnis zerstören*⟩ Verrat begehen / üben • in den Rücken fallen – **3.** ⟨*von anderen bemerken lassen*⟩ erkennen / spüren lassen · zeigen · deutlich werden lassen

**verringern**: vermindern · reduzieren · dezimieren · verkleinern · abmindern · schmälern ✦ *gehoben*: mindern – **sich v.**: sich vermindern · abnehmen · schwinden · zurückgehen · im Rückgang begriffen sein ✦ *gehoben*: dahinschwinden

**verrückt** (*umg abwert*): hirnverbrannt · irre · anstaltsreif · verdreht · rappelig · rappelköpfig · närrisch · klapsig · zu heiß gebadet · mit dem Klammersack / Klammerbeutel gepudert · von allen guten Geistern verlassen ✦ *salopp*: behämmert · beknackt · besengt · bescheuert · bekloppt · meschugge · vom wilden Affen gebissen; jeck (*landsch*); damisch (*süddt österr*); mall (*norddt*) ◇ geisteskrank – **v. sein**: spinnen · plemplem sein · nicht [ganz] richtig [im Kopf / Oberstübchen] sein · nicht ganz / recht gescheit sein · nicht bei Verstand / Trost sein · reif fürs Irrenhaus / Tollhaus sein · nicht von hier sein · nicht alle beisammen haben · einen Klaps / Knall / Stich / Sonnenstich / Sparren haben · einen kleinen Mann im Ohr haben · bei jmdm. ist eine Schraube locker ✦ *salopp*: eine Meise / Macke haben · einen Vogel / Piep / Pieps / Piepmatz haben · einen Dachschaden / Webfehler / Rappel / Raptus haben · einen Hieb / Hau haben · nicht rund laufen · nicht alle Tassen im Schrank haben · nicht alle im Kasten haben · nicht richtig ticken; einen Riß in der Schüssel / Waffel haben · ein Ding an der Glocke haben (*jugendspr*) ✦ *derb*: Tinte gesoffen haben · einen Furz im Kopf / gefrühstückt haben

**verrufen**: berüchtigt · notorisch · übel beleumdet · anrüchig · obskur ✦ *umg*: bekannt wie ein bunter / scheckiger Hund – **v. sein**: einen schlechten Ruf / Leumund haben · in üblem Ruf / Geruch stehen

**verrühren**: verquirlen; abziehen · abquirlen · abrühren (*fachspr*)

**versagen**: ein Versager sein • nicht durchhalten · auf der Strecke blei-

ben · unterliegen ✦ *umg*: schlappmachen ◇ durchfallen · scheitern
**Versager** (*abwert*): *umg*: Null · Blindgänger · Nulpe; Nebbich (*österr*) • Hampelmann ✦ *salopp*: Flasche · Pfeife · Niete; Nappsülze (*landsch*) ◇ Dummkopf
**versammeln: sich v.**: zusammenkommen · sich sammeln · sich zusammenfinden · zusammentreten · zusammenströmen; sich besammeln (*schweiz*) • sich zusammensetzen ✦ *gehoben*: sich scharen ◇ sich treffen
**Versammlung**: • Konzil · Synode · Konvent (*Kirche*) ◇ Sitzung · Tagung · Zusammenkunft
**versäumen: 1.** ⟨*einen Termin, den Omnibus od. dgl.*⟩ verpassen • vergessen ✦ *umg*: verbummeln ✦ *salopp*: verschlafen – **2.** ⟨*ein Ereignis, eine Gelegenheit*⟩ verpassen · sich entgehen lassen – **3.** ⟨*die Ausführung einer Handlung*⟩ verabsäumen (*papierdt*) • vergessen · unterlassen – **4. die Schule v.**: ⟨*nicht zum Unterricht gehen*⟩ *umg*: [die Schule] schwänzen; hinter / neben die Schule gehen (*scherzh*)
**verschalen**: • verkleiden
**verschärfen: etw. verschärft sich**: etw. spitzt sich zu · etw. wird schlimmer / ernster
**verschätzen: sich v.**: zu hoch *bzw.* zu niedrig greifen · sich verkalkulieren ✦ *umg*: danebenschätzen
**verschenken**: wegschenken · weggeben · fortgeben • hingeben · sich entäußern · abgeben ◇ schenken
**verscheuchen**: wegscheuchen · fortscheuchen · fortjagen ◇ vergrämen · vertreiben
**verschieben: sich v.**: verrutschen
**verschiedenartig**: unterschiedlich · verschieden · grundverschieden · ungleich · ungleichartig · heterogen · andersartig · anders · different · abweichend · disparat · wie Tag und Nacht • unähnlich · zweierlei · wesensfremd · divergent · divergierend
**verschlafen**: sich verschlafen · es verschlafen ✦ *salopp*: verpennen · es verpennen
**verschlechtern**: verschlimmern · schlechter / schlimmer machen • verschlimmbessern · verballhornen – **etw. verschlechtert sich**: etw. verschlimmert sich · etw. wird schlechter / schlimmer · es geht rückwärts |mit| ✦ *umg*: es geht bergab |mit| • etw. steht auf dem Aussterbeetat
**verschleiern**: verhüllen · verdunkeln · vertuschen · frisieren · vernebeln · verwischen ◇ verbergen
**verschleudern**: verramschen · abstoßen ◇ verkaufen
**verschlossen: 1.** ⟨*nicht offen*⟩ abgeschlossen · zugeschlossen; abgesperrt · zugesperrt (*süddt österr*) ✦ *umg*: zu – **2.** ⟨*durch sein Verhalten keine Annäherung zulassend*⟩ unnahbar · unzugänglich · abweisend · undurchdringlich ◇ menschenscheu · zurückhaltend
**verschlucken: sich v.**: *umg*: in die falsche Kehle bekommen / kriegen
**verschlüsseln**: chiffrieren
**verschmelzen: 1.** ⟨*zu einer Einheit zusammenfassen*⟩ vereinigen · zusammenschließen · fusionieren ◇ vereinen – **2. v.** |mit|: ⟨*zu einer Einheit werden*⟩ aufgehen |in| • aufgesaugt werden |von|
**verschnüren**: zuschnüren · schnüren · zubinden · zuknüpfen • verpacken
**verschollen**: vermißt; abgängig (*papierdt*) • überfällig ✦ *salopp*: verschüttgegangen ◇ verschwunden
**verschonen**: schonen · nichts antun / zuleide tun · kein Haar / Härchen krümmen • leben lassen · Pardon geben
**verschreiben**: rezeptieren · verordnen ✦ *umg*: aufschreiben

**verschulden:** pekzieren (*landsch veraltend*) ✦ *salopp*: verbocken · verzapfen ◇ verursachen
**verschütten:** **1.** ⟨*versehentlich [einen Teil] ausschütten*⟩ vergießen ✦ *umg*: verplempern · verschwabbern · schwabbern (*landsch*) • verkleckern – **2.** ⟨*Hohlräume durch Auffüllen beseitigen*⟩ verfüllen · zuschütten – **3.** ⟨*von Gesteinsmassen od. dgl. gesagt: ganz bedecken*⟩ unter sich begraben
**verschweigen:** verheimlichen · verhehlen · für sich behalten · nicht sagen • geheimhalten · unterschlagen · totschweigen · nicht über die Lippen bringen · in seinem Innern verschließen ◇ schweigen – **nicht v.:** offen sagen · kein Hehl machen |aus|
**verschwenden:** vergeuden · vertun · verschleudern · wüsten |mit|; verbringen (*landsch*) • verschlemmen · verprassen ✦ *umg*: durchbringen · verjubeln · verjuxen · verlumpen · verludern · verpulvern · verplempern · verjuchheien · auf den Kopf hauen; moschen (*landsch*) • verläppern ✦ *salopp*: veraasen · aasen |mit| ◇ verschwenderisch sein
**verschwenderisch:** verschwendungssüchtig; recht großzügig (*iron*) • schlemmerisch · schlemmerhaft · prunksüchtig – **v. sein:** mit Geld um sich werfen · das / sein Geld [zum Fenster] hinauswerfen / mit vollen Händen ausgeben · das Geld nicht ansehen · über seine Verhältnisse leben • auf großem Fuß leben · sich verausgaben ✦ *umg*: in die vollen gehen · mit Geld herumwerfen ✦ *salopp*: das / sein Geld [zum Fenster] hinausschmeißen ◇ verschwenden
**verschwiegen:** schweigsam · diskret
**Verschwiegenheit:** Diskretion
**verschwinden:** **1.** ⟨*nicht länger wahrgenommen werden können*⟩ sich verflüchtigen · sich auflösen · vergehen · schwinden • entweichen · unsichtbar werden · untertauchen – **2.** ⟨*sich [heimlich] entfernen*⟩ untertauchen · von der Bildfläche verschwinden; entschwinden (*scherzh*) • entweichen
**verschwitzt:** schweißig · schweißfeucht · feucht • schwitzig · schweißtriefend
**verschwommen:** unscharf · unklar · undeutlich · nebelhaft · ungenau · diffus · konturlos · schemenhaft · schattenhaft · vage
**verschwören: sich v.:** konspirieren · eine Verschwörung beginnen · sich heimlich mit jmdm. verbinden
**Verschwörung:** Konspiration · Komplott • Geheimbündelei · Palastrevolution
**verschwunden:** unauffindbar · wie vom Erdboden verschluckt · verschollen; abgängig (*papierdt*) ✦ *umg*: weg · perdu · wie weggeblasen ✦ *salopp*: futsch · futschikato · verschüttgegangen · das hat die Katze gefressen ◇ verschollen
**versehentlich:** unabsichtlich · unbeabsichtigt · ungewollt · irrtümlich · absichtslos · aus Versehen · ohne Absicht · nicht mit Absicht
**versenden:** verschicken
**versengen:** ansengen
**versenken:** **1.** ⟨*untersinken lassen*⟩ den Fluten übergeben – **2.** ⟨*zum Sinken bringen*⟩ • torpedieren ✦ *gehoben*: in den Grund bohren – **3. sich v.** |in|: ⟨*sich intensiv mit etw. befassen*⟩ sich vertiefen |in| · sich vergraben |in| · sich konzentrieren |auf|
**versetzen: nicht versetzt werden:** das Klassenziel nicht erreichen ✦ *umg*: sitzenbleiben · hängenbleiben · klebenbleiben
**verseuchen:** durchseuchen (*selten*)
**versichern:** **1.** ⟨*als sicher bezeichnen*⟩ beteuern · die Versicherung abgeben

· Brief und Siegel geben ◇ behaupten · schwören · versprechen – **2. sich v.**: ⟨*sich in Versicherungsschutz begeben*⟩ eine Versicherung abschließen / eingehen

**versickern:** einsickern · verrinnen • sich verlaufen

**versiegen:** • vertrocknen · austrocknen · eintrocknen

**versöhnen:** aussöhnen – **sich v.**: sich aussöhnen · Frieden schließen / machen · sich wieder vertragen · sich die Hand reichen / geben ✦ *umg*: das Kriegsbeil begraben · die Friedenspfeife rauchen (*scherzh*)

**versperren:** verbarrikadieren · verbauen · unpassierbar / unzugänglich machen ✦ *salopp*: verrammeln ◇ sperren

**verspielen:** • verwürfeln · verwetten ◇ verlieren

**verspotten:** spotten |über| · bespötteln · bewitzeln · verulken · sein Gespött treiben |mit| · mit Spott überschütten · verhöhnen; bespotten (*selten*); ausspotten (*bes. österr schweiz*) • parodieren · persiflieren · ironisieren ✦ *umg*: durch den Kakao ziehen · verhohnepipeln ◇ auslachen · necken · spotten

**versprechen: 1.** ⟨*verbindlich erklären, etw. zu tun*⟩ zusagen · zusichern · das Versprechen geben · die Zusage geben / machen · sein Wort geben · in die Hand / mit Handschlag / hoch und heilig versprechen · garantieren · die Garantie geben · Versprechungen machen • ein Gelübde ablegen · in Aussicht stellen ✦ *gehoben*: geloben · verheißen ◇ sich verpflichten · versichern – **2. sich v.**: ⟨*versehentlich etw. sagen, was man nicht sagen will*⟩ *umg*: sich verplappern; sich verplaudern (*selten*) ✦ *salopp*: sich verquatschen · sich verquasseln

**Versprechen:** Zusage · Zusicherung · Versicherung · Versprechung • Ehrenwort · Gelöbnis · Gelübde ✦ *gehoben*: Verheißung

**Versprecher:** Lapsus linguae · falscher Zungenschlag

**verspritzen:** versprühen · versprengen

**Verstand:** Intellekt · Geist · Geisteskraft · Geistesgabe • Esprit · Witz ✦ *umg*: Hirn · Gehirnschmalz ✦ *salopp*: Grips · Grütze ◇ Denkvermögen · Vernunft

**verständigen: sich v.**: sich verständlich machen • sich ins Benehmen / Einvernehmen setzen |mit| · Brükken schlagen

**verständlich: 1.** ⟨*mit dem Verstand erfaßbar*⟩ faßlich · faßbar · verstehbar · allgemeinverständlich · eingängig · klar ◇ anschaulich · deutlich – **2.** ⟨*aus den Umständen leicht verstehbar*⟩ erklärlich · begreiflich · plausibel

**Verständnis:** Einsehen · Einsicht · Sinn ✦ *umg*: Verstand

**verständnisvoll:** verständig · einsichtig · einsichtsvoll · mit / voll / voller Verständnis · vernünftig • verständnisinnig

**verstärken:** intensivieren · aktivieren · steigern • eskalieren

**verstauchen:** stauchen (*selten*) • verrenken · verzerren ✦ *umg*: verknacksen

**Versteck:** Unterschlupf; Schlupfwinkel · Schlupfloch (*meist abwert*) • Nest ◇ Zuflucht

**verstecken:** verbergen • vergraben – **sich v.**: sich verbergen · sich verkriechen • sich im Dunkeln halten · sich verschanzen

**verstehen: 1.** ⟨*akustisch aufnehmen*⟩ hören ✦ *gehoben*: vernehmen – **2.** ⟨*geistig aufnehmen*⟩ begreifen · erfassen · fassen · auffassen • ermessen · nachvollziehen ✦ *umg*: kapieren · löffeln · mitbekommen · mitkriegen · wegbekommen · wegkriegen · schalten · bei jmdm. fällt der Groschen / funkt / zündet es · etw. geht jmdm. ein ✦ *salopp*: schnallen · durchsteigen · bongen · packen · checken ✦ *derb*: fressen ◇ erkennen – **verstanden haben:** *umg*: intus haben · weghaben

**versteigern:** verauktionieren · lizitieren (*österr*); ganten (*schweiz*) • meistbietend verkaufen ✦ *umg*: unter den Hammer bringen

**versteinert:** fossil · urweltlich · vorweltlich

**verstellen: sich v.:** simulieren · sich stellen, als ob · so tun, als ob • seine Gesinnung verbergen · etw. vortäuschen ✦ *umg*: schauspielern · Komödie / Theater spielen

**verstockt:** uneinsichtig · unzugänglich · harthörig • trotzig ◇ widerspenstig

**verstopft:** hartleibig (*veraltend*) – **v. sein:** an Verstopfung leiden · keinen Stuhlgang haben

**Verstopfung:** Stuhlverstopfung; Hartleibigkeit (*veraltend*); Obstipation (*Med*) • Darmträgheit

**verstorben:** tot · verschieden; abgeschieden (*veraltend*); heimgegangen · verewigt · selig (*Rel*) ✦ *gehoben*: hingeschieden · verblichen; entschlafen (*verhüll*) ◇ tot

**verstoßen: 1.** ⟨*zum Verlassen einer Gemeinschaft zwingen*⟩ ausstoßen · fortjagen • verbannen ◇ ächten · ausschließen – **2. v. |gegen|:** ⟨*im Widerspruch zu etw. stehen bzw. vor sich gehen*⟩ zuwiderlaufen • abweichen |von| ✦ *umg*: gehen |gegen|

**Versuch:** Experiment · Test · Probe • Prüfung ✦ *umg*: • Versuchsballon

**versuchen:** probieren · ausprobieren · eine Probe / einen Versuch machen · einen Versuch anstellen · sich versuchen |an| · es auf einen Versuch ankommen lassen • prüfen · proben · durchprobieren · durchprüfen · durchkosten ✦ *umg*: • einen Versuchsballon steigen lassen · herumdoktern

**Versuchung:** Anfechtung

**verteidigen: 1.** ⟨*mit Argumenten rechtfertigen*⟩ verfechten · vertreten · in Schutz nehmen • apologetisieren · apologisieren – **2. sich v.:** ⟨*Angriffe abzuwehren suchen*⟩ sich wehren / zur Wehr setzen · sich seiner Haut / mit Händen und Füßen wehren · Widerstand leisten • seine Unschuld beteuern · sich behaupten ✦ *umg*: die Hörner zeigen ◇ abwehren

**Verteidigung:** Defensive · Abwehr · Gegenwehr • Apologetik · Apologie

**verteilen:** aufteilen · austeilen · vergeben · distribuieren

**verteuern:** teurer machen · hochtreiben · hochschrauben · in die Höhe schrauben – **etw. verteuert sich:** etw. wird teurer / zieht an / steigt an · etw. klettert · etw. klettert hoch / in die Höhe · etw. geht hoch / in die Höhe

**Vertiefung:** Einsenkung · Einbuchtung · Höhlung • Furche · Graben ◇ Grube · Mulde

**vertieren:** zum Tier / Vieh werden / herabsinken

**vertilgen:** austilgen · ausmerzen · vernichten · [mit Stumpf und Stiel] ausrotten ✦ *gehoben*: tilgen ◇ vernichten

**Vertrag:** Kontrakt · Pakt; Stipulation (*fachspr*) • Konkordat ◇ Übereinkommen

**vertragen: sich v.:** [miteinander] harmonieren · miteinander auskommen / zurechtkommen · sich verstehen · in Frieden [miteinander] leben

**vertrauen:** trauen · Vertrauen schenken / entgegenbringen · Vertrauen haben |zu| · sich verlassen |auf| · bauen |auf| · rechnen |auf| · zählen |auf| · seine Hoffnung setzen |auf|

**Vertrauen:** Zuversicht · Zutrauen

**vertrauensvoll:** gläubig · voll / voller Vertrauen • auf Treu und Glauben
**vertraulich:** 1. ⟨*ohne jede Fremdheit bzw. Distanz*⟩ intim · familiär · vertraut • tête à tête (*veraltet*) ◇ vertraut – 2. ⟨*nicht für die Öffentlichkeit bestimmt*⟩ diskret · intern · privatim ◇ geheim – **etw. v. mitteilen:** etw. im Vertrauen / unter vier Augen / unter dem Siegel der Verschwiegenheit mitteilen
**vertraut:** 1. ⟨*nicht fremd [anmutend]*⟩ altvertraut · wohlbekannt · geläufig · heimisch • alltäglich – 2. ⟨*sehr eng verbunden*⟩ intim • ans Herz gewachsen ◇ vertraulich
**vertreiben:** verjagen · fortjagen · davonjagen · wegjagen · wegtreiben · forttreiben · fortscheuchen · wegscheuchen · verscheuchen • in die Flucht schlagen ✦ *umg*: Beine machen · zum Teufel jagen • schassen · zum Tempel hinausjagen
**vertretbar:** angängig · möglich – **etw. ist v.:** etw. geht an · etw. geht hin
**vertreten:** die Vertretung haben / übernehmen |für| · einspringen |für| • Vertreter sein · repräsentieren
**Vertreter:** Repräsentant · Exponent • Bevollmächtigter
**Vertretung:** 1. ⟨*die Interessen einer Körperschaft vertretende Institution*⟩ Agentur · Geschäftsstelle · Nebenstelle ◇ Zweigstelle – 2. ⟨*zeitweilig für einen anderen Arbeitender*⟩ Vertreter · Aushilfe
**vertretungsweise:** stellvertretend · in Vertretung · kommissarisch • vorübergehend
**vertrinken:** verzechen ✦ *umg*: durch die Gurgel / Kehle jagen ✦ *derb*: versaufen
**vertrocknen:** verdorren · trocken / dürr werden · abdorren ◇ trocknen · welken
**verübeln:** übelnehmen · übel vermerken · verargen · verdenken • nachtragen ✦ *umg*: krummnehmen · ankreiden • einschnappen
**verüben:** begehen · ausführen ◇ tun
**verunglimpfen:** diffamieren · schlechtmachen · diskreditieren · schlecht / abfällig reden |von / über| · in Mißkredit / Verruf bringen · in üblen / schlechten Ruf bringen · die Ehre abschneiden · mit Schmutz bewerfen · in den Schmutz / Kot ziehen · verlästern • verketzern · verteufeln ✦ *umg*: heruntermachen · madig machen · keinen guten Faden / kein gutes Haar lassen |an| · mit Dreck bewerfen · in den Dreck ziehen / treten • begeifern ✦ *derb*: in Verschiß bringen ◇ herabwürdigen · verleumden
**verunglücken:** einen Unfall haben / erleiden; verunfallen (*schweiz*) • zu Schaden kommen · Schaden nehmen · sich den Hals / das Genick brechen · überfahren werden ✦ *umg*: einen Unfall bauen
**verunstalten:** entstellen · deformieren · verstümmeln • verunzieren · verderben ✦ *umg*: verschandeln · verhunzen (*abwert*)
**verursachen:** hervorrufen · bewirken · herbeiführen · auslösen · mit sich bringen · heraufbeschwören · verschulden • bedingen · erregen ✦ *gehoben*: zeitigen ✦ *umg*: einrühren (*abwert*) • einbrocken (*abwert*) ◇ zur Folge haben · veranlassen · verschulden
**verurteilen:** aburteilen · eine Strafe verhängen / auferlegen · mit einer Strafe belegen ✦ *umg*: eine Strafe aufbrummen ✦ *salopp*: verdonnern · verknacken · verknasten ◇ ein Urteil fällen
**vervielfachen:** vermehren · vervielfältigen • vertausendfachen ◇ verdoppeln
**vervielfältigen:** • abziehen · ablich-

ten · hektographieren · reproduzieren · kopieren
**vervollkommnen:** perfektionieren • abrunden ✦ *umg*: den letzten Schliff geben ◇ überarbeiten · verbessern – **sich v.**: an sich [selbst] arbeiten · sich ständig verbessern
**verwahrlosen:** verlottern · verwildern · verkommen • verfallen ✦ *umg*: verschlampen · verlumpen · verludern · auf den Hund kommen ◇ [1]verkommen
**Verwandlung:** Umwandlung · Metamorphose · Umgestaltung
**verwandt: 1.** ⟨*von denselben Vorfahren abstammend*⟩ blutsverwandt · stammverwandt • verschwistert – **2.** ⟨*durch Heirat verwandt*⟩ verschwägert · versippt • angeheiratet
**Verwandter:** Angehöriger · Anverwandter
**Verwandtschaft:** die Verwandten · die Angehörigen · die Anverwandten; Parentel (*fachspr*); Sippe (*scherzh*); Sippschaft (*abwert od. scherzh*) ✦ *gehoben*: die Seinen · die Seinigen ✦ *umg*: Mischpoke (*abwert*) ◇ Familie
**verwechseln:** vertauschen · durcheinanderbringen · durcheinanderwerfen
**verweichlichen:** verzärteln · verhätscheln · hätscheln • verziehen ✦ *umg*: verpäppeln · verpimpeln
**verweigern:** versagen · verwehren · vorenthalten • entziehen ◇ ablehnen
**verwendbar:** brauchbar · anwendbar · nutzbar · verwertbar · praktikabel · tauglich · geeignet • praktisch ◇ passend
**verwenden: 1.** ⟨*in Benutzung nehmen bzw. haben*⟩ einsetzen · sich bedienen |einer Sache| • sich nutzbar machen ◇ benutzen · gebrauchen – **2. sich v. |für|**: ⟨*zu jmds. Gunsten sprechen*⟩ bitten |für| · Fürsprache einlegen |für| · ein gutes Wort einlegen; Fürbitte einlegen (*veraltend*) ◇ eintreten |für|
**verwerflich:** schändlich · schandbar · schmählich · schimpflich · abscheulich · verdammenswert · verabscheuenswert · verabscheuungswürdig · abscheuerregend · scheußlich · häßlich ✦ *gehoben*: fluchwürdig ◇ gemein
**verwerten:** nutzbringend verwenden · nutzen; der Verwertung zuführen (*papierdt*) ✦ *umg*: • ausschlachten
**verwickelt:** kompliziert · verworren · unübersichtlich · schwierig ✦ *umg*: verzwickt · vertrackt · eine Wissenschaft für sich ◇ schwierig
**verwirklichen:** realisieren · in die Tat umsetzen · ins Werk setzen · wahr machen · zustande bringen • Ernst machen |mit| ◇ ausführen · erfüllen
**verwirren: 1.** ⟨*Menschen*⟩ durcheinanderbringen · irremachen · irritieren · beirren · in Verwirrung / aus der Fassung bringen · unsicher / kopfscheu machen · derangieren • desorientieren · ablenken · verstören · verlegen machen ✦ *umg*: aus dem Konzept bringen · die Pferde scheu machen • aus dem Text bringen · den Kopf verdrehen – **2. sich v.**: ⟨*von Fäden od. dgl. gesagt*⟩ sich verwickeln • verfilzen ✦ *umg*: sich verfitzen; sich vertüdern (*norddt*)
**verwirrt:** konfus · irritiert · wirr · kopflos · verstört · verdutzt ✦ *umg*: durchgedreht · verdattert; verdonnert (*veraltend*); verbiestert (*landsch*); dasig (*süddt österr*) ◇ bestürzt – **v. sein:** durcheinander sein · keinen klaren Gedanken mehr fassen können ✦ *salopp*: nicht mehr wissen, was links und rechts ist • kariert gucken
**verwischen: etw. verwischt sich:** etw. verschwimmt / verfließt • etw. läuft aus

**verwöhnen:** auf Händen tragen · jeden Wunsch von den Augen ablesen
**verwöhnt:** anspruchsvoll
**verworren:** unübersichtlich · wirr · abstrus · konfus • labyrinthisch ◇ unklar
**verwundert:** erstaunt ◇ überrascht
**Verwunderung:** Erstaunen • Befremden
**verwünschen:** verfluchen · verdammen ✦ *umg*: die Pest an den Hals wünschen ✦ *gehoben*: fluchen
**verwüsten:** verheeren ◇ beschädigen · zerstören
**verzagen:** den Mut / die Zuversicht verlieren ✦ *umg*: jmdm. fällt / rutscht das Herz in die Hose (*oft scherzh*) ◇ verzweifeln
**Verzeichnis:** Liste · Aufstellung · Katalog • Index · Register · Nomenklatur · Konspekt ◇ Tabelle
**verzeihen:** vergeben · entschuldigen ✦ *gehoben*: Verzeihung gewähren ◇ begnadigen
**verzerren:** **1.** ⟨*Gesicht, Mund*⟩ verziehen; verkneifen (*selten*) – **2.** ⟨*bei der Darstellung von etw.*⟩ verzeichnen · karikieren ◇ entstellen
**verzerrt:** **1.** ⟨*Gesicht*⟩ fratzenhaft (*abwert*) – **2.** ⟨*nicht korrekt dargestellt*⟩ entstellt · verdreht · schief • frisiert · tendenziös ◇ einseitig
**verzichten: v. |auf|:** Abstand nehmen |von| · sich versagen · fahrenlassen; Verzicht leisten / üben (*papierdt*) ✦ *gehoben*: entsagen · sich enthalten; sich begeben · sich entäußern (*veraltend*) ✦ *umg*: sich verkneifen • sich etw. aus dem Kopf / Sinn schlagen ✦ *salopp*: schießenlassen · pfeifen |auf| ✦ *derb*: scheißen |auf| ◇ sich abgewöhnen · resignieren
**verziehen: etw. verzieht sich:** etw. verwirft / wirft sich · etw. wellt sich · etw. arbeitet
**Verzierung:** Schmuck · Zierat · Zierde • Dekor · Ornament · Arabeske · Rankenwerk · Schnörkel
**verzögern:** hinauszögern · verschleppen · hinausziehen · hinziehen · in die Länge ziehen · hinschleppen · auf die lange Bank schieben · hinhängen lassen · anstehen lassen • verlangsamen ◇ aufschieben – **sich v.**: sich hinziehen · sich hinausziehen · sich in die Länge ziehen • sich verspäten · jmd. gerät / kommt mit etw. in Verzug
**Verzug:** Verzögerung · Rückstand – **im V. sein:** im Rückstand sein ✦ *umg*: hinterher sein · hinterherhinken
**verzweifeln:** **1.** ⟨*jede Hoffnung aufgeben*⟩ in Verzweiflung geraten · jmdn. überkommt / packt [die] Verzweiflung · keine Hoffnung [mehr] haben ✦ *umg*: das heulende / graue Elend kriegen (*auch scherzh*) ◇ verzagen – **2. es ist zum Verzweifeln!**: ⟨*Ausruf der Ungeduld*⟩ das ist ja nicht mehr zum Aushalten! ✦ *umg*: es ist, um auf die Bäume zu klettern! / an den Wänden hochzugehen! · das ist ja zum Davonlaufen! / zum Haareausraufen!
**verzweifelt:** **1.** ⟨*Menschen*⟩ gebrochen · ohne Hoffnung ◇ niedergeschlagen – **2.** ⟨*Situation, Zustand*⟩ hoffnungslos · desperat · ausweglos
**Vetter:** Cousin
**Vetternwirtschaft:** Nepotismus; Vetterliwirtschaft (*schweiz*) • Günstlingswirtschaft · Cliquenwirtschaft
**viel:** **1.** ⟨*große, als Einheit aufgefaßte Menge*⟩ eine [ganze] Menge · nicht wenig ✦ *umg*: massig · ein [ganzer] Haufen · eine [ganze] Masse ◇ massenhaft · reichlich – **2.** ⟨*eine große Anzahl einzelner Menschen od. Dinge*⟩ viele · zahlreiche · zahllose · unzählige · ungezählte · unzählbare · Dutzende · Hunderte · Tausende · eine Menge [von] · eine Fülle von · nicht

wenig / wenige ✦ *umg*: ein [ganzer] Haufen [von] · eine [ganze] Masse [von] · ein [ganzer] Berg / Berge von • schockweise · zu Hunderten / Tausenden ✦ *salopp*: eine ganze Wucht [von]
**Vielfraß** (*abwert*): Nimmersatt ✦ *salopp*: Freßsack
**vielgestaltig:** polymorph · verschiedengestaltig
**vielsagend:** beredt · sprechend · aufschlußreich
**vielseitig:** universell · universal · allseitig
**vielsprachig:** polyglott · mehrsprachig
**Viereck:** Geviert · Karree • Quadrat · Rechteck · Karo · Raute · Rhombus
**Vierteljahr:** Quartal · drei Monate
**vital:** lebenskräftig · voller Lebenskraft · vollblütig • lebensfähig
**Vitalität:** Lebenskraft • Lebensfähigkeit · Lebendigkeit
**Vogel:** Piepmatz · Piepvogel (*kinderspr*)
**Vogelkäfig:** Vogelbauer · Bauer • Voliere
**Volk:** Nation • Völkerschaft ◇ Volksstamm
**Volksabstimmung:** Volksentscheid · Plebiszit · Referendum • Volksbefragung
**Volksstamm:** Stamm ◇ Volk
**volkstümlich:** populär; volkstümelnd (*abwert*)
**Volksverführung:** Demagogie · Volksverdummung · Manipulierung · Manipulation
**Volkswirtschaft:** Wirtschaft
**voll: 1.** ⟨*Gefäße*⟩ gefüllt · randvoll – **2.** ⟨*Bälle, Ballons*⟩ prallvoll · prall – **3.** ⟨*Verkehrsmittel, Räume*⟩ prallvoll ✦ *umg*: proppenvoll · knüppelvoll · rappelvoll · gerammelt voll · gerappelt voll ◇ überfüllt
**vollenden: 1.** ⟨*zum Abschluß bringen*⟩ fertigstellen · fertigmachen · abschließen · zu Ende führen / bringen · beenden · unter Dach und Fach bringen · letzte Hand anlegen · den letzten Schliff geben · den Punkt aufs i setzen – **2. sich v.**: ⟨*seine vollkommenste Ausprägung finden*⟩ ausreifen
**völlig:** vollständig · vollkommen · voll und ganz · in vollem Maße · in vollem Umfang · ganz [und gar] · gänzlich · total · vollends · vollauf • aufs Haar ✦ *umg*: komplett · absolut · rein · reineweg · durch und durch ◇ ganz · gänzlich
**volljährig:** großjährig · majorenn · mündig · erwachsen
**vollkommen:** perfekt · vollendet · unerreicht · unübertrefflich · unübertroffen · ausgereift · reif · klassisch • ideal · göttlich · par excellence ✦ *umg*: fertig ◇ vorbildlich
**Vollmacht:** Autorisation · Ermächtigung • Prokura · Befugnis ◇ Berechtigung
**vollständig:** komplett · total · umfassend · lückenlos · restlos · ganz · voll [und ganz]; zur Gänze (*papierdt*) • erschöpfend · auf Heller und Pfennig · komplex · verlustlos ◇ ganz · vollzählig
**vollzählig:** in voller Zahl / Anzahl · ausnahmslos · ohne Ausnahme ◇ vollständig
**voluminös:** großvolumig · von großem Volumen • großräumig
**vorab:** im voraus · vorher · vorweg · im vorhinein
**vorangehen: etw. geht voran:** etw. geht vorwärts / von der Hand ✦ *umg*: etw. flutscht · etw. fleckt (*landsch*) ◇ vorwärtskommen
**vorankommen:** vorwärtskommen · [an] Boden gewinnen
**Voranschlag:** Kostenanschlag · Kalkulation · Vorausberechnung

**voraussagen:** vorhersagen · prognostizieren · prophezeien ◇ voraussehen · weissagen
**voraussehen:** vorhersehen · kommen sehen · absehen ✦ *umg*: sich an den [fünf] Fingern abzählen · sich ausrechnen · sich zusammenreimen ✦ *derb*: sich am Arsch abklavieren ◇ spüren · voraussagen
**voraussetzen:** als sicher / gegeben ansehen – **etw. setzt etw. voraus:** etw. erfordert / bedingt etw.
**Voraussetzung: 1.** ⟨*das, was vorhanden sein muß, um etw. zu ermöglichen*⟩ Vorbedingung · Bedingung · Erfordernis • Grundlage – **2.** ⟨*das, was einem Vorhaben gedanklich zugrunde liegt*⟩ Prämisse
**vorauszahlen:** vorstrecken · vorschießen • einen Vorschuß zahlen / geben
**Vorbehalt:** Einschränkung • Bedenken
**vorbehalten: sich v.:** sich ausbedingen · zur Bedingung machen
**vorbei: 1.** ⟨*zeitlich*⟩ vorüber · vergangen · zu Ende • zu spät ✦ *gehoben*: dahin ✦ *umg*: passé · um · gewesen – **2.** ⟨*örtlich*⟩ vorüber
**vorbeibenehmen: sich v.:** sich danebenbenehmen · entgleisen · aus der Rolle fallen · einen Fauxpas begehen · sich flegelhaft benehmen ✦ *umg*: runksen
**vorbeigehen: im Vorbeigehen:** im Vorübergehen · en passant • zwischen Tür und Angel
**Vorbeimarsch:** Defilee · Parade
**vorbereiten:** bereitmachen · präparieren · fertigmachen · zurechtmachen • zurechtlegen · herrichten ◇ bereitmachen – **sich v.:** sich bereitmachen · sich fertigmachen · sich präparieren • sich einstellen |aufl · sich einrichten |aufl · sich gefaßt machen |aufl
**vorbereitet: v. sein |aufl:** gefaßt sein |aufl · rechnen |mit| · gewärtig sein ✦ *gehoben*: gewärtigen
**vorbestellen:** vorausbestellen • buchen · subskribieren ◇ bestellen
**vorbeugend:** vorsorglich; prophylaktisch (*auch Med*) ✦ *umg*: auf Verdacht (*oft scherzh*)
**Vorbild:** Beispiel · Leitbild · Ideal · Idol · Wunschbild · Musterbild ✦ *gehoben*: Leitstern ◇ Muster – **sich jmdn. zum V. nehmen können:** sich an jmdm. ein Beispiel nehmen können ✦ *umg*: sich von jmdm. eine Scheibe abschneiden können
**vorbildlich:** beispielhaft · mustergültig · musterhaft · beispielgebend · nachahmenswert · nacheifernswert; comme il faut (*veraltend*) ✦ *umg*: wie es im Buch steht ◇ hervorragend · vollkommen
**vorbringen:** zur Sprache bringen · in die Diskussion / Debatte werfen · ins Feld / Gefecht / Treffen führen ✦ *umg*: aufs Tapet bringen · anbringen ◇ ansprechen
**Vorderseite:** Vorderfront · Front · Fassade · Stirnseite
**Vorfahr: 1.** ⟨*Mann, von dem man abstammt*⟩ Ahn; Ahnherr (*veraltend*) • Stammvater · Urahn – **2.** ⟨*Frau, von der man abstammt*⟩ Ahne; Ahnfrau (*veraltend*) • Stammutter · Urahne – **3. Vorfahren:** ⟨*die Menschen früherer Zeiten*⟩ Voreltern · Vorväter · Ahnen; Altvordern (*noch scherzh*)
**vorfinden:** antreffen · stoßen |aufl · begegnen
**Vorgeschichte:** Prähistorie • Urgeschichte ◇ Geschichte
**Vorgesetzter:** *umg*: Chef ✦ *salopp*: Alter; Boß (*scherzh*)
**vorhalten:** vorwerfen ✦ *umg*: unter die Nase reiben · aufs Butterbrot schmieren / streichen; aufmutzen (*landsch*)
**vorher:** zuvor · vordem · davor · vorweg ◇ früher

**Vorherrschaft:** Hegemonie · Vormachtstellung · Domination · Prädomination · Prävalenz
**vorherrschen:** überwiegen · dominieren · prädominieren · prävalieren; vorwalten (*veraltend*)
**vorig:** vorhergehend · vorherig · letzt · vergangen
**Vorkämpfer:** Avantgardist · Protagonist ◇ Wegbereiter
**vorkommen:** auftreten · begegnen · sich finden · vorhanden sein; aufscheinen (*süddt österr*)
**vorladen:** laden · zitieren; evozieren (*Rechtsw*)
**vorläufig:** einstweilig · provisorisch · interimistisch · einstweilen · vorerst · zunächst · vorderhand · fürs erste · bis auf weiteres ◇ zeitweilig
**vorlaut:** vorwitzig · naseweis; fürwitzig (*veraltend*) • altklug ◇ keck
**vorlegen:** unterbreiten • präsentieren · einbringen
**Vorlesung:** Kolleg (*veraltend*) – **Vorlesungen halten:** lesen · lehren; dozieren (*veraltend*) ◇ unterrichten
**Vorliebe:** Hang · Schwäche · Faible · Neigung · Sympathie · Inklination – **eine V. haben |für|:** eine Schwäche / ein Faible haben |für| ✦ *umg*: stehen |auf| · fliegen |auf| · versessen / wild / scharf / verrückt sein |auf| · einen Narren / Affen gefressen haben |an| ◇ mögen
**vorliegen:** gegeben sein · vorhanden sein · bestehen
**Vormund:** Erziehungsberechtigter · gesetzlicher Vertreter
**vornehm:** **1.** ⟨*hohen Ansprüchen genügend*⟩ fein · exklusiv; nobel (*meist iron*) ✦ *umg*: feudal – **2.** ⟨*in bezug auf die Umgangsformen*⟩ fein · distinguiert
**vornehmen: sich v.:** **1.** ⟨*Rechenschaft fordern bzw. zurechtweisen*⟩ *umg*: sich vorknöpfen · sich greifen · sich kaufen ◇ zurechtweisen – **2.** ⟨*zu tun beschließen*⟩ ins Auge fassen · sich zum Ziel setzen ✦ *umg*: sich in den Kopf setzen ◇ vorsehen
**vornherein: von v.:** von Anfang an · schon immer
**vornweg:** vorweg · voraus · an der Spitze ✦ *umg*: vorneweg
**vorpreschen:** vorprellen (*landsch*)
**Vorrang:** Priorität · Primat ✦ *umg*: Prä
**vorrangig:** vordringlich · erstrangig
**Vorrat:** • Reserve · Rücklage
**vorrätig:** vorhanden · verfügbar · disponibel • flüssig – **v. haben:** auf Lager haben · etw. ist noch zu haben • führen ◇ käuflich sein
**Vorrecht:** Privileg · Sonderrecht • Vergünstigung
**vorsagen:** **1.** ⟨*zum Nachsprechen*⟩ vorsprechen; soufflieren (*Theat*) • einhelfen – **2.** ⟨*etw. nicht Gewußtes*⟩ einsagen (*süddt österr*) ✦ *umg*: einblasen
**vorschlagen:** einen Vorschlag machen · anregen · eine Anregung geben; in Vorschlag bringen (*papierdt*) • ein Angebot machen ◇ raten
**Vorschrift:** Verhaltens[maß]regel · Mußbestimmung • Reglement · Kannvorschrift ◇ Richtlinie · Satzung · Verordnung
**vorschriftsmäßig:** vorschriftsgemäß · nach Vorschrift · regelgemäß · ordnungsgemäß · regulär · regelrecht · reglementmäßig · reglementarisch ◇ richtig
**vorsehen:** **1.** ⟨*die spätere Berücksichtigung festlegen*⟩ planen · einplanen · in Aussicht nehmen ◇ vornehmen – **2. sich v.:** ⟨*etwaige Gefahren bedenken*⟩ sich in acht nehmen · auf der Hut sein · die Augen / Ohren offenhalten · Augen und Ohren offenhalten; Obacht geben (*bes. süddt*) ✦ *umg*: die Augen / Ohren aufsperren · Augen und Ohren aufsperren · die

Augen überall haben · auf dem Quivive sein
**vorsichtig:** mit Vorsicht • wachsam · achtsam
**Vorsitz: den V. haben / führen:** präsidieren; vorsitzen (*selten*) • vorstehen
**Vorsitzender:** Vorsitzer (*selten*) • Präsident; Präses (*Kirche*)
**vorsorgen:** Vorsorge treffen · Vorkehrungen treffen · vorbeugen · vorbauen
**Vorspeise:** Vorgericht · Horsd'œuvre
**vorstellbar:** denkbar · ausdenkbar · erdenklich · erdenkbar · imaginabel
**vorstellen: 1.** ⟨*durch Namensnennung*⟩ bekannt machen • einführen – **sich v.:** sich bekannt machen • sich einführen – **2.** ⟨*sich geistig vor Augen führen*⟩ sich einen Begriff / ein Bild machen |von| · sich vergegenwärtigen · sich ausmalen
**vortäuschen:** vorspiegeln · vorgaukeln · fingieren · simulieren • vorgeben · vorschützen ✦ *umg*: mimen · markieren
**Vorteil: im V. sein:** *umg*: Oberwasser haben
**Vortrag: 1.** ⟨*mündl. dargebotene Ausführungen*⟩ Referat ◇ Rede – **2.** ⟨*das künstler. Vortragen*⟩ Darbietung • Rezitation · Deklamation
**vortragen: 1.** ⟨*mündlich darlegen*⟩ referieren |über| · sprechen |über / zu| – **2.** ⟨*künstlerisch vermitteln*⟩ darbieten · wiedergeben • rezitieren · deklamieren ◇ aufsagen
**vorübergehend:** augenblicklich · momentan · episodisch · ephemer · temporär · für kurze Zeit ◇ vergänglich · zeitweilig
**Vorwand:** Finte ◇ Ausrede
**vorwärts!:** voran! · weiter! · marsch! · ✦ *umg*: los! · weiter im Text! ✦ *salopp*: [hopp]hopp!
**vorwärtskommen:** vorankommen · weiterkommen · Fortschritte machen · vom Fleck kommen • weitergehen ✦ *gehoben*: voranschreiten ◇ vorangehen
**vorwegnehmen:** vorgreifen · antizipieren • zuvorkommen
**Vorwort:** Vorrede (*veraltend*) • Vorbemerkung · Geleitwort
**Vorwurf:** Vorhaltungen; Vorstellungen (*veraltend*) ◇ Tadel
**Vorzeichen:** Anzeichen · Omen · Vorbote
**Vorzeit:** Urzeit · graue Vorzeit / Vergangenheit
**vorzeitig: 1.** ⟨*früher als vorgesehen*⟩ verfrüht · zu früh · vor der Zeit – **2.** ⟨*nach viel zu kurzer Zeit*⟩ [viel] zu früh · allzufrüh • vor seinen Jahren
**vorzeitlich:** urzeitlich · frühzeitlich · archaisch
**vorziehen:** bevorzugen · begünstigen · favorisieren · über andere setzen; begönnern (*meist abwert*) ◇ bevorzugen
**Vulva:** weibliche Scham ✦ *salopp*: Mäuschen ✦ *derb*: Möse ◇ Geschlechtsteil, Vagina

# W

**waagerecht:** horizontal
**wach:** munter • hellwach – **w. sein:** munter sein • wach liegen · keinen Schlaf finden ✦ *gehoben*: wachen ✦ *umg*: aufsein • kein Auge zutun können
**Wache: 1.** ⟨*Wache haltende Person od. Gruppe*⟩ Wachposten · Posten · Wachmannschaft – **2.** ⟨*das Wachehalten*⟩ Wachdienst · Postendienst – **3. W. stehen:** ⟨*als Wachposten Dienst tun*⟩ Wache haben / halten · [auf] Posten stehen • die Runde machen

✦ *gehoben*: auf Wacht stehen ✦ *umg*: Wache / Posten schieben
**wachsam:** achtsam · mit Luchsaugen / offenen Augen · voller Konzentration • vorsichtig · umsichtig
**wachsen:** größer werden · im Wachstum begriffen sein • sprießen · emporschießen · in die Höhe schießen • wuchern
**Wachstum:** Wuchs
**wackelig:** kippelig • schwankend
**wackeln:** kippeln • schwanken
**wagen:** riskieren · sich trauen · sich getrauen · den Mut / das Herz haben |zu| · ein Risiko eingehen · es ankommen lassen |auf| – **alles w.**: alles aufs Spiel / auf eine Karte setzen · aufs Ganze gehen · va banque spielen · Hasard spielen • den Hals wagen / riskieren
**Wagen:** Gefährt · Karren · Karre • Leiterwagen · Fuhrwerk · Gespann
**Wagenpark:** Fuhrpark · Fahrzeugpark
**Wagentür:** Schlag (*veraltend*)
**Wagnis:** Risiko · Wagestück · Vabanquespiel • Experiment · Unterfangen · Abenteuer
**wählen:** stimmen / votieren |für| · seine Stimme / sein Votum geben |für| · seine / eine Wahl treffen • zur Urne gehen
**wählerisch:** **1.** ⟨*allgemein*⟩ anspruchsvoll – **2.** ⟨*beim Essen*⟩ mäkelig · heikel ✦ *umg*: krüsch · schleckig (*landsch*)
**Wahlspruch:** Leitspruch · Motto · Devise · Parole · Losung ✦ *gehoben*: Panier
**wahr:** **1.** ⟨*der Wirklichkeit entsprechend*⟩ wirklich · tatsächlich – **2.** ⟨*so, wie man es von jmdm., etw. erwartet*⟩ wirklich · echt · richtig · wahrhaft
**während:** **1.** ⟨*zeitlich*⟩ solange · derweil · indem · indes[sen] · über · im Verlauf; im Verfolg (*papierdt*) – **2.** ⟨*entgegensetzend*⟩ indes[sen] · wohingegen
**wahrhaftig!:** wirklich! · auf Ehre und Gewissen! · bei meiner Ehre!; weiß Gott! (*veraltend*) ✦ *gehoben*: wahrlich! · fürwahr! ✦ *umg*: ehrlich! · ohne Flachs!
**Wahrheit: die [unverblümte] W. sagen:** reinen Wein einschenken · das Kind beim rechten Namen nennen
**wahrsagen** (*Abergl*): die Zukunft deuten • aus der Hand lesen ◇ hellsehen · weissagen
**wahrscheinlich:** mutmaßlich · vermutlich · voraussichtlich · höchstwahrscheinlich · aller Wahrscheinlichkeit / Voraussicht nach; präsumtiv (*fachspr*) • sicherlich
**Währung:** • Valuta
**Wald:** Waldung · Forst • Waldgebiet · Urwald ✦ *dicht*: Tann ◇ Wäldchen
**Wäldchen:** Gehölz; Holz (*landsch*) ◇ Wald
**wallen:** brodeln · sprudeln • brausen · schäumen ✦ *dicht*: brauen
**wälzen: sich w.**: sich herumwerfen · sich rollen ✦ *umg*: • sich sielen
**Wandbord:** Wandbrett • Bücherbord · Bücherbrett ◇ Regal
**Wandelhalle:** Foyer · Vestibül · Vorhalle • Empfangshalle
**Wanderbühne:** Wandertheater; Thespiskarren (*scherzh*) ✦ *umg*: Schmiere (*veraltend abwert*) ◇ Theater
**wandern:** ziehen; pilgern (*scherzh*) ◇ gehen
**Wange:** Backe; Backen (*süddt*)
**Warenangebot:** Sortiment · Angebot · Auswahl
**Warenprobe:** Probe · Muster · Musterstück
**Warenzeichen:** Schutzmarke · Handelszeichen · Handelsmarke · Fabrikmarke · Marke
**warm:** **1.** ⟨*Raumtemperatur*⟩ mollig •

geheizt – 2. ⟨*Speisen, Gegenstände*⟩ angewärmt · gewärmt • aufgewärmt ◇ heiß · lau
**wärmen:** warm machen · anwärmen ◇ erwärmen
**warnen:** eine Warnung zukommen lassen • alarmieren
**warnend:** abschreckend · exemplarisch
**warten:** • abwarten ✦ *gehoben:* harren ✦ *umg:* lauern
**warum:** weshalb · wieso · weswegen · aus welchem Grund • inwiefern · wozu
**waschen:** 1. ⟨*Wäsche*⟩ durchwaschen • auswaschen · durchdrücken · durchziehen · rumpeln · rubbeln – 2. **sich w.:** • sich abseifen
**Wasser:** 1. ⟨*als Inhalt eines Gewässers*⟩ das feuchte / nasse Element (*scherzh*) ✦ *gehoben:* Naß – 2. ⟨*Trinkwasser*⟩ *umg:* Gänsewein · Pumpenheimer (*scherzh*)
**Wasserfall:** Katarakt • Kaskade
**Wasserstand:** Pegelstand · Pegel
**Wasserstraße:** Schiffahrtsweg · Schiffahrtsstraße · Seestraße · Wasserweg
**wäßrig:** wasserhaltig • dünn · dünnflüssig
**Wechsel:** • Turnus
**Wechselbeziehung:** Korrelation • Wechselseitigkeit · Gegenseitigkeit
**Wechseljahre:** die kritischen Jahre · das kritische Alter; Klimakterium · Klimax (*Med*)
**wechseln:** 1. ⟨*Geld gegen kleinere Scheine od. Münzen austauschen*⟩ umwechseln ✦ *umg:* kleinmachen – 2. ⟨*Geld in eine andere Währung tauschen*⟩ einwechseln · umtauschen · umwechseln · tauschen
**wechselseitig:** gegenseitig; korrelativ · korrelat · mutual · mutuell · reziprok (*fachspr*)
**wecken:** aufwecken · wach machen · aus dem Schlaf rütteln; purren (*seem*) ✦ *umg:* aus dem Bett holen / jagen
**wedeln:** schwänzeln ◇ schlenkern
**Weg:** Fußweg · Pfad · Fußpfad • Feldweg · Waldweg · Gebirgspfad · Steig ◇ Gehweg
**Wegbereiter:** Schrittmacher · Bahnbrecher · Pionier · Neuerer • Vorläufer ✦ *gehoben:* Fackelträger ◇ Vorkämpfer
**wegblasen:** fortblasen ✦ *umg:* wegpusten
**wegbleiben:** fernbleiben · fortbleiben · ausbleiben · nicht kommen / erscheinen
**wegbringen:** fortbringen · fortschaffen · wegschaffen ✦ *umg:* verfrachten (*scherzh*) • abschleppen (*scherzh*) ◇ wegräumen
**wegen:** auf Grund [von] · infolge [von] · auf … hin · halber; um … willen (*veraltend*) ✦ *gehoben:* ob (*veraltend*) ✦ *umg:* von wegen ◇ dank · durch
**wegfallen:** entfallen · unterbleiben · fortfallen; in Wegfall / Fortfall kommen (*papierdt*) ◇ ausfallen
**wegfegen:** wegkehren · fortkehren
**wegfliegen:** fortfliegen · davonfliegen · abfliegen; entschweben · entfleuchen (*scherzh*) • entfliegen · abstreichen · abziehen · wegziehen ✦ *umg:* abschwirren · absegeln
**Weggabelung:** Gabelung · Weggabel • Abzweigung
**weggeben:** fortgeben · aus der Hand geben
**weggehen:** gehen · fortgehen · davongehen · sich entfernen · sich auf den Weg machen · sich aufmachen · seiner Wege gehen • abgehen · sich empfehlen · den Rücken kehren · den Staub von den Füßen schütteln · abwandern ✦ *gehoben:* sich wegbegeben · sich fortbegeben · sich auf den Weg begeben ✦ *umg:* sich auf die Socken / Strümpfe machen ·

sich davonmachen · sich fortmachen · sich trollen · sich von dannen machen ✦ *salopp*: abhauen · abziehen · abrücken · abschieben · abstinken · losziehen · abschwirren · abzwitschern · abzittern · loszittern · abdampfen · abrauschen • Leine ziehen · sich packen · sich zum Teufel scheren ◇ aufbrechen · verlassen · weglaufen

**weggießen**: wegschütten · ausgießen · ausschütten · fortgießen · wegkippen · auskippen • abgießen

**weglassen**: fortlassen · gehen lassen · nicht halten

**weglaufen**: fortlaufen · davonlaufen · fortrennen · wegrennen · davonrennen · forteilen · davoneilen · davonhasten · davonstürmen · fortstürmen · fortstürzen · fortsausen · davonstürzen · davonsausen · davonjagen · davonstieben ✦ *gehoben*: enteilen ✦ *umg*: davonspritzen ◇ entfliehen · fliehen · weggehen

**weglegen**: beiseite legen · fortlegen

**weglocken**: • abwerben ✦ *umg*: abspenstig machen · ausspannen

**wegnehmen**: nehmen · fortnehmen ✦ *umg*: wegstibitzen ✦ *salopp*: schnappen ◇ sich aneignen · entreißen · stehlen

**wegräumen**: forträumen · wegschaffen · fortschaffen · wegbringen · fortbringen · entfernen · beiseite / zur Seite / aus dem Wege räumen · beiseite schaffen • wegsetzen · abfahren · abtransportieren ✦ *umg*: wegtun · wegpacken ◇ abräumen · aufräumen · wegbringen

**wegschleichen [sich]**: [sich] fortschleichen · [sich] davonschleichen · sich davonstehlen · sich fortstehlen · sich wegstehlen ✦ *umg*: sich davonmachen · sich fortmachen · sich aus dem Staub machen · heimlich verschwinden; sich [seitwärts] in die Büsche schlagen (*oft scherzh*) ✦ *salopp*: verduften · sich verziehen · sich verkrümeln · sich verdrücken · sich verdünnisieren · sich dünn[e]machen ✦ *derb*: sich verpissen

**wegschließen**: **1.** ⟨*Sachen*⟩ einschließen · schließen |in| · unter Verschluß nehmen – **2.** ⟨*Personen, auch Tiere*⟩ einschließen · einsperren · schließen |in| · sperren |in|

**wegsehen**: wegblicken · beiseite sehen · den Blick / die Augen abwenden; wegschauen (*landsch*) ✦ *umg*: weggucken

**wegstoßen**: beiseite / zur Seite stoßen • zurückstoßen · abstoßen ✦ *umg*: wegschubsen

**wegweisend**: richtungweisend · richtunggebend · programmatisch ◇ maßgebend

**wegwerfen**: fortwerfen ✦ *umg*: wegtun • zum alten Eisen werfen · ausrangieren ✦ *salopp*: wegschmeißen · weghauen; wegfenstern (*landsch*)

**wehen**: **1.** ⟨*Wind*⟩ blasen • rauschen · säuseln · ziehen ◇ stürmen – **2.** ⟨*Fahne, Wäsche auf der Leine*⟩ flattern · wedeln • fliegen

**wehleidig**: empfindlich; zimperlich (*abwert*) ✦ *umg*: pimpelig (*abwert*) ◇ weinerlich

**Wehrdienst**: Militärdienst · Ehrendienst ✦ *umg*: Kommiß (*veraltend soldatenspr abwert*)

**Weiberfeind**: Frauenfeind · Weiberhasser; Misogyn (*fachspr*)

**weiblich**: feminin ◇ fraulich

**weich**: **1.** ⟨*einem Druck leicht nachgebend*⟩ **a)** ⟨*Material, Stoff*⟩ daunenweich · butterweich · pflaumenweich • mollig ✦ *umg*: lappig; schwabbelig (*abwert*) – **b)** ⟨*Speisen*⟩ mürbe • lokker ✦ *umg*: wabbelig · quabbelig (*abwert*) – **2.** ⟨*sich geschmeidig, zart anfühlend*⟩ samtweich · seidenweich · seidig · flauschig; flaumig (*österr*) • schmiegsam

**weichlich:** verweichlicht · verzärtelt · unmännlich · feminin; weibisch (*abwert*) ✦ *umg*: • halbseiden (*abwert*)
**Weichling** (*abwert*): Muttersöhnchen; Zärtling (*veraltend*) ✦ *umg*: Pimpelhans · Weib ✦ Schwächling
**weidmännisch:** weidgerecht · jagdgerecht · jagdgemäß
**Weihnachten:** Weihnachtsfest; Christfest · der Heilige Christ (*noch landsch*) • Heiliger Abend · Weihnachtsabend
**Weihnachtsbaum:** Tannenbaum; Christbaum (*landsch*) • Lichterbaum
**Weihnachtsgeschenk:** *umg*: Weihnachten; Christkind · Christkindl (*süddt österr*)
**weil:** da; sintemal (*noch scherzh*) • zumal
**Wein:** Sorgenbrecher (*scherzh*) • Weißwein · Rotwein · Dessertwein ✦ *gehoben*: Rebensaft · edles Naß ◇ Alkohol
**Weinbrand:** Kognak · Brandy ◇ Branntwein
**weinen:** Tränen vergießen · in Tränen zerfließen / schwimmen · sich in Tränen auflösen · feuchte Augen bekommen / haben · sich der Tränen nicht erwehren können · sich die Augen rot / aus dem Kopf weinen · zum Steinerweichen weinen • schluchzen · wimmern · schreien ✦ *umg*: heulen [wie ein Schloßhund]; greinen · flennen (*abwert*); Konzert machen (*scherzh*) • plärren · brüllen ✦ *derb*: Rotz und Wasser heulen
**weinerlich:** larmoyant • rührselig ◇ wehleidig
**Weinrestaurant:** Weinstube · Weinkeller • Bodega · Taverne ◇ Gaststätte
**weise:** • philosophisch · lebenserfahren · lebensklug ◇ ²erfahren
**weissagen** (*Abergl*): prophezeien · orakeln ◇ voraussagen · wahrsagen
**weißen:** [weiß] tünchen · kalken; weißeln (*süddt österr schweiz*)
**weit: 1.** ⟨*über eine große Entfernung*⟩ sehr weit · meilenweit – **2. zu w. gehen:** ⟨*die noch vertretbaren Grenzen überschreiten*⟩ es zu weit treiben · es übertreiben · übers Ziel hinausschießen · den Bogen überspannen
**weitaus:** bei weitem · mit Abstand
**weiter: und so w.:** und so fort · und dergleichen mehr ✦ *umg*: und, und, und
**weiterbestehen:** fortbestehen · bestehenbleiben · Bestand haben · fortdauern · von Bestand / Dauer sein · fortleben · sich erhalten ◇ andauern · überdauern
**Weiterbildung:** Qualifizierung
**weiterführen:** fortführen · fortsetzen · fortfahren |mit| • wieder aufnehmen ✦ *umg*: weitermachen ◇ fortfahren
**weitergehen:** weiterlaufen · seinen Weg fortsetzen • seiner Wege gehen
**weiterhin:** weiter · auch fernerhin · nach wie vor · auch später / in Zukunft ◇ künftig
**weitläufig: w. verwandt sein:** entfernt verwandt sein ✦ *umg*: um die Ecke / um / über ein paar / sechs Ecken verwandt sein (*scherzh*)
**welk:** verwelkt ◇ verdorrt
**welken:** verwelken; abwelken (*selten*) • verdorren · eingehen · vergilben · verblühen ◇ vertrocknen
**Welle:** Woge; See (*seem*) • Brecher · Sturzsee · Wellenberg
**wellen:** ondulieren (*veraltend*) • lokken · kräuseln
**Welt:** Erde; Diesseits (*Rel*) ✦ *gehoben*: Erdkreis (*veraltend*) ◇ Erde
**Weltall:** All · Kosmos · Universum · Makrokosmos ◇ Weltraum
**Weltanschauung:** Philosophie • Weltbild · Lebensansicht · Ideologie
**weltentrückt:** weltverloren · traum-

verloren · gedankenverloren ◇ weltfremd

**welterschütternd:** weltbewegend

**weltfremd:** wirklichkeitsfremd · wirklichkeitsfern · lebensfremd · lebensfern · weltfern · weltabgewandt · unrealistisch; akademisch (*abwert*) ◇ weltentrückt

**weltlich** (*Rel*): profan · säkular · irdisch · diesseitig

**weltoffen:** extravertiert • urban ◇ kontaktfreudig

**Weltraum:** [kosmischer] Raum • Unendlichkeit ◇ Weltall

**Weltreisender:** Weltenbummler · Globetrotter

**weltumspannend:** weltumfassend · global · weltweit · erdumspannend ◇ international

**wenden:** umdrehen · umwenden · umkehren · herumdrehen · drehen • umlenken · [um]schwenken

**Wendepunkt:** Wende ◇ Markstein

**Wendung:** Drehung · Wende · Richtungsänderung · Schwenk · Schwenkung

**wenig:** nicht viel · bitterwenig · blutwenig · spottwenig • gering ✦ *umg*: ein Fingerhut voll · mordswenig; für den hohlen Zahn (*scherzh*) ◇ spärlich – **ein w.:** etwas · ein bißchen · einiges · etliches · eine Kleinigkeit · eine Spur / Idee · ein Hauch; ein Quentchen (*veraltend*) • eine Prise · ein Schuß · ein Bissen ✦ *umg*: ein bissel (*landsch*)

**wenn:** falls · sofern · für den Fall / im Falle, daß · vorausgesetzt, daß · unter der Voraussetzung / Bedingung, daß

**Werbefachmann:** Reklamefachmann (*veraltend*) • Werbetexter

**werben:** 1. **w.** |für|: ⟨*für etw. zu interessieren suchen*⟩ propagieren · Propaganda machen / treiben |für| · Reklame machen |für| • inserieren · Kunden anlocken ✦ *umg*: die Werbetrommel rühren • anreißen · Kunden fangen / ködern (*abwert*) – 2. **w.** |um|: ⟨*zur Frau gewinnen wollen*⟩ sich bemühen |um| · umwerben · einen Heiratsantrag / Antrag machen; auf Freiersfüßen gehen (*scherzh*); den Hof machen · die Cour machen / schneiden · anhalten |um| · um jmds. Hand anhalten (*veraltend*); freien |um| (*noch landsch*) • Brautschau halten · auf Brautschau gehen (*scherzh*) ✦ *umg*: nachlaufen • auf die Freite gehen (*noch landsch*) ◇ flirten

**Werbeschrift:** Werbeblatt · Prospekt • Katalog

**Werbespruch:** Werbeslogan · Slogan • Werbetext · Werbespot

**werfen:** 1. ⟨*mit einer Armbewegung kräftig u. weit durch die Luft bewegen*⟩ schleudern • schmettern ✦ *umg*: schießen (*landsch*) ✦ *salopp*: schmeißen · pfeffern · feuern; facken (*landsch*) – 2. ⟨*von Tieren gesagt*: *gebären*⟩ Junge bekommen / werfen · jungen; hecken (*noch landsch*) • [ab]ferkeln · fohlen · kalben · schütten; setzen · frischen (*weidm*) ✦ *umg*: Junge kriegen

**Werk:** 1. ⟨*allgemein*⟩ Arbeit; Produkt (*meist abwert*) – 2. ⟨*Ergebnis künstler. Schaffens*⟩ Kunstwerk · Schöpfung · Opus • Buch

**Werkstatt:** Werkstätte • Atelier · Reparaturwerkstatt ◇ Produktionsbetrieb

**Werktag:** Arbeitstag • Wochentag · Alltag

**werktags:** • wochentags · in der Woche · die Woche über · alltags

**Werkzeug:** 1. ⟨*Gesamtheit der für die Arbeit benötigten Geräte*⟩ Handwerkszeug · Gerätschaften · Arbeitsgerät ✦ *umg*: Arbeitszeug – 2. ⟨*von jmdm. für seine Zwecke ausgenutzte Person*⟩ Marionette · Schachfigur • Strohmann

**wertlos: w. sein:** nichts wert / ohne Wert sein · keinen / nicht einen Pfennig wert sein · keinen Dreier / nicht einen [roten] Heller wert sein ✦ *umg*: keinen Pfifferling / Schuß Pulver wert sein ◇ minderwertig sein

**Wertstück:** Wertgegenstand · Wertsache · Kostbarkeit ◇ Schmuckstück

**wertvoll:** kostbar · hochwertig · teuer • edel · rar ◇ erstklassig – **w. sein:** Wert haben · von Wert sein · viel / Goldes wert sein · unbezahlbar / nicht mit Geld zu bezahlen sein

**Wesen:** Kern · Kernstück · das Wesentliche · Essenz · Substanz · das Wichtigste • Extrakt · Quintessenz · Sinn ✦ *gehoben*: Wesenheit ◇ Hauptsache

**Wesensart:** Wesen · Natur · Charakter · Sinnesart · Gemütsart • Individualität · Spezifikum ✦ *gehoben*: Wesenheit (*veraltend*) ◇ Eigenart · Veranlagung

**wesentlich:** essentiell · essential · substantiell · primär · wichtig ◇ wichtig

**Wettbewerb:** Wettstreit ◇ Wettkampf

**wetteifern:** rivalisieren · konkurrieren

**wetten:** eine Wette machen / abschließen • tippen · setzen

**Wetter: 1.** ⟨*Zustand der ird. Lufthülle*⟩ Witterung · Wetterlage • Klima – **schlechtes W.**: *salopp*: Mistwetter · Hundewetter · Dreckwetter (*abwert*) ✦ *derb*: Sauwetter · Scheißwetter (*abwert*) – **2. Wetter** (*Pl; bergm*): ⟨*explosives Gasgemisch*⟩ schlagende Wetter

**Wetteränderung:** Wetterumschlag · Witterungsumschlag · Wetterumschwung • Wetterbesserung · Wetterverschlechterung · Wettersturz · Temperatursturz

**Wetterstation:** Wetterbeobachtungsstelle; Wetterwarte (*veraltend*) • Wetterdienststelle · Wettersatellit

**Wettervorhersage:** Wetterbericht · Wetteransage • Wettermeldung · Wetterprognose

**Wettkampf** (*Sport*): Wettstreit · Wettbewerb · Treffen · Begegnung · Match · Kampf · Konkurrenz • Wettspiel · Spiel · Turnier

**wichtig:** belangvoll · belangreich · relevant · bedeutsam · bedeutend · gewichtig · inhaltsschwer · hochbedeutsam • schwerwiegend · brennend · akut · vordringlich · dringend ◇ bedeutsam · entscheidend · folgenreich · nennenswert · wesentlich · zentral – **w. sein:** von Wichtigkeit / Belang / Bedeutung / Gewicht sein · Gewicht haben · ins Gewicht fallen · eine Rolle spielen · zählen

**widerhallen:** widerschallen · echoen • widerklingen

**widerlegen:** entkräften · das Gegenteil beweisen • ad absurdum führen · Lügen strafen

**widernatürlich:** pervers • unnatürlich ◇ abnorm

**widerrufen:** dementieren · zurücknehmen · revozieren • zurückziehen ✦ *umg*: einen Rückzieher machen

**Widerschein:** Reflex · Abglanz · Spiegelung ◇ Rückstrahlung

**widersetzen: sich w.**: sich entgegenstellen · sich dagegenstellen · sich dagegenstemmen · opponieren · trotzen · Widerstand leisten / entgegensetzen · Paroli / Trotz / die Stirn bieten · Widerpart halten / geben · wider den Stachel löcken · sich sperren · sich sträuben · sich weigern • widerstehen · gegen den Strom schwimmen ✦ *gehoben*: widerstreben ✦ *umg*: sich querlegen · sich auf die Hinterbeine stellen ◇ Umstände machen

**Widersinn:** Paradoxie · Absurdität • Unlogik ◇ Sinnlosigkeit

**widersinnig**: paradox · absurd · vernunftwidrig · unsinnig • folgewidrig · unlogisch ✦ *umg*: verrückt · hirnrissig ◇ sinnlos
**widerspenstig**: widerborstig · widersetzlich · renitent · trotzig · trotzköpfig · aufsässig · bockig · bockbeinig · störrisch ✦ *umg*: kratzbürstig • querköpfig ◇ eigensinnig · verstockt
**widerspiegeln**: **1.** ⟨*als Spiegelbild zeigen*⟩ spiegeln · abspiegeln · zurückwerfen · reflektieren – **sich w.**: sich spiegeln · zurückgeworfen werden • widerscheinen – **2.** ⟨*erkennbar werden lassen*⟩ erkennen lassen · zum Ausdruck bringen
**widersprechen**: **1.** ⟨*eine entgegengesetzte Meinung äußern*⟩ widerreden (*selten*) ✦ *umg*: Kontra geben – **2.** ⟨*mit etw. unvereinbar sein*⟩ im Widerspruch stehen |zu| · hohnsprechen · ins Gesicht schlagen – **3. sich w.**: ⟨*etw. anderes als vorher behaupten*⟩ sich in Widersprüche verwickeln
**Widerspruch**: Gegensatz; Kontradiktion · Antinomie (*fachspr*) • Unstimmigkeit · Widerstreit ◇ Gegensatz
**widersprüchlich**: widersprechend; kontradiktorisch (*bes. fachspr*) • widerspruchsvoll · unstimmig · unlogisch ◇ gegensätzlich
**Widerstand**: **1.** ⟨*das Sichentgegenstellen*⟩ Resistenz · Gegenwehr • Gegendruck · Obstruktion – **2.** ⟨*einer Bewegung entgegenwirkende Kraft*⟩ Gegendruck; Reibungswiderstand · Reibung (*Phys*) • Hindernis
**widerstandsfähig**: beständig · stabil; resistent (*Biol Med*) ◇ haltbar · immun · robust · zäh
**Widerwärtigkeit**: Widrigkeit · Widerlichkeit
**Widerwille**: Abscheu · Ekel · Ekelgefühl · Degout; Idiosynkrasie (*Psych*) ◇ Abneigung · Abscheu
**widmen**: zueignen · dedizieren · zudenken · bestimmen |für| ✦ *gehoben*: weihen
**wie**: **1.** ⟨*gleichsetzend*⟩ so wie · gleichwie · ebenso wie · nicht anders als · nach Art – **2.** ⟨*anreihend*⟩ und [auch] · sowie · ebenso wie – **3. wie?**: auf welche Art / Weise / Art und Weise? · in welcher Art / Weise / Art und Weise? • womit? · wodurch?
**wieder**: abermals · erneut · wiederum · noch einmal · nochmals · einmal mehr · von neuem · aufs neue · von vorn • zum zweiten Mal ◇ wiederholt
**wiederaufbauen**: wiedererrichten ◇ wiederherstellen
**wiederbeleben**: ins Leben zurückrufen · wieder ins Leben rufen
**wiedererkennen**: erkennen • identifizieren
**wiedererstehen**: von neuem entstehen · wieder auferstehen · wie ein Phönix aus der Asche steigen ◇ aufleben
**Wiedergeburt**: Renaissance · Wiederbelebung · Neubelebung · Erneuerung
**wiederherstellen**: wiederherrichten · rekonstruieren · restaurieren · renovieren; restituieren (*bes. Rechtsw*) ◇ erneuern · reparieren · wiederaufbauen
**wiederholen**: **1.** ⟨*noch einmal ausführen*⟩ **a)** ⟨*allgemein*⟩ nochmals tun · wiedertun • erneuern · rekapitulieren · repetieren – **b)** ⟨*das gleiche noch einmal äußern*⟩ nochmals sagen · wieder von vorn anfangen • repetieren · rekapitulieren ✦ *salopp*: wiederkäuen – **2. sich w.**: ⟨*noch einmal geschehen*⟩ wiederkehren · wiederkommen
**wiederholt**: mehrfach · mehrmalig · vielfach · häufig [wiederkehrend] · mehrmals · einigemal · ein paar / viele Male · immer wieder; etlichemal (*veraltend*); zu wiederholten Ma-

len (*papierdt*) ✦ *umg*: noch und noch · noch und nöcher (*scherzh*) ◇ nochmalig · oft · wieder

**Wiedersehen: auf W.!**: leb[e] wohl!; gehab dich wohl! (*noch scherzh*); adieu! (*noch landsch*); Servus! · habe die Ehre! · behüt dich Gott! (*süddt österr*) ✦ *umg*: Wiedersehen! · mach's gut! · tschüs! · bis bald!

**wiegen**: abwiegen; wägen (*fachspr*)

**wild**: **1.** ⟨*im Naturzustand befindlich*⟩ **a)** ⟨*Tiere*⟩ wildlebend · nicht domestiziert · ungezähmt – **b)** ⟨*Pflanzen*⟩ wildwachsend · nicht kultiviert; wildwüchsig (*selten*) – **c)** ⟨*Landschaft*⟩ urwüchsig – **2.** ⟨*nicht kontrolliert u. gepflegt*⟩ verwildert · verwahrlost · ungepflegt • wuchernd – **3.** ⟨*großes Durcheinander aufweisend*⟩ turbulent · tumultuarisch · chaotisch – **4.** ⟨*nicht zu bezähmend*⟩ ungebärdig · ungestüm · stürmisch · ungezügelt ◇ heftig · hemmungslos · übermütig · unbeherrscht

**Wildfang**: Range; Springinsfeld (*scherzh*) ◇ Quecksilber

**Wildschwein**: Sau (*weidm*); Schwarzkittel (*weidm scherzh*)

**Willenskraft**: Willensstärke · starker / eiserner Wille • Tatkraft · Entschlußkraft

**willensschwach**: schwach · nachgiebig · willenlos · rückgratlos · ohne Rückgrat ◇ haltlos

**willkommen**: erwünscht · gern gesehen · genehm · hochwillkommen – **w. sein**: wie gerufen kommen ✦ *salopp*: ein gefundenes Fressen sein – **w. heißen**: bewillkommnen · [freundlich] begrüßen / empfangen; die Honneurs machen (*meist nur noch scherzh*)

**Wind**: **1.** ⟨*Luftbewegung*⟩ Windhauch · Lüftchen; Brise (*seem*) • Bö ◇ Sturm · Windhose – **2.** ⟨*abgehende Blähung*⟩ Darmwind · Blähung · Flatus ✦ *salopp*: Pups · Pup ✦ *derb*: Furz; Fist (*landsch*) – **einen W. lassen**: sich unanständig aufführen / benehmen (*verhüll*) ✦ *umg*: einen fahrenlassen ✦ *salopp*: pupsen · pupen · einen sausenlassen · einen streichenlassen · einen [alten] Schirm stehen lassen / in die Ecke stellen ✦ *derb*: furzen · scheißen

**winden: sich w.**: **1.** ⟨*krampfhafte Bewegungen machen*⟩ sich krümmen – **2.** ⟨*bei der Fortbewegung*⟩ sich schlängeln – **3.** ⟨*Weg, Bach od. dgl.*⟩ sich schlängeln · in einer Schlangenlinie / in Windungen verlaufen

**Windhose**: Wirbelwind; Trombe (*Met*) • Wasserhose ◇ Wind · Wirbelsturm

**windig**: zugig • böig · stürmisch

**Windstille**: Flaute · faule See (*seem*); Kalme (*Met*)

**Windstoß**: Bö

**Windung**: Serpentine · Kehrschleife

**winken**: zuwinken; winke, winke machen (*kinderspr*) • schwenken

**wirbeln**: kreiseln · quirlen · strudeln

**Wirbelsäule**: Rückgrat

**Wirbelsturm**: Zyklon · Taifun · Tornado · Hurrikan ◇ Sturm · Windhose

**wirken**: **1.** ⟨*eine Funktion ausüben*⟩ arbeiten · tätig / aktiv sein – **w. |als|**: fungieren / amtieren |als| – **2.** ⟨*eine Wirkung hervorrufen*⟩ seine Wirkung tun · Wirkung erzielen / zeigen · einschlagen • anschlagen · fruchten · Wunder wirken · zur Geltung kommen ✦ *gehoben*: eine Wirkung zeitigen ✦ *umg*: ziehen – **3.** ⟨*einen guten Eindruck erwecken*⟩ *umg*: etw. hermachen · Effekt machen · eine gute Figur abgeben / machen

**wirklich**: real · tatsächlich · existent · greifbar · echt · wahr · richtig ◇ tatsächlich

**Wirklichkeit**: Realität; Materie (*Philos*)

**wirklichkeitsgetreu**: wahrheitsgetreu ◇ wirklichkeitsnah
**wirklichkeitsnah**: realistisch · lebensnah ◇ wirklichkeitsgetreu
**wirksam**: durchgreifend · drastisch · effektiv · effizient
**Wirksamkeit**: Durchschlagskraft · Schlagkraft ◇ Wirkung
**Wirkung**: Effekt · Wirksamkeit ✦ *umg*: • Knalleffekt ◇ Wirksamkeit
**Wirkungsgrad**: Effizienz · Nutzeffekt · Effektivität
**wirkungsvoll**: effektvoll · dekorativ · repräsentativ · repräsentabel • farbig ◇ eindrucksvoll
**wirtschaftlich**: **1.** ⟨*die Volkswirtschaft betreffend*⟩ volkswirtschaftlich – **2.** ⟨*mit geringem Aufwand einen hohen Nutzeffekt erzielend*⟩ ökonomisch · rentabel • sparsam · haushälterisch
**Wirtschaftskrise**: Krise · zyklische Krise ✦ *umg*: • Krach
**Wirtschaftswissenschaftler**: Ökonom · Wirtschaftler
**wissen**: kennen · Kenntnis haben |von| · Bescheid wissen |über| · informiert sein |über| · unterrichtet sein |von / über| · im Bilde sein ✦ *umg*: • sich etw. an den Schuhsohlen abgelaufen haben
**Wissen**: **1.** ⟨*das Informiertsein*⟩ Informiertheit · Kenntnis – **2.** ⟨*Gesamtheit des im Gedächtnis Gespeicherten*⟩ Kenntnisse · Kenntnis • Gelehrtheit · Gelehrsamkeit
**Witz**: **1.** ⟨*kurze, mit einer Pointe endende Geschichte*⟩ Kalauer (*abwert*) ◇ Scherz · Spaß · Zote – **2.** ⟨*die Gabe, geistreich zu sein*⟩ Esprit · Geist • Mutterwitz · Schlagfertigkeit · Humor
**Wochenendhaus**: Bungalow · Datsche • Sommerhaus
**wöchentlich**: allwöchentlich · jede Woche · Woche für Woche
**woher**: von wo · aus welcher Richtung
**wohl**: *umg*: pudelwohl ✦ *salopp*: sauwohl – **sich w. fühlen**: sich großartig / bestens fühlen • sich wie zu Hause fühlen ✦ *umg*: sich schlau fühlen
**Wohlergehen**: Wohl · Wohlbefinden • Heil
**wohlerzogen**: manierlich · salonfähig; gesittet (*veraltend*) ◇ sittsam
**wohlgemeint**: gutgemeint · wohlmeinend · wohlwollend
**wohlgesinnt**: gutgesinnt · freundlich / günstig gesinnt · gewogen · geneigt · wohlwollend • leutselig · jovial ✦ *gehoben*: freund · hold (*veraltend*); huldreich · huldvoll (*meist nur noch iron*) ◇ freundlich – **jmdm. nicht w. sein**: *umg*: jmdm. nicht grün sein
**wohlgestaltet**: wohlproportioniert · gut gebaut; wohlgestalt (*veraltend*) • ebenmäßig · regelmäßig ◇ schön
**Wohlklang**: Wohllaut; Euphonie (*bes. fachspr*)
**wohlklingend**: wohllautend · wohltönend · harmonisch · melodisch · melodiös · klangvoll • sonor · weich · einschmeichelnd
**wohlriechend**: aromatisch · balsamisch · ätherisch ◇ duftend
**Wohlstand**: Prosperität • Luxus · Überfluß
**wohltätig**: mildtätig · karitativ · barmherzig · humanitär
**wohltuend**: angenehm · erquickend · erquicklich · erfreulich ◇ freudig
**wohlüberlegt**: wohlbedacht · wohlerwogen · vorbedacht · bedacht · mit Vorbedacht · mit / voll Bedacht • planvoll ◇ durchdacht
**wohlweislich**: klugerweise · aus gutem Grund; weislich · klüglich (*veraltend*)
**wohlwollen**: wohlgesinnt / gewogen / geneigt sein ◇ mögen
**Wohlwollen**: Gewogenheit · Geneigt-

heit · Gunst; Huld (*meist nur noch iron*) • Jovialität

**wohnen:** seine Wohnung haben · wohnhaft sein; sein Domizil haben (*scherzh*); hausen (*abwert*); einwohnen (*selten*); logieren (*veraltend*) • residieren ◇ ansässig sein

**Wohnsitz:** Wohnort; Domizil (*meist scherzh*) • Aufenthaltsort · Heimatort · Verbleib

**Wohnung:** Heim; Behausung (*meist scherzh*); Höhle (*abwert*) • Appartement · Wohnstätte ✦ *umg*: Bau (*auch abwert*) ✦ *salopp*: Räuberhöhle · Hundeloch (*abwert*) ◇ Unterkunft · Zuhause

**Wohnwagen:** Wohnanhänger · Campinganhänger • Caravan

**wölben: sich w.:** sich ausbauchen · sich bauchen · sich ausbuchten • sich runden – **sich w. |übe|:** sich schwingen |übe|

**wollig:** flauschig; flaumig (*österr*) • weich

**Wort: 1.** ⟨*kleinste selbständige sprachl. Einheit des Satzes*⟩ Ausdruck · Bezeichnung • Vokabel · Lexem ◇ Fachausdruck – **2. ins W. fallen:** ⟨*am Weitersprechen hindern*⟩ das Wort abschneiden · nicht ausreden lassen · unterbrechen · dazwischenreden · über den Mund fahren

**Wörterbuch:** • Thesaurus ◇ Nachschlagewerk

**wortgewandt:** sprachgewandt · redegewandt · beredt · beredsam · eloquent · zungenfertig · wortgewaltig • schlagfertig

**wortkarg:** einsilbig · schweigsam ✦ *umg*: mundfaul (*abwert*) ✦ *salopp*: maulfaul (*abwert*) ◇ schweigsam

**Wortklauber** (*abwert*): Haarspalter · Kasuist · Rabulist · Sophist; Silbenstecher (*veraltend*) ◇ Pedant

**wörtlich:** wortgetreu · wortwörtlich · im Wortlaut · verbaliter; buchstäblich (*selten*)

**Wortschatz:** Wortbestand; Lexik · Lexikon (*Sprachw*) • Vokabular

**wozu:** zu welchem Zweck · wofür

**Wucherer:** Halsabschneider · Blutsauger · Vampir · Hyäne (*abwert*) ◇ Geschäftemacher

**Wucht:** Gewalt · Stärke · Kraft · Heftigkeit · Vehemenz

**Wunder:** Mirakel • Phänomen

**wunderbar:** märchenhaft · traumhaft · zauberhaft; zauberisch (*selten*); mirakulös (*veraltend*) ✦ *umg*: sagenhaft

**wundern: etw. wundert jmdn.:** etw. verwundert / erstaunt jmdn. · etw. nimmt jmdn. wunder / [ver]setzt jmdn. in Erstaunen / Verwunderung • etw. befremdet jmdn. / mutet jmdn. seltsam an / kommt jmdm. spanisch vor

**wundliegen: sich w.:** sich durchliegen · sich aufliegen

**Wundstarrkrampf:** Starrkrampf; Tetanus (*Med*)

**Wunsch:** Herzenswunsch • Wunschtraum · Herzensbedürfnis · Anliegen ◇ Verlangen

**wünschen: sich w.:** wollen · den Wunsch haben / hegen · sich erträumen / erhoffen • einen Wunsch / ein Anliegen haben · etw. auf dem Herzen haben ◇ Verlangen haben |nach|

**Würde:** Hoheit · Erhabenheit · Majestät · Dignität • Grandezza

**würdevoll:** würdig · hoheitsvoll · erhaben · gemessen; gravitätisch (*oft spött*) ◇ ehrwürdig · feierlich · majestätisch

**Würfel:** Kubus · Hexaeder

**Würze:** Würzstoff • Aroma · Gewürz

**würzen:** • salzen · pfeffern · aromatisieren; paprizieren (*bes. österr*)

**würzig:** herzhaft · kräftig · [gut] gewürzt; gewürzig (*selten*) • aromatisch

**Wut:** Zorn · Aufgebrachtheit; Grimm

(*veraltend*) ✦ *umg*: Rage ✦ *salopp*: Stinkwut ◇ Raserei

**wüten:** toben · rasen · schnauben · sich wie wild gebärden • nicht mehr Herr seiner Sinne sein · schimpfen ✦ *umg*: • hausen ◇ wütend sein

**wütend:** böse · zornig · erzürnt · aufgebracht · gereizt · grimmig · wild · wutentbrannt · wutschnaubend · blindwütig; schiech (*süddt österr*) • rasend · wie eine Furie · zähneknirschend ✦ *umg*: geladen · fuchtig · fuchsig · fuchsteufelswild ◇ entrüstet – **w. werden:** wild werden ✦ *umg*: in Rage kommen · jmdm. schwillt der Kamm ✦ *salopp*: an die Decke gehen; die Platze kriegen (*landsch*) ◇ aufbrausen – **w. sein:** Wut haben · vor Wut schäumen ✦ *umg*: in Rage / Fahrt sein · geladen sein · Wut im Bauch haben · vor Wut platzen · kochen · rotsehen ✦ *salopp*: auf der Palme sein · Gift und Galle spucken ◇ grollen · wüten

**Wüterich** (*abwert*): Berserker · Wandale

# X

**Xanthippe** (*abwert*): *umg*: Hauskreuz · Drachen · Ehedrachen · Ehekreuz · Hausdrachen · böse Sieben · Besen · Kratzbürste · Reibeisen · Zankteufel · Hexe; Zanktippe (*scherzh*) ✦ *salopp*: Hippe ◇ Frau

# Z

**zäh:** **1.** ⟨*Lebewesen*⟩ zählebig · hart im Nehmen ◇ widerstandsfähig – **2.** ⟨*Fleisch, Haut*⟩ ledern · ledrig · lederartig • sehnig

**Zahl:** Nummer • Ziffer

**zählen:** abzählen · durchzählen · überzählen

**Zahlkarte** (*Postw*): Erlagschein (*österr*); Einzahlungsschein (*schweiz*)

**zahlungsfähig:** liquid · solvent (*kaufm*) ✦ *umg*: flüssig

**zahlungsunfähig:** illiquid · insolvent (*kaufm*) ✦ *umg*: blank · abgebrannt · klamm ◇ ruiniert – **z. sein:** *umg*: nicht / knapp bei Kasse sein · schwach auf der Brust sein ✦ *salopp*: pleite sein · auf dem letzten Loch pfeifen

**zahm:** gezähmt · zutraulich ✦ *umg*: kirre ◇ sanftmütig – **z. sein:** aus der Hand fressen

**zähmen:** zahm machen · bändigen ✦ *umg*: kirre machen

**Zahnarzt:** Zahnmediziner; Stomatologe (*fachspr*) ✦ *umg*: Zahnklempner (*scherzh*)

**Zänker:** *umg*: Streithammel · Streithahn; Stänker · Zankteufel (*abwert*); Streithansl (*österr*) ◇ Raufbold · Unruhestifter

**zappeln:** • strampeln · wackeln ✦ *umg*: hampeln

**zart:** fein · feingliedrig · zerbrechlich · fragil · hauchzart · ätherisch · duftig • elfenhaft · durchsichtig ◇ zierlich

**Zartgefühl:** Feingefühl · Taktgefühl · Fingerspitzengefühl · Delikatesse

**zärtlich:** liebevoll; zart · liebreich (*veraltend*)

**Zauber:** Reiz · Charme ◇ Anmut · Anziehungskraft

**Zauberei:** Magie · Hexerei · Zauberkunst · Schwarze Kunst · Zauber; Taschenspielerei · Hokuspokus (*abwert*); Gaukelkunst (*veraltend*)

**Zauberkünstler:** Zauberer · Magier · Illusionist · Schwarzkünstler; Taschenspieler (*abwert*); Gaukler (*veraltend*)

**Zaun:** Umzäunung • Gatter

**zechen:** *umg*: bechern ✦ *salopp*: kneipen ✦ *derb*: saufen ◇ trinken

**Zecher:** durstige Seele (*scherzh*) ✦ *umg*: Zechbruder · Zechkumpan · Trinkbruder · Kneipbruder ✦ *salopp*: Saufkumpan ◇ Trinker

**Zeichen:** Signal · Wink • Geheimzeichen

**zeichnen:** • skizzieren · auf dem Papier festhalten ◇ darstellen · malen

**zeigen:** **1.** ⟨*den Zeigefinger auf etw., jmdn. richten*⟩ deuten · weisen ◇ hinweisen ꟾaufl · hinzeigen ꟾaufl – **2.** ⟨*betrachten lassen*⟩ vorzeigen · vorweisen · herzeigen · vorführen · vor Augen führen · ad oculos demonstrieren – **3.** ⟨*nicht verbergen*⟩ sehen / erkennen lassen · zur Schau stellen / tragen – **4.** ⟨*[im einzelnen] deutlich machen*⟩ aufzeigen · demonstrieren · dokumentieren · aufweisen – **5.** **sich z.:** **a)** ⟨*in Erscheinung treten*⟩ sich präsentieren · sich bieten · sich sehen lassen • sich darstellen ✦ *umg*: • sich produzieren – **b)** ⟨*mit den Augen wahrgenommen werden können*⟩ zum Vorschein kommen · sichtbar / erkennbar werden

**Zeit: etw. hat Z.:** etw. hat Weile · etw. ist nicht eilig / eilt nicht

**Zeitalter:** Epoche · Ära · Zeitabschnitt · Zeit ◇ Zeitraum

**zeitgenössisch:** kontemporär (*selten*) ◇ gegenwärtig

**Zeitpunkt:** Termin · Frist • Stichtag

**Zeitraum:** Zeitspanne · Frist · Spanne · Zeit · Zeitabschnitt · Periode · Phase ◇ Zeitalter

**Zeitschrift:** • Illustrierte · Magazin · Revue; Journal (*veraltend*) ◇ Zeitung

**Zeitung:** Blatt · Organ; Blättchen (*scherzh od. iron*); Gazette (*abwert veraltend*); Boulevardblatt · Sensationsblatt · Skandalblatt (*abwert*) ✦ *umg*: Revolverblatt (*abwert*) ✦ *salopp*: Wurstblatt · Käseblatt (*abwert*) ◇ Zeitschrift

**Zeitungswesen:** Pressewesen ◇ Presse

**zeitweilig:** zeitweise · temporär · eine Zeitlang • auf Zeit ◇ vorläufig · vorübergehend

**zelten:** campen • lagern · kampieren; biwakieren (*Bergsp*)

**Zeltpflock:** Hering

**zensieren:** benoten · mit einer Zensur / Note bewerten

**zentral:** **1.** ⟨*örtlich*⟩ in der Mitte liegend / gelegen · im Mittelpunkt / Zentrum liegend / gelegen – **2.** ⟨*im Mittelpunkt stehend, von bestimmendem Einfluß*⟩ sehr wichtig · wichtigst ◇ entscheidend · wichtig

**zerbeißen:** • zerkauen

**zerbrechen:** **1.** ⟨*in Stücke brechen*⟩ entzweibrechen ✦ *umg*: kaputtmachen · entzweimachen ◇ durchbrechen · zerschlagen · zerstören – **2.** ⟨*in Stücke zerfallen*⟩ zu Bruch / in die Brüche gehen · in Scherben / Stücke gehen · zerspringen · entzweigehen • bersten · zerbersten · zerplatzen · zersplittern ◇ entzweigehen · zerfallen

**zerdrücken:** zerquetschen · zermalmen · breitdrücken · breitquetschen ✦ *umg*: zu Mus quetschen ✦ *salopp*: zermanschen · zermatschen

**zerfallen:** **1.** ⟨*sich in seine Bestandteile verwandeln*⟩ zerbröckeln · auseinanderfallen · sich [in seine Bestandteile] auflösen · sich zersetzen; dissoziieren (*Chem*) ✦ *umg*: sich in Wohlgefallen auflösen (*scherzh*) ◇ zerbrechen – **2.** ⟨*von menschl. Orga-*

*nisationsformen gesagt*⟩ auseinanderfallen · in Auflösung begriffen sein · sich auflösen • zusammenbrechen ◇ untergehen

**zerkleinern:** kleinmachen · zerstükkeln · zerbröckeln · zerkrümeln · zerbröseln; körnen · zerkörnen · granulieren · granieren (*fachspr*) • wiegen · schneiden ◇ zerklopfen · zerkrümeln · zermahlen

**zerklopfen:** • zerstoßen · zerstampfen ◇ zerkleinern

**zerknittern:** knittern • [zer]knüllen · zusammendrücken ✦ *umg*: [zer-]knautschen ◇ knittern

**zerkrümeln:** zerbröckeln · bröckeln · zerbröseln · bröseln ◇ zerkleinern

**zerlegen: 1.** ⟨*in seine Bestandteile trennen*⟩ auseinandernehmen · zergliedern · [zer]teilen; analysieren (*Chem*) – **2.** ⟨*Fleisch od. dgl.*⟩ tranchieren · [zer]teilen

**zerlumpt:** abgerissen · abgelumpt · verschlissen · zerschlissen • zerrissen · in Lumpen

**zermahlen:** mahlen • [zer]schroten · malmen ◇ zerkleinern · zerreiben

**zermürben: etw. zermürbt jmdn.:** etw. macht jmdn. mürbe · etw. reibt jmdn. auf · etw. zerrüttet jmdn. · etw. zehrt jmdn. auf ✦ *umg*: etw. frißt jmdn. auf

**zerreiben:** pulverisieren · mörsern • zerstampfen ◇ zermahlen

**zerreißen:** entzweireißen · in Stücke / Fetzen reißen · zerfetzen · zerrupfen ✦ *umg*: kaputtreißen ◇ durchreißen

**zerrütten:** in Unordnung bringen · desorganisieren

**zerschießen:** zusammenschießen · einschießen · in Grund und Boden schießen ◇ zerstören

**zerschlagen:** entzweischlagen · zerhauen · entzweihauen · zerklopfen · zertrümmern · zerschmettern ✦ *umg*: zusammenschlagen · zusammenhauen · kurz und klein schlagen / hauen ✦ *salopp*: zerteppern · zerschmeißen ◇ einschlagen · zerbrechen · zerstören

**zerschneiden:** entzweischneiden · in Stücke schneiden • schnitzeln ✦ *umg*: • [zer]schnippeln · [zer]schnipseln ◇ durchschneiden

**zersetzen:** auflösen · zerfressen ◇ zerstören

**zerspalten:** spalten; [zer]spleißen (*landsch*)

**zerstäuben:** versprühen · atomisieren

**zerstören: 1.** ⟨*bis zur Unbrauchbarkeit beschädigen*⟩ demolieren · zertrümmern · unbrauchbar / zuschanden machen ◇ zerbrechen · zerschlagen · zersetzen – **2.** ⟨*[durch krieger. Mittel] beseitigen*⟩ dem Erdboden gleichmachen · keinen Stein auf dem andern lassen · in Schutt und Asche legen · atomisieren • zerbomben ◇ vernichten · verwüsten · zerschießen

**zerstreuen: 1.** ⟨*streuend nach allen Seiten verteilen*⟩ verstreuen · umherstreuen · streuen • versprengen – **2.** ⟨*[gewaltsam] zum Auseinandergehen veranlassen*⟩ auflösen · sprengen · zersprengen · auseinanderjagen · auseinandertreiben

**zerstreut:** zerfahren · unkonzentriert · geistesabwesend ✦ *umg*: faselig · schusselig (*abwert*) ◇ geistesabwesend · unaufmerksam

**Zerstreuung:** Ablenkung · Abwechslung · Zeitvertreib; Kurzweil (*veraltend*) • Beschäftigung · Unterhaltung

**zertreten:** zertrampeln (*abwert*) • zerstampfen

**Zerwürfnis:** Bruch · Entzweiung · Verfeindung

**zeugen: ein Kind z.:** *umg*: ein Kind in die Welt setzen ◇ schwängern

**Zeugungsfähigkeit:** Potenz · Zeugungskraft · Manneskraft · Mannbarkeit

**Zeugungsunfähigkeit:** Impotenz
**Ziege:** **1.** ⟨*Haustier*⟩ Geiß (*süddt österr schweiz*) ✦ *umg*: Hippe · Zicke (*landsch*) – **2. [dumme / blöde] Z.** (*salopp*): ⟨*Schimpfwort für eine weibl. Person*⟩ Zicke · [dumme / blöde] Gans · dumme / alberne Pute · blödes / dummes Huhn; Doofschote (*landsch*)
**ziehen:** **1.** ⟨*auf sich zu bewegen od. hinter sich herbewegen*⟩ • zerren · im Schlepptau haben – **2.** ⟨*einen Zug ausüben*⟩ zerren · reißen · zupfen; rupfen (*landsch*) – **3. z. |aus|:** ⟨*aus einer Tasche od. dgl. hervorholen*⟩ herausziehen · zücken – **4. etw. zieht:** ⟨*etw. läßt die nötige Luft durch*⟩ etw. hat Zug – **5. es zieht:** ⟨*man spürt einen unangenehmen Luftstrom*⟩ es ist / herrscht Zugluft
**Ziehharmonika:** Handharmonika · Harmonika • Bandoneon ✦ *salopp*: Quetschkommode (*scherzh*) ◇ Akkordeon
**Ziel:** **1.** ⟨*zu erreichender Ort*⟩ Bestimmungsort · Endziel – **2.** ⟨*etw., worauf alle Anstrengungen gerichtet sind*⟩ Endziel · Endzweck ◇ Zweck
**zielbewußt:** zielstrebig • geradlinig ◇ beharrlich · unbeirrbar
**zielen:** visieren · anlegen · in Anschlag gehen; anschlagen (*veraltend*) – **z. |auf|:** anvisieren · aufs Korn nehmen · anlegen |auf|
**ziellos:** ohne [festes] Ziel · kreuz und quer · richtungslos
**zieren: sich z.:** sich spreizen ✦ *umg*: sich anstellen · sich haben · Theater machen • zimperlich / prüde tun
**zierlich:** grazil · zartgliedrig · feingliedrig · zerbrechlich · fein · wie aus / von Porzellan ◇ zart
**Zigarette:** *umg*: Stäbchen; Glimmstengel · Giftnudel · Sargnagel (*scherzh*) ✦ *salopp*: Lulle
**Zigarettenstummel:** Stummel ✦ *umg*: Kippe
**Zimmer:** Wohnraum · Raum; Stube (*landsch*) • Kammer · Kabinett ✦ *gehoben*: Gemach · Gelaß ✦ *umg*: Bude · Loch (*abwert*) ◇ Raum
**zirkulieren: etw. zirkuliert:** etw. kursiert · etw. geht von Hand zu Hand · etw. geht herum · etw. läuft um
**zitieren:** anführen • belegen
**zittern:** beben · schlottern · zittern wie Espenlaub • flattern · vibrieren ✦ *umg*: bibbern · klappern · tattern; schnattern (*landsch*)
**zittrig:** *umg*: tatterig · tapperig (*landsch*)
**zögern:** zaudern · unschlüssig sein · schwanken · mit sich kämpfen · sich bedenken ✦ *gehoben*: zagen · säumen ✦ *umg*: fackeln • [herum-]drucksen · wie die Katze um den heißen Brei herumgehen
**Zoo:** zoologischer Garten · Tiergarten • Tierpark · Safaripark · Wildpark
**Zote:** Unflätigkeit · Ferkelei ✦ *umg*: Schweinigelei ✦ *salopp*: Schweinerei ✦ *derb*: Sauerei ◇ Witz – **Zoten reißen:** ferkeln; zoten (*selten*) ✦ *umg*: schweinigeln ✦ *derb*: sauigeln · sauen
**zu:** **1.** ⟨*in Verbindung mit Bezeichnungen von Festtagen*⟩ an (*bes. süddt*) – **2.** ⟨*in Verbindung mit Zahlenangaben*⟩ zu je; à (*kaufm*) – **3. bis zu:** ⟨*zur Bezeichnung eines Endpunktes*⟩ bis an
**Zubehör:** • Extras · Accessoires ✦ *umg*: Drum und Dran
**zubereiten:** herrichten · zurechtmachen · fertigmachen · vorbereiten; zurichten (*landsch od. fachspr*) • anmachen · anrichten · dressieren ✦ *gehoben*: richten
**zublinzeln:** zuzwinkern · anblinzeln · anzwinkern
**zubringen** (*umg*): zubekommen · zukriegen
**züchten:** ziehen • heranzüchten · aufziehen · domestizieren
**züchtigen:** schlagen · durchhauen •

auspeitschen ✦ *umg*: durchgerben · überlegen · übers Knie legen · die Hosen / den Hosenboden strammziehen ✦ *salopp*: den Hintern versohlen ✦ *derb*: den Arsch versohlen ◇ schlagen · verprügeln

**zuerst**: erst · an erster Stelle · zuallererst · vor allem · erst einmal · zunächst · vorab · voraus · voran

**zufallen**: **1.** ⟨*sich von selbst schließen*⟩ sich schließen · ins Schloß fallen · zuklappen · zuschlagen · zuschnappen · einschnappen ✦ *umg*: zufliegen – **2.** ⟨*[unerwartet] in jmds. Eigentum übergehen*⟩ zufließen · zuteil werden • in den Schoß fallen · verfallen – **3.** ⟨*von jmdm. ohne Mühe geistig aufgenommen werden können*⟩ zufliegen · anfliegen · in den Schoß fallen

**zufällig**: durch Zufall · von ungefähr; akzidentell (*fachspr*) ✦ *umg*: nur so

**Zuflucht**: Zufluchtsstätte · Zufluchtsort · Asyl ✦ *gehoben*: Freistatt · Freistätte ◇ Versteck

**zufrieden**: befriedigt · zufriedengestellt · saturiert • beruhigt ✦ *umg*: wunschlos glücklich (*auch iron*)

**zufügen**: bereiten · beibringen · antun · zuleide tun

**Zugabe**: Beigabe; Draufgabe · Dreingabe (*landsch*) • Zulage

**zugänglich**: betretbar

**zügellos**: ungezügelt · ausschweifend · exzessiv · korybantisch • bacchantisch ◇ hemmungslos

**zügeln**: Zügel anlegen · bändigen · im Zaum halten; an die Kandare nehmen (*veraltend*) ✦ *umg*: bremsen

**Zugeständnis**: Entgegenkommen · Konzession · Einräumung • Kompromiß

**zugestehen**: zubilligen · einräumen · zugeben · konzedieren • gönnen · Zugeständnisse machen

**Zuggeschirr**: Geschirr • Kumt · Joch

**zugießen**: zuschütten · nachgießen · nachschütten · auffüllen

**zugkräftig**: werbewirksam

**zugleich** (*mehrere Tätigkeiten betreffend*): gleichzeitig · zusammen ✦ *umg*: in einem Aufwasch ◇ gleichzeitig – **etw. z. sein**: etw. in einer Person sein

**zugreifen** (*bei der Arbeit*): zufassen · zupacken · anfassen · anpacken · zulangen · Hand anlegen ✦ *umg*: • die Ärmel hochkrempeln ◇ helfen

**zugrunde**: **z. richten**: ruinieren · vernichten · den Todesstoß versetzen · das Rückgrat brechen · die Schlinge um den Hals legen • an den Bettelstab bringen ✦ *umg*: erledigen · fertigmachen · das Genick / den Hals brechen ✦ *salopp*: auf den Hund bringen ◇ schaden – **sich z. richten**: sich ruinieren • abwirtschaften ✦ *umg*: sich kaputtmachen ◇ sich schaden · scheitern

**Zugstück**: Zugnummer · Glanznummer · Glanzstück · Attraktion ✦ *umg*: Knüller · Schlager

**Zugunglück**: Eisenbahnunglück

**zugute**: **z. kommen lassen**: angedeihen lassen · zuteil werden lassen · zukommen lassen · zuwenden • gewähren

**Zuhälter**: Mädchenhirt (*schweiz*) ✦ *salopp*: Lude · Louis; Stenz (*selten*); Strizzi (*bes. süddt österr*)

**Zuhause**: Heim; Daheim (*bes. süddt österr schweiz*) ◇ Wohnung

**zuhören**: hinhören · hören · sich anhören; zuhorchen (*landsch*) • an jmds. Lippen hängen ◇ lauschen

**Zuhörerschaft**: die Zuhörer · Auditorium · Publikum · Hörerschaft

**zukleben**: verkleben ✦ *salopp*: zukleistern · verkleistern

**zukorken**: verkorken · zustöpseln · verstöpseln · zupfropfen

**zukunftweisend**: bedeutsam · geschichtsträchtig · geschichtlich

**zulassen**: dulden · geschehen lassen · zugeben · leiden • mit ansehen · zusehen ◇ erlauben · nachsehen

**zulässig**: statthaft · erlaubt · gestattet · angängig

**Zulassung**: Approbation (*Med*)

**zuletzt**: an letzter Stelle · zum / am Schluß · am Ende · zuallerletzt · als letzter

**Zunahme**: Zuwachs · Steigerung · Anstieg · Vermehrung · Verstärkung · Vergrößerung

**Zündholz**: Streichholz ✦ *umg*: Hölzchen

**zunehmen**: **1.** ⟨*an Zahl, in der Menge*⟩ anwachsen · [an]steigen · sich erhöhen · sich vermehren · sich vergrößern · sich verstärken · sich verdichten • wie Pilze aus der Erde schießen ◇ anschwellen – **2.** ⟨*am Umfang, in der Ausdehnung*⟩ sich vergrößern · anwachsen · sich ausdehnen · an Ausdehnung gewinnen – **3.** ⟨*eine größere Leibesfülle bekommen*⟩ dick werden · Speck / Fett / einen Bauch ansetzen ✦ *umg*: einen Bauch kriegen · auseinandergehen · in die Breite gehen; aufgehen wie ein Pfannkuchen (*scherzh*); auslegen (*landsch*)

**zurechtfinden**: **sich z.**: sich durchfinden • sich herausfinden ◇ sich orientieren

**zurechtkommen**: **1.** ⟨*zum richtigen Zeitpunkt kommen*⟩ zur [rechten] Zeit / rechtzeitig kommen – **2. z.** |**mit**|: ⟨*mit etw. umzugehen lernen / verstehen*⟩ sich zurechtfinden |mit| ✦ *umg*: klarkommen |mit| · zu Rande kommen |mit|; zu Fache kommen |mit| (*landsch*)

**zurechtweisen**: eine Lektion / Lehre erteilen · die / seine Meinung sagen · den Kopf zurechtsetzen / waschen · maßregeln • ins Gebet nehmen ✦ *umg*: Bescheid sagen · abkanzeln · abkapiteln · heruntermachen · herunterputzen · heimleuchten · deutsch / Fraktur reden |mit| · es jmdm. [gründlich] geben · zeigen, was eine Harke ist · aufs Dach steigen · eins aufs Dach / auf den Hut / Deckel / auf die Haube geben · den Standpunkt klarmachen · eine Standpauke / Gardinenpredigt halten · eine Abreibung geben · die Leviten / den Text lesen · den Marsch blasen · auf die Finger klopfen; Mores lehren (*veraltend*); abputzen · abbürsten · die Paten sagen (*landsch*) ✦ *salopp*: zusammenstauchen · Bescheid stoßen · die Flötentöne beibringen · die Meinung geigen · heimgeigen · die Hammelbeine langziehen · auf die Pfoten klopfen · auf Vordermann bringen · aus den Lumpen schütteln · schlittenfahren |mit| ✦ *derb*: zusammenscheißen ◇ anfahren · ausschimpfen · tadeln · sich vornehmen

**zurück**: rückwärts; retour (*noch landsch bzw. österr schweiz*) • nach hinten

**zurückbilden**: **sich z.**: **1.** ⟨*von Schwellungen, Geschwüren gesagt: an Größe wieder abnehmen*⟩ kleiner werden · zurückgehen • schrumpfen – **2.** ⟨*von Gliedern, Organen gesagt: im Laufe der Evolution kleiner werden u. verschwinden*⟩ verkümmern; degenerieren (*Biol Med*)

**zurückbleiben**: zurückfallen · nicht mitkommen · nicht [mehr] Schritt halten [können]; abfallen (*bes. Sport*) • nachstehen ✦ *gehoben*: hintanbleiben ✦ *umg*: hinterherhinken · nachhinken · hängen • jmdm. geht der Atem aus

**zurückerhalten**: zurückbekommen · wiederbekommen · wiedererhalten • herausbekommen ✦ *gehoben*: wiedererlangen · zurückerlangen ✦ *umg*: zurückkriegen · wiederkriegen • herauskriegen

**zurückfordern:** zurückverlangen · wiederfordern
**zurückführen: z. |aufl:** herleiten |von| · ableiten |von| • entwickeln |aus| ◇ folgern |aus|
**zurückgeben:** wiedergeben · zurückerstatten; retournieren *(österr)* • herausgeben ✦ *umg:* wieder herausrükken
**zurückgeblieben: 1.** ⟨*geistig*⟩ unterentwickelt · unentwickelt · infantil · kindlich ✦ *umg:* zurück ◇ unreif – **2.** ⟨*körperlich*⟩ unterentwickelt · unentwickelt · schwächlich · kümmerlich ✦ *umg:* mickerig
**zurückhalten: sich z.:** Zurückhaltung / Abstand wahren · sich Zurückhaltung / Reserve auferlegen · im Hintergrund bleiben · sich im Hintergrund halten ✦ *umg:* • sich rar machen
**zurückhaltend:** distanziert · reserviert ◇ verschlossen – **z. sein:** nur schwer aus sich herausgehen
**zurückholen:** wiederholen
**zurückkommen: 1.** ⟨*wieder zum Ausgangspunkt kommen*⟩ wiederkommen · zurückkehren · wiederkehren • zurückfinden · heimkommen · heimkehren – **2. z. |aufl:** ⟨*erneut von etw. sprechen*⟩ wieder aufgreifen · zurückgreifen |aufl • nochmals zur Debatte / Diskussion stellen ✦ *umg:* wieder aufs Tapet bringen
**zurücklegen: 1.** ⟨*nach hinten legen od. lehnen*⟩ hintenüberlegen • zurücklehnen – **2.** ⟨*zur späteren Verwendung aufbewahren*⟩ [sich] aufheben · [sich] aufsparen · beiseite legen – **3.** ⟨*für jmdn. zum späteren Kauf aufbewahren*⟩ aufheben · zurückstellen · reservieren ◇ aufbewahren – **4.** ⟨*eine Wegstrecke hinter sich bringen*⟩ bewältigen · schaffen
**zurückprallen: etw. prallt zurück:** etw. springt zurück · etw. prallt ab
**zurückschrecken:** zurückschaudern · zurückfahren · zurückprallen ◇ erschrecken
**zurücksenden:** zurückschicken · zurückgehen lassen; retournieren *(kaufm)*
**zurückstehen: z. |gegen|:** abfallen |gegen| · weniger leisten als
**zurückstellen: 1.** ⟨*nicht sofort erledigen*⟩ *umg:* auf Eis legen – **2.** ⟨*nicht vorrangig betreiben*⟩ hint[en]ansetzen · hint[en]anstellen
**zurücktreten:** seinen Rücktritt erklären · von seiner Funktion / seinem Amt zurücktreten · sein Amt niederlegen / zur Verfügung stellen; demissionieren *(Polit Diplom)* • abdanken · von der Bühne abtreten ◇ sich zurückziehen
**zurückzahlen:** erstatten · zurückerstatten · wiedererstatten · zurückgeben • rückvergüten · Verbindlichkeiten erfüllen · Schulden begleichen
**zurückziehen: 1. sich z.: a)** ⟨*das Berufsleben aufgeben*⟩ sich zur Ruhe setzen · in den Ruhestand treten · sich aufs Altenteil setzen · in Pension gehen ◇ zurücktreten – **b)** ⟨*bes. Militär*⟩ zurückgehen · den Rückzug antreten · zurückweichen · das Feld räumen – **2. sich z. |von|:** ⟨*nicht mehr mit jmdm. gesellschaftlich verkehren*⟩ sich abkehren |von| · sich abwenden |von| · sich wenden |von|
**Zusammenarbeit:** Kooperation; Kollaboration *(abwert)* ◇ Kollektivarbeit
**zusammenarbeiten:** kooperieren · Hand in Hand arbeiten; kollaborieren *(abwert)* • am selben / gleichen Strang ziehen; sich die Bälle zuspielen / zuwerfen *(abwert)* ✦ *gehoben:* zusammenwirken
**zusammenbinden: 1.** ⟨*Fäden*⟩ binden · knüpfen · verknüpfen · zusammenknüpfen · knoten · verknoten – **2.** ⟨*Blumen od. dgl.*⟩ binden

**zusammenbleiben:** unzertrennlich sein ✦ *umg*: wie die Kletten zusammenhängen ◇ zusammenhalten
**zusammenbrechen:** *umg*: schlappmachen · zusammenklappen · zusammenrutschen ◇ bewußtlos werden
**zusammenbringen:** zusammenführen · miteinander bekannt machen
**Zusammenbruch:** Fiasko · Katastrophe · Debakel · Desaster ◇ Niederlage
**zusammendrängen:** zusammenpferchen ◇ zusammendrücken
**zusammendrücken:** zusammenpressen · zusammenquetschen ◇ zusammendrängen
**zusammenfassen:** resümieren · das Fazit ziehen
**Zusammenfassung:** Resümee • Zusammenschau; Synopse (*fachspr*) ◇ Übersicht
**zusammenhalten:** **1.** ⟨*gegen andere od. eine Gefahr eine feste Einheit bilden*⟩ zusammenstehen · zueinanderhalten ◇ zusammenbleiben – **2.** ⟨*von Bindemitteln gesagt: sich nicht wieder lösen*⟩ binden
**Zusammenhang:** Verbindung · Konnex · Nexus • Bezug · Beziehung · Relation · Kommunikation
**zusammenhängen: etw. hängt zusammen |mit|:** etw. steht im Zusammenhang |mit| · etw. steht in Verbindung / Beziehung |mit| • etw. bezieht sich |auf|
**zusammenhanglos:** unzusammenhängend · ohne Zusammenhang
**Zusammenkunft:** Zusammentreffen · Begegnung · Treffen • Treff · Meeting ◇ Versammlung
**zusammennehmen: sich z.:** sich ein Herz fassen · sich aufraffen · Mut fassen · sich ermannen ✦ *umg*: sich aufrappeln · sich zusammenraffen · sich zusammenreißen · sich am Riemen reißen
**zusammenrufen:** versammeln · herbeirufen • um sich scharen ✦ *umg*: zusammentrommeln
**zusammenscharen: sich z.:** zusammenkommen; sich zusammenrotten (*abwert*)
**zusammenschlagen:** *umg*: zusammenhauen ◇ niederschlagen
**zusammensetzen: etw. setzt sich zusammen |aus|:** etw. besteht |aus| · etw. rekrutiert sich |aus| • etw. zerfällt |in|
**zusammenstellen:** aufstellen · gruppieren · bilden · formen
**Zusammenstoß:** Zusammenprall · Kollision · Karambolage • Havarie
**zusammenstoßen:** **1.** ⟨*heftig gegeneinanderstoßen*⟩ zusammenprallen · aufeinanderprallen · gegeneinanderprallen · kollidieren; karambolieren (*selten*) • zusammenfahren ✦ *salopp*: zusammenkrachen · zusammendonnern · zusammenrasseln ◇ anstoßen |an| – **2.** ⟨*in eine heftige Auseinandersetzung geraten*⟩ aneinandergeraten ✦ *salopp*: zusammenrasseln ◇ sich streiten
**zusammenzählen:** addieren · zusammenziehen · summieren
**zusammenzucken:** zusammenfahren · zusammenschrecken ◇ erschrecken
**Zuschauer:** Zuseher (*österr*) ✦ *umg*: Zugucker ◇ Schaulustiger
**zuschießen:** dazugeben · zulegen • hineinstecken ✦ *salopp*: zuschustern · zubuttern · drauflegen ◇ zuzahlen
**zuschlagen:** **1.** ⟨*einen Schlag / Schläge gegen jmdn. ausführen*⟩ zuhauen · losschlagen · handgreiflich / tätlich / handgemein werden ✦ *umg*: jmdm. rutscht die Hand aus ✦ *salopp*: eine / eins versetzen / verpassen ◇ schlagen – **2.** ⟨*heftig schließen*⟩ zustoßen · zuwerfen · zuschmettern • ins Schloß werfen ✦ *umg*: zuknallen ✦ *salopp*: zuschmeißen · zuplauzen ·

zuballern ◇ schließen – **3.** ⟨*zu einem Betrag hinzuzählen*⟩ aufschlagen |auf|
**zuschneien: etw. schneit zu:** etw. schneit ein · etw. verschneit
**zusehen:** zuschauen ✦ *umg*: zugukken; gaffen (*abwert*); Maulaffen feilhalten (*veraltend abwert*) • kiebitzen
**zusetzen: etw. setzt jmdm. zu:** etw. nimmt jmdn. mit · etw. greift jmdn. an ✦ *umg*: etw. geht jmdm. an die Nieren
**Zuspiel** (*Sport*): Paß · Abspiel · Abgabe • Vorlage · Eingabe · Flanke
**zuspielen: 1.** *Sport* ⟨*den Ball od. Puck zu einem der Mitspieler befördern*⟩ passen |zu| · anspielen · bedienen · abspielen · abgeben • eine Vorlage geben – **2.** ⟨*wie unbeabsichtigt zukommen lassen*⟩ in die Hand / die Hände spielen
**zusprechen:** zuerkennen; zuerteilen (*selten*) • zuschlagen
**Zustand:** Verfassung · Kondition
**zuständig:** kompetent · befugt
**zustecken:** zukommen lassen · zuschieben · in die Hand drücken ✦ *umg*: zuschanzen (*meist abwert*) ◇ schenken
**zustehen: jmdm. steht etw. zu:** jmdm. kommt etw. zu · jmd. hat [einen] Anspruch |auf|
**zustimmen: 1.** ⟨*die gleiche Meinung haben*⟩ dafür sein · einverstanden sein • folgen · sich anschließen – **2.** ⟨*die gleiche Meinung ausdrücken*⟩ beistimmen · beipflichten · ja sagen; akklamieren (*bes. österr*) • nicken · einwilligen · einschlagen · sich bereit erklären ✦ *umg*: ja und amen sagen · seinen Segen geben ◇ billigen
**zustimmend:** bejahend · positiv · beifällig · anerkennend
**zustoßen: jmdm. stößt etw. zu:** jmdm. widerfährt / geschieht / passiert etw. · jmdn. betrifft etw. ✦ *gehoben*: jmdm. wird etw. zuteil
**Zutat:** Zusatz • Einlage · Beilage
**zuteilen:** zuweisen · zumessen • kontingentieren · dosieren
**Zuträger** (*abwert*): Zwischenträger; Ohrenbläser (*veraltend*) • Kolporteur ◇ Spitzel · Verleumder
**zutraulich:** ohne Scheu; zutunlich (*veraltend*) ◇ gutgläubig
**zutrinken:** zuprosten · Bescheid tun ◇ einen Toast ausbringen
**Zutritt:** Eintritt · Einlaß · Eingang
**zuverlässig: 1.** ⟨*so beschaffen, daß man sich darauf verlassen kann*⟩ verläßlich ◇ bewährt – **jmd., etw. ist z.:** auf jmdn., etw. ist Verlaß · auf jmdn., etw. kann man Häuser bauen – **2.** ⟨*Vertrauen verdienend*⟩ vertrauenswürdig · glaubwürdig • vertrauenerweckend ◇ rechtschaffen · treu
**zuwenig:** nicht genug · ein Tropfen auf den heißen Stein
**zuwiderhandeln:** entgegenhandeln · verstoßen |gegen|
**Zuwiderhandlung:** Verstoß · Übertretung • Vergehen
**zuzahlen:** *umg*: drauflegen · draufzahlen ◇ zuschießen
**zuziehen: sich z.** (*körperl. Schaden*): davontragen · bekommen ✦ *umg*: sich holen · wegbekommen
**zuzüglich:** plus ◇ einschließlich
**Zwang:** Druck · Nötigung · Pression · Muß
**Zwangslage:** Dilemma · Bedrängnis · Notlage ✦ *umg*: Zwickmühle ◇ Verlegenheit
**Zwangsräumung:** Exmittierung · Exmission; Delogierung (*bes. österr*)
**Zweck:** Sinn · Bestimmung ◇ Ziel
**zweckmäßig:** zweckdienlich · zweckentsprechend · praktisch · praktikabel • rationell · sinnvoll ◇ passend · sinnreich
**zwecks:** zum Zwecke [von]
**Zweifel:** Bedenken · Skepsis · Unglaube ◇ Mißtrauen
**zweifelhaft:** fragwürdig · dubios ·

ominös ◇ strittig · ungewiß · verdächtig · zwielichtig
**zweifeln**: Zweifel hegen · Bedenken haben · skeptisch sein
**Zweifler**: Skeptiker ✦ *umg*: ungläubiger Thomas (*scherzh*)
**zweigeschlechtig**: doppelgeschlechtig · bisexuell · zwittrig · hermaphroditisch
**Zweigstelle**: Filiale · Niederlassung · Nebenstelle · Außenstelle · Zweiggeschäft; Niederlage (*veraltend*); Expositur (*österr*); Ablage (*schweiz*) ◇ Vertretung
**Zweiheit**: Doppelheit · Duplizität • Dualismus
**Zweikampf**: Duell
**zweiseitig**: bilateral (*Polit*) ◇ multilateral
**Zwerg**: **1.** ⟨*Gestalt des Aberglaubens*⟩ Wichtel · Wichtelmännchen · Gnom · Erdmännchen ◇ Kobold – **2.** ⟨*sehr kleiner Mensch*⟩ Liliputaner ✦ *umg*: Gnom
**zwergenhaft**: zwergwüchsig · zwergig · pygmäisch
**zwicken**: kneifen; kneipen (*landsch*) ✦ *umg*: zwacken
**zwielichtig**: doppelgleisig · doppelgesichtig • undurchsichtig · trübe · lichtscheu ◇ verdächtig · zweifelhaft
**Zwiespalt**: Konflikt · Widerstreit · Zerrissenheit • Zweifel
**zwiespältig**: zerrissen • zweifelnd ◇ unentschlossen
**Zwietracht**: Uneinigkeit · Unfrieden · Zerwürfnis · Zwiespalt · Mißhelligkeiten ◇ Streit
**zwingen**: nötigen · pressen · Gewalt anwenden · Zwang / Druck ausüben laufl · unter Druck setzen · keine [andere] Wahl lassen · Daumenschrauben anlegen · die Pistole auf die Brust setzen • gefügig machen · erpressen
**zwinkern**: blinzeln; blinkern (*landsch*)
**Zwischenspiel**: Intermezzo · Interludium
**Zylinder**: • Chapeau claque ✦ *umg*: Esse · Angströhre (*scherzh*)

# Register und Verweise

# A

*à*: ↗ zu (2)
A: *von A bis Z erlogen*: ↗ unwahr
*aalglatt*: ↗ glatt (3)
*Aar*: ↗ Adler
**Aas:** *A. auf der Baßgeige*: ↗ Tausendsassa
*Aasgeier*: ↗ Ausbeuter
*Aasgestank*: ↗ Gestank
*aasig*: ↗ faulig
**ab:** *ab und zu*: ↗ manchmal
**abändern**
abängstigen: *sich a.*: ↗ sorgen (2)
**Abart**
*abartig*: ↗ abnorm
abäschern: *sich a.*: ↗ abmühen
*abäsen*: ↗ abweiden
abasten: *sich a.*: ↗ abmühen
*abbalgen*: ↗ abhäuten
*abbauen*: ↗ abbrechen (2), absetzen (2), entlassen (2), fördern (2)
**abbekommen:** *nichts a.*: ↗ leer (3)
*abbeordern*: ↗ abkommandieren
**abberufen**
*Abberufung*: ↗ Tod (1)
**abbestellen**
**abbetteln**
*abbezahlen*: ↗ abzahlen
**abbiegen:** ↗ verhindern
*Abbild*: ↗ Ebenbild
*abbilden*: ↗ abzeichnen (1), darstellen (1)
**Abbildung**
**abbinden**
Abbitte: *A. tun / leisten*: ↗ entschuldigen
*abblasen*: ↗ absagen (1)
*abblenden*: ↗ abdunkeln
**abblitzen:** *a. lassen*: ↗ abweisen (1)
*abblocken*: ↗ abwehren (2)
*abbrausen*: ↗ duschen
**abbrechen:** ↗ abreißen (2)
*abbrennen*: ↗ niederbrennen, verbrennen (1)
*Abbreviatur*: ↗ Abkürzung
abbringen: *a.* |*von*|: ↗ ablenken (2), ausreden (2)
Abbruch: *A. erleiden*: ↗ Schaden (3); *A. tun*: ↗ beeinträchtigen
*abbrummen*: ↗ verbüßen
*abbuchen*: ↗ aufgeben (4)
*abbummeln*: ↗ abfeiern
*abbüßen*: ↗ verbüßen
*ABC*: ↗ Elementarkenntnisse
*Abc-Schütze*: ↗ Schulanfänger
*abdanken*: ↗ zurücktreten
*Abdankung*: ↗ Rücktritt
**abdecken:** ↗ bedecken, verbergen (1)
**abdichten**
*abdorren*: ↗ vertrocknen
**abdrängen**
**abdrehen:** ↗ abstellen
*abdrucken*: ↗ veröffentlichen
**abdrücken:** *sich a.*: ↗ abstoßen
**abdunkeln**
**Abend:** *am A.*: ↗ abends
**Abendbrot:** *A. essen*: ↗ Abend (2)
**Abenddämmerung**
*Abendessen*: ↗ Abendbrot
**Abendmahl**
**abends**
*Abendstern*: ↗ Venus
**Abendveranstaltung**
*Abenteuer*: ↗ Liebesabenteuer
*Abenteuerdurst*: ↗ Abenteuerlust
**Abenteuerlust:** ↗ Unternehmungslust
**Aberglaube**
**aberkennen**
*abermalig*: ↗ nochmalig
*abermals*: ↗ wieder
**abernten**
*Aberwitz*: ↗ Unsinn
*aberziehen*: ↗ abgewöhnen
**abfahren:** ↗ abblitzen, sterben
**Abfahrt**
*Abfahrtspiste*: ↗ Abfahrtsstrecke
**Abfahrtsstrecke**
**Abfall**
*abfallen*: ↗ übrigbleiben, zurückbleiben – *a.* |*gegen*|: ↗ zurückstehen
*abfallend*: ↗ steil (2)
**abfällig:** *a. reden* |*über*|: ↗ verunglimpfen
*Abfallmaterial*: ↗ Abfall
*Abfallstoff*: ↗ Abfall
*abfälschen*: ↗ ablenken (1)

**abfangen:** ↗ abpassen, töten (2), überholen
*abfärben*: ↗ färben (2)
*abfasen*: ↗ abrunden (1)
*abfassen*: ↗ verfassen
**abfeiern**
*abfeilschen*: ↗ abhandeln
*abferkeln*: ↗ werfen (2)
*abfertigen*: ↗ abfinden (1)
*abfeuern*: ↗ abdrücken
**abfinden:** *sich a.*: ↗ vergelten (2)
**Abfindung**
*Abfindungssumme*: ↗ Abfindung
*abfliegen*: ↗ wegfliegen
**abfließen**
**Abflug**
**Abfluß**
**Abflußgraben**
*Abfolge*: ↗ Reihenfolge
**abfragen**
**abfressen**
Abfuhr: *eine A. erhalten*: ↗ abblitzen; *eine A. erteilen*: ↗ abweisen (1); *sich eine A. holen*: ↗ abblitzen
**abführen:** ↗ abliefern, verhaften
**Abführmittel**
**abfüllen**
*abfüttern*: ↗ verpflegen
*Abgabe*: ↗ Gebühr, Steuer, Zuspiel
*abgängig*: ↗ verschwunden
*abgaunern*: ↗ ablisten
*abgearbeitet*: ↗ verbraucht (1)
*abgeben*: ↗ trennen (3), verkaufen, zuspielen (1) – *a.* |an|: ↗ abliefern
*abgebrannt*: ↗ zahlungsunfähig
*abgebraucht*: ↗ abgedroschen (1)
**abgedroschen**
*abgefallen*: ↗ abtrünnig
*abgefeimt*: ↗ raffiniert
*abgegriffen*: ↗ abgedroschen (1)
**abgehen:** ↗ abbiegen, ablösen (1), verlaufen – *a. lassen*: ↗ absenden
*abgeklappert*: ↗ abgedroschen (1)
*abgelatscht*: ↗ abgelaufen (1)
**abgelaufen**
*abgelebt*: ↗ veraltet, verbraucht (1)
**abgelegen**
*abgeleiert*: ↗ abgedroschen (1)
*abgelumpt*: ↗ zerlumpt
*abgemacht*: ↗ einverstanden
**abgemagert**
**abgenutzt**
**Abgeordnetensitz**
**Abgeordneter**
*abgerissen*: ↗ zerlumpt
**Abgesandter**
*abgeschabt*: ↗ abgetragen
*abgeschieden*: ↗ abgelegen, verstorben
*abgeschlossen*: ↗ erledigt (1), verschlossen (1)
*abgeschmackt*: ↗ geschmacklos
**abgesondert**
*abgesperrt*: ↗ verschlossen (1)
*abgespielt*: ↗ abgedroschen (2)
*abgestanden*: ↗ schal
*abgestumpft*: ↗ stumpf, stumpfsinnig
**abgetragen**
*abgetrennt*: ↗ abgesondert
*abgetreten*: ↗ abgelaufen (1)
*abgewetzt*: ↗ abgetragen
**abgewinnen**
*abgewirtschaftet*: ↗ heruntergekommen (1)
**abgewöhnen**
*abgezehrt*: ↗ abgemagert, heruntergekommen (2)
*Abglanz*: ↗ Widerschein
**abgleiten:** ↗ [1]verkommen
**Abgott:** ↗ Idol
*abgrasen*: ↗ absuchen (2), abweiden
**abgrenzen**
**Abgrund**
*abgrundtief*: ↗ tief
*abgucken*: ↗ absehen (1)
*abhaben*: ↗ abbekommen
*abhacken*: ↗ abschlagen
*abhalftern*: ↗ abzäumen
*abhalten*: ↗ veranstalten – *a.* |von|: ↗ hindern, fernhalten
**abhandeln**
abhanden: *a. kommen*: ↗ verlorengehen
**Abhandlung**
**Abhang**
**abhängen:** ↗ abkoppeln, abnehmen (2)
abhängig: *a. sein* |von|: ↗ abhängen (2); *stark a.*: ↗ unselbständig
**abhärten**
*abhaspeln*: ↗ abwickeln
abhasten: *sich a.*: ↗ abhetzen
*abhauen*: ↗ abschlagen, entfliehen, weggehen
**abhäuten**
abheben: *a.* |von|: ↗ unterscheiden; *sich a.* |von|: ↗ abzeichnen (2)
*abheften*: ↗ ablegen (1)
*abheilen*: ↗ verheilen

**abhetzen**
*abholen*: ↗ holen
**abholzen**
*abhorchen*: ↗ abhören
**abhören:** ↗ abfragen
*abirren*: ↗ abweichen (1)
**Abitur**
**Abiturient**
abjagen: *sich a.*: ↗ abhetzen
*abkämmen*: ↗ absuchen (2)
*abkanten*: ↗ abrunden (1)
*abkanzeln*: ↗ zurechtweisen
*abkapiteln*: ↗ zurechtweisen
abkapseln: *sich a.*: ↗ absondern
*abkarten*: ↗ vereinbaren
*abkassieren*: ↗ absahnen, kassieren
*abkaufen*: ↗ glauben
*abkehren*: ↗ abwenden (1) – *sich a.*: ↗ abwenden (2); *sich a.* |*von*|: ↗ zurückziehen (2)
*abklappern*: ↗ ablaufen (1)
*abklatschen*: ↗ nachbilden
*abklemmen*: ↗ abbinden, abtrennen (2)
*abklieren*: ↗ abschreiben (3)
*abklingen*: ↗ nachlassen, verklingen
*abknabbern*: ↗ abnagen
*abknacken*: ↗ abbrechen (1)
*abknöpfen*: ↗ abgewinnen, ablisten
*abknutschen*: ↗ abküssen
**abkommandieren**
*Abkomme*: ↗ Nachkomme
*abkommen*: ↗ abtreiben – *a.* |*von*|: ↗ abweichen (1)
*Abkommen*: ↗ Übereinkommen
*abkömmlich*: ↗ entbehrlich (1)
*Abkömmling*: ↗ Nachkomme
**abkoppeln**
*abkriegen*: ↗ abbekommen
*abkühlen*: ↗ erkalten, kühlen
*abkürzen*: ↗ verkürzen
**Abkürzung**
*Abkürzungszeichen*: ↗ Sigel
**abküssen**
**abladen**
*Ablage*: ↗ Garderobe
**ablagern:** *sich a.*: ↗ niederschlagen (3)
*Ablagerung*: ↗ Bodensatz
*Ablaß*: ↗ Absolution
**ablassen:** ↗ abtreten (2) – *nicht a.* |*von*|: ↗ festbleiben; *a.* |*von*|: ↗ abgewöhnen
*ablatschen*: ↗ ablaufen (2)
*Ablauf*: ↗ Programm (1, a), Verlauf
**ablaufen:** ↗ abfließen, abgehen (1), verfallen (2), verlaufen – *gut a.*: ↗ gelingen; *a. lassen*: ↗ ablassen (1)
*Ablaufrohr*: ↗ Abfluß (2)
*Ableben*: ↗ Tod (1)
**ablegen**
*Ableger*: ↗ Sohn
**ablehnen**
**ablehnend**
**ableisten**
*ableiten*: ↗ ablenken (1) – *a.* |*von*|: ↗ zurückführen
**ablenken**
*Ablenkung*: ↗ Brechung, Zerstreuung
*ablesen*: ↗ absuchen (1)
*ableugnen*: ↗ bestreiten
*ablichten*: ↗ vervielfältigen
**abliefern**
*abliegen*: ↗ ablagern
**ablisten**
*ablocken*: ↗ ablisten
**ablösen**
*abluchsen*: ↗ ablisten
*abmachen*: ↗ ablösen (1), abmontieren, vereinbaren
**abmagern**
*Abmagerungskur*: ↗ Schlankheitskur
*abmähen*: ↗ mähen
*abmalen*: ↗ abzeichnen (1)
abmarachen: *sich a.*: ↗ abmühen
*abmarkten*: ↗ abhandeln
**Abmarsch**
**abmarschieren**
**abmessen**
*abmieten*: ↗ mieten
*abmildern*: ↗ mildern
*abmindern*: ↗ verringern
**abmontieren**
**abmühen: sich a.:** ↗ anstrengen
*abmurksen*: ↗ töten (1)
**abnagen**
**abnehmen:** ↗ abgewinnen, abmontieren, amputieren, glauben, nachlassen, rauben, verringern
*Abnehmer*: ↗ Käufer
**Abneigung**
**abnorm:** ↗ ungewöhnlich
*abnormal*: ↗ ungewöhnlich
*abnötigen*: ↗ abzwingen (1)
**abnutzen**
*Abonnement*: ↗ Anrecht
**Abonnent**
¹*Abort*: ↗ Toilette
²*Abort*: ↗ Fehlgeburt

*Abortion*: ↗ Abtreibung
*abpacken*: ↗ verpacken
**abpassen:** ↗ abfangen
*abpellen*: ↗ schälen
*abpflücken*: ↗ pflücken
*abpinseln*: ↗ abzeichnen (1)
abplagen: *sich a.*: ↗ abmühen
abprallen: *etw. prallt ab*: ↗ zurückprallen
*abpressen*: ↗ abzwingen (1)
*abputzen*: ↗ reinigen
abquälen: *sich a.*: ↗ abmühen; *sich etw. a.*: ↗ abzwingen (2)
*abqualifizieren*: ↗ herabwürdigen
*abquetschen*: ↗ abtrennen (2)
*abquirlen*: ↗ verrühren
abrackern: *sich a.*: ↗ abmühen
**abräumen:** ↗ abdecken
*abreagieren*: ↗ auslassen (3)
**abrechnen:** ↗ abziehen
*Abrechnung*: ↗ Vergeltung
abregen: *sich a.*: ↗ beruhigen
*abreiben*: ↗ abwischen – *sich a.*: ↗ frottieren
Abreibung: *eine A. geben*: ↗ zurechtweisen
*Abreise*: ↗ Abfahrt (2)
**abreisen**
**abreißen:** ↗ abbrechen (2), pflücken
*abrennen*: ↗ ablaufen (1)
*abrichten*: ↗ dressieren
*abriegeln*: ↗ sperren
*abringen*: ↗ abzwingen (1) – *sich etw. a.*: ↗ abzwingen (2)
*Abriß*: ↗ Übersicht (2)
*abrollen*: ↗ abwickeln, stattfinden, verlaufen
*abrücken*: ↗ abmarschieren, rücken, weggehen – *a.* |*von*|: ↗ distanzieren
*abrufen*: ↗ abberufen
**abrunden**: ↗ vervollkommnen
*abrupfen*: ↗ abreißen (1), pflücken
*abrupt*: ↗ plötzlich
**Abrüstung**
*abrutschen*: ↗ abgleiten
*absäbeln*: ↗ abschneiden
*absacken*: ↗ senken (2), untergehen (2)
**absagen**
*absägen*: ↗ absetzen (2)
**absahnen:** ↗ bereichern (2)
*absammeln*: ↗ absuchen (1)
**Absatz:** ↗ Abschnitt (2)
*Absatzforschung*: ↗ Marktforschung
**Absatzmarkt**
*abschachern*: ↗ abhandeln
*abschälen*: ↗ schälen
*abschalten*: ↗ abstellen, ausschalten
**abschattieren**
*abschätzen*: ↗ schätzen
*abschätzig*: ↗ abfällig, geringschätzig
*Abschaum*: ↗ Gesindel
*abscheren*: ↗ abschneiden
**Abscheu:** ↗ Abneigung, Widerwille – *A. empfinden/hegen* |*vor*|: ↗ verabscheuen; *A. erregen*: ↗ anwidern
**abscheulich:** ↗ ekelhaft, verwerflich
*abschicken*: ↗ absenden
*abschieben*: ↗ kaltstellen
**Abschied:** *A. nehmen*: ↗ verabschieden
**abschießen**
abschinden: *sich a.*: ↗ abmühen
*abschirmen*: ↗ abdunkeln, schützen
*abschirren*: ↗ abzäumen
*abschlachten*: ↗ töten (1)
**abschlagen:** ↗ abwehren (1)
*abschlägig*: ↗ ablehnend – *a. bescheiden*: ↗ ablehnen (1)
abschleppen: *sich a.* |*mit*|: ↗ abmühen
**abschließen:** beenden, vollenden (1)
**abschließend**
*Abschluß*: ↗ Ende (1 *u.* 2) – *zum A.*: ↗ abschließend
*Abschlußrechnung*: ↗ Bilanz
*abschmecken*: ↗ kosten
*abschmeicheln*: ↗ abbetteln
*abschmieren*: ↗ abschreiben (3), ölen
*abschnappen*: ↗ abpassen
**abschneiden:** ↗ scheren, verkürzen
**Abschnitt:** ↗ Teil
*abschnüren*: ↗ abbinden
*abschöpfen*: ↗ absahnen
*abschotten*: ↗ absperren
abschrammen: *sich a.*: ↗ abschürfen
*abschranken*: ↗ absperren
**abschrecken**
*abschreckend*: ↗ warnend
**abschreiben:** ↗ aufgeben (4)
*abschreiten*: ↗ abgehen (1)
**Abschrift:** *eine A. machen* |*von*|: ↗ abschreiben (1)
abschuften: *sich a.*: ↗ abmühen
**abschürfen**
*abschüssig*: ↗ steil (2)
**abschütteln**: ↗ befreien (2, a), überwinden (1)
*abschwächen*: ↗ mildern – *sich a.*: ↗ nachlassen
*abschwatzen*: ↗ abbetteln

**abschweifen**
*abschwenken*: ↗ abdrehen
*abschwindeln*: ↗ ablisten
*abschwirren*: ↗ wegfliegen
**absehen**: ↗ voraussehen – **a. |von|**: ↗ unterlassen
abseifen: *sich a.*: ↗ waschen (2)
**abseits**
**absenden**
absenken: *sich a.*: ↗ senken (2)
absent: *a. sein*: ↗ abwesend
*abservieren*: ↗ kaltstellen, töten (1)
*absetzbar*: ↗ verkäuflich
**absetzen**: ↗ abnehmen (1), verkaufen – *sich a.*: ↗ niederschlagen (3)
*absichern*: ↗ untermauern – *sich a.*: ↗ sichergehen
**Absicht**
**absichtlich**
*absichtslos*: ↗ versehentlich
*absinken*: ↗ senken (2), untergehen (2)
*absitzen*: ↗ verbüßen
*absolut*: ↗ unumschränkt, völlig
**Absolution**: *A. erteilen*: ↗ absolvieren
**absolvieren**: ↗ ablegen (2), ableisten, bestehen (2)
*absonderlich*: ↗ ausgefallen, merkwürdig, ungewöhnlich
*Absonderlichkeit*: ↗ Marotte
**absondern**
*abspecken*: ↗ abnehmen (3)
*abspeisen*: ↗ abfinden (1)
abspenstig: *a. machen*: ↗ weglocken
**absperren**: ↗ abschließen, abstellen, sperren
*Absperrung*: ↗ Postenkette, Sperre
*abspicken*: ↗ abschreiben (3)
*abspiegeln* : ↗ widerspiegeln (1)
*Abspiel*: ↗ Zuspiel
*abspielen*: ↗ zuspielen (1)
*absprechen*: ↗ aberkennen, vereinbaren
**abspringen**
*abspulen*: ↗ abwickeln
*abspülen*: ↗ abwaschen
**abstammen**
**Abstand**: *in gleichen Abständen auftretend*: ↗ periodisch; *mit A.*: ↗ weitaus; *A. nehmen |von|*: ↗ unterlassen, verzichten; *A. wahren*: ↗ zurückhalten
*Abstandssumme*: ↗ Abfindung
**abstauben**: ↗ stehlen
abstechen: *a. |von|*: ↗ abzeichnen (2)
**Abstecher**
**abstecken**: ↗ abgrenzen
*absteifen*: ↗ abstützen
*Absteige*: ↗ Unterkunft
**absteigen**
**abstellen**: ↗ abkommandieren, absetzen (1), parken, unterbinden – *a. |auf|*: ↗ abstimmen (2)
Abstellgleis: *aufs A. schieben*: ↗ kaltstellen
**Abstellraum**
abstemmen: *sich a.*: ↗ abstoßen
abstempeln: *a. |als|*: ↗ stempeln
*absterben*: ↗ untergehen (3)
*Abstieg*: ↗ Verfall
**abstimmen**
*abstinent*: ↗ enthaltsam
*Abstinenzler*: ↗ Antialkoholiker
**abstoßen**: ↗ ablegen (4), ekeln, tilgen (1), verschleudern – **sich a.**: ↗ abschürfen
*abstoßend*: ↗ häßlich
*abstottern*: ↗ abzahlen
abstrampeln: *sich a.*: ↗ abmühen
*abstreichen*: ↗ abtreten (1)
*Abstreicher*: ↗ Fußabtreter
*abstreifen*: ↗ absuchen (2)
*abstreiten*: ↗ bestreiten
*abstrus*: ↗ verworren
**abstufen**
**abstürzen**
**abstützen**
**absuchen**
*absurd*: ↗ widersinnig
*Absurdität*: ↗ Widersinn
*Abszeß*: ↗ Geschwür
*abtaxieren*: ↗ schätzen
**Abteil**
**Abteilung**
*abtönen*: ↗ abschattieren
*abtragen*: ↗ abdecken, abreißen (2), abzahlen
*abträglich*: ↗ schädlich, ungesund, ungünstig – *a. sein*: ↗ beeinträchtigen
**abtreiben**: ↗ abholzen
**Abtreibung**
**abtrennen**: ↗ amputieren
**abtreten**: ↗ ablaufen (2)
*Abtreter*: ↗ *Fußabtreter*
**abtrocknen**: ↗ trocknen
*abtrotzen*: ↗ abzwingen (1)
*abtrudeln*: ↗ abstürzen
**abtrünnig**
*Abtrünniger*: ↗ Renegat
*abtun*: ↗ abnehmen (1), ausziehen (2)
*aburteilen*: ↗ verurteilen

abverlangen: *viel a.*: ↗ beanspruchen (2)
**abwälzen**
*abwandelbar*: ↗ veränderlich
*abwandeln*: ↗ abändern
*abwarten*: ↗ *warten* – *a. und Tee trinken*: ↗ gedulden
*abwärts*: ↗ hinunter
**Abwasch**
**abwaschen:** ↗ tilgen (2)
**abwechseln: sich a.:** ↗ ablösen (2)
**abwechselnd**
*Abwechslung*: ↗ Zerstreuung
*abwechslungsreich*: ↗ mannigfaltig
Abwege: *auf A. bringen*: ↗ verführen; *auf A. geraten*: ↗ ¹verkommen
**abwegig**
*Abwehr*: ↗ Verteidigung
**abwehren**
**abweichen**
*abweichend*: ↗ verschiedenartig
*Abweichler*: ↗ Renegat
*Abweichung*: ↗ Unterschied
**abweiden**
**abweisen:** ↗ ablehnen (1), abwehren (1) – *abgewiesen werden*: ↗ abblitzen
*abweisend*: ↗ verschlossen (2)
*abwelken*: ↗ welken
**abwenden:** ↗ verhindern · *sich a.* |*von*|: ↗ zurückziehen (2)
*abwerben*: ↗ weglocken
*abwerfen*: ↗ einbringen (2)
*abwertend*: ↗abfällig
**abwesend:** ↗ geistesabwesend – **a. sein:** ↗ fehlen (1)
Abwesenheit: *durch A. glänzen*: ↗ fehlen (1)
**abwickeln**
*abwiegen*: ↗ wiegen
abwimmeln: *sich a.*: ↗ abwälzen
*abwirtschaften*: ↗ herunterwirtschaften, zugrunde
**abwischen:** ↗ reinigen
**abzahlen**
*abzählen*: ↗ zählen
abzappeln: *sich a.*: ↗ bemühen
**abzäumen**
**Abzeichen**
**abzeichnen:** ↗ unterschreiben
**abziehen:** ↗ abhäuten, schärfen, verlassen (1), verrühren, vervielfältigen, weggehen – *a.* |*aufl*|: ↗ abfüllen
*abzirkeln*: ↗ abmessen
*abzischen*: ↗ abfahren (1)

**Abzug:** ↗ Abmarsch, Bogen (2) – *in A. bringen*: ↗ abziehen
**Abzweigung**
**abzwingen**
Ach: *mit A. und Krach*: ↗ kaum
**Achillesferse**
Achse: *auf A. sein*: ↗ unterwegs (1)
*Achsel*: ↗ Schulter – *über die A. ansehen*: ↗ mißachten
acht: *außer a. lassen*: ↗ absehen (2); *sich in a. nehmen*: ↗ vorsehen (2)
Acht: *die A. verhängen* |*über*|: ↗ ächten (1)
**achtbar**
**achten: a.** |**auf**|: ↗ beachten (2)
**ächten**
*achtern*: ↗ hinten
*achtgeben*: ↗ aufpassen – *a.* |*auf*|: ↗ achten (2), beachten (2)
*Achtgroschenjunge*: ↗ Spitzel
achthaben: *a.* |*auf*|: ↗ achten (2)
*achtsam*: ↗ behutsam, vorsichtig, wachsam
**Achtung:** ↗ Ehre – *A. erweisen*: ↗ achten (1); *A. genießen*: ↗ angesehen
*achtunggebietend*: ↗ ehrwürdig, respektabel
*achtungsvoll*: ↗ respektvoll
*ächzen*: ↗ knarren, stöhnen
*Ächzer*: ↗ Seufzer
**Acker**
*ackern*: ↗ pflügen
ad absurdum: *a. führen*: ↗ widerlegen
*Adamsapfel*: ↗ Kehlkopf
*adäquat*: ↗ angemessen, passend (1)
*addieren*: ↗ zusammenzählen
**Adel:** *von A.*: ↗ adlig
**adeln**
*Ader*: ↗ Blutgefäß – *zur A. lassen*: ↗ schröpfen
*Aderlaß*: ↗ Verlust
*Adhäsionskraft*: ↗ Anziehungskraft (1)
*adieu!*: ↗ Wiedersehen
**Adler**
**adlig**
**adoptieren**
**Adresse:** ↗ Denkschrift
*adrett*: ↗ ordentlich (1), sauber
*Advokat*: ↗ Rechtsanwalt
*Affäre*: ↗ Angelegenheit (1), Liebesabenteuer
*Affe*: ↗ Rausch – *ich denke, mich laust der A.*: ↗ überrascht; *vom wilden Affen gebissen*: ↗ verrückt
**affektiert:** *a. tun*: ↗ spreizen
*äffen*: ↗ narren

*Affenhitze*: ↗ Hitze (1)
*Affenkomödie*: ↗ Gehabe
Affenschande: *das ist eine A.!*: ↗ unerhört
affig: *sich a. benehmen*: ↗ spreizen
*Affront*: ↗ Beleidigung
**Afrikaner**
**Afroamerikaner**
**After**
*After-shave-Lotion*: ↗ Rasierwasser
*Agens*: ↗ Triebkraft
**Agent**: *als A. tätig sein*: ↗ Spionage
*Agentur*: ↗ Vertretung (1)
*Aggression*: ↗ Überfall (1)
**aggressiv**
**Aggressor**
*agil*: ↗ lebhaft
*Agitation*: ↗ Propaganda
**agitieren**
*Agonie*: ↗ Todeskampf
*Agrarier*: ↗ Großgrundbesitzer
*agrarisch*: ↗ landwirtschaftlich
*Agrarwissenschaft*: ↗ Agronomie
*Agrikultur*: ↗ Landwirtschaft
**Agronomie**
*Ahn*: ↗ Vorfahr (1)
*ahnden*: ↗ bestrafen (2), vergelten (1)
*Ahne*: ↗ Vorfahr (2)
**ähneln**
**ahnen**
*Ahnen*: ↗ Vorfahr (3)
**ähnlich**: *ä. sehen*: ↗ ähneln
**Ahnung**: *keine A. haben*: ↗ ahnungslos
**ahnungslos**: ↗ unschuldig (3)
*Ahnungslosigkeit*: ↗ Unschuld (3)
*Air*: ↗ Ausstrahlung
*Airport*: ↗ Flughafen
*Akademiker*: ↗ Hochschulabsolvent
*akademisch*: ↗ weltfremd
*akklamieren*: ↗ zustimmen (2)
**akklimatisieren**
**Akklimatisierung**
**Akkordeon**
*akkreditieren*: ↗ beglaubigen (2)
**Akkumulator**
*akkurat*: ↗ ordentlich (1 *u.* 2), sorgfältig
Akribie: *mit A.*: ↗ gründlich (1)
*äks!*: ↗ pfui!
*Akt*: ↗ Koitus
**Akte**: *zu den Akten legen*: ↗ ablegen (1)
**Aktenbündel**
**Aktentasche**
*Akteur*: ↗ Schauspieler
*Aktion*: ↗ Kampagne – *in A. sein*: ↗ tätig
*Aktionsradius*: ↗ Reichweite
*aktiv*: ↗ eifrig, tätig – *a. sein*: ↗ wirken (1)
*Aktiv*: ↗ Kollektiv
*aktivieren*: ↗ beleben (2), steigern (1), verstärken
**Aktivist**
*Aktivität*: ↗ Tatkraft
**aktuell**
*akzentuieren*: ↗ betonen (1)
*akzeptabel*: ↗ annehmbar
*akzeptieren*: ↗ anerkennen (2), billigen
*akzidentell*: ↗ unwichtig
*Akzise*: ↗ Steuer
**alarmieren**: ↗ warnen
**albern**: ↗ herumalbern
*alert*: ↗ munter
*Alimente*: ↗ Unterhaltsbeitrag
**Alkohol**: *im A. ertränken*: ↗ unterdrücken (2)
*Alkoholgegner*: ↗ Antialkoholiker
*Alkoholiker*: ↗ Trinker
**alkoholisch**
*Alkoholismus*: ↗ Trunksucht
all: *vor allem*: ↗ besonders, zuerst
*All*: ↗ Weltall
**alle**: ↗ verbraucht (2)
**allein**: ↗ ausschließlich (2) – *einzig und a.*: ↗ nur; *a. lassen*: ↗ verlassen (2); *von a.*: ↗ unaufgefordert
Alleingang: *im A.*: ↗ allein (2)
**Alleinherrschaft**
*alleinherrschend*: ↗ unumschränkt
**alleinstehend**
**allenfalls**: ↗ möglicherweise
*allenthalben*: ↗ überall
*allerdings*: ↗ freilich
*allergisch*: ↗ empfindlich (2)
*allerhand*: ↗ allerlei – *das ist wirklich a.!*: ↗ unerhört
**allerlei**
*allerletzt*: ↗ letztmöglich
*allerliebst*: ↗ entzückend
*Allerliebstes*: ↗ Liebstes
*allerorts*: ↗ überall
**allerseits**
*Allerweltskerl*: ↗ Tausendsassa
Allerwertester: *sich auf seinen Allerwertesten setzen*: ↗ setzen
**alles**: *a. in allem*: ↗ insgesamt; *vor allem*: ↗ besonders, zuerst
*Allesbesserwisser*: ↗ Besserwisser
*allezeit*: ↗ immer
**allgemein**

*Allgemeinbefinden*: ↗ Gesundheitszustand
**allgemeingültig**
*Allgemeinheit*: ↗ Öffentlichkeit
*Allgemeinplatz*: ↗ Gemeinplatz
*allgemeinverständlich*: ↗ populär, verständlich (1)
**Allgemeinwissen**
alliieren: *sich a.*: ↗ verbünden
*Alliierter*: ↗ Verbündeter
**alljährlich**
*allmächtig*: ↗ mächtig
**allmählich**
**allmonatlich**
*Allotria*: ↗ Unfug
*allseitig*: ↗ umfangreich, vielseitig
**Alltag**
*alltäglich*: ↗ gewöhnlich (1), mittelmäßig
**alltags**: ↗ werktags
*Allüren*: ↗ Verhalten
*allwöchentlich*: ↗ wöchentlich
*allzeit*: ↗ immer
**allzu**
*allzufrüh*: ↗ vorzeitig (2)
*Alma mater*: ↗ Universität
*Almosen*: ↗ Spende
*Alpinist*: ↗ Bergsteiger
**als**: *a. ob*: ↗ als (3)
*alsbald*: ↗ bald
**alt**: *a. und jung*: ↗ alle; *a. werden*: ↗ altern
**Altar**
*Altarsakrament*: ↗ Abendmahl
*altbewährt*: ↗ bewährt
*Alte*: ↗ Ehefrau
*alteingesessen*: ↗ ansässig
*alteingewurzelt*: ↗ gewohnt (2)
Altenteil: *sich aufs A. setzen*: ↗ zurückziehen (1, a)
[1]*Alter*: ↗ Ehemann, Leiter, Vater, Vorgesetzter
[2]**Alter**: *das kritische A.*: ↗ Wechseljahre
alterieren: *sich a.*: ↗ aufregen
**altern**
*alternieren*: ↗ abwechseln
*alternierend*: ↗ abwechselnd
*alterprobt*: ↗ bewährt
alters: *seit a., von a. her*: ↗ immer
**Altersforschung**
*Altersgruppe*: ↗ Altersklasse
*Altersheim*: ↗ Feierabendheim
*Altersjahr*: ↗ Lebensjahr
**Altersklasse**
*altersschwach*: ↗ gebrechlich
*Altersstufe*: ↗ Alter (2)
**Altertum**
**altertümlich**
*Altertumsforschung*: ↗ Archäologie
**Alterung**
*altfränkisch*: ↗ altmodisch
*altgewohnt*: ↗ gewohnt (2)
*althergebracht*: ↗ alt (2)
**altjüngferlich**
**ältlich**
*Altmaterial*: ↗ Altstoff
*Altmetall*: ↗ Schrott
**altmodisch**
*Altruismus*: ↗ Selbstlosigkeit
*altruistisch*: ↗ selbstlos
**Altstoff**
**Altstoffhändler**
*altüberliefert*: ↗ alt (2)
*altvertraut*: ↗ vertraut (1)
*Altwarenhändler*: ↗ Gebrauchtwarenhändler
**Amateur**
*ambitioniert*: ↗ ehrgeizig
*Ambulanz*: ↗ Krankenwagen
Amen: *sicher wie das A. in der Kirche*: ↗ sicher (3)
*Ammenmärchen*: ↗ Lügengeschichte
*Amnesie*: ↗ Gedächtnisschwäche
*Amnestie*: ↗ Straferlaß
Amor: *von Amors Pfeil getroffen sein*: ↗ verliebt
*amoralisch*: ↗ unsittlich
*amorph*: ↗ formlos
**amputieren**
**Amt**: ↗ Fernsprechzentrale – *seines Amtes entheben*: ↗ absetzen (2); *von Amts wegen*: ↗ amtlich; *von seinem A. zurücktreten*: ↗ zurücktreten
amtieren: *a. |als|*: ↗ wirken (1)
**amtlich**: *nicht a.*: ↗ privat
*Amtsniederlegung*: ↗ Rücktritt
**Amtstracht**
*Amulett*: ↗ Talisman
*amüsant*: ↗ unterhaltsam
*amüsieren*: ↗ belustigen – *sich a.*: ↗ vergnügen
*Amüsierlokal*: ↗ Vergnügungsstätte
*an*: ↗ zu (1) – *an und für sich*: ↗ eigentlich
*Anachoret*: ↗ Einsiedler
*analog*: ↗ sinngemäß, vergleichbar
*analysieren*: ↗ untersuchen, zerlegen (1)
**analytisch**
*anämisch*: ↗ blutarm
*anarchisch*: ↗ gesetzlos

*anästhetisieren*: ↗ betäuben (1)
*anatmen*: ↗ anhauchen
*anbacken*: ↗ ankleben (2)
**anbahnen**
**anbändeln**
*Anbeginn*: ↗ Anfang
*anbei*: ↗ beiliegend
**anbeißen:** *zum Anbeißen*: ↗ attraktiv (2)
*anbelangen*: ↗ betreffen
**anbellen:** ↗ anfahren (3)
**anberaumen**
**anbeten**
*Anbeter*: ↗ Liebhaber, Verehrer
Anbetracht: *in A.*: ↗ angesichts
*Anbetung*: ↗ Verehrung
anbiedern: *sich a.*: ↗ einschmeicheln
**anbieten**
**anbinden:** ↗ anbändeln
*anblasen*: ↗ anhauchen
*Anblick*: ↗ Bild (3) – *einen bestimmten A. bieten*: ↗ aussehen
*anblicken*: ↗ ansehen
*anblinzeln*: ↗ zublinzeln
*anbrauchen*: ↗ anbrechen (2)
anbrausen: *angebraust kommen*: ↗ anfahren (2)
**anbrechen:** ↗ anfangen (1)
**anbrennen:** ↗ anzünden (1)
*anbringen*: ↗ befestigen, bringen, vorbringen
*anbrüllen*: ↗ anfahren (3)
*anbuffen*: ↗ schwängern
**andächtig**
**andauern**
*andauernd*: ↗ ununterbrochen
**Andenken**
**ändern:** ↗ abändern, umgestalten – *sich plötzlich ä.*: ↗ umschlagen (2)
**andernfalls**
*andernorts*: ↗ anderswo
anders: *nicht a. als*: ↗ wie (1); *a. sein als*: ↗ abweichen (2); *a. werden*: ↗ ändern (2)
*andersartig*: ↗ verschiedenartig
andersherum: *a. sein*: ↗ homosexuell
**anderswo**
*Änderung*: ↗ Veränderung
*anderwärts*: ↗ anderswo
**andeuten:** *sich a.*: ↗ ankündigen (2)
**andeutungsweise**
**andichten**
*andonnern*: ↗ anfahren (3)
**Andrang:** ↗ Blutandrang
*andrängen*: ↗ herandrängen
*andrehen*: ↗ einschalten
*andringen*: ↗ herandrängen
**andrücken**
*anecken*: ↗ Anstoß, stoßen (1)
**aneignen: sich a.:** ↗ erlernen
*aneinanderdrücken*: ↗ andrücken
*aneinanderfügen*: ↗ verbinden (2)
*aneinandergeraten*: ↗ zusammenstoßen (2)
*aneinanderhalten*: ↗ nebeneinanderhalten
**aneinanderreihen**
*anekeln*: ↗ ekeln, anwidern
*anerkannt*: ↗ angesehen
**anerkennen:** ↗ respektieren
*anerkennend*: ↗ zustimmend
**anerkennenswert**
*Anerkennung*: ↗ Dank
**anessen**
*anfachen*: ↗ anspornen, schüren
**anfahren**
**Anfahrtsweg**
**Anfall**
*anfallen*: ↗ angreifen (2), überfallen (2)
*anfällig*: ↗ empfindlich (1)
**Anfang:** *von A. an*: ↗ vornherein; *mit etw. den A. machen*: ↗ anfangen (2)
**anfangen**
**Anfänger**
**anfangs**
*Anfangsgründe*: ↗ Elementarkenntnisse
**anfassen**: ↗ befühlen, berühren (1), zugreifen
**anfechtbar**
*Anfechtung*: ↗ Versuchung
**anfertigen**
**anfeuchten**
*anfeuern*: ↗ anheizen, anspornen
*anflehen*: ↗ beschwören
*anflicken*: ↗ annähen
**anfliegen:** ↗ zufallen (3)
**Anflug**
**anfragen**
anfressen: *sich etw. a.*: ↗ anessen
anfreunden: *sich a.*: ↗ befreunden
**anfrieren**
**anführen:** ↗ narren, zitieren
**Anführer**
anfuttern: *sich etw. a.*: ↗ anessen
**Angabe**
*Angaben*: ↗ Daten
*angaffen*: ↗ anstarren
*angängig*: ↗ vertretbar, zulässig
angealtert: *leicht a.*: ↗ ältlich

**angeben:** ↗ anzeigen, denunzieren, verraten (1)
**Angeber**
**angeberisch**
*Angebinde*: ↗ Geschenk
**angeboren**
**Angebot:** ↗ Warenangebot – *im A. haben*: ↗ anbieten (2)
*angebracht*: ↗ passend (1)
angedeihen: *a. lassen*: ↗ zugute
*Angedenken*: ↗ Erinnerung (2)
*angedudelt*: ↗ angeheitert
*angegangen*: ↗ verdorben
*angeheiratet*: ↗ verwandt (2)
**angeheitert**
*angehen*: ↗ angreifen (2) – *etw. geht an*: ↗ vertretbar
Angehörige: *die Angehörigen*: ↗ Verwandtschaft
*Angehöriger*: ↗ Verwandter
*angejahrt*: ↗ ältlich
**Angeklagter**
angekleckert: *a. kommen*: ↗ stören (2)
Angel: *an die A. gehen*: ↗ anbeißen
**Angelegenheit**
*angeln*: ↗ anlachen (2) – *a.* |*aus*|: ↗ herausholen (1)
**angemessen:** ↗ gebührend, passend (1)
*angenehm*: ↗ wohltuend – *a. sein*: ↗ behagen
**angenommen**: ↗ gedacht
*angereichert*: ↗ konzentriert
*angesäuselt*: ↗ angeheitert
*angeschlagen*: ↗ elend, heruntergekommen (2)
*angeschmutzt*: ↗ schmutzig
**angesehen**
**angesichts**
*angespannt*: ↗ aufmerksam (1)
**Angestellter**
**angestrengt**
angetan: *a. sein* |*von*|: ↗ mögen
angetrunken: *leicht a.*: ↗ angeheitert
*angewärmt*: ↗ warm (2)
angewiesen: *a. sein* |*auf*|: ↗ abhängen (2)
**angewöhnen**
*Angewohnheit*: ↗ Gewohnheit
*angiften*: ↗ anfahren (3)
**angleichen:** *aneinander a.*: ↗ vereinheitlichen
*angreifbar*: ↗ anfechtbar
**angreifen:** ↗ anfassen, berühren (1) – *etw. greift jmdn. an*: ↗ zusetzen
*Angreifer*: ↗ Aggressor
**angrenzen**
*angrenzend*: ↗ benachbart
**Angriff:** *in A. nehmen*: ↗ anfangen (2)
*angriffslustig*: ↗ aggressiv (2)
**Angst:** *in A. und Schrecken halten*: ↗ terrorisieren
*Angsthase*: ↗ Feigling
**ängstigen**
**ängstlich:** ↗ feige
*Angströhre*: ↗ Zylinder
*anhaben*: ↗ tragen (2) – *jmdm. nichts a. können*: ↗ schaden (1)
*anhaften*: ↗ ankleben (2)
**anhalten:** ↗ andauern, dauern, stehenbleiben – *a.* |*um*|: ↗ werben (2); *a.* |*zu*|: ↗ veranlassen
*anhaltend*: ↗ dauernd
*Anhang*: ↗ Nachtrag – *ohne A.*: ↗ alleinstehend
**anhängen:** ↗ anbrennen, andichten, ankoppeln, belasten (2)
**Anhänger**
*Anhängerschaft*: ↗ Gefolgschaft
**anhänglich**
**anhauchen**
*anhauen*: ↗ anpumpen, ansprechen (1) – *a.* |*um*|: ↗ bitten
*anhäufen*: ↗ ansammeln, horten
**anheben:** ↗ anfangen (1)
*anheften*: ↗ anstecken (1), festklammern
*anheilen*: ↗ anwachsen (2)
*anheimelnd*: ↗ gemütlich
*anheimgeben*: ↗ anvertrauen (1)
**anheimstellen:** *etw. ist jmdm. anheimgestellt*: ↗ freistehen
**anheizen**
*anherrschen*: ↗ anfahren (3)
*Anhimmelei*: ↗ Verehrung
*anhimmeln*: ↗ anbeten, verehren
*Anhöhe*: ↗ Berg, Hügel
**anhören:** *sich a.*: ↗ klingen
*anhusten*: ↗ anfahren (3)
*animalisch*: ↗ sinnlich, tierisch
*Animus*: ↗ Ahnung
ankämpfen: *a.* |*gegen*|: ↗ bekämpfen (2)
*Ankauf*: ↗ Kauf
*ankaufen*: ↗ kaufen
Anker: *vor A. gehen*: ↗ ankern (1); *vor A. liegen*: ↗ ankern (2)
**ankern**
**anketten**
*ankläffen*: ↗ anbellen

Anklage: *A. erheben |gegen|*: ↗ anklagen
Anklagebank: *auf die A. bringen*: ↗ verklagen
**anklagen:** ↗ beschuldigen (1)
Ankläger: *öffentlicher A.*: ↗ Staatsanwalt
*Anklagevertreter*: ↗ Staatsanwalt
anklammern: *sich a.*: ↗ festhalten
*Anklang*: ↗ Gefallen – *A. finden*: ↗ gefallen (1); *keinen A. finden*: ↗ mißfallen (2)
**ankleben**
**Ankleideraum**
anklingen: *a. lassen*: ↗ andeuten
*anknacken*: ↗ anbrechen (1)
*anknicken*: ↗ anbrechen (1)
*anknipsen*: ↗ einschalten
**anknüpfen:** ↗ anbahnen
*anködern*: ↗ anlocken
**ankommen:** ↗ unterkommen (2) – *a. |auf|*: ↗ abhängen (1); *a. |gegen|*: ↗ aufkommen (2); *nicht a. |gegen|*: ↗ unterliegen
ankönnen: *a. |gegen|*: ↗ aufkommen (2)
**ankoppeln**
*ankotzen*: ↗ anfahren (3), anwidern
ankratzen: *sich a.*: ↗ einschmeicheln
*ankreiden*: ↗ anlasten, verübeln
**ankündigen**
*ankurbeln*: ↗ beleben (2)
**anlachen**
*Anlage*: ↗ Investition, Veranlagung
*Anlagen*: ↗ Park
*anlangen*: ↗ ankommen
*Anlaß*: ↗ Ursache, Veranlassung – *aus A.*: ↗ anläßlich
**anlassen**
**anläßlich**
**anlasten**
Anlauf: *einen A. nehmen*: ↗ anschicken
**anlaufen:** ↗ [1]beschlagen, summieren
**anlegen:** ↗ anziehen (2), zielen – *es a. |auf|*: ↗ ausgehen (4)
**anlehnen**
*anlehnungsbedürftig*: ↗ unselbständig
*Anleihe*: ↗ Darlehen
*anleimen*: ↗ ankleben (1)
**anleiten**
*Anleitung*: ↗ Gebrauchsanweisung
*anlernen*: ↗ anleiten
*anleuchten*: ↗ beleuchten
*anliefern*: ↗ liefern
*anliegen*: ↗ angrenzen
*Anliegen*: ↗ Bitte, Wunsch
**Anlieger**
**anlocken**
*anlüften*: ↗ anheben
*anlügen*: ↗ belügen
*anmachen*: ↗ anbinden, anregen, befestigen, einschalten, zubereiten
*anmahnen*: ↗ mahnen
*anmalen*: ↗ schminken, streichen (2)
**anmarschieren**
*Anmarschweg*: ↗ Anfahrtsweg
**anmaßen**
**anmaßend**
anmästen: *sich etw. a.*: ↗ anessen
*anmeckern*: ↗ tadeln
**anmelden: sich a.:** ↗ ankündigen (2)
**Anmeldung**
**anmerken**
**Anmerkung**
*anmessen*: ↗ anpeilen
**Anmut**
anmuten: *etw. mutet an*: ↗ scheinen – *etw. mutet jmdn. seltsam an*: ↗ wundern
**anmutig**
**annähen**
**annähern:** ↗ angleichen – *sich a.*: ↗ nähern
*annähernd*: ↗ ungefähr
*Annahme*: ↗ Hypothese
**annehmbar**
**annehmen:** ↗ vermuten – *nicht a.*: ↗ ablehnen (3)
*annehmlich*: ↗ gefällig (2)
**annektieren**
*anniesen*: ↗ anfahren (3)
*Annonce*: ↗ Anzeige
**annoncieren**
**annullieren**
*anöden*: ↗ langweilen
*anomal*: ↗ abnorm, ungewöhnlich
**anonym**
**anordnen:** ↗ arrangieren
**Anordnung:** ↗ Befehl, Erlaß, Verordnung
*anormal*: ↗ abnorm, ungewöhnlich
*anpacken*: ↗ anfassen, zugreifen
*anpappen*: ↗ ankleben (1)
**anpassen:** ↗ angleichen
**anpeilen**
*anpellen*: ↗ anziehen (1)
*Anpfiff*: ↗ Tadel
*anpflanzen*: ↗ pflanzen
*Anpflanzung*: ↗ Pflanzung
*anpöbeln*: ↗ belästigen (2)
*anprallen*: ↗ anstoßen
**anprangern**
*anpreisen*: ↗ empfehlen

*anpressen*: ↗ andrücken
**anpumpen**
*anpusten*: ↗ anhauchen
*anputzen*: ↗ schmücken – *sich a.*: ↗ herausputzen
*anquatschen*: ↗ ansprechen (1)
*anrainen*: ↗ angrenzen
*anranzen*: ↗ anfahren (3)
*Anranzer*: ↗ Tadel
*anraten*: ↗ raten
*anrechnen*: ↗ anlasten, berechnen (2)
**Anrecht**: ↗ Anspruch – *jmd. hat ein A.* |*auf*|: ↗ zustehen
*anreden*: ↗ ansprechen (1)
**anregen**: ↗ beleben (1), veranlassen, vorschlagen
*anregend*: ↗ interessant
**Anregungsmittel**
*anreißen*: ↗ anbrechen (2), anzünden (2)
*anreißerisch*: ↗ marktschreierisch
*anreizen*: ↗ anregen
anrennen: *a.* |*gegen*|: ↗ anstürmen; *angerannt kommen*: ↗ anlaufen
**Anrichte**
**anrichten**: ↗ zubereiten
*anrollen*: ↗ anfahren (1)
*anrüchig*: ↗ verrufen
*anrücken*: ↗ anmarschieren
**anrufen**
*ansagen*: ↗ ankündigen (1) – *sich a.*: ↗ anmelden
*Ansager*: ↗ Sprecher (1)
**ansammeln**
*Ansammlung*: ↗ Häufung
**ansässig**: *a. werden*: ↗ niederlassen
ansaufen: *sich einen a.*: ↗ betrinken
**anschaffen**
**anschalten**
*anschauen*: ↗ ansehen
**anschaulich**
*Anschein*: ↗ Schein (2) – *etw. hat den A.*: ↗ scheinen
**anscheinend**
*anscheißen*: ↗ anfahren (3), betrügen (1)
**anschicken**
*anschirren*: ↗ anspannen
*Anschlag*: ↗ Attentat, Aushang – *in A. bringen*: ↗ veranschlagen; *in A. gehen*: ↗ zielen
*anschlagen*: ↗ bellen, veranschlagen, wirken (2)
*anschlägig*: ↗ schlau
**Anschlagtafel**
**anschleichen**
**anschlendern**
*anschließen*: ↗ anketten, anknüpfen – *sich a.*: ↗ gesellen
Anschluß: *den A. verpassen*: ↗ Mann (2)
*anschmachten*: ↗ anbeten
**anschmiegen**
*anschmieren*: ↗ streichen (2) – *sich a.*: ↗ einschmeicheln
**anschnallen**
*anschnauben*: ↗ anfahren (3)
*anschnauzen*: ↗ anfahren (3)
*anschneiden*: ↗ ansprechen (2)
*anschnorren*: ↗ anpumpen
*anschreien*: ↗ anfahren (3)
*Anschrift*: ↗ Adresse
*anschuldigen*: ↗ beschuldigen (1)
*anschüren*: ↗ schüren
*anschwärmen*: ↗ anbeten
**anschwellen**: ↗ ausweiten (2)
**anschwemmen**
**ansehen**: **sich a.**: ↗ betrachten
**Ansehen**
*ansehnlich*: ↗ stattlich
*ansengen*: ↗ versengen
*ansetzen*: ↗ anberaumen, annähen, veranschlagen – *sich a.*: ↗ anbrennen
*Ansicht*: ↗ Bild (3), Meinung – *der A. sein*: ↗ meinen
ansichtig: *jmds. a. werden*: ↗ erblicken
**Ansichtssache**
ansiedeln: *sich a.*: ↗ niederlassen
*Ansiedlung*: ↗ Siedlung
**Ansinnen**
*ansonsten*: ↗ andernfalls
**anspannen**: ↗ spannen
**anspielen**: ↗ zuspielen (1)
**Anspielung**: *Anspielungen machen*: ↗ sticheln
anspinnen: *sich a.*: ↗ anbahnen
*Ansporn*: ↗ Impuls
**anspornen**
*Ansprache*: ↗ Rede – *eine A. halten*: ↗ sprechen (2)
**ansprechen**: ↗ gefallen (1) – *a.* |*auf*|: ↗ reagieren; nicht a.: ↗ mißfallen (2)
*ansprechend*: ↗ gefällig (2), hübsch
*anspritzen*: ↗ bespritzen
**Anspruch**: *jmd. hat A.* |*auf*|: ↗ zustehen; *in A. nehmen*: ↗ beanspruchen (2)
*anspruchslos*: ↗ bedürfnislos
*anspruchsvoll*: ↗ verwöhnt, wählerisch (1)
**anspucken**

*anspülen*: ↗ anschwemmen
*anstaltsreif*: ↗ verrückt
**Anstand:** *A. besitzen*: ↗ benehmen (1)
**anständig:** ↗ beträchtlich, gehörig
*Anstandswauwau*: ↗ Begleiter (2)
**anstarren**
*anstatt*: ↗ statt
**anstauen:** ↗ stauen
*anstechen*: ↗ anzapfen
**anstecken:** ↗ anzünden (1)
**ansteckend**
*Anstecknadel*: ↗ Brosche
**anstehen**
**ansteigen:** ↗ zunehmen (1) – *etw. steigt an*: ↗ verteuern
anstelle: *a. von*: ↗ statt
**anstellen:** ↗ anlehnen (1), anrichten, anschalten, einschalten, tun – *sich a.*: ↗ verhalten (1), zieren
Anstellung: *eine A. finden*: ↗ unterkommen (2)
*Anstieg*: ↗ Zunahme
**anstiften:** *a.* |*zu*|: ↗ verleiten
**anstimmen**
*anstinken*: ↗ anwidern – *a.* |*gegen*|: ↗ aufkommen (2)
**Anstoß:** *den A. geben* |*zu*|: ↗ veranlassen; *A. nehmen* |*an*|: ↗ stoßen (2)
**anstoßen: a.** |**an**|: ↗ angrenzen
*anstoßend*: ↗ benachbart
**anstößig:** ↗ obszön, unanständig
*anstrahlen*: ↗ anlachen (1), beleuchten
*ansträngen*: ↗ anspannen
*anstreben*: ↗ erstreben, orientieren (1)
*anstreichen*: ↗ streichen (2), vergelten (1)
**anstrengen: sich a.:** ↗ bemühen
**Anstrengung:** ↗ Mühe – *mit größter A.*: ↗ angestrengt
*Anstrichmittel*: ↗ Farbe
*Ansturm*: ↗ Andrang
**anstürmen**
ansuchen: *a.* |*um*|: ↗ bewerben
*antasten*: ↗ berühren (1)
*antatschen*: ↗ anfassen
Anteil: *A. haben*: ↗ teilhaben; *A. nehmen*: ↗ mitfühlen
*Anteilnahme*: ↗ Interesse, Mitgefühl – *ohne innere A.*: ↗ seelenlos; *A. zeigen*: ↗ mitfühlen
*antelefonieren*: ↗ anrufen
**Antialkoholiker**
*antichambrieren*: ↗ katzbuckeln
*Antichrist*: ↗ Teufel
*antik*: ↗ altertümlich
*Antike*: ↗ Altertum
*Antinomie*: ↗ Widerspruch
*Antipathie*: ↗ Abneigung
*antippen*: ↗ berühren (3)
*antiquiert*: ↗ altmodisch
*Antitextilstrand*: ↗ Nacktbadestrand
*antizipieren*: ↗ vorwegnehmen
*Antlitz*: ↗ Gesicht
**Antrag:** ↗ Heiratsantrag
*antragen*: ↗ anbieten (3)
**Antransport**
*antreffen*: ↗ vorfinden
**antreiben:** ↗ anschwemmen
antreten: *a.* |*gegen*|: ↗ bekämpfen (1)
*Antrieb*: ↗ Impuls – *aus eigenem A.*: ↗ unaufgefordert
*antun*: ↗ zufügen – *nichts a.*: ↗ verschonen
*antupfen*: ↗ berühren (1)
**Antwort**
**antworten:** *a.* |*auf*|: ↗ beantworten
*Antwortschreiben*: ↗ Antwort (2)
*Anus*: ↗ After
**anvertrauen**
anverwandeln: *sich a.*: ↗ aneignen (2)
Anverwandte: *die Anverwandten*: ↗ Verwandtschaft
*Anverwandter*: ↗ Verwandter
*anvisieren*: ↗ anpeilen, zielen
**anwachsen:** ↗ ausweiten (2), summieren, zunehmen (1 *u.* 2) – *stark a.*: ↗ überhandnehmen
*Anwalt*: ↗ Fürsprecher, Rechtsanwalt
anwandeln: *etw. wandelt jmdn. an*: ↗ überkommen
*Anwandlung*: ↗ Anfall (2)
*anwärmen*: ↗ wärmen
*anweisen*: ↗ beauftragen
*anwendbar*: ↗ verwendbar
**anwenden**
**Anwesen**
**anwesend**
**Anwesenheit**
**anwidern**
*Anwohner*: ↗ Anlieger
*anwurzeln*: ↗ anwachsen (1)
**Anzahl:** *in voller A.*: ↗ vollzählig
**anzapfen**
*Anzeichen*: ↗ Vorzeichen
**Anzeige**
**anzeigen**
*anzetteln*: ↗ anstiften

**anziehen:** ↗ festziehen, spannen – *etw. zieht an:* ↗ verteuern
anziehend: ↗ attraktiv (1)
**Anziehungskraft:** ↗ Schwerkraft
[1]Anzug: *aus dem A. schütteln:* ↗ durchschütteln
[2]Anzug: *im A. sein:* ↗ aufziehen (1)
**anzüglich**
*Anzüglichkeit:* ↗ Anspielung
**anzünden**
*anzweifeln:* ↗ bezweifeln
*anzwinkern:* ↗ zublinzeln
*apart:* ↗ geschmackvoll
*apathisch:* ↗ teilnahmslos
Apfel: *in den sauren A. beißen:* ↗ abfinden (2)
**Apfelsine**
*apodiktisch:* ↗ bestimmt
*Apoplexie:* ↗ Schlaganfall
*apostolisch:* ↗ päpstlich
**Apotheker**
*Apparat:* ↗ Fotoapparat, Rundfunkgerät
*Appartement:* ↗ Wohnung
*Appell:* ↗ Aufruf
appellieren: *a.* |*an*|: ↗ anrufen
**Appetit**
**appetitlich**
**applaudieren**
*Applaus:* ↗ Beifall
*Approbation:* ↗ Zulassung
*apropos:* ↗ übrigens
*Ära:* ↗ Zeitalter
**Arbeit:** ↗ Werk (1) – *in A. ersticken:* ↗ überlastet; *die A. niederlegen / einstellen:* ↗ streiken
**arbeiten:** ↗ anfertigen, gären (1), wirken (1) – *an sich a.:* ↗ vervollkommnen
**Arbeiter**
**Arbeiterklasse**
*Arbeitermacht:* ↗ Diktatur (des Proletariats)
*Arbeitgeber:* ↗ Unternehmer
*arbeitsam:* ↗ fleißig
*Arbeitsamkeit:* ↗ Fleiß
**Arbeitsgebiet**
**Arbeitsgemeinschaft**
*Arbeitsgerät:* ↗ Werkzeug (1)
*Arbeitsgruppe:* ↗ Kollektiv
*Arbeitskollege:* ↗ Kollege
**Arbeitskraft:** ↗ Leistungsfähigkeit
*Arbeitskreis:* ↗ Arbeitsgemeinschaft
**arbeitslos**
*Arbeitsniederlegung:* ↗ Streik
*arbeitsscheu:* ↗ faul (2)
*Arbeitstag:* ↗ Werktag
*arbeitsunfähig:* ↗ invalid[e]
**Arbeitszeit**
*archaisch:* ↗ altertümlich, vorzeitlich
**Archäologie**
*arg:* ↗ sehr
**ärgerlich:** ↗ unangenehm – *ä. machen:* ↗ verärgern
**ärgern**
Ärgernis: *Ä. erregen:* ↗ Anstoß
*arglistig:* ↗ hinterlistig
*arglos:* ↗ gutgläubig, unschuldig (3)
*Arglosigkeit:* ↗ Unschuld (3)
**Argument**
*Argwohn:* ↗ Mißtrauen, Verdacht – *A. hegen:* ↗ Verdacht; *A. hegen* |*gegen*|: ↗ mißtrauen
*argwöhnisch:* ↗ mißtrauisch
*Aristokratie:* ↗ Adel
*aristokratisch:* ↗ adlig
*Arkaden:* ↗ Bogengang
**arm:** *a. werden:* ↗ verarmen
Arm: *in den A. fallen:* ↗ aufhalten (1); *sich in die Arme fallen:* ↗ umarmen; *jmds. A. nehmen:* ↗ einhaken; *auf den A. nehmen:* ↗ narren; *in die Arme nehmen / schließen:* ↗ umarmen
*Armee:* ↗ Streitkräfte – *zur A. gehen:* ↗ Soldat; *bei der A. sein:* ↗ Soldat
Ärmel: *die Ä. hochkrempeln:* ↗ zugreifen
**armieren**
*Armleuchter:* ↗ Dummkopf (2)
**ärmlich**
*armselig:* ↗ dürftig, unzureichend
*Aroma:* ↗ Würze
*aromatisch:* ↗ wohlriechend
**arrangieren:** ↗ gestalten, veranstalten
*Arrest:* ↗ Freiheitsentzug, Haft
**Arrestlokal**
*arrogant:* ↗ überheblich
*Arsch:* ↗ Gesäß – *im A. sein:* ↗ entzwei, verloren (2); *den A. zukneifen:* ↗ sterben
*Arschkriecher:* ↗ Kriecher
*Arschloch:* ↗ After, Dummkopf
**Art:** ↗ Veranlagung – *auf die eine oder andere A.:* ↗ irgendwie; *auf diese A. und Weise:* ↗ so (1); *aus der A. schlagen:* ↗ entarten; *auf welche A.:* ↗ wie (3)
arten: *a.* |*nach*|: ↗ geraten (2)
*Arterie:* ↗ Schlagader
**artgleich**
**artig:** ↗ höflich
*Artigkeit:* ↗ Schmeichelei

*Artikel*: ↗ Abhandlung
*Artikulation*: ↗ Aussprache (1)
*artikulieren*: ↗ aussprechen (1)
**Artist**
*Arzneimittel*: ↗ Medikament
**Arzt**
*As*: ↗ Spitzensportler
*Asch*: ↗ Schüssel
**Asche**
**Aschenbecher**
*aseptisch*: ↗ keimfrei
**asozial:** ↗ verbrecherisch
*Aspekt*: ↗ Gesichtspunkt
*Asphaltpresse*: ↗ Sensationspresse
*Assistenz*: ↗ Mithilfe
*Assoziation*: ↗ Gedankenverbindung, Vereinigung (1 *u.* 2)
**Ast:** ↗ Buckel, Rücken – *den A. absägen, auf dem man sitzt*: ↗ schaden (1); *einen A. durchsägen*: ↗ schnarchen
*asten*: ↗ abmühen, tragen (1)
*ästhetisch*: ↗ schön
*ästimieren*: ↗ achten (1)
*astrein*: ↗ einwandfrei (1)
*Astronaut*: ↗ Kosmonaut
*Astronautik*: ↗ Raumfahrt
*Asyl*: ↗ Zuflucht
*Atelier*: ↗ Studio, Werkstatt
**Atem:** *A. holen*: ↗ einatmen (1)
*atemberaubend*: ↗ spannend
**atemlos**
*Atempause*: ↗ Pause
*a tempo*: ↗ sofort
Atemzug: *in demselben A.*: ↗ gleichzeitig
**Atheismus**
*ätherisch*: ↗ wohlriechend, zart
**athletisch:** ↗ kräftig
**atmen**
*Atmosphäre*: ↗ Ausstrahlung, Luft, Umwelt
**atmungsaktiv**
*Atomenergie*: ↗ Kernenergie
*atomisieren*: ↗ zerstäuben, zerstören (2)
*Atomkraft*: ↗ Kernenergie
*Atomreaktor*: ↗ Kernreaktor
*Attacke*: ↗ Anfall (1), Angriff
*attackieren*: ↗ angreifen (1), kritisieren
**Attentat**
**Attraktion:** ↗ Zugstück
**attraktiv**
*Attraktivität*: ↗ Anziehungskraft (2)
*Attribut*: ↗ Kennzeichen
*atypisch*: ↗ ungewöhnlich
*auch*: ↗ ebenfalls, sogar
*Auditorium*: ↗ Zuhörerschaft
*auf*: ↗ offen (1) – *a. und davon*: ↗ fort; *a. … hin*: ↗ wegen
**aufarbeiten:** ↗ verarbeiten (2)
**aufatmen**
*aufbammeln*: ↗ aufhängen – *sich a.*: ↗ erhängen
**Aufbau**
*aufbauen*: ↗ aufstellen (1) – *sich a.*: ↗ gliedern
*aufbäumen: sich a.*: ↗ aufbegehren
*aufbauschen*: ↗ übertreiben (1)
**aufbegehren**
*aufbekommen*: ↗ öffnen
*aufbereiten*: ↗ erschließen
*aufbessern*: ↗ verbessern (2)
**aufbewahren**
*aufbieten*: ↗ aufwenden
**aufbinden:** ↗ einreden (1)
**aufblähen:** ↗ spreizen
**aufblasen**
*aufblicken*: ↗ aufsehen – *a.* |zu|: ↗ verehren
*aufblitzen*: ↗ auftauchen (3)
**aufblühen**
*aufbranden*: ↗ aufbrausen (1)
*aufbrauchen*: ↗ verbrauchen
**aufbrausen**
*aufbrausend*: ↗ unbeherrscht
*aufbrechen*: ↗ aufplatzen (2)
*aufbringen*: ↗ aufregen, auftragen (1), beschaffen (2), erzürnen (1), öffnen
*aufbrodeln*: ↗ aufwallen
**Aufbruch**
**aufbrühen**
*aufbrummen*: ↗ Grund
**aufbürden**
**aufdecken:** ↗ freilegen
aufdonnern: *sich a.*: ↗ herausputzen
**aufdrängen:** ↗ aufnötigen
*aufdrehen*: ↗ Gas
**aufdringlich:** ↗ reißerisch
**aufdröhnen**
*Aufdruck*: ↗ Aufschrift
*aufdrücken*: ↗ aufprägen
*aufeinander*: ↗ übereinander
*Aufeinanderfolge*: ↗ Reihenfolge
*aufeinanderprallen*: ↗ zusammenstoßen (1)
*aufeinanderstoßen*: ↗ treffen
*Aufenthaltsort*: ↗ Wohnsitz
*auferlegen*: ↗ aufbürden (2)
auferstehen: *wieder a.*: ↗ wiedererstehen
**aufessen**

**auffädeln**
*auffahren*: ↗ aufbrausen (2), aufspringen (1)
**auffallen**
**auffallend**
*auffangen*: ↗ erhaschen, fangen (1)
*auffassen*: ↗ verstehen (2)
*Auffassung*: ↗ Meinung
**Auffassungsgabe**
Auffassungssache: *das ist A.*: ↗ Ansichtssache
*Auffassungsvermögen*: ↗ Auffassungsgabe
**auffegen**
*auffinden*: ↗ aufspüren
*auffischen*: ↗ herausholen (2)
*aufflammen*: ↗ auflodern (1 *u.* 2), ausbrechen (1)
*auffordern*: ↗ drängen (3)
**Aufforderung**
*auffressen*: ↗ aufessen
*auffrischen*: ↗ anschwellen (2), aufarbeiten, aufmuntern
**aufführen**: ↗ aufzählen (1) – *sich a.*: ↗ verhalten (1)
*auffüllen*: ↗ auflegen (1), zugießen
**Aufgabe**
*Aufgabenbereich*: ↗ Aufgabengebiet
**Aufgabengebiet**
**aufgeben**
*aufgeblasen*: ↗ überheblich
*aufgebracht*: ↗ wütend
*Aufgebrachtheit*: ↗ Wut
*aufgebraucht*: ↗ verbraucht (2)
*aufgedonnert*: ↗ aufgeputzt
*aufgedunsen*: ↗ aufgeschwemmt
**aufgehen**: ↗ aufkeimen, öffnen – **a.** |**in**|: ↗ verschmelzen (2)
aufgehoben: *gut a.*: ↗ geborgen
*aufgekratzt*: ↗ gutgelaunt
*Aufgeld*: ↗ Aufschlag (2)
*aufgelegt*: ↗ gelaunt
*aufgelockert*: ↗ ungezwungen
**aufgeputzt**
*aufgeräumt*: ↗ gutgelaunt
**aufgeregt**
**aufgeschlossen**: ↗ offen (1)
**aufgeschwemmt**
*aufgesprungen*: ↗ rauh (1)
*aufgetakelt*: ↗ aufgeputzt
*aufgetrieben*: ↗ aufgeschwemmt
*aufgeweckt*: ↗ klug
*aufgießen*: ↗ aufbrühen
*aufgliedern*: ↗ aufteilen
*aufgreifen*: ↗ verhaften – *wieder a.*: ↗ zurückkommen (2)
*aufhaben*: ↗ tragen (3)
*aufhalsen*: ↗ aufbürden (2)
**aufhalten: sich a.**: ↗ befinden
**aufhängen**: erhängen
**aufhäufen**: ↗ ansammeln, horten
**aufheben**: ↗ aufbewahren, zurücklegen (2 *u.* 3)
**aufheitern**: *sich a.*: ↗ aufklären (2)
**aufhelfen**
*aufhellen*: ↗ aufklären (1), bleichen (1)
**aufhetzen**
*aufheulen*: ↗ aufdröhnen
*aufhorchen*: ↗ stutzen
**aufhören**: ↗ aufgeben (3), enden (2) – *a.* |*mit*|: ↗ ablassen (2)
*aufjagen*: ↗ aufscheuchen
*aufkehren*: ↗ auffegen
**aufkeimen**
*aufklappen*: ↗ aufschlagen (2 *u.* 3)
**aufklären**: ↗ agitieren
*Aufklärer*: ↗ Kundschafter
Aufklärungsarbeit: *A. leisten*: ↗ agitieren
*aufklatschen*: ↗ aufschlagen (1)
**aufkleben**
*aufknoten*: ↗ aufbinden
*aufknüpfen*: ↗ erhängen
**aufkommen**: ↗ aufziehen (1) – *a.* |*für*|: ↗ haften; *nicht a.* |*gegen*|: ↗ unterliegen; *nicht a. lassen*: ↗ unterdrücken (2); *wieder a.*: ↗ aufleben
**aufkrempeln**
*aufkreuzen*: ↗ erscheinen (1)
*aufkündigen*: ↗ kündigen
**aufladen**: ↗ aufbürden (1), verladen
*Auflage*: ↗ Soll (1)
*auflassen*: ↗ stillegen
**Auflauf**
*auflaufen*: ↗ aufkeimen, Grund, summieren
**aufleben**: ↗ erholen
**auflegen**
auflehnen: *sich a.*: ↗ aufbegehren, aufstützen
*auflesen*: ↗ aufsammeln
**aufleuchten**
*aufliefern*: ↗ aufgeben (1)
aufliegen: *sich a.*: ↗ wundliegen
**auflodern**
*auflösen*: ↗ zersetzen, zerstreuen (2) – *sich*

*a.*: ↗ auseinandergehen, verflüchtigen, verschwinden (1), zerfallen (2); *sich in seine Bestandteile a.*: ↗ zerfallen (1)
Auflösung: *in A. begriffen sein*: ↗ zerfallen (2)
*aufmachen*: ↗ aufschließen (1), eröffnen (2), öffnen – *sich a.*: ↗ aufbrechen (2), weggehen
aufmarschieren: *a. lassen*: ↗ auftischen
*aufmerken*: ↗ aufpassen, stutzen
**aufmerksam:** *a. machen* |auf|: ↗ hinweisen
*Aufmerksamkeit*: ↗ Interesse – *A. erregen*: ↗ Aufsehen
*aufmöbeln*: ↗ aufputschen
**aufmuntern:** ↗ aufheitern, beleben (1)
**Aufnahmefähigkeit**
*aufnehmen*: ↗ aufheben (1), aufwischen, beherbergen, fassen (1), fotografieren – *es a. können* |*mit*|: ↗ gewachsen (2)
*Aufnehmer*: ↗ Scheuerlappen
*äufnen*: ↗ vermehren (1)
**aufnötigen**
*aufoktroyieren*: ↗ aufzwingen
*aufopfern*: ↗ opfern
*aufopferungsvoll*: ↗ entsagungsvoll (1)
*aufpacken*: ↗ aufbürden (1), aufladen
*aufpappen*: ↗ aufkleben
**aufpassen:** *a.* |*auf*|: ↗ bewachen
*Aufpasser*: ↗ Aufseher, Spitzel
aufpflanzen: *sich a.*: ↗ aufstellen (2)
**aufplatzen**
*aufplustern*: ↗ aufblähen
*aufpolieren*: ↗ aufarbeiten
**aufprägen**
*Aufprall*: ↗ Aufschlag (1)
*aufprallen*: ↗ aufschlagen (1)
*Aufpreis*: ↗ Aufschlag (2)
*aufpressen*: ↗ aufprägen
*aufpulvern*: ↗ aufputschen, beleben (1)
*aufpusten*: ↗ aufblasen
**aufputschen:** ↗ aufhetzen, beleben (1)
*aufputzen*: ↗ schmücken
aufraffen: *sich a.*: ↗ zusammennehmen
**aufragen**
*aufragend*: ↗ steil (1)
aufrappeln: *sich a.*: ↗ erholen, zusammennehmen
**aufräumen**
**aufrecht:** *sich a. setzen*: ↗ aufrichten (1)
*aufrechterhalten*: ↗ beibehalten
**aufregen**
*aufregend*: ↗ erregend, spannend
*Aufregung*: ↗ Erregung
*aufreiben*: ↗ vernichten – *sich a.*: ↗ verausgaben; *etw. reibt jmdn. auf*: ↗ zermürben
*aufreibend*: ↗ beschwerlich
*aufreihen*: ↗ auffädeln
**aufrichten:** *sich a.*: ↗ sträuben
*aufrichtig*: ↗ ehrlich, offenherzig
*Aufrichtung*: ↗ Trost
**aufrollen**
*aufrücken*: ↗ aufschließen (2)
**Aufruf**
**aufrufen**
**Aufruhr**
**aufrührerisch**
**aufrunden**
**aufrütteln**
**aufsagen**
**aufsammeln**
*aufsässig*: ↗ aufrührerisch, ungehorsam, widerspenstig
*Aufsatz*: ↗ Abhandlung
*aufschäumen*: ↗ aufbrausen (1)
*aufscheinen*: ↗ vorkommen
**aufscheuchen**
**aufschichten**
**aufschieben**
**Aufschlag**
**aufschlagen:** ↗ aufstellen (1) – *a.* |*auf*|: ↗ zuschlagen (3)
**aufschließen**
*aufschlußreich*: ↗ interessant, vielsagend
*aufschmelzen*: ↗ auftauen
*aufschmieren*: ↗ auftragen (1)
*aufschnappen*: ↗ erhaschen
*aufschneiden*: ↗ prahlen
*aufschneiderisch*: ↗ prahlerisch
*aufschnüren*: ↗ aufbinden
*aufschrecken*: ↗ aufscheuchen
*Aufschrei*: ↗ Schrei
**aufschreiben:** ↗ notieren, verschreiben
**Aufschrift**
**Aufschub:** *etw. duldet keinen A.*: ↗ eilen (2)
**aufschütten**
*aufschwatzen*: ↗ aufnötigen
*aufschwellen*: ↗ anschwellen (1), aufblähen
aufschwingen: *sich a.*: ↗ emporfliegen; *sich a.* |*zu*|: ↗ aufwerfen, entschließen
*Aufschwung*: ↗ Aufwärtsentwicklung
**aufsehen:** *a.* |*zu*|: ↗ verehren
**Aufsehen:** ↗ Skandal – **A. erregen:** ↗ auffallen (1); *ohne A.*: ↗ unauffällig
**aufsehenerregend**
**Aufseher**
*aufsein*: ↗ wach

**aufsetzen:** ↗ landen
**Aufsicht**
*aufspalten:* ↗ spalten
aufsparen: *sich a.:* ↗ zurücklegen (2)
*aufsperren:* ↗ aufschließen (1)
**aufspielen:** ↗ musizieren – **sich a.:** ↗ prahlen
**aufspringen:** ↗ aufplatzen (1)
**aufspüren:** ↗ entdecken
*aufstacheln:* ↗ aufhetzen
**Aufstand**
**aufstapeln**
*aufstarren:* ↗ aufragen
*aufstauen:* ↗ stauen – *sich a.:* ↗ anstauen
*aufstecken:* ↗ aufgeben (3)
**aufstehen**
*aufsteigen:* ↗ aufgehen (1), aufwallen
**aufstellen:** ↗ stationieren, zusammenstellen – *sich a.:* ↗ sträuben
*Aufstellung:* ↗ Tabelle, Verzeichnis
aufstemmen: *sich a.:* ↗ aufstützen
*aufstöbern:* ↗ aufspüren
*aufstören:* ↗ aufscheuchen
**aufstoßen:** ↗ auffallen (2)
*aufstreifen:* ↗ aufkrempeln
*aufstülpen:* ↗ aufsetzen
**aufstützen**
*aufsuchen:* ↗ besuchen
*auftafeln:* ↗ auftischen
**auftauchen:** *wieder a.:* ↗ aufleben
**auftauen:** ↗ Schüchternheit
**aufteilen:** ↗ verteilen
**auftischen**
*Auftrag:* ↗ Aufgabe (1)
**auftragen:** ↗ auftischen, beauftragen
Auftraggeber: *geheimer A.:* ↗ Hintermann
*auftreiben:* ↗ anschwellen, aufblähen, beschaffen (1 *u.* 2)
**auftreten:** ↗ verhalten (1), vorkommen
*Auftreten:* ↗ Verhalten
*Auftritt:* ↗ Streit
*auftrocknen:* ↗ aufwischen, trocknen
*auftun:* ↗ auflegen (1), öffnen
**aufwachen**
*aufwachsen:* ↗ heranwachsen
**aufwallen:** ↗ auflodern (2)
**Aufwand**
aufwarten: *a.* |*mit*|: ↗ anbieten (1)
**Aufwärtsentwicklung:** ↗ Fortschritt
*Aufwartung:* ↗ Raumpflegerin
*Aufwasch:* ↗ Abwasch (2) – *in einem A.:* ↗ zugleich
*aufwaschen:* ↗ abwaschen
*aufwecken:* ↗ wecken
**aufweichen:** ↗ untergraben
**aufwenden**
*aufwendig:* ↗ kostspielig
*Aufwendung:* ↗ Ausgabe (1)
**aufwerfen:** ↗ aufschütten
*aufwickeln:* ↗ aufrollen
*aufwiegeln:* ↗ aufhetzen
*aufwiegen:* ↗ ausgleichen (2)
**aufwischen:** ↗ saubermachen
*Aufwischlappen:* ↗ Scheuerlappen
**aufzählen**
*aufzehren:* ↗ verbrauchen – *etw. zehrt jmdn. auf:* ↗ zermürben; *etw. zehrt sich auf:* ↗ verbraucht (2)
*aufzeichnen:* ↗ aufschreiben
*Aufzeichnung:* ↗ Niederschrift
*aufzeigen:* ↗ zeigen (4)
**aufziehen:** ↗ auffädeln, necken, züchten
*Aufzug:* ↗ Fahrstuhl
**aufzwingen**
**Auge:** *die Augen abwenden:* ↗ wegsehen; *mit einem blauen A. davonkommen:* ↗ straffrei; *ins A. fallen:* ↗ auffallen (2); *ins A. fassen:* ↗ vornehmen (2); *feuchte Augen bekommen:* ↗ weinen; *vor Augen führen:* ↗ zeigen (2); *A. des Gesetzes:* ↗ Polizei, Polizist; *große Augen machen:* ↗ staunen; *im A. haben:* ↗ achten (2); *mit offenen Augen:* ↗ wachsam; *die Augen offenhalten:* ↗ vorsehen (2); *die Augen für immer schließen:* ↗ sterben; *schöne Augen machen:* ↗ flirten; *seinen A. nicht trauen:* ↗ überrascht; *unter vier Augen:* ↗ vertraulich (2); *ein wachsames A. haben* |*auf*|: ↗ überwachen (1); *ein A. / beide Augen zudrücken:* ↗ nachsehen; *kein A. zutun können:* ↗ wach
äugeln: *ä.* |*mit*|: ↗ anbändeln
*äugen:* ↗ spähen
**Augenblick:** *auf einen A.:* ↗ kurz (2)
*augenblicklich:* ↗ jetzt, jetzig, sofort, sofortig, vorübergehend
*augenfällig:* ↗ auffallend
*Augenlicht:* ↗ Sehvermögen – *ohne A.:* ↗ blind
*augenscheinlich:* ↗ offensichtlich
*Augenzeugenbericht:* ↗ Reportage
August: *dummer A.:* ↗ Clown
aus: *a. sich heraus:* ↗ unaufgefordert
**ausarten**
*ausästen:* ↗ ausholzen
**ausatmen**

*ausbaden*: ↗ büßen
ausbauchen: *sich a.*: ↗ wölben
**ausbauen**
ausbedingen: *sich a.*: ↗ vorbehalten
**ausbessern:** ↗ reparieren
*Ausbeute*: ↗ Ertrag
**ausbeuten:** ↗ ausnutzen (1)
**Ausbeuter**
*ausbiegen*: ↗ ausweichen (1)
**Ausbildung**
**ausbitten**
*ausbleiben*: ↗ wegbleiben
*ausbleichen*: ↗ verblassen
**Ausblick:** ↗ Aussicht
*ausbooten*: ↗ verdrängen
**ausbrechen:** ↗ durchgehen (2)
**ausbreiten:** ↗ vergrößern – *sich a.*: ↗ breitmachen, einbürgern (3), verbreiten (3), vergrößern
**Ausbruch**
*ausbuddeln*: ↗ ausgraben, roden (2)
*ausbügeln*: ↗ bereinigen
*ausbürsten*: ↗ bürsten (1)
*ausdehnen*: ↗ ausweiten (1), dehnen, vergrößern – *sich a.*: ↗ vergrößern, zunehmen (2)
**Ausdehnung:** ↗ Ausmaß
*ausdenkbar*: ↗ vorstellbar
**ausdenken**
*ausdeuten*: ↗ auslegen (2)
*Ausdruck*: ↗ Miene, Wort (1) – *zum A. bringen*: ↗ äußern, widerspiegeln (2); *zum A. kommen* |*in*|: ↗ ausdrücken (4)
**ausdrücken:** ↗ auspressen
**ausdruckslos**
**ausdrucksvoll**
**Ausdrucksweise:** ↗ Stil (1)
*auseinanderbringen*: ↗ entzweien
*auseinanderfallen*: ↗ zerfallen (1 *u.* 2)
*auseinanderfitzen*: ↗ entwirren
*auseinanderfliegen*: ↗ explodieren (2)
**auseinandergehen:** ↗ trennen (2)
*auseinanderhalten*: ↗ unterscheiden
*auseinanderjagen*: ↗ zerstreuen (2)
*auseinanderklamüsern*: ↗ erklären (1)
*auseinandernehmen*: ↗ zerlegen (1)
**auseinanderrollen**
*auseinandersetzen*: ↗ darlegen
*Auseinandersetzung*: ↗ Kampf (1), Streit
*auserkoren*: ↗ auserwählt
**auserlesen**
*ausersehen*: ↗ auserwählt, bestimmen (1, b)
*auserwählen*: ↗ bestimmen (1, b)
**auserwählt**
*Ausfall*: ↗ Verlust
**ausfallen:** ↗ ausgehen (3)
*ausfallend*: ↗ beleidigend
*ausfechten*: ↗ austragen (2)
*ausfeilen*: ↗ überarbeiten (1)
*ausfertigen*: ↗ ausstellen (1)
ausfindig: *a. machen*: ↗ entdecken
*ausflicken*: ↗ ausbessern
**Ausflug**
*ausformen*: ↗ formen
*ausforschen*: ↗ ausfragen, auskundschaften
**ausfragen**
*ausfressen*: ↗ anrichten
*ausführbar*: ↗ möglich
**ausführen:** ↗ erledigen, verüben
**ausführlich:** ↗ eingehend
**Ausfuhrverbot**
**Ausgabe**
*Ausgang*: ↗ Tür
*Ausgangspunkt*: ↗ Ursprung
**ausgeben:** *einen a.*: ↗ Runde; *sich a.* |*für / als*|: ↗ bezeichnen
**ausgedehnt**
**ausgedient:** ↗ abgenutzt
*ausgedörrt*: ↗ trocken
**ausgefallen:** ↗ ungewöhnlich
ausgeflogen: *a. sein*: ↗ abwesend
*ausgefuchst*: ↗ raffiniert
*ausgegangen*: ↗ verbraucht (2)
**ausgehen:** ↗ erlöschen – *gut a.*: ↗ gelingen; *a.* |*mit*|: ↗ ausführen (2)
*ausgehöhlt*: ↗ hohl
*ausgekocht*: ↗ raffiniert
*ausgelassen*: ↗ übermütig
*ausgeleert*: ↗ leer (1)
*ausgemergelt*: ↗ abgemagert
*ausgenommen*: ↗ außer (1)
*ausgereift*: ↗ vollkommen
*ausgeruht*: ↗ frisch (2)
*ausgeschlossen*: ↗ unmöglich
**ausgesprochen:** ↗ entschieden
*ausgetrocknet*: ↗ trocken
*Ausgewogenheit*: ↗ Harmonie
*ausgezehrt*: ↗ abgemagert
*ausgezeichnet*: ↗ erstklassig, großartig, hervorragend
*ausgezogen*: ↗ nackt
*ausgiebig*: ↗ reichlich
**ausgießen:** ↗ weggießen
**ausgleichen**
*ausgleiten*: ↗ ausrutschen
**ausgraben**

**Ausguß**
**aushalten:** ↗ unterhalten (1) – *das ist ja nicht mehr zum Aushalten!*: ↗ verzweifeln (2)
*aushandeln*: ↗ vereinbaren
**aushändigen:** ↗ ausgeben (2), übergeben (1)
*Aushändigung*: ↗ Ausgabe (3)
**Aushang**
**aushängen:** ↗ ausheben (2)
**ausheben**
**Aushilfe:** ↗ Vertretung (2)
**aushöhlen:** ↗ ausspülen, untergraben
**ausholzen**
*aushorchen*: ↗ ausfragen
*auskämpfen*: ↗ austragen (2)
auskäsen: *sich a.*: ↗ ausreden (1)
**auskennen**
*ausklamüsern*: ↗ ausdenken
*auskleiden*: ↗ auslegen (1) – *sich a.*: ↗ ausziehen (2)
*ausklingen*: ↗ verklingen
*auskneifen*: ↗ ausbrechen (3), entfliehen
*ausknipsen*: ↗ ausschalten
*ausknobeln*: ↗ ausdenken
**auskommen:** *miteinander a.*: ↗ vertragen
*auskosten*: ↗ genießen
*auskultieren*: ↗ abhören
**auskundschaften:** ↗ erkunden, Spionage
**Auskunft**
*ausladen*: ↗ abladen, entladen
*ausladend*: ↗ bauchig
*ausländisch*: ↗ fremd (2)
**auslassen**
*auslasten*: ↗ ausnutzen (2)
ausleben: *sich a.*: ↗ austoben
*ausleeren*: ↗ leeren
**auslegen**
**Auslese**
*auslesen*: ↗ durchlesen
*auslichten*: ↗ ausholzen
**ausliefern:** ↗ liefern
*auslöschen*: ↗ löschen, vernichten
**auslösen:** ↗ verursachen
*ausmachen*: ↗ ausschalten, betragen, erkennen (1), vereinbaren
**ausmalen:** ↗ ausschmücken (2) – *sich a.*: ↗ vorstellen (2)
**Ausmaß**
**ausmergeln**
*ausmerzen*: ↗ beseitigen, vertilgen
*ausmisten*: ↗ aufräumen
**Ausnahme:** *fast ohne A.*: ↗ durchweg
*ausnahmslos*: ↗ vollzählig
**ausnehmen:** ↗ ausnutzen (1), schröpfen
*ausnehmend*: ↗ sehr
**ausnutzen**
**auspacken**
*auspeitschen*: ↗ züchtigen
*Auspeitschung*: ↗ Schläge
*auspflanzen*: ↗ verpflanzen
*ausplappern*: ↗ ausplaudern
**ausplaudern**
*ausplündern*: ↗ ausrauben, berauben
*ausposaunen*: ↗ ausplaudern
*auspowern*: ↗ ausbeuten
**auspressen:** ↗ ausbeuten, ausdrücken (1)
*ausprobieren*: ↗ versuchen
**ausquartieren**
*ausrangieren*: ↗ ablegen (3), wegwerfen
*ausrangiert*: ↗ ausgedient
*ausrasten*: ↗ ausruhen
**ausrauben:** ↗ berauben
*ausrechnen*: ↗ berechnen (1) – *sich a.*: ↗ voraussehen
ausrecken: *sich a.*: ↗ ausstrecken (2)
**Ausrede**
**ausreden:** *nicht a. lassen*: ↗ Wort (2)
*ausreiben*: ↗ scheuern
*Ausreibtuch*: ↗ Scheuerlappen
**ausreichen**
*ausreifen*: ↗ vollenden (2)
**ausreißen:** ↗ entfliehen
**Ausreißer**
*ausrichten*: ↗ bestellen (3), veranstalten – *nichts a. können |gegen|*: ↗ schaden (1)
**ausringen**
*ausroden*: ↗ roden (2)
**ausrollen**
*ausrotten*: ↗ vertilgen
**ausruhen**
ausrüsten: *a. |mit|*: ↗ ausstatten
**ausrutschen**
*aussäen*: ↗ säen
*aussaugen*: ↗ ausbeuten
*ausschachten*: ↗ ausheben (1)
**ausschalten:** ↗ unterbinden
*Ausschank*: ↗ Theke
**Ausschau**
ausschauen: *a. |nach|*: ↗ Ausschau; *a. |wie|*: ↗ aussehen
*ausschaufeln*: ↗ ausheben (1)
**ausscheiden:** ↗ abgehen (2)
**Ausscheidungskampf**
**ausschimpfen**
*ausschlachten*: ↗ verwerten

Ausschlag: *den A. geben*: ↗ entscheiden (2)
*ausschlagen*: ↗ ablehnen (3), auslegen (1), sprießen
*ausschlaggebend*: ↗ entscheidend
*ausschleudern*: ↗ auswerfen
**ausschließen:** ↗ aussperren
**ausschließlich:** ↗ nur
*ausschmelzen*: ↗ auslassen (2)
**ausschmücken**
ausschneuzen: *sich a.*: ↗ Nase
**Ausschnitt:** ↗ Teil
**ausschöpfen**
*Ausschreitungen*: ↗ Gewalttätigkeiten
**Ausschuß**
*ausschütteln*: ↗ ausstauben
*ausschütten*: ↗ weggießen
*ausschweifend*: ↗ maßlos, zügellos
**Ausschweifung:** ↗ Unzucht
ausschweigen: *sich a.*: ↗ schweigen (2)
**aussehen: a. wie:** ↗ ähneln
**Aussehen:** ↗ Schein (2)
**außen:** *nach a.*: ↗ Schein (2)
**Außenseite**
*Außenstände*: ↗ Geldforderung
*Außenstelle*: ↗ Zweigstelle
**außer**
**außerdem**
*außerdienstlich*: ↗ privat
*außerehelich*: ↗ unehelich
*Äußeres*: ↗ Aussehen
**außergewöhnlich:** ↗ sehr
**äußerlich:** ↗ oberflächlich
*Äußerlichkeit*: ↗ Formalität
**äußern: sich ä.:** ↗ ausdrücken (2)
*außerordentlich*: ↗ sehr
*äußerst*: ↗ letztmöglich, sehr
*äußerstenfalls*: ↗ allenfalls
*Äußerung*: ↗ Bemerkung (1)
**aussetzen**
**Aussicht:** *in A. nehmen*: ↗ vorsehen (1)
*Aussichten*: ↗ Perspektive
**aussichtslos**
*Aussichtspunkt*: ↗ Ausblick
*aussieben*: ↗ aussondern
*aussöhnen*: ↗ versöhnen – *sich a.*: ↗ versöhnen
**aussondern**
*aussortieren*: ↗ aussondern
**ausspannen:** ↗ weglocken
**aussparen**
**aussperren**
ausspielen: *ausgespielt haben*: ↗ gelten
*ausspionieren*: ↗ auskundschaften
*ausspotten*: ↗ verspotten
**Aussprache**
**aussprechen:** ↗ ausdrücken (3), ausreden (1)
**Ausspruch**
**ausspülen**
ausstaffieren: *a.* |*mit*|: ↗ ausstatten
*Ausstand*: ↗ Streik – *in den A. treten*: ↗ streiken
**ausstatten**
**ausstauben**
*ausstechen*: ↗ überflügeln
ausstehen: *es ausgestanden haben*: ↗ überstanden; *nicht a. können*: ↗ hassen
**aussteigen:** ↗ abspringen
**ausstellen**
**Ausstellung:** *Ausstellungen machen* |*an*|: ↗ beanstanden
**Ausstellungsobjekt**
**aussterben**
*ausstoßen*: ↗ ausschließen (1), auswerfen, verstoßen (1)
**ausstrahlen:** ↗ senden
**Ausstrahlung**
**ausstrecken**
*ausstreichen* ↗ durchstreichen
*ausstreuen*: ↗ verbreiten (1)
**ausströmen**
*aussuchen*: ↗ auswählen
Austausch: *im A. mit*: ↗ statt
*austauschen*: ↗ auswechseln
*austeilen*: ↗ verteilen
*austilgen*: ↗ vertilgen
**austoben**
**austragen**
*austreiben*: ↗ sprießen
**austreten:** ↗ ausscheiden (2), ausströmen
*austricksen*: ↗ übertölpeln
**austrinken**
*austrocknen*: ↗ dörren (1), trocknen, versiegen
*austüfteln*: ↗ ausdenken
**ausüben**
*ausufern*: ↗ ausarten
*ausverschämt*: ↗ unverschämt
auswachsen: *sich a.*: ↗ ausarten
**Auswahl:** ↗ Warenangebot
**auswählen**
*auswalzen*: ↗ ausrollen
**auswandern**
**auswärtig**
**auswärts**
*auswaschen*: ↗ ausspülen

**auswechseln**
**Ausweg**
*ausweglos*: ↗ aussichtslos, verzweifelt (2)
**ausweichen**: ↗ meiden, vermeiden
*ausweiden*: ↗ ausnehmen
**Ausweis**: ↗ Personalausweis
**ausweisen**
**ausweiten**: ↗ vergrößern – **sich a.**: ↗ vergrößern
**auswendig**
**auswerfen**
*Auswertung*: ↗ Nutzung
*auswickeln*: ↗ auspacken
*Auswirkung*: ↗ Folge – *ohne A.*: ↗ folgenlos
*auswringen*: ↗ ausringen
**Auswurf**
auszahlen: *sich a.*: ↗ lohnen
*auszehren*: ↗ ausmergeln
**auszeichnen**: *sich a.*: ↗ hervortun
**ausziehen**
*Auszug*: ↗ Extrakt
*autark*: ↗ unabhängig
*authentisch*: ↗ sicher (3)
**Auto**: *gucken wie ein A.*: ↗ überrascht
**Autobus**
*Autofahrer*: ↗ Fahrer (1)
*Autogramm*: ↗ Unterschrift
*Autokratie*: ↗ Alleinherrschaft
*autokratisch*: ↗ unumschränkt
*automatenhaft*: ↗ seelenlos
**automatisch**: ↗ mechanisch
*autonom*: ↗ souverän
*Autopsie*: ↗ Obduktion
*Autor*: ↗ Verfasser
*Autorisation*: ↗ Vollmacht
*autoritativ*: ↗ maßgebend
*Avantgardist*: ↗ Vorkämpfer
*Aversion*: ↗ Abneigung

# B

*babbeln*: ↗ schwatzen
*Baby*: ↗ Säugling – *ein B. erwarten*: ↗ schwanger
*Bacchanal*: ↗ Gelage (2)
**Bach**
*backbord*: links
*Backe*: ↗ Wange
*backen*: ↗ ballen, dörren (2)
*Backenstreich*: ↗ Ohrfeige
*Backfisch*: ↗ Teenager
*Backpfeife*: ↗ Ohrfeige
*backpfeifen*: ↗ ohrfeigen
*Backwerk*: ↗ Gebäck
**Bad**
**Badeanstalt**
*Badekur*: ↗ Bad (4)
**baden**: *b. gehen*: ↗ scheitern (1)
*Badezimmer*: ↗ Bad (1)
*baff*: ↗ überrascht
*Bagage*: ↗ Gepäck, Gesindel
*Bagatelle*: ↗ Kleinigkeit
*bagatellisieren*: ↗ verharmlosen
*bähen*: ↗ rösten
*Bahn*: ↗ Straßenbahn – *auf die schiefe B. geraten*: ↗ [1]verkommen
*bahnbrechend*: ↗ epochemachend
*Bahnbrecher*: ↗ Wegbereiter
**Bahre**
*Bakken*: ↗ Sprungschanze
**Bakterie**
*Balance*: ↗ Gleichgewicht
**bald**: ↗ beinahe – *bis b.!*: ↗ Wiedersehen
*Balg*: ↗ Haut, Kind (1)
balgen: *sich b.*: ↗ raufen
**Balken**
*Balkon*: ↗ Brust
*Ball*: ↗ Tanzveranstaltung
**ballen**
*ballern*: ↗ schießen (1)
**Ballon**
*Ballung*: ↗ Häufung
*balsamisch*: ↗ wohlriechend
*Bammel*: ↗ Angst
*bammeln*: ↗ hängen, schlottern
*Banalität*: ↗ Plattheit
**Banause**: ↗ Spießbürger
[1]*Band*: ↗ Bindfaden
[2]*Band*: ↗ Orchester
*Bandage*: ↗ Verband
*bandagieren*: ↗ verbinden (1)
**Bande**
*bändigen*: ↗ beherrschen (3), eindämmen (1 *u.* 2), zähmen, zügeln
*Bandit*: ↗ Verbrecher
*Bandoneon*: ↗ Ziehharmonika
bange: *b. machen*: ↗ ängstigen
*Bange*: ↗ Angst – *B. haben*: ↗ ängstigen
bangen: *b.* |um|: ↗ sorgen (2)

**Bank:** *durch die B.*: ↗ durchweg; *auf die lange B. schieben*: ↗ verzögern
**Bankkonto**
**Banknote**
**bankrott:** ↗ ruiniert
**Bankrott**
*bannen*: ↗ ächten (2)
*bannig*: ↗ sehr
*Bannware*: ↗ Schmuggelware
*bar*: ↗ ohne
*Barbar*: ↗ Banause
*barbarisch*: ↗ unmenschlich
*bärbeißig*: ↗ mürrisch
*Bärenhunger*: ↗ Riesenhunger
**barfuß**
**Bargeld**
**barhäuptig**
*barmherzig*: ↗ gnädig, mitleidig, wohltätig
*Barre*: ↗ Sandbank
*Barriere*: ↗ Schranke, Sperre
**barsch**
**Bart:** *um den B. gehen*: ↗ schmeicheln; *langer B.*: ↗ Bekanntes
basieren: *b.* |*auf*|: ↗ beruhen
*Basis*: ↗ Grundlage
*bastardisieren*: ↗ kreuzen
*Batterie*: ↗ Akkumulator
*Batzen*: ↗ Klumpen
**Bau:** ↗ Aufbau (2), Gebäude, Strafvollzugsanstalt, Wohnung
**Bauch:** *einen B. ansetzen*: ↗ zunehmen (3); *auf dem B. liegen*: ↗ katzbuckeln; *sich den B. vollschlagen*: ↗ satt
bauchen: *sich b.*: ↗ wölben
**bauchig**
**Bauchschmerzen**
**bauen:** ↗ ablegen (2), anfertigen, errichten – *b.* |*auf*|: ↗ vertrauen
[1]**Bauer**
[2]*Bauer*: ↗ Vogelkäfig
**Bauernhof**
*baufällig*: ↗ schadhaft
*Baugerüst*: ↗ Gerüst (1)
**Baugrundstück**
Bauklotz: *Bauklötze staunen*: ↗ staunen
Baum: *es ist, um auf die Bäume zu klettern!*: ↗ verzweifeln (2)
*baumeln*: ↗ hängen, schlottern, schwingen
**Bauprojekt**
Bausch: *in B. und Bogen*: ↗ insgesamt
**Baustelle**
*Bauwerk*: ↗ Gebäude
*Bazillus*: ↗ Bakterie

**beabsichtigen**
**beachten:** *nicht b.*: ↗ ignorieren
**beachtenswert**
*beachtlich*: ↗ beachtenswert, beträchtlich, sehr
Beachtung: *keine B. schenken*: ↗ kümmern (1)
*beängstigen*: ↗ ängstigen
**beängstigend**
**beanspruchen**
**beanstanden**
**beantragen**
**beantworten**
**bearbeiten**
*beargwöhnen*: ↗ mißtrauen
*beaufsichtigen*: ↗ bewachen
**beauftragen**
*beaugenscheinigen*: ↗ betrachten
*bebauen*: ↗ bestellen (4)
**beben:** ↗ zittern
*Beben*: ↗ Erdbeben
**bebildern**
*bechern*: ↗ zechen
*Becken*: ↗ [1]Schale, Tal
*Beckmesser*: ↗ Kritiker
*Beckmesserei*: ↗ Kritik
*beckmessern*: ↗ kritisieren
*bedacht*: ↗ wohlüberlegt – *b. sein* |*auf*|: ↗ achten (2)
*bedächtig*: ↗ langsam
bedanken: *sich b.*: ↗ danken
*Bedarfsforschung*: ↗ Marktforschung
**bedauerlich**
*bedauerlicherweise*: ↗ leider
*bedauern*: ↗ bereuen
**bedauernswert**
**bedecken:** *sich b.*: ↗ bewölken
*bedeckt*: ↗ bewölkt
*Bedeckung*: ↗ Schutz (2)
*bedenken*: ↗ berücksichtigen (1), [1]überlegen – *sich b.*: ↗ besinnen; *zu b. geben*: ↗ einwenden
*Bedenken*: ↗ Zweifel – *B. haben*: ↗ zweifeln; *B. vorbringen* |*gegen*|: ↗ einwenden
**bedenkenlos:** ↗ gewissenlos
**bedenklich**
*bedeppert*: ↗ betreten
**bedeuten**
*bedeutend*: ↗ sehr, wichtig
**bedeutsam:** ↗ wichtig, zukunftweisend
**Bedeutung:** ↗ Sinn – *B. haben*: ↗ Gewicht
*bedeutungsähnlich*: ↗ synonym

*bedeutungslos*: ↗ unbedeutend, unwichtig
**bedeutungsschwer**
*bedeutungsverwandt*: ↗ synonym
**bedeutungsvoll**
**bedienen:** ↗ zuspielen (1) – *sich b.* |*einer Sache*|: ↗ Gebrauch, verwenden (1)
*Bedienerin*: ↗ Raumpflegerin
bedient: *b. sein* |*von*|: ↗ überdrüssig
*Bedienung*: ↗ Kellner
bedingen: *etw. bedingt etw.*: ↗ voraussetzen
**bedingt**
*Bedingung*: ↗ Voraussetzung (1) – *zur B. machen*: ↗ vorbehalten; *unter der B., daß*: ↗ wenn
*Bedingungen*: ↗ Verhältnisse
**bedingungslos**
**bedrängen**
*Bedrängnis*: ↗ Not, Verlegenheit, Zwangslage – *in B. geraten*: ↗ Lage
**bedrohen**
*bedrohlich*: ↗ ernst (1), gefährlich
**bedrücken**
**bedrückend:** ↗ entmutigend
*bedrückt*: ↗ niedergeschlagen
*Bedürfnis*: ↗ Verlangen
**bedürfnislos**
*beehren*: ↗ besuchen
*beeiden*: ↗ schwören
**beeilen**
**beeindrucken**
*beeindruckend*: ↗ eindrucksvoll
**beeinflussen**
**beeinträchtigen**
*Beelzebub*: ↗ Teufel
**beenden:** ↗ vollenden (1)
*beendet*: ↗ erledigt (1)
*beerdigen*: ↗ begraben
**befähigen**
*befähigt*: ↗ begabt, geeignet
befallen: *etw. befällt jmdn.*: ↗ überkommen
**befangen:** ↗ schüchtern
*Befangenheit*: ↗ Schüchternheit
befassen: *sich b.* |*mit*|: ↗ beschäftigen (2)
**Befehl**
**befehlen:** ↗ beauftragen
**befehligen**
**Befehlsgewalt**
**Befehlshaber**
**befestigen**
**Befestigungsanlage**
*befeuchten*: ↗ anfeuchten
**befinden:** *b.* |*über*|: ↗ Urteil
*Befinden*: ↗ Gesundheitszustand
*befleckt*: ↗ fleckig
*beflissen*: ↗ eifrig
*Beflissenheit*: ↗ Eifer
*befolgen*: ↗ beachten (1)
**befördern:** ↗ fahren (2)
*befrachten*: ↗ beladen
**befragen:** ↗ interviewen, konsultieren
*Befragung*: ↗ Umfrage
**befreien**
*befreit*: ↗ frei (2)
*Befreiungskampf*: ↗ Freiheitskampf
befremden: *etw. befremdet jmdn.*: ↗ wundern
*Befremden*: ↗ Verwunderung
**befreunden**
**befreundet**
**befriedigen**
*befriedigt*: ↗ zufrieden
*befugen*: ↗ berechtigen
*Befugnis*: ↗ Berechtigung
*befugt*: ↗ zuständig
**befühlen**
*befummeln*: ↗ befühlen
**befürchten**
*Befürchtung*: ↗ Sorge
**befürworten**
**begabt**
**Begabung**
**begatten: sich b.:** ↗ koitieren
*Begattung*: ↗ Koitus
*begaunern*: ↗ betrügen (1)
begeben: *sich b.* |*nach / in*|: ↗ gehen (2)
*Begebenheit*: ↗ Ereignis
**begegnen:** ↗ vorfinden, vorkommen – *sich b.*: ↗ treffen
*Begegnung*: ↗ Wettkampf, Zusammenkunft
*begehen*: ↗ verüben
*begehrenswert*: ↗ attraktiv (2)
*begehrlich*: ↗ gierig, lüstern
*Begehrlichkeit*: ↗ Verlangen
**begehrt:** ↗ beliebt (2)
**begeistern**
**begeistert**
*Begierde*: ↗ Verlangen
begierig: *b. sein* |*auf*|: ↗ Verlangen
**begießen**
**Beginn:** ↗ Anfang
*beginnen*: ↗ anfangen (1), tun
*Beginnen*: ↗ Unternehmung
**beglaubigen**
*begleichen*: ↗ tilgen (1)
**begleiten**
**Begleiter**

*beglücken*: ↗ erfreuen
**beglückwünschen**
*begnadet*: ↗ genial
**begnadigen**
*Begnadigung*: ↗ Straferlaß
**begnügen**
**begraben:** *b. wollen*: ↗ vergessen; *unter sich b.*: ↗ verschütten (3)
**Begräbnis**
*begreifen*: ↗ verstehen (2)
*begreiflich*: ↗ verständlich (2)
*Begrenzung*: ↗ Grenze, Rand
Begriff: *sich einen B. machen* |*von*|: ↗ vorstellen (2)
**begriffsstutzig**
**begründen**
*begründeterweise*: ↗ Recht
*begrüßen*: ↗ befürworten, willkommen
*begünstigen*: ↗ vorziehen
*begutachten*: ↗ beurteilen
*begütert*: ↗ reich
**behagen:** ↗ gefallen (1) – *nicht b.*: ↗ mißfallen (1)
**behalten:** ↗ merken (2) – *für sich b.*: ↗ verschweigen; *nicht b.*: ↗ trennen (3)
*behämmert*: ↗ dumm, verrückt
**behandeln**
**Behandlung:** *üble B.*: ↗ Unbill
behängen: *b.* |*mit*|: ↗ verhängen
**beharren: b.** |**auf**|: ↗ bestehen (3)
**beharrlich:** ↗ unbeirrbar
**behaupten**
*Behausung*: ↗ Wohnung
**beheimatet**
**Behelf**
**behelfsmäßig**
*behelligen*: ↗ belästigen (2)
*behende*: ↗ flink, gewandt (1)
**beherbergen**
**beherrschen**
*beherrscht*: ↗ besonnen, leidenschaftslos
**Beherrschung**
*beherzigen*: ↗ beachten (1)
*beherzt*: ↗ mutig
*Beherztheit*: ↗ Mut
**behindern**
*behindert*: ↗ schwerbeschädigt
*Behörde*: ↗ Amt
*behördlich*: ↗ amtlich
*behüten*: ↗ schützen
**behutsam:** ↗ rücksichtsvoll
*bei*: ↗ neben
**beibehalten**
*Beiblatt*: ↗ Beilage
**beibringen:** ↗ vermitteln (2), zufügen
**beichten**
**beide**
**beiderseits**
**beieinander**
**Beifall:** *B. klatschen*: ↗ applaudieren
*beifällig*: ↗ zustimmend
**beifügen**
*Beigabe*: ↗ Zugabe
*beigeben*: ↗ beifügen
**beigesellen: sich b.:** ↗ gesellen
*Beiheft*: ↗ Beilage
*beikommen*: ↗ meistern – *jmdm. nicht b. können*: ↗ schaden (1)
**Beilage**
**beiläufig:** ↗ ungefähr
**beilegen:** ↗ beifügen, schlichten
Beileid: *sein B. aussprechen*: ↗ kondolieren
**beiliegend**
**beimengen**
*beimischen*: ↗ beimengen
Bein: *sich die Beine ablaufen* |*nach*|: ↗ suchen; *auf eigenen Beinen stehen*: ↗ selbständig; *mit einem B. im Grabe stehen*: ↗ todkrank; *auf die Beine helfen*: ↗ aufhelfen; *Beine kriegen*: ↗ verlorengehen; *Beine machen*: ↗ antreiben (1 *u.* 2), vertreiben; *sich die Beine vertreten*: ↗ spazierengehen
**beinahe**
**Beine:** ↗ Füße
*beipflichten*: ↗ zustimmen (2)
*beirren*: ↗ verwirren (1) – *sich nicht b. lassen*: ↗ beharren
*beisammen*: ↗ beieinander – *nicht alle b. haben*: ↗ verrückt
*Beischlaf*: ↗ Koitus
**Beischläferin**
Beisein: *im B. von/des*: ↗ Anwesenheit
beiseite: *b. bringen*: ↗ stehlen; *b. drängen*: ↗ abdrängen, verdrängen; *b. legen*: ↗ sparen, weglegen, zurücklegen (2); *b. räumen*: ↗ wegräumen; *b. rücken*: ↗ rücken; *b. sehen*: ↗ wegsehen; *b. stoßen*: ↗ wegstoßen
*beisetzen*: ↗ begraben
**Beispiel:** ↗ Vorbild – *sich an jmdm. ein B. nehmen können*: ↗ Vorbild
*beispielhaft*: ↗ vorbildlich
*beispiellos*: ↗ außergewöhnlich, unerhört
**beispielsweise**
**beißen:** *nichts zu b. haben*: ↗ hungern
*beißend*: ↗ scharf (2)
*Beistand*: ↗ Hilfe – *B. leisten*: ↗ helfen

*beistimmen*: ↗ zustimmen (2)
**Beitrag:** ↗ Abhandlung
*beitreten*: ↗ eintreten (1)
*beiwohnen*: ↗ teilnehmen
*beizeiten*: ↗ rechtzeitig
*beiziehen*: ↗ heranziehen
**bejahen**
*bejahend*: ↗ zustimmend
*bejahrt*: ↗ alt (1)
*Bejahrtheit*: ↗ Alter (3)
*bejammernswert*: ↗ mitleiderregend
**bekämpfen**
**bekannt:** *b. machen*: ↗ vorstellen (1); *miteinander b. machen*: ↗ zusammenbringen; *sich b. machen*: ↗ vorstellen (1); *b. sein* |*mit*|: ↗ kennen; *b. werden*: ↗ herauskommen; *b. werden* |*mit*|: ↗ kennenlernen
**Bekanntes**
**bekanntgeben**
**bekanntlich**
*bekehren*: ↗ überzeugen
**bekennen:** *sich b.* |*zu*|: ↗ eintreten (2)
**Bekenntnis**
**beklagen:** *sich b.* |*über*|: ↗ beschweren
*beklagenswert*: ↗ bedauernswert
*Beklagter*: ↗ Angeklagter
*bekleiden*: ↗ innehaben
bekleidet: *b. sein* |*mit*|: ↗ tragen (2)
*Bekleidung*: ↗ Kleidung
*beknackt*: ↗ verrückt
*bekochen*: ↗ verpflegen
*bekommen*: ↗ erhalten, zuziehen – *zu b. sein*: ↗ käuflich
**bekömmlich**
*beköstigen*: ↗ verpflegen
*Beköstigung*: ↗ Verpflegung (1)
*bekräftigen*: ↗ bestätigen (1)
*bekritteln*: ↗ kritisieren
*bekümmern*: ↗ betrüben – *sich b.* |*um*|: ↗ sorgen (1)
*Bekümmernis*: ↗ Sorge
*bekümmert*: ↗ traurig (1)
*bekunden*: ↗ ausdrücken (3)
*belachen*: ↗ auslachen
**beladen**
**belangen**
*belanglos*: ↗ unwichtig
*Belanglosigkeit*: ↗ Nichtigkeit
*belangvoll*: ↗ wichtig
*belassen*: ↗ bewenden
**belasten:** ↗ bedrücken
**belästigen**
*Belästigung*: ↗ Last
*belauern*: ↗ beobachten
belaufen: *sich b.* |*auf*|: ↗ betragen
**beleben**
*belegbar*: ↗ beweisbar
*belegen*: ↗ begatten, besetzen (1)
belehren: *b. wollen*: ↗ schulmeistern
*belehrend*: ↗ lehrhaft, lehrreich
*Beleibtheit*: ↗ Leibesfülle
**beleidigen**
**beleidigend**
**beleidigt:** *b. tun*: ↗ schmollen
**Beleidigung**
*belemmert*: ↗ schlecht – *es geht jmdm. b.*: ↗ schlecht
*belesen*: ↗ gebildet
**beleuchten**
*Beleuchtungskörper*: ↗ Lampe
Belieben: *nach B.*: ↗ beliebig
**beliebig:** *jeder beliebige*: ↗ jemand
**beliebt**
beliefern: *beliefert werden* |*mit*|: ↗ liefern
**bellen:** ↗ husten, schnauzen
*belobigen*: ↗ loben
*Belobigung*: ↗ Lob
*belohnen*: ↗ vergelten (2)
*Belüftung*: ↗ Lüftung
**belügen**
**belustigen**
bemachen: *sich b.*: ↗ beschmutzen
bemächtigen: *etw. bemächtigt sich jmds.*: ↗ überkommen; *sich b.* |*einer Sache*|: ↗ aneignen (1)
*bemängeln*: ↗ beanstanden
*bemannt*: ↗ verheiratet (3)
*bemänteln*: ↗ beschönigen
*bemerkbar*: ↗ spürbar
**bemerken:** ↗ äußern
*bemerkenswert*: ↗ beachtenswert
**Bemerkung**
*Bemme*: ↗ Schnitte
**bemühen:** *sich b.* |*um*|: ↗ bewerben, werben (2)
bemüßigt: *sich b. sehen*: ↗ verpflichtet
**benachbart**
*benachrichtigen*: ↗ unterrichten (1)
**benachteiligen:** ↗ diskriminieren
*benebeln*: ↗ betäuben (2)
**benehmen:** *sich b.*: ↗ verhalten (1)
**Benehmen:** ↗ Verhalten – *sich ins B. setzen* |*mit*|: ↗ verständigen
*benennen*: ↗ nennen (1)
*Benennung*: ↗ Bezeichnung
*benetzen*: ↗ anfeuchten

*Bengel*: ↗ Jugendlicher, Junge
Benimm: *keinen B. haben*: ↗ benehmen (2)
**benommen**
*benoten*: ↗ zensieren
*benötigen*: ↗ brauchen (1 *u.* 2)
**benutzen:** ↗ gebrauchen
**beobachten:** ↗ bemerken
*beordern*: ↗ befehlen (2), schicken (2) – *zu sich b.*: ↗ bestellen (2)
*bepacken*: ↗ beladen
*bequatschen*: ↗ überreden
*bequem*: ↗ passend (2), träge
bequemen: *sich b.* |zu|: ↗ herablassen
*berappen*: ↗ bezahlen
**beraten:** ↗ erörtern, verhandeln (1)
*beratschlagen*: ↗ beraten (2)
**Beratung**
**berauben**
*berauschen*: ↗ betäuben (2)
**berauschend**
**berechnen**
**Berechnung**
**berechtigen**
**Berechtigung**
*bereden*: ↗ überreden
*Beredsamkeit*: ↗ Rhetorik
*beredt*: ↗ vielsagend, wortgewandt
**Bereich**
**bereichern**
**bereinigen**
*bereit*: ↗ fertig
*bereiten*: ↗ zufügen
**bereithalten**
**bereitmachen:** ↗ vorbereiten – *sich b.*: ↗ vorbereiten
*bereits*: ↗ schon
*bereitstehen*: ↗ bereithalten
**bereitwillig**
*berennen*: ↗ anstürmen
**bereuen**
**Berg:** ↗ Haufen – *über den B. sein*: ↗ überstanden; *zu Berge stehen*: ↗ sträuben; *ein B. von*: ↗ viel (2); *zu Berge*: ↗ bergauf
**bergab:** *es geht b.* |mit|: ↗ verschlechtern
*Bergabhang*: ↗ Abhang
*bergan*: ↗ bergauf
**bergauf:** *es geht b.*: ↗ verbessern (4)
*Berge*: ↗ Gebirge
*bergen*: ↗ retten
*Bergeshang*: ↗ Abhang
*Berggipfel*: ↗ Gipfel
*Bergkamm*: ↗ Bergrücken
**Bergrücken**
**Bergsteiger**
**Bergwerk**
**Bericht:** ↗ Reportage
**berichten:** ↗ erzählen
**Berichterstatter**
**berichtigen:** ↗ verbessern (1)
*beriechen*: ↗ beschnuppern
*Berserker*: ↗ Wüterich
*Berserkerwut*: ↗ Raserei
*bersten*: ↗ explodieren (2), platzen, zerbrechen (2) – *zum Bersten voll*: ↗ überfüllt
*berüchtigt*: ↗ verrufen
**berücksichtigen:** ↗ beachten (1)
**Beruf**
**berufen:** *b.* |zu|: ↗ ernennen
*beruflich*: ↗ professionell
*Berufskollege*: ↗ Kollege
*berufsmäßig*: ↗ professionell
**beruhen: b.** |auf|: ↗ herrühren
**beruhigen: sich b.**: ↗ entspannen (2)
*beruhigt*: ↗ froh
**berühmt**
**berühren**
*besagen*: ↗ bedeuten (2)
*besagt*: ↗ bewußt (2)
*besänftigen*: ↗ beruhigen
**Besatz**
**Besatzung**
besaufen: *sich b.*: ↗ betrinken
*Besäufnis*: ↗ Gelage (2)
**beschädigen**
*Beschädigung*: ↗ Sachschaden
**beschaffen:** ↗ veranlagt
**Beschaffenheit:** ↗ Veranlagung
**beschäftigen**
beschäftigt: *b. sein*: ↗ tätig
*Beschäftigung*: ↗ Arbeit (2 *u.* 3); Tätigkeit
**beschämend**
**beschämt**
*Beschämung*: ↗ Scham
*beschatten*: ↗ überwachen (2)
**beschaulich**
Bescheid: ↗ Auskunft, Mitteilung – *B. geben*: ↗ unterrichten (1); *B. sagen*: ↗ zurechtweisen; *B. tun*: ↗ zutrinken; *B. wissen*: ↗ auskennen (1); *B. wissen* |über|: ↗ wissen
[1]**bescheiden:** ↗ einfach, schlecht, schlicht (1) – *es geht jmdm. b.*: ↗ schlecht
[2]*bescheiden*: ↗ schicken (2) – *sich b.*: ↗ einschränken; *sich b.* |mit|: ↗ begnügen
**bescheinigen**
**Bescheinigung**

**beschenken**
*bescheren*: ↗ beschenken
*bescheuert*: ↗ dumm, verrückt
*beschickert*: ↗ betrunken
**beschießen**
**beschimpfen**
*beschissen*: ↗ schlecht – *es geht jmdm. b.*: ↗ schlecht
*beschlafen*: ↗ [1]überlegen
[1]**beschlagen**
[2]**beschlagen**
[3]*beschlagen*: ↗ trächtig
**beschlagnahmen**
beschleichen: *etw. beschleicht jmdn.*: ↗ überkommen
**beschleunigen**
**beschließen**
**beschmieren:** ↗ beschreiben (2), streichen (1)
**beschmutzen**
*beschmutzt*: ↗ schmutzig
**beschneiden**
**beschnuppern**
**beschönigen**
**beschränken**
**beschränkt:** ↗ bedingt
*Beschränktheit*: ↗ [1]Mangel
**beschreiben**
*Beschriftung*: ↗ Aufschrift
**beschuldigen**
*beschützen*: ↗ schützen
**Beschützer**
*beschwatzen*: ↗ überreden
*Beschwerden*: ↗ Krankheit
**beschweren:** ↗ belasten (1)
**beschwerlich**
*Beschwerlichkeit*: ↗ Mühe
*beschwichtigen*: ↗ beruhigen
*beschwindeln*: ↗ belügen
*beschwipst*: ↗ angeheitert
**beschwören:** ↗ schwören
besehen: *sich b.*: ↗ betrachten
**beseitigen:** ↗ entfernen, töten (1)
*beseligt*: ↗ glücklich
*Besen*: ↗ Xanthippe – *auf den B. laden*: ↗ narren
*besengt*: ↗ verrückt
**besetzen**
**besiegen:** *sich selbst b.*: ↗ überwinden (2); *besiegt werden*: ↗ unterliegen
*Besieger*: ↗ Sieger
**besiegt**
**besinnen**
*besinnlich*: ↗ beschaulich, nachdenklich
*Besinnung*: ↗ Vernunft
*besinnungslos*: ↗ bewußtlos
**Besitz:** ↗ Anwesen, Besitzung – *in B. nehmen*: ↗ aneignen (1); *in B. nehmen, B. ergreifen* |*von*|: ↗ annektieren
**besitzen**
*Besitztum*: ↗ Anwesen, Besitz, Besitzung
**Besitzung**
*besoffen*: ↗ betrunken
*Besoffenheit*: ↗ Betrunkenheit
*Besonderheit*: ↗ Eigenart
**besonders**
**besonnen**
*besorgen*: ↗ beschaffen (1), sorgen (1), stehlen, vergelten (1)
*Besorgnis*: ↗ Sorge
*besorgniserregend*: ↗ ernst (1)
**besorgt:** ↗ fürsorglich – *b. sein*: ↗ sorgen (2)
Besorgung: *Besorgungen machen*: ↗ einkaufen
*bespitzeln*: ↗ überwachen (2)
*bespötteln*: ↗ verspotten
**besprechen:** ↗ erörtern
*Besprechung*: ↗ Beratung, Sitzung
**bespritzen**
besser: *b. werden*: ↗ bessern
**bessern:** ↗ verbessern (2) – **sich b.:** ↗ verbessern (4)
**Besserwisser**
**Bestand:** *von B. sein*: ↗ weiterbestehen
*beständig*: ↗ dauerhaft, ununterbrochen, widerstandsfähig
**Beständigkeit**
**Bestandsaufnahme**
**Bestandteil:** *sich in seine Bestandteile auflösen*: ↗ zerfallen (1)
*bestärken*: ↗ ermutigen
**bestätigen:** ↗ ratifizieren
*bestatten*: ↗ begraben
*bestaubt*: ↗ staubig
*bestaunen*: ↗ bewundern
beste: *einen zum besten geben*: ↗ Runde
**bestechen:** ↗ gefallen (1)
**bestechlich**
**bestehen:** ↗ vorliegen – *etw. besteht* |*aus*|: zusammensetzen
*bestehenbleiben*: ↗ weiterbestehen
*bestehlen*: ↗ berauben
**bestellen:** ↗ befehlen (2) – *b.* |*zu / als*|: ↗ ernennen; *es ist bestellt* |*um*|: ↗ verhalten (2)

Bestellung: *die B. rückgängig machen*: ↗ abbestellen
*bestenfalls*: ↗ allenfalls
bestens: *sich b. fühlen*: ↗ wohl
*bestgeeignet*: ↗ ideal
*bestialisch*: ↗ entmenscht, unmenschlich
*Bestie*: ↗ Tier, Unmensch
**bestimmen:** ↗ anordnen
*bestimmend*: ↗ entscheidend, führend, maßgebend
**bestimmt:** ↗ gewiß
*bestimmt!*: ↗ tatsächlich
*Bestimmtheit*: ↗ Nachdruck
*Bestimmung*: ↗ Schicksal, Verordnung, Zweck
*Bestimmungsort*: ↗ Ziel (1)
*bestmöglich*: ↗ optimal
**bestrafen**
*Bestrafung*: ↗ Strafe
*Bestreben*: ↗ Absicht, Streben
*bestreichen*: ↗ streichen (1)
*bestreitbar*: ↗ anfechtbar
**bestreiten:** ↗ leugnen
*Bestseller*: ↗ Verkaufsschlager
*bestürmen*: ↗ bedrängen
**bestürzt**
**besuchen**
*Besucher*: ↗ Gast
*besudeln*: ↗ beschmieren, beschreiben (2)
*betagt*: ↗ alt (1)
*Betagtheit*: ↗ Alter (3)
*betasten*: ↗ befühlen
*betätigen*: ↗ bedienen (1)
*Betätigung*: ↗ Tätigkeit
**betäuben**
*betäubend*: ↗ berauschend
**beteiligen**
beteiligt: *b. sein*: ↗ teilhaben
*beteuern*: ↗ versichern (1)
**betonen**
**betrachten:** *sich b.*: ↗ ansehen
**beträchtlich:** ↗ sehr
**Betrag**
**betragen:** *sich b.*: ↗ verhalten (1)
*Betragen*: ↗ Benehmen, Verhalten
betrauen: *b.* |*mit*|: ↗ beauftragen
**betreffen:** *jmdn. betrifft etw.*: ↗ zustoßen; *was dies betrifft*: ↗ darüber (2)
*betreffs*: ↗ hinsichtlich
betreiben: *b.* |*mit*|: ↗ antreiben (3)
*betretbar*: ↗ zugänglich
**betreten:** ↗ hineingehen
*betreuen*: ↗ pflegen (1), sorgen (1)
*Betreuung*: ↗ Pflege (1)
*Betrieb*: ↗ Produktionsbetrieb, Trubel – *in B. sein*: ↗ laufen (2); *außer B. setzen*: ↗ stillegen
**betriebsbereit**
*betriebsfertig*: ↗ betriebsbereit
**betrinken**
*betroffen*: ↗ bestürzt
**betrüben**
*Betrübnis*: ↗ Kummer
*betrübt*: ↗ traurig (1)
**Betrug:** *frommer B.*: ↗ Selbstbetrug
**betrügen**
**betrunken**
**Betrunkenheit**
**Bett:** ↗ Federbett, Schlafgelegenheit (2) – *zu B. gehen*: ↗ schlafen; *aus dem B. holen*: ↗ wecken; *das B. hüten*: ↗ krank
*bettelarm*: ↗ arm
**betteln**
Bettelstab: *an den B. kommen*: ↗ verarmen
*Betthase*: ↗ Beischläferin
*betucht*: ↗ reich
*betulich*: ↗ fürsorglich
**beugen:** *sich b.*: ↗ nachgeben
*Beugung*: ↗ Brechung
**Beule**
**beunruhigen**
*Beunruhigung*: ↗ Sorge
**beurlauben**
**beurteilen:** ↗ urteilen
*Beute*: ↗ Raub
*Beutel*: ↗ Sack
**Bevölkerung**
**bevorzugen:** ↗ vorziehen
**bewachen**
**bewähren**
bewahrheiten: *sich b.*: ↗ bestätigen (2)
**bewährt**
*bewältigen*: ↗ meistern, zurücklegen (4)
*bewandert*: ↗ ²erfahren
Bewandtnis: *es hat seine B.* |*mit*|: ↗ verhalten (2)
**bewegen:** ↗ beschäftigen (1) – **sich b.:** ↗ verhalten (1); *etw. bewegt jmdn.*: ↗ ergreifen (3); *b.* |*zu*|: ↗ veranlassen
*bewegend*: ↗ ergreifend
*Beweggrund*: ↗ Veranlassung
**beweglich:** ↗ lebhaft
*bewegt*: ↗ ergriffen

Bewegung: *in B. setzen*: ↗ anlassen; *sich in B. setzen*: ↗ abfahren (1), anfahren (1)
**bewegungslos**
*bewehren*: ↗ armieren
*beweibt*: ↗ verheiratet (2)
*beweihräuchern*: ↗ verherrlichen
*beweinen*: ↗ beklagen
**Beweis:** *unter B. stellen*: ↗ beweisen
**beweisbar**
**beweisen**
**bewenden**
**bewerben: sich b.** |um|: ↗ kandidieren
**bewerkstelligen**
*bewilligen*: ↗ genehmigen, gewähren (1)
*bewillkommnen*: ↗ willkommen
*bewirken*: ↗ erreichen (2), verursachen
*bewirten*: ↗ verpflegen
*Bewohner*: ↗ Einwohner – *die B.*: ↗ Bevölkerung
**bewölken**
**bewölkt**
*Bewunderer*: ↗ Verehrer
**bewundern**
*bewundernswert*: ↗ erstaunlich
*Bewunderung*: ↗ Verehrung
**bewußt:** ↗ überzeugt
**bewußtlos**
*Bewußtsein*: ↗ Klassenbewußtsein
*Bewußtseinsspaltung*: ↗ Schizophrenie
**bezahlen:** ↗ tilgen (1) – *sich bezahlt machen*: ↗ lohnen
*Bezahlung*: ↗ Lohn
*bezähmen*: ↗ beherrschen (3) – *sich b.*: ↗ beherrschen (5)
**bezaubern**
**bezaubernd**
*bezechen*: ↗ betrinken
*bezecht*: ↗ betrunken
**bezeichnen:** ↗ kennzeichnen – **b.** |als|: ↗ nennen (2)
**Bezeichnung:** ↗ Wort (1)
*bezeigen*: ↗ erweisen
**bezeugen:** ↗ ausdrücken (3)
*bezichtigen*: ↗ beschuldigen
**beziehen:** *sich b.*: ↗ bewölken; *sich b.* |*auf*|: ↗ berufen
*Bezieher*: ↗ Abonnent
**Beziehung**: ↗ Zusammenhang – *in dieser B.*: ↗ darin (2); *etw. steht in B.* |*mit*|: ↗ zusammenhängen
**beziehungslos**
*beziehungsweise*: ↗ oder
*beziffern*: ↗ numerieren
**Bezirk**
*bezirzen*: ↗ umgarnen
*bezogen*: ↗ bewölkt
**Bezug:** ↗ Zusammenhang
*bezüglich*: ↗ hinsichtlich
**bezweifeln**
*bezwingen*: ↗ beherrschen (3), besiegen, unterdrücken (2 *u.* 3) – *sich b.*: ↗ beherrschen (5), überwinden (2)
*bibbern*: ↗ zittern
*Bibliophiler*: ↗ Bücherfreund
*Bibliothek*: ↗ Bücherei
*bieder*: ↗ rechtschaffen
*Biedermann*: ↗ Spießbürger
*biegbar*: ↗ biegsam
**biegen:** *auf Biegen oder Brechen*: ↗ unbedingt
**biegsam**
**Biegung:** ↗ Kurve
*Biene*: ↗ Mädchen (2)
**Bier**
**Bierlokal**
*Bierstube*: ↗ Bierlokal
*Biertischpolitiker*: ↗ Politikaster
*Biest*: ↗ Tier
**bieten:** ↗ darbieten – **sich b.**: ↗ zeigen (5, a); *sich b. lassen*: ↗ hinnehmen
*Bijouterie*: ↗ Schmuck
**Bilanz**
*bilateral*: ↗ zweiseitig
**Bild:** ↗ Abbildung – *ein B. entwerfen* |*von*|: ↗ darlegen; *sich ein B. machen* |*von*|: ↗ vorstellen (2); *im Bilde sein*: ↗ wissen; *ins B. setzen*: ↗ unterrichten (1)
**bilden:** ↗ zusammenstellen – **sich b.**: ↗ aufkommen (1), entstehen
Bildfläche: *von der B. verschwinden*: ↗ verschwinden (2)
**bildlich**
**Bildnis**
*bildschön*: ↗ schön
*Bildungsanstalt*: ↗ Schule
**Bildungsgrad**
**Bildwerfer**
*Bildwerk*: ↗ Plastik
*Billett*: ↗ Eintrittskarte
**billig:** ↗ minderwertig
**billigen:** ↗ anerkennen (2)
*Bimmel*: ↗ Klingel
*bimmeln*: ↗ läuten
*bimsen*: ↗ drillen
*Binde*: ↗ Verband – *einen hinter die B. gießen*: ↗ trinken (2)

*Bindeglied*: ↗ Verbindungsglied
*Bindemäher*: ↗ Mähbinder
*binden*: ↗ fesseln, zusammenbinden (1 *u.* 2), zusammenhalten (2) – *b.* |*an*|: ↗ anbinden
*bindend*: ↗ verbindlich
*Binder*: ↗ Krawatte
**Bindfaden**
*binnen*: ↗ innerhalb
*Binnensee*: ↗ See
Binse: *in die Binsen gehen*: ↗ verlorengehen
*Binsenweisheit*: ↗ Gemeinplatz
**Biographie**
*Birne*: ↗ Glühlampe – *eine weiche B. haben*: ↗ schwachsinnig
bis: *b. an*: ↗ zu (3)
*bisexuell*: ↗ zweigeschlechtig
**bisher**
*bislang*: ↗ bisher
bißchen: *ein b.*: ↗ wenig
**Bissen:** ↗ Imbiß
**bissig:** ↗ gehässig
*bisweilen*: ↗ manchmal
**Bitte:** ↗ Antrag, Aufforderung, Forderung
**bitten:** *b.* |*für*|: ↗ verwenden (2)
*bitter*: ↗ schmerzlich
*bitterböse*: ↗ böse (2)
*Biwak*: ↗ Lager (2)
*bizarr*: ↗ schrullig
*Blache*: ↗ Plane
*Blackout*: ↗ Gedächtnisstörung
blähen: *sich b.*: ↗ angeben
*Blähung*: ↗ Wind (2)
*blaken*: ↗ rußen
*blamabel*: ↗ beschämend
*Blamage*: ↗ Schande
**blamieren**
**blank:** ↗ sauber, zahlungsunfähig – **b. reiben:** ↗ blank; *b. polieren*: ↗ polieren
*Blase*: ↗ Bande (2), Clique
**blasen:** ↗ wehen (1)
*blasiert*: ↗ eingebildet, überheblich
**blaß**
**Blatt:** ↗ Zeitung
*Blätter*: ↗ Laub
*Blätterwald*: ↗ Presse
*Blattwerk*: ↗ Laub
blau: *ins Blaue hinein*: ↗ planlos
*blaublütig*: ↗ adlig
*Blech*: ↗ Unsinn
*blechen*: ↗ bezahlen
Blei: *wie B.*: ↗ schwer
*Bleibe*: ↗ Unterkunft – *ohne B. sein*: ↗ obdachlos
**bleiben:** *b.* |*bei*|: ↗ beibehalten; *für sich b.*: ↗ absondern
*bleibenlassen*: ↗ unterlassen
*bleich*: ↗ blaß (1)
**bleichen:** ↗ verblassen
*bleichsüchtig*: ↗ blutarm
*bleischwer*: ↗ schwer
*blendend*: ↗ großartig, schön
*Blick*: ↗ Aussicht – *den B. abwenden*: ↗ wegsehen; *mit Blicken durchbohren*: ↗ anstarren
**blicken**
*Blickfeld*: ↗ Gesichtskreis – *ins B. rücken*: ↗ hinweisen
*Blickpunkt*: ↗ Standpunkt
*Blickwinkel*: ↗ Standpunkt
**blind:** ↗ ²beschlagen (1) – *b. werden*: ↗ erblinden
*Blindgänger*: ↗ Versager
*blindgläubig*: ↗ kritiklos
*blindlings*: ↗ unüberlegt
*blinken*: ↗ signalisieren
*Blinker*: ↗ Fahrtrichtungsanzeiger
*blinzeln*: ↗ zwinkern
**Blitz:** ↗ Blitzschlag – *wie der B. aus heiterm Himmel*: ↗ plötzlich
*blitzsauber*: ↗ sauber
**Blitzschlag**
*blitzschnell*: ↗ schnell (1)
*Blizzard*: ↗ Sturm
Block: *erratischer B.*: ↗ Findling
*blockieren*: ↗ sperren
*blöd*: ↗ dumm, unangenehm
*blödeln*: ↗ scherzen
*Blödheit*: ↗ Schwachsinn
*Blödmann*: ↗ Dummkopf (2)
*Blödsinn*: ↗ Unsinn
*blödsinnig*: ↗ schwachsinnig, sinnlos
*Blödsinnigkeit*: ↗ Sinnlosigkeit
**blond**
Blonde: *eine kühle B.*: ↗ Bier
*blondieren*: ↗ bleichen (2)
**bloß:** ↗ barhäuptig, nackt, nur
*Blöße*: ↗ Lichtung – *sich eine B. geben*: ↗ kompromittieren
*bloßlegen*: ↗ aufdecken (1)
*bloßstellen*: ↗ blamieren, kompromittieren
*Bloßstellung*: ↗ Schande
**blühen:** ↗ gedeihen
*Blume*: ↗ Schwanz – *durch die B. sagen*: ↗ andeuten

**Blumenstrauß**
**Blumentopf**
*blümerant*: ↗ übel, unwohl
**Blut:** *böses B. machen*: ↗ verärgern; *wie mit B. übergossen*: ↗ schamrot; *B. und Wasser schwitzen*: ↗ ängstigen
*Blutader*: ↗ Vene
**Blutandrang**
**blutarm:** ↗ arm
**Blutbad**
**blutbefleckt**
*Blüte*: ↗ Pickel – *in B. stehen*: ↗ blühen
**bluten**
**Bluterguß**
**Blutgefäß**
Blutgruppe: *nicht meine B.*: ↗ unsympathisch
*blutjung*: ↗ jung
*Blutplasma*: ↗ Blutserum
*Blutsauger*: ↗ Ausbeuter, Wucherer
**Blutschande**
**Blutserum**
*blutsverwandt*: ↗ verwandt (1)
*Bluttat*: ↗ Mord
**Bluttransfusion**
*Bö*: ↗ Windstoß
Bock: *den B. haben*: ↗ trotzen; *einen B. schießen*: ↗ Fehler (2); *sturer B.*: ↗ Starrkopf
**bocken:** ↗ aussetzen (1), trotzen
*bockig*: ↗ widerspenstig – *b. sein*: ↗ trotzen
*Bockmist*: ↗ Unsinn
*Bodega*: ↗ Weinrestaurant
*Boden*: ↗ Dachboden, Erdboden – *am B.*: ↗ heruntergekommen (1); *zu B. fallen*: ↗ herunterfallen (1); *fester B.*: ↗ Land; *an B. gewinnen*: ↗ verbreiten (3), vorankommen; *zu B. setzen*: ↗ absetzen (1); *zu B. strecken*: ↗ niederschlagen (1)
**Bodenerhebung**
*Bodenertrag*: ↗ Ernteertrag
*bodenlos*: ↗ tief, unerhört
**Bodensatz:** ↗ Rest
*Bodensenke*: ↗ Mulde
**Bodenverbesserung**
**Bogen:** ↗ Biegung – *einen B. machen* |um|: ↗ meiden; *den B. überspannen*: ↗ weit (2)
**Bogengang**
*Bohnenkaffee*: ↗ Kaffee
Bohnenstroh: *dumm wie B.*: ↗ dumm
**bohren**
*böig*: ↗ windig

**Boiler**
*Bollwerk*: ↗ Befestigungsanlage
**bombardieren**
*bombastisch*: ↗ schwülstig
*bomben*: ↗ bombardieren
*bombig*: ↗ hervorragend
**Bon**
**Boot**
*Bord*: ↗ Rand
**Bordell**
*Bordrand*: ↗ Bordsteinkante
**Bordsteinkante**
Borg: *auf B.*: ↗ leihweise
**borgen**
*Borke*: ↗ Rinde, Schorf
*Born*: ↗ Quelle
*borniert*: ↗ beschränkt
*Börse*: ↗ Geldbörse
*Borstenvieh*: ↗ Schwein (1)
*borstig*: ↗ struppig
*Borte*: ↗ Besatz
**bösartig:** ↗ boshaft
**böse:** ↗ ärgerlich, wütend – *Böses zufügen*: ↗ schaden (1)
**boshaft:** ↗ gehässig
*Boß*: ↗ Vorgesetzter
*Botschaft*: ↗ Mitteilung
**Böttcher**
**Bottich**
*Boulevardblatt*: ↗ Zeitung
*Boulevardpresse*: ↗ Sensationspresse
**bourgeois**
**Bourgeoisie**
*brabbeln*: ↗ murmeln
*brachliegen*: ↗ ungenutzt
*bramarbasieren*: ↗ prahlen
*Brand*: ↗ Durst, Gangrän, Schadenfeuer – *in B. geraten*: ↗ entzünden; *in B. setzen*: ↗ Feuer, anzünden (1)
**branden**
*brandig*: ↗ brenzlig
*brandmarken*: ↗ anprangern
**brandschatzen:** ↗ plündern
**Brandstifter**
*Brandy*: ↗ Weinbrand
**Branntwein**
**braten**
Braten: *den B. riechen*: ↗ merken (1), Verdacht
**Bratkartoffeln**
**Bratpfanne**
**Brauch**
*brauchbar*: ↗ verwendbar

**brauchen**
braun: *b. werden*: ↗ bräunen (1)
**bräunen**
*braungebrannt*: ↗ sonnengebräunt
*Brausekopf*: ↗ Hitzkopf
*Brauselimonade*: ↗ Limonade
**brausen:** ↗ stürmen, wallen
*brav*: ↗ artig, rechtschaffen
*Bravour*: ↗ Tapferkeit
*brechen*: ↗ übergeben (2) – *b.* |*mit*|: ↗ lossagen; *zum Brechen voll*: ↗ überfüllt
*Brecher*: ↗ Welle
*Brechreiz*: ↗ Übelkeit
**Brechung**
Bredouille: *in der B. sein*: ↗ Verlegenheit
**Brei:** *B. um den Mund schmieren*: ↗ schmeicheln
**breiig**
*breitdrücken*: ↗ zerdrücken
*breiten*: ↗ ausbreiten (2)
**breitmachen**
*breitquetschen*: ↗ zerdrücken
*breitschlagen*: ↗ überreden
**Bremse:** *die B. betätigen:* ↗ bremsen
**bremsen:** ↗ hemmen, zügeln
*Bremskeil*: ↗ Hemmschuh (2)
*Bremsklotz*: ↗ Hemmschuh (2)
**brennen:** ↗ destillieren
*brennend*: ↗ scharf (2)
*Brennpunkt*: ↗ Mittelpunkt
*Brennstoff*: ↗ Heizmaterial
**brenzlig**
*Brett*: ↗ Ski – *über die Bretter gehen*: ↗ stattfinden; *das Schwarze B.*: ↗ Anschlagtafel; *die Bretter, die die Welt bedeuten*: ↗ Theater (1)
**Brief:** *B. und Siegel geben*: ↗ versichern (1)
**Briefkasten**
**Briefmarke**
*Briefträger*: ↗ Briefzusteller
**Briefumschlag**
**Briefwechsel:** *im B. stehen*: ↗ korrespondieren
**Briefzusteller**
*Brigade*: ↗ Kollektiv
**Brille:** *alles durch eine schwarze B. sehen*: ↗ pessimistisch
*Brimborium*: ↗ Aufwand
**bringen:** ↗ können, senden – *an sich b.*: ↗ aneignen (1); *mit sich b.*: ↗ Folge, verursachen
*brisant*: ↗ explosiv (1 *u.* 2)
*Brise*: ↗ Wind (1)
*Bröckchen*: ↗ Krümel
*bröckeln*: ↗ zerkrümeln
*Brocken*: ↗ Bissen, Klumpen, Stück – *harter B.*: ↗ Schwierigkeit; *ein paar Brocken hinwerfen*: ↗ abfinden (1); *nur ein paar Brocken sprechen / können*: ↗ radebrechen
*brodeln*: ↗ wallen – *es brodelt*: ↗ gären (2)
*Brodem*: ↗ Dampf
**Brosche**
**Broschüre**
*Brösel*: ↗ Krümel
**Brötchen**
*Brötchengeber*: ↗ Unternehmer
**Brotkanten**
Brotkorb: *den B. höher hängen*: ↗ knapphalten
*brotlos*: ↗ arbeitslos
*Brotschnitte*: ↗ Schnitte
*Browning*: ↗ Pistole
[1]**Bruch:** ↗ Falte (1), Zerwürfnis – *zu B. gehen*: ↗ zerbrechen (2); *in die Brüche gehen*: ↗ scheitern (2)
[2]*Bruch*: ↗ Sumpf
**Bruchfläche**
*brüchig*: ↗ morsch, schadhaft
**Bruchstück:** ↗ Stück
*Bruchteil*: ↗ Teil
**Brücke:** *goldene Brücken bauen*: ↗ entgegenkommen
Bruder: *warmer B.*: ↗ Homosexueller
*Bruderschaft*: ↗ Vereinigung (2)
**Brühe**
*brühen*: ↗ aufbrühen
*brüllen*: ↗ schnauzen, schreien
**brummen:** ↗ Haft, murren
*brummig*: ↗ mürrisch
*Brunnen*: ↗ Mineralwasser
*Brunnenvergifter*: ↗ Verleumder
*Brunst*: ↗ Brunstzeit
**brünstig:** ↗ lüstern
**Brunstzeit**
*Brüsche*: ↗ Beule (1)
*brüsk*: ↗ barsch
**Brust:** ↗ Brustkorb – *die B. geben*: ↗ stillen; *mit geschwellter B.*: ↗ stolz; *an die B. heften*: ↗ anstecken (1); *die B. nehmen*: ↗ saugen; *einen zur B. nehmen*: ↗ trinken (2); *schwach auf der B. sein*: ↗ zahlungsunfähig
brüsten: *sich b.*: ↗ prahlen
**Brustkorb**
**brutal**

**brüten**: ↗ grübeln
**Brutstätte**
*brutzeln*: ↗ braten
*Bub*: ↗ Junge
*bubbern*: ↗ schlagen (2)
**Bube**
*Bubenstreich*: ↗ Schurkerei
**Buch**: *ein B. zur Hand nehmen*: ↗ lesen; *wie ein B. reden*: ↗ schwatzen; *etw. ist für jmdn. ein B. mit sieben Siegeln*: ↗ unverständlich; *über den Büchern sitzen*: ↗ lernen (1); *wie es im Buch steht*: ↗ vorbildlich
*Bucheinband*: ↗ Einband
*buchen*: ↗ vorbestellen
*Bücherbord*: ↗ Wandbord
**Bücherei**
**Bücherfreund**
*Bücherladen*: ↗ Buchhandlung
*Bücherregal*: ↗ Regal
*Bücherstube*: ↗ Buchhandlung
**Buchhandlung**
*Buchstabe*: ↗ Schriftzeichen – *sich auf seine vier Buchstaben setzen*: ↗ setzen
*buchstäblich*: ↗ wörtlich
**Bucht**
**Buckel**: ↗ Bodenerhebung, Rücken – *den B. hinhalten |für|*: ↗ verantworten (1); *den B. vollhauen*: ↗ verprügeln
*buckeln*: ↗ katzbuckeln, tragen (1)
**bücken**
**bucklig**
Bückling: *einen B. machen*: ↗ verbeugen
*Buddel*: ↗ Flasche
*Buddelkasten*: ↗ Spielplatz
*buddeln*: ↗ graben
**Bude**: ↗ Haus, Zimmer – *die B. überm Kopf anstecken*: ↗ anzünden (3); *die B. auf den Kopf stellen*: ↗ umhertollen
*Budget*: ↗ Haushaltsplan
*Budiker*: ↗ Gastwirt
*Büfett*: ↗ Anrichte, Theke
**Bügeleisen**
**bügeln**
*Bühne*: ↗ Theater (1 *u.* 2) – *über die B. gehen*: ↗ stattfinden; *von der B. des Lebens abtreten*: ↗ sterben
*Bühnenautor*: ↗ Dramatiker
**Bühnendekoration**
*Bühnenkünstler*: ↗ Schauspieler
*Bühnenwerk*: ↗ Theaterstück
*Bukett*: ↗ Blumenstrauß
*bukolisch*: ↗ idyllisch
*bulksen*: ↗ arbeiten (1)
*Bulldozer*: ↗ Planierraupe
**Bulle**
*Bullenhitze*: ↗ Hitze (1)
*bullig*: ↗ heiß (1), untersetzt
*Bummel*: ↗ Troddel, Vergnügungstour
*Bummelei*: ↗ Trödelei
*bummeln*: ↗ spazierengehen, trödeln
*Bummelzug*: ↗ Personenzug
*Bums*: ↗ Donner, Tanzveranstaltung
*bumsen*: ↗ koitieren – *es bumst*: ↗ donnern; *b. |gegen|*: ↗ anstoßen
*Bumslokal*: ↗ Tanzlokal, Vergnügungsstätte
**Bund**: ↗ Bündnis, Organisation, Vereinigung (2) – *B. fürs Leben*: ↗ Ehe
**Bündel**
**bündeln**
*Bundesgenosse*: ↗ Verbündeter
*Bundespräsident*: ↗ Staatsoberhaupt
*bündig*: ↗ knapp (2), überzeugend
**Bündnis**: ↗ Bund (1) – *ein B. schließen*: ↗ verbünden
*Bündnispartner*: ↗ Verbündeter
*Bungalow*: ↗ Wochenendhaus
*Bunker*: ↗ Arrestlokal
**bunt**
*Buntstift*: ↗ Farbstift
*Bürde*: ↗ Last
**bürgen**
**Bürger**
*bürgerlich*: ↗ bourgeois
**Bürgermeister**
*Bürgertum*: ↗ Bourgeoisie
**Bürgschaft**: *B. leisten |für|*: ↗ bürgen (1); *eine B. leisten |für|*: ↗ bürgen (2)
**Büro**
**Bürokrat**
**Bürokratie**
*Bursche*: ↗ Jugendlicher, Kerl, Mann (1)
*burschikos*: ↗ ungezwungen
**bürsten**
Bürstenbinder: *saufen wie ein B.*: ↗ trinken (2)
*Bürzel*: ↗ Schwanz
*Bus*: ↗ Autobus
Buschfunk: *durch B.*: ↗ gerüchtweise
**Buschwerk**
*Busen*: ↗ Brust
*Buße*: ↗ Strafe
**büßen**: ↗ sühnen
*bußfertig*: ↗ reuevoll
*Bußfertigkeit*: ↗ Reue
**Büstenhalter**

**Butterbrot:** *aufs B. schmieren / streichen*: ↗ vorhalten
*buttern*: ↗ eitern
*butterweich*: ↗ weich (1, a)

# C

**Café**
*Callgirl*: ↗ Prostituierte
*Camionnage*: ↗ Spedition
*campen*: ↗ zelten
*Campinganhänger*: ↗ Wohnwagen
*Campingplatz*: ↗ Lager (2)
*Cañon*: ↗ Schlucht, Tal
*Caravan*: ↗ Wohnwagen
*Casanova*: ↗ Frauenheld, Verführer
*Chaiselongue*: ↗ Sofa
*Chamäleon*: ↗ Opportunist
*Champagner*: ↗ Sekt
Chance: *Chancen haben |bei|*: ↗ gefallen (2)
*changieren*: ↗ schillern
*Chaos*: ↗ Unordnung
*chaotisch*: ↗ ungeordnet (1), wild (3)
*Chapeau claque*: ↗ Zylinder
*Charakter*: ↗ Persönlichkeit, Wesensart
**charakterfest**
charakterisieren: *c. |als|*: ↗ bezeichnen
*charakteristisch*: ↗ eigentümlich, kennzeichnend
*charakterlos*: ↗ haltlos
*charakterschwach*: ↗ haltlos
*Charakterzug*: ↗ Kennzeichen
*Charge*: ↗ Rang (1)
*charmant*: ↗ entzückend
**Charme:** ↗ Zauber
*Charmeur*: ↗ Schmeichler
*chartern*: ↗ mieten
*Chaussee*: ↗ Landstraße
*Chauvinismus*: ↗ Nationalismus
*Chef*: ↗ Leiter, Vorgesetzter
*chiffrieren*: ↗ verschlüsseln
*cholerisch*: ↗ unbeherrscht
**Chor**
**Chorsänger**
*Chorverein*: ↗ Gesangverein
*Christbaum*: ↗ Weihnachtsbaum
*Christkind*: ↗ Weihnachtsgeschenk
**Christus**
*Circe*: ↗ Verführerin
*Circulus vitiosus*: ↗ Teufelskreis
*City*: ↗ Innenstadt
*clever*: ↗ raffiniert, schlau
**Clique:** ↗ Freundeskreis
*Clou*: ↗ Attraktion
**Clown**
**Conférence**
**Conférencier**
*coram publico*: ↗ öffentlich
*Couch*: ↗ Sofa
Cour: *die C. schneiden*: ↗ schmeicheln
*Courage*: ↗ Mut
*couragiert*: ↗ mutig
*Cousin*: ↗ Vetter
*Crack*: ↗ Spitzensportler
*Creme*: ↗ Paste
*Crew*: ↗ Besatzung (1)

# D

*da*: ↗ als (2), dort, weil – *da und dort*: ↗ vereinzelt; *von da an*: ↗ seitdem (1)
*dabei*: ↗ daran
*dabeisein*: ↗ teilnehmen
*dableiben*: ↗ bleiben
Dach: *eins aufs D. bekommen*: ↗ tadeln; *unter D. und Fach bringen*: ↗ vollenden (1); *kein D. über dem Kopf haben*: ↗ obdachlos; *aufs D. steigen*: ↗ zurechtweisen
**Dachboden**
**Dachkammer**
*Dachpfanne*: ↗ Dachziegel
**Dachrinne**
Dachs: *junger D.*: ↗ Grünschnabel
Dachschaden: *einen D. haben*: ↗ verrückt
*Dachstube*: ↗ Dachkammer
**Dachziegel**
*dadurch*: ↗ damit (2), davon
dafür: *d. sein*: ↗ zustimmen (1); *d. sorgen, daß ...*: ↗ veranlassen
**dagegen**
dagegenstellen: *sich d.*: ↗ widersetzen
**daheim**
*Daheim*: ↗ Zuhause
*daherreden*: ↗ faseln, schwafeln
*dahin*: ↗ tot, vorbei (1)

*dahingehen*: ↗ sterben, vergehen (1)
**dahinleben**
*dahinschwinden*: ↗ abnehmen (4), untergehen (3)
*dahinter*: ↗ rückseitig – *d. stehen*: ↗ unterstützen (1); *da ist nichts d.*: ↗ unbedeutend
*dahinterstecken*: ↗ verbergen (2)
*dahinvegetieren*: ↗ dahinleben
*dahocken*: ↗ kauern, sitzen
*Daktylographin*: ↗ Maschinenschreiberin
*dalli!*: ↗ schnell (2)
**damals**: *seit d.*: ↗ seitdem (1)
Dame: *alte D.*: ↗ Mutter
**Damenrock**
**damit**
*Dämlack*: ↗ Dummkopf (1)
*dämlich*: ↗ dumm
**Damm**: ↗ Fahrbahn – *nicht auf dem D. sein*: ↗ krank
**dämmerig**
*Dämmerlicht*: ↗ Abenddämmerung
**dämmern**: *es dämmert jmdm.*: ↗ erkennen (2)
*Dämmerstunde*: ↗ Abenddämmerung
*Dämmerung*: ↗ Abenddämmerung
*dämonisch*: ↗ teuflisch, unheimlich
**Dampf**: *D. machen*: ↗ antreiben (2)
*dampfen*: ↗ schwitzen
*Dämpfer*: ↗ Ernüchterung
**danach**: ↗ darauf
*Dandy*: ↗ Geck
**daneben**
danebenbenehmen: *sich d.*: ↗ vorbeibenehmen
*danebenhalten*: ↗ nebeneinanderhalten
*danebenschätzen*: ↗ verschätzen
*danebenschießen*: ↗ irren
**dank**
**Dank**: *seinen D. bekunden*: ↗ danken; *von D. erfüllt*: ↗ dankbar
**dankbar**
**Dankbarkeit**
**danken**: ↗ verdanken, vergelten (2) – *d.* |*für*|: ↗ ablehnen (3)
*dankerfüllt*: ↗ dankbar
dann: *d. und wann*: ↗ manchmal
**daran**
daranmachen: *sich d.*: ↗ anfangen (2)
**darauf**: ↗ danach
*darauffolgend*: ↗ folgend (1)
**daraus**
**darben**
**darbieten**: ↗ geben, vortragen (2) – *sich d.*: ↗ bieten (3)
*Darbietung*: ↗ Vortrag (2)
*darbringen*: ↗ schenken
**darin**
**darlegen**
**Darlehen**
*Darmentleerung*: ↗ Stuhlgang
*Darmspülung*: ↗ Einlauf
*Darmträgheit*: ↗ Verstopfung
*Darmwind*: ↗ Wind (2)
*darren*: ↗ dörren (2)
**darstellen**
*Darsteller*: ↗ Schauspieler
*Darstellungsweise*: ↗ Form (2)
**darüber**
*darum*: ↗ deshalb
**darunter**
**das**
*dasein*: ↗ bestehen (1) – *nicht d.*: ↗ abwesend; *das ist noch nicht dagewesen!*: ↗ unerhört
**Dasein**: ↗ Leben – *sein D. beschließen*: ↗ sterben
*Daseinsform*: ↗ Lebensform
*daseinsmüde*: ↗ lebensmüde
**dasselbe**
**Daten**
*Datsche*: ↗ Wochenendhaus
**Dauer**: *von kurzer D.*: ↗ vergänglich; *von D. sein*: ↗ weiterbestehen
**dauerhaft**
[1]**dauern**: *d.* |*bis*|: ↗ erstrecken (1)
[2]dauern: *jmd.* bzw. *etw. dauert jmdn.*: ↗ leid
**dauernd**: ↗ immer, ununterbrochen
Däumchen: *D. drehen*: ↗ langweilen
Daumen: *die Daumen drehen*: ↗ faulenzen; *über den D. peilen*: ↗ schätzen
Daumenschrauben: *D. anlegen*: ↗ zwingen
*daunenweich*: ↗ weich (1, a)
**davon**
*davoneilen*: ↗ weglaufen
*davonfahren*: ↗ abfahren (1)
*davonfliegen*: ↗ wegfliegen
*davongehen*: ↗ weggehen
*davonjagen*: ↗ vertreiben
**davonkommen**: ↗ entkommen, herumkommen – *noch einmal d.*: ↗ straffrei
*davonlaufen*: ↗ weglaufen – *das ist ja zum Davonlaufen!*: ↗ verzweifeln (2)
davonmachen: *sich d.*: ↗ wegschleichen
*davonrennen*: ↗ weglaufen
davonschleichen: *sich d.*: ↗ wegschleichen

davonstehlen: *sich d.*: ↗ wegschleichen
*davontragen*: ↗ zuziehen
*davor*: ↗ vorher
**dazu:** ↗ darüber (2) – *d. bringen, daß ...*: ↗ veranlassen
*dazugeben*: ↗ zuschießen
dazurechnen: *mit d.*: ↗ einbeziehen
*Dazutun*: ↗ Mithilfe
**dazwischen:** ↗ darunter (2), inzwischen
*dazwischenfahren*: ↗ eingreifen
*dazwischenfunken*: ↗ stören (1), vereiteln
*dazwischenreden*: ↗ Wort (2)
*Debakel*: ↗ Zusammenbruch
*Debatte*: ↗ Streitgespräch – *in die D. werfen*: ↗ vorbringen
*Debet*: ↗ Soll (2)
*debil*: ↗ schwachsinnig
*Debilität*: ↗ Schwachsinn
*dechiffrieren*: ↗ entschlüsseln
**Deckbett**
**Decke:** ↗ Reifen – *auf die D. legen*: ↗ schießen (2)
**Deckel:** ↗ Hut – *eins auf den D. geben*: ↗ zurechtweisen
*decken*: ↗ begatten – *etw. deckt sich*: ↗ übereinstimmen (2)
**Deckname**
*Deckung*: ↗ Übereinstimmung
*dedizieren*: ↗ schenken, widmen
*de facto*: ↗ tatsächlich
*Defätismus*: ↗ Pessimismus
*Defätist*: ↗ Pessimist
*defätistisch*: ↗ pessimistisch
*defekt*: ↗ schadhaft
*Defekt*: ↗ Gebrechen, Schaden (2)
*Defensive*: ↗ Verteidigung
*Defilee*: ↗ Vorbeimarsch
*definieren*: ↗ bestimmen (3)
*definitiv*: ↗ endgültig
*Defizit*: ↗ Fehlbetrag
*Deformation*: ↗ Mißbildung
*deformieren*: ↗ verunstalten
*degenerieren*: ↗ entarten, zurückbilden (2)
*Degout*: ↗ Widerwille
**dehnbar**
**dehnen: sich d.**: ↗ ausstrecken (2), strekken
*Dehors*: ↗ Schein (3)
*deichseln*: ↗ bewerkstelligen
*de jure*: ↗ rechtlich
*deklamieren*: ↗ vortragen (2)
*deklarieren*: ↗ erklären (2)
*Dekolleté*: ↗ Ausschnitt
*dekorativ*: ↗ wirkungsvoll
*dekorieren*: ↗ ausschmücken (1), auszeichnen (1)
*Dekorum*: ↗ Schein (3)
*Dekret*: ↗ Erlaß, Verordnung
*dekretieren*: ↗ anordnen
**Delegation**
*Delegierter*: ↗ Abgesandter
*delikat*: ↗ heikel, schmackhaft
*Delikatesse*: ↗ Leckerbissen, Zartgefühl
*Delikt*: ↗ Vergehen
*delirieren*: ↗ irrereden
Delirium: *D. tremens*: ↗ Säuferwahnsinn
*deliziös*: ↗ schmackhaft
*Delle*: ↗ Beule (2)
*Delogierung*: ↗ Zwangsräumung
*Demagogie*: ↗ Volksverführung
*demarkieren*: ↗ abgrenzen
*demaskieren*: ↗ entlarven
*dementieren* ↗ widerrufen
**dementsprechend:** ↗ solch
**demgegenüber**
*demgemäß*: ↗ dementsprechend
*Demission*: ↗ Rücktritt
*demissionieren*: ↗ zurücktreten
*demnach*: ↗ folglich
*Demobilisierung*: ↗ Abrüstung
**Demokratie**
*demolieren*: ↗ zerstören (1)
*Demonstration*: ↗ Kundgebung – *eine D. veranstalten*: ↗ demonstrieren
**demonstrieren:** ↗ veranschaulichen, zeigen (4)
**demoralisieren**
*Demoskopie*: ↗ Meinungsforschung
*demsig*: ↗ schwül
*demütig*: ↗ ¹ergeben (1)
**demütigen**
*demutsvoll*: ↗ ¹ergeben (1)
*demzufolge*: ↗ folglich
Denkarbeit: *D. leisten*: ↗ denken
*denkbar*: ↗ möglich, sehr, vorstellbar
**denken:** ↗ meinen, nachdenken – *nicht mehr daran d. wollen*: ↗ vergessen; *d.* |*über*|: ↗ urteilen
**Denkmal**
**Denkschrift**
*Denkspruch*: ↗ Sinnspruch
*Denkungsart*: ↗ Denkweise
**Denkvermögen**
**Denkweise**
*Denkzettel*: ↗ Strafe
*denn*: ↗ als (1) – *es sei d.*: ↗ außer (2)

*dennoch*: ↗ trotzdem
**denunzieren**
*deplaciert*: ↗ unpassend
*deportieren*: ↗ verbannen
*Depot*: ↗ Speicher
*Depp*: ↗ Tolpatsch
*Depression*: ↗ Tief
*depressiv*: ↗ niedergeschlagen
*deprimieren*: ↗ bedrücken
*deprimierend*: ↗ entmutigend
*deprimiert*: ↗ niedergeschlagen
**der**: *d. dort*: ↗ jener
*derangieren*: ↗ verwirren (1)
*derart*: ↗ so (1 *u.* 2)
*derartig*: ↗ solch
**derb**: ↗ drastisch
*dereinst*: ↗ einst
*dergestalt*: ↗ so (1)
*dergleichen*: ↗ solch – *und d. mehr*: ↗ weiter
*derlei*: ↗ solch
*dermaßen*: ↗ so (2)
*derweil*: ↗ inzwischen, während (1)
*derzeit*: ↗ jetzt
*derzeitig*: ↗ jetzig
*Desaster*: ↗ Unglück, Zusammenbruch
*desavouieren*: ↗ kompromittieren
**Deserteur**
**desertieren**
**deshalb**
*desillusionieren*: ↗ ernüchtern
*Desillusionierung*: ↗ Ernüchterung
**desinfizieren**
*desinteressiert*: ↗ interesselos
*desolat*: ↗ trostlos
*desorganisieren*: ↗ zerrütten
*Despektierlichkeit*: ↗ Mißachtung
*desperat*: ↗ verzweifelt (2)
*Despot*: ↗ Gewaltherrscher
*Despotie*: ↗ Gewaltherrschaft
*despotisch*: ↗ herrisch, herrschsüchtig
*Despotismus*: ↗ Gewaltherrschaft
*dessenungeachtet*: ↗ trotzdem
**Dessert**
**destillieren**
*deswegen*: ↗ deshalb
*Detail*: ↗ Einzelheit
*detailliert*: ↗ einzeln (2)
*deuten*: ↗ zeigen (1)
**deutlich**: ↗ offen (3) – *d. machen*: ↗ veranschaulichen; *d. werden lassen*: ↗ verraten (3)
deutsch: *d. reden* |*mit*|: ↗ zurechtweisen
*Devise*: ↗ Wahlspruch
*devot*: ↗ unterwürfig
*dezent*: ↗ unaufdringlich
*dezimieren*: ↗ verringern
*diabolisch*: ↗ teuflisch
diagonal: *d. lesen*: ↗ überfliegen
*Dialekt*: ↗ Mundart
**Diapositiv**
*Diarium*: ↗ Kladde
*Diarrhöe*: ↗ Durchfall
**dicht**: ↗ unmittelbar – *d. bei*: ↗ nahe; *zu d. besiedelt*: ↗ übervölkert; *d. machen*: ↗ schließen (1, 2 *u.* 4)
**dichten**: ↗ abdichten
**Dichter**
*dichthalten*: ↗ schweigen (2)
*Dichtung*: ↗ Dichtkunst
**Dichtkunst**
**Dichtung**: *lyrische D.*: ↗ Lyrik
**dick**: *zu d. auftragen*: ↗ übertreiben (1); *d. haben*: ↗ überdrüssig; *d. machen*: ↗ schwängern; *d. werden*: ↗ zunehmen (3)
**dickbäuchig**
**Dicke**
**Dicker**
dicketun: *sich d.*: ↗ angeben
*dickfellig*: ↗ unempfindlich
**dickflüssig**
*Dickhäuter*: ↗ Elefant
*dickhäutig*: ↗ gleichgültig (1)
*Dickkopf*: ↗ Starrkopf
*dickköpfig*: ↗ eigensinnig
*Dickleibigkeit*: ↗ Leibesfülle
**dicklich**
dickmachen: *sich d.*: ↗ breitmachen
*dickschädelig*: ↗ eigensinnig
*Dicktuerei*: ↗ Angabe
dicktun: *sich d.*: ↗ angeben
*didaktisch*: ↗ lehrhaft
**die**
**Dieb**
**Diebesbande**
**Diebstahl**: *einen D. begehen*: ↗ stehlen
**Diele**
**dienen**
**Diener**
*dienern*: ↗ verbeugen
*dienlich*: ↗ nützlich – *d. sein*: ↗ nutzen
Dienst: *den D. quittieren*: ↗ kündigen; *außer D. sein*: ↗ pensioniert; *im D. sein* |*bei*|: ↗ dienen; *zu Diensten stehen*: ↗ verfügbar
**dienstbeflissen**

**dienstbereit**
*diensteifrig*: ↗ dienstbeflissen
**Dienstgeheimnis**
**diensthabend**
**Dienstleistungsbetrieb**
**Dienstpersonal**
*Dienstrang*: ↗ Rang (1)
**Dienstraum**
**Dienstschluß**
**Dienstschreiben**
**dienstuntauglich**
Dienstzeit: *seine D. ableisten*: ↗ Soldat
*dieserart*: ↗ so (1), solch
*Diesigkeit*: ↗ Dunst
*diesseitig*: ↗ weltlich
*Diesseits*: ↗ Welt
*diffamieren*: ↗ verleumden, verunglimpfen
*diffamierend*: ↗ verleumderisch
*different*: ↗ verschiedenartig
*Differenz*: ↗ Meinungsverschiedenheit, Unterschied
*differenzieren*: ↗ unterscheiden
*differieren*: ↗ abweichen (2)
*diffizil*: ↗ schwierig
*Diffizilität*: ↗ Schwierigkeit
*diffus*: ↗ verschwommen
*diktatorisch*: ↗ herrisch
**Diktatur**
*Diktion*: ↗ Ausdrucksweise, Stil (1)
*Dilemma*: ↗ Zwangslage
*Dilettant*: ↗ Laie, Stümper
*dilettantisch*: ↗ laienhaft, stümperhaft
*Dilettantismus*: ↗ Stümperei
*dilettieren*: ↗ stümpern
*Dimension*: ↗ Ausdehnung (2)
*Diner*: ↗ Festessen
*Ding*: ↗ Gegenstand – *ein D. an der Glocke haben*: ↗ verrückt; *den Dingen ihren Lauf lassen*: ↗ resignieren; *ein D. der Unmöglichkeit*: ↗ unmöglich
dingfest: *d. machen*: ↗ verhaften
*dinglich*: ↗ gegenständlich
*Dings*: ↗ sowieso (2)
**Dingsda**
*dinieren*: ↗ Mahlzeit
*Diplom*: ↗ Urkunde
*direkt*: ↗ geradewegs, offen (3), unmittelbar
*Direktive*: ↗ Anordnung, Befehl, Richtlinie
**Direktor**: ↗ Leiter
**Direktsendung**
**Dirigent**
*Dirne*: ↗ Prostituierte
*Diskothek*: ↗ Tanzlokal
*diskreditieren*: ↗ herabwürdigen, verunglimpfen
*Diskrepanz*: ↗ Mißverhältnis
*diskret*: ↗ rücksichtsvoll, verschwiegen, vertraulich (2)
*Diskretion*: ↗ Verschwiegenheit
**diskriminieren**
Diskussion: *in die D. werfen*: ↗ vorbringen
*diskutieren*: ↗ erörtern, verhandeln (1)
*disparat*: ↗ verschiedenartig
*disponibel*: ↗ verfügbar, vorrätig
*Disposition*: ↗ Veranlagung – *zur D. stehen*: ↗ verfügbar
*Disproportion*: ↗ Mißverhältnis
*Disput*: ↗ Streitgespräch
*Dissens*: ↗ Meinungsverschiedenheit
*Dissonanz*: ↗ Mißklang
*Distanz*: ↗ Abstand, Entfernung, Strecke
**distanzieren**: ↗ überflügeln
*distanziert*: ↗ kühl (2), zurückhaltend
*distinguiert*: ↗ vornehm (2)
*distribuieren*: ↗ verteilen
*Disziplin*: ↗ Ordnung
*disziplinarisch*: ↗ streng (2)
*disziplinlos*: ↗ undiszipliniert
*Diva*: ↗ Filmstar
*Divergenz*: ↗ Meinungsverschiedenheit
*divergieren*: ↗ abweichen (2)
*Diversant*: ↗ Saboteur
*Diversion*: ↗ Sabotage
*doch*: ↗ trotzdem
*doch!*: ↗ tatsächlich
**dogmatisch**: ↗ starr (2)
*Doktor*: ↗ Arzt
Doktorgrad: *den D. erwerben*: ↗ promovieren
*doktrinär*: ↗ dogmatisch, starr (2)
*Dokument*: ↗ Schriftstück, Urkunde
*dokumentieren*: ↗ zeigen (4)
*dolmetschen*: ↗ übersetzen
*Domestik*: ↗ Diener
*domestizieren*: ↗ züchten – *nicht domestiziert*: ↗ wild (1, a)
*Domination*: ↗ Vorherrschaft
*dominieren*: ↗ vorherrschen
*Domizil*: ↗ Wohnsitz – *sein D. haben*: ↗ *wohnen*
*Don Juan*: ↗ Verführer
**Donner**
**donnern**: ↗ schnauzen
*Donnerwetter*: ↗ Strafpredigt – *zum D.!*: ↗ verflucht!

*doof*: ↗ dumm
*Doppel*: ↗ Abschrift, Durchschlag
*doppelgeschlechtig*: ↗ zweigeschlechtig
*doppelgesichtig*: ↗ zwielichtig
*doppelgleisig*: ↗ zwielichtig
*Doppelheit*: ↗ Zweiheit
*doppelsinnig*: ↗ mehrdeutig
*Doppelsinnigkeit*: ↗ Mehrdeutigkeit
**doppelt**
*doppelzüngig*: ↗ heuchlerisch
*Doppelzüngigkeit*: ↗ Heuchelei
*Dorado*: ↗ Paradies (1)
**Dorf**: *etw. sind für jmdn. böhmische Dörfer*: ↗ unverständlich
*dörflich*: ↗ ländlich
Dorn: *ein D. im Auge sein*: ↗ mißfallen (1)
**dornig**: ↗ schwierig
*dorren*: ↗ trocknen
**dörren**
**Dorsch**
**dort**: *nach d.*: ↗ dorthin; *von d.*: ↗ dorther
**dorther**
**dorthin**
*dösen*: ↗ schlummern
*dösig*: ↗ geistesabwesend, schlaftrunken
**Dosis**
*Döskopp*: ↗ Träumer
*Dossier*: ↗ Aktenbündel
*Dotation*: ↗ Schenkung
**Dotter**
*down*: ↗ erschöpft
*dozieren*: ↗ schulmeistern, Verlesung
**Drache**
Drachen: ↗ Xanthippe
*drahten*: ↗ telegrafieren
*Drahtesel*: ↗ Fahrrad
*drahtig*: ↗ sehnig
*Drahtzieher*: ↗ Hintermann
*drakonisch*: ↗ streng (2)
*drall*: ↗ dick
**Drama**
**Dramatik**
**Dramatiker**
*dramatisch*: ↗ spannend
*dramatisieren*: ↗ übertreiben (1)
dran: *d. glauben müssen*: ↗ sterben; *d. sein*: ↗ Reihe (2)
*Drän*: ↗ Abflußgraben
*Dränage*: ↗ Abflußgraben
*Drang*: ↗ Trieb
*drängeln*: ↗ drängen (2)
**drängen**: *etw. drängt*: ↗ eilen (2)
*Drangsal*: ↗ Not, Qual
*drangsalieren*: ↗ schikanieren
*drankommen*: ↗ Reihe (2)
**drastisch**: ↗ wirksam
*Draufgabe*: ↗ Zugabe
**Draufgänger**
*draufgängerisch*: ↗ kühn
*Draufgängertum*: ↗ Kühnheit
draufgeben: *ein paar/eins d.*: ↗ schlagen (1)
*draufgehen*: ↗ sterben, verenden – *etw. geht drauf*: ↗ verbraucht (2)
*drauflegen*: ↗ zuschießen, zuzahlen
*draufzahlen*: ↗ zuzahlen; Schaden (3)
**draußen**
*Dreck*: ↗ Schmutz – *mit D. bewerfen*: ↗ verunglimpfen; *einen D. fragen* |*nach*|: ↗ kümmern (2); *jmd. steckt im D.*: ↗ schlecht; *aus dem D. ziehen*: ↗ heraushelfen; *in den D. ziehen*: ↗ verleumden
*Dreckfink*: ↗ Schmutzfink
*dreckig*: ↗ schmutzig, unanständig – *es geht jmdm. d.*: ↗ schlecht; [*sich*] *d. machen*: ↗ beschmutzen
*Dreckschleuder*: ↗ Mundwerk•
*Dreckskerl*: ↗ Schurke
*Dreh*: ↗ Trick
Dreharbeiten: *D. machen*: ↗ filmen
**Drehbuch**
*Dreh*[*e*]: ↗ Gegend (2)
**drehen**: ↗ bewerkstelligen, filmen, wenden – *es dreht sich* |*um*|: ↗ handeln (3)
*Drehung*: ↗ Wendung
Drehwurm: *jmd. hat den D.*: ↗ schwindelig
Dreier: *keinen D. wert sein*: ↗ wertlos
*Dreikäsehoch*: ↗ Knirps
*dreinblicken*: ↗ blicken (2)
dreinfinden: *sich d.*: ↗ abfinden (2)
dreinmengen: *sich d.*: ↗ einmischen
dreinmischen: *sich d.*: ↗ einmischen
dreinschicken: *sich d.*: ↗ abfinden (2)
*dreist*: ↗ unverschämt
*Dresche*: ↗ Schläge
*dreschen*: ↗ schlagen (1), verprügeln
**dressieren**
*Drift*: ↗ Strömung (1)
**drillen**
dringen: *d.* |*auf*|: ↗ bestehen (3); *d.* |*in*|: ↗ bedrängen
*dringend*: ↗ eilig (2)
*dringlich*: ↗ eilig (2), nachdrücklich
*Dringlichkeit*: ↗ Nachdruck
**drinnen**
drinsein: *nicht d.*: ↗ unmöglich
*Droge*: ↗ Rauschgift

**drohen**
**dröhnen**
*drollig*: ↗ spaßig
*Droschke*: ↗ Taxi
*drosseln*: ↗ hemmen
**drüben**
**Druck:** ↗ Zwang – *D. ausüben [auf]*: ↗ zwingen
*drucken*: ↗ veröffentlichen
**drücken:** ↗ drängen (1) – *sich d.*: ↗ ausweichen (2); *ans Herz d.*: ↗ umarmen
*drückend*: ↗ schwer, schwül
*Drücker*: ↗ Klinke
**Druckerzeugnis**
*Drucktype*: ↗ Letter
*Drum und Dran*: ↗ Zubehör
drunter: *d. und drüber liegen*: ↗ ungeordnet (2)
*Drunter und Drüber*: ↗ Unordnung
*Dualismus*: ↗ Zweiheit
*dubios*: ↗ zweifelhaft
**ducken:** ↗ unterdrücken (1)
**Duckmäuser**
**duckmäuserisch**
*Duell*: ↗ Zweikampf
**Duft:** ↗ Gestank
*dufte*: ↗ großartig
**duften:** ↗ stinken
**duftend**
*duftig*: ↗ zart
*Duftwasser*: ↗ Kölnischwasser, Parfüm
*dulden*: ↗ erdulden, erleiden, zulassen
*duldsam*: ↗ tolerant
*Dulliäh*: ↗ Rausch
**dumm:** ↗ schwindelig, unangenehm
**Dummejungenstreich**
*Dummheit*: ↗ Dummejungenstreich – *Dummheiten machen*: ↗ Unfug
**Dummkopf**
*dummstolz*: ↗ überheblich
*dümpeln*: ↗ schlingern
**dumpf:** ↗ benommen, stumpfsinnig
*Dumpfheit*: ↗ Stumpfsinn
*dumpfig*: ↗ dumpf (1)
*dumpftönend*: ↗ dumpf (2)
*Dung*: ↗ Dünger (1)
*Düngemittel*: ↗ Dünger (1 *u.* 2)
**Dünger**
**dunkel:** ↗ unklar, verdächtig
*dunkelfarbig*: ↗ dunkel (2)
**dunkelhaarig**
*dünkelhaft*: ↗ eingebildet, überheblich
**Dunkelheit**
*dunkeln*: ↗ dämmern (2)
dünken: *etw. dünkt jmdn.*: ↗ scheinen
**dünn:** ↗ mager, schwach (2), spärlich, wäßrig – *dünner werden*: ↗ abnehmen (3); *etw. wird dünner*: ↗ verjüngen
dünn[e]machen: *sich d.*: ↗ wegschleichen
*Dünnpfiff*: ↗ Durchfall
*Dünnschiß*: ↗ Durchfall
**Dunst:** *blauen D. vormachen*: ↗ täuschen
*Dünung*: ↗ Seegang
*duplieren*: ↗ verdoppeln
*Duplikat*: ↗ Abschrift
*Duplizität*: ↗ Zweiheit
**durch:** ↗ dank, mittels
*durchackern*: ↗ durcharbeiten, durchforschen
**durcharbeiten**
*durchaus*: ↗ ja, unbedingt
durchbeben: *etw. durchbebt jmdn.*: ↗ durchströmen
durchbeißen: *sich d.*: ↗ durchschlagen (2)
durchbetteln: *sich d.*: ↗ schmarotzen
*durchbeuteln*: ↗ durchschütteln
*durchbiegen*: ↗ durchdrücken (2)
**durchblättern**
*durchbleuen*: ↗ verprügeln
*Durchblick*: ↗ Übersicht (1)
*durchblicken*: ↗ durchschauen – *d. lassen*: ↗ andeuten
**durchbohren**
*durchboxen*: ↗ durchsetzen – *sich d.*: ↗ durchschlagen (2)
**durchbrechen**
*durchbrennen*: ↗ durchschmelzen
*durchbringen*: ↗ unterhalten (1), verschwenden
**durchdacht**
*durchdenken*: ↗ [1]überlegen, verarbeiten (2)
**durchdrängen**
**durchdrehen:** ↗ Beherrschung – *nicht d.*: ↗ gelassen
**durchdringen:** *etw. durchdringt jmdn.*: ↗ durchströmen
*durchdringend*: ↗ schrill
**durchdrücken:** ↗ durchsetzen
durcheinander: *d. sein*: ↗ verwirrt; *bunt d.*: ↗ ungeordnet (2)
**Durcheinander:** ↗ Unordnung
**durcheinanderbringen:** ↗ verwechseln, verwirren (1)
*durcheinanderwerfen*: ↗ durcheinanderbringen
**durchessen**

*durchexerzieren*: ↗ üben
**durchfahren**: ↗ durchqueren (2) – *etw. durchfährt jmdn.*: ↗ durchzucken
**Durchfall**
**durchfallen**
durchfechten: *sich d.*: ↗ schmarotzen
**durchfeiern**
*durchfeilen*: ↗ überarbeiten (1)
**durchfeuchten**
durchfinden: *sich d.*: ↗ zurechtfinden
*durchfliegen*: ↗ durchblättern, überfliegen
**durchfließen**
**durchforschen:** ↗ durchsuchen (1)
durchfressen: *sich d.*: ↗ durchdringen, durchessen
**durchführbar:** ↗ möglich
*durchführen*: ↗ ausführen (4), erledigen, veranstalten
*durchfurcht*: ↗ runzelig
*durchfüttern*: ↗ unterhalten (1)
**Durchgang**
*durchgeben*: ↗ durchsagen
*durchgedreht*: ↗ verwirrt
**durchgehen:** ↗ durchblättern, durchsehen (2), genehmigen – *d. lassen*: ↗ nachsehen
*durchgelangen*: ↗ durchkommen (2)
*durchgerben*: ↗ züchtigen
**durchgreifen**
*durchgreifend*: ↗ wirksam
*durchhallen*: ↗ durchtönen
**durchhalten:** ↗ durchstehen – **nicht d.**: ↗ versagen
*durchhauen*: ↗ durchschlagen (1), züchtigen
**durchhelfen**
*Durchhieb*: ↗ Schneise
durchkämpfen: *sich d.*: ↗ durchbrechen (2), durchschlagen (2)
*durchkneten*: ↗ kneten
**durchkommen:** ↗ davonkommen, durchdringen, überstehen – *nicht d.*: ↗ scheitern (1)
*durchkrachen*: ↗ einbrechen (2)
*durchkreuzen*: ↗ durchqueren (3), durchstreichen, vereiteln
**durchkriechen**
*durchlangen*: ↗ durchreichen
*Durchlaß*: ↗ Durchgang
**durchlässig**
*durchlaufen*: ↗ durchgehen (1)
*durchlecken*: ↗ durchsickern
*durchleiern*: ↗ durchdrehen
**durchlesen**
**durchleuchten:** ↗ untersuchen
*durchliegen*: ↗ durchziehen (1) – *sich d.*: ↗ wundliegen
*durchlöchern*: ↗ durchbohren (2)
*durchlüften*: ↗ lüften
**durchlügen**
*durchmachen*: ↗ durchfeiern, erleben (2), erleiden
*Durchmarsch*: ↗ Durchfall
*durchmessen*: ↗ durchqueren (1)
*durchmischen*: ↗ mischen
*durchmustern*: ↗ durchsehen (2)
*durchnässen*: ↗ durchfeuchten
*durchnäßt*: ↗ naß
*durchnehmen*: ↗ behandeln (4)
*durchnumerieren*: ↗ numerieren
*durchplumpsen*: ↗ durchfallen
*durchprobieren*: ↗ versuchen
*durchprüfen*: ↗ überprüfen
*durchprügeln*: ↗ verprügeln
**durchqueren**
*durchquetschen*: ↗ durchdrücken (1)
*durchrasseln*: ↗ durchfallen
**durchreichen**
**durchreißen**
durchringen: *sich d.* |zu|: ↗ entscheiden (3)
*durchsäbeln*: ↗ durchschneiden
**durchsagen**
*durchschallen*: ↗ durchtönen
**durchschaubar**
**durchschauen**
**durchscheinen**
*durchschiffen*: ↗ durchqueren (3)
**Durchschlag**
**durchschlagen:** ↗ durchsickern
*Durchschlagskraft*: ↗ Wirksamkeit
durchschlauchen: *sich d.*: ↗ durchessen
*durchschleppen*: ↗ durchhelfen
*Durchschlupf*: ↗ Durchgang
*durchschlüpfen*: ↗ durchkommen (2)
**durchschmelzen**
**durchschneiden**
*Durchschnitt*: ↗ Mittelmaß, Mittelwert
**durchschnittlich:** ↗ mittelmäßig
*Durchschnittswert*: ↗ Mittelwert
**durchschütteln**
durchschwindeln: *sich d.*: ↗ durchlügen
**durchsehen**
**durchsetzen:** *sich d.*: ↗ behaupten (2); *durchsetzt sein*: ↗ durchziehen (2)
*durchseuchen*: ↗ verseuchen
**Durchsicht**
**durchsichtig:** ↗ durchschaubar

**durchsickern**
**durchsieben**
*durchsprechen*: ↗ behandeln (4)
*durchspülen*: ↗ spülen
*durchstechen*: ↗ durchbohren (1)
**durchstehen:** ↗ überstehen
*durchstöbern*: ↗ durchsuchen (1)
*durchstoßen*: ↗ durchbrechen (2)
**durchstreichen:** ↗ durchdrücken (1)
**durchströmen:** ↗ durchfließen
**durchsuchen**
*durchteilen*: ↗ durchschneiden
**durchtönen**
*durchtosen*: ↗ durchtönen
*durchtränken*: ↗ durchfeuchten
*durchtrennen*: ↗ durchreißen
*durchtreten*: ↗ durchsickern
*durchtrieben*: ↗ raffiniert
*durchtrocknen*: ↗ trocknen
**durchwandern**
*durchwaschen*: ↗ waschen (1)
**durchweg**
*durchweichen*: ↗ aufweichen
durchwinden
*durchwühlen*: ↗ durchsuchen (1)
*durchzählen*: ↗ zählen
**durchziehen:** ↗ durchkommen (1), durchwandern
**durchzucken**
durchzwängen: *sich d.*: ↗ durchdrängen
**dürfen**
**dürftig:** ↗ ärmlich, knapp (1), unzureichend
*dürr*: ↗ mager, verdorrt – *d. werden*: ↗ vertrocknen
*Dürre*: ↗ Trockenheit
**Dürre[r]**
Durst: *seinen D. löschen*: ↗ trinken (1)
**dürsten**
**Dusche:** ↗ Regenguß
**duschen**
*Dusel*: ↗ Glück (2), Rausch, Schwindel
*duselig*: ↗ benommen, schwindelig
*duseln*: ↗ schlummern
**Düsenflugzeug**
*Dust*: ↗ Staub
*Dutt*: ↗ Haarknoten
*Dutzende*: ↗ viel (2)
**duzen**
Duzfuß: *miteinander auf D. stehen*: ↗ duzen
*Dynamik*: ↗ Schwung, Triebkraft
*dynamisch*: ↗ energiegeladen
*D-Zug*: ↗ Schnellzug

# E

*Eau de Cologne*: ↗ Kölnischwasser
**eben**
**Ebenbild**
**ebenbürtig**
*ebender*: ↗ der (1)
*ebendie*: ↗ die (1)
*ebendort*: ↗ dort
*Ebene*: ↗ Flachland
**ebenfalls**
*ebenjener*: ↗ jener
*ebenmäßig*: ↗ wohlgestaltet
**ebenso:** *e. wie*: ↗ wie (1 *u.* 2)
*ebnen*: ↗ einebnen
**Echo**
*echoen*: ↗ nachreden, widerhallen
**echt:** ↗ natürlich, wahr (2), wirklich
*Ecke*: ↗ Strecke, Stück – *um die E. bringen*: ↗ ermorden; *an allen Ecken und Enden*: ↗ überall; *um die E. verwandt sein*: ↗ weitläufig
**eckig:** ↗ ungeschickt
*Eckpfeiler*: ↗ Stütze (2)
*edel*: ↗ wertvoll
*edelmütig*: ↗ großherzig
*Eden*: ↗ Paradies (2)
*edieren*: ↗ herausgeben
*Edition*: ↗ Ausgabe (2)
*Effekt*: ↗ Wirkung – *E. machen*: ↗ wirken (3)
*effektiv*: ↗ wirksam
*Effektivität*: ↗ Wirkungsgrad
*effektvoll*: ↗ wirkungsvoll
*effizient*: ↗ wirksam
*Effizienz*: ↗ Wirkungsgrad
*egal*: ↗ immer – *etw. ist jmdm. e.*: ↗ gleichgültig (2)
*egalisieren*: ↗ ausgleichen (1)
*egoistisch*: ↗ selbstsüchtig
*egozentrisch*: ↗ ichbezogen
*eh*: ↗ sowieso (1)
**Ehe:** *den Bund der E. eingehen*: ↗ heiraten (1)
*ehebrechen*: ↗ betrügen (2)
*ehebrecherisch*: ↗ untreu (2)
*Ehedrachen*: ↗ Xanthippe
**Ehefrau**
*Ehegespann*: ↗ Eheleute
**Eheleute**
*ehelichen*: ↗ heiraten (2)

*ehelos*: ↗ ledig
**ehemalig**
**Ehemann**
*Ehrabschneider*: ↗ Verleumder
**Ehre**: *die E. abschneiden*: ↗ verleumden, verunglimpfen; *auf E. und Gewissen!*: ↗ wahrhaftig!; *habe die E.!*: ↗ Wiedersehen
**ehren**: ↗ auszeichnen (2)
Ehrenbezeigung: *die E. machen*: ↗ grüßen (2)
*Ehrendienst*: ↗ Wehrdienst – *den E. ableisten*: ↗ Soldat
*ehrenhaft*: ↗ achtbar, rechtschaffen
*ehrenrührig*: ↗ verleumderisch
**ehrenvoll**: ↗ ruhmvoll
*ehrenwert*: ↗ achtbar
*Ehrenwort*: ↗ Versprechen
*ehrerbietig*: ↗ respektvoll
*Ehrerbietung*: ↗ Achtung
**Ehrfurcht**
*ehrfurchtgebietend*: ↗ ehrwürdig
**ehrfurchtsvoll**
**Ehrgefühl**: *ohne E.*: ↗ ehrlos
**Ehrgeiz**
**ehrgeizig**
**ehrlich**
*ehrlich!*: ↗ wahrhaftig!
**ehrlos**
*ehrpusselig*: ↗ achtbar
*Ehrsucht*: ↗ Ehrgeiz
*ehrsüchtig*: ↗ ehrgeizig
*Ehrverletzung*: ↗ Beleidigung
**ehrwürdig**
ei: *ei, ei machen*: ↗ streicheln
Ei: *Ei des Kolumbus*: ↗ Lösung
**Eid**: *einen E. leisten*: ↗ schwören
*Eidotter*: ↗ Dotter
**Eierkuchen**
**Eifer**
*eiförmig*: ↗ oval
**eifrig**
*Eigelb*: ↗ Dotter
**eigen**: *sich zu e. machen*: ↗ aneignen (2), angewöhnen
**Eigenart**
*eigenartig*: ↗ merkwürdig
*Eigenbrötler*: ↗ Sonderling
**eigenmächtig**
**Eigenschaft**
**eigensinnig**
*eigenstaatlich*: ↗ souverän
**eigenständig**: ↗ selbständig
*eigensüchtig*: ↗ selbstsüchtig
**eigentlich**: ↗ grundsätzlich (2), ursprünglich
Eigentum: *sich an fremdem E. vergreifen*: ↗ stehlen
**eigentümlich**
*eigentümlicherweise*: ↗ merkwürdigerweise
*Eigentumsdelikt*: ↗ Diebstahl
*eigenverantwortlich*: ↗ selbständig
**Eignung**
*Eiland*: ↗ Insel
**Eile**
**eilen**
**eilends**
*eilfertig*: ↗ übereilt
**eilig**: *etw. ist nicht e.*: ↗ Zeit
Eimer: *im E. sein*: ↗ entzwei, verloren (2)
**einäschern**: ↗ niederbrennen
**einatmen**
**Einband**
**einbauen**: ↗ einfügen (1)
**einberufen**: *e. werden*: ↗ Soldat
*einbeulen*: ↗ verbeulen
**einbeziehen**
**einbiegen**
**einbilden**: *sich etw. e.* |*auf*|: ↗ stolz
**Einbildung**
*Einbildungskraft*: ↗ Phantasie
**Einbildungsvermögen**
*einblasen*: ↗ vorsagen (2)
**Einblick**
**einbrechen**: **e.** |**in**|: ↗ überfallen (1)
**einbringen**
*einbringlich*: ↗ einträglich
*einbuchten*: ↗ einsperren
*Einbuchtung*: ↗ Vertiefung
*einbuddeln*: ↗ eingraben, vergraben
**einbürgern**
*Einbuße*: ↗ Verlust
*einbüßen*: ↗ verlieren (2)
*eincremen*: ↗ einreiben
**eindämmen**: ↗ hemmen
**eindampfen**
eindecken: *sich e.*: ↗ verproviantieren
*eindeichen*: ↗ eindämmen (1)
*eindicken*: ↗ eindampfen
*eindrillen*: ↗ einüben
**eindringen**: *e.* |*auf*|: ↗ bedrängen
*eindringlich*: ↗ nachdrücklich
*Eindringlichkeit*: ↗ Nachdruck
**Eindruck**
*eindrücken*: ↗ einprägen (2), verbeulen
**eindrucksvoll**
**einebnen**

*Einehe*: ↗ Monogamie
*einen*: ↗ vereinigen
*einer*: ↗ jemand
*einerlei*: ↗ gleich (2)
Einerlei: *tägliches E.*: ↗ Alltag
**einfach:** ↗ mühelos, schlicht (1), unkompliziert
**Einfall:** ↗ Überfall (1) – *verrückter E.*: ↗ Schnapsidee
**einfallen:** ↗ einstürzen – *e.* |*in*|: ↗ eindringen, überfallen (1)
*einfallslos*: ↗ geistlos, unschöpferisch
**einfallsreich**
*Einfallsreichtum*: ↗ Phantasie
**Einfalt**
**einfältig**
**einfarbig**
**einfassen**
*Einfassung*: ↗ Rand
**einfetten:** ↗ einreiben
*einfiltrieren*: ↗ einflößen
*einflechten*: ↗ erwähnen
**einflößen**
**Einfluß:** *keinen E. haben*: ↗ machtlos
**Einflußbereich**
*einflußlos*: ↗ machtlos
*einflußreich*: ↗ mächtig
*einfordern*: ↗ einziehen (4)
**einförmig**
*einfrieren*: ↗ einfrosten
**einfrosten**
**einfügen**
**Einfuhrartikel**
**einführen:** ↗ anleiten, vorstellen (1) – *sich e.*: ↗ vorstellen (1)
**einfüllen**
*Eingabe*: ↗ Gesuch
**Eingang:** ↗ Tür
*eingängig*: ↗ verständlich (1)
**eingebildet:** ↗ scheinbar
*eingeboren*: ↗ einheimisch
*eingefleischt*: ↗ gewohnt (2)
*eingefuchst*: ↗ geübt
*eingehen*: ↗ sterben, verenden – *etw. geht jmdm. ein*: ↗ verstehen (2)
**eingehend:** ↗ ausführlich
*eingekeilt*: ↗ eingeklemmt
**eingeklemmt**
eingenommen: *von sich e.*: ↗ eingebildet; *e. sein* |*von*|: ↗ mögen
*eingerostet*: ↗ steif (1)
*eingeschnappt*: ↗ gekränkt
*eingesessen*: ↗ ansässig
*eingestehen*: ↗ gestehen
**Eingeweide**
eingewöhnen: *sich e.*: ↗ heimisch
**eingraben:** ↗ vergraben
**eingravieren**
**eingreifen**
Eingriff: *chirurgischer E.*: ↗ Operation; *unerlaubter E.*: ↗ Abtreibung; *einen E. vornehmen*: ↗ operieren
*eingruppieren*: ↗ einordnen
**einhaken**
Einhalt: *E. gebieten*: ↗ unterbinden
*einhämmern*: ↗ einprägen (1)
**einhandeln**
einhängen: *sich e.*: ↗ einhaken
einhauen: *e.* |*auf*|: ↗ schlagen (1)
**einheimisch**
**Einheit:** ↗ Abteilung (1), Truppeneinheit
**einheitlich**
*einheizen*: ↗ heizen
*einhelfen*: ↗ vorsagen (1)
**einhellig**
*einholen*: ↗ einkaufen
**einhüllen:** ↗ umhüllen
**einig:** *e. sein*: ↗ übereinstimmen (1)
**einige**
*einigemal*: ↗ mehrmals, wiederholt
**einigen**
**einigermaßen:** ↗ erträglich
*einiges*: ↗ wenig
**Einigkeit**
*einimpfen*: ↗ einprägen (1)
*einkacheln*: ↗ heizen
einkapseln: *sich e.*: ↗ absondern
*einkassieren*: ↗ kassieren
**einkaufen**
*Einkerbung*: ↗ Kerbe
*einkerkern*: ↗ einsperren
*Einklang*: ↗ Eintracht – *in E. bringen* |*mit*|: ↗ abstimmen (2); *in E. bringen*: ↗ vereinen (2); *in E. sein*: ↗ übereinstimmen (1)
*einklinken*: ↗ schließen (1)
**einkochen**
*Einkommen*: ↗ Lohn
*einkrachen*: ↗ einbrechen (2)
einkratzen: *sich e.*: ↗ einschmeicheln
**Einkünfte**
**einladen:** ↗ verladen
*einladend*: ↗ verlockend
*Einlage*: ↗ Zutat
**einlagern**
*Einlaß*: ↗ Zutritt
**einlassen:** *sich e.* |*mit*|: ↗ verkehren

**Einlauf**
*einlaufen*: ↗ eintreffen (2)
*einleiten*: ↗ eröffnen (3)
**Einleitung**
*einlenken*: ↗ nachgeben
*einleuchtend*: ↗ überzeugend
*einlochen*: ↗ einsperren
einlogieren: *sich e.*: ↗ einmieten
*einlösen*: ↗ erfüllen (1)
*einmachen*: ↗ einkochen
*einmal*: ↗ einst, irgendwann – *auf e.*: ↗ plötzlich; *noch e.*: ↗ wieder
*Einmaleins*: ↗ Elementarkenntnisse
*einmalig*: ↗ hervorragend
*einmarinieren*: ↗ marinieren
*einmarschieren*: ↗ einziehen (1) – *e.* |*in*|: ↗ überfallen (1)
einmengen: *sich e.*: ↗ einmischen
**einmieten**
**einmischen**
*einmummen*: ↗ einhüllen
*einmütig*: ↗ einhellig, einig (2)
*Einnahmen*: ↗ Einkünfte
**einnehmen:** ↗ innehaben, verdienen (1) – *für sich e.*: ↗ gefallen (1)
einnisten: *sich e.*: ↗ niederlassen
**Einöde**
**einordnen:** *sich e.*: ↗ anpassen
**einpacken**
*einpassen*: ↗ einfügen (1) – *sich e.*: ↗ anpassen
*einpennen*: ↗ einschlafen
*einpflanzen*: ↗ implantieren, pflanzen
*einplanen*: ↗ vorsehen (1)
*einpökeln*: ↗ pökeln
**einprägen: sich e.:** ↗ merken (2)
*einrahmen*: ↗ rahmen, umrahmen
*einrammen*: ↗ einschlagen (2)
*einräumen*: ↗ zugestehen
einrechnen: *mit e.*: ↗ einbeziehen
**einreden**
**einreiben**
*einreihen*: ↗ einordnen
einreißen: *sich einen Splitter e.*: ↗ einziehen (5)
**einrichten:** *sich e.*: ↗ einschränken
**Einrichtung**
*Einriß*: ↗ Riß
**einritzen**
*einrollen*: ↗ einwickeln – *sich e.*: ↗ einhüllen
*einrücken*: ↗ einziehen (1), Soldat
*einrühren*: ↗ verursachen

eins: *e. über dem anderen*: ↗ übereinander; *e. sein*: ↗ übereinstimmen (1)
*einsacken*: ↗ einpacken, senken (2)
*einsagen*: ↗ vorsagen (2)
**einsam:** ↗ abgelegen, menschenleer
**Einsatz:** ↗ Pfand
*einsatzbereit*: ↗ betriebsbereit, dienstbereit
*Einsatzbereitschaft*: ↗ Hingabe
*einsäuern*: ↗ silieren
*einsaugen*: ↗ einatmen (2)
**einschalten:** ↗ einfügen (2) – *sich e.* |*in*|: ↗ eingreifen
**einschärfen**
*einscharren*: ↗ eingraben, vergraben
*einschätzen*: ↗ beurteilen, veranschlagen – *zu hoch e.*: ↗ überschätzen
*einschießen*: ↗ zerschießen
**einschlafen:** ↗ sterben
*Einschlag*: ↗ Tendenz (2)
**einschlagen:** ↗ umschlagen (1), wirken (2) – *e.* |*auf*|: ↗ schlagen (1)
*einschließen*: ↗ umrahmen, wegschließen (1. *u.* 2)
**einschließlich**
**einschmeicheln**
*einschmeißen*: ↗ einwerfen (2)
*einschnappen*: ↗ zufallen (1)
**einschneiden**
einschneien: *etw. schneit ein*: ↗ zuschneien
**Einschnitt:** ↗ Kerbe, Schnitt
**einschränken:** ↗ beschränken
*Einschränkung*: ↗ Vorbehalt
**einschreiben**
einschreiten: *e.* |*gegen*|: ↗ eingreifen
*einschrumpfen*: ↗ schrumpfen
**einschüchtern**
*einschütten*: ↗ einfüllen
*einschwenken*: ↗ einbiegen
**einsegnen**
**einsehen**
*Einsehen*: ↗ Verständnis – *ein E. haben*: ↗ einsehen
**einseitig**
*Einsenkung*: ↗ Vertiefung
**einsetzen:** ↗ einfügen (1), pflanzen, verwenden (1)
*Einsicht*: ↗ Einblick (1 *u.* 2), Vernunft – *zur E. bringen*: ↗ überzeugen; *zur E. kommen*: ↗ einsehen, vernünftig
*einsichtig*: ↗ verständnisvoll
*Einsichtnahme*: ↗ Einblick (1)
*einsickern*: ↗ versickern
**Einsiedler**

*einsiedlerisch*: ↗ einsam
*einsilbig*: ↗ wortkarg
*einsilieren*: ↗ silieren
*einsinken*: ↗ senken (2)
*Einspänner*: ↗ Einzelgänger, Junggeselle
**einsperren:** ↗ wegschließen (2)
einspringen: *e.* |*für*|: ↗ vertreten
**einspritzen**
**Einspruch:** *E. erheben*: ↗ protestieren
**einst:** ↗ früher
*einstecken*: ↗ einwerfen (1), überflügeln
einstehen: *e.* |*für*|: ↗ verantworten (1)
einsteigen: *e.* |*in*|: ↗ einbrechen (1)
**einstellen:** ↗ anstellen, einschalten – *e.* |*auf*|: ↗ abstimmen (2)
*Einstellung*: ↗ Gesinnung
*einstig*: ↗ ehemalig
*einstippen*: ↗ eintauchen
*einstmals*: ↗ früher
*einstudieren*: ↗ einüben
**einstürzen**
*einstweilig*: ↗ vorläufig
**eintauchen**
**einteilen**
*eintönig*: ↗ einförmig
**Eintracht**
*eintragen*: ↗ einbringen (2), einschreiben (1 *u.* 2)
**einträglich**
*eintränken*: ↗ vergelten (1)
**eintreffen:** ↗ ankommen
*eintreiben*: ↗ einziehen (4)
**eintreten:** ↗ eintreffen (1), hineingehen
*eintrichtern*: ↗ einprägen (1)
*Eintritt*: ↗ Zutritt
**Eintrittskarte**
*eintrocknen*: ↗ trocknen, versiegen
*eintrudeln*: ↗ eintreffen (2)
*eintunken*: ↗ eintauchen
**einüben**
*Einvernahme*: ↗ Verhör
*einvernehmen*: ↗ verhören (1)
**einverstanden:** *e. sein*: ↗ zustimmen (1)
**Einwand**
**einwandern**
**einwandfrei**
**einwärts**
*einwechseln*: ↗ wechseln (2)
**einweihen**
**einwenden**
**einwerfen**
**einwickeln:** ↗ übertölpeln
*einwilligen*: ↗ zustimmen (2)
*einwintern*: ↗ einlagern
einwirken: *e.* |*auf*|: ↗ beeinflussen
**Einwohner**
*einwurzeln*: ↗ anwachsen (1)
**Einzelgänger**
**Einzelhandelspreis**
**Einzelheit**
**einzeln:** ↗ abgesondert
*Einzelwesen*: ↗ Individuum
**einziehen:** ↗ beschlagnahmen, einatmen (2) – *e.* |*in*|: ↗ beziehen (2); *eingezogen werden*: ↗ Soldat
*Eis*: ↗ Speiseeis – *das E. brechen*: ↗ annähern; *zu E. erstarren*: ↗ gefrieren; *auf E. legen*: ↗ zurückstellen (1); *zu E. werden*: ↗ gefrieren
*Eisbahn*: ↗ Schlitterbahn
Eisen: *zum alten E. gehören*: ↗ verbraucht (1); *zum alten E. werfen*: ↗ wegwerfen; *kaltes E. hämmern*: ↗ reden
*Eisenbahnabteil*: ↗ Abteil
*Eisenbahnschienen*: ↗ Gleis
*Eisenbahnunglück*: ↗ Zugunglück
*Eisenbeißer*: ↗ Raufbold
*eisenhart*: ↗ hart
**eisern:** ↗ streng (1), unerschütterlich
*eisern!*: ↗ selbstverständlich
*eisig*: ↗ kalt
**eitel**
*Eiterbläschen*: ↗ Pickel
**eitern**
**Ekel:** ↗ Widerwille
**ekelhaft:** ↗ abscheulich
**ekeln**
*Ekelname*: ↗ Spitzname
*Eklat*: ↗ Skandal
*eklatant*: ↗ aufsehenerregend, offensichtlich
*eklektisch*: ↗ unschöpferisch
*Elaborat*: ↗ Machwerk
*Elan*: ↗ Schwung – *mit E.*: ↗ schwungvoll
**elastisch:** ↗ dehnbar
*Eldorado*: ↗ Paradies (1)
**Elefant:** *wie ein E. im Porzellanladen*: ↗ ungeschickt
**elegant**
*elegisch*: ↗ traurig (2)
*Elektriker*: ↗ Elektrotechniker
*Elektrische*: ↗ Straßenbahn
**elektrisieren**
**Elektroenergie**
**Elektronenrechner**
**Elektronik**

**Elektrotechniker**
*Element*: ↗ Grundstoff (1), Person – *das nasse E.*: ↗ Wasser (1)
*elementar*: ↗ grundlegend, naturhaft, unkompliziert
**Elementarkenntnisse**
**elend**: ↗ heruntergekommen (2), unwohl
Elend: *das heulende E. kriegen*: ↗ verzweifeln (1)
*Elfer*: ↗ Elfmeter
**Elfmeter**
*Elite*: ↗ Auslese
Ellbogen: *seine Ellbogen gebrauchen*: ↗ rücksichtslos
*ellipsenförmig*: ↗ oval
*eloquent*: ↗ wortgewandt
**Eltern**
*Emanze*: ↗ Frauenrechtlerin
*Emanzipation*: ↗ Frauenemanzipation
*Emballage*: ↗ Verpackung
*emballieren*: ↗ verpacken
*Embargo*: ↗ Ausfuhrverbot
*Emblem*: ↗ Hoheitszeichen
*Embonpoint*: ↗ Leibesfülle
**Embryo**
*Emigration*: ↗ Exil
*emigrieren*: ↗ auswandern
*Emissär*: ↗ Abgesandter
*Emotion*: ↗ Gefühl
*Empfang*: ↗ Anmeldung – *in E. nehmen*: ↗ annehmen
**empfangen**: *freundlich e.*: ↗ willkommen
*Empfänger*: ↗ Rundfunkgerät
**Empfängnis**
*Empfangsbescheinigung*: ↗ Quittung
**empfehlen**: ↗ raten – *sich e.*: ↗ verabschieden
**empfehlenswert**
*Empfehlung*: ↗ Rat
**empfinden**
*Empfinden*: ↗ Gefühl
**empfindlich**: ↗ empfindsam, wehleidig
**empfindsam**
**empfindungslos**
*empor*: ↗ hinauf
**emporarbeiten**
**empören: sich e.**: ↗ entrüsten
*empörend*: ↗ anstößig, unerhört
*empörerisch*: ↗ aufrührerisch
**emporfliegen**
*emporklettern*: ↗ hinaufklettern
*emporlodern*: ↗ auflodern (1)
*emporragen*: ↗ aufragen
emporranken: *sich e.*: ↗ ranken
*emporsteigen*: ↗ aufgehen (1), hinaufsteigen
*empört*: ↗ entrüstet
*emportauchen*: ↗ auftauchen (1)
*Empörung*: ↗ Aufruhr (1), Aufstand
*emporwerfen*: ↗ hochwerfen
**Ende**: ↗ Strecke, Stück, Tod (1) – *am E.*: ↗ schließlich, zuletzt; *zu E. bringen*: ↗ vollenden (1); *zu E. gehen*: ↗ aufhören (2); *letzten Endes*: ↗ schließlich; *ohne E.*: ↗ endlos (1 *u.* 2); *am E. sein*: ↗ ruiniert; *zu E.*: ↗ vorbei (1)
Endeffekt: *im E.*: ↗ schließlich
**enden**: ↗ umkommen
**endgültig**
*endigen*: ↗ enden (1)
**Endkampf**
Endkonsequenz: *in der E.*: ↗ schließlich
endlich: *schließlich und e.*: ↗ schließlich
**endlos**
*Endziel*: ↗ Ziel (1 *u.* 2)
*Energie*: ↗ Elektroenergie, Tatkraft
**energiegeladen**
*energielos*: ↗ kraftlos
*enervieren*: ↗ entnerven
**eng**: ↗ innig – *etw. wird enger*: ↗ verjüngen
*Engagement*: ↗ Einsatz
*enganliegend*: ↗ eng (2)
Engel: *die E. singen hören*: ↗ Schmerz
*engherzig*: ↗ kleinlich
*engstirnig*: ↗ beschränkt, spießbürgerlich
*Enkel*: ↗ Enkelkind
**Enkelkind**
*ennuyieren*: ↗ langweilen
*enorm*: ↗ gewaltig, groß (1)
*en passant*: ↗ vorbeigehen
*Enquete*: ↗ Umfrage
**entarten**
**entbehren**
**entbehrlich**: ↗ unnötig
*Entbehrung*: ↗ [1]Mangel
*entbehrungsvoll*: ↗ entsagungsvoll (2)
entbinden: *e.* |*von*|: ↗ absetzen (2), befreien (2, b), beurlauben (1)
*Entbindung*: ↗ Geburt
entblöden: *sich nicht e.*: ↗ unterstehen (2)
*entbrennen*: ↗ ausbrechen (1)
**entdecken**: *sich e.*: ↗ anvertrauen (2)
**entehren**
*Entehrung*: ↗ Schande
*entfachen*: ↗ auslösen

entfahren: *etw. entfährt jmdm.*: ↗ entschlüpfen
**entfallen:** ↗ wegfallen – *etw. entfällt jmdm.*: ↗ vergessen
*entfalten*: ↗ entwickeln (1) – *sich e.*: ↗ entwickeln (3, a *u.* b)
**entfernen:** ↗ beseitigen, wegräumen – *sich e.*: ↗ verlassen (1), weggehen
entfernt: *e. verwandt sein*: ↗ weitläufig
**Entfernung:** ↗ Abstand
*entfesseln*: ↗ auslösen
*Entfettungskur*: ↗ Schlankheitskur
*entflammbar*: ↗ entzündlich
entflammen: *e.* |*für*|: ↗ verlieben; *e.* |*zu*|: ↗ begeistern
*entfleuchen*: ↗ vergehen (1)
*entfliegen*: ↗ wegfliegen
**entfliehen:** ↗ ausbrechen (3)
**entführen**
**Entführung**
*entgegenarbeiten*: ↗ sabotieren
*entgegengesetzt*: ↗ gegensätzlich, gegenteilig
*entgegenhalten*: ↗ einwenden
*entgegenhandeln*: ↗ zuwiderhandeln
**entgegenkommen**
*Entgegenkommen*: ↗ Gefälligkeit, Zugeständnis
*entgegenkommend*: ↗ gefällig (1), umgänglich
*entgegennehmen*: ↗ annehmen, empfangen (1)
entgegenstellen: *sich e.*: ↗ widersetzen
*entgegentreten*: ↗ bekämpfen (2)
*entgegnen*: ↗ antworten
*Entgegnung*: ↗ Antwort (1)
entgehen: *sich e. lassen*: ↗ versäumen (2); *zu e. suchen*: ↗ ausweichen (2)
**entgleisen:** ↗ vorbeibenehmen
*Entgleisung*: ↗ Fehltritt, Taktlosigkeit
*entgleiten*: ↗ herunterfallen (1)
**entglorifizieren**
[1]**enthalten:** *sich e.*: ↗ unterlassen
[2]enthalten: *e. sein*: ↗ innewohnen
**enthaltsam**
**enthaupten**
*enthäuten*: ↗ abhäuten
*enthüllen*: ↗ aufdecken (1) – *sich e.*: ↗ offenbaren (2)
*enthusiastisch*: ↗ begeistert
*entkeimen*: ↗ keimfrei
entkleiden: *sich e.*: ↗ ausziehen (2)
*entkleidet*: ↗ nackt
**entkommen**
**entkräften:** ↗ widerlegen
*entkräftet*: ↗ erschöpft
*entkrampfen*: ↗ entspannen (1) – *sich e.*: ↗ entspannen (2)
**entladen**
*Entladung*: ↗ Ausbruch (1)
**entlarven**
**entlassen**
*entlasten*: ↗ rechtfertigen
*entlaubt*: ↗ kahl (2)
*entlaufen*: ↗ entfliehen
entledigen: *sich e.*: ↗ abschütteln (2)
*entleeren*: ↗ leeren
*entleert*: ↗ leer (1)
*Entleerung*: ↗ Stuhlgang
*entlegen*: ↗ abgelegen
*Entlohnung*: ↗ Lohn
**Entlüfter**
**entmachten**
**entmannen**
**entmenscht**
**entmündigen**
**entmutigen:** ↗ demoralisieren (2)
**entmutigend**
*entmutigt*: ↗ mutlos
**entnehmen**
**entnerven:** ↗ demoralisieren (2)
**entrahmen**
entraten: *nicht e. können* |*jmds./einer Sache*|: ↗ brauchen (1)
**enträtseln**
*entrechtet*: ↗ rechtlos
*Entree*: ↗ Diele
*Entreetür*: ↗ Eingang
**entreißen:** ↗ rauben
*entrinnen*: ↗ entkommen
*entrollen*: ↗ auseinanderrollen
**entrüsten**
**entrüstet**
**Entsafter**
*entsagen*: ↗ verzichten
**entsagungsvoll**
**entschädigen**
**entschärfen**
**entscheiden:** ↗ anordnen
**entscheidend**
**entschieden:** ↗ bestimmt
*Entschiedenheit*: ↗ Nachdruck
[1]*entschlafen*: ↗ sterben
[2]*entschlafen*: ↗ verstorben
*entschleiern*: ↗ enträtseln
**entschließen**

**entschlossen:** ↗ gewillt
**entschlüpfen**
**entschlüsseln**
**Entschlußkraft**
*entschlußlos*: ↗ unentschlossen
**entschuldigen:** ↗ verzeihen
*entschweben*: ↗ wegfliegen
*entschwinden*: ↗ vergehen (1), verschwinden (2)
*entseelt*: ↗ tot
*entsenden*: ↗ schicken (2)
**entsetzen**
*Entsetzen*: ↗ Schreck
**entsetzenerregend**
*entsetzlich*: ↗ entsetzenerregend, sehr
*entsetzt*: ↗ bestürzt
entsinnen: *sich e.*: ↗ erinnern
**entspannen: sich e.**: ↗ ausruhen
**entsprechen**
*entsprechend*: ↗ gemäß, passend (1), sinngemäß
*entstammen*: ↗ abstammen
**entstehen:** *e. lassen*: ↗ hervorbringen
*Entstehungsherd*: ↗ Brutstätte
**entstellen:** ↗ verunstalten
*entstellt*: ↗ verzerrt (2)
**Enttäuschung**
*entthronen*: ↗ entmachten
*entvölkert*: ↗ menschenleer
*entweichen*: ↗ verschwinden (1) – *e. lassen*: ↗ ablassen (1)
*entwenden*: ↗ stehlen
**entwerfen**
**entwickeln**
*entwickelt*: ↗ gewachsen (1)
**Entwicklungsalter**
*Entwicklungslinie*: ↗ Tendenz (1)
**Entwicklungsstufe**
**entwirren:** ↗ aufklären (1)
*entwischen*: ↗ ausbrechen (3), entkommen
entwürdigen: *sich e.*: ↗ entehren
**Entwurf**
*entzücken*: ↗ bezaubern
*Entzücken*: ↗ Freude (1)
**entzückend**
**entzünden:** ↗ anzünden (1)
**entzündlich**
**entzwei**
*entzweibrechen*: ↗ zerbrechen (1)
**entzweien:** *sich e.*: ↗ verfeinden
**entzweigehen:** ↗ zerbrechen (2)
*entzweihauen*: ↗ zerschlagen
*entzweireißen*: ↗ zerreißen
*entzweischlagen*: ↗ zerschlagen
*entzweischneiden*: ↗ zerschneiden
**entzweit**
*Entzweiung*: ↗ Zerwürfnis
*Enzyklika*: ↗ Rundschreiben
*Enzyklopädie*: ↗ Nachschlagewerk
*enzyklopädisch*: ↗ umfangreich
*ephemer*: ↗ vorübergehend
*Epidemie*: ↗ Seuche
*Epidermis*: ↗ Haut
*epigonal*: ↗ unschöpferisch
*epigrammatisch*: ↗ treffend
*Epikureer*: ↗ Genießer
*Epilog*: ↗ Nachspiel (1), Nachwort
*episodisch*: ↗ vorübergehend
*Epistel*: ↗ Strafpredigt
*epochal*: ↗ bedeutsam, epochemachend
*Epoche*: ↗ Zeitalter
**epochemachend**
*Equipe*: ↗ Auswahl (3), Mannschaft
**Erachten**
erbarmen: *jmd. bzw. etw. erbarmt jmdn.*: ↗ leid
*Erbarmen*: ↗ Mitleid
*erbärmlich*: ↗ erbarmungswürdig, jämmerlich, schlecht
*erbarmungslos*: ↗ unbarmherzig
*erbarmungsvoll*: ↗ mitleidig
**erbarmungswürdig**
*erbauen*: ↗ bauen, errichten
*Erbe*: ↗ Hinterlassenschaft, Überlieferung
**erben:** ↗ schenken
*erbetteln*: ↗ ausbitten
**erbeuten**
*erbitten*: ↗ ausbitten
*erbittert*: ↗ ärgerlich
*erblassen*: ↗ blaß (3)
*erbleichen*: ↗ blaß (3)
**erblicken**
**erblinden**
*erblühen*: ↗ aufblühen, entwickeln (3, b)
*erbosen*: ↗ erzürnen (1) – *sich e.*: ↗ entrüsten
*erbost*: ↗ ärgerlich
**erbrechen:** *sich e.*: ↗ übergeben (2)
*Erbschaft*: ↗ Hinterlassenschaft
*Erdanziehung*: ↗ Schwerkraft
*Erdapfel*: ↗ Kartoffel
*Erdball*: ↗ Erde (1)
**Erdbeben**
*Erdbevölkerung*: ↗ Menschheit
**Erdboden:** *dem E. gleichmachen*: ↗ zerstö-

ren (2); *wie vom E. verschluckt*: ↗ verschwunden
**Erde:** ↗ Land, Welt – *unter die E. bringen*: ↗ töten (1)
*Erdenbürger*: ↗ Mensch – *kleiner E.*: ↗ Säugling
*erdenken*: ↗ ausdenken, erfinden
*erdenklich*: ↗ vorstellbar
*erdgebunden*: ↗ irdisch
**Erdgeschoß**
**Erdölleitung**
*Erdreich*: ↗ Erde (2)
erdreisten: *sich e.*: ↗ anmaßen (2), unterstehen (2)
*erdrosseln*: ↗ erwürgen
**erdrücken:** *etw. erdrückt jmdn.*: ↗ überwältigen
**Erdscholle**
**erdulden:** ↗ erleiden
*erdumspannend*: ↗ weltumspannend
ereignen: *sich e.*: ↗ geschehen
**Ereignis**
*Eremit*: ↗ Einsiedler
**¹erfahren**
**²erfahren**
**erfahrungsgemäß**
**erfassen:** ↗ erkennen (2), registrieren, verstehen (2)
*erfechten*: ↗ erkämpfen
**erfinden**
**Erfindung**
**Erfindungsgabe:** ↗ Phantasie
*erfindungsreich*: ↗ einfallsreich
**Erfolg**
*erfolgen*: ↗ stattfinden
**erfolglos**
*erfolgreich*: ↗ siegreich – *e. sein*: ↗ Erfolg
*erfolgssicher*: ↗ selbstbewußt
**erfolgversprechend**
*erforderlich*: ↗ notwendig
*erforderlichenfalls*: ↗ nötigenfalls
erfordern: *etw. erfordert etw.*: ↗ voraussetzen
*Erfordernis*: ↗ Voraussetzung (1)
*erforschen*: ↗ durchforschen, ergründen
erfrechen: *sich e.*: ↗ anmaßen (2), unterstehen (2)
**erfreuen**
*erfreulich*: ↗ freudig (2), wohltuend
*erfreulicherweise*: ↗ glücklicherweise
**erfrieren**
**erfrischen**
**erfrischend**
**Erfrischung:** *eine E. zu sich nehmen*: ↗ trinken (1)
**erfüllen:** *sich e.*: ↗ eintreffen (1)
**ergänzen:** ↗ hinzufügen
**¹ergeben:** ↗ unterwürfig
**²ergeben: sich e.:** ↗ herausstellen
**Ergebnis**
**ergebnislos**
ergehen: *sich e.*: ↗ spazierengehen
**ergiebig**
ergießen: *sich e.*: ↗ strömen
*ergötzen*: ↗ belustigen
*ergötzlich*: ↗ unterhaltsam
**ergreifen: etw. ergreift jmdn.:** ↗ überkommen
**ergreifend**
**ergriffen**
**ergründen**
*Erguß*: ↗ Redeschwall
*erhaben*: ↗ majestätisch, ²überlegen, würdevoll
*Erhabenheit*: ↗ Würde
**erhalten:** ↗ liefern, unterhalten (1)
*Erhaltung*: ↗ Pflege (2)
*erhandeln*: ↗ einhandeln, erwerben (2)
**erhängen**
**erhärten:** ↗ untermauern
**erhaschen:** ↗ fangen (2)
**erheben:** *sich e.*: ↗ aufstehen (1 *u.* 2), empören, emporfliegen; *sich e.* |zu|: ↗ aufwerfen
*Erhebung*: ↗ Berg, Bodenerhebung, Hügel
*erheitern*: ↗ aufheitern, belustigen
**erhellen**
**erhitzen**
**erhoffen:** ↗ herbeiwünschen – *sich e.*: ↗ wünschen
*erhöhen*: ↗ steigern (2) – *sich e.*: ↗ zunehmen (1)
**erholen: sich e.:** ↗ ausspannen
**erholsam**
*erholt*: ↗ frisch (2)
**erholungsbedürftig**
*Erholungsort*: ↗ Urlaubsort
*Erholungspause*: ↗ Pause
*Erholungsuchender*: ↗ Urlauber
**Erholungsurlaub**
**erinnerlich**
**erinnern: e. an:** ↗ ähneln
**Erinnerung:** ↗ Gedächtnis – *in der E. behalten*: ↗ merken (2)
*Erinnerungen*: ↗ Memoiren
*Erinnerungsstück*: ↗ Andenken

*Erinnerungsvermögen*: ↗ Gedächtnis
*Erinnye*: ↗ Rachegöttin
**erkalten**
**erkälten**
**erkämpfen**
erkecken: *sich e.*: ↗ unterstehen (2)
*erkennbar*: ↗ sichtbar – *e. werden*: ↗ zeigen (5, b)
**erkennen**: ↗ wiedererkennen – *kaum e.*: ↗ ahnen (2); *e. lassen*: ↗ verraten (3), widerspiegeln (2), zeigen (3)
erkenntlich: *sich e. zeigen*: ↗ vergelten (2)
*Erker*: ↗ Nase
**erklären**: ↗ darlegen – *e.* |*für*|: ↗ bezeichnen; *sich e.* |*für*|: ↗ eintreten (2)
*erklärlich*: ↗ verständlich (2)
*erklärt*: ↗ entschieden
*erklettern*: ↗ ersteigen
*erklimmen*: ↗ ersteigen
*Erkrankung*: ↗ Krankheit
erkühnen: *sich e.*: ↗ anmaßen (2), unterstehen (2)
**erkunden**: ↗ auskundschaften, Spionage
**erkundigen**
**erlahmen**
*erlangen*: ↗ erwerben (1 *u.* 2)
**Erlaß**
**erlauben**: ↗ ermöglichen
Erlaubnis: *die E. haben* |*für*|: ↗ dürfen
*erlaubt*: ↗ zulässig
*erläutern*: ↗ darlegen, erklären (1)
**erleben**
*Erlebnis*: ↗ Liebesabenteuer
**erledigen**: ↗ ermorden, töten (1), zugrunde
**erledigt**: *e. sein*: ↗ gelten; *als e. betrachten wollen*: ↗ vergessen
*erlegen*: ↗ schießen (2)
*erleichtern*: ↗ schröpfen – *sich e.*: ↗ aussprechen (3); *e.* |*um*|: ↗ abgewinnen
*erleichtert*: ↗ froh – *sich e. fühlen*: ↗ aufatmen
**erleiden**
**erlernen**
*erlesen*: ↗ auserlesen
*erleuchten*: ↗ erhellen
Erliegen: *zum E. bringen*: ↗ lahmlegen
erlogen: *von A bis Z e.*: ↗ unwahr
**Erlös**
**erlöschen**: *zum Erlöschen bringen*: ↗ löschen
erlösen: *erlöst werden*: ↗ sterben
*Erlöser*: ↗ Christus
*Erlösung*: ↗ Tod (1)
*Ermächtigung*: ↗ Vollmacht
**ermahnen**: *e.* |*zu*|: ↗ einschärfen
ermannen: *sich e.*: ↗ zusammennehmen
*ermäßigen*: ↗ senken (1)
*Ermäßigung*: ↗ Rabatt
*ermatten*: ↗ erlahmen
*ermattet*: ↗ erschöpft
Ermessen: *in jmds. E. stellen*: ↗ anheimstellen
*ermitteln*: ↗ nachforschen
**ermöglichen**
**ermorden**
*Ermordung*: ↗ Mord
**ermüden**: ↗ erlahmen
*ermüdet*: ↗ müde
*ermuntern*: ↗ aufmuntern
**ermutigen**
*ermutigend*: ↗ tröstlich
*ernähren*: ↗ unterhalten (1)
**ernennen**
**erneuern**: ↗ wiederholen (1, a)
*Erneuerung*: ↗ Wiedergeburt
*erneut*: ↗ nochmalig, wieder
*erniedrigen*: ↗ demütigen (1)
**ernst**: *e. nehmen*: ↗ respektieren; *nicht e. nehmen*: ↗ unterschätzen; *tierisch e.*: ↗ humorlos; *etw. wird ernster*: ↗ verschärfen
*ernsthaft*: ↗ ernst (2), ernstlich
**ernstlich**
**Ernteertrag**
**ernüchtern**
**Ernüchterung**
**erobern**: ↗ erbeuten
**eröffnen**: ↗ öffnen – *sich e.*: ↗ offenbaren (2)
**erörtern**
*Erotik*: ↗ Sinnlichkeit
*erotisch*: ↗ sinnlich
*erpressen*: ↗ zwingen
*erproben*: ↗ prüfen (1)
*Erprobung*: ↗ Prüfung (1)
erquicken: *sich e.*: ↗ erfrischen
*erquickend*: ↗ erfrischend, wohltuend
**erraten**
*erregbar*: ↗ nervös
*erregen*: ↗ aufregen
**erregend**
*erregt*: ↗ aufgeregt
**Erregung**
*erreichbar*: ↗ möglich
**erreichen**: *gerade noch e.*: ↗ abpassen; *ohne*

*etwas erreicht zu haben*: ↗ unverrichteterdinge
**errichten:** ↗ bauen
*Errichtung*: ↗ Aufbau (1)
**erröten:** *vor Scham e.*: ↗ schämen
Ersatz: *E. leisten müssen |für|*: ↗ haften; *E. schaffen |für|*: ↗ ersetzen
**Ersatzmann**
*ersatzpflichtig*: ↗ haftbar
**Ersatzstoff**
*ersaufen*: ↗ ertrinken
*Erschaffer*: ↗ Urheber
*erschallen*: ↗ ertönen
*erschaudern*: ↗ schaudern
**erscheinen:** *etw. erscheint*: ↗ scheinen
*Erscheinung*: ↗ Gestalt (2), Sinnestäuschung
*Erscheinungsbild*: ↗ Aussehen
**erschießen**
**[1]erschlagen**
*[2]erschlagen*: ↗ überrascht
**erschließen:** *sich e.*: ↗ offenbaren (1 *u.* 2)
*erschöpfen*: ↗ ermüden
**erschöpft:** ↗ verbraucht (2)
**erschrecken:** ↗ entsetzen
*Erschrecken*: ↗ Schreck
**erschrocken**
**erschüttern**
**Erschütterung**
**erschweren**
**erschwindeln**
*ersehnen*: ↗ herbeiwünschen
**ersetzen**
*ersinnen*: ↗ ausdenken, erfinden
*erspähen*: ↗ erkennen (1)
ersparen: *sich e.*: ↗ unterlassen
**Ersparnisse**
*ersprießlich*: ↗ nützlich
*erst*: ↗ zuerst
**erstarken**
**erstarren:** ↗ erhärten
**erstarrt**
*erstatten*: ↗ zurückzahlen
*Erstattung*: ↗ Rückzahlung
*erstaunen*: ↗ staunen – *etw. erstaunt jmdn.*: ↗ wundern
*Erstaunen*: ↗ Verwunderung
**erstaunlich**
*erstaunt*: ↗ verwundert
**erstechen**
**ersteigen**
**erstens**
*ersterben*: ↗ verklingen
**erstklassig**
*Erstkläßler*: ↗ Schulanfänger
**erstmals**
*erstrahlen*: ↗ aufleuchten
*erstrangig*: ↗ vorrangig
**erstreben**
**erstrecken**
*Erstreckung*: ↗ Ausdehnung (2)
*erstreiten*: ↗ erkämpfen
erstunken: *e. und erlogen*: ↗ unwahr
ersuchen: *e. |um|*: ↗ bitten
**ertappen**
**ertönen**
**Ertrag**
**erträglich**
*ertragreich*: ↗ ergiebig
erträumen: *sich e.*: ↗ wünschen
**ertrinken**
*ertrotzen*: ↗ durchsetzen
*erübrigen*: ↗ übrig
*eruieren*: ↗ ergründen
*Eruption*: ↗ Ausbruch (2)
*erwachen*: ↗ aufwachen
**erwachsen**
*erwägen*: ↗ [1]überlegen
**erwähnen:** *namentlich e.*: ↗ anführen
*erwähnenswert*: ↗ nennenswert
*erwähnt*: ↗ bewußt (2)
**erwärmen**
**erwarten**
*Erwartung*: ↗ Hoffnung
*erwartungsvoll*: ↗ gespannt
*erweisbar*: ↗ beweisbar
**erweisen:** *sich e.*: ↗ herausstellen
*erweitern*: ↗ bereichern (1), vergrößern – *sich e.*: ↗ vergrößern
*Erwerb*: ↗ Kauf
**erwerben:** ↗ anschaffen – *käuflich e.*: ↗ kaufen
erwerbstätig: *e. sein*: ↗ arbeiten (2)
*erwerbsunfähig*: ↗ invalid[e]
*erwidern*: ↗ antworten
*Erwiderung*: ↗ Antwort (1)
*erwiesen*: ↗ sicher (3)
**erwiesenermaßen**
*erwischen*: ↗ abpassen, ertappen
*erwünscht*: ↗ willkommen
**erwürgen**
**erzählen**
*erzeugen*: ↗ herstellen
*Erzeuger*: ↗ Vater
**Erzeugnis**
**erziehen**

**erzieherisch**
**Erziehung**
*Erziehungsberechtigter*: ↗ Vormund
*erzielen*: ↗ erreichen (2)
*erzittern*: ↗ beben
**erzürnen**
*erzürnt*: ↗ wütend
*erzwingen*: ↗ durchsetzen
**Esel:** ↗ Dummkopf (2)
*Eselei*: ↗ Fehler (2)
*eselig*: ↗ dumm
*eskalieren*: ↗ verstärken
*Eskapade*: ↗ Streich
*Espresso*: ↗ Café
*Esprit*: ↗ Verstand, Witz (2)
**eßbar**
*Esse*: ↗ Schornstein, Zylinder – *in die E. schreiben*: ↗ verloren (3)
**essen:** ↗ Mahlzeit – *nichts zu e. haben*: ↗ hungern
*Essen*: ↗ Mahlzeit, Nahrung – *das E. zubereiten*: ↗ kochen (1)
*Essenkehrer*: ↗ Schornsteinfeger
*essential*: ↗ wesentlich
*essentiell*: ↗ wesentlich
*Essenz*: ↗ Extrakt, Wesen
*Esserei*: ↗ Geesse
*essigsauer*: ↗ sauer (1)
*Eßlust*: ↗ Appetit
*Eßwaren*: ↗ Lebensmittel
*Etablissement*: ↗ Bordell
*Etage*: ↗ Stockwerk
*Etappe*: ↗ Entwicklungsstufe, Strecke
*Etat*: ↗ Haushaltsplan, Vermögensverhältnisse
*ethisch*: ↗ sittlich
*Etikett*: ↗ Preisschild
*etliche*: ↗ einige
*etliches*: ↗ wenig
*etwa*: ↗ ungefähr – *in e.*: ↗ ungefähr
*etwas*: ↗ wenig – *sich e. antun*: ↗ Selbstmord
*Eucharistie*: ↗ Abendmahl
*Eulenspiegelei*: ↗ Streich
*Eumenide*: ↗ Rachegöttin
*evaporieren*: ↗ eindampfen
*eventuell*: ↗ möglicherweise
*evident*: ↗ offensichtlich
**ewig:** ↗ endlos (2), lang (2), lange
*Ewiggestriger*: ↗ Reaktionär
*exakt*: ↗ genau (1), streng (3)
*exaltiert*: ↗ überspannt
*Examen*: ↗ Prüfung (2)
*Examinand*: ↗ Prüfling
*examinieren*: ↗ prüfen (2)
*exekutieren*: ↗ hinrichten, pfänden
*Exekutive*: ↗ Polizei
*Exempel*: ↗ Beispiel – *zum E.*: ↗ beispielsweise
*exemplarisch*: ↗ warnend
*exerzieren*: ↗ üben
*Exhaustor*: ↗ Entlüfter
**Exil**
*existent*: ↗ wirklich
*Existenz*: ↗ Dasein, Leben – *verkrachte E.*: ↗ Taugenichts; *eine verkrachte E.*: ↗ scheitern (1)
*existieren*: ↗ bestehen (1)
*Exitus*: ↗ Tod (1)
*exklusiv*: ↗ vornehm (1)
*exklusive*: ↗ ohne
*Exkremente*: ↗ Kot
*exmittieren*: ↗ ausquartieren
*Exmittierung*: ↗ Zwangsräumung
*Expansion*: ↗ Ausdehnung (1)
*expedieren*: ↗ absenden
*Experiment*: ↗ Versuch, Wagnis
**experimentieren**
*Experte*: ↗ Fachmann
**explodieren**
**explosiv**
*Exponat*: ↗ Ausstellungsobjekt
*Exponent*: ↗ Vertreter
*exportieren*: ↗ ausführen (3)
*Exposé*: ↗ Entwurf (1)
*Exposition*: ↗ Ausstellung
*Expreß*: ↗ Schnellzug
*expressiv*: ↗ ausdrucksvoll
*exquisit*: ↗ auserlesen, erstklassig
*extra*: ↗ abgesondert
**Extrakt:** ↗ Wesen
*extravagant*: ↗ überspannt
*extravertiert*: ↗ weltoffen
*extrem*: ↗ übertrieben
*extremistisch*: ↗ radikal
*exzellent*: ↗ erstklassig
*exzentrisch*: ↗ überspannt
*Exzeß*: ↗ Ausschweifung – *bis zum E. treiben*: ↗ übertreiben (2)
*exzessiv*: ↗ maßlos, zügellos

# F

*Fabel*: ↗ Erfindung, Handlung (2)
*fabelhaft*: ↗ großartig
**fabeln**
*Fabrik*: ↗ Produktionsbetrieb
*Fabrikant*: ↗ Unternehmer
*Fabrikat*: ↗ Erzeugnis
*Fabrikationskosten*: ↗ Herstellungskosten
*fabrikneu*: ↗ neu
*fabrizieren*: ↗ anfertigen
*Fabulant*: ↗ Schwätzer
*fabulieren*: ↗ fabeln
**Fach**: ↗ Unterrichtsfach – *zu Fache kommen* |*mit*|: ↗ zurechtkommen (2)
*Facharbeiter*: ↗ Arbeiter (1)
**Fachausdruck**
**Fachgebiet**
*Fachgespräch*: ↗ Kolloquium
**Fachmann**
**fachmännisch**
**Fachrichtung**
Fachschule: *eine F. besuchen*: ↗ studieren
*fackeln*: ↗ zögern – *nicht lange f.*: ↗ durchgreifen
*fad*: ↗ schal, ungewürzt
*fade*: ↗ langweilig
Faden: *keinen guten F. lassen* |*an*|: ↗ verunglimpfen; *keinen guten F. spinnen* |*mit*|: ↗ Streit
*fadenscheinig*: ↗ abgetragen
*fähig*: ↗ begabt, tüchtig – *f. sein* |*zu*|: ↗ können
**Fähigkeit**
*Fähigkeiten*: ↗ Begabung (1)
fahnden: *f.* |*nach*|: ↗ suchen
*Fahndung*: ↗ Suche
**Fahne**: ↗ Kleid, Korrekturfahne – *zur F. gehen*: ↗ Soldat; *bei der F. sein*: ↗ Soldat; *die F. nach dem Wind hängen*: ↗ opportunistisch
fahnenflüchtig: *f. werden*: ↗ desertieren
*Fahnenflüchtiger*: ↗ Deserteur
**Fahrbahn**
**Fähre**
**fahren**: ↗ steuern – *f.* |*nach*|: ↗ reisen; *f.* |*über*|: ↗ streichen (4)
*fahrenlassen*: ↗ verzichten – *einen f.*: ↗ Wind (2)
**Fahrer**
*Fahrerlaubnis*: ↗ Führerschein
**Fahrgast**
*Fahrgestell*: ↗ Beine
**fahrig**
**Fahrkarte**
*fahrlässig*: ↗ leichtsinnig
*Fahrlässigkeit*: ↗ Leichtsinn
**Fahrrad**
*Fahrstraße*: ↗ Straße
**Fahrstuhl**
*Fahrt*: ↗ Reise – *in F. kommen/geraten*: ↗ Stimmung; *die F. antreten*: ↗ abfahren (2); *in F. sein*: ↗ wütend
*Fahrtbeginn*: ↗ Abfahrt (1)
Fährte: *auf der falschen F. sein*: ↗ irren
**Fahrtrichtungsanzeiger**
*Fahrzeugpark*: ↗ Wagenpark
*Faible*: ↗ Vorliebe
*fair*: ↗ anständig (2)
*Fakt*: ↗ Tatsache
*Fakten*: ↗ Daten
*faktisch*: ↗ tatsächlich
*Faktur*: ↗ Rechnung
**Fall**: *auf alle Fälle*: ↗ jedenfalls, sowieso (1), unbedingt; *im äußersten Falle*: ↗ allenfalls; *zu F. bringen*: ↗ entmachten, vereiteln; *für den F., daß*: ↗ wenn; *gesetzt den F.*: ↗ angenommen; *ein hoffnungsloser F. sein*: ↗ unverbesserlich; *auf jeden F.*: ↗ ja, sowieso (1); *auf keinen F.*: ↗ keineswegs; *der F. sein*: ↗ stimmen
**Falle**: ↗ Bett – *in die F. gehen*: ↗ schlafen
**fallen**: ↗ hinfallen, verenden – *f.* |*auf*|: ↗ entfallen
**fällen**
*fallenlassen*: ↗ erwähnen
*Fallreep*: ↗ Strickleiter
*falls*: ↗ wenn
**falsch**: ↗ unaufrichtig, unecht – *f. beurteilen*: ↗ verkennen; *f. verstehen*: ↗ verhören (2)
Falsch: *ohne F.*: ↗ ehrlich
**fälschen**
**fälschlich**
**Fälschung**
*Falsifikat*: ↗ Fälschung
*falsifizieren*: ↗ fälschen
*Faltboot*: ↗ Paddelboot
**Falte**: *Falten machen*: ↗ knittern
**falten**
*faltenreich*: ↗ faltig (1)
**faltig**
*Fama*: ↗ Gerücht
*familiär*: ↗ ungezwungen, vertraulich (1)

**Familie:** ↗ Geschlecht – *ohne F.*: ↗ alleinstehend
**Familienname**
*famos*: ↗ großartig
*Fan*: ↗ Anhänger (3)
**fanatisch**
Fang: *den F. geben*: ↗ töten (2)
**fangen:** *sich f.*: ↗ fassen (2)
**Farbe:** ↗ Farbstoff – *die F. wechseln*: ↗ opportunistisch
**farbecht**
*Färbemittel*: ↗ Farbstoff
**färben**
**farbenfroh**
*farbenreich*: ↗ bunt
*farblos*: ↗ unscheinbar
**Farbstift**
**Farbstoff**
**Farbton**
*Färbung*: ↗ Farbton, Tendenz (2)
*faschieren*: ↗ durchdrehen
*Fasching*: ↗ Karneval
*faselig*: ↗ zerstreut
**faseln**
*fasernackt*: ↗ nackt
*fashionable*: ↗ elegant
Faß: *das schlägt dem F. den Boden aus!*: ↗ unerhört
*Fassade*: ↗ Vorderseite
**fassen:** ↗ ergreifen (1 *u.* 2), fangen (2), verhaften, verstehen (2) – *f.* |*nach*|: ↗ greifen
*faßlich*: ↗ verständlich (1)
**Fasson**
Fassung: *aus der F. bringen*: ↗ verwirren (1); *die F. verlieren*: ↗ Beherrschung; *die F. wiedergewinnen*: ↗ fassen (2)
*Fassungskraft*: ↗ Aufnahmefähigkeit (1)
*fassungslos*: ↗ bestürzt
*Fassungsvermögen*: ↗ Aufnahmefähigkeit (2)
*fast*: ↗ beinahe
*Fastnacht*: ↗ Karneval
*faszinieren*: ↗ bezaubern
*fatal*: ↗ unangenehm, verhängnisvoll
*Fatalität*: ↗ Mißgeschick
*Fata Morgana*: ↗ Sinnestäuschung
*Fatum*: ↗ Schicksal
*fauchen*: ↗ stürmen
**faul:** ↗ verdächtig
**faulen**
**faulenzen**
**Faulenzer**
*faulenzerisch*: ↗ faul (2)
**faulig**
**Fäulnis**
*Faulpelz* ↗ Faulenzer
*Fauna*: ↗ Tierwelt
Faust: *die F. schütteln*: ↗ drohen
Fäustchen: *sich ins F. lachen*: ↗ schadenfroh
Fauxpas: *einen F. begehen*: ↗ vorbeibenehmen
*favorisieren*: ↗ vorziehen
*Favorit*: ↗ Günstling
Faxen: *F. machen*: ↗ Unfug
*Faxenmacher*: ↗ Komiker
*Fazit*: ↗ Ergebnis (2) – *das F. ziehen*: ↗ zusammenfassen
*Feature*: ↗ Hörspiel
**fechten:** ↗ betteln, kämpfen
Feder: *zur F. greifen*: ↗ schreiben; *in die Federn gehen*: ↗ schlafen; *Federn lassen müssen*: ↗ Schaden (3)
**Federbett**
*federleicht*: ↗ leicht
**federn**
*federnd*: ↗ elastisch (3)
**Federvieh**
**fegen:** ↗ laufen (1), scheuern, stürmen
Fehdehandschuh: *den F. hinwerfen*: ↗ herausfordern (1)
**Fehlbetrag**
**fehlen**
**Fehler:** ↗ Schwäche (2)
**fehlerfrei**
*fehlerhaft*: ↗ falsch
**fehlerlos:** ↗ einwandfrei (1)
**Fehlgeburt**
*fehlgehen:* ↗ irren, verirren
**Fehlinterpretation**
**Fehlkalkulation**
**Fehlplanung**
*Fehlschlag*: ↗ Mißerfolg
*fehlschlagen*: ↗ mißlingen, scheitern (2)
**Fehlschluß:** ↗ Irrtum
**Fehltritt:** *einen F. tun*: ↗ vergehen (2, b)
**Feier**
*Feierabend*: ↗ Dienstschluß – *F. machen*: ↗ aufhören (1), schließen (4)
**Feierabendheim**
**feierlich:** *nicht mehr f.*: ↗ unerhört
*feiern*: ↗ ehren
*feiertäglich*: ↗ sonntäglich
**feige**
**Feigling**

*feil*: ↗ verkäuflich
*feilbieten*: ↗ anbieten (2)
feilen: *f.* |*an*|: ↗ überarbeiten (1)
**feilschen**
*fein*: ↗ anständig (2), dünn (2), schmackhaft, vornehm (1 *u.* 2), zart
**Feind**
**feindlich**
*Feindlichkeit*: ↗ Feindschaft
**Feindschaft**
*feindselig*: ↗ feindlich (1)
*Feindseligkeiten*: ↗ Kampf (1)
*feinfühlig*: ↗ empfindsam
*Feingefühl*: ↗ Takt, Zartgefühl
*feingliedrig*: ↗ zart, zierlich
**Feinheit**
**Feinschmecker**
**feinsinnig**
*feist*: ↗ dick
*feixen*: ↗ lächeln
*Feld*: ↗ Acker, Bereich – *das F. behaupten*: ↗ standhalten; *ins F. führen*: ↗ vorbringen; *das F. räumen*: ↗ zurückziehen (1, b); *aus dem Felde schlagen*: ↗ verdrängen; *zu Felde ziehen* |*gegen*|: ↗ bekämpfen (2), kritisieren
**Feldmark**
*Feldstecher*: ↗ Fernglas
*Feldzug*: ↗ Kampagne
**Fell**: ↗ Haut – *ein dickes F. haben*: ↗ unempfindlich; *das F. gerben*: ↗ verprügeln; *jmdm. juckt das F.*: ↗ übermütig
*Fels*: ↗ Gestein – *wie ein F.*: ↗ standhaft
**Felsen**
*felsenfest*: ↗ unerschütterlich
*Felsgestein*: ↗ Gestein
*feminin*: ↗ weiblich, weichlich
*Feministin*: ↗ Frauenrechtlerin
Fenster: *das F. öffnen*: ↗ lüften
**Fensterladen**
**Ferien**
*Feriengast*: ↗ Urlauber
*Ferienort*: ↗ Urlaubsort
*Ferkel*: ↗ Schmutzfink
*Ferkelei*: ↗ Zote
*ferkeln*: ↗ werfen (2), Zote
**fern**: ↗ vergangen
*fernab*: ↗ fern
**fernbleiben**: ↗ wegbleiben
fernerhin: *auch f.*: ↗ weiterhin
**Fernglas**
**fernhalten**: *sich f.*: ↗ absondern; *sich f.* |*von*|: ↗ fernbleiben
*fernmündlich*: ↗ telefonisch
*Fernrohr*: ↗ Fernglas
**Fernsehgerät**
**Fernsprecher**
**Fernsprechverzeichnis**
**Fernsprechzelle**
**Fernsprechzentrale**
Ferse: *sich an jmds. Fersen heften*: ↗ verfolgen
Fersengeld: *F. geben*: ↗ fliehen
**fertig**: ↗ erledigt (1), erschöpft, ruiniert – *f. sein*: ↗ gelten
*fertigbekommen*: ↗ erreichen (2)
*fertigmachen*: ↗ ermüden, töten (1), vorbereiten, zubereiten, zugrunde – *sich f.*: ↗ vorbereiten
*fertigstellen*: ↗ vollenden (1)
*Fertigungskosten*: ↗ Herstellungskosten
*fertil*: ↗ fruchtbar
*fesch*: ↗ elegant
**fesseln**: ↗ interessieren
*fesselnd*: ↗ spannend
**fest**: ↗ hart, standhaft, straff (1), unerschütterlich, unnachgiebig, verbindlich – *f. versprechen*: ↗ verpflichten
**Fest**
*Festakt*: ↗ Feier
festbeißen: *sich f.* |*an*|: ↗ verbeißen
**festbinden**: *f.* |*an*|: ↗ anbinden
**festbleiben**
**Festessen**
festfahren: *sich f.*: ↗ steckenbleiben (1 *u.* 2)
*festfrieren*: ↗ anfrieren
**festhalten**: ↗ registrieren – *f.* |*an*|: ↗ beharren, beibehalten
*festigen*: ↗ konsolidieren
*Festigkeit*: ↗ Beständigkeit (2), Stabilität (1 *u.* 2)
*Festival*: ↗ Festspiele
**festklammern**
*festkleben*: ↗ ankleben (1)
**festlegen**: ↗ bestimmen (3)
**festlich**: ↗ feierlich
*Festlichkeit*: ↗ Fest
*festliegen*: ↗ feststehen
*festmachen*: ↗ befestigen
*festnehmen*: ↗ verhaften
*Festordnung*: ↗ Programm (1, a)
*festschnallen*: ↗ anschnallen
*festsetzen*: ↗ anberaumen, einsperren, festlegen (1) – *sich f.*: ↗ niederlassen
**Festspiele**
**feststehen**: *etw. steht nicht fest*: ↗ ungewiß

**feststellen**
*festtäglich*: ↗ sonntäglich
**Festung**
*festwachsen*: ↗ anwachsen (2)
*Festwochen*: ↗ Festspiele
**festziehen**
*Fete*: ↗ Fest
*fett*: ↗ dick
Fett: *F. ansetzen*: ↗ zunehmen (3); *sein F. kriegen*: ↗ tadeln; *im F. schwimmen*: ↗ Überfluß (2)
*Fettbauch*: ↗ Dicker
*fettbäuchig*: ↗ dickbäuchig
*fetten*: ↗ einfetten
*fettfüttern*: ↗ mästen
**Fettgewebe**
**fettig**
Fettlebe: *F. machen*: ↗ schwelgen
Fettnäpfchen: *ins F. treten*: ↗ Anstoß
*Fettpolster*: ↗ Fettgewebe
*Fettsack*: ↗ Dicker
*Fettwanst*: ↗ Dicker
**Fetzen:** ↗ Lumpen – *in F. reißen*: ↗ zerreißen
**feucht:** ↗ verschwitzt
*feuchtwarm*: ↗ schwül
*feudal*: ↗ vornehm (1)
**Feudalismus**
*Feudel*: ↗ Scheuerlappen
**Feuer:** ↗ Leidenschaft – *F. anzünden*: ↗ anheizen; *F. fangen*: ↗ begeistern, entzünden, verlieben; *durchs F. gehen* |*für*|: ↗ einsetzen; *das F. schüren*: ↗ Öl; *dem F. übergeben*: ↗ verbrennen (2); *wie F. und Wasser*: ↗ unversöhnlich (2)
*Feuereifer*: ↗ Eifer
*Feueresse*: ↗ Schornstein
**feuerfest**
*Feuerleger*: ↗ Brandstifter
*Feuerlinie*: ↗ Kampflinie
**Feuerlöscher**
*feuern*: ↗ heizen, schießen (1)
*Feuersäule*: ↗ Flamme
*Feuersbrunst*: ↗ Schadenfeuer
*Feuerung*: ↗ Heizmaterial
**Feuerwerkskörper**
*feurig*: ↗ leidenschaftlich
*Fez*: ↗ Spaß
*Fiasko*: ↗ Mißerfolg, Zusammenbruch
*ficken*: ↗ koitieren
*fickrig*: ↗ unruhig
*fidel*: ↗ lustig
*Fidelität*: ↗ Vergnügen
**Fieber**
**fieberfrei**
**fieberhaft**
**fieberkrank**
**fiebern:** *f.* |*nach*|: ↗ Verlangen
*fiebrig*: ↗ fieberhaft
*Fiesling*: ↗ Ekel
fifty-fifty: *f. machen*: ↗ teilen
*Figaro*: ↗ Friseur
*Figur*: ↗ Gestalt (1), Person, Plastik – *eine gute F. machen*: ↗ wirken (3); *sich einen in die F. schütten*: ↗ trinken (2)
*Figurant*: ↗ Statist
*figürlich*: ↗ bildlich
*Fiktion*: ↗ Erfindung
*fiktiv*: ↗ gedacht
*Filiale*: ↗ Zweigstelle
*Filius*: ↗ Sohn
**Film**
**Filmemacher**
**filmen**
**Filmkamera**
*Filmmanuskript*: ↗ Drehbuch
*Filmschauspieler*: ↗ Schauspieler
**Filmstar**
*Filmtheater*: ↗ Kino
*Filou*: ↗ Schlaukopf
**Filter**
**filtern**
*Filz*: ↗ Hut
*filzen*: ↗ durchsuchen (2)
*Filzpantoffeln*: ↗ Pantoffeln
*Filzschuhe*: ↗ Hausschuhe
*Fimmel*: ↗ Marotte
*Finale*: ↗ Ende (2), Endkampf
**Finanzier**
**finanzieren**
**Finanzkapital**
*finanzkräftig*: ↗ reich
*Finanzlage*: ↗ Vermögensverhältnisse
**finden:** ↗ entdecken – *sich f.*: ↗ vorkommen; *sich f.* |*in*|: ↗ abfinden (2)
*findig*: ↗ schlau
*Findigkeit*: ↗ Schlauheit
**Findling**
*Finesse*: ↗ Feinheit (2), Schlauheit
Finger: *sich an den fünf Fingern abzählen*: ↗ voraussehen; *klebrige Finger haben*: ↗ stehlen; *auf die Finger klopfen*: ↗ zurechtweisen; *die Finger lassen* |*von*|: ↗ heraushalten; *sich alle zehn Finger lecken* |*nach*|: ↗ Verlangen; *sich in den F. schneiden*: ↗ schaden (1); *auf die Finger sehen*: ↗ über-

wachen (1); *sich die Finger verbrennen*: ↗ schaden (1); *mit dem F. zeigen* |*auf*|: ↗ hinzeigen
Fingerhut: *ein F. voll*: ↗ wenig
*fingern*: ↗ bewerkstelligen
**Fingerring**
*Fingerspitzengefühl*: ↗ Zartgefühl
*fingieren*: ↗ vortäuschen
*finster*: ↗ dunkel (1) – *f. werden*: ↗ dämmern (2)
*Finsternis*: ↗ Dunkelheit
*Finte*: ↗ Vorwand
*fintenreich*: ↗ listig
*Firlefanz*: ↗ Talmi, Unsinn
*Firma*: ↗ Handelsunternehmen
*Firmament*: ↗ Himmel
*firmen*: ↗ einsegnen
Fisch: *faule Fische*: ↗ Ausrede; *die Fische füttern*: ↗ seekrank; *stumm wie ein F.*: ↗ schweigend
fischen: *f.* |*aus*|: ↗ herausholen (1)
Fisimatenten: *F. machen*: ↗ Umstände
*fispeln*: ↗ flüstern
*Fittich*: ↗ Flügel (1) – *unter seine Fittiche nehmen*: ↗ fördern (1)
*fix*: ↗ fest (2), flink, rasch, schnell (1)
*fixieren*: ↗ anstarren, festlegen (1)
*FKK-Strand*: ↗ Nacktbadestrand
**flach**: ↗ eben (1), oberflächlich
**Flachland**
Flachs: *ohne F.!*: ↗ wahrhaftig!
*flachsen*: ↗ scherzen
**flackern**
*Flagge*: ↗ Fahne
**flaggen**
*flagrant*: ↗ offensichtlich
*Flair*: ↗ Ausstrahlung, Spürsinn
**Flamme**: ↗ Geliebte – *in Flammen aufgehen*: ↗ niederbrennen, verbrennen (1); *den Flammen übergeben*: ↗ verbrennen (2)
*flammen*: ↗ brennen (1)
*flanieren*: ↗ schlendern
**Flasche**: ↗ Versager – *auf/in Flaschen füllen*: ↗ abfüllen
*flatterhaft*: ↗ unbeständig
*flatterig*: ↗ unruhig
*flattern*: ↗ wehen (2)
*Flatus*: ↗ Wind (2)
*flau*: ↗ schal
*Flaumacher*: ↗ Miesmacher
*flauschig*: ↗ weich (2), wollig
*Flausen*: ↗ Unsinn
*Flaute*: ↗ Windstille
*Fläz*: ↗ Flegel
*fläzig*: ↗ flegelhaft
**Fleck**: ↗ Makel – *vom F. kommen*: ↗ vorwärtskommen
*Flecke*: ↗ Innereien
flecken: *etw. fleckt*: ↗ vorangehen
*Flecken*: ↗ Ort
*fleckenlos*: ↗ sauber
**fleckig**
*fleddern*: ↗ berauben, plündern
**Flegel**
**flegelhaft**
flegeln: *sich f.*: ↗ lümmeln
flehen: *f.* |*um*|: ↗ bitten
*flehentlich*: ↗ inständig
Fleisch: *sich ins eigene F. schneiden*: ↗ schaden (1); *vom Fleische fallen*: ↗ abmagern
*Fleischbrühe*: ↗ Brühe (1)
**Fleischer**
*fleischlich*: ↗ sinnlich
*Fleischlichkeit*: ↗ Sinnlichkeit
Fleischwolf: *durch den F. drehen*: ↗ durchdrehen
**Fleiß**
**fleißig**
*flektieren*: ↗ beugen
*flennen*: ↗ weinen
*flexibel*: ↗ biegsam
*flicken*: ↗ ausbessern
*Flickschuster*: ↗ Schuhmacher
*Flickwerk*: ↗ Ausschuß (2)
**fliegen**
*Flieger*: ↗ Flugzeug
**fliehen**
**fließen**
*fließend*: ↗ flüssig
*Flimmerkiste*: ↗ Fernsehgerät
**flink**: ↗ rasch
Flinte: *die F. ins Korn werfen*: ↗ resignieren
**flirten**
*Flittchen*: ↗ Prostituierte
*Flitter*: ↗ Talmi
*flitzen*: ↗ laufen (1)
Flocke: *die Flocken fallen*: ↗ schneien
*Flockentanz*: ↗ Schneetreiben
*Flora*: ↗ Pflanzenreich
*florieren*: ↗ gedeihen
**Floskel**
*Flosse*: ↗ Hand (1)
*flöten*: ↗ pfeifen
*flötengehen*: ↗ verlorengehen
Flötentöne: *die F. beibringen*: ↗ zurechtweisen

*flott*: ↗ elegant, leichtlebig, rasch, schnell (1)
*Flott*: ↗ Sahne
**Flotte**
**Fluch**
**fluchen**
*Flucht*: ↗ Sprung (1) – *die F. ergreifen*: ↗ fliehen; *in die F. schlagen*: ↗ vertreiben
*flüchten*: ↗ entfliehen, fliehen
*flüchtig*: ↗ ungenau, vergänglich
*Flug*: ↗ Flugreise
**Flügel**: *die Flügel hängen lassen*: ↗ niedergeschlagen
**Fluggast**
*flügge*: ↗ selbständig – *f. sein*: ↗ erwachsen
**Flughafen**
**Flugreise**
**Flugzeug**
**Flugzeugführer**
*Fluidum*: ↗ Ausstrahlung
**fluktuieren**
Flunsch: *einen F. ziehen*: ↗ schmollen
**Flur**: ↗ Feldmark, Landschaft – *allein auf weiter F.*: ↗ allein (1)
**Fluß**
**flüssig**: ↗ zahlungsfähig
**flüstern**
**Flut**: ↗ Hochwasser – *den Fluten übergeben*: ↗ versenken (1)
*fluten*: ↗ branden, strömen
flutschen: *etw. flutscht*: ↗ vorangehen
*Föderation*: ↗ Bund (2)
*fohlen*: ↗ werfen (2)
**Folge**: ↗ Reihenfolge – *die Folgen tragen müssen*: ↗ verantwortlich
**folgen**: ↗ gehorchen – *f.* |aus|: ↗ ²ergeben (2); *f. können*: ↗ mitkommen
*Folgen*: ↗ Nachspiel (2)
**folgend**
*folgendermaßen*: ↗ so (1)
**folgenlos**
**folgenreich**
*folgenschwer*: ↗ verhängnisvoll
**folgerichtig**
**folgern**
*folgewidrig*: ↗ inkonsequent
**folglich**
*folgsam*: ↗ artig, gehorsam
*Folter*: ↗ Qual
**foltern**
**Fön**
*Fond*: ↗ Rücksitz

*foppen*: ↗ necken
*forcieren*: ↗ beschleunigen
*Förderer*: ↗ Gönner
*förderlich*: ↗ nützlich – *f. sein*: ↗ nutzen
**fordern**: ↗ beanspruchen (1)
**fördern**
**Forderung**
**Form**
**formal**
**Formalität**
Format: *kein F. haben*: ↗ unbedeutend
*Formation*: ↗ Truppeneinheit
**formbeständig**
*Formblatt*: ↗ Formular
*Formel*: ↗ Floskel
*formell*: ↗ förmlich (1 *u.* 2)
**formen**: ↗ erziehen, zusammenstellen
**formgewandt**
*formieren*: ↗ aufstellen (3)
**förmlich**
**formlos**: ↗ ungezwungen
*Formsache*: ↗ Formalität
*formstabil*: ↗ formbeständig
*formtreu*: ↗ formbeständig
**Formular**
*formulieren*: ↗ ausdrücken (2), verfassen
*formvollendet*: ↗ formgewandt
*forsch*: ↗ kühn
*Forsche*: ↗ Kühnheit
*Forst*: ↗ Wald
**fort**: *und so f.*: ↗ weiter
*fortbestehen*: ↗ weiterbestehen
fortbilden: *sich f.*: ↗ bilden (2)
*fortblasen*: ↗ wegblasen
*fortbleiben*: ↗ wegbleiben
*fortbringen*: ↗ wegbringen, wegräumen
*Fortdauer*: ↗ Dauer (1)
*forteilen*: ↗ weglaufen
**fortfahren**: ↗ abfahren (a)
*fortfallen*: ↗ wegfallen
*fortfliegen*: ↗ wegfliegen
*fortführen*: ↗ weiterführen
*Fortgang*: ↗ Verlauf
*fortgeben*: ↗ verschenken, weggeben
*fortgehen*: ↗ weggehen
*fortgesetzt*: ↗ ununterbrochen
*fortgießen*: ↗ weggießen
*fortjagen*: ↗ verscheuchen, verstoßen (1), vertreiben
*fortkehren*: ↗ wegfegen
*fortkommen*: ↗ verlorengehen
*fortlassen*: ↗ weglassen
*fortlaufen*: ↗ weglaufen

*fortlegen*: ↗ weglegen
*fortmachen*: ↗ fortfahren
*fortnehmen*: ↗ wegnehmen
fortpflanzen: *sich f.*: ↗ vermehren (2)
*forträumen*: ↗ wegräumen
*fortrennen*: ↗ weglaufen
*fortschaffen*: ↗ wegbringen, wegräumen
*fortscheuchen*: ↗ verscheuchen, vertreiben
*fortschicken*: ↗ absenden
fortschleichen: *sich f.*: ↗ wegschleichen
*fortschreiten*: ↗ gedeihen
**Fortschritt**: *Fortschritte machen*: ↗ vorwärtskommen
**fortschrittlich**
*fortschrittsfeindlich*: ↗ rückschrittlich
*fortsetzen*: ↗ weiterführen
fortstehlen: *sich f.*: ↗ wegschleichen
*fortwähren*: ↗ andauern
*fortwährend*: ↗ immer, ununterbrochen
*fortwerfen*: ↗ wegwerfen
*fortziehen*: ↗ übersiedeln, umziehen (1)
*fossil*: ↗ versteinert
*Foto*: ↗ Fotografie
**Fotoapparat**
**Fotografie**
**fotografieren**
*Fotze*: ↗ Vagina
*Foul*: ↗ Regelwidrigkeit
*Foyer*: ↗ Wandelhalle
**Fracht**
**Frack**
*Frage*: ↗ Problem – *nicht in F. kommen*: ↗ ausscheiden (3); *ohne F.*: ↗ selbstverständlich; *sich mit einer F. wenden* |an|: ↗ anfragen
**fragen**: ↗ konsultieren – *f.* |*nach*|: ↗ erkundigen
*fragil*: ↗ zart
*fraglich*: ↗ ungewiß
*fraglos*: ↗ gewiß (1)
*Fragment*: ↗ Bruchstück
*fragwürdig*: ↗ zweifelhaft
*Fraktur*: ↗ Bruch (2) – *F. reden* |*mit*|: ↗ zurechtweisen
frank: *f. und frei*: ↗ offen (3)
*franko*: ↗ portofrei
*frappant*: ↗ auffallend
*frappieren*: ↗ überraschen (1)
*Fratz*: ↗ Kind (1)
*Fratze*: ↗ Gesicht, Grimasse
*fratzenhaft*: ↗ verzerrt (1)
**Frau**: ↗ Ehefrau – *zur F. nehmen*: ↗ heiraten (2)
**Frauenemanzipation**
*Frauenfeind*: ↗ Weiberfeind
*frauenhaft*: ↗ fraulich
**Frauenheld**
**Frauenrechtlerin**
Frauenzimmer: *liederliches F.*: ↗ Schlampe
*Fräulein*: ↗ Jungfrau, Kellnerin, Mädchen (2)
**fraulich**
**frech**
**Frechdachs**
**frei**: ↗ offen (2), ungezwungen – *f. lassen*: ↗ aussparen; *f. machen*: ↗ abräumen; *f. von*: ↗ ohne
*Freibad*: ↗ Badeanstalt
*Freiballon*: ↗ Ballon (2)
*freibekommen*: ↗ befreien (1)
*Freibeuter*: ↗ Seeräuber
Freiersfüße: *auf Freiersfüßen gehen*: ↗ werben (2)
**freigebig**
**freigeistig**
*freihalten*: ↗ einladen (2), Runde
**Freiheitsentzug**: ↗ Freiheitsstrafe
**Freiheitskampf**
**Freiheitsstrafe**
*freiheraus*: ↗ offen (3)
*freikämpfen*: ↗ befreien (1)
*freilassen*: ↗ entlassen (1), loslassen
**freilegen**
**freilich**: ↗ ja, selbstverständlich
*freimütig*: ↗ offenherzig
*freisinnig*: ↗ freigeistig
*Freisprechung*: ↗ Absolution
*Freistatt*: ↗ Zuflucht
**freistehen**
*freistellen*: ↗ anheimstellen
*Freitod*: ↗ Selbstmord – *den F. wählen*: ↗ Selbstmord
**freiwillig**
*Freizeitbeschäftigung*: ↗ Liebhaberei
**fremd**
**Fremder**
*Fressalien*: ↗ Lebensmittel
*Fresse*: ↗ Gesicht, Mund – *die F. vollhauen*: ↗ verprügeln
*fressen*: ↗ verstehen (2) – *zu f. geben*: ↗ füttern
*Fressen*: ↗ Futter – *ein gefundenes F. sein*: ↗ willkommen
*Fresserei*: ↗ Geesse
*Freßgelage*: ↗ Gelage (1)
*freßgierig*: ↗ gefräßig

*Freßsack*: ↗ Vielfraß
**Freude**
*Freudenausbruch*: ↗ Jubel
*Freudenmädchen*: ↗ Prostituierte
*freudevoll*: ↗ freudig (1)
**freudig**: *f. stimmen*: ↗ erfreuen
*freudlos*: ↗ trostlos
**freuen**
**Freund**: ↗ Geliebter, Liebhaber – *F. Hein*: ↗ Tod (2)
**Freundeskreis**
*Freundin*: ↗ Geliebte
**freundlich**: ↗ sonnig – *f. gesinnt*: ↗ wohlgesinnt
**Freundschaft**: *F. schließen*: ↗ befreunden
**freundschaftlich**
*Freundschaftsdienst*: ↗ Gefälligkeit
*Freveltat*: ↗ Verbrechen
Frieden: *in F. [miteinander] leben*: ↗ vertragen; *F. schließen*: ↗ versöhnen; *dem F. nicht recht trauen*: ↗ Verdacht
**friedfertig**
**Friedhof**
**friedlich**: ↗ friedfertig
*friedliebend*: ↗ friedlich (1)
*friedlos*: ↗ unruhig
Friedrich: *F. Wilhelm*: ↗ Unterschrift
**frieren**
*frigid[e]*: ↗ gefühlskalt
**frisch**: ↗ kühl (1), munter
*Frischluftzufuhr*: ↗ Lüftung
**Friseur**
**frisieren**: ↗ verschleiern
*frisiert*: ↗ verzerrt (2)
*Frist*: ↗ Aufschub (2), Zeitpunkt, Zeitraum
**Frisur**
Fritz: *etw. ist für den alten Fritzen*: ↗ vergebens
*frivol*: ↗ leichtfertig, obszön
*Frivolität*: ↗ Obszönität
**froh**: ↗ freudig (1), fröhlich
*frohgelaunt*: ↗ fröhlich
*frohgestimmt*: ↗ fröhlich, heiter
**fröhlich**: ↗ heiter
*frohlocken*: ↗ schadenfroh
**fromm**
*frömmelnd*: ↗ frömmlerisch
**frömmlerisch**
*Fron*: ↗ Mühsal
**Front**: ↗ Vorderseite
Frosch: *einen F. im Halse haben*: ↗ heiser
**Frost**: *es herrscht F.*: ↗ frieren (2)
**frostanfällig**
**frostbeständig**
*frostempfindlich*: ↗ frostanfällig
*frosten*: ↗ einfrosten
*frosthart*: ↗ frostbeständig
*frostig*: ↗ kühl (2)
*Frostwetter*: ↗ Frost
**frottieren**
*frotzeln*: ↗ necken
**fruchtbar**
*fruchtbringend*: ↗ fruchtbar
*Früchtchen*: ↗ Taugenichts
*Früchte*: ↗ Obst
*fruchten*: ↗ wirken (2)
**früh**: ↗ morgens – *zu f.*: ↗ vorzeitig (1 *u.* 2)
frühauf: *von f.*: ↗ Kindesbeine
*Frühe*: ↗ Morgen
**früher**
*Frühjahr*: ↗ Frühling
**Frühling**
**Frühstück**
*frühzeitig*: ↗ früh
*frühzeitlich*: ↗ vorzeitlich
*Fuchs*: ↗ Schlaukopf – *wo sich F. und Hase gute Nacht sagen*: ↗ abgelegen; *schlauer F.*: ↗ Schlaukopf
*fuchsen*: ↗ ärgern
*fuchsig*: ↗ ärgerlich, rothaarig
*fuchsteufelswild*: ↗ wütend
*fuchtig*: ↗ wütend
Fug: *mit F. und Recht*: ↗ Recht
*Fuge*: ↗ Spalt
fügen: *sich f.*: ↗ nachgeben; *sich f. |in|*: ↗ abfinden (2)
*füglich*: ↗ Recht
*Fügung*: ↗ Redewendung, Schicksal
*fühlbar*: ↗ empfindlich (3), spürbar
**fühlen**: ↗ ahnen (1), empfinden, spüren, tasten
**führen**: ↗ geleiten, leiten, Spitzenleistung, steuern – *sich f.*: ↗ verhalten (1)
**führend**
**Führerschein**
*Fuhrpark*: ↗ Wagenpark
*Führung*: ↗ Verhalten
*Fuhrunternehmen*: ↗ Spedition
**Fülle**: *eine F. von*: ↗ viel (2)
**füllen**: *f. |in|*: ↗ abfüllen
*füllig*: ↗ dicklich
**Füllung**: ↗ Inhalt
*Fummel*: ↗ Kleid
Fund: *einen F. machen*: ↗ finden
**Fundament**: ↗ Grundlage

*fundamental*: ↗ grundlegend
*fundieren*: ↗ untermauern
*fundiert*: ↗ sicher (3)
*Fundus*: ↗ Bestand
fungieren: *f.* |*als*|: ↗ wirken (1)
*Funk*: ↗ Rundfunk
*funken*: ↗ gehen (3) – *bei jmdm. funkt es*: ↗ verstehen (2)
*Funktion*: ↗ Tätigkeit – *von seiner F. zurücktreten*: ↗ zurücktreten
**funktionieren**
*für*: ↗ gegen (2), statt – *f. sich*: ↗ abgesondert
*Furche*: ↗ Falte (2), Vertiefung
*Furcht*: ↗ Angst – *F. einflößen*: ↗ ängstigen; *F. haben*: ↗ grauen
*furchtbar*: ↗ entsetzenerregend, sehr
*fürchten*: ↗ befürchten – *sich f.*: ↗ ängstigen; *f.* |*für*|: ↗ sorgen (2)
*fürchterlich*: ↗ sehr
*furchterregend*: ↗ beängstigend
*furchtlos*: ↗ mutig
*Furchtlosigkeit*: ↗ Mut
*furchtsam*: ↗ feige
*Furie*: ↗ Megäre, Rachegöttin
*Furor*: ↗ Raserei
Furore: *F. machen*: ↗ Erfolg
**Fürsorge**: ↗ Pflege (1) – *F. angedeihen lassen*: ↗ pflegen (1)
**fürsorglich**: ↗ liebevoll
**Fürsprache**: *F. einlegen* |*für*|: ↗ verwenden (2)
*Fürsprech*: ↗ Fürsprecher, Rechtsanwalt
**Fürsprecher**
Fürst: *wie ein F. leben*: ↗ Überfluß (2)
*Furz*: ↗ Wind (2) – *aus einem F. einen Donnerschlag machen*: ↗ übertreiben (1)
*fusionieren*: ↗ verschmelzen (1)
*Fuß*: ↗ Sockel – *mit bloßen Füßen*: ↗ barfuß; *auf eigenen Füßen stehen*: ↗ selbständig; *F. fassen*: ↗ heimisch; *auf gespanntem F. leben* |*mit*|: ↗ Streit; *mit einem F. im Grabe stehen*: ↗ todkrank; *auf großem F. leben*: ↗ verschwenderisch; *zu Füßen liegen*: ↗ verehren; *stehenden Fußes*: ↗ sofort; *etw. steht auf wackligen/tönernen Füßen*: ↗ unsicher
**Fußabtreter**
**Fußball**
**Fußbank**
*Fußboden*: ↗ Erdboden
**Füße**
fußen: *f.* |*auf*|: ↗ beruhen
*Fußfall*: ↗ Kniefall
*fußfällig*: ↗ inständig
**Fußgänger**
*Fußgängerweg*: ↗ Gehweg
**Fußrücken**
*Fußweg*: ↗ Weg
*futsch*: ↗ verloren (1), verschwunden
**Futter**: *F. geben*: ↗ füttern
*Futterage*: ↗ Verpflegung (2)
*Futteral*: ↗ Schutzhülle
*futtern*: ↗ essen (1)
**füttern**

# G

*Gabe*: ↗ Spende
**gabeln**
*Gabelung*: ↗ Weggabelung
**gackern**
*gaffen*: ↗ starren, zusehen
*Gage*: ↗ Honorar
gähnen: *etw. gähnt*: ↗ klaffen
*Galadiner*: ↗ Festessen
*galant*: ↗ höflich
*Galgenfrist*: ↗ Aufschub (2)
*Galgenvogel*: ↗ Taugenichts
**gallertartig**
*gammelig*: ↗ verdorben – *g. werden*: ↗ verderben (1)
**gammeln**
gang: *g. und gäbe*: ↗ üblich
[1]*Gang*: ↗ Gangart, Verlauf – *seinen letzten G. antreten*: ↗ sterben; *in G. sein*: ↗ laufen (2); *in G. setzen*: ↗ anlassen
[2]*Gang*: ↗ Bande
**Gangart**
*gängig*: ↗ gewohnt (1)
**Gangrän**
*Gangster*: ↗ Verbrecher
*Gangsterbande*: ↗ Bande (1)
*Gangstertum*: ↗ Unterwelt (2)
*Ganove*: ↗ Schurke
Gans: *blöde G.*: ↗ Ziege (2); *gucken wie eine G., wenn's blitzt/donnert*: ↗ überrascht
*Gänsewein*: ↗ Wasser (2)
*ganten*: ↗ versteigern
**ganz**: ↗ unbeschädigt, vollständig – *g.* [*und gar*]: ↗ völlig; *g. und gar nicht*: ↗ kei-

neswegs, überhaupt; *im ganzen*: ↗ insgesamt
Ganze: *aufs G. gehen*: ↗ wagen
**gänzlich**: ↗ völlig
**gar**: ↗ sehr – *g. nicht*: ↗ überhaupt; *g. zu*: ↗ allzu
*Garantie*: ↗ Bürgschaft (1), Gewähr
**garantieren**: ↗ gewährleisten, sicherstellen (2), versprechen (1)
Garaus: *den G. machen*: ↗ töten (1)
**Garderobe**: ↗ Kleidung
**Gardine**
*Gardinenpredigt*: ↗ Strafpredigt – *eine G. halten*: ↗ zurechtweisen
**gären**
**Gärfutter**
*Garnitur*: ↗ Serie
Garten: *G. Eden*: ↗ Paradies (2); *zoologischer G.*: ↗ Zoo
**Gas**
**Gast**
**gastfreundlich**
**Gastgeber**
*Gasthof*: ↗ Hotel
*Gastronomie*: ↗ Kochkunst
**Gaststätte**
*Gaststube*: ↗ Gastzimmer
**Gastwirt**
**Gastzimmer**
*Gatte*: ↗ Ehemann
*Gatter*: ↗ Zaun
*Gattin*: ↗ Ehefrau
*Gaudi*: ↗ Freude (2)
*Gaudium*: ↗ Vergnügen
*Gaul*: ↗ Pferd
*Gaumenfreude*: ↗ Leckerbissen
*Gauner*: ↗ Schurke
*Gaunerei*: ↗ Betrug
*Gazette*: ↗ Zeitung
*geachtet*: ↗ angesehen
**geächtet**
*geartet*: ↗ veranlagt
**Gebäck**
gebärden: *sich g.*: ↗ verhalten (1)
**gebären**
*Gebaren*: ↗ Verhalten
gebauchkitzelt: *sich g. fühlen*: ↗ geschmeichelt
gebauchtrampelt: *sich g. fühlen*: ↗ geschmeichelt
**Gebäude**
*gebaut*: ↗ gewachsen (1), veranlagt
*gebefreudig*: ↗ freigebig
*Gebein*: ↗ Skelett
**geben**: ↗ aufführen, bieten (1), darbieten, schenken – *sich g.*: ↗ verhalten (1); *von sich g.*: ↗ erbrechen
**Gebet**
*Gebiet*: ↗ Bereich, Fachgebiet, Landschaft
*Gebieter*: ↗ Herrscher
*gebieterisch*: ↗ herrisch
*gebietsweise*: ↗ landschaftlich
**gebildet**
**Gebirge**
**gebogen**
**geboren**: *g. sein* |in|: ↗ stammen
**geborgen**
*Gebot*: ↗ Angebot – *zu Gebote stehen*: ↗ verfügbar
*geboten*: ↗ notwendig
**Gebrauch**: ↗ Gepflogenheit – *aus dem G. kommen*: ↗ veralten
**gebrauchen**: ↗ benutzen
*gebräuchlich*: ↗ üblich
**Gebrauchsanweisung**
**Gebrauchsgüter**
**gebraucht**
**Gebrauchtfahrzeug**
**Gebrauchtwarenhändler**
*gebräunt*: ↗ sonnengebräunt
gebrechen: *es gebricht* |an|: ↗ fehlen (2)
**Gebrechen**
**gebrechlich**
*gebrochen*: ↗ verzweifelt (1)
*Gebrüll*: ↗ Geschrei (1 *u.* 2)
**Gebühr**: *über G.*: ↗ übertreiben
*gebühren*: ↗ verdienen (2)
**gebührend**: ↗ angemessen
*gebührenfrei*: ↗ portofrei
gebumfidelt: *sich g. fühlen*: ↗ geschmeichelt
**Geburt**: *von G. her*: ↗ angeboren; *etw. ist eine schwere G.*: ↗ schwierig
**gebürtig**: *g. sein* |aus|: ↗ stammen
*Gebüsch*: ↗ Buschwerk
**Geck**
**gedacht**
**Gedächtnis**: *aus dem G.*: ↗ auswendig; *im G. behalten*: ↗ merken (2); *nicht im G. behalten*: ↗ vergessen; *ein kurzes G. haben*: ↗ vergeßlich; *ins G. rufen/zurückrufen*: ↗ erinnern
*gedächtnisschwach*: ↗ vergeßlich
**Gedächtnisschwäche**
**Gedächtnisstörung**
*gedämpft*: ↗ leise

Gedanke: *auf andere Gedanken bringen*: ↗ ablenken (3); *seine Gedanken woanders haben*: ↗ unaufmerksam; *keinen klaren Gedanken mehr fassen können*: ↗ verwirrt; *Gedanken lesen können*: ↗ hellsehen; *sich Gedanken machen*: ↗ sorgen (2); *in Gedanken versunken*: ↗ geistesabwesend; *seine Gedanken zusammennehmen*: ↗ konzentrieren (2)
*Gedankenblitz*: ↗ Einfall
**Gedankenflug**
**Gedankengang**
**Gedankengehalt**
*gedankenlos*: ↗ unaufmerksam, unüberlegt
*gedankentief*: ↗ tiefgründig
**Gedankenverbindung**
*gedankenverloren*: ↗ geistesabwesend, weltentrückt
*gedankenvoll*: ↗ nachdenklich
*Gedärm*: ↗ Eingeweide
*gedehnt*: ↗ lang (1 *u.* 2)
**gedeihen**
*gedeihlich*: ↗ nützlich
*Gedenken*: ↗ Erinnerung (2) – *zum G.* |*an*|: ↗ Erinnerung (3)
*Gedenktag*: ↗ Jubiläum
**Gedicht**
**gediegen**: ↗ komisch
**Gedränge**: *ins G. kommen*: ↗ Lage
*gedrängt*: ↗ knapp (2)
*gedrückt*: ↗ niedergeschlagen
*gedrungen*: ↗ untersetzt
**Geduld**
**gedulden**
**geduldig**
*geehrt*: ↗ verehrt
**geeignet**: ↗ ideal, verwendbar
*geeint*: ↗ einig (1)
**Geesse**
**Gefahr**: *außer G.*: ↗ sicher (1); *sich in G. begeben*: ↗ gefährden; *in G. bringen*: ↗ gefährden; *der G. entreißen*: ↗ retten
**gefährden**
**gefährdet**
**Gefahrenbereich**
**Gefahrenherd**
*gefahrenträchtig*: ↗ gefährlich
**gefährlich**: ↗ ernst (1), explosiv (2), gewagt
*gefahrlos*: ↗ ungefährlich
*Gefährt*: ↗ Wagen
*Gefährte*: ↗ Kamerad
*gefahrvoll*: ↗ gefährlich
Gefälle: *ein gutes G. haben*: ↗ trinkfest
**gefallen**: *sich g. lassen*: ↗ hinnehmen; *nicht g.*: ↗ mißfallen (2)
**Gefallen**: *G. haben / finden* |*an*|: ↗ mögen
**gefällig**: ↗ aufmerksam (2), hübsch
**Gefälligkeit**
*gefälscht*: ↗ unecht
*gefangennehmen*: ↗ interessieren
*Gefängnis*: ↗ Strafvollzugsanstalt
**gefärbt**
*Gefasel*: ↗ Geschwätz
*Gefäß*: ↗ Blutgefäß
gefaßt: *g. sein* |*auf*|: ↗ vorbereitet
**Gefecht**: *außer G.* [*gesetzt*]: ↗ kampfunfähig
*Gefechtslinie*: ↗ Kampflinie
*gefeiert*: ↗ berühmt
*gefeit*: ↗ immun
*gefinkelt*: ↗ raffiniert
**gefleckt**
*Geflügel*: ↗ Federvieh
**Geflüster**
**Gefolgschaft**
*Gefolgsmann*: ↗ Anhänger (3)
gefragt: *g. sein*: ↗ begehrt
**gefräßig**: ↗ unersättlich
**gefrieren**: ↗ erstarren (1)
*Gefrorenes*: ↗ Speiseeis
gefügig: *g. machen*: ↗ zwingen
**Gefühl**: *im G. haben*: ↗ spüren
**gefühllos**: ↗ empfindungslos, unempfindlich
**gefühlskalt**
*Gefühlslage*: ↗ Stimmung
**gefühlsmäßig**
*gefühlsroh*: ↗ gefühllos
*gefühlsselig*: ↗ rührselig
**gefühlvoll**
*gefüllt*: ↗ voll (1)
gegeben: *als g. ansehen*: ↗ voraussetzen; *g. sein*: ↗ vorliegen
*gegebenenfalls*: ↗ möglicherweise
*Gegebenheit*: ↗ Tatsache
**gegen**: ↗ ungefähr
*Gegenargument*: ↗ Einwand
**Gegend**: ↗ Umgebung – *öde / einsame G.*: ↗ Einöde
*Gegendruck*: ↗ Widerstand (2)
*gegeneinanderprallen*: ↗ zusammenstoßen (1)
*Gegenhall*: ↗ Echo
**Gegensatz**: ↗ Widerspruch
**gegensätzlich**

*Gegenschlag*: ↗ Vergeltung
*gegenseitig*: ↗ wechselseitig
*Gegenspieler*: ↗ Gegner
**Gegenstand:** ↗ Thema, Unterrichtsfach
**gegenständlich**
**gegenstandslos**
**Gegenstück:** ↗ Gegenteil
**Gegenteil:** *das G. beweisen*: ↗ widerlegen; [*ganz*] *im G.*: ↗ keineswegs; *im G.*: ↗ sondern
**gegenteilig**
**gegenüber**
*gegenüberliegend*: ↗ jenseitig
*gegenüberstellen*: ↗ vergleichen
**Gegenwart**
**gegenwärtig:** ↗ erinnerlich, jetzig, jetzt
*gegenwartsnah:* ↗ aktuell
*Gegenwehr*: ↗ Verteidigung, Widerstand (1)
*Gegenwirkung*: ↗ Reaktion
**Gegner**
*gegnerisch*: ↗ feindlich (2)
*Gegnerschaft*: ↗ Feindschaft
**Gehabe:** ↗ Verhalten
gehaben: *gehab dich wohl!*: ↗ Wiedersehen
**Gehacktes**
*Gehalt*: ↗ Lohn, Sinn
gehalten: *g. sein:* ↗ verpflichtet
**gehaltlos**
*gehaltvoll*: ↗ inhaltsreich, stark (3)
**gehässig**
*Gehäuse*: ↗ Kapsel, Tor (2)
*gehaut*: ↗ raffiniert
Gehege: *ins G. kommen*: ↗ stören (1)
*geheilt*: ↗ genesen
**geheim**
*Geheimagent*: ↗ Agent
*geheimhalten*: ↗ verschweigen
*geheimnisumwittert*: ↗ geheimnisvoll
**geheimnisvoll:** *g. tun*: ↗ heimlichtun
*geheimtun*: ↗ heimlichtun
*geheizt*: ↗ warm (1)
**gehemmt**
*Gehemmtheit*: ↗ Hemmung
**gehen:** ↗ funktionieren, kündigen, weggehen – **g.** |in|: ↗ eintreten (1), fassen (1); *g. lassen*: ↗ weglassen; *wo man geht und steht*: ↗ überall; *es geht* |um|: ↗ handeln (3); *g.* |von|: ↗ sterben; *vor sich g.*: ↗ geschehen
geheuer: *nicht g.*: ↗ verdächtig
*Geheul*: ↗ Geschrei (2)
*Gehirnschlag*: ↗ Schlaganfall
*Gehöft*: ↗ Bauernhof
*Gehölz*: ↗ Wäldchen
*Gehör*: ↗ Gehörsinn – *G. finden*: ↗ anhören (2); *G. schenken*: ↗ anhören (1)
**gehorchen**
**gehören**
**gehörig**
*gehörlos*: ↗ taub
**gehorsam**
**Gehörsinn**
*Gehsteig*: ↗ Gehweg
**Gehweg**
*Geifer*: ↗ Speichel
*geifern*: ↗ schimpfen
**Geige**
*geil*: ↗ lüstern, üppig (2)
*Geiß*: ↗ Ziege (1)
*Geißel*: ↗ Peitsche
*geißeln*: ↗ anprangern
*Geist*: ↗ Gespenst, Verstand, Witz (2) – *von allen guten Geistern verlassen*: ↗ verrückt; *dienstbarer G.*: ↗ Diener; *seinen G. aufgeben*: ↗ sterben
*geisterhaft*: ↗ unheimlich
**geistesabwesend:** ↗ zerstreut
*geistesarm*: ↗ geistlos
*Geistesblitz*: ↗ Einfall
*Geistesgröße*: ↗ Genie (1)
**geisteskrank**
*geistesschwach*: ↗ schwachsinnig
**Geistesschwäche:** ↗ Schwachsinn
**geistig:** ↗ alkoholisch, unsinnlich
**geistlich**
**Geistlicher**
**geistlos**
**geistreich**
*geisttötend*: ↗ langweilig
*geistvoll*: ↗ geistreich
**geizen**
**Geizhals**
**geizig**
*Geiziger*: ↗ Geizhals
*Geizkragen*: ↗ Geizhals
*gekästelt*: ↗ kariert
*geknebelt*: ↗ unterdrückt
*geknechtet*: ↗ unterdrückt
*geknickt*: ↗ niedergeschlagen
*gekörnt*: ↗ körnig
**gekränkt**
*Gekritzel*: ↗ Schmiererei
*Gekröse*: ↗ Innereien
*gekrümmt*: ↗ gebogen, krumm

**gekünstelt**
Gelächter: *in ein G. ausbrechen*: ↗ Lachen
*geladen*: ↗ wütend
*Geladener*: ↗ Gast
**Gelage**
*gelähmt*: ↗ lahm
*Gelände*: ↗ Landschaft
gelangen: *g.* |*zu*|: ↗ erwerben (1)
**gelassen**
*geläufig*: ↗ vertraut (1)
**gelaunt**
*Gelbei*: ↗ Dotter
**Geld**: ↗ Vermögen – *nicht mit G. zu bezahlen sein*: ↗ wertvoll; *das / sein G.* [*zum Fenster*] *hinauswerfen / mit vollen Händen ausgeben*: ↗ verschwenderisch; *G. wie Heu haben*: ↗ reich; [*sein G.*] *auf die hohe Kante legen*: ↗ sparen; *ins G. laufen / gehen*: ↗ teuer; *G. machen*: ↗ verdienen (1); *zu G. machen*: ↗ verkaufen; *bei Gelde sein*: ↗ reich; *mit G. um sich werfen*: ↗ verschwenderisch; *G. zuwenden / zuschießen*: ↗ unterstützen (2)
*Geldanlage*: ↗ Investition
*Geldaufwand*: ↗ Ausgabe (1)
**Geldbörse**
**Geldentwertung**
**Geldforderung**
**geldgierig**
*Geldmann*: ↗ Finanzier
*Geldsack*: ↗ Finanzier
*Geldschein*: ↗ Banknote
*Geldschrank*: ↗ Safe
*Geldstück*: ↗ Münze
*Geldsumme*: ↗ Betrag
**gelegen**
Gelegenheit: *bei G.*: ↗ anläßlich; *bei dieser G.*: ↗ hierbei
*gelegentlich*: ↗ anläßlich, manchmal, vereinzelt
**gelehrt**
*Gelehrtheit*: ↗ Wissen (2)
*Geleit*: ↗ Schutz (2)
**geleiten**: ↗ begleiten
*Gelichter*: ↗ Gesindel
**geliebt**
**Geliebte**
**Geliebter**
*geliefert*: ↗ erledigt (2) – *g. sein*: ↗ verloren (2)
*gelinde*: ↗ sanft
**gelingen**
*gellen*: ↗ ertönen, schallen
*gellend*: ↗ schrill
*gelockt*: ↗ lockig
**gelten**: ↗ gültig (1) – *g. lassen*: ↗ anerkennen (2)
*Geltung*: ↗ Ansehen, Einfluß (2) – *G. haben*: ↗ angesehen
**Geltungsbedürfnis**
*Gelüst*: ↗ Verlangen
gelüsten: *es gelüstet jmdn.* |*nach*|: ↗ Verlangen
*Gemach*: ↗ Zimmer
*gemächlich*: ↗ langsam, ruhig
*gemacht*: ↗ affektiert, einverstanden
gemahnen: *g.* |*an*|: ↗ erinnern
*Gemarkung*: ↗ Feldmark
**gemäß**
*gemäßigt*: ↗ maßvoll
**gemein**: ↗ unanständig
*Gemeindeoberhaupt*: ↗ Bürgermeister (1)
**gemeineigen**
*gemeinhin*: ↗ meist
**Gemeinplatz**
**gemeinsam**
*gemeinschaftlich*: ↗ gemeinsam
*Gemeinschaftsarbeit*: ↗ Kollektivarbeit
*gemeinschaftsschädlich*: ↗ asozial
*gemeinverständlich*: ↗ populär
*Gemenge*: ↗ Mischung
*gemessen*: ↗ würdevoll
*Gemetzel*: ↗ Blutbad
*Gemisch*: ↗ Mischung
Gemüse: *das junge G.*: ↗ Jugend (3)
**Gemüt**: *sich einen zu Gemüte führen*: ↗ trinken (2)
**gemütlich**
*gemütsarm*: ↗ gefühllos
*Gemütsart*: ↗ Wesensart
**Gemütsruhe**: *in aller G.*: ↗ ruhig
*Gemütsverfassung*: ↗ Stimmung
*gemütvoll*: ↗ gefühlvoll
*genant*: ↗ schamhaft
**genau**: ↗ sorgfältig, streng (3) – *peinlich g.*: ↗ streng (3)
*genau!*: ↗ richtig
*genaugenommen*: ↗ eigentlich
*genauso*: ↗ ebenso
*genehm*: ↗ willkommen
**genehmigen**: *sich einen g.*: ↗ trinken (2)
*geneigt*: ↗ schief, wohlgesinnt – *g. sein*: ↗ wohlwollen
*Geneigtheit*: ↗ Wohlwollen
*generalisieren*: ↗ verallgemeinern
*generell*: ↗ allgemein

*generös*: ↗ freigebig
**genesen**
**Genesung**
*Genesungsheim*: ↗ Sanatorium
**genial**
*Genialität*: ↗ Genie (2)
*Genick*: ↗ Nacken – *das G. brechen*: ↗ zugrunde; *sich das G. brechen*: ↗ scheitern (1), verunglücken
**Genie:** *verkrachtes / verbummeltes G.*: ↗ Taugenichts
genieren: *sich g.*: ↗ schämen
*genießbar*: ↗ eßbar, trinkbar
**genießen**
**Genießer**
*Genitale*: ↗ Geschlechtsteil
*Genius*: ↗ Genie (1)
*Genosse*: ↗ Kamerad, Parteimitglied
*Genossenschaftsbauer*: ↗ Bauer
genötigt: *g. sein*: ↗ müssen
*genudelt*: ↗ satt
genug: *g. haben*: ↗ satt; *g. haben* |*von*|: ↗ überdrüssig; *mehr als g.*: ↗ reichlich; *nicht g.*: ↗ zuwenig
*genügsam*: ↗ bedürfnislos
*genuin*: ↗ natürlich
*geöffnet*: ↗ offen (1)
*geordnet*: ↗ ordentlich (1)
**Gepäck**
*gepeinigt*: ↗ geplagt
*gepfeffert*: ↗ drastisch, teuer
**gepflegt**
**Gepflogenheit:** ↗ Gewohnheit
**geplagt**
*Geplänkel*: ↗ Gefecht
geplant: *wie g.*: ↗ plangemäß
*geplättet*: ↗ überrascht
*Geplauder*: ↗ Plauderei
*Gepränge*: ↗ Prunk
*geprüft*: ↗ geplagt
**gepunktet**
*gequält*: ↗ geplagt
*Gequatsche*: ↗ Geschwätz
**gerade:** ↗ aufrecht – *g. noch*: ↗ kaum; *g. noch erreichen*: ↗ abpassen
**geradeaus**
*geradebiegen*: ↗ bereinigen
*geradeheraus*: ↗ offen (3)
geradestehen: *g.* |*für*|: ↗ büßen, verantworten (1)
**geradewegs:** ↗ sofort
*geradezu*: ↗ ausgesprochen, offen (3)
*geradlinig*: ↗ unbeirrbar
gerammelt: *g. voll*: ↗ überfüllt, voll (3)
*Gerät*: ↗ Rundfunkgerät
**geraten**
Geratewohl: *aufs G.*: ↗ planlos
*Gerätschaften*: ↗ Werkzeug (1)
*geräuschlos*: ↗ still
*geräuschvoll*: ↗ laut (1)
**gerecht**
**Gerede**
*gereizt*: ↗ nervös, wütend
**Gericht:** *vor G. fordern*: ↗ verklagen; *zu G. sitzen*: ↗ verhandeln (2)
*Gerichtsverfahren*: ↗ Prozeß
*gerieben*: ↗ raffiniert
*gering*: ↗ geringfügig, niedrig
*geringachten*: ↗ mißachten
*Geringachtung*: ↗ Mißachtung
*geringschätzen*: ↗ mißachten, verachten
**geringschätzig**
*Geringschätzung*: ↗ Verachtung
**gerinnen**
*Gerippe*: ↗ Gerüst (2), Skelett
*gerissen*: ↗ raffiniert
**gern:** *g. gesehen*: ↗ willkommen; *g. haben*: ↗ lieben
*Geröll*: ↗ Schutt
*Gerontologie*: ↗ Altersforschung
*Gerstensaft*: ↗ Bier
*Gerte*: ↗ Rute
*gertenschlank*: ↗ schlank
Geruch: *übler G.*: ↗ Gestank
**Geruchssinn**
**Gerücht**
**gerüchtweise**
*geruhen*: ↗ herablassen
*geruhsam*: ↗ ruhig
**Gerümpel**
**Gerüst**
*gerüstet*: ↗ fertig
*gesalzen*: ↗ teuer
gesammelt: *innerlich g.*: ↗ andächtig
**Gesang**
**Gesangverein**
**Gesäß**
*gesättigt*: ↗ konzentriert, satt
**Geschäft:** ↗ Gewinn, Handelsunternehmen – *ein G. machen*: ↗ verdienen (1)
**Geschäftemacher**
*Geschäftsabschluß*: ↗ Geschäft (2)
**Geschäftsmann**
*Geschäftsstelle*: ↗ Vertretung (1)
*geschätzt*: ↗ beliebt (1), verehrt
**geschehen:** *es ist g.* |*um*|: ↗ verloren (2);

*jmdm. geschieht etw.*: ↗ zustoßen; *g. lassen* ↗ zulassen
*Geschehnis*: ↗ Ereignis
*gescheit*: ↗ klug – *nicht ganz / recht g. sein*: ↗ verrückt
**Geschenk:** *zum G. machen*: ↗ schenken
**Geschichte:** ↗ Angelegenheit (1 *u.* 2)
**geschichtlich**
*geschichtsträchtig*: ↗ zukunftsweisend
*Geschick*: ↗ Schicksal – *ins G. bringen*: ↗ regeln
**geschickt**
*Geschiebe*: ↗ Gedränge, Schutt
**Geschirr:** ↗ Zuggeschirr – *schmutziges G.*: ↗ Abwasch (2)
**Geschlecht:** *das schwache G.*: ↗ Frau; *das starke G.*: ↗ Mann (1)
*geschlechtlich*: ↗ sexuell
*Geschlechtlichkeit*: ↗ Sexualität
*Geschlechtsakt*: ↗ Koitus
**Geschlechtsteil**
**Geschlechtstrieb**
**Geschlechtsverkehr**
*Geschlechtszelle*: ↗ Keimzelle
*geschliffen*: ↗ scharf (1)
*geschlossen*: ↗ einheitlich (1)
**Geschmack:** *G. finden / gewinnen* |*an*|: ↗ mögen; *keinen G. finden* |*an*|: ↗ mögen
**geschmacklos:** ↗ schal, taktlos
*Geschmacklosigkeit*: ↗ Taktlosigkeit
**geschmackvoll**
*Geschmeichel*: ↗ Schmeichelei
**geschmeichelt**
*Geschmeide*: ↗ Schmuck
**geschmeidig**: ↗ elastisch (3)
*Geschmeiß*: ↗ Gesindel
*Geschmier*: ↗ Schmiererei
*Geschmuse*: ↗ Schmeichelei
*Geschöpf*: ↗ Lebewesen
**Geschoß:** ↗ Stockwerk
*geschraubt*: ↗ schwülstig
**Geschrei**
*geschützt*: ↗ sicher (1)
*geschwächt*: ↗ kraftlos
*Geschwafel*: ↗ Geschwätz
**Geschwätz**
**geschwätzig**
*geschwind*: ↗ rasch, schnell (1)
**Geschwindigkeit**
*geschwollen*: ↗ schwülstig, überheblich
**Geschwulst**
**Geschwür**
**gesellen**
**gesellig:** ↗ kontaktfreudig, unterhaltsam
*Gesellschaft*: ↗ gesellig, Oberschicht, Organisation
**Gesellschaftsschicht**
Gesetz: *das G. brechen*: ↗ vergehen (2, a)
*Gesetzeshüter*: ↗ Polizist
*gesetzlich*: ↗ rechtlich, rechtmäßig
**gesetzlos**
*gesetzwidrig*: ↗ ungesetzlich
*gesichert*: ↗ sicher (1 *u.* 3)
**Gesicht:** *ein anderes G. bekommen*: ↗ ändern (2); *wie aus dem G. geschnitten*: ↗ ähnlich; *ein G. machen / ziehen*: ↗ schmollen; *ins G. schlagen*: ↗ widersprechen (2); *das G. verlieren*: ↗ kompromittieren
*Gesichtsausdruck*: ↗ Miene
**Gesichtskreis**
**Gesichtspunkt**
*Gesichtssinn*: ↗ Sehvermögen
**Gesindel**
**Gesinnung:** *seine G. wechseln*: ↗ opportunistisch
*Gesinnungslosigkeit*: ↗ Opportunismus
*Gesinnungslump*: ↗ Opportunist
*gesittet*: ↗ wohlerzogen
*Gesocks*: ↗ Gesindel
*Gesöff*: ↗ Brühe (2)
*gesondert*: ↗ einzeln (1)
*gesonnen*: ↗ gewillt
*Gespann*: ↗ Eheleute
**gespannt:** ↗ neugierig, straff (2)
*Gespanntheit*: ↗ Neugier[de]
**Gespenst**
*Gespenstergeschichte*: ↗ Schauergeschichte
*gespensterhaft*: ↗ unheimlich
**gespenstisch**
**Gespräch:** *ein G. beginnen* |*mit*|: ↗ ansprechen (1); *ein G. führen*: ↗ unterhalten (2)
**gesprächig**
*gespreizt*: ↗ affektiert – *sich g. benehmen*: ↗ spreizen
*gesprenkelt*: ↗ gefleckt
*Gespür*: ↗ Spürsinn – *ein G. haben* |*für*|: ↗ spüren
*Gestade*: ↗ Ufer
**Gestalt:** ↗ Form (1)
**gestalten:** ↗ formen
*gestaltlos*: ↗ formlos
*Gestaltung*: ↗ Form (2)
**geständig**
**Gestank**
*gestatten*: ↗ erlauben (1), ermöglichen

*gestattet*: ↗ zulässig
**gestehen**
*Gestehungskosten*: ↗ Herstellungskosten
**Gestein**
*Gesteinsblock*: ↗ Felsen
*Gestell*: ↗ Regal
gestern: *von g. sein*: ↗ rückschrittlich; *nicht von g. sein*: ↗ schlau
**gestikulieren**
*gestimmt*: ↗ gelaunt
*Gestirn*: ↗ Stern
gestopft: *g. voll*: ↗ überfüllt
*gestorben*: ↗ erledigt (2), tot
*gestrafft*: ↗ straff (2 *u.* 3)
gestrig: *ewig g.*: ↗ rückschrittlich
*Gestümper*: ↗ Stümperei
**Gesuch:** ↗ Antrag
**gesucht:** ↗ gekünstelt
**gesund:** ↗ unverletzt – *g. machen*: ↗ heilen; *nicht g.*: ↗ krank
*gesunden*: ↗ gesund (1)
Gesundheit: *der G. zuträglich*: ↗ gesund (2)
*gesundheitlich*: ↗ sanitär
*gesundheitsfördernd*: ↗ erholsam, gesund (2)
*Gesundheitshelfer*: ↗ Sanitäter
*gesundheitsschädlich*: ↗ ungesund
**Gesundheitszustand**
gesundstoßen: *sich g.*: ↗ bereichern (2)
*Getöse*: ↗ Lärm
Getränk: *alkoholisches G.*: ↗ Alkohol (2)
*Getratsche*: ↗ Gerede
getrauen: *sich g.*: ↗ wagen
*getrennt*: ↗ abgesondert
*getreu*: ↗ treu
*getrost*: ↗ optimistisch
*Getue*: ↗ Gehabe
*Getümmel*: ↗ Durcheinander (2)
*getüpfelt*: ↗ gepunktet
**geübt**
*Geviert*: ↗ Viereck
*Gewächs*: ↗ Pflanze
**gewachsen**
*Gewächshaus*: ↗ Treibhaus
**gewagt**
**Gewähr:** *die G. bieten*: ↗ gewährleisten
*gewahren*: ↗ bemerken
**gewähren**
**gewährleisten:** ↗ sicherstellen (2)
*Gewahrsam*: ↗ Haft – *in G. nehmen*: ↗ einsperren, sicherstellen (1)
*Gewalt*: ↗ Herrschaft, Wucht – *G. antun*: ↗ vergewaltigen; *G. anwenden*: ↗ zwingen
**Gewaltherrschaft**
**Gewaltherrscher**
**gewaltig:** ↗ heftig (1)
**gewaltsam**
*gewalttätig*: ↗ brutal (1)
**Gewalttätigkeiten**
**gewandt**
*gewärmt*: ↗ warm (2)
gewärtig: *g. sein*: ↗ vorbereitet
*Gewäsch*: ↗ Geschwätz
*Gewässer*: ↗ See
**Gewebe**
**Gewehr**
*gewellt*: ↗ hügelig
Gewerbe: *horizontales G.*: ↗ Prostitution
*gewerbsmäßig*: ↗ professionell
*Gewese*: ↗ Gehabe
**Gewicht:** ↗ Bedeutung, Einfluß (2) – *G. legen* |*auf*|: ↗ achten (2); *ohne G. sein*: ↗ unbedeutend
*gewichtig*: ↗ wichtig
*gewieft*: ↗ raffiniert
*gewiegt*: ↗ schlau
*Gewiegtheit*: ↗ Schlauheit
**gewillt**
*Gewimmel*: ↗ Durcheinander (2)
*Gewimmer*: ↗ Jammer
**Gewinn:** ↗ Ertrag, Nutzen
*gewinnbringend*: ↗ einträglich
*gewinnen*: ↗ fördern (2), siegen – *jmds. Herz g.*: ↗ erobern (2)
*Gewinner*: ↗ Sieger
*gewinnsüchtig*: ↗ geldgierig
*Gewisper*: ↗ Geflüster
gewiß: *g. doch!*: ↗ selbstverständlich
*gewissenhaft*: ↗ gründlich (1), sorgfältig
**gewissenlos**
**Gewissensbisse**
*Gewissensskrupel*: ↗ Gewissensbisse
*gewissermaßen*: ↗ gleichsam
*Gewißheit*: ↗ Überzeugung – *sich G. verschaffen*: ↗ vergewissern
*gewitterschwül*: ↗ schwül
*Gewitzel*: ↗ Spott
*gewitzt*: ↗ schlau
*Gewitztheit*: ↗ Schlauheit
*gewogen*: ↗ wohlgesinnt – *g. sein*: ↗ wohlwollen
*Gewogenheit*: ↗ Wohlwollen
gewöhnen: *sich g.* |*an*|: ↗ akklimatisieren
**Gewohnheit:** *die G. annehmen*: ↗ angewöhnen; *sich zur G. machen*: ↗ angewöhnen

*Gewohnheitstrinker*: ↗ Trinker
**gewöhnlich:** ↗ meist – *für g.*: ↗ meist
**gewohnt**
*Gewühl*: ↗ Gedränge
*gewürfelt*: ↗ kariert
*Gewürz*: ↗ Würze
gewürzt: *gut g.*: ↗ würzig; *stark g.*: ↗ scharf (2)
*gezähmt*: ↗ zahm
*Gezanke*: ↗ Streit
*geziemend*: ↗ gebührend
*geziert*: ↗ affektiert
*gezwungen*: ↗ unfreiwillig – *g. sein*: ↗ müssen
*gezwungenermaßen*: ↗ notgedrungen
gicks: *g. und gacks*: ↗ jeder
*Gieper*: ↗ Verlangen
*Gier*: ↗ Verlangen
gieren: g. |*nach*|: ↗ Verlangen
**gierig**
**gießen:** ↗ begießen – *g.* |*über*|: ↗ übergießen
**Gift:** *darauf kannst du G. nehmen!*: ↗ verlassen (3); *G. sein* |*für*|: ↗ schaden (2)
giften: *sich g.*: ↗ ärgern
**giftig:** ↗ gehässig – *g. werden*: ↗ erzürnen (2)
*Giftnudel*: ↗ Zigarette
Giftpfeil: *Giftpfeile abschießen*: ↗ sticheln
*Gigant*: ↗ Hüne
*gigantisch*: ↗ gewaltig, groß (1)
*Gimpel*: ↗ Grünschnabel
*gimpelhaft*: ↗ einfältig (2)
**Gipfel:** ↗ Höhepunkt
*Gipfelleistung*: ↗ Spitzenleistung
*Glace*: ↗ Speiseeis
Glacéhandschuh: *mit Glacéhandschuhen anfassen*: ↗ schonen
**Glanz**
**glänzen**
*Glanzleistung*: ↗ Spitzenleistung
*Glanzpunkt*: ↗ Höhepunkt
*Glanznummer*: ↗ Zugstück
*glanzvoll*: ↗ festlich, prachtvoll, ruhmvoll
*Glas*: ↗ Fernglas
*Gläser*: ↗ Brille
*gläsern*: ↗ starr (1)
*glashart*: ↗ hart
*Glashaus*: ↗ Treibhaus
*glasig*: ↗ starr (1)
**glatt**
Glatteis: *aufs G. führen*: ↗ täuschen
**glätten:** ↗ glattstreichen
*glatterdings*: ↗ gänzlich
*glattmachen*: ↗ glätten
**glattstreichen**
**Glatze**
*Glatzkopf*: ↗ Kahlkopf
*glatzköpfig*: ↗ kahlköpfig
Glaube: *Glauben schenken* |*jmdm. / einer Sache*|: ↗ glauben
**glauben:** ↗ meinen, vermuten
*glaubhaft*: ↗ glaubwürdig
*gläubig*: ↗ fromm, vertrauensvoll
**glaubwürdig:** ↗ zuverlässig (2)
**gleich:** ↗ einheitlich (2), sofort – *ins gleiche bringen*: ↗ regeln; *g. wenn*: ↗ sobald
*gleichartig*: ↗ gleich (1)
*gleichbedeutend*: ↗ synonym
**Gleichberechtigung**
*gleichbleibend*: ↗ unveränderlich
*gleichen*: ↗ entsprechen
*gleicherweise*: ↗ ebenso
*gleichfalls*: ↗ ebenfalls
*gleichförmig*: ↗ einförmig, schematisch
*gleichgeschlechtlich*: ↗ homosexuell (a)
**Gleichgewicht**
**gleichgültig:** ↗ interesselos
gleichkommen: *jmdm. g.*: ↗ ebenbürtig
**gleichmachen:** ↗ vereinheitlichen
*gleichrangig*: ↗ ebenbürtig
**gleichsam**
**gleichsetzen:** *g.* |*mit*|: ↗ identifizieren (2)
*Gleichstellung*: ↗ Gleichberechtigung
*gleichtun*: ↗ nachahmen – *es g. wollen*: ↗ nacheifern
*gleichwertig*: ↗ ebenbürtig
*gleichwie*: ↗ wie (1)
*gleichwohl*: ↗ trotzdem
**gleichzeitig:** ↗ zugleich
**Gleis:** *aus dem G. geworfen werden*: ↗ scheitern (1); *ins rechte G. bringen*: ↗ regeln; *aus den Gleisen springen*: ↗ entgleisen
gleiten: *g.* |*von*|: ↗ abgleiten
*glibberig*: ↗ gallertartig
*Glied*: ↗ Penis
**gliedern:** ↗ einteilen
**Gliederung**
*Glimmstengel*: ↗ Zigarette
**glimpflich**
*Glitschbahn*: ↗ Schlitterbahn
*glitschen*: ↗ schlittern
*glitschig*: ↗ glatt (2), schleimig
*global*: ↗ weltumspannend
*Globetrotter*: ↗ Weltreisender

*Glocke*: ↗ Klingel – *an die große G. hängen*: ↗ verbreiten (1)
*glockenhell*: ↗ hell (3)
*glockenrein*: ↗ hell (3)
Glockenschlag: *mit dem / auf den G.*: ↗ pünktlich
*Glorie*: ↗ Ruhm
*glorifizieren*: ↗ verherrlichen
*glorreich*: ↗ ruhmvoll
*Glosse*: ↗ Bemerkung (2)
*Glotze*: ↗ Fernsehgerät
*glotzen*: ↗ starren
**Glück**: *zum G.*: ↗ glücklicherweise
*glücken*: ↗ gelingen
*gluckern*: ↗ plätschern
**glücklich**: ↗ schließlich – *g. machen*: ↗ befriedigen (3)
**glücklicherweise**
*Glücksbringer*: ↗ Talisman
*glückselig*: ↗ glücklich
*Glücksstern*: ↗ Glück (3)
*glückstrahlend*: ↗ glücklich
*Glückszufall*: ↗ Glück (2)
**Glückwunsch**
*Glühbirne*: ↗ Glühlampe
*glühend*: ↗ leidenschaftlich
**Glühlampe**
*Glut*: ↗ Leidenschaft
*Gluthauch*: ↗ Hitze (1)
*Gluthitze*: ↗ Hitze (2)
Gnade: *G. vor Recht ergehen lassen*: ↗ nachsehen
Gnadenschuß: *den G. geben*: ↗ töten (2)
**gnädig**: ↗ gönnerhaft
*Gnom*: ↗ Kobold, Zwerg (1 *u.* 2)
*Goalkeeper*: ↗ Torwart
*Gockel*: ↗ Hahn (1)
Gold: *Goldes wert sein*: ↗ wertvoll
*goldig*: ↗ entzückend
*goldrichtig*: ↗ richtig
*Goliath*: ↗ Hüne
*gondeln*: ↗ fahren (1)
**gönnen**
**Gönner**
**gönnerhaft**
*Gör*: ↗ Kind (1)
**Gosse**: *in der G. enden*: ↗ [1]verkommen
**Gott**: ↗ Idol – *leben wie G. in Frankreich*: ↗ Überfluß (2); *dem lieben G. den Tag stehlen*: ↗ müßiggehen; *weiß G.!*: ↗ wahrhaftig!
*Göttermahl*: ↗ Festessen
**Gottesdienst**
*Gottseibeiuns*: ↗ Teufel
*gottsjämmerlich*: ↗ jämmerlich
*gottverlassen*: ↗ abgelegen
*gottvoll*: ↗ komisch
*Götze*: ↗ Abgott
*Gourmand*: ↗ Feinschmecker
*Gourmet*: ↗ Feinschmecker
**Grab**: *wie das G. schweigen*: ↗ schweigen (2)
*grabbeln*: ↗ tasten
**graben**
*Grabesdunkel*: ↗ Dunkelheit
*Grabesstille*: ↗ Stille
*Grabgewölbe*: ↗ Gruft
*Grabscheit*: ↗ Spaten
*Grabstätte*: ↗ Grab
*Grad*: ↗ Rang (1), Stärke (1) – *in hohem / höchstem Grade*: ↗ sehr
*gram*: ↗ böse (2)
*Gram*: ↗ Kummer
*grämlich*: ↗ mürrisch
*gramvoll*: ↗ sorgenvoll
*Granate*: ↗ Geschoß (2)
*grandios*: ↗ großartig
*granulieren*: ↗ zerkleinern
*Grapefruit*: ↗ Pampelmuse
Gras: *ins G. beißen*: ↗ fallen (2), sterben; *G. wachsen lassen wollen |über|*: ↗ vergessen
*Grasdecke*: ↗ Rasen
*Grasfläche*: ↗ Rasen
*grassieren*: ↗ verbreiten (3)
*gräßlich*: ↗ entsetzenerregend
*Gräten*: ↗ Beine
*gratis*: ↗ kostenlos
*Gratulation*: ↗ Glückwunsch
*gratulieren*: ↗ beglückwünschen
**grauen**: ↗ dämmern (1)
*Grauen*: ↗ Abscheu, Angst
*grauenhaft*: ↗ entsetzenerregend
*Grausen*: ↗ Angst
*Grautier*: ↗ Esel
*gravid*: ↗ schwanger
*gravierend*: ↗ bedeutsam
*Gravitation*: ↗ Schwerkraft
*gravitätisch*: ↗ würdevoll
*Grazie*: ↗ Anmut
*grazil*: ↗ schlank, zierlich
*graziös*: ↗ anmutig
*Greenhorn*: ↗ Anfänger
*greifbar*: ↗ verfügbar, wirklich
**greifen**: ↗ verhaften – *sich g.*: ↗ vornehmen (1); *um sich g.*: ↗ verbreiten (3)
*greinen*: ↗ weinen

*greis*: ↗ greisenhaft
**Greis**
**greisenhaft**
*grell*: ↗ schrill
**Grenze:** ↗ Staatsgrenze – *in Grenzen*: ↗ maßvoll
grenzen: g. |an|: ↗ angrenzen
*Greuel*: ↗ Greueltat
**Greueltat**
*greulich*: ↗ abscheulich
*Griebs*: ↗ Kehlkopf
**Griesgram**
*griesgrämig*: ↗ mürrisch
**Griff:** ↗ Klinke – *in den G. bekommen*: ↗ meistern
*griffig*: ↗ handlich
*griffrecht*: ↗ handlich
*Grille*: ↗ Laune
*Grillenfängerei*: ↗ Schwermut
*grillenhaft*: ↗ launisch
*grillig*: ↗ schrullig
**Grimasse**
*grimmig*: ↗ heftig (3), wütend
*Grind*: ↗ Schorf
*grinsen*: ↗ lächeln
*Grips*: ↗ Verstand
*grob*: ↗ derb, unfreundlich
**Grobian**
*grobschlächtig*: ↗ derb, unförmig
*groggy*: ↗ erschöpft
*grölen*: ↗ singen (1)
**Groll**
**grollen**
Groschen: *bei jmdm. fällt der G.*: ↗ verstehen (2)
*Groschenhefte*: ↗ Schundliteratur
**groß:** ↗ umfangreich – *im großen und ganzen*: ↗ allgemein; *g. und klein*: ↗ alle; *g. sein*: ↗ erwachsen; *g. werden*: ↗ heranwachsen; *größer werden*: ↗ wachsen
**großartig**: ↗ hervorragend – *sich g. fühlen*: ↗ wohl
*großdenkend*: ↗ großherzig
**Größe**
**Großgrundbesitzer**
**großherzig:** ↗ hochherzig
*großjährig*: ↗ volljährig
*Großkopfeter*: ↗ Hochgestellter
*Großmaul*: ↗ Angeber
*großmäulig*: ↗ prahlerisch
*großmütig*: ↗ großherzig
**Großmutter**
*großsprecherisch*: ↗ prahlerisch
*größerenteils*: ↗ überwiegend
*großtuerisch*: ↗ angeberisch
*großtun*: ↗ angeben
**Großvater**
*großvolumig*: ↗ voluminös
*großziehen*: ↗ aufziehen (2)
*großzügig*: ↗ freigebig, tolerant – *recht g.*: ↗ verschwenderisch
*grotesk*: ↗ komisch, lächerlich
*Grotte*: ↗ Höhle
**Grube:** ↗ Bergwerk
**grübeln:** ↗ nachdenken
*grüblerisch*: ↗ nachdenklich
**Gruft**
*grün*: ↗ unerfahren, unreif (1) – *g. und blau schlagen*: ↗ verprügeln; *jmdm. nicht g. sein*: ↗ wohlgesinnt
*Grünanlage*: ↗ Park
**Grund:** ↗ Grundlage, Ursache, Veranlassung – *auf G.* [*von*]: ↗ wegen; *sich in G. und Boden schämen*: ↗ schämen; *in G. und Boden schießen*: ↗ zerschießen; *in den G. bohren*: ↗ versenken (2); *aus diesem Grunde*: ↗ deshalb; *auf den G. gehen*: ↗ untersuchen; *aus gutem G.*: ↗ wohlweislich; *mit gutem G.*: ↗ Recht; *ohne G.*: ↗ grundlos; *aus welchem G.*: ↗ warum
**Grundbesitz**
*Grundeigentum*: ↗ Grundbesitz
**gründen:** *sich g.* |*auf*|: ↗ beruhen
*grundfalsch*: ↗ falsch
*Grundgedanke*: ↗ Leitgedanke
**Grundlage**
**grundlegend**
**gründlich:** ↗ eingehend, sorgfältig
**grundlos:** ↗ tief
*Grundmaterial*: ↗ Grundstoff (2)
*Grundmauer*: ↗ Fundament
**Grundsatz**
*Grundsatzerklärung*: ↗ Manifest
**grundsätzlich**
*grundsatzlos*: ↗ inkonsequent
**Grundstoff**
**Grundstück:** ↗ Anwesen
*Grundwahrheit*: ↗ Tatsache
**Grundzug**
*Grünfläche*: ↗ Rasen
**Grünschnabel**
**Gruppe**
*gruppieren*: ↗ arrangieren, ordnen, zusammenstellen
*Grus*: ↗ Schutt
*Gruselgeschichte*: ↗ Schauergeschichte

**gruselig**
gruseln: *sich g.*: ↗ grauen
**grüßen**
*gschamig*: ↗ schamhaft
*gucken*: ↗ blicken (1), sehen
*Gucker*: ↗ Schaulustiger
**gültig**: *für g. erklären*: ↗ anerkennen (1)
*Gunst*: ↗ Wohlwollen
günstig: *g. gesinnt*: ↗ wohlgesinnt
**Günstling**
*Günstlingswirtschaft*: ↗ Vetternwirtschaft
*Gurgel*: ↗ Kehle – *durch die G. jagen*: ↗ vertrinken; *einen durch die G. jagen*: ↗ trinken (2)
Gurke: *putzige G.*: ↗ Sonderling
*Gurken*: ↗ Schuhe
*Gurt*: ↗ Gürtel – *den G. anlegen*: ↗ anschnallen
**Gürtel**
*Gusche*: ↗ Mund, Mundwerk
*Guß*: ↗ Regenguß
*Gusto*: ↗ Geschmack
**gut**: ↗ gütig – *nicht g. angeschrieben*: ↗ unbeliebt; *g. gebaut*: ↗ wohlgestaltet
**Gut**: ↗ Vermögen
*gutartig*: ↗ harmlos
Gutdünken: *nach G.*: ↗ beliebig
**Güte**: ↗ Qualität
*Güteraustausch*: ↗ Handel
**gutgelaunt**
*gutgemeint*: ↗ wohlgemeint
*gutgesinnt*: ↗ wohlgesinnt
**gutgläubig**
*gutheißen*: ↗ anerkennen (2); befürworten, billigen
*gutherzig*: ↗ gutmütig
**gütig**
*gütlich*: ↗ friedlich (2)
**gutmütig**
gutsagen: g. |*für*|: ↗ bürgen (1)
*Gutschein*: ↗ Bon

# H

**Haar**: *das ist ja zum Haareausraufen!*: ↗ verzweifeln (2); *sich in die Haare geraten*: ↗ streiten; *sich keine grauen Haare wachsen lassen*: ↗ sorglos; *kein gutes H. lassen* |*an*|: ↗ verunglimpfen; *an den Haaren herbeigezogen*: ↗ gesucht; *kein H. krümmen*: ↗ verschonen; *Haare lassen* [*müssen*]: ↗ Schaden (3); *sich in den Haaren liegen*: ↗ Streit; *Haare spalten*: ↗ spitzfindig
*haarig*: ↗ unangenehm
*Haarkleid*: ↗ Fell
**Haarknoten**
*haarlos*: ↗ kahlköpfig
*Haarspalter*: ↗ Wortklauber
*haarspalterisch*: ↗ spitzfindig
*haarsträubend*: ↗ unerhört
*Haartracht*: ↗ Frisur
*Haartrockner*: ↗ Fön
**Habe**
haben: *sich h.*: ↗ zieren; *zum besten h.*: ↗ narren; *etw. ist noch zu h.*: ↗ vorrätig; *zu h. sein*: ↗ käuflich; *h. wollen*: ↗ besitzen
**habgierig**
**Habgieriger**
*hablich*: ↗ reich
*Habschaft*: ↗ Habe
*Habseligkeiten*: ↗ Habe
*habsüchtig*: ↗ habgierig
*Hacke*[*n*]: ↗ Absatz (1) – *sich die Hacken ablaufen* |*nach*|: ↗ suchen
*Hackfleisch*: ↗ Gehacktes
*Hader*: ↗ Scheuerlappen, Streit
*Haderlump*: ↗ Taugenichts
*Hades*: ↗ Unterwelt (1)
**Hafen**: ↗ Topf
*Hafendamm*: ↗ Mole
*Hafenkai*: ↗ Kai
*Hafenmole*: ↗ Mole
Hafer: *jmdn. sticht der H.*: ↗ übermütig
**Haft**: *in H. nehmen*: ↗ verhaften
*Haftanstalt*: ↗ Strafvollzugsanstalt
**haftbar**: ↗ verantwortlich
**haften**: ↗ kleben (1) – *h.* |*an*|: ↗ ankleben (2); **h.** |**für**|: ↗ verantworten (1)
**Häftling**
**Hagelkorn**
**hageln**
*hager*: ↗ mager
*Hagestolz*: ↗ Junggeselle
**Hahn**: *den roten H. aufs Dach setzen*: ↗ anzünden (3), Feuer
*Haken*: ↗ Schwierigkeit
halb: *nichts Halbes und nichts Ganzes*: ↗ unvollständig; *h. und h. machen*: ↗ teilen
**halbamtlich**
*Halbdämmer*: ↗ Halbdunkel
*halbdunkel*: ↗ dämmerig

**Halbdunkel**
*halber*: ↗ wegen
*Halbgott*: ↗ Idol
*Halblicht*: ↗ Halbdunkel
*halboffiziell*: ↗ halbamtlich
halbpart: *h. machen*: ↗ teilen
**Halbschlaf**
*Halbschlummer*: ↗ Halbschlaf
*halbseiden*: ↗ homosexuell (c)
*Halbseidener*: ↗ Homosexueller
*Halbstarker*: ↗ Jugendlicher
*halbwüchsig*: ↗ jung
**Hälfte:** *bessere H.*: ↗ Ehefrau, Ehemann
*Hall*: ↗ Schall
*Halle*: ↗ Saal
*hallen*: ↗ schallen
*Hallo*: ↗ Geschrei (1), Lärm
*Halluzination*: ↗ Sinnestäuschung
**Hals:** ↗ Schlund – *sich den H. brechen*: ↗ scheitern (1), verunglücken; *um den H. fallen*: ↗ umarmen; *sich um den H. fallen*: ↗ umarmen; *zuviel am H. haben*: ↗ überlastet; *es im H. haben*: ↗ Halsschmerz; *etw. hängt jmdm. zum Halse heraus*: ↗ überdrüssig; *über den H. kommen*: ↗ überraschen (2); *H. über Kopf*: ↗ übereilt; *sich vom Halse schaffen*: ↗ abschütteln (2), abwälzen; *etw. steht jmdm. bis an den H.*: ↗ überdrüssig; *aus vollem Halse*: ↗ laut (2); *den H. wagen*: ↗ wagen
*Halsabschneider*: ↗ Wucherer
**Halsschmerz**
*halsstarrig*: ↗ eigensinnig – *h. sein*: ↗ trotzen
*Halt*: ↗ Pause, Stillstand (1), Stütze (2) – *H. bieten*: ↗ stützen; *H. gebieten*: ↗ hindern
**haltbar**
*halten*: ↗ anhalten (1), beziehen (1), erfüllen (2) – *h.* |*auf*|: ↗ achten (2); *zum besten h.*: ↗ narren; *nicht h.*: ↗ weglassen; *gehalten werden* |*für*|: ↗ gelten; *h.* |*zu*|: ↗ unterstützen (1)
**haltlos**
*haltmachen*: ↗ rasten
**Haltung**
*Halunke*: ↗ Schurke
*Hämatom*: ↗ Bluterguß
*hämisch*: ↗ schadenfroh
Hammelbeine: *die H. langziehen*: ↗ zurechtweisen
Hammer: *unter den H. bringen*: ↗ versteigern
*hämmern*: ↗ schlagen (2)
*Hampelmann*: ↗ Versager
*hampeln*: ↗ zappeln
**Hand:** *um jmds. H. anhalten*: ↗ werben (2); *H. anlegen*: ↗ zugreifen; *H. in H. arbeiten*: ↗ zusammenarbeiten; *jmdm. rutscht die H. aus*: ↗ zuschlagen (1); *in die H. drücken*: ↗ zustecken; *in festen Händen sein*: ↗ verheiratet (1); *aus der H. fressen*: ↗ zahm; *mit den Händen fuchteln*: ↗ gestikulieren; *aus der H. geben*: ↗ weggeben; *in die H. geben*: ↗ übergeben (1); *sich die H. geben*: ↗ versöhnen; *etw. geht von der H.*: ↗ vorangehen; *etw. geht von H. zu H.*: ↗ zirkulieren; *die H. halten* |*über*|: ↗ schützen; *die H. heben*: ↗ melden (2); *H. in H.*: ↗ gemeinsam; *H. an sich legen*: ↗ Selbstmord; *aus der H. lesen*: ↗ wahrsagen; *in jmds. Hände legen*: ↗ anvertrauen (1); *letzte H. anlegen*: ↗ vollenden (1); *auf der H. liegen*: ↗ offensichtlich; *zwei linke Hände haben*: ↗ ungeschickt; *sich die Hände reiben*: ↗ schadenfroh; *zur H. sein*: ↗ verfügbar; *in die H. spielen*: ↗ zuspielen (2); *seine Hände in fremde Taschen stecken*: ↗ stehlen; *auf Händen tragen*: ↗ verwöhnen; *seine Hände in Unschuld waschen*: ↗ herauswinden; *nicht von der H. zu weisen*: ↗ möglich; *aus zweiter H.*: ↗ gebraucht
**Händedruck**
**Handel:** ↗ Geschäft (2), Übereinkommen
*Händel*: ↗ Streit – *H. suchen*: ↗ anlegen (3)
**handeln:** ↗ feilschen – *h.* |*von*|: ↗ behandeln (3)
*Handelsmarke*: ↗ Warenzeichen
**Handelsunternehmen**
*handfertig*: ↗ geschickt
*Handfessel*: ↗ Handschelle
*Handfeuerwaffe*: ↗ Schußwaffe
*Handgemenge*: ↗ Schlägerei
handgreiflich: *h. werden*: ↗ zuschlagen (1)
*Handgriff*: ↗ Griff
*handhaben*: ↗ bedienen (1)
*Handharmonika*: ↗ Ziehharmonika
**handlich**
**Handlung**
*Handlungsweise*: ↗ Verhalten
**Handschelle**
**Handschrift**
Handumdrehen: *im H.*: ↗ schnell (1)
Handwerk: *das H. legen*: ↗ unschädlich; *sein H. verstehen*: ↗ tüchtig

*Handwerkszeug*: ↗ Werkzeug (1)
*hanebüchen*: ↗ unerhört
*Hang*: ↗ Abhang, Vorliebe
**hängen:** *mit Hängen und Würgen*: ↗ kaum
*hängenbleiben*: ↗ verfangen, versetzen
Hansdampf: *H. in allen Gassen*: ↗ Tausendsassa
*hänseln*: ↗ necken
*Hanswurst*: ↗ Clown
*Hanswursterei*: ↗ Spaß
*Happen*: ↗ Bissen, Imbiß
*Häretiker*: ↗ Ketzer
Harke: *zeigen, was eine H. ist*: ↗ zurechtweisen
*Harlekin*: ↗ Clown
*Harlekinade*: ↗ Spaß
**harmlos:** ↗ ungefährlich
**Harmonie:** ↗ Eintracht
*harmonieren*: ↗ vertragen – *nicht h.*: ↗ beißen (2)
*Harmonika*: ↗ Ziehharmonika
*harmonisch*: ↗ wohlklingend
*harmonisieren*: ↗ vereinen (2)
*Harn*: ↗ Urin
*Harnisch*: ↗ Panzer (2) – *in H. bringen*: ↗ erzürnen (1); *in H. geraten*: ↗ erzürnen (2)
*harren*: ↗ warten – *h. |auf|*: ↗ erwarten
**hart:** ↗ streng (1, 2 *u.* 4) – *h. bleiben*: ↗ aushalten (2)
*harthörig*: ↗ verstockt
*hartleibig*: ↗ verstopft
*Hartleibigkeit*: ↗ Verstopfung
*hartnäckig*: ↗ beharrlich, unnachgiebig
Hasard: *H. spielen*: ↗ wagen
*haschen*: ↗ fangen (2)
**Hase:** *alter H.*: ↗ Routinier
*Hasenfuß*: ↗ Feigling
*Hasenherz*: ↗ Feigling
*haspelig*: ↗ fahrig
Haß: *H. schüren*: ↗ hetzen
**hassen**
**häßlich**
Hast: *ohne H.*: ↗ ruhig
*hasten*: ↗ eilen (1), laufen (1)
*hastig*: ↗ eilig (1)
*hätscheln*: ↗ verweichlichen
*Hatz*: ↗ Eile
*Hauch*: ↗ Anflug, Atem, Lufthauch – *ein H.*: ↗ wenig
*hauchzart*: ↗ zart
*Haudegen*: ↗ Draufgänger
*Haue*: ↗ Schläge
*hauen*: ↗ mähen, schlagen (1) – *sich h.*: ↗ schlagen (1)
häufen: *sich h.*: ↗ überhandnehmen
**Haufen:** ↗ Gruppe, Menge, Schar – *ein H.*: ↗ viel (1 *u.* 2); *über den H. fahren*: ↗ überfahren; *in hellen Haufen*: ↗ scharenweise
*haufenweise*: ↗ massenhaft
*häufig*: ↗ oft, wiederholt
**Häufung**
**Hauklotz**
*Haupt*: ↗ Kopf – *bemoostes H.*: ↗ Greis; *mit erhobenem H.*: ↗ stolz
*Haupteigenschaft*: ↗ Grundzug
*Hauptgedanke*: ↗ Leitgedanke
*Hauptgewicht*: ↗ Schwerpunkt
*Hauptkennzeichen*: ↗ Grundzug
**Häuptling**
*häuptlings*: ↗ kopfüber
*Hauptmacher*: ↗ Anführer
*Hauptmerkmal*: ↗ Grundzug
**Hauptsache**
*hauptsächlich*: ↗ besonders, überwiegend
**Hauptstadt**
**Hauptstraße**
*Hauptstütze*: ↗ Stütze (2)
**Haus:** *außer H.*: ↗ auswärts (3); *auf jmdn., etw. kann man Häuser bauen*: ↗ zuverlässig (1); *fideles H.*: ↗ Spaßvogel; *H. und Hof*: ↗ Besitzung; *nach Hause*: ↗ heim; *plötzlich ins H. schneien*: ↗ überraschen (2); *zu Hause sein |in|*: ↗ stammen; *von H. aus*: ↗ ursprünglich; *aus dem H. weisen*: ↗ hinauswerfen
*Hausaufgabe*: ↗ Aufgabe (2)
*Häuschen*: ↗ Toilette – *aus dem H. geraten*: ↗ aufregen
*hausen*: ↗ wohnen
**Häuserblock**
**Haushalt**
**haushalten**
*haushälterisch*: ↗ sparsam
**Haushaltsplan**
*haushoch*: ↗ hoch
*Hauskatze*: ↗ Katze
*Hauskreuz*: ↗ Xanthippe
**Hausmeister**
**Hausrat**
**Hausschuhe**
*Hausschwein*: ↗ Schwein (1)
**Haut:** *sich auf die faule H. legen*: ↗ faulenzen; *mit heiler H. davonkommen*: ↗ straffrei; *nur noch H. und Knochen*: ↗ abgema-

gert; *sich seiner H. wehren*: ↗ verteidigen (2); *wunderliche H.*: ↗ Sonderling
*häuten*: ↗ abhäuten
*hauteng*: ↗ eng (2)
*Hautevolee*: ↗ Oberschicht
*Haxen*: ↗ Beine
**heben:** ↗ steigern (2), verbessern (2) – *einen h.*: ↗ trinken (2)
*Hecht*: ↗ Rauch
**Heft**
**heftig:** ↗ unbeherrscht
*Heftigkeit*: ↗ Wucht
*Hege*: ↗ Pflege (1)
*Hegemonie*: ↗ Vorherrschaft
Hehl: *kein H. machen* |aus|: ↗ verschweigen
Heia: *in die H. gehen*: ↗ schlafen
Heidengeld: *ein H. kosten*: ↗ teuer
**heikel:** ↗ bedenklich, unangenehm, wählerisch (2)
*heil*: ↗ unbeschädigt, unverletzt
*Heil*: ↗ Wohlergehen
*Heiland*: ↗ Christus
*Heilanstalt*: ↗ Krankenhaus
*Heilbad*: ↗ Bad (2)
*Heilbehandlung*: ↗ Behandlung
**heilen**
**Heilkraft**
*Heilkunde*: ↗ Medizin
*Heilmittel*: ↗ Medikament
*Heilstätte*: ↗ Sanatorium
**heilwirksam**
**heim**
*Heim*: ↗ Wohnung, Zuhause
**Heimat:** *Richtung H.*: ↗ heim
heimbegeben: *sich h.*: ↗ heimgehen
*heimelig*: ↗ gemütlich
*Heimfahrt*: ↗ Rückfahrt
*heimführen*: ↗ heiraten (2)
*Heimgang*: ↗ Tod (1)
*heimgegangen*: ↗ verstorben
**heimgehen:** ↗ sterben
*heimgeigen*: ↗ zurechtweisen
**heimisch:** ↗ beheimatet, einheimisch, vertraut (1) – *h. machen*: ↗ einbürgern (2); **h. werden:** ↗ einbürgern (3)
*Heimkehr*: ↗ Rückkehr
*heimleuchten*: ↗ zurechtweisen
**heimlich:** ↗ unauffällig
**heimlichtun**
*Heimstätte*: ↗ Heimstatt
*heimtückisch*: ↗ hinterlistig
*heimzahlen*: ↗ vergelten (1) – *es h.*: ↗ rächen
**heiraten**
**Heiratsantrag:** *einen H. machen*: ↗ werben (2)
*heischen*: ↗ fordern
**heiser**
**heiß:** ↗ sommerlich – *zu h. gebadet*: ↗ verrückt; *h. machen*: ↗ erhitzen
*heißblütig*: ↗ leidenschaftlich
**heißen:** ↗ bedeuten, lauten, nennen (1 *u.* 3) – *das heißt*: ↗ oder
*Heißluftdusche*: ↗ Fön
*Heißsporn*: ↗ Hitzkopf
**heiter:** ↗ klar (b), sonnig
**heizen**
**Heizgerät**
**Heizmaterial**
*Heizofen*: ↗ Heizgerät
**Heizung**
*hektisch*: ↗ tuberkulös
*hektographieren*: ↗ vervielfältigen
*heldenhaft*: ↗ tapfer
*Heldenhaftigkeit*: ↗ Tapferkeit
**helfen:** ↗ nutzen
*Helfershelfer*: ↗ Mitschuldiger
*Helikopter*: ↗ Hubschrauber
**hell:** ↗ blaß (2) – *h. werden*: ↗ dämmern (1)
Heller: *nicht einen* [*roten*] *H. wert sein*: ↗ wertlos
*Helm*: ↗ Stiel
*helle*: ↗ klug
**hellsehen**
*hellwach*: ↗ wach
Hemd: *bis aufs H. ausziehen*: ↗ schröpfen
*hemdsärmelig*: ↗ ungezwungen
**hemmen**
*Hemmnis*: ↗ Hemmschuh (3)
**Hemmschuh**
**Hemmung**
**hemmungslos**
Henker: *nicht den H. fragen* |*nach*|: ↗ kümmern (2)
*herab*: ↗ herunter
herabblicken: *h.* |*auf*|: ↗ mißachten
*herabfallen*: ↗ herunterfallen (2)
**herablassen**
*herablassend*: ↗ gönnerhaft, überheblich
herabsehen: *h.* |*auf*|: ↗ mißachten, verachten
*herabsetzen*: ↗ herabwürdigen, senken (1)
*herabsteigen*: ↗ absteigen
**herabwürdigen:** *sich h.*: ↗ demütigen (2)

*heranbilden*: ↗ entwickeln (2), erziehen – *sich h.*: ↗ aufkommen (1)
*heranbringen*: ↗ heranschaffen
**herandrängen**
*heranfliegen*: ↗ anfliegen
**herankommen:** ↗ nähern
*heranlocken*: ↗ locken
**heranschaffen**
heranschleichen: *sich h.*: ↗ anschleichen
**heranwachsen**
**heranziehen**
*heranzüchten*: ↗ züchten
**herauf**
*heraufbeschwören*: ↗ verursachen
*heraufziehen*: ↗ hochziehen
*herausbekommen*: ↗ ergründen, zurückerhalten
herausbilden: *sich h.*: ↗ entstehen
*herausbringen*: ↗ verlegen (3), veröffentlichen
*herausfinden*: ↗ ergründen
**herausfordern**
*herausfordernd*: ↗ aggressiv (2)
**herausgeben**
**heraushalten**
**heraushelfen**
**herausholen**
*herausklettern*: ↗ aussteigen
**herauskommen:** ↗ erscheinen (2)
*herausnehmen*: ↗ entnehmen – *sich h.*: ↗ anmaßen (2)
*herausplatzen*: ↗ Lachen
**herausputzen:** ↗ schmücken
**herausreden**
*herausreißen*: ↗ ausreißen, heraushelfen
*herausrücken*: ↗ abtreten (2) – *wieder h.*: ↗ zurückgeben
herausrutschen: *etw. rutscht jmdm. heraus*: ↗ entschlüpfen
*heraussteigen*: ↗ aussteigen
**herausstellen**
*herausstreichen*: ↗ streichen (3)
**herauswinden**
*herausziehen*: ↗ ziehen (3)
*herb*: ↗ sauer (1), streng (4 *u.* 5)
**herbeieilen**
*herbeiführen*: ↗ verursachen
*herbeiholen*: ↗ holen
**herbeirufen:** ↗ zusammenrufen
*herbeischaffen*: ↗ bringen, heranschaffen
**herbeiwünschen**
*herbeten*: ↗ aufsagen
Herbst: *H. des Lebens*: ↗ Alter (1)
*hereinbekommen*: ↗ empfangen (2), liefern
**hereinfallen**
**hereinkommen**
*hereinkriegen*: ↗ empfangen (2)
*hereinlassen*: ↗ einlassen
*hereinlegen*: ↗ betrügen (1), übertölpeln
herfallen: *h.* |*über*|: ↗ überfallen (2)
*Hergang*: ↗ Verlauf
*hergeben*: ↗ trennen (3) – *nicht h.*: ↗ behalten
*hergehen*: ↗ verlaufen
*herholen*: ↗ bringen
*Hering*: ↗ Dürre[r], Zeltpflock
*herkulisch*: ↗ athletisch, kräftig
*Herkunft*: ↗ Provenienz
*herleiern*: ↗ aufsagen
herleiten: *h.* |*von*|: ↗ zurückführen; *sich h.* |*von*|: ↗ abstammen, herrühren
hermachen: *etw. h.*: ↗ wirken (3)
*hermaphroditisch*: ↗ zweigeschlechtig
*hermetisch*: ↗ dicht (3)
*hernach*: ↗ danach
*heroisch*: ↗ tapfer
*Heroismus*: ↗ Tapferkeit
*Herr*: ↗ Gott (1), Mann (1) – *alter H.*: ↗ Vater; *H. Dings*: ↗ sowieso (2); *sein eigener H. sein*: ↗ unabhängig
*herrichten*: ↗ bereitmachen, gestalten, zubereiten
**herrisch**
**herrlich:** ↗ prachtvoll
**Herrschaft:** *zur H. gelangen*: ↗ Macht; *die H. innehaben*: ↗ herrschen (1)
**Herrschaftsbereich**
**herrschen**
**Herrscher**
**herrschsüchtig**
**herrühren**
*hersagen*: ↗ aufsagen
*herschaffen*: ↗ bringen
**herstellen**
**Herstellungskosten**
herum: *h. sein* |*um*|: ↗ sorgen (1)
**herumalbern**
*herumdrehen*: ↗ wenden
*herumerzählen*: ↗ verbreiten (1)
*herumgammeln*: ↗ gammeln
herumgehen: *etw. geht herum*: ↗ zirkulieren
*herumgeistern*: ↗ schlafwandeln
*herumhorchen*: ↗ erkundigen
**herumkommen**

*herumkrebsen*: ↗ dahinleben
*herumkriegen*: ↗ überreden
herumschlagen: *sich h.*: ↗ schlagen (1); *sich h.* |*mit*|: ↗ abmühen
*herumsein*: ↗ abgelaufen (2)
herumsprechen: *sich h.*: ↗ bekannt (4)
*herumspringen*: ↗ umhertollen
*herumstreifen*: ↗ umherstreifen
herumstreiten: *sich h.*: ↗ streiten
*herumtollen*: ↗ umhertollen
*herumtragen*: ↗ verbreiten (1)
**herumtreiben**
herumwerfen: *sich h.*: ↗ wälzen
**herunter**
**herunterfallen**
*herunterfressen*: ↗ abfressen
**heruntergekommen:** ↗ ²verkommen
herunterhauen: *eine h.*: ↗ ohrfeigen
*herunterholen*: ↗ abschießen
*herunterkommen*: ↗ ¹verkommen – *h. lassen*: ↗ vernachlässigen
*heruntermachen*: ↗ verunglimpfen, zurechtweisen
*herunternehmen*: ↗ abnehmen (2)
*herunterschütteln*: ↗ abschütteln (1)
heruntersehen: *h.* |*auf*|: ↗ mißachten, verachten
*heruntersetzen*: ↗ senken (1)
**herunterspringen**
*heruntersteigen*: ↗ absteigen
**herunterwirtschaften**
**hervorbringen**
**hervorgucken**
*hervorheben*: ↗ betonen (2)
**hervorkommen**
**hervorragend:** ↗ großartig
*hervorrufen*: ↗ verursachen
**hervortun**
**Herz:** *sein H. ausschütten*: ↗ aussprechen (3); *ans H. drücken*: ↗ umarmen; *sich ein H. fassen*: ↗ zusammennehmen; *jmdm. hüpft das H. vor Freude*: ↗ freuen; *ins H. geschlossen haben*: ↗ lieben; *ans H. gewachsen*: ↗ vertraut (2); *ans H. legen*: ↗ einschärfen; *jmdm. lacht das H. im Leibe*: ↗ freuen; *auf H. und Nieren prüfen*: ↗ prüfen (1); *jmdm. rutscht das H. in die Hosen*: ↗ verzagen; *das H. schwer machen*: ↗ bedrücken; *sein H. verlieren* |*an*|: ↗ verlieben; *das H. auf der Zunge tragen*: ↗ offenherzig
*herzählen*: ↗ aufzählen (1 *u.* 2)
*herzbewegend*: ↗ ergreifend
Herzblut: *sein H. geben*: ↗ hingeben (1)
*herzeigen*: ↗ zeigen (2)
*herzen*: ↗ liebkosen
*Herzensbrecher*: ↗ Frauenheld
*Herzensfreund*: ↗ Freund
*herzensgut*: ↗ gütig
*Herzenswunsch*: ↗ Wunsch
*herzerfreuend*: ↗ freudig (2)
*herzhaft*: ↗ würzig
herziehen: *h.* |*über*|: ↗ aufhalten (2)
*herzig*: ↗ entzückend
*herzlich*: ↗ freundlich
*herzuholen*: ↗ holen
*herzzerreißend*: ↗ mitleiderregend
*heterogen*: ↗ verschiedenartig
**Hetze:** ↗ Eile
**hetzen:** ↗ eilen (1)
**Heuchelei**
**heucheln**
**heuchlerisch**
*heuer*: ↗ Jahr
*Heuer*: ↗ Lohn
*Heule*: ↗ Kofferradio
*heulen*: ↗ weinen
*Heuler*: ↗ Verkaufsschlager
**heute:** *von h. auf morgen*: ↗ plötzlich
*heutzutage*: ↗ gegenwärtig
*Hexaeder*: ↗ Würfel
*Hexerei*: ↗ Zauberei
*Hieb*: ↗ Schlag – *einen H. haben*: ↗ verrückt
*Hiebe*: ↗ Schläge
*hieb- und stichfest*: ↗ sicher (3)
**hier:** *h. und da*: ↗ vereinzelt; *nicht von h. sein*: ↗ verrückt
*Hierarchie*: ↗ Rangordnung
*hieraus*: ↗ daraus
**hierbei**
*hierbleiben*: ↗ bleiben
*hierdurch*: ↗ damit (2)
*hierin*: ↗ darin (2)
*Hieroglyphen*: ↗ Schmiererei
**Hilfe:** ↗Aushilfe – *sehr auf fremde H. angewiesen sein*: ↗ unselbständig; *ohne fremde H.*: ↗ allein (2); *mit H. von*: ↗ mittels; *zur H. rufen*: ↗ alarmieren
**hilflos**
*hilfreich*: ↗ gefällig (1)
**hilfsbedürftig**
**Himmel:** ↗ Jenseits – *in den H. heben*: ↗ verherrlichen; *aus heiterem H.*: ↗ plötzlich; *wie im H. leben*: ↗ Überfluß (2); *das schreit zum H.!*: ↗ unerhört; *im siebenten*

*H. schweben*: ↗ verliebt; *das stinkt zum H.!*: ↗ unerhört
*Himmeldonnerwetter!*: ↗ verflucht!
*himmelschreiend*: ↗ unerhört
*Himmelsgewölbe*: ↗ Himmel
*Himmelskörper*: ↗ Stern
*Himmelsstrich*: ↗ Gegend (1)
*himmlisch*: ↗ herrlich, schmackhaft
*hin*: ↗ tot, verloren (1) – *h. und wieder*: ↗ manchmal
*hinab*: ↗ hinunter
hinabblicken: *h.* |*auf*|: ↗ mißachten
**hinabgleiten**
*hinabsehen*: ↗ hinuntersehen – *h.* |*auf*|: ↗ mißachten, verachten
hinarbeiten: *h.* |*auf*|: ↗ orientieren (1)
**hinauf**
**hinaufklettern**
**hinaufsteigen**
*hinaufziehen*: ↗ hochziehen
**hinausfahren**
**hinaussehen**
**hinauswerfen:** ↗ entlassen (2)
*hinausziehen*: ↗ verzögern – *sich h.*: ↗ verzögern
*hinauszögern*: ↗ verzögern
*hinbiegen*: ↗ bereinigen
*hinblättern*: ↗ aufzählen (2)
Hinblick: *im H.* |*auf*|: ↗ angesichts
*hinbreiten*: ↗ ausbreiten (1)
**hinbringen:** ↗ verbringen
**hinderlich**
**hindern:** ↗ behindern
*hindurch*: ↗ durch (1)
*hindurchfahren*: ↗ durchfahren
*hindurchgehen*: ↗ durchgehen (1)
hineindenken: *sich h.* |*in*|: ↗ hineinversetzen
**hineindeuten**
**hineingehen:** *h.* |*in*|: ↗ fassen (1)
**hineingeraten**
hineingießen: *in sich h.*: ↗ trinken (1)
*hineinkriechen*: ↗ hineinschlüpfen
hineinpassen: *h.* |*in*|: ↗ fassen (1)
**hineinschlüpfen**
*hineinstecken*: ↗ zuschießen
**hineinversetzen**
**hinfallen**
*hinfällig*: ↗ gebrechlich, gegenstandslos, ungültig
*hinfort*: ↗ künftig
**Hingabe**
**hingeben**
*hingebend*: ↗ selbstlos
*hingebungsvoll*: ↗ ¹ergeben (1)
*hingegen*: ↗ dagegen (2)
hingehen: *etw. geht hin*: ↗ vertretbar; *h. lassen*: ↗ nachsehen
*hingerissen*: ↗ begeistert
*hingeschieden*: ↗ verstorben
**hinhalten**
*hinhören*: ↗ zuhören
hinkauern: *sich h.*: ↗ kauern
**hinken**
hinknien: *sich h.*: ↗ niederknien
*hinkommen*: ↗ passen (1), stimmen
**hinlegen**
hinlenken: *h.* |*auf*|: ↗ orientieren (1)
*hinmetzeln*: ↗ töten (1)
**hinnehmen**
hinneigen: *h.* |*zu*|: ↗ neigen
*hinopfern*: ↗ opfern
*hinreichen*: ↗ ausreichen
*hinreißen*: ↗ begeistern
**hinrichten**
*hinschauen*: ↗ hinsehen
*hinscheiden*: ↗ sterben
*Hinscheiden*: ↗ Tod (1)
*Hinschied*: ↗ Tod (1)
*hinschlagen*: ↗ hinfallen
*hinschleppen*: ↗ verzögern
**hinsehen**
*hinsein*: ↗ entzwei, verbraucht (1)
*hinsetzen*: ↗ absetzen (1) – *sich h.*: ↗ setzen
**hinsichtlich**
*hinstellen*: ↗ absetzen (1), stellen – *h.* |*als*|: ↗ bezeichnen
hinstrecken: *sich h.*: ↗ hinlegen
hinstreichen: *h.* |*über*|: ↗ streichen (4)
*hintansetzen*: ↗ benachteiligen, zurückstellen (2)
**hinten:** ↗ rückseitig – *nach h.*: ↗ rücklings, rückwärts
*hintenansetzen*: ↗ benachteiligen, zurückstellen (2)
*hintenüber*: ↗ rücklings
*hintenüberlegen*: ↗ zurücklegen (1)
hinter: *h. sich bringen*: ↗ überstehen; *es h. sich* [*gebracht*] *haben*: ↗ überstanden; *h. sich lassen*: ↗ überholen
Hinterbein: *sich auf die Hinterbeine stellen*: ↗ widersetzen
¹**hinterbringen**
²*hinterbringen*: ↗ schlucken
**hintereinander**

**hintergehen**
Hintergrund: *im H. bleiben*: ↗ zurückhalten; *in den H. drängen*: ↗ verdrängen
Hinterhalt: *im H. liegen*: ↗ lauern
*hinterher*: ↗ danach – *h. sein*: ↗ verfolgen
*hinterhergehen*: ↗ folgen (1)
*hinterherhetzen*: ↗ nacheilen
*hinterherhinken*: ↗ Verzug, zurückbleiben
*hinterherjagen*: ↗ nacheilen, verfolgen
*hinterhersehen*: ↗ nachblicken
*hinterhersetzen*: ↗ verfolgen
*hinterlassen*: ↗ vererben
**Hinterlassenschaft**
**hinterlistig**
**Hintermann**
*Hintern*: ↗ Gesäß – *jmdm. in den H. kriechen*: ↗ katzbuckeln; *den H. versohlen*: ↗ züchtigen
*hinterschlucken*: ↗ schlucken
*Hinterseite*: ↗ Rückseite
*Hintersitz*: ↗ Rücksitz
*hintertreiben*: ↗ vereiteln
*hinterziehen*: ↗ unterschlagen
hintreten: *wo man hintritt*: ↗ überall
*hinüberschlummern*: ↗ sterben
*hinüberwechseln*: ↗ überschreiten
**hinunter**
*hinunterblicken*: ↗ hinuntersehen
*hinunterschlucken*: ↗ schlucken
**hinuntersehen:** *h.* |*auf*|: ↗ mißachten, verachten
*hinuntertrinken*: ↗ trinken (1)
hinwegkommen: *h.* |*über*|: ↗ überwinden (1)
hinwegsehen: *h.* |*über*|: ↗ absehen (2), ignorieren, übersehen (1)
hinwegsein: *darüber h.*: ↗ überstanden
**Hinweis:** ↗ Indiz
**hinweisen: h. |auf|:** ↗ orientieren (1)
**hinzeigen**
hinziehen: *sich h.*: ↗ verzögern
**hinzufügen**
*hinzuziehen*: ↗ heranziehen
*Hiobsbotschaft*: ↗ Schreckensbotschaft
*Hippe*: ↗ Ziege (1)
*Hippodrom*: ↗ Reitbahn
*Hirn*: ↗ Verstand
*Hirngespinst*: ↗ Einbildung
*hirnrissig*: ↗ widersinnig
*Hirnschlag*: ↗ Schlaganfall
*hirnverbrannt*: ↗ verrückt
*historisch*: ↗ geschichtlich
*Hit*: ↗ Schlager
*Hitsche*: ↗ Fußbank
**Hitze**
**Hitzkopf**
*Hobby*: ↗ Liebhaberei
*Hobbyist*: ↗ Amateur (1)
**hoch:** ↗ herauf – *etw. ist jmdm. / für jmdn. zu h.*: ↗ unverständlich; *zu h. greifen*: ↗ verschätzen
**Hoch:** ↗ Hochruf
*Hochachtung*: ↗ Achtung
hocharbeiten: *sich h.*: ↗ emporarbeiten
*hochbetagt*: ↗ alt (1)
*Hochbetrieb*: ↗ Trubel
*hochblicken*: ↗ aufsehen
*Hochdruckzone*: ↗ Hoch
**Hochebene**
*hochfahren*: ↗ aufspringen (1)
*Hochfinanz*: ↗ Finanzkapital
*Hochfläche*: ↗ Hochebene
*hochfliegen*: ↗ emporfliegen
*Hochflut*: ↗ Hochwasser
*hochgehen*: ↗ aufbrausen (2), explodieren (1) – *etw. geht hoch*: ↗ verteuern; *h. lassen*: ↗ sprengen, verraten (1)
**hochgestellt**
**Hochgestellter**
Hochglanz: *auf H. polieren*: ↗ polieren
*hochgradig*: ↗ stark (2)
*hochheben*: ↗ anheben, heben
*hochhelfen*: ↗ aufhelfen
*hochherzig*: ↗ großherzig
*hochklettern*: ↗ hinaufklettern – *etw. klettert hoch*: ↗ verteuern
*hochkommen*: ↗ aufstehen (1 *u.* 2), auftauchen (1)
*hochkrempeln*: ↗ aufkrempeln
*hochmütig*: ↗ überheblich
*hochnäsig*: ↗ überheblich
*hochnehmen*: ↗ necken
*Hochplateau*: ↗ Hochebene
hochrappeln: *sich h.*: ↗ aufstehen (1)
*hochrichten*: ↗ aufrichten (1)
**Hochruf**
*hochscheuchen*: ↗ aufscheuchen
*hochschlagen*: ↗ auflodern (1), aufschlagen (3)
*hochschnellen*: ↗ aufspringen (1)
**Hochschulabsolvent**
*Hochschule*: ↗ Universität – *eine H. besuchen*: ↗ studieren
**Hochsitz**
*hochsommerlich*: ↗ sommerlich
*hochspielen*: ↗ übertreiben (1)

*Hochsprache*: ↗ Standardsprache
*höchst*: ↗ sehr
*Hochstand*: ↗ Hochsitz
*Höchste*: ↗ Höchstmaß
*hochstehen*: ↗ sträuben
*hochstehend*: ↗ hochgestellt
*hochsteigen*: ↗ hinaufsteigen
*höchstens*: ↗ allenfalls
*Höchstleistung*: ↗ Spitzenleistung
**Höchstmaß**
*hochstrecken*: ↗ erheben
*hochtönend*: ↗ prahlerisch, schwülstig
*hochtreiben*: ↗ verteuern
*hochverehrt*: ↗ verehrt
**Hochwasser:** ↗ Überschwemmung
**hochwerfen**
*hochwertig*: ↗ wertvoll
*hochwillkommen*: ↗ willkommen
*hochwirksam*: ↗ stark (2)
Hochzeit: *H. feiern*: ↗ heiraten (1)
**hochziehen:** ↗ aufziehen (1)
**Hocke**
*hocken*: ↗ kauern, sitzen
**Hocker**
*Hockstellung*: ↗ Hocke
*Hof*: ↗ Bauernhof – *den H. machen*: ↗ werben (2)
*hoffärtig*: ↗ überheblich
**hoffen:** *h.* |*auf*|: ↗ erhoffen
**Hoffnung:** *seine H. begraben*: ↗ resignieren; *guter H. sein*: ↗ schwanger; *die H. haben*: ↗ hoffen; *keine H. mehr haben*: ↗ verzweifeln (1); *die H. nehmen*: ↗ entmutigen; *ohne H.*: ↗ verzweifelt (1)
*hoffnungslos*: ↗ aussichtslos, verzweifelt (2)
*Hoffnungsschimmer*: ↗ Hoffnung
*hoffnungsvoll*: ↗ optimistisch
**höflich**
*Höhe*: ↗ Berg, Hügel – *in die H. fahren*: ↗ aufspringen (1); *in die H.*: ↗ hinauf; *etw. klettert in die H.*: ↗ verteuern; *in die H. schrauben*: ↗ verteuern; *in die H. werfen*: ↗ hochwerfen; *in die H. ziehen*: ↗ hochziehen
*Hoheit*: ↗ Würde
*Hoheitsgebiet*: ↗ Staatsgebiet
*hoheitsvoll*: ↗ würdevoll
**Hoheitszeichen**
Höhenflug: *geistiger H.*: ↗ Gedankenflug
**Höhepunkt**
**hohl:** ↗ geistlos
**Höhle:** ↗ Wohnung
*Hohlkopf*: ↗ Dummkopf (1)
*hohlköpfig*: ↗ dumm
*Hohlraum*: ↗ Höhle
*Höhlung*: ↗ Vertiefung
*Hohn*: ↗ Spott
*höhnen*: ↗ spotten
*höhnisch*: ↗ schadenfroh, spöttisch
*hohnsprechen*: ↗ widersprechen (2)
*Hokuspokus*: ↗ Zauberei
**holen:** *sich h.*: ↗ zuziehen; *sich etw. h.*: ↗ anstecken (2)
Hölle: *die H. auf Erden haben*: ↗ leiden
*Höllenfürst*: ↗ Teufel
*Holm*: ↗ Stiel
**holpern**
*Holz*: ↗ Wäldchen
*Holzerei*: ↗ Schlägerei
*hölzern*: ↗ steif (2)
*Holzklotz*: ↗ Klotz
*Holzkopf*: ↗ Dummkopf (1)
**Holzpantoffeln**
*Holzschuhe*: ↗ Holzpantoffeln
*Homo sapiens*: ↗ Mensch
**homosexuell**
**Homosexuelle**
**Homosexueller**
Honig: *H. um den Bart schmieren*: ↗ schmeicheln
*honigsüß*: ↗ schmeichlerisch
Honneurs: *die H. machen*: ↗ willkommen
**Honorar**
Hopfen: *bei jmdm. ist H. und Malz verloren*: ↗ unverbesserlich
*Hopfenstange*: ↗ Langer
*hoppeln*: ↗ hüpfen
*hopphopp!*: ↗ schnell (2)
*hopp nehmen*: ↗ verhaften
*hops*: ↗ tot, verloren (1)
*hopsen*: ↗ hüpfen, springen
*Hopser*: ↗ Sprung (1)
*hopsgehen*: ↗ sterben, verlorengehen
**hörbar:** *kaum h.*: ↗ leise
*horchen*: ↗ lauschen
*Horde*: ↗ Bande (2), Schar
**hören:** ↗ [1]erfahren, verstehen (1), zuhören
*Hörfunk*: ↗ Rundfunk
**hörig**
**Horizont**
*horizontal*: ↗ waagerecht
*Horn*: ↗ Beule (1) – *in dasselbe H. stoßen*: ↗ übereinstimmen (1)
*Hörorgan*: ↗ Ohr
*Horror*: ↗ Abscheu
*Horsd'œuvre*: ↗ Vorspeise

**Hörspiel**
**horten**
**Hose/Hosen**
Hosenboden: *den H. strammziehen*: ↗ züchtigen
*Hosenscheißer*: ↗ Feigling
**Hotel**
*Hottehü*: ↗ Pferd
**hübsch:** ↗ schön
**Hubschrauber**
Hucke: *die H. vollhauen*: ↗ verprügeln
*Hudelei*: ↗ Schlamperei, Schluderei
*hudeln*: ↗ schludern
**Hügel**
**hügelig**
Huhn: *blödes H.*: ↗ Ziege (2); *fideles H.*: ↗ Spaßvogel
Hühnchen: *ein H. rupfen* |mit|: ↗ abrechnen
Hühnerauge: *auf die Hühneraugen treten*: ↗ kränken
*Hühnerglaube*: ↗ Aberglaube
*Huld*: ↗ Wohlwollen
*Hülle*: ↗ Schutzhülle – *in H. und Fülle*: ↗ reichlich
*hüllenlos*: ↗ nackt
*human*: ↗ menschlich
*humanitär*: ↗ menschenfreundlich
*Humanität*: ↗ Menschlichkeit
*Humbug*: ↗ Unsinn
*humid*: ↗ feucht
Hummel: *Hummeln im Hintern haben*: ↗ unruhig
Humor: *ohne H.*: ↗ humorlos
*Humorist*: ↗ Komiker
**humorlos**
*humpeln*: ↗ hinken
**Hund:** *mit allen Hunden gehetzt*: ↗ raffiniert; *bekannt wie ein bunter H.*: ↗ verrufen; *das ist ein dicker H.!*: ↗ unerhört; *vor die Hunde gehen*: ↗ umkommen; *wie H. und Katze*: ↗ unversöhnlich (1); *auf den H. kommen*: ↗ verwahrlosen
*hundeelend*: ↗ übel
*Hunderte*: ↗ viel (2)
*hundertprozentig*: ↗ sicher (3)
hundertste: *vom Hundertsten ins Tausendste kommen*: ↗ abschweifen
*Hundewetter*: ↗ Wetter (1)
*hündisch*: ↗ unterwürfig
*hundsmiserabel*: ↗ schlecht
**Hüne**
*hünenhaft*: ↗ groß (2)
**Hunger:** *H. haben*: ↗ hungrig; *H. leiden*: ↗ hungern; *an H. sterben*: ↗ verhungern
**hungern**
**hungrig**
**hüpfen:** ↗ springen – *gehüpft wie gesprungen*: ↗ gleich (2)
*Hüpfer*: ↗ Sprung (1)
*Hure*: ↗ Prostituierte
*Hurerei*: ↗ Unzucht
*Hurra*: ↗ Hochruf
*Hurrikan*: ↗ Wirbelsturm
*Husche*: ↗ Regenguß
*Huschelei*: ↗ Schluderei
*huscheln*: ↗ schludern
*hüsteln*: ↗ räuspern
**husten**
[1]**Hut:** *alter H.*: ↗ Bekanntes; *unter einen H. bringen*: ↗ vereinen (2); *eins auf den H. bekommen*: ↗ tadeln; *eins auf den H. geben*: ↗ zurechtweisen
[2]*Hut*: ↗ Schutz (2) – *auf der H. sein*: ↗ vorsehen (2)
*hüten*: ↗ pflegen (1)
*Hutmacherin*: ↗ Putzmacherin
*Hutsche*: ↗ Schaukel
*hutschen*: ↗ schaukeln
Hutschnur: *das geht über die H.!*: ↗ unerhört
*hutzelig*: ↗ runzelig
*Hutzelmännchen*: ↗ Kobold
*Hyäne*: ↗ Wucherer
*hybrid*: ↗ überheblich
*hybridisieren*: ↗ kreuzen
*Hypnotikum*: ↗ Schlafmittel
*Hypochondrie*: ↗ Schwermut
*hypochondrisch*: ↗ schwermütig
**Hypothese**

# I

**ich**
**ichbezogen**
*ichsüchtig*: ↗ selbstsüchtig
**ideal**
*Ideal*: ↗ Vorbild
*Idealist*: ↗ Schwärmer
*Idee*: ↗ Einfall – *eine I.*: ↗ wenig
*Ideenassoziation*: ↗ Gedankenverbindung

*Ideengang*: ↗ Gedankengang
*Ideengehalt*: ↗ Gedankengehalt
*ideenlos*: ↗ geistlos
*ideenreich*: ↗ einfallsreich, geistreich
*Ideenreichtum*: ↗ Phantasie
**identifizieren**: ↗ wiedererkennen
*identisch*: ↗ gleich (1)
*Identität*: ↗ Übereinstimmung – *die I. feststellen*: ↗ identifizieren (1)
*Idiom*: ↗ Mundart, Redensart
*Idiotie*: ↗ Schwachsinn
*idiotisch*: ↗ schwachsinnig
**Idol**
**idyllisch**
*igitt!*: ↗ pfui!
*Ignoranz*: ↗ Unwissenheit
**ignorieren**: ↗ übersehen (1)
*illegal*: ↗ ungesetzlich
*illegitim*: ↗ unehelich, ungesetzlich
*illern*: ↗ spähen
*illiquid*: ↗ zahlungsunfähig
*illoyal*: ↗ untreu (1)
*Illusion*: ↗ Einbildung
*illusionär*: ↗ scheinbar
*Illusionist*: ↗ Schwärmer, Zauberkünstler
*illusorisch*: ↗ scheinbar
*illuster*: ↗ berühmt
*Illustration*: ↗ Abbildung
*illustrieren*: ↗ bebildern, veranschaulichen
*Illustrierte*: ↗ Zeitschrift
*imaginabel*: ↗ vorstellbar
*imaginär*: ↗ scheinbar
*Imagination*: ↗ Phantasie
*imbezill*: ↗ schwachsinnig
*Imbezillität*: ↗ Schwachsinn
**Imbiß**: ↗ Mahlzeit
*Imitation*: ↗ Nachahmung
*imitieren*: ↗ nachahmen
*imitiert*: ↗ unecht
*immanent*: ↗ innewohnend – *i. sein*: ↗ innewohnen
*immateriell*: ↗ unsinnlich
**immer: schon i.**: ↗ vornherein
*immerfort*: ↗ immer, ununterbrochen
**immerhin**
*immerwährend*: ↗ ewig
*immigrieren*: ↗ einwandern
**immun**: *i. machen*: ↗ immunisieren
**immunisieren**
*Imperialismus*: ↗ Kapitalismus
*Imperialist*: ↗ Kapitalist – *die Imperialisten*: ↗ Bourgeoisie
*impertinent*: ↗ unverschämt
*Impertinenz*: ↗ Unverschämtheit
*Impetus*: ↗ Schwung
**impfen**
Implantation: *eine I. durchführen*: ↗ implantieren
**implantieren**
*imponderabel*: ↗ unwägbar
*imponieren*: ↗ beeindrucken
*imponierend*: ↗ eindrucksvoll
*Importartikel*: ↗ Einfuhrartikel
*importieren*: ↗ einführen
*imposant*: ↗ eindrucksvoll, stattlich
*impotent*: ↗ unfähig
*Impotenz*: ↗ Zeugungsunfähigkeit
*Impression*: ↗ Eindruck
**Impuls**
*impulsiv*: ↗ unüberlegt
imstande: *i. sein* |*zu*|: ↗ können
*in*: ↗ innerhalb
*inaktiv*: ↗ untätig
*Inangriffnahme*: ↗ Beginn
**Inbegriff**
*inbegriffen*: ↗ einschließlich
*Inbrunst*: ↗ Leidenschaft
*indem*: ↗ während (1)
*indes[sen]*: ↗ dagegen (2), inzwischen, während (1 *u.* 2)
*Index*: ↗ Verzeichnis
*indezent*: ↗ taktlos
*Indezenz*: ↗ Taktlosigkeit
*indifferent*: ↗ gleichgültig (1)
*indirekt*: ↗ andeutungsweise, mittelbar
*indiskret*: ↗ taktlos
*indisponiert*: ↗ unwohl
*Individualist*: ↗ Einzelgänger
**Individuum**: ↗ Schurke
**Indiz**
*indolent*: ↗ träge
*Industriebetrieb*: ↗ Produktionsbetrieb
*Industrieller*: ↗ Unternehmer
*inexakt*: ↗ ungenau
*infantil*: ↗ kindlich, zurückgeblieben (1)
*Infektionskrankheit*: ↗ Seuche
*infektiös*: ↗ ansteckend
*inferior*: ↗ minderwertig
*infernalisch*: ↗ teuflisch
*infertil*: ↗ unfruchtbar
*infiltrieren*: ↗ einflößen
*infizieren*: ↗ anstecken (2)
*Inflation*: ↗ Geldentwertung
*infolge*: ↗ dank – *i.* [*von*]: ↗ wegen
*infolgedessen*: ↗ folglich
*Information*: ↗ Mitteilung

*informativ*: ↗ lehrreich
*informieren*: ↗ unterrichten (1) – *informiert sein* |*über*|: ↗ wissen
*ingeniös*: ↗ schöpferisch
*inhaftieren*: ↗ verhaften
inhaftiert: *i. sein*: ↗ Haft
*Inhaftierter*: ↗ Häftling
**Inhalt:** ↗ Gedankengehalt – *zum I. haben*: ↗ enthalten
*inhaltsleer*: ↗ abgedroschen (1)
**inhaltsreich**
*inhaltsschwer*: ↗ bedeutungsschwer
*inhaltsvoll*: ↗ inhaltsreich
*inhärent*: ↗ innewohnend
*inhuman*: ↗ menschenunwürdig, unmenschlich
**Initiative**
*initiieren*: ↗ veranlassen
*injizieren*: ↗ einspritzen
*Inkarnation*: ↗ Verkörperung
*inklusive*: ↗ einschließlich
**inkognito**
*inkommensurabel*: ↗ unvergleichbar
*inkomparabel*: ↗ unvergleichbar
**inkonsequent**
**inmitten**
**in natura**
**innehaben**
*innehalten*: ↗ aussetzen (2)
**innen**: *sich von i. begucken*: ↗ schlafen
*Innenleben*: ↗ Seele
**Innenstadt**
**Innereien**
**innerhalb**
Innerste: *das I.*: ↗ Seele
**innewohnen**
**innewohnend**
**innig**
*inquirieren*: ↗ verhören (1)
**Insel**
*Inserat*: ↗ Anzeige
*inserieren*: ↗ annoncieren, werben (1)
*insgeheim*: ↗ heimlich
**insgesamt**
insistieren: *i.* |*auf*|: ↗ bestehen (3)
*insolvent*: ↗ zahlungsunfähig
*Inspekteur*: ↗ Kontrolleur
*Inspiration*: ↗ Einfall, Phantasie
*inspirieren*: ↗ anregen
*Inspizient*: ↗ Kontrolleur
**inspizieren:** ↗ kontrollieren
instand: *i. halten*: ↗ pflegen (2); *i. setzen*: ↗ reparieren
*Instandhaltung*: ↗ Pflege (2)
**inständig**
*Inständigkeit*: ↗ Nachdruck
*Instandsetzung*: ↗ Reparatur
*Instantkaffee*: ↗ Pulverkaffee
*Instinkt*: ↗ Spürsinn
*instinktiv*: ↗ gefühlsmäßig, unbewußt
*Institution*: ↗ Einrichtung (3)
*instruieren*: ↗ unterrichten (1)
*Instruktion*: ↗ Richtlinie
*instruktiv*: ↗ interessant, lehrreich
*Insult*: ↗ Beleidigung
*inszenieren*: ↗ veranstalten
*intakt*: ↗ unbeschädigt
*integer*: ↗ rechtschaffen
*Integration*: ↗ Vereinigung (1)
*integrieren*: ↗ vereinen (1)
**integrierend**
*Intellekt*: ↗ Verstand
*intelligent*: ↗ klug
*Intensität*: ↗ Nachdruck, Stärke (1)
*intensiv*: ↗ nachdrücklich, stark (2)
*intensivieren*: ↗ steigern (1), verstärken
*Intention*: ↗ Absicht
*intentionell*: ↗ absichtlich
**interessant**: ↗ lesenswert, sehenswert
**Interesse**: *I. haben* |*an / für*|: ↗ interessieren; *ohne I.*: ↗ interesselos; *I. wecken*: ↗ interessieren, neugierig
**interesselos:** ↗ teilnahmslos
**interessieren**
*interimistisch*: ↗ vorläufig
*Interludium*: ↗ Zwischenspiel
*Intermezzo*: ↗ Zwischenspiel
*interminieren*: ↗ untergraben
*intern*: ↗ vertraulich (2)
**Internat**
**international**
*interpretieren*: ↗ auslegen (2)
Interview: *ein I. machen* |*mit*|: ↗ interviewen
**interviewen**
*intim*: ↗ vertraulich (1), vertraut (2)
*intolerant*: ↗ unduldsam
*intonieren*: ↗ anstimmen
*intransigent*: ↗ unduldsam
**intrigant**
**Intrige**
*Intrigenspiel*: ↗ Intrige
**intrigieren**
*introvertiert*: ↗ innen
*intuitiv*: ↗ gefühlsmäßig
**invalid[e]**

*Invasion*: ↗ Überfall (1)
*Inventur*: ↗ Bestandsaufnahme
*Inversion*: ↗ Umkehrung
*investieren*: ↗ anlegen (1)
*Investierung*: ↗ Investition
**Investition**
*Inzest*: ↗ Blutschande
**inzwischen**
*Ipsation*: ↗ Selbstbefriedigung
**irdisch**
*irgendeiner*: ↗ jemand
*irgendeinmal*: ↗ irgendwann
**irgendwann**: ↗ jemals
**irgendwie**
**irgendwo**
*irisieren*: ↗ schillern
*Ironie*: ↗ Spott
*ironisch*: ↗ spöttisch
*irre*: ↗ verrückt
*irreal*: ↗ unwirklich
*irreführen*: ↗ täuschen
*Irreführung*: ↗ Täuschung
*irregehen*: ↗ irren, verirren
*irregulär*: ↗ ungesetzlich, ungewöhnlich
*irrelevant*: ↗ unwichtig
*irremachen*: ↗ verwirren (1)
**irren**: *sich nicht i.*: ↗ recht
*Irrenanstalt*: ↗ Krankenhaus
*Irrenhaus*: ↗ Krankenhaus – *reif fürs I. sein*: ↗ verrückt
**irrereden**
*Irrgläubiger*: ↗ Ketzer
*irrig*: ↗ abwegig
*irritiert*: verwirrt
*irrsinnig*: ↗ geisteskrank, sehr
**Irrtum**: *im I. sein*: ↗ irren
*irrtümlich*: ↗ fälschlich, versehentlich
isolieren: *sich i.*: ↗ absondern
*isoliert*: ↗ abgesondert

# J

**ja**
**Jacke**: *die J. vollhauen*: ↗ verprügeln
*Jackett*: ↗ Jacke – *einen unter das J. brausen*: ↗ trinken (2)
**Jagd**: *auf die J. gehen*: ↗ jagen
*jagdgerecht*: ↗ weidmännisch
Jagdgründe: *die ewigen J.*: ↗ Jenseits; *in die ewigen J. eingehen*: ↗ sterben
**jagen**
**Jäger**
*Jägerei*: ↗ Jagd
*jäh*: ↗ plötzlich, steil (2)
**Jahr**: ↗ Lebensjahr – *alle Jahre* [*wieder*]: ↗ alljährlich; *in diesem J.*: ↗ Jahr; **dieses J.**: ↗ Jahr; *jedes J.*: ↗ alljährlich; *in die Jahre kommen*: ↗ altern; *die kritischen Jahre*: ↗ Wechseljahre; *vor seinen Jahren*: ↗ vorzeitig (2); *viele Jahre*: ↗ jahrelang
jahraus: *j., jahrein*: ↗ alljährlich
**jahrelang**
*Jahrestag*: ↗ Jubiläum
*Jahrgang*: ↗ Altersklasse
*jährlich*: ↗ alljährlich
*Jakobsleiter*: ↗ Strickleiter
**Jammer**: ↗ Leid
*Jammergeschrei*: ↗ Jammer
**jämmerlich**: ↗ erbarmungswürdig
**jammern**: *jmd.* bzw. *etw. jammert jmdn.*: ↗ leid
*jammervoll*: ↗ jämmerlich
*japsen*: ↗ keuchen
*jauchzen*: ↗ jubeln
*jawohl*: ↗ ja
**je**: ↗ jemals, jeweils – *seit* [*eh und*] *je*: ↗ immer
**jedenfalls**: ↗ immerhin
**jeder**: *j. beliebige*: ↗ jemand
**jederlei**
*jedermann*: ↗ jeder
*jederzeit*: ↗ immer
*jedoch*: ↗ dagegen (2)
*jeglicher*: ↗ jeder
jeher: *seit j.*: ↗ immer
**jemals**
**jemand**: *irgend j.*: ↗ jemand
**jener**
**jenseitig**: ↗ übersinnlich
**Jenseits**: *ins J. befördern*: ↗ töten (1)
*Jet*: ↗ Düsenflugzeug
**jetzig**
**jetzt**: *von j. an*: ↗ künftig
*Jetztzeit*: ↗ Gegenwart
**jeweils**
*Jieper*: ↗ Appetit
*jieperig*: ↗ gierig
*Jobber*: ↗ Geschäftemacher
*Joch*: ↗ Zuggeschirr – *das J. abschütteln*: ↗ befreien (3)
*Jokus*: ↗ Scherz

**Journalist**
*jovial*: ↗ wohlgesinnt
*Jovialität*: ↗ Wohlwollen
**Jubel**
*Jubelgeschrei*: ↗ Jubel
Jubeljahre: *alle J.* [*einmal*]: ↗ selten
**jubeln**
*Jubeltag*: ↗ Jubiläum
**Jubiläum**
*jubilieren*: ↗ jubeln
*juchzen*: ↗ jubeln
**jucken**
**Jugend**: *von J. an*: ↗ Kindesbeine
*jugendlich*: ↗ jung
Jugendliche: *die Jugendlichen*: ↗ Jugend (3)
**Jugendlicher**
*Jugendlichkeit*: ↗ Jugend (2)
*Jugendzeit*: ↗ Jugend (1)
**jung**: ↗ unerfahren
**Junge**: ↗ Sohn – *wie ein J.*: ↗ jungenhaft
**jungenhaft**
**Junges**: *Junge bekommen / werfen*: ↗ werfen (2)
**Jungfer**: *eine alte J. bleiben*: ↗ Mann (2)
**Jungfrau**
**jungfräulich**
**Junggeselle**
*Jüngling*: ↗ Jugendlicher
*jüngst*: ↗ kürzlich
*Junker*: ↗ Großgrundbesitzer
*Junta*: ↗ Regierung
*Jupe*: ↗ Damenrock
*Jurisdiktion*: ↗ Justiz
*Jurisprudenz*: ↗ Rechtswissenschaft
*juristisch*: ↗ rechtlich
*Jury*: ↗ Preisgericht
*justieren*: ↗ einstellen
**Justiz**
*juvenil*: ↗ jung
*Juwel*: ↗ Schmuckstück
*Juwelen*: ↗ Schmuck
*Jux*: ↗ Scherz, Spaß
*juxen*: ↗ scherzen

# K

*Kabbelei*: ↗ Streit
kabbeln: *sich k.*: ↗ streiten
*Kabeljau*: ↗ Dorsch
*kabeln*: ↗ telegrafieren
*Kabinett*: ↗ Regierung, Toilette
*Kabuff*: ↗ Kammer
*kachektisch*: ↗ abgemagert
*kacken*: ↗ austreten (2)
*Kadaver*: ↗ Aas
*Kadi*: ↗ Richter
*Käfer*: ↗ Mädchen (2)
*Kaff*: ↗ Dorf, Ort
**Kaffee**: *kalter K.*: ↗ Bekanntes; *löslicher K.*: ↗ Pulverkaffee
*Kaffee-Ersatz*: ↗ Malzkaffee
*Kaffee-Extrakt*: ↗ Pulverkaffee
**kahl**: ↗ bloß (1), kahlköpfig
*kahlfressen*: ↗ abfressen
**Kahlkopf**: ↗ Glatze
**kahlköpfig**
*kahlschlagen*: ↗ abholzen
**Kahn**: ↗ Schiff
*Kähne*: ↗ Schuhe
**Kai**
*Kaimauer*: ↗ Kai
*Kaiserschnitt*: ↗ Schnittentbindung
*Kajak*: ↗ Paddelboot
Kakao: *durch den K. ziehen*: ↗ verspotten
*kakeln*: ↗ schwatzen
*Kalamität*: ↗ Verlegenheit
*Kalauer*: ↗ Witz (1)
*kalben*: ↗ werfen (2)
*kalberig*: ↗ albern
*kalbern*: ↗ herumalbern
*kälbern*: ↗ übergeben (2)
*Kaldaunen*: ↗ Eingeweide, Innereien
*Kaliber*: ↗ Stärke (3)
Kalk: *bei jmdm. rieselt schon der K.*: ↗ verkalkt
*kalken*: ↗ weißen
*Kalkül*: ↗ Berechnung
*Kalkulation*: ↗ Voranschlag
*kalkulieren*: ↗ vermuten
*Kalme*: ↗ Windstille
**kalt**: *jmdm. ist k.*: ↗ frieren (1); etw. *läßt jmdn. k.*: ↗ kümmern (2); *unangenehm k.*: ↗ rauh (3); *k. werden*: ↗ erkalten
*kaltblütig*: ↗ gelassen
*kaltherzig*: ↗ gefühllos

*kaltlächelnd*: ↗ unbarmherzig
*kaltmachen*: ↗ ermorden, töten (1)
**kaltstellen**
*Kamarilla*: ↗ Clique
*Kamel*: ↗ Dummkopf (2)
*Kamera*: ↗ Filmkamera, Fotoapparat
**Kamerad**
*Kamin*: ↗ Schlucht, Schornstein – *in den K. schreiben*: ↗ verloren (3)
*Kaminfeger*: ↗ Schornsteinfeger
*Kamm*: ↗ Bergrücken – *jmdm. schwillt der K.*: ↗ wütend
**Kammer**: ↗ Zimmer
**Kampagne**
kampeln: *sich k.*: ↗ raufen
**Kampf**: ↗ Wettkampf – *den K. ansagen*: ↗ herausfordern (1); *einen K. führen*: ↗ kämpfen
**kämpfen**: *k.* |*gegen*|: ↗ bekämpfen (1 *u.* 2); *mit sich k.*: ↗ zögern
**kämpferisch**
*Kampfgenosse*: ↗ Schicksalsgefährte
*Kampfhandlungen*: ↗ Kampf (1)
**Kampflinie**
*kampflustig*: ↗ kämpferisch
**kampfunfähig**
*Kampfzone*: ↗ Front
*kampieren*: ↗ übernachten
Kanal: *den K. voll haben*: ↗ überdrüssig
*Kanapee*: ↗ Sofa
Kandare: *an die K. nehmen*: ↗ zügeln
*Kandidat*: ↗ Prüfling – *als Kandidaten aufstellen*: ↗ nominieren; *K. sein* |*für*|: ↗ kandidieren
**kandidieren**
**Kaninchen**
*kannibalisch*: ↗ unmenschlich
**Kannibalismus**
*Kanon*: ↗ Richtlinie
*Kanone*: ↗ Spitzensportler – *unter aller K.*: ↗ schlecht
**Kante**: ↗ Rand – *auf die hohe K. legen*: ↗ sparen
*Kanten*: ↗ Brotkanten
*kantig*: ↗ eckig
*Kantine*: ↗ Speisesaal
Kantonist: *ein unsicherer K. sein*: ↗ unzuverlässig
*Kanu*: ↗ Paddelboot
*Kanzel*: ↗ Hochsitz
**Kap**
*Kapazität*: ↗ Aufnahmefähigkeit (2), Meister
*Kapelle*: ↗ Orchester
*kapieren*: ↗ verstehen (2)
*Kapitalfehler*: ↗ Fehler (1)
**Kapitalismus**
**Kapitalist**: ↗ Ausbeuter – *die Kapitalisten*: ↗ Bourgeoisie
*kapitalkräftig*: ↗ reich
*kapitulieren*: ↗ aufgeben (3), [2]ergeben (1)
*Kappe*: ↗ Mütze – *auf seine K. nehmen*: ↗ verantworten (1)
*Kaprice*: ↗ Laune
*kapriziös*: ↗ launisch
**Kapsel**
kaputt: *k. machen*: ↗ zerbrechen (1); *k. sein*: ↗ entzwei
*kaputtgehen*: ↗ entzweigehen, umkommen
kaputtmachen: *sich k.*: ↗ zugrunde
*kaputtreißen*: ↗ zerreißen
*Karambolage*: ↗ Zusammenstoß
*karambolieren*: ↗ zusammenstoßen (1)
*Karbonpapier*: ↗ Kohlepapier
*Kardinalpunkt*: ↗ Hauptsache
**karg**: ↗ knapp (1)
*kärglich*: ↗ karg
**kariert**
**Karikatur**
*karikieren*: ↗ verzerren (2)
*karitativ*: ↗ wohltätig
**Karneval**
*Karnickel*: ↗ Kaninchen
*Karo*: ↗ Viereck
*Karotte*: ↗ Möhre
*Karre*: ↗ Fahrrad – *die K. in den Dreck fahren*: ↗ herunterwirtschaften
*Karree*: ↗ Viereck
*Karren*: ↗ Wagen
*karriolen*: ↗ fahren (1)
*Karte*: ↗ Eintrittskarte, Fahrkarte – *alles auf eine K. setzen*: ↗ wagen; *seine Karten auf den Tisch legen*: ↗ offenbaren (1)
**Kartei**
**Kartoffel**
**Kartoffelbrei**
*Kartoffelmus*: ↗ Kartoffelbrei
**Kartoffelpuffer**
*Karton*: ↗ Pappe, Schachtel
*Kartothek*: ↗ Kartei
**Karussell**
*Karzinom*: ↗ Krebsgeschwulst
*kaschen*: ↗ abfangen, ergreifen (2), verhaften
*kaschieren*: ↗ verbergen (1)
*Käse*: ↗ Unsinn

*käsebleich*: ↗ blaß (1)
*Kaskade*: ↗ Wasserfall
*Kasper*: ↗ Komiker
*Kasperletheater*: ↗ Puppentheater
*kaspern*: ↗ herumalbern
**Kasse**: ↗ Bank (1) – *knapp bei K. sein*: ↗ zahlungsunfähig
*Kassenschalter*: ↗ Kasse
*Kassenschlager*: ↗ Verkaufsschlager
**Kassette**
**kassieren**
*Kästchen*: ↗ Kassette
*Kasten*: ↗ Gebäude, Haus, Schiff, Tor (2)
**kastrieren**: ↗ entmannen
*Kasuist*: ↗ Wortklauber
*kasuistisch*: ↗ spitzfindig
*Katalog*: ↗ Verzeichnis, Werbeschrift
*Katapult*: ↗ Schleuder
*Katarakt*: ↗ Wasserfall
*katastrophal*: ↗ verhängnisvoll
*Katastrophe*: ↗ Unglück, Zusammenbruch
*kategorisch*: ↗ bestimmt
*kategorisieren*: ↗ ordnen
*Kateridee*: ↗ Schnapsidee
Kattun: *K. geben*: ↗ verprügeln
Katz: *etw. ist für die K.*: ↗ vergebens
katzbalgen: *sich k.*: ↗ raufen
**katzbuckeln**
**Katze**
*Katzenauge*: ↗ Rückstrahler
*kauderwelschen*: ↗ radebrechen
**kauen**
**kauern**
*Kauerstellung*: ↗ Hocke
**Kauf**
**kaufen**: ↗ bestechen – *sich k.*: ↗ vornehmen (1)
**Käufer**
**Kaufinteresse**
**käuflich**: ↗ bestechlich
*Kauflust*: ↗ Kaufinteresse
*Kaufmann*: ↗ Geschäftsmann
**kaufmännisch**
*Kaufpreis*: ↗ Preis (1)
**kaum**: ↗ schwerlich
*kaupeln*: ↗ tauschen
*kausal*: ↗ ursächlich
*Kaution*: ↗ Bürgschaft (3)
*Kauz*: ↗ Haarknoten, Sonderling
*kauzig*: ↗ schrullig
*Kavalier*: ↗ Liebhaber
*Kaventsmann*: ↗ Hüne, Prachtexemplar
*Kebse*: ↗ Beischläferin
**keck**
*Keeper*: ↗ Torwart
**Kehle**: *die K. anfeuchten*: ↗ trinken (2); *in die falsche K. kriegen*: ↗ verschlucken; *durch die K. jagen*: ↗ vertrinken; *aus voller K.*: ↗ laut (2)
**Kehlkopf**
Kehraus: *K. machen*: ↗ aufräumen
*Kehre*: ↗ Kurve
kehren: *in sich gekehrt*: ↗ innen; *sich nicht k.* |an|: ↗ kümmern (1)
*Kehricht*: ↗ Müll
*Kehrschleife*: ↗ Windung
*Kehrseite*: ↗ Nachteil, Rückseite
*kehrtmachen*: ↗ umdrehen
*keifen*: ↗ schimpfen
*Keile*: ↗ Schläge
keilen: *sich k.*: ↗ schlagen (1)
*Keilerei*: ↗ Schlägerei
*keimen*: ↗ sprießen
**keimfrei**: **k. machen**: ↗ desinfizieren
*Keimling*: ↗ Embryo
**Keimzelle**
*keiner*: ↗ niemand
*keinesfalls*: ↗ keineswegs, niemals
**keineswegs**
**Kellner**
**Kellnerin**
**kennen**: ↗ wissen
**kennenlernen**: *kennengelernt haben*: ↗ kennen
*kenntlich*: ↗ sichtbar
*Kenntnis*: ↗ Einblick (2), Wissen (1 *u.* 2) – *zur K. bringen*: ↗ bekanntgeben; *K. erhalten* |von|: ↗ [1]erfahren; *K. haben* |von|: ↗ wissen; *in K. setzen*: ↗ unterrichten (1)
*Kenntnislosigkeit*: ↗ Unwissenheit
*kenntnisreich*: ↗ gebildet
*Kennwort*: ↗ Parole
**Kennzeichen**: ↗ Indiz
**kennzeichnen**: ↗ abstecken
**kennzeichnend**: ↗ eigentümlich
*kentern*: ↗ umstürzen (2)
**Kerbe**: *in die gleiche K. hauen*: ↗ übereinstimmen (1)
*Kerker*: ↗ Arrestlokal, Strafvollzugsanstalt – *in den K. werfen*: ↗ einsperren
**Kerl**: ↗ Mann (1) – *junger K.*: ↗ Jugendlicher; *toller K.*: ↗ Draufgänger
*Kern*: ↗ Mittelpunkt, Wesen
**Kernenergie**
*kerngesund*: ↗ gesund (1)
*kernig*: ↗ robust

*Kernkraft*: ↗ Kernenergie
**Kernreaktor**
*Kernstück*: ↗ Wesen
*Kerosin*: ↗ Petroleum
*keß*: ↗ keck
*Kessel*: ↗ Tal
*Kette*: ↗ Reihe (1 *u.* 2) – *an die K. legen*: ↗ anketten
**Ketzer**
**keuchen**
*kichern*: ↗ lachen
*Kidnapping*: ↗ Kindesentführung
*Kies*: ↗ Geld
*killen*: ↗ töten (1)
*Killer*: ↗ Mörder
*Kimm*: ↗ Horizont
**Kind**: *ein K. erwarten*: ↗ schwanger; *ein K. machen*: ↗ schwängern; *das K. beim rechten Namen nennen*: ↗ Wahrheit; *an Kindes Statt annehmen*: ↗ adoptieren; *ein K. in die Welt setzen*: ↗ zeugen
**Kinderlähmung**
*kinderleicht*: ↗ mühelos
*Kinderspiel*: ↗ Kleinigkeit – *etw. ist kein K.*: ↗ schwierig
*Kinderzeit*: ↗ Kindheit
**Kindesbeine**
**Kindesentführung**
*Kindesraub*: ↗ Kindesentführung
*kindhaft*: ↗ kindlich
**Kindheit**
*kindisch*: ↗ albern, unreif (2)
**kindlich**: ↗ zurückgeblieben (1)
**Kino**
[1]*Kippe*: ↗ Zigarettenstummel
[2]Kippe: *etw. steht auf der K.*: ↗ unsicher
[3]Kippe: *K. machen*: ↗ teilen
*kippelig*: ↗ wackelig
*kippeln*: ↗ wackeln
**Kirche**: *die K. im Dorf lassen sollen*: ↗ sachlich (1), übertreiben (3)
*Kirchhof*: ↗ Friedhof
**kirchlich**
*kirre*: ↗ zahm
*Kismet*: ↗ Schicksal
**Kissen**
*Kiste*: ↗ Auto, Flugzeug
*Kittchen*: ↗ Strafvollzugsanstalt
*Kittel*: ↗ Damenrock
*kitten*: ↗ kleben (2)
*Kitzel*: ↗ Reiz
**kitzeln**
*kitzlig*: ↗ heikel

**Kladde**
**klaffen**
*kläffen*: ↗ schimpfen
*klaftertief*: ↗ tief
Klage: *K. führen* |*gegen*|: ↗ anklagen
*klagen*: ↗ jammern – *k.* |*um*|: ↗ beklagen
*kläglich*: ↗ jämmerlich
*Klamm*: ↗ Schlucht
klammern: *sich k.* |*an*|: ↗ festhalten
Klammersack: *mit dem K. gepudert*: ↗ verrückt
*Klamotten*: ↗ Hausrat, Kleidung
**Klang**
**Klangfarbe**
*Klangkörper*: ↗ Orchester
*klangvoll*: ↗ wohlklingend
*Klappe*: ↗ Bett, Mund – *in die K. gehen*: ↗ schlafen; *die K. halten*: ↗ schweigen (1 *u.* 2)
*klappen*: ↗ gehen (3)
*Klapper*: ↗ Rassel
**klappern**: ↗ zittern
*Klaps*: ↗ Schlag – *einen K. geben*: ↗ schlagen (1); *einen K. haben*: ↗ verrückt
*klapsig*: ↗ verrückt
*Klapsmühle*: ↗ Krankenhaus
**klar**: ↗ deutlich (1, 2, *u.* 3) – *nicht k.*: ↗ trübe
*klar!*: ↗ selbstverständlich!
*Klärchen*: ↗ Sonne
**klären**: ↗ aufklären (1)
Klarheit: *sich K. verschaffen*: ↗ orientieren (2, b)
klarkommen: *k.* |*mit*|: ↗ zurechtkommen (2)
**Klasse**
**Klassenbewußtsein**
Klassenziel: *das K. nicht erreichen*: ↗ versetzen
*Klassenzimmer*: ↗ Klasse
*Klatsch*: ↗ Gerede, Schlag
*Klatschbase*: ↗ Schwätzerin
**klatschen**: ↗ applaudieren
*klatschnaß*: ↗ naß
*klatschsüchtig*: ↗ geschwätzig
*Klaue*: ↗ Handschrift
*klauen*: ↗ stehlen
*Klausner*: ↗ Einsiedler
**Klavier**
**kleben**: *k.* |*auf*|: ↗ aufkleben
*klebenbleiben*: ↗ versetzen
**Klebstoff**

**Kleid**: *sich in die Kleider werfen*: ↗ anziehen (1)
*kleiden*: ↗ passen (2, b)
*Kleider*: ↗ Kleidung
*Kleiderablage*: ↗ Garderobe
*Kleiderschrank*: ↗ Hüne
**Kleidung**: *die K. wechseln*: ↗ umziehen (2)
**klein**: ↗ unbedeutend – *kleiner werden*: ↗ zurückbilden (1); *k. beigeben*: ↗ nachgeben
*Kleine*: ↗ Mädchen (1)
*Kleiner*: ↗ Junge
*Kleines*: ↗ Kind (1) – *etw. K. erwarten*: ↗ schwanger
**Kleinigkeit**: *eine K.*: ↗ wenig
*Kleinigkeitskrämer*: ↗ Pedant
*kleinkariert*: ↗ kleinlich
*kleinkriegen*: ↗ verbrauchen
**kleinlich**
*kleinmachen*: ↗ wechseln (1), zerkleinern
*kleinmütig*: ↗ mutlos
*Kleinod*: ↗ Schmuckstück
**Kleinstadt**
*kleinstädtisch*: ↗ ländlich
Klemme: *aus der K. helfen*: ↗ heraushelfen; *in der K. sein*: ↗ Verlegenheit
*klemmen*: ↗ stehlen
*Klemmer*: ↗ Kneifer
*Klepper*: ↗ Pferd
*klerikal*: ↗ kirchlich
Klette: *wie eine K.*: ↗ anhänglich; *wie die Kletten zusammenhängen*: ↗ zusammenbleiben
**klettern**: *etw. klettert*: ↗ verteuern
**Klient**
*Klimakterium*: ↗ Wechseljahre
*klimmen*: ↗ klettern
*klimpern*: ↗ Klavier
Klinge: *die Klingen kreuzen*: ↗ fechten; *über die K. springen lassen*: ↗ töten (1)
**Klingel**
*klingeln*: ↗ läuten
**klingen**
*Klinik*: ↗ Krankenhaus
**Klinke**
*Klinse*: ↗ Spalt
*Klipper*: ↗ Düsenflugzeug
*klirren*: ↗ rasseln
*Klistier*: ↗ Einlauf
*Klo*: ↗ Toilette
*Kloben*: ↗ Klotz
*klobig*: ↗ unförmig
**klopfen**: ↗ schlagen (2) – *einen k.*: ↗ Skat
*Kloppe*: ↗ Schläge
*Klosett*: ↗ Toilette
**Kloß**: ↗ Dicker
Kloßbrühe: *klar wie K. sein*: ↗ selbstverständlich
**Klotz**: *grober K.*: ↗ Grobian
*klotzig*: ↗ unförmig
*Klub*: ↗ Freundeskreis, Organisation
*Kluft*: ↗ Abgrund, Schlucht
**klug**
*klugerweise*: ↗ wohlweislich
*Klugredner*: ↗ Besserwisser
Klump: *in K. fahren*: ↗ Bruch (3)
*klumpen*: ↗ ballen
**Klumpen**
*Klüngel*: ↗ Clique
*knabbern*: ↗ nagen
*Knabe*: ↗ Junge – *alter K.*: ↗ Greis
*knabenhaft*: ↗ jungenhaft
**knacken**: ↗ aufbrechen (1)
Knacker: *alter K.*: ↗ Greis
*Knacks*: ↗ Schaden (1), Sprung (2)
*knacksen*: ↗ knacken
**Knall**: *K. und Fall*: ↗ plötzlich
*Knalleffekt*: ↗ Wirkung
**knallen**: ↗ schießen (1) – *k.* |*gegen*|: ↗ anstoßen
*knallig*: ↗ eng (2)
**knapp**: ↗ eng (2), kaum, kurz (1)
**knapphalten**
*Knappheit*: ↗ [1]Mangel
*Knarre*: ↗ Gewehr, Rassel
**knarren**
*Knast*: ↗ Buckel, Freiheitsstrafe, Hunger, Strafvollzugsanstalt – *im K. sitzen*: ↗ Haft
*Knaster*: ↗ Tabak
*Knauser*: ↗ Geizhals
*knauserig*: ↗ geizig
*knausern*: ↗ geizen
*knautschen*: ↗ zerknittern
*knechten*: ↗ unterdrücken (1)
*knechtisch*: ↗ unterwürfig
Knechtschaft: *die K. abschütteln*: ↗ befreien (3)
*kneifen*: ↗ zwicken
**Kneifer**
*Kneipbruder*: ↗ Zecher
*Kneipe*: ↗ Bierlokal
*kneipen*: ↗ zechen
*Kneipier*: ↗ Gastwirt
*Kneiptour*: ↗ Vergnügungstour
**kneten**

**knicken:** ↗ anbrechen (1)
*knickerig:* ↗ geizig
*knickern:* geizen
Knie: *übers K. brechen:* ↗ überstürzen; *übers K. legen:* ↗ züchtigen; *auf den Knien liegen:* ↗ knien; *in die Knie zwingen:* ↗ unterwerfen
**Kniefall**
*kniefällig:* ↗ inständig
**knien:** *sich k.:* ↗ niederknien
*Kniff:* ↗ Falte (1), Trick
*kniffen:* ↗ falten
*knifflig:* ↗ schwierig
*Knilch:* ↗ Mann (1)
*knipsen:* ↗ fotografieren, lochen
**Knirps**
*knistern:* ↗ knacken, rascheln
**knittern:** ↗ zerknittern
*knittrig:* ↗ faltig (1) – *k. werden:* ↗ knittern
*Knochenbruch:* ↗ Bruch (2)
*knochendürr:* ↗ verdorrt
*Knochengerüst:* ↗ Skelett
*Knochenmann:* ↗ Tod (2)
*knochentrocken:* ↗ trocken
knockout: *k. schlagen:* ↗ niederschlagen (1)
*Knödel:* ↗ Kloß
*Knolle:* ↗ Kartoffel
*Knorren:* ↗ Ast (1)
**knorrig**
*knorzig:* ↗ knorrig
*knospen:* ↗ sprießen
*knoten:* ↗ zusammenbinden (1)
*Knoten:* ↗ Haarknoten, Verdickung
*Knotenpunkt:* ↗ Kreuzungspunkt
*Knubbel:* ↗ Verdickung
*Knuff:* ↗ Stoß
*knuffen:* ↗ stoßen (1)
*knüllen:* ↗ zerknittern
*Knüller:* ↗ Verkaufsschlager, Zugstück
*knüpfen:* ↗ binden (1), zusammenbinden (1)
*Knüppel:* ↗ Stock
*knüppeln:* ↗ schlagen (1)
*knüppelvoll:* ↗ überfüllt, voll (3)
*knurren:* ↗ murren
**knusprig**
*Knute:* ↗ Peitsche – *unter der K.:* ↗ unterdrückt
*Knüttel:* ↗ Stock
k. o.: *k. o. schlagen:* ↗ niederschlagen (1)
*koagulieren:* ↗ gerinnen
**Kobold**
Kobolz: *K. schießen:* ↗ überschlagen
**Koch**
**kochen:** ↗ wütend
**Köchin**
**Kochkunst**
*kodderig:* ↗ übel
*ködern:* ↗ anlocken
*Koffer* (*Pl*): ↗ Gepäck
**Kofferradio**
*Kognak:* ↗ Weinbrand
**Kohl:** ↗ Unsinn
*Kohldampf:* ↗ Hunger – *K. haben:* ↗ hungrig; *K. schieben:* ↗ hungern
*Kohlen:* ↗ Geld
**Kohlepapier**
**koitieren**
**Koitus**
*Koje:* ↗ Bett
*Kokolores:* ↗ Unsinn
*Koks:* ↗ Unsinn
*Kollaboration:* ↗ Zusammenarbeit
*kollaborieren:* ↗ zusammenarbeiten
*Kolleg:* ↗ Vorlesung
**Kollege**
*Kollektion:* ↗ Auswahl (2)
**Kollektiv**
**Kollektivarbeit**
*Koller:* ↗ Anfall (2)
*kollidieren:* ↗ zusammenstoßen (1)
*Kollision:* ↗ Zusammenstoß
**Kolloquium**
**Kölnischwasser**
*Kolonie:* ↗ Siedlung
*Kolonne:* ↗ Abteilung (1 *u.* 2), Schar
*kolorieren:* ↗ ausmalen
*Kolorit:* ↗ Klangfarbe
*kolossal:* ↗ gewaltig, sehr
*Kombüse:* ↗ Küche
**Komiker**
**komisch**
*komischerweise:* ↗ merkwürdigerweise
*Kommandeur:* ↗ Befehlshaber
*kommandieren:* ↗ befehligen
*Kommando:* ↗ Abteilung (1), Befehlsgewalt
*Kommandogewalt:* ↗ Befehlsgewalt
**kommen:** *k.* |*auf*|: ↗ entfallen; *k.* |*aus*|: ↗ stammen; *k. lassen:* ↗ bestellen (2); *k. sehen:* ↗ voraussehen; *zu sich k.:* ↗ fassen (2); *k.* |*um*|: ↗ verlieren (2); *k.* |*von*|: ↗ herrühren
*kommensurabel:* ↗ vergleichbar
*kommerziell:* ↗ kaufmännisch

*Kommiß*: ↗ Wehrdienst
*kommissarisch*: ↗ vertretungsweise
*Kommission*: ↗ Ausschuß (1)
*kommun*: ↗ gewöhnlich (1)
*Komödiant*: ↗ Schauspieler
*Komödie*: ↗ Lustspiel
*kompakt*: ↗ untersetzt
*komparabel*: ↗ vergleichbar
*Komparse*: ↗ Statist
*Kompaß*: ↗ Richtlinie
*kompensieren*: ↗ ausgleichen (2)
*kompetent*: ↗ zuständig
*komplett*: ↗ völlig, vollständig
*komplettieren*: ↗ ergänzen
*Kompliment*: ↗ Schmeichelei – *Komplimente machen*: ↗ schmeicheln
*Komplize*: ↗ Mitschuldiger
*komplizieren*: ↗ erschweren
*kompliziert*: ↗ schwierig, verwickelt
*Kompliziertheit*: ↗ Schwierigkeit
*Komplott*: ↗ Verschwörung
*Komponente*: ↗ Bestandteil
**Komponist**
**Komposition**
*Kompresse*: ↗ Umschlag
*komprimieren*: ↗ verdichten
**Kompromiß**
**kompromittieren**
*kondensieren*: ↗ eindampfen, verflüssigen
*Kondition*: ↗ Zustand
**Konditor**
**kondolieren**
*Kondukteur*: ↗ Schaffner
**Konfekt**
*Konferenz*: ↗ Sitzung, Tagung
*konferieren*: ↗ tagen, verhandeln (1)
*Konfession*: ↗ Bekenntnis
*Konfident*: ↗ Spitzel
*konfirmieren*: ↗ einsegnen
*konfiszieren*: ↗ beschlagnahmen
*Konflikt*: ↗ Krieg, Streit, Zwiespalt
konform: *k. gehen*: ↗ übereinstimmen (1)
*Konformität*: ↗ Übereinstimmung
*konfus*: ↗ verwirrt, verworren
*Konfusion*: ↗ Unordnung
*kongenital*: ↗ angeboren
*Konglomerat*: ↗ Mischung
*Kongreß*: ↗ Tagung
*Kongruenz*: ↗ Übereinstimmung
kongruieren: *etw. kongruiert*: ↗ übereinstimmen (2)
König: *K. der Lüfte*: ↗ Adler
*königlich*: ↗ majestätisch
*Konkordat*: ↗ Vertrag
*konkretisieren*: ↗ verdeutlichen
**Konkurrenz**: ↗ Wettkampf – *K. machen*: ↗ konkurrieren
**konkurrieren**: ↗ wetteifern
*Konkurs*: ↗ Bankrott (1) – *in K. gehen*: ↗ Bankrott (2)
**können**: ↗ dürfen – *nicht mehr k.*: ↗ satt
*Konnex*: ↗ Zusammenhang
*konsequent*: ↗ folgerichtig
**konsolidieren**
*Konspiration*: ↗ Verschwörung
*konspirieren*: ↗ verschwören
*konstant*: ↗ unveränderlich
*konstatieren*: ↗ feststellen
*konsterniert*: ↗ bestürzt
**konsultieren**
*Konsum*: ↗ Verbrauch
*Konsumgüter*: ↗ Gebrauchsgüter
*konsumieren*: ↗ verbrauchen
*Kontakt*: ↗ Beziehung (1) – *K. haben* |*mit*|: ↗ verkehren
*kontaktarm*: ↗ menschenscheu
**kontaktfreudig**
*kontaktlos*: ↗ einsam
*Kontaktmann*: ↗ Verbindungsmann
*kontemporär*: ↗ zeitgenössisch
*Kontenabschluß*: ↗ Bilanz
*Konterfei*: ↗ Bildnis
*Konterrevolutionär*: ↗ Reaktionär
*kontingentieren*: ↗ zuteilen
*Konto*: ↗ Bankkonto
*Kontor*: ↗ Büro
*kontra*: ↗ gegen (1)
Kontra: *K. geben*: ↗ widersprechen (1)
*Kontradiktion*: ↗ Widerspruch
*kontradiktorisch*: ↗ widersprüchlich
*Kontrakt*: ↗ Vertrag
*Kontrast*: ↗ Gegensatz
**Kontrolleur**
**kontrollieren**: ↗ überprüfen
*Kontrollor*: ↗ Kontrolleur
*Kontroverse*: ↗ Streit
*Kontur*: ↗ Umriß
*konturlos*: ↗ verschwommen
*Konvent*: ↗ Versammlung
*konventiell*: ↗ förmlich (1)
*Konvention*: ↗ Übereinkommen
*Konversation*: ↗ Gespräch
*Konvulsion*: ↗ Krampf
*konvulsivisch*: ↗ krampfartig
*konzedieren*: ↗ zugestehen
**Konzentration**

**Konzentrationslager**
**konzentrieren:** *sich k.* |*auf*|: ↗ versenken (3)
**konzentriert:** ↗ aufmerksam (1), stark (3)
*Konzentrierung*: ↗ Konzentration
*Konzept*: ↗ Entwurf (1) – *aus dem K. bringen*: ↗ verwirren (1)
*Konzeption*: ↗ Empfängnis
*Konzert*: ↗ Geschrei (2) – *ein K. geben*: ↗ konzertieren
**konzertieren**
*Konzession*: ↗ Zugeständnis
*Konzil*: ↗ Versammlung
*konziliant*: ↗ umgänglich
*konzipieren*: ↗ entwerfen (1)
*Kooperation*: ↗ Zusammenarbeit
*kooperieren*: ↗ zusammenarbeiten
koordinieren: *k.* |*mit*|: ↗ abstimmen (2)
**Kopf:** *nicht im K. behalten*: ↗ vergessen; *einen dicken K. haben*: ↗ Sorge; *nicht auf den K. gefallen sein*: ↗ schlau; *sich durch den K. gehen lassen*: ↗ [1]überlegen; *auf den K. hauen*: ↗ ausgeben (1); *nicht ganz richtig im K. sein*: ↗ verrückt; *etw. schießt jmdm. durch den K.*: ↗ einfallen; *sich etw. aus dem K. schlagen*: ↗ verzichten; *mit dem K. schütteln*: ↗ verneinen; *sich in den K. setzen*: ↗ vornehmen (2); *über den K. wachsen*: ↗ überhandnehmen; *sich den K. zerbrechen*: ↗ nachdenken; *den K. waschen*: ↗ zurechtweisen
Köpfchen: *K. haben*: ↗ klug, schlau
*köpfen*: ↗ enthaupten
*Kopfhaar*: ↗ Haar (2)
*kopflos*: ↗ verwirrt
kopfscheu: *k. machen*: ↗ verwirren (1)
**Kopfschmerz**
**kopfüber:** *k. rollen*: ↗ überschlagen
*Kopfweh*: ↗ Kopfschmerz
*Kopie*: ↗ Abschrift, Durchschlag, Nachahmung
*kopieren*: ↗ nachahmen, nachbilden, vervielfältigen
*koppeln*: ↗ verbinden (2)
Korb: *einen K. geben*: ↗ abweisen (1); *einen K. kriegen*: ↗ abblitzen
*Kordon*: ↗ Postenkette
*Korken*: ↗ Fehler (2), Stöpsel
Korn: *aufs K. nehmen*: ↗ zielen
*körnen*: ↗ zerkleinern
**körnig**
**Körper**
*körperbehindert*: ↗ schwerbeschädigt
*Körpererziehung*: ↗ Sport
*Körperform*: ↗ Gestalt (1)
*Körperfülle*: ↗ Leibesfülle
*Körperhaltung*: ↗ Haltung
**körperlich**
*Körperschaft*: ↗ Vereinigung (2)
*korpulent*: ↗ dick
*Korpulenz*: ↗ Leibesfülle
*Korpus*: ↗ Körper
*korrekt*: ↗ fehlerfrei
*Korrekturabzug*: ↗ Korrekturfahne
*Korrekturbogen*: ↗ Bogen (2)
**Korrekturfahne**
*Korrelation*: ↗ Wechselbeziehung
*korrelativ*: ↗ wechselseitig
*Korrespondenz*: ↗ Briefwechsel
**korrespondieren**: ↗ übereinstimmen (1)
*Korridor*: ↗ Flur
*korrigieren*: ↗ berichtigen (1), verbessern (1)
*korrupt*: ↗ bestechlich
*Korsar*: ↗ Seeräuber
**Korsett**
*Koryphäe*: ↗ Meister
koscher: *nicht ganz k.*: ↗ bedenklich
*kosen*: ↗ liebkosen
**Kosmetik**
**Kosmonaut**
*Kosmonautik*: ↗ Raumfahrt
*Kosmos*: ↗ Weltall
*Kost*: ↗ Nahrung – *in K. haben*: ↗ verpflegen
*kostbar*: ↗ wertvoll
*Kostbarkeit*: ↗ Schmuckstück, Wertstück
**kosten:** *koste es, was es wolle*: ↗ unbedingt
Kosten: *die K. tragen / bestreiten* |*für*|: ↗ finanzieren; *die K. tragen müssen* |*für*|: ↗ haften
*Kostenanschlag*: ↗ Voranschlag
*kostenfrei*: ↗ kostenlos
**kostenlos**
*köstlich*: ↗ herrlich, schmackhaft
*Köstlichkeit*: ↗ Leckerbissen
**kostspielig**
*kostümieren*: ↗ verkleiden
**Kot:** ↗ Schmutz – *in den K. ziehen*: ↗ verleumden, verunglimpfen
Kotau: *K. machen*: ↗ demütigen (2)
*Köter*: ↗ Hund
*Kotzbrocken*: ↗ Ekel
*kotzen*: ↗ übergeben (2)
*Krabbe*: ↗ Kind (1)
*krabbeln*: ↗ jucken, kitzeln, kriechen

*Krach*: ↗ Knall, Lärm, Streit – *K. haben*: ↗ streiten; *K. machen*: ↗ lärmen
*krachen*: ↗ knallen – *es kracht*: ↗ donnern
*Krachen*: ↗ Schlucht
*Kracher*: ↗ Donner
*krächzen*: ↗ heiser
*Krad*: ↗ Motorrad
*kraft*: ↗ durch (2)
**Kraft**: ↗ Wucht – *mit aller K.*: ↗ angestrengt; *außer K. setzen*: ↗ aufheben (2), annullieren; *in K. setzen*: ↗ ratifizieren; *außer K. treten*: ↗ verfallen (2)
*Kraftbrühe*: ↗ Brühe (1)
*Kraftfahrer*: ↗ Fahrer (2)
**kräftig**: ↗ gehörig, stark (1. *u.* 2), würzig
**kraftlos**
**Kraftstoff**
*kraftstrotzend*: ↗ athletisch
*kraftvoll*: ↗ kräftig
*Kraftwagen*: ↗ Auto
*Kraftwort*: ↗ Fluch
*Kragen*: ↗ Hals
*Krähwinkel*: ↗ Kleinstadt
*Krakeel*: ↗ Streit
*krakeelen*: ↗ streiten
*Krakeeler*: ↗ Unruhestifter
*krakeelerisch*: ↗ streitsüchtig
*Krakelei*: ↗ Schmiererei
*krakeln*: ↗ schmieren
**Kram**: *den K. hinwerfen*: ↗ kündigen
*krämerhaft*: ↗ kleinlich
**Krampf**
**krampfartig**
*krampfhaft*: ↗ krampfartig, verbissen
*Kran*: ↗ Hahn (2)
**krank**
*kränkeln*: ↗ krank
**kränken**
**Krankenhaus**
**Krankenschwester**
**Krankenwagen**
**Kranker**
**Krankheit**
kranklachen: *sich k.*: ↗ lachen
*Kränkung*: ↗ Unbill
*Krapfen*: ↗ Pfannkuchen
*kratzbürstig*: ↗ widerspenstig
**Krätze**
**kratzen**: ↗ schaben
*Kratzer*: ↗ Schramme (1 *u.* 2)
Kratzfuß: *einen K. machen*: ↗ verbeugen
*kratzig*: ↗ rauh (1)
*krauen*: ↗ streicheln
*kraus*: ↗ faltig (1)
*kräuseln*: ↗ wellen
*Kraut*: ↗ Kohl, Tabak – *wie K. und Rüben herumliegen*: ↗ ungeordnet (2); *ins K. schießen*: ↗ überhandnehmen
*Krauter*: ↗ Sonderling
*Krawall*: ↗ Lärm
*Krawallmacher*: ↗ Unruhestifter
**Krawatte**
*kraxeln*: ↗ klettern
*kreativ*: ↗ schöpferisch
*Kreatur*: ↗ Lebewesen
**Krebsgeschwulst**
*Krebsschaden*: ↗ Übelstand
*kredenzen*: ↗ anbieten (1)
*Kreditinstitut*: ↗ Bank (1)
Kreide: *in der K. stehen* |*bei*|: ↗ Schulden
*Kreis*: ↗ Personenkreis – *Kreise ziehen*: ↗ verbreiten (3)
*kreischen*: ↗ schreien
*kreiseln*: ↗ wirbeln
**kreisförmig**
*Kreisschreiben*: ↗ Rundschreiben
*kreißen*: ↗ gebären
*Krem*: ↗ Paste
*kremieren*: ↗ einäschern
*Krempel*: ↗ Kram
*krepieren*: ↗ sterben, verenden
*krepiert*: ↗ tot
*Kretinismus*: ↗ Schwachsinn
kreuz: *k. und quer*: ↗ ziellos
*Kreuz*: ↗ Rücken – *aufs K. gelegt werden*: ↗ hereinfallen; *zu Kreuze kriechen*: ↗ nachgeben; *aufs K. legen*: ↗ übertölpeln; *aus dem K. leiern*: ↗ abbetteln
**kreuzen**: *sich k.*: ↗ überschneiden
**Kreuzungspunkt**
*kribbeln*: ↗ jucken
**kriechen**: ↗ katzbuckeln – *k.* |*in*|: ↗ hineinschlüpfen
**Kriecher**
*kriecherisch*: ↗ unterwürfig
**Krieg**
*kriegen*: ↗ erhalten, liefern
*kriegerisch*: ↗ kämpferisch
Kriegsbeil: *das K. begraben*: ↗ versöhnen
Kriegsfuß: *auf K. stehen* |*mit*|: ↗ Streit
*kriegslüstern*: ↗ aggressiv (1)
*kriegstreiberisch*: ↗ aggressiv (1)
*kriminell*: ↗ verbrecherisch
*Krimineller*: ↗ Verbrecher
*Krips*: ↗ Hals
*Krise*: ↗ Wirtschaftskrise

*kristallklar*: ↗ klar (a)
*Kriterium*: ↗ Kennzeichen, Rennen
**Kritik:** ↗ Tadel – *unter aller K.*: ↗ schlecht; *K. üben*: ↗ kritisieren
**Kritiker**
**kritiklos**
*kritisch*: ↗ bedenklich
**kritisieren**
*Krittelei*: ↗ Kritik
*Kritzelei*: ↗ Schmiererei
*kritzeln*: ↗ schmieren
Krone: *das setzt allem die K. auf!*: ↗ unerhört
*Krönung*: ↗ Höhepunkt
*Kröten*: ↗ Geld
*Krücken*: ↗ Beine
**Krümel:** ↗ Kind (1)
**krumm:** ↗ bucklig – *k. machen*: ↗ biegen
krümmen: *sich k.*: ↗ winden (1)
*krummnehmen*: ↗ verübeln
*Krümmung*: ↗ Biegung, Kurve
*krüppelig*: ↗ verkrüppelt
*Kübel*: ↗ Bottich
*kübeln*: ↗ trinken (2)
*Kubus*: ↗ Würfel
**Küche:** ↗ Kochkunst
*Küchenfee*: ↗ Köchin
*Küchenzettel*: ↗ Speisezettel
*kucken*: ↗ sehen
Kuckuck: *nicht den K. fragen* |*nach*|: ↗ kümmern (2); *zum K.!*: ↗ verflucht!; *zum K. sein*: ↗ verloren (2)
*Kuddelmuddel*: ↗ Durcheinander (1)
*Küfer*: ↗ Böttcher
*Kugel*: ↗ Dicke, Dicker, Geschoß (1)
**kugelig**
*kugeln*: ↗ rollen
*kugelrund*: ↗ kugelig
Kuhhaut: *das geht auf keine K.!*: ↗ unerhört
**kühl:** ↗ gelassen, leidenschaftslos
*Kuhle*: ↗ Grube
**kühlen**
**kühn**
**Kühnheit**
*kujonieren*: ↗ schikanieren
*Kuli*: ↗ Arbeiter (2)
*kullern*: ↗ rollen
*Kult*: ↗ Verehrung – *K. treiben* |*mit*|: ↗ verherrlichen
**kultivieren:** ↗ verbessern (3), verfeinern
*kultiviert*: ↗ gepflegt – *nicht k.*: ↗ wild (1, b)

Kulturstufe: *auf niedriger K. stehend*: ↗ unzivilisiert
*Kumme*: ↗ Schüssel
*kümmeln*: ↗ trinken (2)
*Kümmelspalter*: ↗ Pedant
**Kummer**
*kümmerlich*: ↗ ärmlich, dürftig, karg, knapp (1), unzureichend, verkümmert, zurückgeblieben (2)
*Kümmerling*: ↗ Schwächling
**kümmern:** *sich k.* |*um*|: ↗ sorgen (1)
*Kümmernis*: ↗ Kummer, Sorge
*kummervoll*: ↗ sorgenvoll, traurig (2)
*Kumpel*: ↗ Freund, Kamerad
*Kumt*: ↗ Zuggeschirr
*Kunde*: ↗ Käufer – *Kunden anlocken*: ↗ werben (1)
**Kundendienst**
*Kundenkreis*: ↗ Kundschaft
**Kundgebung**
*kundig*: ↗ ²beschlagen (2), ²erfahren
**kündigen:** ↗ entlassen (2)
**Kundschaft**
**Kundschafter**
*kundtun*: ↗ bekanntgeben – *sich k.*: ↗ ankündigen (2)
**künftig**
Kunst: *Schwarze K.*: ↗ Zauberei
*kunstfertig*: ↗ geschickt
*Kunstgriff*: ↗ Trick
**künstlich**
*kunstlos*: ↗ schlicht (1)
*kunstreich*: ↗ kunstvoll
*Kunstrichtung*: ↗ Stil (2)
*kunstsinnig*: ↗ feinsinnig
**Kunststoff**
**kunstvoll**
*Kunstwerk*: ↗ Werk (2)
*kunterbunt*: ↗ ungeordnet (2)
*kuppeln*: ↗ verbinden (2)
Kuppelpelz: *sich einen K. verdienen*: ↗ verkuppeln
Kuratel: *unter K. stellen*: ↗ entmündigen
*kurbeln*: ↗ drehen (1)
*Kurier*: ↗ Bote
*kurieren*: ↗ heilen
*kurios*: ↗ merkwürdig
*Kurpfuscher*: ↗ Quacksalber
*Kurs*: ↗ Lehrgang – *vom K. abkommen*: ↗ abtreiben; *hoch im K. stehen*: ↗ angesehen
kursieren: *etw. kursiert*: ↗ zirkulieren
*kursiv*: ↗ schräg
**Kurve**

**kurz:** ↗ knapp (2) – *k. und bündig:* ↗ knapp (2); *k. und klein schlagen/hauen:* ↗ zerschlagen; *zu k. kommen:* ↗ benachteiligt werden; *etwas kürzer treten:* ↗ schonen; *vor kurzem:* ↗ kürzlich; *den kürzeren ziehen:* ↗ unterliegen
Kürze: *in K.:* ↗ bald (1)
*Kürzel:* ↗ Sigel
**kurzerhand**
*kurzfristig:* ↗ kurz (2)
*kurzhalten:* ↗ knapphalten
*kurzlebig:* ↗ vergänglich
**kürzlich**
*kurzschneiden:* ↗ scheren
*kurzweg:* ↗ kurzerhand
*Kurzweil:* ↗ Zerstreuung
*kurzweilig:* ↗ unterhaltsam
*kurzzeitig:* ↗ kurz (2)
kuscheln: *sich k.* |an|: ↗ anschmiegen
**Kuß:** *einen K. geben:* ↗ küssen
**küssen**
Kußhand: *mit K.:* ↗ gern[e]
*Küste:* ↗ Ufer
*kutschen:* ↗ fahren (1. *u.* 2)
*Kutteln:* ↗ Innereien
*Kuvert:* ↗ Briefumschlag
*KZ:* ↗ Konzentrationslager

# L

*labberig:* ↗ schal, ungewürzt
*labbern:* ↗ schlürfen (2), schwatzen
*labil:* ↗ haltlos
*Labsal:* ↗ Erfrischung
*Lache:* ↗ Pfütze
**lächeln**
**lachen**
**Lachen**
**lächerlich:** ↗ geringfügig – *sich l. machen:* ↗ blamieren
*lachhaft:* ↗ lächerlich
Lachkrampf: *einen L. bekommen:* ↗ Lachen
*Lackaffe:* ↗ Geck
*Lacke:* ↗ Pfütze
*laden:* ↗ einladen (1), vorladen
*Laden:* ↗ Fensterladen, Geschäft (1)
*Ladenhüter:* ↗ Restant
*Ladenpreis:* ↗ Einzelhandelspreis
*lädieren:* ↗ beschädigen, verletzen
*lädiert:* ↗ schadhaft
*Ladung:* ↗ Fracht
**Lage:** ↗ Runde, Schicht – *L. der Dinge:* ↗ Sachverhalt; *die L. erkunden:* ↗ orientieren (2, a *u.* b); *mißliche L.:* ↗ Verlegenheit; *eine L. spendieren:* ↗ Runde
**Lager:** *auf L. haben:* ↗ vorrätig
*Lagerhaus:* ↗ Speicher
**lagern**
*Lagerplatz:* ↗ Lager (2)
*Lagerraum:* ↗ Lager (3)
*Lagerstatt:* ↗ Lager (1)
**lahm:** ↗ schwerfällig
*lahmarschig:* ↗ träge
*lahmen:* ↗ hinken
*lähmend:* ↗ entmutigend
**lahmlegen**
**Lähmung**
**Laie**
**laienhaft**
*Lakai:* ↗ Diener
*lakaienhaft:* ↗ unterwürfig
*lakonisch:* ↗ knapp (2), treffend
*lammfromm:* ↗ sanftmütig
**Lampe:** *einen auf die L. gießen:* ↗ trinken (2)
*lancieren:* ↗ verbreiten (1)
**Land:** ↗ Provinz, Staat – *das platte L.:* ↗ Provinz
landauf: *l., landab:* ↗ überall
*Landbesitz:* ↗ Grundbesitz
*Landebahn:* ↗ Piste
**landen:** ↗ ankommen
*Länderei:* ↗ Grundbesitz
*Landesgrenze:* ↗ Staatsgrenze
**Landesverteidigung**
**ländlich**
*ländlich-friedlich:* ↗ idyllisch
**Landschaft**
**landschaftlich**
**Landstraße**
*Landstrich:* ↗ Landschaft
**Landwirtschaft**
**landwirtschaftlich**
*Landwirtschaftswissenschaft:* ↗ Agronomie
**lang:** ↗ groß (2)
*langatmig:* ↗ umständlich
**lange:** *nicht l.:* ↗ kurz (2); *schon l.:* ↗ schon
Länge: *in die L. ziehen:* ↗ verzögern; *sich in die L. ziehen:* ↗ verzögern

*langen*: ↗ ausreichen – *l.* |*mit*|: ↗ auskommen; *l.* |*nach*|: ↗ greifen
*längen*: ↗ dehnen
**Langer**
Langeweile: *L. haben*: ↗ langweilen
*Langfinger*: ↗ Dieb
*langgestreckt*: ↗ lang (1)
*langgezogen*: ↗ lang (2)
*langjährig*: ↗ jahrelang
*länglichrund*: ↗ oval
*langliegen*: ↗ liegen
*Langmut*: ↗ Geduld
*langmütig*: ↗ geduldig
*Langohr*: ↗ Hase
**langsam**: ↗ schwerfällig – *l. schalten*: ↗ begriffsstutzig; *l., aber sicher*: ↗ allmählich
*langstielig*: ↗ langweilig
**langweilen**
**langweilig**
*lapidar*: ↗ knapp (2)
*Lappalie*: ↗ Kleinigkeit
*lappig*: ↗ weich (1, a)
Lapsus: *L. linguae*: ↗ Versprecher
*Larifari*: ↗ Unsinn
**Lärm**
**lärmen**
*larmoyant*: ↗ weinerlich
*lasch*: ↗ kraftlos
*lassen*: ↗ abtreten (2)
*lässig*: ↗ nachlässig, ungezwungen
**Last**: ↗ Gewicht
lasten: *etw. lastet auf jmdm.*: ↗ belasten (2)
*lastend*: ↗ schwer
*lasterhaft*: ↗ [2]verkommen
*lästig*: ↗ aufdringlich, beschwerlich, unangenehm – *l. fallen*: ↗ belästigen (1)
**Lastkraftwagen**
*lasziv*: ↗ obszön
*Laszivität*: ↗ Obszönität
*latent*: ↗ verborgen
*Latrine*: ↗ Toilette
*Latrinenparole*: ↗ Gerücht
*latschen*: ↗ trotten
*Latschen*: ↗ Schuhe – *aus den L. kippen*: ↗ überrascht
*Latte*: ↗ Langer, Stange
**lau**: ↗ unentschlossen
**Laub**
Lauer: *auf der L. liegen*: ↗ lauern
**lauern**: ↗ warten
*Lauf*: ↗ Rennen, Verlauf
**Laufbahn**
**laufen**: ↗ funktionieren, gehen (1)
**Laune**
**launisch**
*Lausbüberei*: ↗ Dummejungenstreich
**lauschen**
*Lauscher*: ↗ Ohr
*Lausejunge*: ↗ Frechdachs
**laut**
*Laut*: ↗ Ton
lautbar: *l. werden*: ↗ bekannt (4)
**lauten**
**läuten**: *l. hören*: ↗ [1]erfahren
*lauter*: ↗ klar (a), unschuldig (2), unvermischt
*Lauterkeit*: ↗ Unschuld (2)
*läutern*: ↗ klären
*lauthals*: ↗ laut (2)
**lautlos**
*Lautlosigkeit*: ↗ Stille
*Lautschrift*: ↗ Umschrift
*lautstark*: ↗ laut (1 *u.* 2)
*lax*: ↗ nachlässig
*Laxans*: ↗ Abführmittel
*Laxativ*: ↗ Abführmittel
*laxieren*: ↗ abführen
*Lebehoch*: ↗ Hochruf
**leben**: *leb*[*e*] *wohl!*: ↗ Wiedersehen
**Leben**: *sein L. aushauchen*: ↗ sterben; *am L. bleiben*: ↗ davonkommen; *sich des Lebens freuen*: ↗ fröhlich; *sein L. fristen*: ↗ dahinleben; *das L. zur Hölle machen*: ↗ schikanieren; *ums L. kommen*: ↗ umkommen; *sich das L. nehmen*: ↗ Selbstmord; *nie im L.*: ↗ niemals; *ins L. rufen*: ↗ gründen; *am L. sein*: ↗ leben; *ins L. zurückrufen*: ↗ wiederbeleben
*lebendig*: ↗ anschaulich, lebhaft – *l. sein*: ↗ leben
*Lebensabend*: ↗ Alter (1)
*Lebensalter*: ↗ Alter (2)
*Lebensansicht*: ↗ Weltanschauung
*lebensbedrohend*: ↗ bösartig
*lebensbejahend*: ↗ optimistisch
*Lebensbejahung*: ↗ Optimismus
*Lebensbereich*: ↗ Umwelt
*Lebensbeschreibung*: ↗ Biographie
*Lebensende*: ↗ Tod (1)
*lebenserfahren*: ↗ weise
*Lebenserinnerungen*: ↗ Memoiren
**Lebensform**
*lebensfremd*: ↗ weltfremd
*Lebensführung*: ↗ Lebensweise
**Lebensjahr**

*Lebenskraft*: ↗ Vitalität
*lebenskräftig*: ↗ vital
**Lebenslauf**
Lebenslicht: *das L. ausblasen*: ↗ töten (1)
*lebenslustig*: ↗ leichtlebig
**Lebensmittel** (*Pl*)
**lebensmüde**
*lebensnah*: ↗ wirklichkeitsnah
*Lebenssaft*: ↗ Blut
*lebensüberdrüssig*: ↗ lebensmüde
Lebensunterhalt: *für jmds. L. sorgen*: ↗ unterhalten (1)
*lebensverneinend*: ↗ pessimistisch
*Lebensverneinung*: ↗ Pessimismus
*Lebenswandel*: ↗ Lebensweise
*Lebensweg*: ↗ Lebenslauf
**Lebensweise**
Leberwurst: *die gekränkte L. spielen*: ↗ schmollen
**Lebewesen**
*Lebewohl*: ↗ Abschied – *L. sagen*: ↗ verabschieden
**lebhaft**
*leblos*: ↗ tot
lechzen: *l.* |*nach*|: ↗ Verlangen
leck: *l. sein*: ↗ ²lecken
**¹lecken**
**²lecken**
*lecker*: ↗ appetitlich, schmackhaft
**Leckerbissen**
**Leckermaul**
Leder: *das L.*: ↗ Fußball; *das L. vergerben*: ↗ verprügeln
*ledern*: ↗ zäh (2)
**ledig**
*lediglich*: ↗ nur
**leer:** *l. machen*: ↗ leeren
**Leere**
**leeren**
*leerstehend*: ↗ leer (2)
*legal*: ↗ rechtmäßig
*Legat*: ↗ Vermächtnis (1)
*Legende*: ↗ Erfindung
*leger*: ↗ ungezwungen
*legitim*: ↗ rechtmäßig
*Legitimation*: ↗ Ausweis
*legitimieren*: ↗ anerkennen (1) – *sich l.*: ↗ ausweisen (2)
lehnen: *l.* |*gegen*|: ↗ anlehnen (1)
*Lehranstalt*: ↗ Schule
**Lehre:** *in die L. gehen*: ↗ lernen (2)
*lehren*: ↗ unterrichten (2), Vorlesung
**Lehrer**
**Lehrgang**
**lehrhaft**
*Lehrjahre*: ↗ Lehrzeit
*Lehrkraft*: ↗ Lehrer
*Lehrmeinung*: ↗ Lehre
**lehrreich:** ↗ interessant
**Lehrsatz**
**Lehrzeit**
*Leib*: ↗ Bauch, Körper
*Leibeserziehung*: ↗ Sport
*Leibesfrucht*: ↗ Embryo
**Leibesfülle**
*leibhaftig*: ↗ in natura
Leibhaftige: *der L.*: ↗ Teufel
*leiblich*: ↗ körperlich
*Leibschmerzen*: ↗ Bauchschmerzen
**Leiche:** *über Leichen gehen*: ↗ rücksichtslos
*Leichenbegängnis*: ↗ Begräbnis
*leichenblaß*: ↗ blaß (1)
*Leichenöffnung*: ↗ Obduktion
*Leichnam*: ↗ Leiche
**leicht:** ↗ mühelos, sorgenfrei, unkompliziert
*leichtblütig*: ↗ leichtlebig
**leichtfertig**
**Leichtfuß**
*leichtgläubig*: ↗ gutgläubig
**leichtlebig**
**Leichtsinn**
**leichtsinnig**
**leid:** *etw. ist jmdm. l.*: ↗ überdrüssig
Leid: *sich ein L. antun*: ↗ Selbstmord; *L. erdulden*: ↗ leiden; *L. tragen*: ↗ traurig (1)
**leiden:** ↗ zulassen – *nicht l. können*: ↗ verabscheuen; *auf den Tod nicht l. können*: ↗ hassen
*Leiden*: ↗ Krankheit, Qual
*leidend*: ↗ krank
**Leidenschaft**
**leidenschaftlich**
**leidenschaftslos:** ↗ sachlich (2)
*Leidensgenosse*: ↗ Schicksalsgefährte
**leider**
*leidig*: ↗ unangenehm
*leidlich*: ↗ einigermaßen, erträglich
**leidvoll**
Leier: *immer die alte L.*: ↗ dasselbe
*leiern*: ↗ drehen (1)
*leihen*: ↗ borgen – *sich l.*: ↗ borgen
Leihhaus: *ins L. bringen*: ↗ verpfänden
Leihgabe: *als L.*: ↗ leihweise
**leihweise**

Leim: *auf den L. gehen*: ↗ hereinfallen; *auf den L. locken*: ↗ übertölpeln
*leimen*: ↗ betrügen (1), kleben (2)
*Leine*: ↗ Seil
**leise**
*leisetreterisch*: ↗ duckmäuserisch
leisten: *etw. l.*: ↗ tüchtig; *sich etw. l.*: ↗ gönnen
*Leistung*: ↗ Tat
*leistungsfähig*: ↗ tüchtig
**Leistungsfähigkeit**
*Leistungsvermögen*: ↗ Leistungsfähigkeit
*Leitbild*: ↗ Vorbild
**leiten**
**Leiter:** ↗ Direktor (2)
*Leitergerüst*: ↗ Gerüst (1)
**Leitgedanke**
*Leithammel*: ↗ Anführer
*Leitspruch*: ↗ Wahlspruch
Leitung: *die L. haben*: ↗ leiten
Lektion: *eine L. erteilen*: ↗ zurechtweisen
*Lemma*: ↗ Stichwort
*lenken*: ↗ steuern
*Lenz*: ↗ Frühling
**Lerneifer**
**lernen**
**Lesart**
*Lesbierin*: ↗ Homosexuelle
*lesbisch*: ↗ homosexuell (b)
**lesen:** ↗ Vorlesung
**lesenswert**
*Leser*: ↗ Abonnent
*letal*: ↗ tödlich
*lethargisch*: ↗ träge
**Letter**
*letzt*: ↗ letztmöglich, vorig – *als letzter*: ↗ zuletzt; *bis zum letzten*: ↗ verbissen; *zu guter Letzt*: ↗ schließlich
*letztens*: ↗ kürzlich
*letzthin*: ↗ kürzlich
*letztlich*: ↗ schließlich
**letztmöglich**
*Leuchte*: ↗ Lampe
**leuchten**
*Leuchtöl*: ↗ Petroleum
*leugnen*: ↗ bestreiten
*Leumund*: ↗ Ruf – *einen schlechten L. haben*: ↗ verrufen
Leute: *vor allen Leuten*: ↗ öffentlich; *unter die L. bringen*: ↗ verbreiten (1); *die jungen L.*: ↗ Jugend (3)
*leutselig*: ↗ wohlgesinnt

Leviten: *die L. lesen*: ↗ zurechtweisen
*Lexem*: ↗ Wort (1)
*Lexik*: ↗ Wortschatz
*Lexikon*: ↗ Nachschlagewerk
*Liaison*: ↗ Liebesverhältnis
*Libido*: ↗ Geschlechtstrieb
*Librettist*: ↗ Textdichter
*licht*: ↗ offen (2), spärlich
**Licht:** *hinters L. führen*: ↗ täuschen
*Lichtbild*: ↗ Fotografie
*lichtecht*: ↗ farbecht
*lichterfüllt*: ↗ hell (2)
*Lichtschein*: ↗ Licht
*Lichtspiele*: ↗ Kino
**Lichtung**
**lieb:** ↗ artig, liebevoll
**Liebe**
*Liebediener*: ↗ Kriecher
*liebedienerisch*: ↗ unterwürfig
*liebedienern*: ↗ katzbuckeln
**lieben:** *liebend gern*: ↗ gern[e]
*liebenswert*: ↗ lieb
*liebenswürdig*: ↗ freundlich
Liebenswürdigkeit: *vor L. überfließen*: ↗ schmeicheln
**Liebesabenteuer**
*Liebesbeziehung*: ↗ Liebesverhältnis
*Liebeserlebnis*: ↗ Liebesabenteuer
Liebesmühe: *etw. ist verlorene L.*: ↗ vergebens
**Liebespaar**
**Liebesverhältnis**
**liebevoll:** ↗ zärtlich
*liebhaben*: ↗ lieben
**Liebhaber:** ↗ Geliebter, Verehrer
**Liebhaberei**
**liebkosen**
*lieblich*: ↗ anmutig
**Liebling**
*Lieblingsbeschäftigung*: ↗ Liebhaberei
*Liebschaft*: ↗ Liebesverhältnis
*Liebste*: ↗ Geliebte, Liebling
*Liebster*: ↗ Liebling
**Liebstes**
Lied: *immer das alte L.*: ↗ dasselbe
*liederlich*: ↗ nachlässig, unordentlich, unsittlich
**liefern**
*Liege*: ↗ Sofa
**liegen**
*Liegenschaft*: ↗ Grundbesitz
*Liegestatt*: ↗ Lager (1)
*Lift*: ↗ Fahrstuhl

liieren: *sich l.*: ↗ vereinigen
liiert: *l. sein* |*mit*|: ↗ Geliebte
*Liliputaner*: ↗ Zwerg (2)
**Limonade**
*Lindwurm*: ↗ Drache
*Linie*: ↗ Reihe (1), Strich – *in erster L.*: ↗ besonders
*linkerseits*: ↗ links
*linkisch*: ↗ ungeschickt
**links:** *l. liegenlassen*: ↗ ignorieren
*linksseitig*: ↗ links
*linsen*: ↗ spähen
Lippe: *nicht über die Lippen bringen*: ↗ verschweigen; *an jmds. Lippen hängen*: ↗ zuhören; *die Lippen nachziehen*: ↗ schminken
*liquid*: ↗ zahlungsfähig
**lispeln**
**List**
*Liste*: ↗ Verzeichnis
**listig**
*Literat*: ↗ Dichter
**Literatur**
*Literatursprache*: ↗ Standardsprache
*Liturgie*: ↗ Ritual
*Livesendung*: ↗ Direktsendung
*lizitieren*: ↗ versteigern
*LKW*: ↗ Lastkraftwagen
**Lob:** *ein L. aussprechen*: ↗ loben
**loben**
*lobenswert*: ↗ anerkennenswert
*Lobhudelei*: ↗ Schmeichelei
*Loch*: ↗ Grube, Zimmer – *saufen wie ein L.*: ↗ trinken (2)
**lochen**
**[1]locken**
[2]locken: ↗ wellen
**locker:** ↗ weich (1, b)
**lockig**
*Lockung*: ↗ Verlockung
*lodern*: ↗ brennen (1)
*Löffel*: ↗ Ohr – *den L. abgeben*: ↗ sterben; *eins hinter die Löffel geben*: ↗ ohrfeigen; *eins hinter die Löffel kriegen*: ↗ Ohrfeige
*löffeln*: ↗ verstehen (2)
*logieren*: ↗ wohnen
*Logis*: ↗ Unterkunft
*logisch*: ↗ folgerichtig
**Lohn:** ↗ Strafe
*Lohnarbeiter*: ↗ Arbeiter (2)
**lohnen:** ↗ vergelten (2)
*lohnend*: ↗ einträglich, ergiebig
*Lok*: ↗ Lokomotive
*lokal*: ↗ örtlich
**Lokomotive**
*Lokus*: ↗ Toilette
Lorbeer: *Lorbeeren ernten*: ↗ Ruhm
*los!*: ↗ vorwärts!
*Los*: ↗ Schicksal
*losballern*: ↗ abdrücken
*losbrausen*: ↗ abfahren (1)
*losbrechen*: ↗ abbrechen (1)
**löschen:** ↗ tilgen (1, 2 *u.* 3)
*losdrücken*: ↗ abdrücken
*lose*: ↗ locker, unverpackt
lösen: *sich l.*: ↗ abgehen (3), ablösen (1), loslösen, lossagen; *sich l.* |*von*|: ↗ ablösen (1)
*losgehen*: ↗ abgehen (3), ablösen (1), aufbrechen (2)
*losknallen*: ↗ abdrücken
**loslassen:** *nicht l.*: ↗ festhalten
*loslegen*: ↗ anfangen (2)
**loslösen:** ↗ ablösen (1)
*losmarschieren*: ↗ abmarschieren
*losplatzen*: ↗ Lachen
*losreißen*: ↗ abreißen (1)
**lossagen**
*losschlagen*: ↗ absetzen (3), verkaufen, zuschlagen (1)
*lossprechen*: ↗ absolvieren
*lostrennen*: ↗ abtrennen (1)
*Losung*: ↗ Parole, Wahlspruch
**Lösung:** *rettende L.*: ↗ Ausweg
*loswerden*: ↗ verlieren (2)
Lot: *im L. sein*: ↗ Ordnung
*lotrecht*: ↗ senkrecht
*lotterig*: ↗ unordentlich
*Louis*: ↗ Zuhälter
**Löwe**
*loyal*: ↗ rechtschaffen
Luchsaugen: *mit L.*: ↗ wachsam
*luchsen*: ↗ spähen
**Lücke**
*lückenhaft*: ↗ unvollständig
*lückenlos*: ↗ vollständig
*Lude*: ↗ Zuhälter
*Luder*: ↗ Aas, Frechdachs
**Luft:** ↗ Atem – *die L. ausstoßen*: ↗ ausatmen; *frische L. hereinlassen*: ↗ lüften; *in die L. jagen*: ↗ sprengen; *L. schnappen*: ↗ spazierengehen; *etw. schwebt in der L.*: ↗ ungewiß
*Luftballon*: ↗ Ballon (1)
*Lüftchen*: ↗ Wind (1)
*luftdurchlässig*: ↗ atmungsaktiv

**lüften**
**Lufthauch**
*Lufthülle*: ↗ Luft
*Luftikus*: ↗ Leichtfuß
**Lüftung**
*Luftzug*: ↗ Lufthauch
**Lüge**: *Lügen strafen*: ↗ widerlegen
*lugen*: ↗ spähen
**lügen**
**Lügengeschichte**
*lügenhaft*: ↗ unwahr
*lügnerisch*: ↗ unaufrichtig
*Lulatsch*: ↗ Langer
*Lümmel*: ↗ Flegel
*lümmelhaft*: ↗ flegelhaft
**lümmeln**
*Lump*: ↗ Schurke
*lumpen*: ↗ vergnügen
**Lumpen** (*Sg*): *aus den Lumpen schütteln*: ↗ zurechtweisen
*Lumpengesindel*: ↗ Gesindel
*Lumpenhändler*: ↗ Altstoffhändler
*Lumpenkerl*: ↗ Schurke
*Lumperei*: ↗ Schurkerei
**Lunge**
*Lunte*: ↗ Schwanz – *L. riechen*: ↗ merken (1), Verdacht
**Lupe**: *unter die L. nehmen*: ↗ prüfen (1)
*Lust*: ↗ Verlangen
**lüstern**
**lustig**
**Lüstling**
**lustlos**
**Lustspiel**
*lustwandeln*: ↗ spazierengehen
**lutschen**
*Lutscher*: ↗ Schnuller
*luxuriös*: ↗ prunkvoll
*Luxus*: ↗ Wohlstand
*Luzifer*: ↗ Teufel
*lynchen*: ↗ töten (1)
**Lyrik**

# M

*Machart*: ↗ Fasson
*machen*: ↗ anfertigen, gestalten, tun, veranstalten – *mach's gut!*: ↗ Wiedersehen
**Machenschaften**: ↗ Intrige – *dunkle M.*: ↗ Machenschaften
*Macher*: ↗ Hintermann
**Macht**: ↗ Herrschaft, Staatsmacht – *die M. ausüben*: ↗ herrschen (1), regieren; *an die M. kommen*: ↗ Macht; *an der M. sein*: ↗ regieren
*Machtbereich*: ↗ Herrschaftsbereich
*Machthaber*: ↗ Herrscher
**mächtig**: ↗ gewaltig
*Mächtigkeit*: ↗ Größe
**machtlos**
**Machwerk**
*Macke*: ↗ Marotte – *eine M. haben*: ↗ schrullig, verrückt
*Macker*: ↗ Anführer, Geliebter, Liebhaber
**Mädchen**: ↗ Jungfrau – *leichtes M.*: ↗ Prostituierte; *spätes M.*: ↗ Jungfer
*Mädel*: ↗ Mädchen (2)
**madig**: *m. machen*: ↗ verleiden, verunglimpfen
*Mafia*: ↗ Unterwelt (2)
*Magazin*: ↗ Lager (3), Zeitschrift
*magazinieren*: ↗ lagern
Magen: *nichts im M. haben*: ↗ hungrig; *sich den M. überladen*: ↗ überessen
*Magenfahrplan*: ↗ Speisezettel
**mager**: ↗ karg – *m. werden*: ↗ abmagern
*Magie*: ↗ Zauberei
*Magier*: ↗ Zauberkünstler
*Magistrale*: ↗ Hauptstraße
**Mähbinder**
**mähen**
*Mahl*: ↗ Gericht (1), Mahlzeit
*mahlen*: ↗ zermahlen
**Mahlzeit**
**mahnen**
*Mähre*: ↗ Pferd
*Majestät*: ↗ Würde
**majestätisch**
*majorenn*: ↗ volljährig
*Majorität*: ↗ Mehrheit
*makaber*: ↗ unheimlich
**Makel**: ↗ Gebrechen
*mäkelig*: ↗ wählerisch (2)
*makellos*: ↗ einwandfrei (1), fehlerlos
*mäkeln*: ↗ nörgeln
*Make-up*: ↗ Kosmetik – *M. auflegen*: ↗ schminken
*Mäkler*: ↗ Nörgler
*Makrokosmos*: ↗ Weltall
*Mal*: ↗ Abzeichen (2) – *ein ums andere M.*: ↗ abwechselnd; *mit einem M.*: ↗ plötz-

lich; *einige Male*: ↗ mehrmals; *ein paar Male*: ↗ wiederholt; *viele Male*: ↗ oft
*malade*: ↗ krank
**malen**
*Malheur*: ↗ Mißgeschick
*maligne*: ↗ bösartig
*maliziös*: ↗ boshaft
*malmen*: ↗ zermahlen
*malnehmen*: ↗ multiplizieren
*malochen*: ↗ arbeiten (1)
*Malstift*: ↗ Farbstift
*malträtieren*: ↗ quälen
**Malzkaffee**
*Mama*: ↗ Mutter
*manche*: ↗ einige
*mancherlei*: ↗ allerlei
*mancherorts*: ↗ vereinzelt
**manchmal**
*Mandant*: ↗ Klient
*Manege*: ↗ Reitbahn
[1]**Mangel**: ↗ Schwäche (2) – M. leiden: ↗ darben
[2]**Mangel**
*mangelhaft*: ↗ unzureichend
mangeln: *es mangelt* |an|: ↗ fehlen (2)
*Manie*: ↗ Sucht
*Manieren*: ↗ Benehmen – [*keine*] *M. haben*: ↗ benehmen
*manieriert*: ↗ gekünstelt
*manierlich*: ↗ anständig (1), wohlerzogen
**Manifest**
*Manipulationen*: ↗ Machenschaften
*Manipulierung*: ↗ Volksverführung
*Manko*: ↗ Fehlbetrag
**Mann**: ↗ Ehemann, Kerl – *an den M. bringen*: ↗ absetzen (3), verkaufen; *einen kleinen M. im Ohr haben*: ↗ verrückt; *seinen M. stehen*: ↗ tüchtig
*Männeken*: ↗ Mann (1)
**Mannequin**
*Männerwelt*: ↗ Mann (1)
*Manneskraft*: ↗ Zeugungsfähigkeit
**mannhaft**
**mannigfaltig**
**männlich**: ↗ mannhaft
**Mannschaft**: ↗ Besatzung (1)
*Mannsperson*: ↗ Mann (1)
*Mannsvolk*: ↗ Mann (1)
*Manöver*: ↗ List
*Mansarde*: ↗ Dachkammer
*Mansch*: ↗ Schlamm
*Manschette*: ↗ Handschelle
*Manschetten*: ↗ Angst – *M. haben*: ↗ ängstigen
Mantel: *den M. nach dem Wind hängen*: ↗ opportunistisch
*Mappe*: ↗ Aktentasche
*märchenhaft*: ↗ prachtvoll, wunderbar
**Märchenland**
*mären*: ↗ trödeln
*Märerei*: ↗ Trödelei
**marinieren**
*Marionette*: ↗ Werkzeug (2)
*Marionettentheater*: ↗ Puppentheater
Mark: *etw. geht durch M. und Bein*: ↗ schmerzen
*Marke*: ↗ Spaßvogel
*markerschütternd*: ↗ schrill
*markieren*: ↗ abstecken, kennzeichnen, vortäuschen
*markig*: ↗ robust
*marklos*: ↗ kraftlos
**Markstein**
*Markt*: ↗ Absatzmarkt, Marktplatz
*Marktbude*: ↗ Bude (1)
*markten*: ↗ feilschen
**Marktforschung**
**Marktplatz**
**marktschreierisch**
*Marktstand*: ↗ Verkaufsstand
*marodieren*: ↗ plündern
**Marotte**
*marsch!*: ↗ vorwärts!
Marsch: *den M. blasen*: ↗ zurechtweisen; *sich in M. setzen*: ↗ abmarschieren
**marschieren**: ↗ gehen (1)
*Marschverpflegung*: ↗ Verpflegung (2)
*Marter*: ↗ Qual
*martern*: ↗ foltern, quälen
*martervoll*: ↗ quälend
*Martyrium*: ↗ Qual
*Maschine*: ↗ Dicke, Flugzeug, Lokomotive, Motorrad
**Maschinenschreiberin**
**maschineschreiben**
**Maskenball**
**maskenhaft**
*Maskottchen*: ↗ Talisman
*maskulin*: ↗ männlich
Maß: *in hohem Maße*: ↗ sehr; *ohne M.*: ↗ maßlos
*Massaker*: ↗ Blutbad
*massakrieren*: ↗ töten (1)
*Masse*: ↗ Menge – *eine M.*: ↗ viel (1 *u.* 2); *in Massen*: ↗ massenhaft

Massenarbeit: *politische M. leisten*: ↗ agitieren
**massenhaft**
*Massenvernichtungslager*: ↗ Konzentrationslager
*Massenversammlung*: ↗ Kundgebung
*massenweise*: ↗ massenhaft
**maßgebend:** ↗ führend
*maßgeblich*: ↗ maßgebend
*massig*: ↗ untersetzt
*mäßig*: ↗ enthaltsam, maßvoll, mittelmäßig
mäßigen: *sich m.*: ↗ beherrschen (5)
*massiv*: ↗ untersetzt
**maßlos**
Maßnahme: *drastische Maßnahmen ergreifen*: ↗ durchgreifen
*maßregeln*: ↗ zurechtweisen
**maßvoll**
**mästen**
*Masturbation*: ↗ Selbstbefriedigung
*Match*: ↗ Wettkampf
*Material*: ↗ Stoff
*Materie*: ↗ Stoff, Thema, Wirklichkeit
Matratze: *an der M. horchen*: ↗ schlafen
*Matsch*: ↗ Schlamm
*matt*: ↗ elend, schwach (1)
*Mattenrichter*: ↗ Schiedsrichter
*Mattigkeit*: ↗ Schwäche (1)
*Matura*: ↗ Abitur
*Maturant*: ↗ Abiturient
**Mauer:** *sich mit einer M. umgeben*: ↗ absondern
**Maul:** ↗ Mund, Mundwerk – *das M. aufmachen*: ↗ sprechen (1); *das M. halten*: ↗ schweigen (1 *u.* 2); *ein loses M. haben*: ↗ frech
*maulfaul*: ↗ wortkarg
*Maulschelle*: ↗ Ohrfeige
Maus: *weiße M.*: ↗ Verkehrspolizist
*Mäuschen*: ↗ Vulva
*mausearm*: ↗ arm
*mausen*: ↗ stehlen
mausern: *sich m.*: ↗ entwickeln (3, b)
*Maxime*: ↗ Grundsatz (1)
*Maximum*: ↗ Höchstmaß
*Mäzen*: ↗ Gönner
**mechanisch**
*Meckerer*: ↗ Nörgler
*meckern*: ↗ nörgeln
**Medikament**
*Medikaster*: ↗ Quacksalber
**mediterran**
**Medizin:** ↗ Medikament
*Mediziner*: ↗ Arzt
**Meer**
*Meeresbucht*: ↗ Bucht
*Meerjungfrau*: ↗ Nixe
**Megäre**
*Mehl*: ↗ Pulver
mehr: *einmal m.*: ↗ wieder
*Mehr*: ↗ Überschuß
**mehrdeutig**
**Mehrdeutigkeit**
*Mehrehe*: ↗ Polygamie
*mehren*: ↗ vermehren (1)
*mehrerlei*: ↗ allerlei
*mehrfach*: ↗ mehrmals, wiederholt
**Mehrheit**
*mehrmalig*: ↗ wiederholt
**mehrmals**
*mehrseitig*: ↗ multilateral
*mehrsprachig*: ↗ vielsprachig
*Mehrzahl*: ↗ Mehrheit
**meiden**
*Meilenstein*: ↗ Markstein
*meilenweit*: ↗ weit (1)
mein: *m. und dein verwechseln*: ↗ stehlen
**meinen:** ↗ bedeuten (1)
**meinetwegen**
**Meinung:** *einer M.*: ↗ einig (2); *eine zu hohe M. haben* |von|: ↗ überschätzen; *meiner M. nach*: ↗ Erachten; *die M. sagen*: ↗ zurechtweisen; *der M. sein*: ↗ meinen; *einer M. sein*: ↗ übereinstimmen (1)
*Meinungsaustausch*: ↗ Aussprache (2)
**Meinungsforschung**
*Meinungsumfrage*: ↗ Umfrage
**Meinungsverschiedenheit**
Meise: *eine M. haben*: ↗ verrückt
**meist**
*meistens*: ↗ meist
**Meister**
*meisterhaft*: ↗ hervorragend
*Meisterleistung*: ↗ Spitzenleistung
**meistern:** ↗ beherrschen (2 *u.* 4)
*Melancholie*: ↗ Schwermut
*melancholisch*: ↗ schwermütig
**melden:** ↗ denunzieren
Meldung: *M. machen*: ↗ melden (1)
*Melioration*: ↗ Bodenverbesserung
*melodisch*: ↗ wohlklingend
*Memme*: ↗ Feigling
**Memoiren**
*Memorandum*: ↗ Denkschrift
**Menge:** ↗ Menschenmenge – *eine M.*: ↗

viel (1 *u.* 2); *eine M. von etw.*: ↗ Flut; *in Mengen*: ↗ massenhaft
*mengen*: ↗ mischen – *sich m.* |*in*|: ↗ einmischen
**Mensch:** ↗ Person – *kein M.*: ↗ niemand
*Menschenansammlung*: ↗ Auflauf
*Menschenfresserei*: ↗ Kannibalismus
**menschenfreundlich**
*Menschengeschlecht*: ↗ Menschheit
**menschenleer**
*Menschenliebe*: ↗ Menschlichkeit
**Menschenmenge**
**menschenscheu**
**menschenunwürdig**
*menschenwürdig*: ↗ menschlich
**Menschheit**
**menschlich**
**Menschlichkeit**
**Menstruation**
*Mentalität*: ↗ Denkweise
*mephistophelisch*: ↗ teuflisch
*Meriten*: ↗ Verdienste
*merkantil*: ↗ kaufmännisch
*Merkbuch*: ↗ Notizbuch
**merken:** ↗ fühlen, spüren
*merklich*: ↗ empfindlich (3), spürbar
*Merkmal*: ↗ Indiz, Kennzeichen
**merkwürdig**
**merkwürdigerweise**
*meschugge*: ↗ verrückt
*Messe*: ↗ Speisesaal
**messen:** ↗ abmessen – *sich m. können* |*mit*|: ↗ gewachsen (2)
Messer: *ans M. liefern*: ↗ denunzieren
*Messias*: ↗ Christus
*Metamorphose*: ↗ Verwandlung
*Metapher*: ↗ Bild (4)
*metaphorisch*: ↗ bildlich
*metaphysisch*: ↗ übersinnlich
*Methode*: ↗ Verfahren
*methodisch*: ↗ planmäßig
*Metier*: ↗ Beruf
*Metro*: ↗ Untergrundbahn
*Metropole*: ↗ Hauptstadt
*meucheln*: ↗ ermorden
*meutern*: ↗ empören
*Mief*: ↗ Gestank
**Miene:** *M. machen*: ↗ anschicken
*Mienenspiel*: ↗ Mimik
*mies*: ↗ schlecht – *es geht jmdm. m.*: ↗ schlecht
*Miesepeter*: ↗ Griesgram
*miesmachen*: ↗ verleiden
**Miesmacher**
**Miete**
**mieten**
*Mietzins*: ↗ Miete
*Mieze*: ↗ Katze
*Milchbart*: ↗ Jugendlicher
*mild*: ↗ lau
**mildern:** ↗ entschärfen
*mildherzig*: ↗ gnädig
*mildtätig*: ↗ wohltätig
*Milieu*: ↗ Umwelt
*militant*: ↗ kämpferisch
*Militär*: ↗ Streitkräfte
*Militärdienst*: ↗ Wehrdienst
*Mime*: ↗ Schauspieler
*mimen*: ↗ vortäuschen
**Mimik**
minderbemittelt: *geistig m.*: ↗ dumm
**Minderheit**
**minderjährig**
**minderwertig:** *als m. ansehen*: ↗ verachten
*Minderzahl*: ↗ Minderheit
**mindestens**
*Mindestmaß*: ↗ Minimum
**Mineralwasser**
**Minimum**
*Ministerrat*: ↗ Regierung
Minna: *zur M. machen*: ↗ tadeln
*minorenn*: ↗ minderjährig
*Minorität*: ↗ Minderheit
*Minus*: ↗ Fehlbetrag
Minute: *auf die M.*: ↗ pünktlich; *in letzter M.*: ↗ spät
*Mirakel*: ↗ Wunder
*mischeln*: ↗ schielen
**mischen:** *sich m.* |*in*|: ↗ einmischen
*Mischpoke*: ↗ Familie, Verwandtschaft
**Mischung**
*miserabel*: ↗ gemein, schlecht, übel – *es geht jmdm. m.*: ↗ schlecht
*Misere*: ↗ Not
*Misogyn*: ↗ Weiberfeind
**mißachten**
**Mißachtung**
*Mißartung*: ↗ Mißbildung
*Mißbehagen*: ↗ Unbehagen
**Mißbildung**
*mißbilligen*: ↗ beanstanden, tadeln
**Mißbilligung**
Mißbrauch: *M. treiben* |*mit*|: ↗ mißbrauchen
**mißbrauchen:** ↗ vergewaltigen
*mißdeuten*: ↗ mißverstehen

*missen*: ↗ entbehren
**Mißerfolg**
*Missetäter*: ↗ Übeltäter
**mißfallen**
*Mißfallen*: ↗ Mißbilligung – *M. erregen*: ↗ mißfallen (1)
*mißfällig*: ↗ abfällig
*mißgebildet*: ↗ mißgestaltet
**Mißgeburt**
**Mißgeschick**
*Mißgestalt*: ↗ Mißgeburt
**mißgestaltet**
*mißgestimmt*: ↗ mißmutig
*mißglücken*: ↗ mißlingen
*mißgönnen*: ↗ neiden
*Mißgriff*: ↗ Fehler (2)
*Mißgunst*: ↗ Neid
*mißgünstig*: ↗ neidisch
*mißhandeln*: ↗ quälen
*Mißhelligkeiten*: ↗ Zwietracht
**Mißklang**
Mißkredit: *in M. bringen*: ↗ verunglimpfen
*mißlaunig*: ↗ mißmutig
*mißleiten*: ↗ verleiten
*mißlich*: ↗ unangenehm
*mißliebig*: ↗ unbeliebt
**mißlingen**
**mißmutig**
*mißraten*: ↗ ungezogen
*Mißstand*: ↗ Übelstand
*Mißton*: ↗ Mißklang
**mißtrauen**
**Mißtrauen**
**mißtrauisch**
*Mißvergnügen*: ↗ Unbehagen
**Mißverhältnis**
*Mißverständnis*: ↗ Irrtum
**mißverstehen**: ↗ verhören (2), verkennen
*Mißwirtschaft*: ↗ Schlendrian
*Mist*: ↗ Angelegenheit (2), Schund
*Mistkerl*: ↗ Schurke
*Mistwetter*: ↗ Wetter (1)
**mit**: ↗ mittels
*mitarbeiten*: ↗ mitwirken
*Mitarbeiter*: ↗ Arbeitskraft
*mitbekommen*: ↗ verstehen (2)
*Mitbewerber*: ↗ Konkurrent
*Mitbringsel*: ↗ Geschenk
**mitfühlen**
*Mitfühlen*: ↗ Mitgefühl
*mitfühlend*: ↗ mitleidig
**Mitgefühl**: *sein M. aussprechen*: ↗ kondolieren; *M. zeigen*: ↗ mitfühlen
mitgehen: *m. lassen*: ↗ stehlen
**Mithilfe**
**mitkommen**: *nicht m.*: ↗ zurückbleiben
**Mitleid**
**mitleiderregend**
**mitleidig**
*mitleidslos*: ↗ unbarmherzig
*mitmachen*: ↗ beteiligen (2), erleiden, mitwirken, teilnehmen
*mitnehmen*: ↗ stehlen – *etw. nimmt jmdn. mit*: ↗ zusetzen
*mitnichten*: ↗ keineswegs
*mitsamt*: ↗ mit
*mitschreiben*: ↗ protokollieren
**Mitschuldiger**
*Mitstreiter*: ↗ Anhänger (3)
*Mittäter*: ↗ Mitschuldiger
Mitte: *in der M. liegend*: ↗ zentral (1); *aus unserer* bzw. *ihrer M. gerissen werden*: ↗ sterben
**mitteilen**
**Mitteilung**
[1]Mittel: *sich ins M. legen*: ↗ vermitteln (1)
[2]*Mittel* (*Pl*): ↗ Geld
**mittelbar**
**Mittelding**
*mittellos*: ↗ arm
**Mittelmaß**
**mittelmäßig**
*Mittelmäßigkeit*: ↗ Mittelmaß
*mittelmeerisch*: ↗ mediterran
*mittelprächtig*: ↗ mittelmäßig
**Mittelpunkt**
**mittels**
*Mittelsmann*: ↗ Verbindungsmann, Vermittler
**Mittelwert**
mitten: *m. hinein*: ↗ dazwischen (2); *m. in*: ↗ inmitten
*mittendrin*: ↗ dazwischen (1)
*mittlerweile*: ↗ inzwischen
*mitunter*: ↗ manchmal
**mitwirken**: ↗ beteiligen (2)
*mitzählen*: ↗ einbeziehen
*Mixtur*: ↗ Mischung
*Mob*: ↗ Gesindel
*mobil*: ↗ beweglich
*Mobiliar*: ↗ Einrichtung (1)
*Modder*: ↗ Schlamm
**Mode**: ↗ Brauch – *aus der M. kommen*: ↗ veralten; *M. sein*: ↗ modern
*Modell*: ↗ Muster
*modeln*: ↗ umgestalten

*Moderation*: ↗ Conférence
*Moderator*: ↗ Conférencier
*moderig*: ↗ dumpf (1)
[1]*modern*: ↗ schimmeln
[2]**modern**
*modifizieren*: ↗ abändern
*Modistin*: ↗ Putzmacherin
*Modus*: ↗ Verfahren
**mögen**
**möglich**: ↗ vertretbar – *m. machen*: ↗ ermöglichen; *alles mögliche*: ↗ allerlei; *nicht m.*: ↗ unmöglich
**möglicherweise**
Möglichkeit: *im Bereich der M. liegen*: ↗ möglich; *nach M.*: ↗ möglichst
**möglichst**
**Möhre**
*mokant*: ↗ spöttisch
mokieren: *sich m.* |*über*|: ↗ spotten
**Mole**
Molle: *eine M.*: ↗ Bier
*mollig*: ↗ dicklich, warm (1)
*Moment*: ↗ Augenblick (1 *u.* 2)
*momentan*: ↗ jetzig, jetzt, vorübergehend
Monat: *drei Monate*: ↗ Vierteljahr; *jeden M.*: ↗ allmonatlich
*Monatsblutung*: ↗ Menstruation
Mönch: *wie ein M. leben*: ↗ enthaltsam
*Mond*: ↗ Glatze – *in den M. gucken*: ↗ leer (3); *hinter dem M. sein*: ↗ rückständig
*Mondsüchtiger*: ↗ Schlafwandler
*Moneten*: ↗ Geld
*monieren*: ↗ beanstanden
**Monogamie**
*Monopolismus*: ↗ Kapitalismus
*Monopolist*: ↗ Kapitalist
*monoton*: ↗ einförmig
*monströs*: ↗ mißgestaltet
*Monstrum*: ↗ Ungeheuer
**montieren**
*Monument*: ↗ Denkmal
*Moor*: ↗ Sumpf
Möpp: *fiese M.*: ↗ Ekel
*Mops*: ↗ Dicke, Dicker
*mopsen*: ↗ stehlen
*moralisch*: ↗ sittlich
*Morast*: ↗ Schlamm, Sumpf
**Mord**: ↗ Verbrechen
*Mordanschlag*: ↗ Attentat
**Mörder**
*Mordshunger*: ↗ Riesenhunger
*Mordsrespekt*: ↗ Respekt
*Mordtat*: ↗ Mord
**Morgen**: *am M.*: ↗ morgens
*Morgenimbiß*: ↗ Frühstück
*Morgenrock*: ↗ Negligé
**morgens**
*Morgenstern*: ↗ Venus
*Morgenstunde*: ↗ Morgen
Morpheus: *in Morpheus' Armen liegen*: ↗ schlafen
**morsch**
*mörsern*: ↗ zerreiben
*Mosch*: ↗ Abfall
*Möse*: ↗ Vagina, Vulva
*Motiv*: ↗ Veranlassung
*motivieren*: ↗ begründen
**Motor**: ↗ Triebkraft
**Motorrad**
*Motto*: ↗ Wahlspruch
*moussieren*: ↗ sprudeln
*Mucke*: ↗ Laune, Marotte
**Mücke**: *aus einer M. einen Elefanten machen*: ↗ übertreiben (1)
*Muckefuck*: ↗ Malzkaffee
*Mucker*: ↗ Duckmäuser
*muckerhaft*: ↗ duckmäuserisch
*mucksmäuschenstill*: ↗ still
**müde**: *m. sein* |*einer Sache*|: ↗ überdrüssig
*muffig*: ↗ dumpf (1)
**Mühe**: *etw. macht jmdm. M.*: ↗ schwerfallen; *mit M.*: ↗ kaum; *ohne M. schaffen*: ↗ mühelos
**mühelos**
mühen: *sich m.*: ↗ abmühen, anstrengen
*Mühle*: ↗ Fahrrad
**Mühsal**
*mühsam*: ↗ beschwerlich
**Mulde**
**Müll**
*mulmig*: ↗ morsch, unbehaglich
**multilateral**
**multiplizieren**
*Mumm*: ↗ Mut
*Mümmelmann*: ↗ Hase
*Mumpitz*: ↗ Unsinn
**Mumps**
*Münchhausiade*: ↗ Lügengeschichte
**Mund**: ↗ Mundwerk – *den M. aufmachen*: ↗ sprechen (1); *über den M. fahren*: ↗ Wort (2); *den M. auf dem rechten Fleck haben*: ↗ schlagfertig; *den M. halten*: ↗ schweigen (1 *u.* 2); *den M. wäßrig machen*: ↗ verlocken; *M. und Nase aufsperren*: ↗ staunen; *den M. voll nehmen*: ↗ prahlen; *nach dem Munde reden*: ↗ schmeicheln;

*nicht auf den M. gefallen sein*: ↗ schlagfertig; *sich den M. verbrennen*: ↗ schaden (1)
**Mundart**
*munden*: ↗ schmecken
*mundfaul*: ↗ wortkarg
*mündig*: ↗ volljährig
*Mundvorrat*: ↗ Verpflegung (2)
**Mundwerk**
**munter**: ↗ wach – *m. sein*: ↗ wach
**Münze**
*mürbe*: ↗ morsch, weich (1, b) – *etw. macht jmdn. m.*: ↗ zermürben
*Murks*: ↗ Ausschuß (2)
*murksen*: ↗ stümpern
*Murkser*: ↗ Stümper
*Murkserei*: ↗ Stümperei
**murmeln**
Murmeltier: *wie ein M. schlafen*: ↗ schlafen
**murren**
**mürrisch**
*Mus*: ↗ Brei – *zu M. quetschen*: ↗ zerdrükken
*Muschi*: ↗ Vagina
*Musentempel*: ↗ Theater (2)
Musik: *M. machen*: ↗ musizieren
**Musiker**
*Musikstück*: ↗ Komposition
**musizieren**
*muskulös*: ↗ athletisch
*Muß*: ↗ Zwang
*Mußbestimmung*: ↗ Vorschrift
**müssen**: ↗ sollen
*müßig*: ↗ unnötig, untätig
**müßiggehen**
**Muster**: ↗ Warenprobe
**Musterbeispiel**
*Musterbild*: ↗ Vorbild
*Musterfall*: ↗ Musterbeispiel
*mustergültig*: ↗ vorbildlich
*Musterstück*: ↗ Muster
Mustopp: *aus dem M. kommen*: ↗ ahnungslos
**Mut**: *M. fassen*: ↗ zusammennehmen; *den M. haben* |zu|: ↗ wagen; *den M. verlieren*: ↗ verzagen; *M. zusprechen*: ↗ aufrichten (2), trösten
*mutabel*: ↗ veränderlich
**mutig**
**mutlos**
*mutmaßen*: ↗ vermuten
*mutmaßlich*: ↗ wahrscheinlich
**Mutter**: *M. werden*: ↗ schwanger
*mutterseelenallein*: ↗ allein (1)
*Muttersöhnchen*: ↗ Weichling
*Mutterwitz*: ↗ Witz (2)
*Mutti*: ↗ Mutter
*mutual*: ↗ wechselseitig
*mutuell*: ↗ wechselseitig
*mutwillig*: ↗ übermütig
**Mütze**

# N

nach: *n. und n.*: ↗ allmählich; *n. wie vor*: ↗ weiterhin
**nachahmen**
*nachahmenswert*: ↗ vorbildlich
**Nachahmung**
*nacharbeiten*: ↗ überarbeiten (2)
**nachbilden**
**nachblicken**
**nachdenken**: ↗ besinnen – *n.* |*über*|: ↗ [1]überlegen
**nachdenklich**
**Nachdruck**
**nachdrücklich**
*Nachdrücklichkeit*: ↗ Nachdruck
**nacheifern**
**nacheilen**
*nacheinander*: ↗ hintereinander
*Nachen*: ↗ Kahn
*Nachfahre*: ↗ Nachkomme
*nachfolgen*: ↗ folgen (1 *u.* 2)
*nachfolgend*: ↗ folgend (1 *u.* 2)
**nachforschen**
*Nachforschung*: ↗ Suche – *Nachforschungen anstellen*: ↗ nachforschen
*Nachfrage*: ↗ Kaufinteresse
**nachgeben**: *nicht n.*: ↗ festbleiben
*nachgemacht*: ↗ unecht
*nachgerade*: ↗ ausgesprochen
*nachgiebig*: ↗ willensschwach
*nachgießen*: ↗ zugießen
*nachgrübeln*: ↗ nachdenken
*nachgucken*: ↗ nachblicken
*nachhetzen*: ↗ nacheilen
*nachjagen*: ↗ nacheilen, verfolgen
**Nachkomme**
*nachkommen*: ↗ folgen (2)
**Nachkömmling**

*Nachlaß*: ↗ Rabatt
**nachlassen**
**nachlässig:** ↗ saumselig – *n. schreiben*: ↗ schmieren
*Nachlässigkeit*: ↗ Schlamperei
*nachlaufen*: ↗ werben (2)
*nachmachen*: ↗ nachahmen
*Nachname*: ↗ Familienname
*nachplappern*: ↗ nachreden
*nachprüfen*: ↗ überprüfen
**nachreden**
*Nachricht*: ↗ Mitteilung
**Nachruf**
*nachsagen*: ↗ andichten
*nachschaffen*: ↗ nachbilden
*nachschauen*: ↗ nachblicken
**Nachschlagewerk**
**Nachschrift**
**nachsehen:** *das N. haben*: ↗ leer (3)
*nachsetzen*: ↗ verfolgen
Nachsicht: *N. üben*: ↗ nachsehen
*nachsichtig*: ↗ glimpflich, tolerant
**Nachspiel**
*nachsprechen*: ↗ nachreden
*nachspüren*: ↗ nachforschen
*nächst*: ↗ neben
*nachstehend*: ↗ folgend (2)
*nachstreben*: ↗ nacheifern
Nacht: *in der N.*: ↗ nachts; *lange N. machen*: ↗ durchfeiern; *schlaflose Nächte haben*: ↗ Sorge; *zur N. speisen*: ↗ Abend (2); *N. werden*: ↗ dämmern (2)
**Nachteil**
*nachteilig*: ↗ schädlich, ungünstig
*nächtigen*: ↗ übernachten
*Nachtisch*: ↗ Dessert
*Nachtmahl*: ↗ Abendbrot
*nachtmahlen*: ↗ Abend (2)
**Nachtrag**
*Nachtruhe*: ↗ Schlaf
**nachts**
*Nachtwächter*: ↗ Schlafmütze
*nachtwandeln*: ↗ schlafwandeln
*Nachtwandler*: ↗ Schlafwandler
*nachweislich*: ↗ erwiesenermaßen
*Nachwirkung*: ↗ Nachspiel (2)
**Nachwort**
*Nachzügler*: ↗ Nachkömmling
**Nacken:** *den N. steifhalten*: ↗ standhaft
**nackt:** ↗ bloß (1)
**Nacktbadestrand**
*Nadel*: ↗ Brosche
*nadelspitz*: ↗ spitz
Nagel: *sich unter den N. reißen*: ↗ aneignen (1)
*nagelneu*: ↗ neu
**nagen**
**nahe:** *aus / von nah und fern*: ↗ überallher; *näher kommen*: ↗ nähern
Nähe: *in der N.*: ↗ nahe
nahekommen: *sich n.*: ↗ annähern
*nahelegen*: ↗ raten
*nähen*: ↗ schneidern
**nähern:** *sich n.*: ↗ kommen
*nähren*: ↗ stillen
**Nahrung**
*Nahrungsmittel*: ↗ Lebensmittel
Naht: *eine N. verpassen*: ↗ verprügeln
*naiv*: ↗ einfältig (1), gutgläubig, schlicht (2), unschuldig (3)
*Naivität*: ↗ Einfalt, Unschuld (3)
Name: *unter anderem Namen*: ↗ inkognito; *einen guten Namen haben*: ↗ angesehen; *den Namen haben*: ↗ heißen; *seinen Namen setzen* |*unter*|: ↗ unterschreiben
*Namenszug*: ↗ Unterschrift
*namhaft*: ↗ berühmt
*Napf*: ↗ [1]Schale, Schüssel
**Narbe**
*Narr*: ↗ Clown, Dummkopf (2) – *zum Narren halten*: ↗ narren
**narren**
*Narrenstreich*: ↗ Narrheit
**Narrheit**
*närrisch*: ↗ albern, verrückt
**naschen**
**naschhaft**
*Naschkatze*: ↗ Leckermaul
**Nase:** ↗ Geruchssinn – *an der N. ansehen*: ↗ anmerken; *eine N. drehen*: ↗ auslachen; *jmdm. eine N. drehen*: ↗ schadenfroh; *eine N. haben* |*für*|: ↗ spüren; *mit hängender N. abziehen*: ↗ abblitzen; *auf der N. liegen*: ↗ krank; *die N. putzen*: ↗ Nase; *unter die N. reiben*: ↗ vorhalten; *die N. rümpfen* |*über*|: ↗ mißachten; *mit der N. stoßen* |*auf*|: ↗ hinweisen; *die N. voll haben*: ↗ überdrüssig
*Nasenstüber*: ↗ Stoß
*naseweis*: ↗ vorlaut
*Naseweis*: ↗ Grünschnabel
*nasführen*: ↗ narren
**naß**
*Naß*: ↗ Wasser (1)
*Nassauer*: ↗ Schmarotzer (2)
*nassauern*: ↗ durchessen, schmarotzen

Nässe: *vor N. triefen*: ↗ naß
*naßforsch*: ↗ barsch
*Nation*: ↗ Volk
*nationalisieren*: ↗ vergesellschaften
**Nationalismus**
*Natur*: ↗ Wesensart
*naturalisieren*: ↗ einbürgern (1)
*naturgemäß*: ↗ natürlich
**naturhaft**
**natürlich**: ↗ ja, schlicht (1), selbstverständlich, ungezwungen
*naturwüchsig*: ↗ naturhaft
*nebelhaft*: ↗ unklar, verschwommen
**neben**
*nebenbei*: ↗ beiläufig, daneben (2) – *n. bemerkt*: ↗ übrigens
*Nebenbuhler*: ↗ Rivale
**nebeneinanderhalten**
*nebenher*: ↗ beiläufig, daneben (2)
*Nebenraum*: ↗ Kammer
**nebensächlich**
*Nebensächlichkeit*: ↗ Nichtigkeit
*Nebenstelle*: ↗ Vertretung (1), Zweigstelle
*nebst*: ↗ mit
*nebulos*: ↗ unklar
**necken**
*Neckname*: ↗ Spitzname
*negativ*: ↗ ablehnend
*Neger*: ↗ Afrikaner, Afroamerikaner
*negieren*: ↗ verneinen
*Negierung*: ↗ Verneinung
**Negligé**
*nehmen*: ↗ einnehmen, ergreifen (1), rauben, stehlen, wegnehmen – *sich n.*: ↗ aneignen (1); *einen n.*: ↗ trinken (2)
**Neid**: *vor N. erblassen*: ↗ neidisch
**neiden**
**neidisch**
*Neige*: ↗ Rest – *auf die N. gehen*: ↗ ausgehen (2)
**neigen**
**Neigung**: ↗ Vorliebe
**nein**: *n. sagen*: ↗ verneinen
*Nekrolog*: ↗ Nachruf
**nennen**: ↗ anführen
**nennenswert**
*Nepotismus*: ↗ Vetternwirtschaft
Neptun: *N. opfern*: ↗ seekrank
Nerv: *die Nerven verlieren*: ↗ Beherrschung
*Nervenheilanstalt*: ↗ Krankenhaus
*Nervensäge*: ↗ Quälgeist
*Nervenschock*: ↗ Erschütterung (2)
*nervenschwach*: ↗ nervös
*nervenzerreißend*: ↗ erregend
*nervig*: ↗ sehnig
**nervös**: *n. machen*: ↗ entnerven
Nessel: *sich in die Nesseln setzen*: ↗ schaden (1)
*Nest*: ↗ Bett, Dorf, Ort
*Nettoertrag*: ↗ Erlös
Netz: *in sein N. locken*: ↗ umgarnen
*netzen*: ↗ anfeuchten
**neu**: ↗ unerfahren – *von neuem*: ↗ wieder; *von neuem entstehen*: ↗ wiedererstehen
*Neubelebung*: ↗ Wiedergeburt
*Neuerer*: ↗ Wegbereiter
*Neuerung*: ↗ Neuheit
*Neugestaltung*: ↗ Neuordnung
**Neugier[de]**: *voller N. sein*: ↗ neugierig
**neugierig**
**Neuheit**
*neulich*: ↗ kürzlich
*Neuling*: ↗ Anfänger
*neumodisch*: ↗ modern
*neunmalklug*: ↗ überklug
*Neunmalkluger*: ↗ Besserwisser
**Neuordnung**
*neutral*: ↗ unparteiisch
*neuwertig*: ↗ neu
*neuzeitlich*: ↗ modern
*Nexus*: ↗ Zusammenhang
nicht: *n. doch*: ↗ nein
*Nichtachtung*: ↗ Mißachtung
*nichtehelich*: ↗ unehelich
*Nichtfachmann*: ↗ Laie
*nichtig*: ↗ ungültig, unwichtig – *für n. erklären*: ↗ annullieren
**Nichtigkeit**
**nichts**: *es zu n. bringen*: ↗ scheitern (1); *n. sagen*: ↗ schweigen (1 *u.* 2); *n. tun*: ↗ müßiggehen
*Nichts*: ↗ Nichtigkeit
*nichtsahnend*: ↗ ahnungslos
*nichtsdestoweniger*: ↗ trotzdem
*nichtsinnlich*: ↗ unsinnlich
*Nichtskönner*: ↗ Stümper
*Nichtsnutz*: ↗ Taugenichts
*nichtsnutzig*: ↗ ungezogen
*Nichtstuer*: ↗ Faulenzer
*nicken*: ↗ zustimmen (2)
Nickerchen: *ein N. machen*: ↗ schlummern
*Nicki*: ↗ Pullover
*Nidel*: ↗ Sahne
*nie*: ↗ niemals – *fast n.*: ↗ selten
*nieder*: ↗ niedrig

**niederbrennen**: ↗ verbrennen (1)
*Niedergang*: ↗ Verfall
*niedergedrückt*: ↗ niedergeschlagen
*niedergehen*: ↗ abstürzen, landen, untergehen (1), verfallen (1)
**niedergeschlagen**
*niederhalten*: ↗ eindämmen (2), unterdrükken (1)
niederhocken: *sich n.*: ↗ kauern
*niederholen*: ↗ einziehen (2)
*niederkämpfen*: ↗ besiegen
**niederknien**
**Niederlage**
**niederlassen: sich n.**: ↗ setzen
*Niederlassung*: ↗ Siedlung, Zweigstelle
niederlegen: *sich n.*: ↗ schlafen
*niedermachen*: ↗ töten (1)
*niederreißen*: ↗ abreißen (2)
*niederschießen*: ↗ erschießen
*Niederschlag*: ↗ Bodensatz, Regen
**niederschlagen**
**Niederschrift**
niedersetzen: *sich n.*: ↗ setzen
*niederstechen*: ↗ erstechen
*niederstrecken*: ↗ niederschlagen (1)
*niederträchtig*: ↗ boshaft, gemein
*Niederung*: ↗ Flachland
*niederwerfen*: ↗ niederschlagen (2)
*niedlich*: ↗ hübsch
**niedrig**: *zu n. greifen*: ↗ verschätzen
**niemals**
**niemand**
Niere: *etw. geht jmdm. an die Nieren*: ↗ zusetzen
**nieseln**
**niesen**
*Niete*: ↗ Versager
*Nimbus*: ↗ Ruhm
*nimmermüde*: ↗ unermüdlich
*Nimmersatt*: ↗ Vielfraß
*Nirgendwo*: ↗ Dingsda (2)
*Niveau*: ↗ Bildungsgrad
*nivellieren*: ↗ einebnen, gleichmachen
*nix*: ↗ nichts
**Nixe**
*nobel*: ↗ vornehm (1)
*nobilitieren*: ↗ adeln
noch: *n. und n.*: ↗ wiederholt; *selbst n.*: ↗ sogar
**nochmalig**
*nochmals*: ↗ wieder – *n. sagen*: ↗ wiederholen (1, b); *n. tun*: ↗ wiederholen (1, a)
*nölen*: ↗ trödeln
**nominieren**
*nonchalant*: ↗ ungezwungen
*Nonplusultra*: ↗ Höhepunkt
*Nonsens*: ↗ Unsinn
**nörgeln**
**Nörgler**
*Norm*: ↗ Regel
*normal*: ↗ gewöhnlich (1)
*normalerweise*: ↗ meist
*normalisieren*: ↗ regeln
*normativ*: ↗ maßgebend
*normen*: ↗ vereinheitlichen
**Not**: ↗ [1]Mangel – *mit knapper N.*: ↗ kaum; *N. leiden*: ↗ darben
*notabene*: ↗ übrigens
*notdürftig*: ↗ behelfsmäßig
Note: *mit einer N. bewerten*: ↗ zensieren
*Notenbank*: ↗ Bank (1)
*notfalls*: ↗ nötigenfalls
**notgedrungen**
**notieren**
*nötig*: ↗ notwendig
*nötigen*: ↗ zwingen
**nötigenfalls**
*Nötigung*: ↗ Zwang
**Notiz**: ↗ Bemerkung (2)
**Notizbuch**
*Notlage*: ↗ Not, Zwangslage
*notleidend*: ↗ hilfsbedürftig
*Notlösung*: ↗ Behelf
*notorisch*: ↗ verrufen
**notwendig**: ↗ integrierend – *nicht n.*: ↗ unnötig
*notzüchtigen*: ↗ vergewaltigen
*Novität*: ↗ Neuheit
*Novum*: ↗ Neuheit
Nu: *im Nu*: ↗ schnell (1)
*Nuance*: ↗ Feinheit (2)
**nüchtern**: ↗ prosaisch, sachlich (2), ungewürzt
*Nuckel*: ↗ Schnuller
*nuckeln*: ↗ saugen
null: *n. und nichtig*: ↗ ungültig
*Null*: ↗ Versager
**numerieren**
*Nummer*: ↗ Spaßvogel, Zahl – *N. Sicher*: ↗ Strafvollzugsanstalt; *auf N. Sicher gehen*: ↗ sichergehen, vergewissern; *mit Nummern versehen*: ↗ numerieren
*nun*: ↗ jetzt
**nur**
Nuß: *harte N.*: ↗ Schwierigkeit

*Nutte*: ↗ Prostituierte
*nutzbar*: ↗ verwendbar – *sich n. machen*: ↗ verwenden (1)
*nutzbringend*: ↗ nützlich – *n. verwenden*: ↗ verwerten
*Nutzeffekt*: ↗ Wirkungsgrad
**nutzen:** *etw. nutzt nichts*: ↗ vergebens
**Nutzen:** *N. bringen*: ↗ nutzen
*nützen*: ↗ nutzen
**nützlich**: ↗ empfehlenswert (2) – *n. sein*: ↗ nutzen
**nutzlos**
**Nutzung**

# O

Obacht: *O. geben*: ↗ vorsehen (2)
*Obdach*: ↗ Unterkunft – *O. finden*: ↗ unterkommen (1)
**obdachlos**
**Obduktion**
*obduzieren*: ↗ sezieren
oben: *von o. herab ansehen*: ↗ mißachten, verachten; *ganz o.*: ↗ obenauf; *etw. steht jmdm. bis o.*: ↗ überdrüssig
**obenauf**
**obengenannt**
*Ober*: ↗ Kellner
*oberfaul*: ↗ verdächtig
*oberflächlich*: ↗ leichtfertig, ungenau
*Obergeschoß*: ↗ Stockwerk
**oberhalb**
Oberhand: *die O. behalten*: ↗ siegen
Oberhaupt: *O. der römisch-katholischen Kirche*: ↗ Papst
*Obers*: ↗ Sahne
**Oberschicht**
*oberschlau*: ↗ überklug
Oberstübchen: *nicht richtig im O. sein*: ↗ verrückt
Oberwasser: *O. haben*: ↗ Vorteil
*obgleich*: ↗ obwohl
*Obhut*: ↗ Schutz (2)
*obig*: ↗ obengenannt
*objektiv*: ↗ sachlich (1)
*obliegen*: ↗ sollen
*obligat*: ↗ notwendig
*obligatorisch*: ↗ verbindlich
*Obolus*: ↗ Spende – *seinen O. entrichten*: ↗ spenden
*obschon*: ↗ obwohl
*observieren*: ↗ beobachten, überwachen (2)
*obskur*: ↗ verrufen
*obsolet*: ↗ veraltet
**Obst**
*Obstipation*: ↗ Verstopfung
**obszön**
**Obszönität**
**obwohl**
**öde:** ↗ langweilig
*Öde*: ↗ Einöde
*Odem*: ↗ Atem
**oder**
*Odeur*: ↗ Duft
*Odium*: ↗ Makel
**offen:** *o.* |*für*|: ↗ aufgeschlossen; *o. gestehen*: ↗ bekennen (2); *o. sagen*: ↗ aussprechen (2), verschweigen
**offenbaren**
**Offenbarung**
**offenherzig**
*offenkundig*: ↗ offensichtlich – *o. werden*: ↗ offenbaren (2)
**offensichtlich**
*Offensive*: ↗ Angriff
**öffentlich:** *nicht ö.*: ↗ privat
**Öffentlichkeit:** *in aller Ö.*: ↗ öffentlich
*offerieren*: ↗ anbieten (2)
*Offerte*: ↗ Angebot
*offiziell*: ↗ förmlich (2) – *nicht o.*: ↗ privat
*offiziös*: ↗ halbamtlich
**öffnen**
**oft:** *nicht o.*: ↗ selten
**ohne**
*ohnehin*: ↗ sowieso (1)
*ohnmächtig*: ↗ bewußtlos, machtlos
**Ohr:** *noch feucht hinter den Ohren*: ↗ unreif (2); *es hinter den Ohren haben*: ↗ listig; *sich aufs O. legen*: ↗ schlafen; *ein offenes O. haben* |*für*|: ↗ anhören (1); *die Ohren offenhalten*: ↗ vorsehen (2); *mit den Ohren schlackern*: ↗ überrascht; *ganz O. sein*: ↗ lauschen; *die Ohren steifhalten*: ↗ aushalten (2); *tauben Ohren predigen*: ↗ reden; *bis über die Ohren verliebt sein*: ↗ verliebt
*ohrenbetäubend*: ↗ laut (1)
*Ohrenbläser*: ↗ Zuträger
*ohrenfällig*: ↗ hörbar
**Ohrfeige**
**ohrfeigen**
*o. k.*: ↗ einverstanden

*okkupieren*: ↗ besetzen (2), erobern (1)
*Ökonom*: ↗ Wirtschaftswissenschaftler
*ökonomisch*: ↗ sparsam, wirtschaftlich (2)
**Öl**
**ölen**
*Ölleitung*: ↗ Erdölleitung
*Olympia*: ↗ Olympiade
**Olympiade**
*Oma*: ↗ Großmutter
*Omelett*: ↗ Eierkuchen
*Omen*: ↗ Vorzeichen
*ominös*: ↗ merkwürdig, unheilvoll, zweifelhaft
*Omnibus*: ↗ Autobus
*Onanie*: ↗ Selbstbefriedigung
*Ondit*: ↗ Gerücht
*ondulieren*: ↗ wellen
*Opa*: ↗ Großvater
**Operation**: ↗ Unternehmung – *eine O. durchführen*: ↗ operieren
**operieren**: ↗ handeln (2)
Opfer: *O. bringen*: ↗ opfern
*Opferbereitschaft*: ↗ Hingabe
**opfern**
*opponieren*: ↗ widersetzen
*opportun*: ↗ gelegen, passend (1)
**Opportunismus**
**Opportunist**
**opportunistisch**
**optimal**
**Optimismus**
**optimistisch**
*Optimum*: ↗ Höchstmaß
*opulent*: ↗ üppig (1)
*Opus*: ↗ Werk (2)
*orakeln*: ↗ weissagen
*Orange*: ↗ Apfelsine
*Orbitalstation*: ↗ Raumstation
**Orchester**
**ordentlich**: ↗ gehörig, rechtschaffen, sorgfältig
*ordinär*: ↗ gewöhnlich (2), unanständig
**ordinieren**
**ordnen**: ↗ regeln
**Ordnung**: ↗ Reihenfolge – *in O. bringen*: ↗ regeln; *in die O. bringen*: ↗ ordnen; *wieder in O. bringen*: ↗ reparieren; *in O.*: ↗ einverstanden, richtig
*ordnungsgemäß*: ↗ vorschriftsmäßig
*Ordnungshüter*: ↗ Polizist
*ordnungsliebend*: ↗ ordentlich (2)
*Organ*: ↗ Stimme, Zeitung
**Organisation**
*organisieren*: ↗ beschaffen (1), stehlen, veranstalten
*Orgie*: ↗ Ausschweifung, Gelage (1 *u.* 2), Unzucht
**orientieren**: ↗ unterrichten (1)
*Orientierungsvermögen*: ↗ Ortssinn
*original*: ↗ ursprünglich
*Original*: ↗ Sonderling
*Originalübertragung*: ↗ Direktsendung
*originär*: ↗ eigenständig, ursprünglich
*Orkan*: ↗ Sturm
*Orkus*: ↗ Unterwelt (1)
**Ort**: ↗ Stelle – *an allen Orten*: ↗ überall; *an einem O. aufstellen*: ↗ stationieren; *O. des Geschehens*: ↗ Schauplatz; *an irgendeinem O.*: ↗ irgendwo
*Örtchen*: ↗ Toilette
**orthodox**: ↗ starr (2)
*Orthographie*: ↗ Rechtschreibung
**örtlich**
*Örtlichkeit*: ↗ Stelle – *mit den Örtlichkeiten vertraut sein*: ↗ auskennen (2)
*ortsansässig*: ↗ ansässig
*Ortschaft*: ↗ Ort
*ortsfest*: ↗ stationär
ortskundig: *o. sein*: ↗ auskennen (2)
**Ortssinn**
*Oszillation*: ↗ Schwingung
Otto: *flotter O.*: ↗ Durchfall
**oval**
*Ozean*: ↗ Meer

# P

*Paar*: ↗ Eheleute, Liebespaar – *in Paaren*: ↗ paarweise
paaren: *sich p.*: ↗ begatten
*paarig*: ↗ paarweise
paarmal: *ein p.*: ↗ mehrmals
*Paarungszeit*: ↗ Brunstzeit
**paarweise**
Pacht: *in P. nehmen*: ↗ pachten
**pachten**
*Pack*: ↗ Gesindel
*Päckchen*: ↗ Bündel – *sein P. zu tragen haben*: ↗ Sorge
*packen*: ↗ ergreifen (1)
*Packen*: ↗ Bündel

*packend*: ↗ spannend
*Packung*: ↗ Schachtel, Umschlag
*Pädagoge*: ↗ Lehrer
*pädagogisch*: ↗ erzieherisch
**Paddelboot**
*paffen*: ↗ rauchen (2)
*Pakt*: ↗ Bündnis, Übereinkommen, Vertrag – *einen P. schließen*: ↗ verbünden
*Palais*: ↗ Schloß
*Palast*: ↗ Schloß
*palavern*: ↗ schwatzen
Palme: *auf der P. sein*: ↗ wütend; *die P. des Sieges erringen*: ↗ siegen
*Pampe*: ↗ Schlamm
**Pampelmuse**
*Pamphlet*: ↗ Schmähschrift
*pampig*: ↗ frech
*Pamps*: ↗ Brei
*Panne*: ↗ Mißgeschick, Schaden (2)
*panschen*: ↗ planschen, verdünnen
**Pantoffelheld**
**Pantoffeln**
*Pantoletten*: ↗ Pantoffeln
**Panzer**
*Panzerschrank*: ↗ Safe
*Panzerwagen*: ↗ Panzer
*Papa*: ↗ Vater
*Papier*: ↗ Schriftstück – *zu P. bringen*: ↗ aufschreiben
*Papiere*: ↗ Ausweis, Personalausweis
**Pappe**
*pappen*: ↗ kleben (1 *u.* 2)
**Papst**
**päpstlich**
*Parade*: ↗ Vorbeimarsch
**Paradies**
*Paradiesapfel*: ↗ Tomate
*paradiesisch*: ↗ herrlich
*paradox*: ↗ widersinnig
*Paradoxie*: ↗ Widersinn
Parallele: *Parallelen ziehen*: ↗ vergleichen
*Parallelismus*: ↗ Übereinstimmung
*paralysieren*: ↗ entkräften
*Paraphe*: ↗ Unterschrift
*paraphieren*: ↗ unterschreiben
*Parasit*: ↗ Schmarotzer (1 *u.* 2)
*parasitär*: ↗ schmarotzerhaft (1 *u.* 2)
*parasitisch*: ↗ schmarotzerhaft (1 *u.* 2)
*parat*: ↗ erinnerlich, verfügbar
*Pärchen*: ↗ Liebespaar
*Parentel*: ↗ Verwandtschaft
**Parfüm**
*parieren*: ↗ gehorchen, abwehren (2)
**Park**
*Parkanlage*: ↗ Park
**parken**
*parkieren*: ↗ parken
**Parole**: ↗ Wahlspruch
Paroli: *P. bieten*: ↗ widersetzen
*Parteigänger*: ↗ Anhänger (3)
**Parteilichkeit**
*Parteinahme*: ↗ Parteilichkeit
**Parteimitglied**
*Partie*: ↗ Spiel, Teil – *mit von der P. sein*: ↗ teilnehmen
*partiell*: ↗ teilweise
*partizipieren*: ↗ teilhaben – *p. lassen*: ↗ beteiligen (1)
*partout*: ↗ unbedingt
*Party*: ↗ Fest
*paschen*: ↗ schmuggeln
**Paß**: ↗ Zuspiel
*passabel*: ↗ erträglich
*Passage*: ↗ Durchgang
*Passagier*: ↗ Fahrgast, Fluggast – *blinder P.*: ↗ Schwarzfahrer
*Passant*: ↗ Fußgänger
*passé*: ↗ vorbei (1) – *etw. ist p.*: ↗ veraltet
**passen**: *p.* |zu|: ↗ zuspielen (1)
**passend**: ↗ angemessen, gelegen, richtig
*Paßform*: ↗ Fasson
*passieren*: ↗ durchdrücken (1), geschehen, überschreiten – *jmdm. passiert etw.*: ↗ zustoßen
*passioniert*: ↗ leidenschaftlich
*passiv*: ↗ untätig
*Passiva*: ↗ Schulden
*Passus*: ↗ Abschnitt (2)
*Pasta*: ↗ Paste
**Paste**
*pasteurisieren*: ↗ keimfrei
*Pastor*: ↗ Geistlicher
*patent*: ↗ tüchtig
*Pathos*: ↗ Leidenschaft
*Patient*: ↗ Kranker
Patina: *P. ansetzen*: ↗ altern
**patriotisch**
**Patriotismus**
*Patsch*: ↗ Schlag
*Patsche*: ↗ Hand (1) – *aus der P. helfen*: ↗ heraushelfen; *in der P. sitzen*: ↗ Verlegenheit
*Patzer*: ↗ Fehler (2)
*patzig*: ↗ frech
Pauke: *auf die P. hauen*: ↗ prahlen
*Pauschalbetrag*: ↗ Pauschale

**Pauschale**
**Pause:** *eine P. machen*: ↗ rasten
*pausenlos*: ↗ ununterbrochen
*pausieren*: ↗ aussetzen (2)
*Pech*: ↗ Mißgeschick
*Pechvogel*: ↗ Unglücksmensch
**Pedant**
*pedantisch*: ↗ kleinlich
*Pedell*: ↗ Hausmeister (2)
Pegasus: *den P. satteln*: ↗ dichten (2)
*Pegelstand*: ↗ Wasserstand
*Pein*: ↗ Leid, Qual – *P. bereiten*: ↗ schikanieren
*peinigen*: ↗ quälen, schikanieren
*peinigend*: ↗ quälend
*Peiniger*: ↗ Quälgeist
*peinlich*: ↗ sorgfältig
*peinvoll*: ↗ leidvoll
**Peitsche:** *mit der P. schlagen*: ↗ peitschen
**peitschen**
*pejorativ*: ↗ abfällig
*pekzieren*: ↗ verschulden
*Pelle*: ↗ Haut, [2]Schale
*pellen*: ↗ schälen
*Peloton*: ↗ Abteilung (1)
*Pelz*: ↗ Fell
**Pelzwaren**
*Pendant*: ↗ Gegenstück
*Pendelbewegung*: ↗ Schwingung
*pendeln*: ↗ schlenkern, schwingen
*penetrant*: ↗ streng (5)
*penibel*: ↗ sorgfältig
**Penis**
*Penne*: ↗ Unterkunft
*Pension*: ↗ Hotel
**pensioniert**
*Penunzen*: ↗ Geld
*per*: ↗ mittels
*perdu*: ↗ verloren (1), verschwunden
*perfekt*: ↗ vollkommen
*perfektionieren*: ↗ vervollkommnen
*perfide*: ↗ untreu (1)
*perforieren*: ↗ lochen
*Periode*: ↗ Menstruation, Zeitraum
**periodisch**
*peripher*: ↗ nebensächlich
*Peripherie*: ↗ Rand
*perlen*: ↗ sprudeln
*permanent*: ↗ dauernd
*Permanenz*: ↗ Dauer (2)
*perplex*: ↗ überrascht
**Person:** *in eigener P.*: ↗ persönlich; *etw. in einer P. sein*: ↗ zugleich; *stumme P.*: ↗ Statist
*Personal*: ↗ Dienstpersonal
**Personalausweis**
*Personenaufzug*: ↗ Fahrstuhl
**Personenbeschreibung**
**Personenkreis**
**Personenzug**
*personifizieren*: ↗ vermenschlichen
*Personifizierung*: ↗ Verkörperung
**persönlich:** ↗ eigen
**Persönlichkeit**
*Personsbeschreibung*: ↗ Personenbeschreibung
**Perspektive**
*pervers*: ↗ widernatürlich
**Pessimismus**
**Pessimist**
**pessimistisch**
Pest: *die P. an den Hals wünschen*: ↗ verwünschen
Peter: *langweiliger P.*: ↗ Schlafmütze
*Petition*: ↗ Gesuch
*Petrol*: ↗ Petroleum
**Petroleum**
*petzen*: ↗ verraten (1)
*peu à peu*: ↗ allmählich
*Pfad*: ↗ Weg
*Pfaffe*: ↗ Geistlicher
**Pfahl**
**Pfand:** *als P. geben*: ↗ verpfänden; *als P. nehmen*: ↗ pfänden
**pfänden**
*Pfanne*: ↗ Bratpfanne – *in die P. hauen*: ↗ vernichten
**Pfannkuchen:** ↗ Eierkuchen
*Pfarrer*: ↗ Geistlicher
*pfeffern*: ↗ werfen (1), würzen
**Pfeife:** ↗ Versager
**pfeifen:** ↗ singen (2), stürmen – *p. lauf*: ↗ verzichten
**Pfeiler:** ↗ Stütze (1 *u.* 2)
*pfeilgerade*: ↗ gerade
*pfeilschnell*: ↗ schnell (1)
Pfennig: *mit dem P. rechnen*: ↗ sparsam; *keinen P. wert sein*: ↗ wertlos
**Pferd:** *wie ein P. arbeiten*: ↗ schuften; *die Pferde scheu machen*: ↗ verwirren (1)
*Pferdefuß*: ↗ Schwierigkeit
*Pferdekur*: ↗ Radikalkur
Pfifferling: *keinen P. wert sein*: ↗ wertlos
*pfiffig*: ↗ schlau
*Pfiffigkeit*: ↗ Schlauheit

*Pfiffikus*: ↗ Schlaukopf
**Pflanze**
**pflanzen**
**Pflanzenreich**
*Pflanzenwelt*: ↗ Pflanzenreich
*Pflanzenwuchs*: ↗ Vegetation
**Pflanzung**
**Pflaume**
*pflaumenweich*: ↗ weich (1, a)
**Pflege**: *P. angedeihen lassen*: ↗ pflegen (1)
*Pflegeanstalt*: ↗ Pflegeheim
**Pflegeheim**
**pflegen**: *sich p.*: ↗ schonen
*pfleglich*: ↗ schonend – *p. behandeln*: ↗ pflegen (2)
**Pflicht**: *die P. haben*: ↗ verpflichtet
**pflichtbewußt**
**Pflichtbewußtsein**
*pflichteifrig*: ↗ pflichtbewußt
*Pflichtgefühl*: ↗ Pflichtbewußtsein
**pflichtgemäß**
*pflichtschuldig*: ↗ pflichtgemäß
*pflichtvergessen*: ↗ leichtfertig
**Pflock**
**pflücken**
**pflügen**
*Pforte*: ↗ Tür
**Pförtner**
*Pfosten*: ↗ Pfahl, Stütze (1)
*Pfote*: ↗ Hand (1), Pranke
pfropfen: *p.* |*in*|: ↗ stopfen
*Pfropfen*: ↗ Stöpsel
*Pfuhl*: ↗ Tümpel
**pfui!**
*Pfulmen*: ↗ Kissen
*pfundig*: ↗ großartig
*Pfundskerl*: ↗ Prachtmensch
*Pfusch*: ↗ Ausschuß (2)
*pfuschen*: ↗ schludern, stümpern
*Pfuscher*: ↗ Stümper
*Pfuscherei*: ↗ Schluderei, Stümperei
*pfuscherhaft*: ↗ stümperhaft
*pfutsch*: ↗ verloren (1)
**Pfütze**
*Phallus*: ↗ Penis
*Phänomen*: ↗ Wunder
**Phantasie**
*phantasielos*: ↗ prosaisch
*phantasiereich*: ↗ einfallsreich
*phantasieren*: ↗ irrereden, schwärmen
*Phantasma*: ↗ Sinnestäuschung
*Phantast*: ↗ Schwärmer
*Phantasterei*: ↗ Schwärmerei
*Phantom*: ↗ Sinnestäuschung
*Pharmazeut*: ↗ Apotheker
*Phase*: ↗ Entwicklungsstufe, Zeitraum
*philanthropisch*: ↗ menschenfreundlich
*Philister*: ↗ Spießbürger
*philisterhaft*: ↗ spießbürgerlich
*philosophisch*: ↗ weise
*Philosophie*: ↗ Weltanschauung
*phlegmatisch*: ↗ träge
Phönix: *wie ein P. aus der Asche steigen*: ↗ wiedererstehen
**Phrase**: *Phrasen dreschen*: ↗ schwafeln; *leere P.*: ↗ Phrase
**Phrasendrescher**
*Phraseologismus*: ↗ Redensart
*Physiognomie*: ↗ Gesicht
*physisch*: ↗ körperlich
*Piano*: ↗ Klavier
*picheln*: ↗ trinken (2)
*Pichler*: ↗ Trinker
**Pickel**
*Picknick*: ↗ Mahlzeit
*Piedestal*: ↗ Sockel
*pieksauber*: ↗ sauber
piep: *nicht p. sagen*: ↗ schweigen (1)
Piep: *einen P. haben*: ↗ verrückt; *keinen P. sagen*: ↗ schweigen (1)
piepe: *etw. ist jmdm. p.*: ↗ gleichgültig (2)
**piepen**
*Piepen*: ↗ Geld
*Piephahn*: ↗ Penis
*Piepmatz*: ↗ Vogel
*piepsen*: ↗ piepen
*piepsig*: ↗ schwach (1 *u.* 2)
*Pier*: ↗ Kai
*piesacken*: ↗ schikanieren
*Pietät*: ↗ Ehrfurcht
*pietätvoll*: ↗ ehrfurchtsvoll
*pikant*: ↗ obszön
*Pikanterie*: ↗ Obszönität
*piken*: ↗ stechen
*pikieren*: ↗ verpflanzen
*pikiert*: ↗ gekränkt
*pilgern*: ↗ marschieren, wandern
*Pille*: ↗ Tablette
*Pilot*: ↗ Flugzeugführer
*Pimpelhans*: ↗ Weichling
*pimpelig*: ↗ wehleidig
*pinkeln*: ↗ austreten (1) – *es pinkelt*: ↗ regnen
*Pinkepinke*: ↗ Geld
*Pinkulatorium*: ↗ Toilette
*pinseln*: ↗ malen, schreiben

*Pionier*: ↗ Wegbereiter
*Pipeline*: ↗ Erdölleitung, Rohrleitung
*Pirat*: ↗ Seeräuber
*pirschen*: ↗ jagen
*Pisse*: ↗ Urin
*pissen*: ↗ austreten (1)
*Pissoir*: ↗ Toilette
**Piste:** ↗ Abfahrtsstrecke
**Pistole:** *die P. auf die Brust setzen*: ↗ zwingen
*PKW*: ↗ Auto
*Plache*: ↗ Plane
placken: *sich p.*: ↗ abmühen
*Plackerei*: ↗ Mühsal
*Plafond*: ↗ Decke (2)
*Plage*: ↗ Mühe, Mühsal
*Plagegeist*: ↗ Quälgeist
*plagen*: ↗ schikanieren – *sich p.*: ↗ abmühen
*plan*: ↗ eben (1)
**Plan:** ↗ Absicht – *ohne P.*: ↗ planlos
*Planauflage*: ↗ Soll (1)
**Plane**
*planen*: ↗ vorsehen (1)
*Planet*: ↗ Stern
**plangemäß**
*planieren*: ↗ einebnen
**Planierraupe**
*Plänkelei*: ↗ Gefecht
**planlos**
**planmäßig:** ↗ plangemäß
**planschen**
*Plantage*: ↗ Pflanzung
*plantschen*: ↗ planschen
*planvoll*: ↗ planmäßig
*Plapperer*: ↗ Schwätzer
*Plapperliese*: ↗ Schwätzerin
*plappern*: ↗ schwatzen
*plärren*: ↗ schreien, singen (1)
*Pläsier*: ↗ Vergnügen
*Plasma*: ↗ Blutserum
*Plast*: ↗ Kunststoff
**Plastik**
*plastisch*: ↗ anschaulich
*Plateau*: ↗ Hochebene
*Platitüde*: ↗ Gemeinplatz, Plattheit
*platonisch*: ↗ unsinnlich
**plätschern**
*platt*: ↗ überrascht
*Platte*: ↗ Glatze, Scheibe
*Plätteisen*: ↗ Bügeleisen
*plätten*: ↗ bügeln
*platterdings*: ↗ gänzlich
**Plattheit**
**Platz:** ↗ Rang (2), Stelle – *den ersten P. einnehmen*: ↗ Spitzenleistung; *seinen P. einnehmen*: ↗ setzen; *P. nehmen*: ↗ setzen; *nicht am P.*: ↗ unpassend
**platzen:** ↗ scheitern (2)
**Platzmangel**
*Platzregen*: ↗ Regenguß
**Plauderei**
*plaudern*: ↗ unterhalten (2)
*Plaudertasche*: ↗ Schwätzerin
*Plausch*: ↗ Plauderei
*plauschen*: ↗ unterhalten (2)
*plausibel*: ↗ überzeugend, verständlich (2)
*plauz!*: ↗ plumps!
*Plauz*: ↗ Knall
*Plauze*: ↗ Lunge
*plazieren*: ↗ aufstellen (2), stellen – *sich p.*: ↗ setzen
*Plebiszit*: ↗ Volksabstimmung
*pleite*: ↗ bankrott, ruiniert – *p. sein*: ↗ zahlungsunfähig
*Pleite*: ↗ Bankrott (1)
plemplem: *p. sein*: ↗ verrückt
*plombieren*: ↗ verplomben
*Plörre*: ↗ Brühe (2)
**plötzlich:** *ein bißchen p.!*: ↗ schnell (2)
*plump*: ↗ unförmig, ungeschickt
*Plumpe*: ↗ Pumpe
**plumps!**
*Plumps*: ↗ Fall
*Plunder*: ↗ Kram, Schund
**plündern**
*plus*: ↗ zuzüglich
*Plus*: ↗ Überschuß
*Pneu*: ↗ Reifen
*Po*: ↗ Gesäß
*pöbelhaft*: ↗ gewöhnlich (2)
*pochen*: ↗ klopfen, schlagen (2) – *p.* |*auf*|: ↗ bestehen (3)
*Podest*: ↗ Podium
**Podium**
*Poem*: ↗ Gedicht
*Poesie*: ↗ Dichtkunst, Lyrik
*poesielos*: ↗ prosaisch
*Poet*: ↗ Dichter
Pökel: *in P. legen*: ↗ pökeln
**pökeln**
*Polemik*: ↗ Streitgespräch
**polieren**
*Poliomyelitis*: ↗ Kinderlähmung
*politieren*: ↗ polieren
**Politikaster**

**Politiker**
*Politur*: ↗ Erziehung (2), Glanz (3)
**Polizei**
**Polizist**
*Poller*: ↗ Pfahl
*Polster*: ↗ Fettgewebe, Kissen
**Polsterer**
**poltern**: ↗ schimpfen
*poltrig*: ↗ unbeherrscht
**Polygamie**
*polyglott*: ↗ vielsprachig
*polymorph*: ↗ vielgestaltig
*pomadig*: ↗ träge
*Pomp*: ↗ Prunk
*pompös*: ↗ prunkvoll
*Pontifex maximus*: ↗ Papst
*Popelfahne*: ↗ Taschentuch
*popelig*: ↗ dürftig
*popeln*: ↗ bohren
**populär**: ↗ beliebt (1), volkstümlich
*popularisieren*: ↗ verbreiten (2)
*pornographisch*: ↗ unzüchtig
*porös*: ↗ durchlässig
*Port*: ↗ Hafen
*Portal*: ↗ Tor (1)
*Portemonnaie*: ↗ Geldbörse
*Portier*: ↗ Pförtner
**Portiere**
Portion: *halbe P.*: ↗ Knirps
**portofrei**
*Porträt*: ↗ Bildnis
*Porzellan*: ↗ Geschirr
*Position*: ↗ Standort, Standpunkt
*positiv*: ↗ zustimmend
*Positiv*: ↗ Abzug (2)
Possen: *P. machen*: ↗ scherzen
*possenhaft*: ↗ komisch
*Possenreißer*: ↗ Clown, Komiker
*Postament*: ↗ Sockel
*Postbote*: ↗ Briefzusteller
*Posten*: ↗ Arbeit (3), Wache (1) – *seines Postens entheben*: ↗ absetzen (2); *nicht auf dem P. sein*: ↗ krank; *P. stehen*: ↗ Wache (3)
*Postendienst*: ↗ Wache (2)
**Postenkette**
*postieren*: ↗ aufstellen (2)
*Postkasten*: ↗ Briefkasten
*Postskript*: ↗ Nachschrift
*postwendend*: ↗ sofort
*potentiell*: ↗ möglich
*Potenz*: ↗ Zeugungsfähigkeit
*potenzieren*: ↗ steigern (1)
*Pott*: ↗ Schiff, Topf
*poussieren*: ↗ flirten
*Prä*: ↗ Vorrang
*Pracht*: ↗ Prunk – *P. entfalten*: ↗ prunken
**Prachtexemplar**: ↗ Prachtmensch
*prächtig*: ↗ prachtvoll, sonnig
*Prachtkerl*: ↗ Prachtexemplar, Prachtmensch
**Prachtmensch**
**prachtvoll**
*prädestiniert*: ↗ geeignet
*Prädomination*: ↗ Vorherrschaft
*prädominieren*: ↗ vorherrschen
*pragmatisch*: ↗ sachlich (1)
*prägnant*: ↗ treffend
*Prähistorie*: ↗ Vorgeschichte
**prahlen**
**prahlerisch**
*praktikabel*: ↗ verwendbar
*praktisch*: ↗ zweckmäßig
*Pralinen*: ↗ Konfekt
*prall*: ↗ straff (3), voll (2)
prallen: *p.* |*gegen*|: ↗ anstoßen
*prallvoll*: ↗ voll (2)
*Prämisse*: ↗ Voraussetzung (2 *u.* 3)
Pranger: *an den P. stellen*: ↗ anprangern
**Pranke**: ↗ Hand (1)
*Präparat*: ↗ Medikament
*präparieren*: ↗ vorbereiten – *sich p.*: ↗ vorbereiten
*präsent*: ↗ erinnerlich – *p. sein*: ↗ anwesend
*Präsent*: ↗ Geschenk – *zum P. machen*: ↗ schenken
*präsentieren*: ↗ vorlegen – *sich p.*: ↗ zeigen (5, a)
*Präsident*: ↗ Staatsoberhaupt, Vorsitzender
*präsidieren*: ↗ Vorsitz
*prassen*: ↗ schwelgen
*präsumieren*: ↗ vermuten
*Pratze*: ↗ Pranke
*Prävalenz*: ↗ Vorherrschaft
*Präzedenzfall*: ↗ Musterbeispiel
*präzis*: ↗ genau (1)
*präzisieren*: ↗ verdeutlichen
*Predigt*: ↗ Rede
**Preis**: *den P. drücken*: ↗ unterbieten; *um jeden P.*: ↗ unbedingt
**Preisanstieg**
*preisen*: ↗ loben
*Preiserhöhung*: ↗ Preisanstieg
*preisgeben*: ↗ ausliefern

**Preisgericht**
*Preisnachlaß*: ↗ Rabatt
*Preisrichter* (*Pl*): ↗ Preisgericht
**Preisschild**
*preiswert*: ↗ billig
*prekär*: ↗ unangenehm
*preschen*: ↗ laufen (1)
*Pre-Shave-Lotion*: ↗ Rasierwasser
**Presse**
*pressen*: ↗ drücken, zwingen
*Pressevertreter*: ↗ Journalist
*Pressewesen*: ↗ Zeitungswesen
pressieren: *etw. pressiert*: ↗ eilen (2)
*Pression*: ↗ Zwang
*Preßluftschuppen*: ↗ Tanzlokal
*Prestige*: ↗ Ansehen
*prickeln*: ↗ sprudeln
*Priester*: ↗ Geistlicher
*prima*: ↗ erstklassig, hervorragend
*primär*: ↗ ursprünglich, wesentlich
*Primat*: ↗ Vorrang
*primitiv*: ↗ unkompliziert, unzivilisiert
*Prinzip*: ↗ Grundsatz (1), Regel – *aus P.*: ↗ grundsätzlich (1)
*prinzipiell*: ↗ grundsätzlich (1)
*prinzipienlos*: ↗ inkonsequent
*Prinzipienlosigkeit*: ↗ Opportunismus
*Prinzipienreiter*: ↗ Pedant
*Priorität*: ↗ Vorrang
**privat**: ↗ eigen
*privatim*: ↗ privat, vertraulich (2)
*Privileg*: ↗ Vorrecht
*pro*: ↗ je
*Probe*: ↗ Versuch, Warenprobe
**proben**
*probieren*: ↗ kosten, proben, versuchen
**Problem**: ↗ Schwierigkeit
*Problematik*: ↗ Problem
*problematisch*: ↗ schwierig
*pro domo*: ↗ eigen
*Produkt*: ↗ Erzeugnis, Werk (1)
*Produktenhändler*: ↗ Altstoffhändler
**Produktionsbetrieb**
*Produktionskosten*: ↗ Herstellungskosten
*produktiv*: ↗ schöpferisch
*produzieren*: ↗ herstellen
*profan*: ↗ weltlich
*Profession*: ↗ Beruf
**professionell**
*Profil*: ↗ Seitenansicht, Umriß
*Profit*: ↗ Gewinn
*pro forma*: ↗ Schein (2)
**prognostisch**
*prognostizieren*: ↗ voraussagen
**Programm**: ↗ Manifest, Plan
*programmatisch*: ↗ wegweisend
*programmgemäß*: ↗ plangemäß
*Programmheft*: ↗ Programm (2)
*progressiv*: ↗ fortschrittlich
*Projekt*: ↗ Plan
*Projektil*: ↗ Geschoß (1)
*Projektor*: ↗ Bildwerfer
*prolongieren*: ↗ stunden
*promenieren*: ↗ spazierengehen
**promovieren**
*prompt*: ↗ sofort, sofortig
**Propaganda**
*propagieren*: ↗ verbreiten (2), werben (1)
*proper*: ↗ ordentlich (1 *u.* 2), sauber
*prophezeien*: ↗ voraussagen, weissagen
*prophylaktisch*: ↗ vorbeugend
*Proportion*: ↗ Verhältnis
*proppenvoll*: ↗ überfüllt, voll (3)
**prosaisch**
**prosit!**
*Prospekt*: ↗ Werbeschrift
*Prosperität*: ↗ Wohlstand
*prost!*: ↗ prosit!
**prostituieren**
**Prostituierte**
**Prostitution**
*Protagonist*: ↗ Vorkämpfer
*Protegé*: ↗ Günstling
*Protektor*: ↗ Beschützer, Schirmherr
*Protest*: ↗ Einspruch – *P. einlegen*: ↗ protestieren
**protestieren**
Protokoll: *zu P. nehmen*: ↗ protokollieren
**protokollieren**
*Prototyp*: ↗ Inbegriff
*Protz*: ↗ Angeber
*protzig*: ↗ angeberisch
**Provenienz**
*Proviant*: ↗ Verpflegung (2) – *sich mit P. versorgen*: ↗ verproviantieren
**Provinz**
*provisorisch*: ↗ behelfsmäßig, vorläufig
*Provisorium*: ↗ Behelf
*Provokateur*: ↗ Unruhestifter
*provozieren*: ↗ herausfordern (2)
*Prozedur*: ↗ Verfahren
*Prozente*: ↗ Rabatt
**Prozeß**: ↗ Verlauf – *einen P. anstrengen* |*gegen*|: ↗ verklagen; *einen P. führen* |*gegen*|: ↗ prozessieren
**prozessieren**

**prüde**
*Prüderie*: ↗ Schamhaftigkeit
**prüfen**: ↗ inspizieren
*Prüfer*: ↗ Kontrolleur
**Prüfling**
**Prüfung**: *durch die P. rasseln*: ↗ durchfallen; *einer P. unterziehen*: ↗ prüfen (1)
*Prügel*: ↗ Schläge, Stock
*Prügelei*: ↗ Schlägerei
**Prügelknabe**
*prügeln*: ↗ schlagen (1), verprügeln – *sich p.*: ↗ schlagen (1)
**Prunk**: *P. entfalten*: ↗ prunken
**prunken**
*prunklos*: ↗ schlicht (1)
**prunkvoll**
*prusten*: ↗ niesen, schnauben
*Psyche*: ↗ Seele
*Pubertät*: ↗ Entwicklungsalter
publik: *p. werden*: ↗ bekannt (4)
*Publikum*: ↗ Öffentlichkeit, Zuhörerschaft
*publizieren*: ↗ veröffentlichen
*Publizist*: ↗ Journalist
Pudding: *auf den P. hauen*: ↗ prahlen
*pudelnaß*: ↗ naß
*pudelwohl*: ↗ wohl
*Puff*: ↗ Bordell, Stoß
*puffen*: ↗ stoßen (1)
*Puffer*: ↗ Kartoffelpuffer
*Pulk*: ↗ Abteilung (2)
*Pulle*: ↗ Flasche
*pullen*: ↗ rudern
*pullern*: ↗ austreten (1)
*Pulli*: ↗ Pullover
*Pullstengel*: ↗ Ruder
**Pullover**
*Pulsader*: ↗ Schlagader
*pulsieren*: ↗ schlagen (2)
**Pulver**
*pulverisieren*: ↗ zerreiben
**Pulverkaffee**
Pump: *auf P.*: ↗ leihweise
**Pumpe**: ↗ Herz
*pumpern*: ↗ schlagen (2)
*Punkt*: ↗ Stelle, Tupfen – *in diesem P.*: ↗ darin (2); *neuralgischer P.*: ↗ Achillesferse
*punkten*: ↗ tüpfeln
*punktieren*: ↗ tüpfeln
**pünktlich**: *nicht p.*: ↗ unpünktlich
*Puppe*: ↗ Mädchen (2) – *bis in die Puppen*: ↗ lange
*Puppenspiel*: ↗ Puppentheater
**Puppentheater**
*pur*: ↗ unvermischt
*Purgativ*: ↗ Abführmittel
*purgieren*: ↗ abführen
*puritanisch*: ↗ einfach, sittenstreng
Purzelbaum: *einen P. schießen*: ↗ überschlagen
*Puste*: ↗ Atem – *außer P.*: ↗ atemlos
*Pustel*: ↗ Pickel
*pusten*: ↗ keuchen, schnauben
Pute: *dumme P.*: ↗ Ziege (2)
*putzen*: ↗ reinigen, saubermachen – *sich p.*: ↗ herausputzen
*Putzfrau*: ↗ Raumpflegerin
**Putzmacherin**
*putzig*: ↗ spaßig
*pygmäisch*: ↗ zwergenhaft
*Pyjama*: ↗ Schlafanzug
*pyknisch*: ↗ untersetzt
*pyramidal*: ↗ gewaltig

# Q

*quakeln*: ↗ schwatzen
**Quacksalber**
*Quadrat*: ↗ Viereck
*Quadratschädel*: ↗ Starrkopf
*quaken*: ↗ sprechen (1)
**Qual**: ↗ Leid – *Qualen bereiten*: ↗ quälen
**quälen**: *sich q.*: ↗ abmühen, leiden
**quälend**
*Quälerei*: ↗ Qual
**Quälgeist**
qualifizieren: *sich q.*: ↗ bilden (2)
*Qualifizierung*: ↗ Weiterbildung
**Qualität**: *von guter Q.*: ↗ gediegen
*quallig*: ↗ schleimig
*Qualm*: ↗ Rauch
*qualmen*: ↗ rauchen (1 *u.* 2)
*qualmig*: ↗ rauchig
*qualsterig*: ↗ schleimig
*qualvoll*: ↗ leidvoll, quälend
*Quanten*: ↗ Füße
*Quantum*: ↗ Dosis
**Quark**
*Quartal*: ↗ Vierteljahr
*Quartier*: ↗ Unterkunft
*quasi*: ↗ gleichsam

*quasseln*: ↗ schwatzen
*Quasselstrippe*: ↗ Schwätzer
*Quasseltante*: ↗ Schwätzerin
*Quaste*: ↗ Troddel
*Quatsch*: ↗ Unsinn
*quatschen*: ↗ schwatzen, unterhalten (2)
*Quatschkopf*: ↗ Schwätzer
*Quatschliese*: ↗ Schwätzerin
**Quecksilber**
*Quell*: ↗ Quelle, Ursprung
**Quelle**
*Quengler*: ↗ Quälgeist
quer: *q. lesen*: ↗ überfliegen
Quere: *in die Q. kommen*: ↗ stören (1)
querlegen: *sich q.*: ↗ widersetzen
*querschießen*: ↗ stören (1)
*Querschnitt*: ↗ Übersicht (2)
*Querulant*: ↗ Nörgler
*querulieren*: ↗ nörgeln
*Quetsche*: ↗ Geschäft (1), Ort
*quetschen*: ↗ drücken
*Quetschkommode*: ↗ Akkordeon, Ziehharmonika
**quieken**
*quietschen*: ↗ quieken
*Quintessenz*: ↗ Ergebnis (2), Wesen
*quirilieren*: ↗ singen (2)
*Quirl*: ↗ Quecksilber
*quirlen*: ↗ wirbeln
*quirlig*: ↗ unruhig
**Quittung**
Quivive: *auf dem Q. sein*: ↗ vorsehen (2)

# R

**Rabatt**
*rabiat*: ↗ brutal (1 *u.* 2)
*rabulistisch*: ↗ spitzfindig
**Rache**: *R. nehmen*: ↗ rächen
**Rachegöttin**
*Rachen*: ↗ Maul, Schlund
**rächen**: ↗ vergelten (1)
*Racker*: ↗ Kind (1)
*Rackerei*: ↗ Mühsal
*rackern*: ↗ schuften
*Rad*: ↗ Fahrrad – *unter die Räder kommen*: ↗ [1]verkommen
*Radau*: ↗ Lärm
*Radaumacher*: ↗ Unruhestifter
**radebrechen**
*radeln*: ↗ radfahren
**radfahren**
**radikal**: ↗ gründlich (2), rücksichtslos
**Radikalkur**
*Radio*: ↗ Rundfunk, Rundfunkgerät
*Radsperre*: ↗ Hemmschuh (1)
*raffgierig*: ↗ habgierig
**raffiniert**
*Raffke*: ↗ Habgieriger
*Raffzahn*: ↗ Habgieriger
*Rage*: ↗ Wut – *in R. kommen*: ↗ wütend; *in R. sein*: ↗ wütend
*Rahm*: ↗ Sahne – *den R. abschöpfen*: ↗ absahnen
**rahmen**
Rahmen: *in einen R. fassen*: ↗ rahmen
*Rammelei*: ↗ Gedränge
rammeln: *r.* |*gegen*|: ↗ anstoßen; *sich r.*: ↗ stoßen (1)
rammen: *r.* |*in*|: ↗ einschlagen (2)
*ramponieren*: ↗ beschädigen
*ramponiert*: ↗ schadhaft
*Ramsch*: ↗ Kram, Schund
**Rand**: ↗ Besatz, Kante – *außer R. und Band sein*: ↗ übermütig; *am Rande des Grabes stehen*: ↗ todkrank; *den R. halten*: ↗ schweigen (1 *u.* 2); *zu Rande kommen* |*mit*|: ↗ zurechtkommen (2); *sich am Rande verstehen*: ↗ selbstverständlich
*randalieren*: ↗ lärmen
*randvoll*: ↗ voll (1)
*Ranft*: ↗ Brotkanten
**Rang**: *den R. ablaufen*: ↗ überflügeln; *von hohem R.*: ↗ hochgestellt
*Range*: ↗ Wildfang
*rangeln*: ↗ raufen
**Rangordnung**
*Rangstufe*: ↗ Rang (1)
ranhalten: *sich r.*: ↗ beeilen
*rank*: ↗ schlank
Ränke: *R. schmieden*: ↗ intrigieren
**ranken**
*Ränkespiel*: ↗ Intrige
*ränkesüchtig*: ↗ intrigant
*Ranzen*: ↗ Schulranzen
*ranzig*: ↗ verdorben
*Rappel*: ↗ Anfall (2) – *einen R. haben*: ↗ verrückt
*rappelig*: ↗ verrückt
*Rappelkopf*: ↗ Starrkopf
*rappeln*: ↗ klappern

*rappelvoll*: ↗ überfüllt, voll (3)
*Raptus*: ↗ Anfall (2)
*rar*: ↗ selten
*rasant*: ↗ schnell (1)
*Rasanz*: ↗ Geschwindigkeit
**rasch:** ↗ eilends, schnell (1)
**rascheln**
*rasen*: ↗ laufen (1), wüten
**Rasen**: ↗ Spielfeld
*rasend*: ↗ sehr, wütend
*Rasendecke*: ↗ Rasen
*Rasenfläche*: ↗ Rasen
**Raserei**
**Rasierwasser**
*räsonieren*: ↗ nörgeln, schimpfen
*Räsonierer*: ↗ Nörgler
**Rassel**
**rasseln**
Rast: *R. machen*: ↗ rasten
**rasten**
*rastlos*: ↗ unermüdlich
**Rat:** *um R. fragen*: ↗ konsultieren; *einen R. geben*: ↗ raten; *mit sich zu Rate gehen*: ↗ [1]überlegen; *R. wissen*: ↗ helfen; *zu Rate ziehen*: ↗ heranziehen
Rate: *in Raten*: ↗ ratenweise; *in Raten zahlen*: ↗ abzahlen
**raten:** ↗ erraten
**ratenweise**
**ratifizieren**
*Ratio*: ↗ Vernunft
**Ration**
*rational*: ↗ vernunftmäßig
*rationell*: ↗ zweckmäßig
*ratlos*: ↗ hilflos
*ratsam*: ↗ empfehlenswert (2)
*Ratsche*: ↗ Rassel
*Ratschlag*: ↗ Rat
*rätselhaft*: ↗ geheimnisvoll, unbegreiflich
*rattern*: ↗ holpern
Ratz: *wie ein R. schlafen*: ↗ schlafen
*ratzekahl*: ↗ kahl (1 *u.* 2)
**Raub:** *ein R. der Flammen werden*: ↗ verbrennen (1)
**rauben**
*Räuberhöhle*: ↗ Wohnung
*räubern*: ↗ rauben
*Räuberpistole*: ↗ Schauergeschichte
*Raubgut*: ↗ Raub
*Raubüberfall*: ↗ Überfall (2)
**Rauch:** *in R. aufgehen*: ↗ verbrennen (1)
**rauchen**
Raucher: *R. sein*: ↗ rauchen (2)
*Rauchfang*: ↗ Schornstein – *in den R. schreiben*: ↗ verloren (3)
*Rauchfangkehrer*: ↗ Schornsteinfeger
*rauchgeschwängert*: ↗ rauchig
**rauchig**
[1]*Rauchwaren*: ↗ Pelzwaren
[2]*Rauchwaren*: ↗ Tabakwaren
*Räude*: ↗ Krätze
**Raufbold**
**raufen:** *sich r.*: ↗ schlagen (1)
*Rauferei*: ↗ Schlägerei
**rauh**: ↗ heiser – *r. werden*: ↗ aufspringen (2)
*Rauhbein*: ↗ Grobian
**Rauhreif**
**Raum:** ↗ Platz, Zimmer, Weltraum
*räumen*: ↗ abernten, abräumen, verlassen (1)
*Raumfahrer*: ↗ Kosmonaut
**Raumfahrt**
*Raumfahrzeug*: ↗ Raumschiff
*Raumheizer*: ↗ Heizgerät
*räumlich*: ↗ örtlich
*Räumlichkeit*: ↗ Raum
*Raummangel*: ↗ Platzmangel
*Raumnot*: ↗ Platzmangel
**Raumpflegerin**
**Raumschiff**
*Räumung*: ↗ Rückzug
**Rausch**
*rauschen*: ↗ brausen, wehen (1)
**Rauschgift**
*rausholen*: ↗ Gewinn
**räuspern**
*rausschmeißen*: ↗ ausquartieren
*rausspringen*: ↗ Gewinn
**reagieren:** ↗ verhalten (1)
**Reaktion**
*reaktionär*: ↗ rückschrittlich
**Reaktionär**
*Reaktor*: ↗ Kernreaktor
*real*: ↗ wirklich
*realisierbar*: ↗ durchführbar
*realisieren*: ↗ verwirklichen
**Realismus**
*realistisch*: ↗ wirklichkeitsnah
*Realität*: ↗ Tatsache, Wirklichkeit
*realiter*: ↗ tatsächlich
*Rebbach*: ↗ Gewinn
*rebellieren*: ↗ empören
*Rebellion*: ↗ Aufstand
*Rebensaft*: ↗ Wein

Rechenschaft: *R. ablegen*: ↗ verantworten (2); *zur R. ziehen*: ↗ abrechnen
*recherchieren*: ↗ nachforschen
*rechnen*: ↗ sparsam – *r.* |*auf*|: ↗ vertrauen; *r.* |*mit*|: ↗ vorbereitet; *r.* |*zu*|: ↗ gehören (1); *gerechnet werden* |*zu*|: ↗ gehören (1)
*Rechner*: ↗ Elektronenrechner
**Rechnung**: *R. tragen*: ↗ berücksichtigen (1)
**recht**: ↗ richtig, sehr – *r. behalten*: ↗ recht
**Recht**: ↗ Anspruch, Berechtigung – *seiner Rechte beraubt*: ↗ rechtlos; *nach R. und Gesetz*: ↗ rechtlich; *im R. sein*: ↗ recht; *R. sprechen*: ↗ Urteil; *zu R.*: ↗ Recht, rechtmäßig
*Rechteck*: ↗ Viereck
*rechten*: ↗ streiten
*rechterseits*: ↗ rechts
**rechtfertigen**
*rechtgläubig*: ↗ orthodox
*Rechthaber*: ↗ Besserwisser
**rechtlich**
**rechtlos**
**rechtmäßig**
**rechts**
**Rechtsanwalt**
**rechtschaffen**
**Rechtschreibung**
**rechtsgültig**
*rechtskräftig*: ↗ rechtsgültig
*rechtsliebend*: ↗ gerecht (2)
*Rechtspflege*: ↗ Justiz
*Rechtsprechung*: ↗ Justiz
*rechtsseitig*: ↗ rechts
*Rechtsspruch*: ↗ Urteil
Rechtsstandpunkt: *vom R. aus*: ↗ rechtlich
*Rechtsstreit*: ↗ Prozeß
*rechtsverbindlich*: ↗ rechtsgültig
*Rechtswesen*: ↗ Justiz
*rechtswidrig*: ↗ ungesetzlich
**Rechtswissenschaft**
**rechtzeitig**: *r. kommen*: ↗ zurechtkommen (1)
recken: *sich r.*: ↗ dehnen, strecken
**Rede**: *R. und Antwort stehen*: ↗ verantworten (2); *eine R. halten*: ↗ sprechen (2)
*Redefluß*: ↗ Redeschwall
*redefreudig*: ↗ gesprächig
*redegewandt*: ↗ wortgewandt
*Redekunst*: ↗ Rhetorik
**reden**: ↗ sprechen (1) – *r.* |*mit*|: ↗ unterhalten (2); *r.* |*über*|: ↗ aufhalten (2)
**Redensart**: ↗ Floskel (2) – *allgemeine R.*: ↗ Phrase; *sprichwörtliche R.*: ↗ Redensart
**Redeschwall**
*Redeweise*: ↗ Ausdrucksweise
**Redewendung**: *idiomatische R.*: ↗ Redensart; *stehende R.*: ↗ Redensart
*redlich*: ↗ rechtschaffen
**Redner**
*redselig*: ↗ gesprächig
*redundant*: ↗ überreichlich
*reduzieren*: ↗ verringern
*Reep*: ↗ Seil
*Referat*: ↗ Vortrag (1) – *ein R. halten*: ↗ sprechen (2)
*Referee*: ↗ Schiedsrichter
*Referendum*: ↗ Volksabstimmung
*Referent*: ↗ Redner, Sachbearbeiter
*referieren*: ↗ berichten – *r.* |*über*|: ↗ vortragen (1)
*reffen*: ↗ einziehen (3)
*reflektieren*: ↗ nachdenken, widerspiegeln (1) – *r.* |*auf*|: ↗ besitzen, erstreben
*Reflex*: ↗ Widerschein
*Reflexion*: ↗ Rückstrahlung
*reformieren*: ↗ umgestalten
**Regal**
*rege*: ↗ munter
**Regel**: ↗ Menstruation, Richtlinie
*regellos*: ↗ ungeordnet (1)
*regelmäßig*: ↗ vorschriftsmäßig – *r. wiederkehrend*: ↗ periodisch
**regeln**
*Regelung*: ↗ Regel
*Regelverstoß*: ↗ Regelwidrigkeit
**Regelwidrigkeit**
*regen*: ↗ bewegen
**Regen**
regenerieren: *sich r.*: ↗ erholen
**Regenguß**
*Regenrinne*: ↗ Dachrinne
*Regenschauer*: ↗ Regenguß
**regieren**
**Regierung**
**Regierungsform**
*Regime*: ↗ Regierungsform
*Region*: ↗ Gegend (1)
*regional*: ↗ landschaftlich, örtlich
*Register*: ↗ Verzeichnis
**registrieren**: ↗ feststellen
*Reglement*: ↗ Vorschrift
**regnen**
*regulär*: ↗ vorschriftsmäßig
*regulieren*: ↗ regeln

*Rehabilitation*: ↗ Rehabilitierung
*rehabilitieren*: ↗ rechtfertigen – *sich r.*: ↗ rechtfertigen
**Rehabilitierung**
**reiben**
*Reibungswiderstand*: ↗ Widerstand (2)
**reich**: ↗ umfangreich
*Reich*: ↗ Staat
*reichen*: ↗ anbieten (1), geben, hinhalten (1) – *etw. reicht jmdm.*: ↗ überdrüssig; *r.* |*mit*|: ↗ auskommen
**reichlich**
*Reichtum*: ↗ Fülle
**Reichweite**: *in R.*: ↗ nahe
[1]*Reif*: ↗ Rauhreif
[2]*Reif*: ↗ Fingerring, Ring
**Reifen**
*Reifeprüfung*: ↗ Abitur
*Reifezeit*: ↗ Entwicklungsalter
**Reihe**: ↗ Anzahl, Serie – *an die R. kommen*: ↗ Reihe (2); *der R. nach*: ↗ hintereinander
*reihen*: ↗ aneinanderreihen
**Reihenfolge**
*reihern*: ↗ übergeben (2)
*Reihung*: ↗ Reihenfolge
*reimen*: ↗ dichten (2)
*rein*: ↗ sauber, unschuldig (2), unvermischt, völlig – *r. machen*: ↗ saubermachen; *ins reine schreiben*: ↗ abschreiben (2)
*Reinemachefrau*: ↗ Raumpflegerin
*reinemachen*: ↗ saubermachen
*Reinertrag*: ↗ Erlös
*Reinfall*: ↗ Enttäuschung
*Reinheit*: ↗ Unschuld (2)
**reinigen**: ↗ klären
*Reinigungskraft*: ↗ Raumpflegerin
*reinwaschen*: ↗ rechtfertigen – *sich r.*: ↗ rechtfertigen
**Reise**: *sich auf die R. begeben*: ↗ abreisen (1); *seine letzte R. antreten*: ↗ sterben; *eine R. machen*: ↗ reisen; *auf Reisen sein*: ↗ unterwegs (2)
*Reiseführer*: ↗ Reiseleiter
*Reisegast*: ↗ Fahrgast
**Reiseleiter**
**reisen**
*Reiseproviant*: ↗ Verpflegung (2)
*Reiseweg*: ↗ Route
Reißaus: *R. nehmen*: ↗ fliehen
*reißen*: ↗ ziehen (2) – *sich r.*: ↗ ritzen; *an sich r.*: ↗ aneignen (1)
*Reißen*: ↗ Rheumatismus
**reißerisch**
Reißzwecke: *mit Reißzwecken gurgeln*: ↗ schnarchen
**Reitbahn**
*Reitschule*: ↗ Karussell
**Reiz**: ↗ Charme, Verlockung, Zauber – *keinen R. abgewinnen können* |*einer Sache*|: ↗ mögen
*reizbar*: ↗ nervös, unbeherrscht
*reizen*: ↗ verlocken
*reizend*: ↗ entzückend
*Reizung*: ↗ Reiz
*reizvoll*: ↗ entzückend
*rekapitulieren*: ↗ wiederholen (1, a *u.* b)
rekeln: *sich r.*: ↗ ausstrecken (2)
Reklame: *R. machen* |*für*|: ↗ werben (1)
*Reklamefachmann*: ↗ Werbefachmann
*reklamehaft*: ↗ reißerisch
*reklamieren*: ↗ beanstanden
*rekonstruieren*: ↗ wiederherstellen
*Rekonvaleszenz*: ↗ Genesung
Rekord: *R. haben*: ↗ ängstigen
rekrutieren: *etw. rekrutiert sich* |*aus*|: ↗ zusammensetzen
*Relaps*: ↗ Rückfall
*Relation*: ↗ Verhältnis
*relativ*: ↗ verhältnismäßig
*relevant*: ↗ wichtig
*Relevanz*: ↗ Bedeutung
*religiös*: ↗ fromm
*Relikt*: ↗ Überbleibsel
*Reminiszenz*: ↗ Erinnerung (1)
*Remise*: ↗ Schuppen
*Remmidemmi*: ↗ Trubel
*Renaissance*: ↗ Wiedergeburt
*Rendezvous*: ↗ Verabredung
**Renegat**
*renitent*: ↗ widerspenstig
*rennen*: ↗ laufen (1)
**Rennen**: *das R. machen*: ↗ siegen
*Renner*: ↗ Verkaufsschlager
*Rennpferd*: ↗ Prostituierte
*Renommee*: ↗ Ruf
*renommieren*: ↗ angeben, prahlen
*Renommist*: ↗ Angeber
*Renommisterei*: ↗ Angabe
*renovieren*: ↗ erneuern, wiederherstellen
*rentabel*: ↗ einträglich, wirtschaftlich (2)
*Rentenempfänger*: ↗ Rentner
rentieren: *sich r.*: ↗ lohnen
**Rentner**
*Reorganisation*: ↗ Neuordnung

**Reparatur**
**reparieren**
*Repertoire*: ↗ Programm (1, b)
*repetieren*: ↗ wiederholen (1, a *u.* b)
*Report*: ↗ Bericht
**Reportage**
*Reporter*: ↗ Berichterstatter
*Repräsentant*: ↗ Vertreter
*repräsentativ*: ↗ stattlich, wirkungsvoll
*Repräsentativumfrage*: ↗ Umfrage
*repräsentieren*: ↗ vertreten
*Repressalie*: ↗ Vergeltung
*reproduzieren*: ↗ vervielfältigen
*Reputation*: ↗ Ruf
*requirieren*: ↗ beschlagnahmen
*Reservat*: ↗ Schutzgebiet
*Reserve*: ↗ Vorrat – *sich R. auferlegen*: ↗ zurückhalten
*Reservemann*: ↗ Ersatzmann
*reservieren*: ↗ zurücklegen (3)
*reserviert*: ↗ zurückhaltend
*residieren*: ↗ wohnen
**resignieren**
*resigniert*: ↗ [1]ergeben (2)
*resistent*: ↗ widerstandsfähig
*Resistenz*: ↗ Widerstand (1)
*resolut*: ↗ entschlossen
**Respekt**
**respektabel:** ↗ angesehen, beträchtlich
*respekteinflößend*: ↗ respektabel
*respektgebietend*: ↗ ehrwürdig
**respektieren**
*Respektlosigkeit*: ↗ Mißachtung
*Respektsperson*: ↗ Persönlichkeit
**respektvoll**
**Rest:** ↗ Überbleibsel – *den R. geben*: ↗ töten (2)
**Restant**
*Restaurant*: ↗ Gaststätte
*restaurativ*: ↗ rückschrittlich
*restaurieren*: ↗ wiederherstellen – *sich r.*: ↗ erholen
*restlich*: ↗ übrig
*restlos*: ↗ vollständig
*restringieren*: ↗ beschränken
*Resultat*: ↗ Ergebnis (1 *u.* 2)
resultieren: *r.* |aus|: ↗ [2]ergeben (2), herrühren
*Resümee*: ↗ Zusammenfassung
*resümieren*: ↗ zusammenfassen
*retour*: ↗ zurück
*retournieren*: ↗ zurückgeben, zurücksenden
*Retrospektive*: ↗ Rückblick
**retten**
Rettung: *R. bringen* |*für*|: ↗ retten
*Rettungswagen*: ↗ Krankenwagen
**Reue**
**reuevoll**
*reuig*: ↗ reuevoll
*reumütig*: ↗ reuevoll
*Reumütigkeit*: ↗ Reue
*Revanche*: ↗ Rache
revanchieren: *sich r.*: ↗ rächen, vergelten (2)
*Reverenz*: ↗ Achtung
*Revers*: ↗ Aufschlag (3)
*Reversion*: ↗ Umkehrung
*revidieren*: ↗ überprüfen
*Revolte*: ↗ Aufstand
*revoltieren*: ↗ empören
**Revolution**
*revolutionieren*: ↗ umgestalten
*Revolver*: ↗ Pistole
*Revolverblatt*: ↗ Zeitung
*Revolverpresse*: ↗ Sensationspresse
*revozieren*: ↗ widerrufen
*Revue*: ↗ Zeitschrift
*rezensieren*: ↗ besprechen
*rezeptieren*: ↗ verschreiben
*Rezeption*: ↗ Anmeldung
*Rezidiv*: ↗ Rückfall
*reziprok*: ↗ wechselseitig
*Rezitation*: ↗ Vortrag (2)
*rezitieren*: ↗ vortragen (2)
**Rhetorik**
*Rheuma*: ↗ Rheumatismus
**Rheumatismus**
*richten*: ↗ hinrichten, Urteil, zubereiten – *sich r.* |*nach*|: ↗ anlehnen (2)
**Richter**
*Richterspruch*: ↗ Urteil
**richtig:** ↗ fehlerfrei, wahr (2), wirklich – *r. liegen*: ↗ recht; *r. sein*: ↗ stimmen; *nicht r. sein / ticken*: ↗ verrückt
**Richtlinie**
*Richtschnur*: ↗ Grundsatz (1), Richtlinie
*Richtung*: ↗ Strömung (2) – *in alle Richtungen*: ↗ überallhin; *aus allen Richtungen*: ↗ überallher; *aus welcher R.*: ↗ woher
*Richtungsänderung*: ↗ Wendung
*richtungslos*: ↗ ziellos
*richtungweisend*: ↗ maßgebend, wegweisend
**riechen:** ↗ spüren, stinken
*Riecher*: ↗ Nase, Spürsinn
*Riechorgan*: ↗ Nase

*Ried*: ↗ Schilf (1 *u.* 2)
Riegel: *den R. vorlegen*: ↗ abschließen; *einen R. vorschieben*: ↗ unterbinden
*Riemen*: ↗ Gürtel, Ruder – *sich in die Riemen legen*: ↗ rudern; *sich am R. reißen*: ↗ zusammennehmen
*Riese*: ↗ Hüne
rieseln: *es rieselt*: ↗ nieseln
**Riesenhunger**
*riesig*: ↗ gewaltig, groß (1), sehr
*rigoros*: ↗ rücksichtslos, streng (1 *u.* 2)
**Rinde**
**Ring:** ↗ Fingerring, Vereinigung (2)
*Ringelpietz*: ↗ Tanzveranstaltung
*Ringelspiel*: ↗ Karussell
*ringen*: ↗ kämpfen
*Ringen*: ↗ Kampf (2)
*ringförmig*: ↗ kreisförmig
*Ringrichter*: ↗ Schiedsrichter
*ringsherum*: ↗ ringsum
**ringsum**
*Rinnstein*: ↗ Gosse
*Rippenstoß*: ↗ Stoß
*Risiko*: ↗ Wagnis – *kein R. eingehen*: ↗ sichergehen
*riskant*: ↗ gewagt
*riskieren*: ↗ wagen
**Riß:** ↗ Schramme (1 *u.* 2), Sprung (2) – *einen R. in der Schüssel / Waffel haben*: ↗ verrückt
*rissig*: ↗ rauh (1)
*Rist*: ↗ Fußrücken
*ritterlich*: ↗ großherzig, höflich
**Ritual**
*Ritus*: ↗ Ritual
*Ritz*: ↗ Schramme (1 *u.* 2), Spalt
**ritzen**
**Rivale:** ↗ Gegner, Konkurrent
*rivalisieren*: ↗ konkurrieren, wetteifern
*robben*: ↗ kriechen
**robust**
**Rock:** ↗ Damenrock
**rodeln**
**roden**
*roh*: ↗ brutal (1)
*Rohmaterial*: ↗ Grundstoff (2)
**Rohr:** ↗ Schilf (1)
*Röhre*: ↗ Rohr – *in die R. gucken*: ↗ leer (3)
*Röhricht*: ↗ Schilf (2)
**Rohrleitung**
Rohrspatz: *schimpfen wie ein R.*: ↗ schimpfen
*Rolle*: ↗ ²Mangel – *aus der R. fallen*: ↗ vorbeibenehmen; *eine R. spielen*: ↗ wichtig
**rollen:** ↗ schlingern – *sich r.*: ↗ wälzen
*Romantik*: ↗ Schwärmerei
*Romantiker*: ↗ Schwärmer
*Romanze*: ↗ Liebesabenteuer
*Romeo*: ↗ Liebhaber
*röntgen*: ↗ durchleuchten
*Rosinante*: ↗ Pferd
*Roß*: ↗ Pferd
*Roßkur*: ↗ Radikalkur
**rösten:** ↗ braten, dörren (2)
*Röstkartoffeln*: ↗ Bratkartoffeln
rot: *r. werden*: ↗ schämen
*rotblond*: ↗ rothaarig
**rothaarig**
*rotieren*: ↗ drehen (2)
*Rotkreuzhelfer*: ↗ Sanitäter
*rotsehen*: ↗ wütend
*Rotte*: ↗ Bande (2)
*rotzen*: ↗ spucken
*rotzig*: ↗ frech
*Rotznase*: ↗ Frechdachs
**Route**
**Routinier**
*routiniert*: ↗ geübt
*Rowdy*: ↗ Flegel, Raufbold
*rowdyhaft*: ↗ flegelhaft
*rubbelig*: ↗ rauh (1)
*rubbeln*: ↗ reiben
Rübe: *die R. abhacken*: ↗ enthaupten; *freche R.*: ↗ Frechdachs
ruchbar: *r. werden*: ↗ herauskommen
**Rückblick**
**rücken**
**Rücken:** *im R.*: ↗ rückseitig; *es läuft jmdm. eiskalt über den R.*: ↗ schaudern; *den R. stärken*: ↗ unterstützen (1); *den R. steifhalten*: ↗ standhaft; *den R. zeigen*: ↗ abweisen (1); *den R. zudrehen*: ↗ abwenden (2)
*Rückerinnerung*: ↗ Rückblick
*Rückerstattung*: ↗ Rückzahlung
**Rückfahrt**
**Rückfall**
*Rückgrat*: ↗ Stütze (2), Wirbelsäule – *das R. brechen*: ↗ zugrunde
*rückgratlos*: ↗ willensschwach
Rückhalt: *R. geben*: ↗ unterstützen (1)
*rückhaltlos*: ↗ offen (3) – *sich r. einsetzen*: ↗ hingeben (1)
**Rückkehr**
*Rückkunft*: ↗ Rückkehr

*Rücklage*: ↗ Ersparnisse
**Rücklicht**
**rücklings**
*Rückreise*: ↗ Rückfahrt
**Rückschau:** ↗ Rückblick
*Rückschrittler*: ↗ Reaktionär
**rückschrittlich**
**Rückseite:** *auf der R.*: ↗ rückseitig
**rückseitig**
*rückseits*: ↗ rückseitig
**Rücksicht:** *R. nehmen* |*auf*|: ↗ schonen; *ohne R.*: ↗ rücksichtslos; *ohne R. auf*: ↗ trotz
*Rücksichtnahme*: ↗ Rücksicht
**rücksichtslos:** ↗ brutal (2)
**rücksichtsvoll:** ↗ behutsam (2)
**Rücksitz**
*Rückstand*: ↗ Rest, Verzug
**rückständig**
**Rückstrahler**
**Rückstrahlung**
**Rücktritt:** *seinen R. erklären*: ↗ zurücktreten
rückversichern: *sich r.*: ↗ sichergehen
**rückwärts:** ↗ zurück
rückwärtsgehen: *es geht rückwärts* |*mit*|: ↗ verschlechtern
*Rückwirkung*: ↗ Reaktion
**Rückzahlung**
Rückzieher: *einen R. machen*: ↗ widerrufen
**Rückzug:** *den R. antreten*: ↗ zurückziehen (1, b)
*rüde*: ↗ barsch
**Ruder:** *am R. sein*: ↗ herrschen (1), regieren; *ans R. kommen*: ↗ Macht
*Ruderboot*: ↗ Boot
**rudern**
*Rudiment*: ↗ Überbleibsel
**Ruf:** ↗ Schrei – *einen schlechten R. haben*: ↗ verrufen; *in üblen R. bringen*: ↗ verunglimpfen
*rufen*: ↗ herbeirufen, nennen (1), schreien – *wie gerufen kommen*: ↗ willkommen
*Rüffel*: ↗ Tadel
*rüffeln*: ↗ tadeln
*Rüge*: ↗ Tadel
*rügen*: ↗ tadeln
*Ruhe*: ↗ Gemütsruhe, Stille – *sich zur R. begeben*: ↗ schlafen; *zur ewigen R. eingehen*: ↗ sterben; *in R.*: ↗ ruhig; *sich zur R. setzen*: ↗ zurückziehen (1, a)
*ruhebedürftig*: ↗ müde
*ruhelos*: ↗ unruhig
*Ruhelosigkeit*: ↗ Unruhe
ruhen: *kurz r.*: ↗ rasten
*Ruhepause*: ↗ Pause – *eine R. machen*: ↗ rasten
Ruhestand: *im R. sein*: ↗ pensioniert; *in den R. treten*: ↗ zurückziehen (1, a)
*Ruheständler*: ↗ Rentner
Ruhestätte: *letzte R.*: ↗ Grab
*Ruhestörung*: ↗ Lärm
*ruhevoll*: ↗ ruhig
**ruhig:** ↗ langsam
*ruhig!*: ↗ still
**Ruhm**
*rühmen*: ↗ loben – *sich r.*: ↗ prahlen
*ruhmredig*: ↗ prahlerisch
*ruhmreich*: ↗ ruhmvoll
**ruhmvoll**
*rühren*: ↗ bewegen – *etw. rührt jmdn. an*: ↗ ergreifen (3)
*rührend*: ↗ liebevoll
*rührig*: ↗ eifrig, tätig
*Rührigkeit*: ↗ Eifer
**rührselig:** ↗ weinerlich
*Ruin*: ↗ Verderben – *finanzieller R.*: ↗ Bankrott (1)
*Ruine*: ↗ Trümmer
*ruinieren*: ↗ beschädigen, zugrunde
**ruiniert**
*rülpsen*: ↗ aufstoßen
*Rummel*: ↗ Trubel
*Rumpel*: ↗ Gerümpel
*Rumpelkammer*: ↗ Abstellraum
*rumpeln*: ↗ holpern, poltern
*rund*: ↗ kreisförmig, kugelig, ungefähr – *nicht r. laufen*: ↗ verrückt; *nicht ganz r. laufen*: ↗ schwachsinnig; *r. machen*: ↗ abrunden (1)
**Runde:** ↗ Personenkreis – *gesellige R.*: ↗ gesellig; *in der R.*: ↗ ringsum; *eine R. spendieren*: ↗ Runde
*runden*: ↗ abrunden (2)
*Rundfrage*: ↗ Umfrage
**Rundfunk**
*Rundfunkempfänger*: ↗ Rundfunkgerät
**Rundfunkgerät**
*rundheraus*: ↗ offen (3)
*rundlich*: ↗ dick, dicklich
**Rundschreiben**
*Rundspruch*: ↗ Rundfunk
*rundum*: ↗ ringsum
*Runzel*: ↗ Falte (2)
**runzelig:** ↗ faltig (2)
*Rüpel*: ↗ Flegel

*rüpelhaft*: ↗ flegelhaft
*rüpelig*: ↗ flegelhaft
*rupfen*: ↗ pflücken, schröpfen
**rußen**
*rustikal*: ↗ ländlich
*Rüstung*: ↗ Panzer (2)
*Rüstungsstopp*: ↗ Abrüstung
**Rute:** ↗ Penis, Schwanz
*Rutsch*: ↗ Abstecher
*Rutschbahn*: ↗ Schlitterbahn
*Rutsche*: ↗ Fußbank
**rutschen**
*rutschig*: ↗ glatt (2)
*rütteln*: ↗ schütteln

## S

**Saal**
*sabbeln*: ↗ schwatzen
*Sabber*: ↗ Speichel
**Sabotage:** *S. treiben*: ↗ sabotieren
**Saboteur**
**sabotieren**
**Sachbearbeiter**
*Sachbeschädigung*: ↗ Sachschaden
*sachbezogen*: ↗ sachlich (1)
*Sache*: ↗ Angelegenheit (1 *u.* 2), Dingsda (1), Sachverhalt – *nicht bei der S. sein*: ↗ unaufmerksam
*Sachen*: ↗ Kleidung
*Sachgebiet*: ↗ Fachgebiet
**sachkundig**
*Sachlage*: ↗ Sachverhalt
**sachlich**
*Sachlichkeit*: ↗ Realismus
**Sachschaden**
*sacht*: ↗ behutsam (1 *u.* 2), sanft
**Sachverhalt**
*sachverständig*: ↗ sachkundig
*Sachverständiger*: ↗ Fachmann
**Sack:** *in den S. hauen*: ↗ kündigen; *in den S. stecken*: ↗ überflügeln
*Säckel*: ↗ Sack
*Sacktuch*: ↗ Taschentuch
**säen**
*Safaripark*: ↗ Zoo
**Safe**
*saftig*: ↗ drastisch
*saftlos*: ↗ gehaltlos
*sagen*: ↗ mitteilen – *nicht s.*: ↗ verschweigen; *nichts s.*: ↗ schweigen (1)
*sägen*: ↗ schnarchen
*sagenhaft*: ↗ wunderbar
**Sahne:** *die S. abschöpfen*: ↗ absahnen
*Sakko*: ↗ Jacke
*sakra!*: ↗ verflucht!
*sakral*: ↗ geistlich
*säkular*: ↗ weltlich
*Salär*: ↗ Lohn
**Salbe**
*salonfähig*: ↗ wohlerzogen
*salopp*: ↗ nachlässig, ungezwungen
Salz: *nicht das S. zum Brot haben*: ↗ arm
*salzen*: ↗ würzen
*salzig*: ↗ scharf (2)
**Samen**
*Samenflüssigkeit*: ↗ Samen
*sammeln*: ↗ konzentrieren (1), vereinigen – *sich s.*: ↗ konzentrieren (2), versammeln
**Sammelplatz**
*samt*: ↗ mit – *s. und sonders*: ↗ alle
*sämtlich*: ↗ alle
*samtweich*: ↗ weich (2)
**Sanatorium**
Sand: *S. in die Augen streuen*: ↗ täuschen; *S. ins Getriebe streuen*: ↗ sabotieren; *im Sande verlaufen*: ↗ ergebnislos
**Sandbank**
*Sandkasten*: ↗ Spielplatz
**sanft**
**sanftmütig**
*Sängerkreis*: ↗ Gesangverein
*sanguinisch*: ↗ lebhaft
*Sani*: ↗ Sanitäter
**sanitär**
**Sanitäter**
*Sanitätswagen*: ↗ Krankenwagen
*Sanka*: ↗ Krankenwagen
*Sargnagel*: ↗ Zigarette
*Sarkasmus*: ↗ Spott
*sarkastisch*: ↗ spöttisch
*Satan*: ↗ Teufel
*satanisch*: ↗ teuflisch
*Satellitenstadt*: ↗ Trabantenstadt
**satt:** ↗ selbstzufrieden – *s. haben*: ↗ überdrüssig
Sattel: *aus dem S. heben*: ↗ verdrängen
*saturiert*: ↗ selbstzufrieden, zufrieden
*Satz*: ↗ Ausspruch, Serie, Sprung (1)
**Satzung**

*Sau*: ↗ Schwein (1. *u.* 2), Wildschwein – *unter aller S.*: ↗ schlecht
**sauber:** ↗ anständig (2), böse (1), schön, sorgfältig
*säuberlich*: ↗ genau (1 *u.* 2)
**saubermachen**
säubern: ↗ reinigen
**sauer:** ↗ ärgerlich – *etw. kommt jmdm. s. an*: ↗ schwerfallen; *Saures geben*: ↗ verprügeln
*Sauerbrunnen*: ↗ Mineralwasser
*Sauerei*: ↗ Zote
*säuerlich*: ↗ sauer (1)
*säuern*: ↗ sauer (2)
*Sauertopf*: ↗ Griesgram
*Saufbold*: ↗ Trinker
*saufen*: ↗ trinken (1 *u.* 2), trunksüchtig, zechen
*Saufer*: ↗ Trinker
**Säuferwahnsinn**
*Saufkumpan*: ↗ Zecher
**saugen:** ↗ lutschen
*säugen*: ↗ stillen
*Sauger*: ↗ Schnuller
**Säugling**
*saugrob*: ↗ barsch
*säuisch*: ↗ unanständig
*Säule*: ↗ Pfeiler, Stütze (1 *u.* 2)
*Saum*: ↗ Rand
*saumäßig*: ↗ schlecht – *es geht jmdm. s.*: ↗ schlecht
*säumen*: ↗ zögern – *s.* |*mit*|: ↗ einfassen
**saumselig**
Saus: *in S. und Braus leben*: ↗ Überfluß (2)
*Sause*: ↗ Vergnügungstour
*säuseln*: ↗ rascheln
*sausen*: ↗ laufen (1)
*Sauwetter*: ↗ Wetter (1)
*Sauwirtschaft*: ↗ Schlendrian
*sauwohl*: ↗ wohl
**schaben**
*Schabernack*: ↗ Scherz, Streich
*schäbig*: ↗ dürftig, gemein
*schablonenhaft*: ↗ schematisch
*Schacherer*: ↗ Geschäftemacher
*schachern*: ↗ feilschen
*Schachfigur*: ↗ Werkzeug (2)
**Schachtel**
*schade*: ↗ bedauerlich
*Schädel*: ↗ Kopf
**schaden**
**Schaden:** ↗ Verlust – *den S. beheben*: ↗ reparieren; *zum S. gereichen*: ↗ schaden (2); *zu S. kommen*: ↗ verletzen, verunglücken; *von S. sein*: ↗ schaden (2); *S. zufügen*: ↗ schaden (1)
*schadenersatzpflichtig*: ↗ haftbar
**Schadenfeuer**
Schadenfreude: *S. empfinden*: ↗ schadenfroh
**schadenfroh**
**schadhaft**
*schädigen*: ↗ schaden (1)
**schädlich:** ↗ ungesund
*Schädling*: ↗ Saboteur
*Schädlingsarbeit*: ↗ Sabotage
*Schaf*: ↗ Dummkopf (2)
*schaffen*: ↗ arbeiten (1 *u.* 2), erreichen (2), hervorbringen, meistern, zurücklegen (4) – *sich s.*: ↗ abmühen; *wie geschaffen sein* |*für*|: ↗ passen (1)
*Schaffensdrang*: ↗ Tatkraft
**Schaffner**
*Schaft*: ↗ Stiel
*Schäker*: ↗ Spaßvogel
*schäkern*: ↗ flirten, scherzen
**schal**
**¹Schale**
**²Schale**
**schälen**
*Schalk*: ↗ Spaßvogel
*Schalksnarr*: ↗ Clown
**Schall**
**schallen**
**Scham:** ↗ Schamhaftigkeit – *S. empfinden*: ↗ schämen; *weibliche S.*: ↗ Vulva
**schämen**
*schamfilen*: ↗ reiben
*Schamgefühl*: ↗ Scham
**schamhaft**
**Schamhaftigkeit**
*schämig*: ↗ schamhaft
*schamlos*: ↗ unverschämt, unzüchtig
*Schampus*: ↗ Sekt
**schamrot:** *s. werden*: ↗ schämen
**Schande**
*Schandfleck*: ↗ Makel
*schändlich*: ↗ sehr, verwerflich
*Schandmaul*: ↗ Mundwerk
*Schandtat*: ↗ Verbrechen
*Schanktisch*: ↗ Theke
*Schankwirt*: ↗ Gastwirt
*Schanze*: ↗ Sprungschanze
**Schar:** ↗ Abteilung (1), Gruppe – *in Scharen*: ↗ scharenweise

**scharenweise**
**scharf:** ↗ bissig, deutlich (1), heftig (3), knusprig, streng (1 *u.* 4) – *s. machen*: ↗ schärfen
**schärfen**
*scharfmacherisch*: ↗ fanatisch
*Scharfsinn*: ↗ Spürsinn
*Scharlatan*: ↗ Quacksalber
*scharren*: ↗ kratzen
*Scharte*: ↗ Kerbe, Schramme (2)
*schartig*: ↗ stumpf
Schatten: *in den S. stellen*: ↗ überflügeln; *seine Schatten vorauswerfen*: ↗ ankündigen (2)
*Schattenbild*: ↗ Schattenriß
*schattenhaft*: ↗ verschwommen
*Schattenreich*: ↗ Unterwelt (1)
**Schattenriß:** ↗ Umriß
*Schattenseite*: ↗ Nachteil
*schattieren*: ↗ abschattieren
*Schatulle*: ↗ Kassette
*Schatz*: ↗ Liebling
**schätzen:** ↗ achten (1), vermuten – *s.* |*auf*|: ↗ veranschlagen
*schätzungsweise*: ↗ ungefähr
*Schau*: ↗ Standpunkt – *zur S. stellen*: ↗ zeigen (3)
*schauderhaft*: ↗ abscheulich
**schaudern**
*schauen*: ↗ blicken (1), sehen
[1]*Schauer*: ↗ Regenguß
[2]*Schauer*: ↗ Schuppen
**Schauergeschichte**
*schauern*: ↗ schaudern
*Schauerroman*: ↗ Schauergeschichte
*schauervoll*: ↗ gruselig
**Schaufel**
**Schaukel**
**schaukeln:** ↗ schlingern, schwanken, schwingen
**Schaulustiger**
*Schaum*: ↗ Speichel
*schäumen*: ↗ sprudeln, wallen
*Schaumwein*: ↗ Sekt
**Schauplatz:** *vom S. abtreten*: ↗ sterben
*schaurig*: ↗ gruselig
*Schauspiel*: ↗ Drama
**Schauspieler**
*schauspielern*: ↗ verstellen
*scheckig*: ↗ gefleckt
scheel: *s. ansehen*: ↗ mißachten
*Scheelsucht*: ↗ Neid
*scheelsüchtig*: ↗ neidisch

**Scheibe:** *sich von jmdm. eine S. abschneiden können*: ↗ Vorbild; *S. Brot*: ↗ Schnitte
*Scheich*: ↗ Geliebter
*Scheide*: ↗ Vagina
*scheiden*: ↗ trennen (1 *u.* 2), verabschieden
**Schein:** ↗ Banknote, Licht – *dem Scheine nach*: ↗ Schein (2), scheinbar
**scheinbar**
**scheinen:** ↗ leuchten – *etw. scheint jmdm.*: ↗ scheinen
*scheinfromm*: ↗ frömmlerisch
*Scheiße*: ↗ Angelegenheit (2), Kot
*scheißen*: ↗ austreten (2)
*Scheißerei*: ↗ Durchfall
*Scheißhaus*: ↗ Toilette
**scheitern**
*Schelfe*: ↗ [2]Schale
*Schelle*: ↗ Ohrfeige
*schellen*: ↗ läuten
*Schelm*: ↗ Spaßvogel
*Schelmenstreich*: ↗ Streich
*Schelmerei*: ↗ Spaß
*Schelte*: ↗ Tadel
*schelten*: ↗ schimpfen, tadeln
Schema: *nach S. F*: ↗ schematisch
**schematisch**
*Schemel*: ↗ Hocker
*schemenhaft*: ↗ verschwommen
**schenken**
**Schenkung**
*scheppern*: ↗ klappern, rasseln
Scherbe: *in Scherben gehen*: ↗ zerbrechen (2)
*scherbeln*: ↗ tanzen
*Scherben*: ↗ Blumentopf
**[1]scheren**
[2]scheren: *sich nicht s.* |*um*|: ↗ kümmern (1)
*Scherflein*: ↗ Spende – *sein S. beitragen*: ↗ spenden
**Scherz:** *einen S. machen*: ↗ scherzen
**scherzen**
*scherzhaft*: ↗ spaßig
*Scherzname*: ↗ Spitzname
*Scherzwort*: ↗ Scherz
*scheu*: ↗ schüchtern
*Scheu*: ↗ Schüchternheit – *achtungsvolle S.*: ↗ Respekt; *ohne S.*: ↗ zutraulich; *die S. verlieren*: ↗ Schüchternheit
**scheuen**
*Scheuer*: ↗ Scheune
**Scheuerlappen**
**scheuern:** ↗ reiben
*Scheuertuch*: ↗ Scheuerlappen

**Scheune**
*Scheusal*: ↗ Ekel, Ungeheuer, Unmensch
*scheußlich*: ↗ ekelhaft, häßlich, verwerflich
*Scheußlichkeit*: ↗ Greueltat
*Schi*: ↗ Ski
**Schicht:** ↗ Gesellschaftsschicht
*Schichte*: ↗ Schicht
*schick*: ↗ elegant
**schicken:** *sich s.*: ↗ gehören (2)
*schicklich*: ↗ anständig (1)
*Schicklichkeit*: ↗ Anstand
**Schicksal:** *sich in sein S. fügen*: ↗ resignieren; *seinem S. überlassen*: ↗ verlassen (2)
**Schicksalsgefährte**
*Schicksalsschlag*: ↗ Unglück
*schieben*: ↗ drängen (1), rücken – *beiseite s.*: ↗ rücken; *von sich s.*: ↗ abwälzen
*Schiebung*: ↗ Machenschaften
**Schiedsrichter**
**schief:** ↗ verzerrt (2)
*schiefgehen*: ↗ scheitern (2)
**schielen**
*Schienen*: ↗ Gleis – *aus den S. springen*: ↗ entgleisen
*Schienenstrang*: ↗ Gleis
*Schießeisen*: ↗ Gewehr, Schußwaffe
**schießen:** ↗ sprengen – *s.* |*auf*|: ↗ beschießen
*schießenlassen*: ↗ verzichten
**Schiff**
*Schiffahrtsweg*: ↗ Wasserstraße
Schiffbruch: *S. erleiden*: ↗ Mißerfolg, scheitern (1)
schiffen: *es schifft*: ↗ regnen
*Schifferklavier*: ↗ Akkordeon
**schikanieren**
*Schildbürger*: ↗ Spießbürger
*schildern*: ↗ beschreiben (1), erzählen
**Schilf**
*Schilfdickicht*: ↗ Schilf (2)
*Schilfrohr*: ↗ Schilf (1)
**schillern**
*Schimäre*: ↗ Sinnestäuschung
*schimärisch*: ↗ trügerisch
**schimmeln**
*Schimmer*: ↗ Anflug, Schein (1) – *keinen S. haben*: ↗ ahnungslos
*Schimpf*: ↗ Schande – *einen S. antun*: ↗ demütigen (1)
**schimpfen**
*schimpfieren*: ↗ beleidigen
*schimpflich*: ↗ verwerflich
*Schindel*: ↗ Dachziegel
*schinden*: ↗ drillen, quälen
*Schinderei*: ↗ Anstrengung, Mühsal
*schindern*: ↗ schlittern
*Schinken*: ↗ Bild (1)
*Schippe*: ↗ Schaufel – *auf die S. nehmen*: ↗ narren; *eine S. ziehen*: ↗ schmollen
*Schiri*: ↗ Schiedsrichter
Schirm: *einen S. stehen lassen*: ↗ Wind (2)
**Schirmherr**
*Schiß*: ↗ Angst – *S. haben*: ↗ ängstigen
**Schizophrenie**
*Schlabber*: ↗ Mundwerk
*schlabbern*: ↗ schlürfen (2), schwatzen
*Schlächter*: ↗ Fleischer
*schlackern*: ↗ schlenkern
**Schlaf:** *keinen S. finden*: ↗ wach; *im S. liegen*: ↗ schlafen, *aus dem S. rütteln*: ↗ aufrütteln, wecken; *in S. sinken*: ↗ einschlafen; *in tiefem S. liegen*: ↗ schlafen
**Schlafanzug**
*Schläfchen*: ↗ Schlummer – *ein S. machen*: ↗ schlummern
**schlafen:** ↗ übernachten, unaufmerksam – *sich s. legen*: ↗ schlafen
*schlaff*: ↗ erschöpft, schwach (1)
*Schlaffheit*: ↗ Schwäche (1)
**Schlafgelegenheit**
**Schlafmittel**
**Schlafmütze**
*schlafmützig*: ↗ träge
*schläfrig*: ↗ müde, schlaftrunken
*Schlafstelle*: ↗ Schlafgelegenheit (1)
*Schlaftablette*: ↗ Schlafmittel
**schlaftrunken**
**schlafwandeln**
**Schlafwandler**
**Schlag:** ↗ Blitzschlag, Enttäuschung, Schlaganfall, Unglück, Wagentür – *einen S. bekommen*: ↗ elektrisieren; *mit einem S.*: ↗ plötzlich; *ein S. ins Wasser*: ↗ Mißerfolg
**Schlagader**
**Schlaganfall**
*schlagartig*: ↗ plötzlich
*Schlagbaum*: ↗ Schranke
**Schläge**
**schlagen:** ↗ fällen, singen (2), überflügeln, züchtigen – *s.* |*in*|: ↗ einschlagen (1); *s.* |*nach*|: ↗ geraten (2)
*schlagend*: ↗ überzeugend
**Schlager:** ↗ Verkaufsschlager, Zugstück
*Schläger*: ↗ Raufbold
**Schlägerei**

*Schlagetot*: ↗ Hüne
**schlagfertig**
*Schlagfertigkeit*: ↗ Witz (2)
*Schlagkraft*: ↗ Wirksamkeit
Schlagseite: *S. haben*: ↗ schwanken
*Schlagwort*: ↗ Phrase
**Schlamm**
**Schlampe**
*schlampen*: ↗ schludern
**Schlamperei**
*schlampig*: ↗ nachlässig, unordentlich
*Schlange*: ↗ Reihe (2) – *S. stehen*: ↗ anstehen
schlängeln: *sich s.*: ↗ winden (2 *u.* 3)
*Schlangenfraß*: ↗ Gericht (1)
*schlangenzüngig*: ↗ heuchlerisch
**schlank**: *schlanker werden*: ↗ abnehmen (3)
**Schlankheitskur**
*schlankweg*: ↗ kurzerhand
*schlankwüchsig*: ↗ schlank
*schlapp*: ↗ schwach (1)
*Schlappe*: ↗ Niederlage
*schlappen*: ↗ schlottern, schlürfen (1)
*Schlappen*: ↗ Pantoffeln
*Schlappheit*: ↗ Schwäche (1)
*schlappmachen*: ↗ durchhalten, versagen, zusammenbrechen
*Schlappohr*: ↗ Hase
*Schlappschwanz*: ↗ Schwächling
**schlau**
*Schlauberger*: ↗ Schlaukopf
*Schläue*: ↗ Schlauheit
*Schlaufe*: ↗ Schlinge
**Schlauheit**
**Schlaukopf**
*Schlawiner*: ↗ Schlaukopf
**schlecht**: ↗ böse (1), schädlich, übel, ungünstig, verdorben – *s. angeschrieben*: ↗ unbeliebt; *s. ausgehen*: ↗ mißlingen; *es sieht s. aus* |*mit*|: ↗ schlecht; *schlechter machen*: ↗ verschlechtern: *s. schreiben*: ↗ schmieren; *s. werden*: ↗ verderben (1); *etw. wird schlechter*: ↗ verschlechtern
*schlechtgelaunt*: ↗ mißmutig
*schlechthin*: ↗ gänzlich
*schlechtmachen*: ↗ verunglimpfen
*schlecken*: ↗ [1]lecken, naschen
*Schleicher*: ↗ Duckmäuser
*Schleichware*: ↗ Schmuggelware
*schleierhaft*: ↗ unbegreiflich
*Schleife*: ↗ Schlinge
**schleifen**: ↗ drillen, schärfen
**schleimig**: ↗ schmeichlerisch
*schlemmen*: ↗ schwelgen
*Schlemmer*: ↗ Genießer
**schlendern**: ↗ trödeln
**Schlendrian**
**schlenkern**: ↗ schlendern, schlottern
*schleppen*: ↗ tragen (1)
*Schlepper*: ↗ Traktor
Schlepptau: *im S. haben*: ↗ ziehen (1)
**Schleuder**
*schleudern*: ↗ werfen (1)
*Schleuderware*: ↗ Schund
*schleunig*: ↗ sofortig
*schleunigst*: ↗ eilends, sofort
*Schlich*: ↗ Trick
*Schliche*: ↗ Intrige
**schlicht**: ↗ einfach
**schlichten**: ↗ vermitteln (1)
*Schlick*: ↗ Schlamm
*schlierig*: ↗ schleimig
**schließen**: ↗ enden (2) – *sich s.*: ↗ zufallen (1); *s.* |*aus*|: ↗ folgern; *s.* |*in*|: ↗ wegschließen (1 *u.* 2)
**schließlich**
*Schliff*: ↗ Benehmen, Erziehung (2) – *S. backen*: ↗ scheitern (1); *den letzten S. geben*: ↗ vervollkommnen
schlimm: *jmd. ist s. dran*: ↗ schlecht; *schlimmer machen*: ↗ verschlechtern; *etw. wird schlimmer*: ↗ verschärfen, verschlechtern
**Schlinge**: *in die S. gehen*: ↗ hereinfallen; *den Kopf aus der S. ziehen*: ↗ herauswinden
*Schlingel*: ↗ Frechdachs
schlingen: *sich s.*: ↗ ranken
**schlingern**
*Schlips*: ↗ Krawatte
*Schlitten*: ↗ Fahrrad – *S. fahren*: ↗ rodeln
**Schlitterbahn**
**schlittern**
*Schlitz*: ↗ Spalt
*Schlitzohr*: ↗ Schlaukopf
*schlitzohrig*: ↗ raffiniert
**Schloß**: *ins S. fallen*: ↗ zufallen (1); *ins S. fallen lassen*: ↗ schließen (1)
*Schloße*: ↗ Hagelkorn
*Schlot*: ↗ Schornstein
*Schlotbaron*: ↗ Unternehmer
**schlottern**: ↗ zittern
**Schlucht**
*schluchzen*: ↗ weinen
*Schluchzer*: ↗ Seufzer

**Schluck**
*Schluckauf*: ↗ Schlucken
**schlucken:** ↗ einnehmen, hinnehmen
**Schlucken**
**Schluderei:** ↗ Schlamperei
**schludern**
*schludrig*: ↗ unordentlich
**Schlummer**
**schlummern**
**Schlund**
schlüpfen: *s.* |*in*|: ↗ hineinschlüpfen
*schlüpfrig*: ↗ schleimig, obszön
*Schlüpfrigkeit*: ↗ Obszönität
*Schlupfwinkel*: ↗ Versteck
**schlürfen**
*Schluß*: ↗ Ende (1 *u.* 2), Dienstschluß – *am S.*: ↗ zuletzt; *S. machen*: ↗ aufhören (1), schließen (4), Selbstmord; *zum S.*: ↗ abschließend, schließlich, zuletzt
*Schlüssel*: ↗ Lösung
schlußfolgern: *s.* |*aus*|: ↗ folgern
*schlüssig*: ↗ überzeugend – *sich s. werden*: ↗ entschließen
*Schlußlicht*: ↗ Rücklicht
*Schlußmann*: ↗ Torwart
*Schmach*: ↗ Schande
*schmachten*: ↗ leiden
*Schmachten*: ↗ Sehnsucht
*schmächtig*: ↗ schlank
**schmackhaft**
*schmähen*: ↗ beleidigen, beschimpfen
*schmählich*: ↗ verwerflich
**Schmähschrift**
*schmal*: ↗ dünn (2), eng (1), schlank
*schmälern*: ↗ verringern
*schmalzig*: ↗ rührselig
*Schmant*: ↗ Sahne, Schlamm
**schmarotzen**
**Schmarotzer**
**schmarotzerhaft**
*Schmarre*: ↗ Narbe, Schramme (1)
*Schmatz*: ↗ Kuß
*schmauchen*: ↗ rauchen (2)
*Schmaus*: ↗ Mahlzeit
**schmecken:** ↗ kosten
**Schmeichelei**
**schmeicheln**
*Schmeichelrede*: ↗ Schmeichelei
**Schmeichler**
**schmeichlerisch**
*schmeißen*: ↗ werfen (1)
**schmelzen:** ↗ tauen
*schmerbäuchig*: ↗ dickbäuchig
**Schmerz:** ↗ Leid – *S. bereiten*: ↗ schikanieren; *Schmerzen bereiten*: ↗ quälen
**schmerzen:** ↗ bedrücken
**schmerzlich**
*schmerzvoll*: ↗ leidvoll, schmerzlich
*schmettern*: ↗ blasen (2), singen (1), werfen (1) – *einen s.*: ↗ trinken (2)
*schmiegsam*: ↗ geschmeidig
*Schmiere*: ↗ Salbe, Theater (2), Wanderbühne
**schmieren:** ↗ bestechen, ölen, streichen (1)
**Schmiererei**
*Schmierfink*: ↗ Schmutzfink
**schmierig:** ↗ schleimig, schmeichlerisch
Schminke: *S. auflegen*: ↗ schminken
**schminken**
*Schmiß*: ↗ Schwung
*schmissig*: ↗ schwungvoll
*Schmitz*: ↗ Narbe
*Schmok*: ↗ Rauch
*schmoken*: ↗ rauchen (2)
*Schmöker*: ↗ Buch
*schmökern*: ↗ lesen
**schmollen**
*Schmu*: ↗ Betrug
*schmuck*: ↗ schön
**Schmuck:** ↗ Verzierung
**schmücken:** *sich s.*: ↗ herausputzen
*schmucklos*: ↗ schlicht (1)
*Schmucksachen*: ↗ Schmuck
**Schmuckstück**
*Schmuddel*: ↗ Schmutz
*schmuddlig*: ↗ schmierig, schmutzig
**schmuggeln**
**Schmuggelware**
*schmunzeln*: ↗ lächeln
*schmurgeln*: ↗ braten
*Schmus*: ↗ Schmeichelei – *S. machen*: ↗ schmeicheln
*schmusen*: ↗ liebkosen
*Schmuser*: ↗ Schmeichler
**Schmutz:** *mit S. bewerfen*: ↗ verleumden, verunglimpfen
**Schmutzfink**
*schmutzfrei*: ↗ sauber
**schmutzig:** ↗ trübe
*Schmutzliese*: ↗ Schlampe
*Schmutzliteratur*: ↗ Schundliteratur
*Schnabel*: ↗ Mund – *den S. halten*: ↗ schweigen (1 *u.* 2)
*Schnake*: ↗ Mücke
[1]*schnallen*: ↗ verstehen (2)

*²schnallen*: ↗ schnalzen (1 *u.* 2)
**schnalzen**
*schnappen*: ↗ abfangen, ergreifen (2), ertappen, verhaften
*Schnaps*: ↗ Branntwein
*Schnapsbruder*: ↗ Trinker
**Schnapsidee**
**schnarchen**
*Schnattergans*: ↗ Schwätzerin
*schnattern*: ↗ schwatzen
**schnauben**: ↗ wüten
*schnaufen*: ↗ keuchen, schnauben
*Schnauze*: ↗ Maul, Mund, Mundwerk – *eine koddrige S. haben*: ↗ frech; *die S. vollhauen*: ↗ verprügeln
**schnauzen**
*Schnecke*: ↗ Vagina
Schneckenhaus: *sich in sein S. zurückziehen*: ↗ absondern
Schnee: *der S. rieselt*: ↗ schneien
*Schneegestöber*: ↗ Schneetreiben
*Schneeschuh*: ↗ Ski
**Schneetreiben**
*Schneid*: ↗ Kühnheit, Tapferkeit
*schneiden*: ↗ ignorieren, operieren – *sich s.*: ↗ überschneiden
**schneidern**
*schneidig*: ↗ kühn, tapfer
**schneien**
**Schneise**
**schnell**: ↗ rasch
*schnellfüßig*: ↗ flink
*Schnelligkeit*: ↗ Geschwindigkeit
**Schnellzug**
schneuzen: *sich s.*: ↗ Nase
*Schnickschnack*: ↗ Geschwätz
*schniefen*: ↗ schnauben
*schnieke*: ↗ elegant
*Schniepel*: ↗ Frack, Penis
*Schnippel*: ↗ Fetzen
*schnippeln*: ↗ zerschneiden
*schnippen*: ↗ schnalzen (2)
*Schnipsel*: ↗ Fetzen
*schnipsen*: ↗ schnalzen (2)
**Schnitt**: ↗ Fasson – *im S.*: ↗ durchschnittlich
**Schnitte**
**Schnittentbindung**
Schnitter: *S. Tod*: ↗ Tod (2)
*Schnittpunkt*: ↗ Kreuzungspunkt
*schnitzeln*: ↗ zerschneiden
*Schnitzer*: ↗ Fehler (2)
*schnorren*: ↗ betteln, schmarotzen
*Schnorrer*: ↗ Schmarotzer (2)
*Schnösel*: ↗ Flegel
*schnöselig*: ↗ flegelhaft
*schnucklig*: ↗ appetitlich
*schnüffeln*: ↗ riechen (1 *u.* 2)
*Schnüffler*: ↗ Spitzel
**Schnuller**
*Schnulze*: ↗ Schlager
*Schnupftuch*: ↗ Taschentuch
*schnuppern*: ↗ riechen (1 *u.* 2)
*Schnur*: ↗ Bindfaden
*schnüren*: ↗ verschnüren
*schnurgerade*: ↗ gerade
*schnurren*: ↗ rutschen
*schnurrig*: ↗ komisch, schrullig
**Schnürsenkel**
*schnurstracks*: ↗ geradewegs, sofort
schnurz: *etw. ist jmdm. s.*: ↗ gleichgültig (2)
*schnurzig*: ↗ gleichgültig (1)
*Schnute*: ↗ Mund
*Schock*: ↗ Erschütterung (2)
*schockiert*: ↗ entrüstet
*schofel*: ↗ gemein
*scholastisch*: ↗ spitzfindig
*Scholle*: ↗ Erdscholle
**schon**: *s. lange*: ↗ schon
**schön**: ↗ geschmackvoll, gut, sonnig
**schonen**: ↗ verschonen
**schonend**: ↗ glimpflich – *s. umgehen* |*mit*|: ↗ schonen
*Schoner*: ↗ Schutzhülle
*Schönheitspflege*: ↗ Kosmetik
*Schönheitssinn*: ↗ Geschmack
*Schönling*: ↗ Geck
schönmachen: *sich s.*: ↗ herausputzen
*schönreden*: ↗ schmeicheln
*Schönredner*: ↗ Schmeichler
*Schönrednerei*: ↗ Schmeichelei
*schönrednerisch*: ↗ schmeichlerisch
*Schöntuer*: ↗ Schmeichler
*Schöntuerei*: ↗ Schmeichelei
*schöntun*: ↗ schmeicheln
*schonungslos*: ↗ brutal (2), unbarmherzig
*schonungsvoll*: ↗ behutsam (1), rücksichtsvoll, schonend
*Schöpfer*: ↗ Gott (1), Urheber
**schöpferisch**
*Schöpfung*: ↗ Werk (2)
**Schorf**
**Schornstein**: *in den S. schreiben*: ↗ verloren (3)
**Schornsteinfeger**

*Schose*: ↗ Angelegenheit (2)
*Schoß*: ↗ Damenrock – *in den S. fallen*: ↗ zufallen (2 *u.* 3)
**schräg:** *s. gucken*: ↗ schielen
*Schrägheit*: ↗ Neigung (2)
**Schramme**
**Schranke:** *vor die Schranken zitieren*: ↗ verklagen
*Schranken*: ↗ Schranke
*schrappen*: ↗ schaben
Schraube: *bei jmdm. ist eine S. locker*: ↗ verrückt
**Schreck:** *starr vor S.*: ↗ erschrocken; *starr vor S. werden*: ↗ erstarren (2)
*Schrecken*: ↗ Schreck – *in S. versetzen*: ↗ terrorisieren
**Schreckensbotschaft**
*Schreckensherrschaft*: ↗ Gewaltherrschaft
*Schreckensnachricht*: ↗ Schreckensbotschaft
*schrecklich*: ↗ entsetzenerregend, sehr
**Schrei:** *einen S. ausstoßen*: ↗ schreien; *der letzte S.*: ↗ Neuheit
**schreiben:** ↗ dichten (1), verfassen – *s.* |*in*|: ↗ einschreiben (1); *schlecht s.*: ↗ schmieren
*Schreiben*: ↗ Brief, Schriftstück
*Schreiber*: ↗ Verfasser
*Schreibkraft*: ↗ Maschinenschreiberin
Schreibmaschine: *S. schreiben*: ↗ maschineschreiben
*Schreibweise*: ↗ Stil (1)
**schreien**
*Schreier*: ↗ Unruhestifter
*Schrieb*: ↗ Schriftstück
*Schrift*: ↗ Druckerzeugnis, Handschrift
*Schriftsprache*: ↗ Standardsprache
*Schriftsteller*: ↗ Dichter
*schriftstellern*: ↗ dichten (1)
**Schriftstück:** ↗ Akte
*Schrifttum*: ↗ Literatur
*Schriftwechsel*: ↗ Briefwechsel – *im S. stehen*: ↗ korrespondieren
**Schriftzeichen**
**schrill**
*Schrippe*: ↗ Brötchen
Schritt: *S. halten*: ↗ mitkommen: *nicht S. halten*: ↗ zurückbleiben; *auf S. und Tritt*: ↗ überall
*Schrittmacher*: ↗ Wegbereiter
*schrittweise*: ↗ allmählich
*schroff*: ↗ barsch, steil (1 *u.* 2)
**schröpfen**
*schroten*: ↗ zermahlen
**Schrott**
*schrubben*: ↗ scheuern
*Schrulle*: ↗ Laune, Marotte
*schrullenhaft*: ↗ schrullig
**schrullig**
*schrumpelig*: ↗ runzelig
*schrumpeln*: ↗ schrumpfen
**schrumpfen:** ↗ zurückbilden (1)
*Schrund*: ↗ Schlucht
*Schrunde*: ↗ Schramme (1)
*Schrutz*: ↗ Abfall
*Schub*: ↗ Stoß
*schubsen*: ↗ stoßen (1)
**schüchtern**
**Schüchternheit**
*Schuft*: ↗ Schurke
**schuften**
*schuftig*: ↗ gemein
*Schuhband*: ↗ Schnürsenkel
**Schuhe**
**Schuhmacher**
Schuhsohle: *sich die Schuhsohlen ablaufen* |*nach*|: ↗ suchen
*Schuhwerk*: ↗ Schuhe
**Schulanfänger**
*Schularbeit*: ↗ Aufgabe (2)
*Schulbeispiel*: ↗ Musterbeispiel
**Schuld:** *seine S. bekennen*: ↗ geständig
*schuldbeladen*: ↗ schuldig
*schuldbewußt*: ↗ reuevoll
*schulden*: ↗ verdanken
**Schulden:** *S. haben*: ↗ Schulden
**schuldig:** *s. sprechen*: ↗ verdammen; *s. werden*: ↗ vergehen (2, a)
*Schuldigkeit*: ↗ Pflicht
*schuldlos*: ↗ unschuldig (1)
*Schuldlosigkeit*: ↗ Unschuld (1)
**Schule:** ↗ Strömung (2) – *die S besuchen*: ↗ Schule; *S. halten*: ↗ unterrichten (2); *die S. schwänzen*: ↗ versäumen (4)
*schülerhaft*: ↗ unreif (2)
*Schulfach*: ↗ Unterrichtsfach
*Schulleiter*: ↗ Direktor (1)
*Schulmann*: ↗ Lehrer
*Schulmappe*: ↗ Schultasche
*Schulmeister*: ↗ Pedant
*schulmeisterlich*: ↗ kleinlich
**schulmeistern**
**Schulranzen**
*Schulsack*: ↗ Schulranzen
**Schultasche**
**Schulter:** *über die S. ansehen*: ↗ mißach-

ten; *die kalte S. zeigen*: ↗ abweisen (1); *auf die leichte S. nehmen*: ↗ unterschätzen
*Schulzimmer*: ↗ Klasse
*schummerig*: ↗ dämmerig
*Schummerstunde*: ↗ Abenddämmerung
**Schund**: ↗ Schundliteratur
**Schundliteratur**
*Schupfen*: ↗ Schuppen
**Schuppen**
**schüren**
*schurigeln*: ↗ schikanieren
**Schurke**
**Schurkerei**
*Schurrmurr*: ↗ Gerümpel
Schürze: *an jmds. S. hängen*: ↗ unselbständig
*Schürzenjäger*: ↗ Frauenheld
Schuß: *einen S. abgeben*: ↗ schießen (1); *keinen S. Pulver wert sein*: ↗ wertlos; *weit vom S.*: ↗ abgelegen
**Schüssel**
*Schusselbahn*: ↗ Schlitterbahn
*schusselig*: ↗ zerstreut
*schusseln*: ↗ schlittern
**Schußwaffe**
*Schuster*: ↗ Schuhmacher
*Schusterei*: ↗ Schluderei
*schustern*: ↗ schludern
**Schutt**: ↗ Trümmer – *in S. und Asche legen*: ↗ zerstören (2)
**schütteln**: *sich s.*: ↗ ekeln; *s.* |*von*|: ↗ abschütteln (1)
*schütten*: ↗ gießen
*schütter*: ↗ spärlich
**Schutz**: *S. gewähren*: ↗ schützen; *in S. nehmen*: ↗ verteidigen (1); *ohne S.*: ↗ schutzlos
**schützen**
*Schützer*: ↗ Beschützer
**Schutzgebiet**
**Schutzhülle**
*schutzimpfen*: ↗ impfen
**schutzlos**
*Schutzmann*: ↗ Polizist
*Schutzmarke*: ↗ Warenzeichen
*schwabbeln*: ↗ schwatzen
**schwach**: ↗ machtlos, willensschwach
**Schwäche**: ↗ Vorliebe
*schwächen*: ↗ entkräften
*Schwachheit*: ↗ Schwäche (1 *u.* 2)
*Schwachkopf*: ↗ Dummkopf (1)
*schwachköpfig*: ↗ dumm
*schwächlich*: ↗ schwach (1), verkümmert, zurückgeblieben (2)
**Schwächling**
*Schwachmatikus*: ↗ Schwächling
*Schwachpunkt*: ↗ Achillesferse
**Schwachsinn**
**schwachsinnig**
*Schwachsinnigkeit*: ↗ Schwachsinn
*Schwachstelle*: ↗ Achillesferse
*Schwadroneur*: ↗ Schwätzer
*schwadronieren*: ↗ schwatzen
**schwafeln**
Schwall: *ein S. von etw.*: ↗ Flut
*schwammig*: ↗ aufgeschwemmt
schwanen: *jmdm. schwant etw.*: ↗ ahnen (1)
Schwang: *im Schwange*: ↗ üblich
**schwanger**: *s. gehen* |*mit*|: ↗ beschäftigen (3)
**schwängern**
**Schwangerschaftsabbruch**
**schwanken**: ↗ fluktuieren, wackeln, zögern
*schwankend*: ↗ unbeständig, wackelig
**Schwanz**
*schwänzeln*: ↗ wedeln
*schwänzen*: ↗ versäumen (4)
*schwären*: ↗ eitern
*Schwarm*: ↗ Schar
**schwärmen**: *s.* |*für*|: ↗ anbeten
**Schwärmer**
**Schwärmerei**
*schwärmerisch*: ↗ überschwenglich
*Schwarmgeist*: ↗ Schwärmer
*Schwarte*: ↗ Haut – *arbeiten, daß die S. knackt*: ↗ schuften
*schwarten*: ↗ lesen
schwarz: *s. gehen*: ↗ trauern (2); *aus s. weiß machen*: ↗ entstellen
*Schwarzer*: ↗ Afrikaner
**Schwarzfahrer**
*schwarzhaarig*: ↗ dunkelhaarig
*Schwarzkittel*: ↗ Wildschwein
*Schwarzkünstler*: ↗ Zauberkünstler
*schwarzsehen*: ↗ pessimistisch
*Schwarzseher*: ↗ Pessimist
*Schwarzseherei*: ↗ Pessimismus
*schwarzseherisch*: ↗ pessimistisch
*Schwatz*: ↗ Plauderei – *einen S. machen*: ↗ unterhalten (2)
*Schwatzbase*: ↗ Schwätzerin
**schwatzen**
**Schwätzer**: ↗ Phrasendrescher

**Schwätzerin**
*schwatzhaft*: ↗ geschwätzig
*Schweif*: ↗ Schwanz
**schweigen**: *zum Schweigen bringen*: ↗ verbieten (2)
*Schweigen*: ↗ Stille – *sich in S. hüllen*: ↗ schweigen (1)
**schweigend**
**schweigsam**: ↗ verschwiegen, wortkarg
**Schwein**: ↗ Glück (2) – *S. haben*: ↗ Glück (2)
*schweinemäßig*: ↗ unanständig
*Schweinerei*: ↗ Zote
*Schweinigel*: ↗ Schmutzfink
*Schweinigelei*: ↗ Zote
*schweinigeln*: ↗ Zote
Schweiß: *in S. geraten*: ↗ schwitzen; *S. vergießen*: ↗ abmühen
*schweißig*: ↗ verschwitzt
schwelen: *es schwelt*: ↗ gären (2)
**schwelgen**: ↗ genießen
*schwelgerisch*: ↗ üppig (1)
*schwemmen*: ↗ spülen
*Schwenk*: ↗ Wendung
**schwenken**: ↗ spülen
**schwer**: ↗ schwierig – *etw. kommt jmdm. s. an*: ↗ schwerfallen
**schwerbeschädigt**
*Schwere*: ↗ Gewicht, Schwerkraft
**schwerfallen**
**schwerfällig**
*Schwergewicht*: ↗ Schwerpunkt
**Schwerkraft**
**schwerlich**
**Schwermut**
**schwermütig**
**Schwerpunkt**
Schwert: *etw. ist ein zweischneidiges S.*: ↗ unsicher
*Schwester*: ↗ Krankenschwester
*Schwiemel*: ↗ Schwindel
*schwiemelig*: ↗ schwindelig
**schwierig**: ↗ verwickelt
**Schwierigkeit**: *in Schwierigkeiten geraten*: ↗ Lage; *Schwierigkeiten machen*: ↗ Umstände; *in einer S. sein*: ↗ Verlegenheit; *jmd. steckt in Schwierigkeiten*: ↗ schlecht; *mit Schwierigkeiten verbunden*: ↗ schwierig
*Schwimmbad*: ↗ Badeanstalt
**Schwindel**: ↗ Betrug, Lüge
*Schwindelanfall*: ↗ Schwindel
**schwindelig**
*schwindeln*: ↗ lügen – *jmdm. schwindelt*: ↗ schwindelig
*schwinden*: ↗ abnehmen (4), verringern, verschwinden (1)
*Schwindsucht*: ↗ Tuberkulose
*schwindsüchtig*: ↗ tuberkulös
*Schwinge*: ↗ Flügel (1)
**schwingen**: ↗ federn, schlenkern, schwenken – *sich s.* |*über*|: ↗ wölben
**Schwingung**
*Schwips*: ↗ Rausch
**schwitzen**: ↗ [1]beschlagen
*Schwof*: ↗ Tanzveranstaltung
*schwofen*: ↗ tanzen
**schwören**
*Schwuchtel*: ↗ Homosexueller
*schwul*: ↗ homosexuell (a)
**schwül**
*Schwuler*: ↗ Homosexueller
*Schwulität*: ↗ Verlegenheit
**schwülstig**
*schwummerig*: ↗ schwindelig
**Schwung**: ↗ Tatkraft – *in S. kommen*: ↗ Stimmung
*schwunglos*: ↗ träge
**schwungvoll**: ↗ elastisch (2)
Schwur: *einen S. ablegen*: ↗ schwören
*Sediment*: ↗ Bodensatz
[1]**See**
[2]*See*: ↗ Meer, Welle – *faule S.*: ↗ Windstille; *in S. stechen*: ↗ hinausfahren
**Seegang**
*Seejungfrau*: ↗ Nixe
**seekrank**
**Seele**: *auf die S. binden*: ↗ einschärfen; *durstige S.*: ↗ Zecher; *keine S.*: ↗ niemand
*seelengut*: ↗ gütig, gutmütig
*Seelenleben*: ↗ Seele
**seelenlos**
*Seelenruhe*: ↗ Gemütsruhe
*seelenruhig*: ↗ ruhig
*Seelenverkäufer*: ↗ Schiff
*Seelsorger*: ↗ Geistlicher
**Seeräuber**
*Seestraße*: ↗ Wasserstraße
**Segelschiff**
Segen: *der ganze S.*: ↗ alles; *seinen S. geben*: ↗ zustimmen (2)
*Segler*: ↗ Segelschiff
**sehen**: *s. lassen*: ↗ zeigen (3); *sich s. lassen*: ↗ zeigen (5, a); *s.* |*nach*|: ↗ kontrollieren
**sehenswert**
*Sehkraft*: ↗ Sehvermögen

**sehnen:** ↗ Sehnsucht
**sehnig**
*sehnlich*: ↗ sehnsüchtig
**Sehnsucht:** *S. haben*: ↗ sehnen
**sehnsüchtig**
*Sehorgan*: ↗ Auge
**sehr**
**Sehvermögen**
*Seiche*: ↗ Urin
*seicht*: ↗ flach, oberflächlich
*seidenweich*: ↗ weich (2)
**Seil**
*sein*: ↗ bestehen (1), stattfinden – *s. lassen*: ↗ unterlassen
*Sein*: ↗ Dasein, Leben
seine: *die Seinen*: ↗ Verwandtschaft
seinerzeit: ↗ damals
*seit*: ↗ seitdem (1 *u.* 2) – *s. jeher, s. eh und je, s. alters*: ↗ immer
*seitab*: ↗ abseits
**seitdem**
Seite: *an der S. von*: ↗ neben; *an/auf der S.*: ↗ seitlich; *auf der anderen S.*: ↗ drüben; *von der S. ansehen*: ↗ mißachten; *zur S. drängen*: ↗ abdrängen, verdrängen; *auf die S. legen*: ↗ sparen; *nach der S.*: ↗ seitwärts; *zur S. schieben*: ↗ rücken; *schwache S.*: ↗ Schwäche (2); *starke S.*: ↗ Stärke (2); *zur S. stoßen*: ↗ wegstoßen
**Seitenansicht**
*seither*: ↗ bisher, seitdem (1)
**seitlich**
**seitwärts**
*sekkieren*: ↗ schikanieren
**Sekt**
*Sektion*: ↗ Obduktion
*sekundär*: ↗ nebensächlich
*Sekundärrohstoff*: ↗ Altstoff
*Sekunde*: ↗ Augenblick (2) – *auf die S.*: ↗ pünktlich; *in letzter S.*: ↗ spät
*selbst*: ↗ persönlich – *s. noch*: ↗ sogar; *sich s. überlassen*: ↗ verlassen (2); *sich von s. verstehen*: ↗ selbstverständlich; *von s.*: ↗ unaufgefordert
**selbständig:** ↗ souverän, unabhängig
**Selbstbefriedigung**
**Selbstbetrug**
**selbstbewußt**
**Selbstbewußtsein**
*selbstgefällig*: ↗ eitel
*Selbstgefühl*: ↗ Selbstbewußtsein
*selbstherrlich*: ↗ eigenmächtig, herrschsüchtig, überheblich
*Selbstherrschaft*: ↗ Alleinherrschaft
*selbstisch*: ↗ selbstsüchtig
**selbstlos**
**Selbstlosigkeit**
**Selbstmord:** *S. verüben*: ↗ Selbstmord
*selbstredend*: ↗ selbstverständlich
*selbstsicher*: ↗ selbstbewußt
*Selbstsicherheit*: ↗ Selbstbewußtsein
**selbstsüchtig**
*selbsttätig*: ↗ automatisch
*Selbsttäuschung*: ↗ Selbstbetrug
*Selbsttötung*: ↗ Selbstmord
*Selbstverleugnung*: ↗ Selbstlosigkeit
**selbstverständlich:** ↗ ja
**selbstzufrieden**
*Selektion*: ↗ Auswahl (1)
*selig*: ↗ glücklich, verstorben
*Seligkeit*: ↗ Glück (1)
**selten**
*Selters*: ↗ Mineralwasser
*seltsam*: ↗ merkwürdig
*seltsamerweise*: ↗ merkwürdigerweise
*Semmel*: ↗ Brötchen, Gesäß
**senden:** ↗ schicken (1 *u.* 2)
*Senge*: ↗ Schläge
*senil*: ↗ greisenhaft, verkalkt
*Senior*: ↗ Rentner
*Seniorenheim*: ↗ Feierabendheim
*Senke*: ↗ Mulde
*Senkel*: ↗ Schnürsenkel
**senken**
**senkrecht:** *immer s. bleiben*: ↗ standhaft
*Sensation*: ↗ Skandal
*sensationell*: ↗ aufsehenerregend
**Sensationspresse**
*Sensenmann*: ↗ Tod (2)
*sensibel*: ↗ empfindsam, gefühlvoll
*sensitiv*: ↗ empfindsam
*Sentenz*: ↗ Sinnspruch
*sentimental*: ↗ rührselig
*separat*: ↗ abgesondert, einzeln (1)
*separieren*: ↗ absondern, trennen (1)
*Sequenz*: ↗ Reihenfolge
**Serie**
*seriös*: ↗ ernst (2)
*Serpentine*: ↗ Windung
*Service*: ↗ Kundendienst
*servieren*: ↗ auftischen
*Serviererin*: ↗ Kellnerin
*servil*: ↗ unterwürfig
*Servus!*: ↗ Wiedersehen
*seßhaft*: ↗ ansässig – *s. werden*: ↗ niederlassen

*Session*: ↗ Sitzung
**setzen:** ↗ pflanzen, stellen, werfen (2), wetten – **sich s.**: ↗ niederschlagen (3), senken (2)
**Seuche**
*seufzen*: ↗ stöhnen
**Seufzer:** *seinen letzten S. tun*: ↗ sterben
**Sexualität**
**sexuell**
*Sexus*: ↗ Sexualität
**sezieren**
*shocking*: ↗ anstößig
**sicher:** ↗ gewiß (1), selbstbewußt – *als s. ansehen*: ↗ voraussetzen; *da kannst du s. sein!*: ↗ verlassen (3)
**sichergehen:** ↗ vergewissern
*Sicherheit*: ↗ Selbstbewußtsein, Stabilität (2), Überzeugung – *in S. bringen*: ↗ retten; *in S.*: ↗ sicher (1); *S. leisten* |*für*|: ↗ bürgen (2); *mit nachtwandlerischer S.*: ↗ sicher (2)
*Sicherheitsgarantie*: ↗ Gewähr
*Sicherheitsleistung*: ↗ Bürgschaft (2)
*sicherlich*: ↗ gewiß (1)
*sichern*: ↗ schützen, sicherstellen (1 *u.* 2)
**sicherstellen**
*Sicht*: ↗ Standpunkt – *in S.*: ↗ sichtbar
**sichtbar:** *s. werden*: ↗ zeigen (5, b)
*sichten*: ↗ durchsehen (2)
*Sichtung*: ↗ Durchsicht
Sieb: *durch ein S. schütten*: ↗ durchsieben
Sieben: *böse S.*: ↗ Xanthippe
*siebengescheit*: ↗ überklug
*Siebensachen*: ↗ Habe
*Siedehitze*: ↗ Hitze (2)
*sieden*: ↗ kochen (2)
**Siedlung**
Sieg: *den S. erkämpfen*: ↗ siegen
Siegel: *unter dem S. der Verschwiegenheit mitteilen*: ↗ vertraulich (2)
**siegen**
**Sieger:** *S. werden*: ↗ siegen
*Siegespreis*: ↗ Preis (2)
*sieggekrönt*: ↗ siegreich
**siegreich**
sielen: *sich s.*: ↗ wälzen
**Sigel**
*Signal*: ↗ Zeichen – *S. geben*: ↗ signalisieren
*Signalement*: ↗ Personenbeschreibung
**signalisieren:** ↗ ankündigen (1)
*signieren*: ↗ unterschreiben
*Signum*: ↗ Unterschrift
*Silage*: ↗ Gärfutter
Silbe: *keine S. verraten*: ↗ schweigen (2)
*Silbenstecher*: ↗ Wortklauber
Silberblick: *einen S. haben*: ↗ schielen
*silberhell*: ↗ hell (3)
*Silentium!*: ↗ still
*Silhouette*: ↗ Schattenriß, Umriß
**silieren**
*Silo*: ↗ Speicher
*Silofutter*: ↗ Gärfutter
*Simandl*: ↗ Pantoffelheld
*simpel*: ↗ einfältig (1), schlicht (2), unkompliziert
*simplifizieren*: ↗ vereinfachen
*Simplizität*: ↗ Einfalt
*simulieren*: ↗ verstellen, vortäuschen
**singen:** ↗ ausplaudern
*Singsang*: ↗ Gesang
*singulär*: ↗ vereinzelt
*sinken*: ↗ abnehmen (4), untergehen (1 *u.* 2)
**Sinn:** ↗ Verständnis, Zweck – *eines Sinnes*: ↗ einig (2); *eines Sinnes sein*: ↗ übereinstimmen (1); *seine fünf Sinne nicht beisammen haben*: ↗ unaufmerksam; *etw. kommt jmdm. in den S.*: ↗ einfallen; *dem Sinne nach*: ↗ sinngemäß; *sich etw. aus dem S. schlagen*: ↗ verzichten; *etw. hat weder S. noch Verstand*: ↗ sinnlos
*sinnähnlich*: ↗ synonym
*Sinnbild*: ↗ Symbol
*sinnen*: ↗ nachdenken – *s.* |*auf*|: ↗ beabsichtigen
*Sinnenfreude*: ↗ Sinnlichkeit
*Sinnesart*: ↗ Gesinnung, Wesensart
**Sinnestäuschung**
*Sinngehalt*: ↗ Sinn
**sinngemäß**
*sinnieren*: ↗ grübeln, nachdenken
*sinnig*: ↗ sinnreich
**sinnlich**
**Sinnlichkeit**
**sinnlos:** ↗ nutzlos
**Sinnlosigkeit**
**sinnreich**
**Sinnspruch**
*sinnverwandt*: ↗ synonym
*sinnverwirrend*: ↗ berauschend
*sinnvoll*: ↗ sinnreich, zweckmäßig
*Sippe*: ↗ Familie, Verwandtschaft
*Sippschaft*: ↗ Clique, Familie
*Sirene*: ↗ Verführerin
*Sitte*: ↗ Brauch

*sittenlos*: ↗ unsittlich
**sittenstreng**
**sittlich:** ↗ sittsam
**sittsam:** *übertrieben s.*: ↗ prüde
*Situation*: ↗ Lage, Sachverhalt
*Sitz*: ↗ Abgeordnetensitz
*Sitzbank*: ↗ Bank (2)
**sitzen:** ↗ passen (2, a)
*sitzenbleiben*: ↗ Mann (2), versetzen
*sitzenlassen*: ↗ verlassen (2)
**Sitzung:** *eine S. haben*: ↗ tagen
*Skabies*: ↗ Krätze
**Skandal:** *das ist ein S.!*: ↗ unerhört
*skandalös*: ↗ unerhört
**Skat**
*skaten*: ↗ Skat
**Skelett:** ↗ Gerüst (2)
*Skepsis*: ↗ Zweifel
*Skeptiker*: ↗ Zweifler
skeptisch: *s. sein*: ↗ zweifeln
**Ski**
*Skiabfahrt*: ↗ Abfahrt (3)
*Skizze*: ↗ Entwurf (1 *u.* 2)
*skizzieren*: ↗ darlegen, entwerfen (1 *u.* 2), zeichnen
*sklavisch*: ↗ unterwürfig
*Skript*: ↗ Drehbuch, Schriftstück
*Skrupel*: ↗ Gewissensbisse
*skrupellos*: ↗ gewissenlos
*Skull*: ↗ Ruder
*Skulptur*: ↗ Plastik
*skurril*: ↗ komisch, schrullig
*Slogan*: ↗ Werbespruch
*smart*: ↗ raffiniert
*Smutje*: ↗ Koch
**so:** ↗ sehr – *so ist es!*: ↗ richtig; *so oder so*: ↗ irgendwie; *so wie*: ↗ wie (1)
**sobald**
Socke: *sich auf die Socken machen*: ↗ weggehen; *von den Socken sein*: ↗ überrascht
**Sockel**
*socken*: ↗ laufen (1)
*soeben*: ↗ eben (2)
**Sofa**
*sofern*: ↗ wenn
**sofort**
**sofortig**
**sogar**
*sogleich*: ↗ sofort
Sohle: *eine kesse S. abdrehen*: ↗ tanzen; *sich jmdm. an die Sohlen heften*: ↗ verfolgen
**Sohn**
*Soiree*: ↗ Abendveranstaltung
*solange*: ↗ während (1)
**solch:** ↗ so (2)
*solcherart*: ↗ so (1)
*solcherlei*: ↗ solch
**Soldat:** *bei den Soldaten sein*: ↗ Soldat
**Solidarität**
*solide*: ↗ haltbar, rechtschaffen
**Soll**
**sollen**
*solvent*: ↗ zahlungsfähig
*somit*: ↗ folglich
*Sommerfrische*: ↗ Urlaubsort
*Sommerfrischler*: ↗ Urlauber
*Sommerhaus*: ↗ Wochenendhaus
**sommerlich**
*Somnambuler*: ↗ Schlafwandler
*somnambulieren*: ↗ schlafwandeln
*sonderbar*: ↗ merkwürdig
*sonderbarerweise*: ↗ merkwürdigerweise
**Sonderling**
**¹sondern**
*²sondern*: ↗ trennen (1)
*Sonderrecht*: ↗ Vorrecht
**Sonne:** ↗ Stern
*sonnendurchflutet*: ↗ sonnig
**sonnengebräunt**
*sonnenhell*: ↗ hell (1)
*sonnenverbrannt*: ↗ sonnengebräunt
**sonnig:** *s. werden*: ↗ aufklären (2)
**sonntäglich**
*sonor*: ↗ wohlklingend
*sonst*: ↗ andernfalls
*sophistisch*: ↗ spitzfindig
*Sore*: ↗ Raub
**Sorge:** *frei von Sorgen*: ↗ sorgenfrei; *sich Sorgen machen*: ↗ sorgen (2); *sich keine Sorgen machen*: ↗ sorglos; *S. tragen, daß ...*: ↗ veranlassen
**sorgen: s. |für|:** ↗ beschaffen (1), unterhalten (1)
*sorgenbeladen*: ↗ sorgenvoll
*Sorgenbrecher*: ↗ Wein
**sorgenfrei**
*sorgenlos*: ↗ sorgenfrei
**sorgenvoll**
**sorgfältig**
**sorglos**
*sorgsam*: ↗ schonend, sorgfältig – *s. umgehen |mit|*: ↗ schonen
*sortieren*: ↗ ordnen
*Sortiment*: ↗ Warenangebot
**Soße**

*souflieren*: ↗ vorsagen (1)
soundso: *Herr Soundso*: ↗ sowieso (2)
*soupieren*: ↗ Abend (2)
*Souvenir*: ↗ Andenken
**souverän:** ↗ selbständig, ²überlegen, unumschränkt
*sowie*: ↗ sobald, und, wie (2)
**sowieso**
*soziabel*: ↗ kontaktfreudig
*Sozialfürsorge*: ↗ Fürsorge
*sozialisieren*: ↗ vergesellschaften
*sozusagen*: ↗ gleichsam
*spachteln*: ↗ essen (1)
**spähen**
**Spalt**
*Spalte*: ↗ Schlucht, Spalt
**spalten:** ↗ zerspalten
*Spaltungsirresein*: ↗ Schizophrenie
**Span:** *Späne machen*: ↗ Umstände
spanisch: *etw. kommt jmdm. s. vor*: ↗ verdächtig, wundern
*Spann*: ↗ Fußrücken
*Spanne*: ↗ Zeitraum
**spannen**
**spannend**
*Spannkraft*: ↗ Leistungsfähigkeit – *voller S.*: ↗ elastisch (2)
*Spannung*: ↗ Neugier[de] – *in S. versetzen*: ↗ neugierig
**sparen:** *sich s.*: ↗ unterlassen
*Sparkasse*: ↗ Bank (1)
**spärlich:** ↗ knapp (1)
**sparsam:** ↗ spärlich, wirtschaftlich (2)
*spartanisch*: ↗ einfach
*Spasmus*: ↗ Krampf
**Spaß:** ↗ Freude (2), Vergnügen – *S. machen*: ↗ scherzen; *keinen S. verstehen*: ↗ humorlos
*spaßen*: ↗ scherzen
*spaßhaft*: ↗ spaßig
**spaßig:** ↗ komisch
*Spaßmacher*: ↗ Clown, Komiker
**Spaßvogel**
*spastisch*: ↗ krampfartig
**spät**
**Spaten**
später: *auch s.*: ↗ weiterhin
*Spätling*: ↗ Nachkömmling
*Spatz*: ↗ Sperling
*spazierenführen*: ↗ ausführen (1)
**spazierengehen**
Spaziergang: *einen S. machen*: ↗ spazierengehen

Speck: *S. ansetzen*: ↗ zunehmen (3)
**Spedition**
*Speech*: ↗ Rede
**Speichel**
*Speichellecker*: ↗ Kriecher
*speichelleckerisch*: ↗ unterwürfig
**Speicher**
*speichern*: ↗ horten, lagern
*speien*: ↗ spucken, übergeben (2)
*Speise*: ↗ Gericht (1), Nahrung
**Speiseeis**
*Speisegaststätte*: ↗ Gaststätte
*speisen*: ↗ Mahlzeit, verpflegen
*Speiseplan*: ↗ Speisezettel
**Speisesaal**
**Speisezettel**
*speiübel*: ↗ übel
*Spektakel*: ↗ Lärm
*Spekulation*: ↗ Berechnung
*spendabel*: ↗ freigebig
**Spende**
**spenden**
*spendieren*: ↗ schenken, spenden – *einen s.*: ↗ Runde
Sperenzien: *S. machen*: ↗ Umstände
**Sperling**
*Sperma*: ↗ Samen
**Sperre:** ↗ Verbot
**sperren:** ↗ absperren, unterbinden – *sich s.*: ↗ widersetzen; *s.* |*in*|: ↗ wegschließen (2)
*Spezi*: ↗ Freund
*Spezialist*: ↗ Fachmann
*Spezialstrecke*: ↗ Stärke (2)
*Spezies*: ↗ Art
*Sphäre*: ↗ Bereich
*spicken*: ↗ bestechen
*Spiegel*: ↗ Aufschlag (3)
*Spiegelfechterei*: ↗ Täuschung
*spiegelglatt*: ↗ glatt (1)
*spiegeln*: ↗ widerspiegeln (1)
*Spiegelung*: ↗ Rückstrahlung, Widerschein
**Spiel:** *ein doppeltes S. treiben* |*mit*|: ↗ hintergehen; *freis S. lassen*: ↗ gewähren (2); *ein S. machen*: ↗ spielen; *alles aufs S. setzen*: ↗ wagen; *das S. verderben*: ↗ vereiteln
*Spielart*: ↗ Abart
**spielen:** ↗ aufführen, darstellen (2), konzertieren, musizieren – *nicht mehr s.*: ↗ absetzen (4)
spielend: *s. schaffen*: ↗ mühelos
**Spielfeld**

*Spielplan*: ↗ Programm (1, b)
**Spielplatz:** ↗ Spielfeld
*Spielwiese*: ↗ Spielplatz
**Spießbürger**
**spießbürgerlich**
*Spießer*: ↗ Spießbürger
*Spießgeselle*: ↗ Mitschuldiger
*spießig*: ↗ spießbürgerlich
Spinne: *pfui S.!*: ↗ pfui!
*spinnen*: ↗ fabeln, faseln, verrückt
*spintisieren*: ↗ fabeln, faseln
*Spion*: ↗ Agent, Spitzel
**Spionage**
*spionieren*: ↗ Spionage
*spiritual*: ↗ geistlich
*spiritualisieren*: ↗ vergeistigen
*spirituell*: ↗ unsinnlich
*Spirituose*: ↗ Alkohol (2)
*Spital*: ↗ Krankenhaus
**spitz:** ↗ aggressiv (2) – *etw. läuft s. aus*: ↗ verjüngen
*Spitzbube*: ↗ Dieb, Schurke
*Spitze*: ↗ Anspielung, Gipfel – *an der S.*: ↗ vornweg; *an der S. stehen*: ↗ führen, leiten; *Spitzen austeilen*: ↗ sticheln; *die S. halten*: ↗ Spitzenleistung; *auf die S. treiben*: ↗ übertreiben (2)
**Spitzel**
**Spitzenleistung**
**Spitzensportler**
**spitzfindig**
*spitzig*: ↗ spitz
*spitzkriegen*: ↗ merken (1)
**Spitzname**
*Spleen*: ↗ Marotte – *einen S. haben*: ↗ schrullig
*spleenig*: ↗ schrullig
*Spleiß*: ↗ Span
*spleißen*: ↗ zerspalten
*splendid*: ↗ freigebig, prachtvoll
*Splitter*: ↗ Span
*splitternackt*: ↗ nackt
*Sponsor*: ↗ Gönner
*spontan*: ↗ freiwillig
*sporadisch*: ↗ vereinzelt
*spornstreichs*: ↗ sofort
**Sport**
*Sportplatz*: ↗ Spielfeld
**Spott**
*Spottbild*: ↗ Karikatur
*Spöttelei*: ↗ Spott
*spötteln*: ↗ spotten
**spotten:** *s.* |*über*|: ↗ verspotten
**spöttisch**
*Spottname*: ↗ Spitzname
*Sprache*: ↗ Sprechfähigkeit – *zur S. bringen*: ↗ ansprechen (2), vorbringen
*sprachgewandt*: ↗ wortgewandt
*sprachlos*: ↗ überrascht
**sprechen:** *zu s. kommen* |*auf*|: ↗ ansprechen (2); *s.* |*mit*|: ↗ unterhalten (2); *s.* |*über/zu*|: ↗ vortragen (1)
*sprechend*: ↗ vielsagend
**Sprecher**
**Sprechfähigkeit**
*Sprechkunst*: ↗ Rhetorik
Sprechstunde: *S. haben*: ↗ ordinieren
*Sprechvermögen*: ↗ Sprechfähigkeit
**spreizen: sich s.:** ↗ zieren
**sprengen:** ↗ zerstreuen (2)
*Sprenkel*: ↗ Tupfen
*sprenkeln*: ↗ tüpfeln
**sprießen:** ↗ wachsen
*Spring*: ↗ Quelle
**springen:** *einen s. lassen*: ↗ Runde
*Springinsfeld*: ↗ Kind (1), Wildfang
*springlebendig*: ↗ munter
*sprinten*: ↗ laufen (1)
*Sprit*: ↗ Alkohol (1), Kraftstoff
*spritzen*: ↗ laufen (1)
*Spritztour*: ↗ Abstecher
*spröde*: ↗ rauh (1) – *s. werden*: ↗ aufspringen (2)
*Sproß*: ↗ Nachkomme
*sprossen*: ↗ sprießen
*Sprößling*: ↗ Kind (2), Sohn
Spruch: *einen S. fällen*: ↗ Urteil
*Spruchband*: ↗ Transparent
*Sprücheklopfer*: ↗ Phrasendrescher
*Sprudel*: ↗ Limonade
**sprudeln:** ↗ wallen
sprühen: *es sprüht*: ↗ nieseln
**Sprung:** *einen S. machen*: ↗ springen
*sprunghaft*: ↗ unbeständig
**Sprungschanze**
*Spucke*: ↗ Speichel – *jmdm. bleibt die S. weg*: ↗ überrascht
**spucken:** ↗ übergeben (2)
*Spuk*: ↗ Gespenst
*Spukgeschichte*: ↗ Schauergeschichte
*spukhaft*: ↗ gespenstisch
*Spülbecken*: ↗ Ausguß
**spülen:** ↗ abwaschen
Spund: *junger S.*: ↗ Jugendlicher
Spur: *eine S.*: ↗ wenig
**spürbar:** ↗ empfindlich (3)

**spüren:** ↗ empfinden, fühlen – *s. lassen:* ↗ verraten (3); *s.* |*nach*|: ↗ suchen
*Spürnase:* ↗ Spürsinn
**Spürsinn**
*spurten:* ↗ laufen (1)
sputen: *sich s.:* ↗ beeilen
*Sputum:* ↗ Auswurf
**Staat:** ↗ Prunk
*Staatsbank:* ↗ Bank (1)
*Staatsbürger:* ↗ Bürger (1)
*Staatsform:* ↗ Regierungsform
**Staatsgebiet**
*Staatsgewalt:* ↗ Staatsmacht
**Staatsgrenze**
*Staatskerl:* ↗ Prachtmensch
**Staatsmacht**
*Staatsmann:* ↗ Politiker
**Staatsoberhaupt**
*Staatspräsident:* ↗ Staatsoberhaupt
*Staatsstreich:* ↗ Umsturz
*Stab:* ↗ Stange – *den S. brechen* |*über*|: ↗ verdammen
*Stäbchen:* ↗ Zigarette
*stabil:* ↗ haltbar, robust, widerstandsfähig
*stabilisieren:* ↗ konsolidieren
**Stabilität**
Stachel: *den S. nehmen:* ↗ entschärfen
*stachelig:* ↗ dornig
*Stadel:* ↗ Scheune
*Stadium:* ↗ Entwicklungsstufe
*Städtchen:* ↗ Kleinstadt
*Stadtoberhaupt:* ↗ Bürgermeister (2)
*Stadtzentrum:* ↗ Innenstadt
*staffeln:* ↗ abstufen
*Stagnation:* ↗ Stillstand (2)
**stagnieren**
stählen: *sich s.:* ↗ abhärten
*stählern:* ↗ unerschütterlich
*Stahlschrank:* ↗ Safe
*staksen:* ↗ trotten
*staksig:* ↗ steif (2)
*Stallhase:* ↗ Kaninchen
*Stamm:* ↗ Geschlecht, Volksstamm
*stammeln:* ↗ stottern
**stammen:** *stammend* |*aus*|: ↗ gebürtig; *s.* |*von*|: ↗ abstammen
*Stammeshäuptling:* ↗ Häuptling
*Stammesoberhaupt:* ↗ Häuptling
*Stammhalter:* ↗ Sohn
*stämmig:* ↗ robust, untersetzt
*Stammtischpolitiker:* ↗ Politikaster
*Stammutter:* ↗ Vorfahr (2)
*Stammvater:* ↗ Vorfahr (1)
*stammverwandt:* ↗ verwandt (1)
*stampfen:* ↗ stapfen, trampeln
*Stand:* ↗ Standort, Verkaufsstand – *S. der Dinge:* ↗ Sachverhalt
*Standard:* ↗ Regel
*standardisieren:* ↗ vereinheitlichen
**Standardsprache**
*Standarte:* ↗ Schwanz
*Standbild:* ↗ Denkmal
**standhaft**
*Standhaftigkeit:* ↗ Beständigkeit (2)
**standhalten:** ↗ aushalten (1)
*ständig:* ↗ immer, ununterbrochen
**Standort:** *seinen S. feststellen:* ↗ orientieren (2, a); *an einen S. stellen:* ↗ stationieren
*Standpauke:* ↗ Strafpredigt – *eine S. halten:* ↗ zurechtweisen
*Standplatz:* ↗ Standort
**Standpunkt:** *den S. klarmachen:* ↗ zurechtweisen
**Stange:** *eine S. kosten:* ↗ teuer
*Stänker:* ↗ Zänker
*stänkern:* ↗ streiten
**stapfen**
*Star:* ↗ Filmstar
**stark:** ↗ heftig (1), kräftig, sehr
**Stärke:** ↗ Kraft, Wucht
*stärken:* ↗ aufrichten (2), erfrischen, ermutigen, konsolidieren – *sich s.:* ↗ erfrischen, essen (1)
*Stärkung:* ↗ Imbiß
**starr:** ↗ erstarrt, maskenhaft, steif (1), unnachgiebig
**starren**
**Starrkopf**
*starrköpfig:* ↗ unnachgiebig
*Starrkrampf:* ↗ Wundstarrkrampf
*Start:* ↗ Abflug
*Startbahn:* ↗ Piste
*starten:* ↗ anlassen
**stationär**
**stationieren**
**Statist**
**statt**
*Stätte:* ↗ Stelle
**stattfinden**
*statthaft:* ↗ zulässig
**stattlich:** ↗ beträchtlich
*Statue:* ↗ Plastik
*Statur:* ↗ Gestalt (1)
*Statut:* ↗ Satzung
**Staub:** ↗ Pulver – *mit S. bedeckt:* ↗ stau-

big; *sich aus dem S. machen*: ↗ wegschleichen
**staubig**
*stauchen*: ↗ verstauchen
**stauen**
**staunen**
Staunen: *S. erregen*: ↗ Aufsehen
**stechen:** *etw. sticht*: ↗ schmerzen
*Stechmücke*: ↗ Mücke
*stecken*: ↗ hinterbringen – *s.* |*in*|: ↗ anlegen (1)
*Stecken*: ↗ Stock
**steckenbleiben**
*Steckenpferd*: ↗ Liebhaberei
Stegreif: *aus dem S.*: ↗ frei (3)
*stehen*: ↗ passen (2, b) – *s.* |*auf*|: ↗ Vorliebe; *s.* |*hinter*|: ↗ unterstützen (1); *es steht* |*mit/um*|: ↗ verhalten (2)
**stehenbleiben:** ↗ anhalten (1), aussetzen (1)
**stehlen**
**steif:** ↗ erstarrt
*steigen*: ↗ ansteigen, klettern, zunehmen (1)
**steigern:** ↗ verstärken
*Steigerung*: ↗ Zunahme
**steil**
*Steilhang*: ↗ Abhang
Stein: *S. und Bein schwören*: ↗ schwören; *keinen S. auf dem anderen lassen*: ↗ zerstören (2); *einen S. werfen* |*auf*|: ↗ verdammen
Steinerweichen: *zum S. weinen*: ↗ weinen
*steinhart*: ↗ hart
*steinig*: ↗ schwierig
*steinreich*: ↗ reich
*Stellage*: ↗ Regal
*Stelldichein*: ↗ Verabredung
**Stelle:** ↗ Rang (2) – *auf der S.*: ↗ sofort; *eine S. bekommen*: ↗ unterkommen (2); *an erster S.*: ↗ zuerst; *an erster S. stehen*: ↗ Spitzenleistung; *nicht mehr von der S. kommen*: ↗ steckenbleiben (1); *an letzter S.*: ↗ zuletzt; *auf der S. treten*: ↗ stagnieren
**stellen:** *sich s., als ob*: ↗ verstellen; *s.* |*gegen*|: ↗ anlehnen (1)
*stellenweise*: ↗ vereinzelt
*Stellung*: ↗ Haltung, Rang (1), Standort – *S. nehmen*: ↗ äußern
*stellvertretend*: ↗ vertretungsweise – *s. für*: ↗ statt
*Stelzen*: ↗ Beine – *auf S. gehen*: ↗ spreizen
**stempeln:** *s. gehen*: ↗ arbeitslos
**Stengel:** *vom S. fallen*: ↗ überrascht
*Stenz*: ↗ Geck
*Steppke*: ↗ Knirps
Sterbchen: *sein S. machen*: ↗ sterben
*Sterbefall*: ↗ Todesfall
**sterben:** ↗ verenden
*sterbenskrank*: ↗ todkrank
*sterbenslangweilig*: ↗ langweilig
Sterbenswort: *kein S. sagen*: ↗ schweigen (1 *u.* 2)
*sterblich*: ↗ vergänglich
*steril*: ↗ keimfrei, unfruchtbar, unschöpferisch
*sterilisieren*: ↗ keimfrei
**Stern:** ↗ Filmstar – *etw. steht in den Sternen*: ↗ ungewiß
*sternhagelvoll*: ↗ betrunken
*Sterz*: ↗ Schwanz
*stetig*: ↗ ununterbrochen
*Stetigkeit*: ↗ Beständigkeit (1)
*stets*: ↗ immer
**Steuer**
**steuern**
*stibitzen*: ↗ stehlen
Stich: *einen S. haben*: ↗ sauer (2), verrückt; *im S. lassen*: ↗ verlassen (2)
*Stichelei*: ↗ Anspielung
**sticheln**
*stichhaltig*: ↗ überzeugend
*stichig*: ↗ sauer (2)
**Stichwort**
Stiefel: *einen S. vertragen*: ↗ trinkfest
*stiefeln*: ↗ marschieren, stapfen
*Stiege*: ↗ Treppe
**Stiel:** ↗ Stengel
Stielauge: *Stielaugen machen*: ↗ starren
*stier*: ↗ starr (1)
*Stier*: ↗ Bulle
*stieren*: ↗ starren
*Stiesel*: ↗ Dummkopf (2)
*stiften*: ↗ schenken, spenden
*Stiftung*: ↗ Schenkung
**Stil**
**still:** *s. sein*: ↗ schweigen (1)
**Stille**
**stillegen**
**stillen**
*stillschweigen*: ↗ schweigen (1)
Stillschweigen: *S. bewahren*: ↗ schweigen (2)
*stillschweigend*: ↗ schweigend
**Stillstand:** *zum S. bringen*: ↗ lahmlegen
*stillstehen*: ↗ stagnieren

*Stimmbruch*: ↗ Stimmwechsel
**Stimme:** *seine S. abgeben*: ↗ abstimmen (1); *innere S.*: ↗ Ahnung
**stimmen:** *s.* |*für*|: ↗ wählen; *s.* |*zu*|: ↗ passen (1)
**Stimmung**
**Stimmwechsel**
*Stimulans*: ↗ Anregungsmittel
*stimulieren*: ↗ anregen
*Stimulus*: ↗ Impuls
**stinken**
*stinkfaul*: ↗ faul (2)
*stinkig*: ↗ faulig
*Stinkwut*: ↗ Wut
*Stipulation*: ↗ Vertrag
**Stirn:** *die S. bieten*: ↗ widersetzen; *die S. haben*: ↗ unterstehen (2); *die S. krausen*: ↗ Stirn
*Stirnseite*: ↗ Vorderseite
**Stock:** ↗ Stange, Stockwerk – *wie ein S.*: ↗ steif (2)
*stockbetrunken*: ↗ betrunken
*stocken*: ↗ stagnieren, steckenbleiben (2), stehenbleiben
*stocktaub*: ↗ taub
*Stockung*: ↗ Stillstand (1 *u.* 2), Störung
**Stockwerk**
**Stoff:** ↗ Gewebe, Rauschgift, Thema
*Stoffel*: ↗ Tolpatsch
*stoffelig*: ↗ unmanierlich
**stöhnen**
**stolpern**
**stolz**
*Stomatologe*: ↗ Zahnarzt
**stopfen**
*Stopfen*: ↗ Stöpsel
*stoppelig*: ↗ struppig
*stoppen*: ↗ anhalten (1 *u.* 2), stehenbleiben
**Stöpsel**
*Store*: ↗ Gardine
**stören:** ↗ behindern – *sich s.* |*an*|: ↗ stoßen (2)
*störend*: ↗ hinderlich
*Störenfried*: ↗ Quälgeist, Unruhestifter
*störrisch*: ↗ widerspenstig – *s. sein*: ↗ bokken, trotzen
**Störung**
**Stoß:** *einen S. geben*: ↗ stoßen (1)
**stoßen:** ↗ holpern – *s.* |*auf*|: ↗ vorfinden
*Stoßseufzer*: ↗ Seufzer
**stottern:** *auf Stottern*: ↗ ratenweise
*stracks*: ↗ geradewegs
*Strafanstalt*: ↗ Strafvollzugsanstalt
*strafbar*: ↗ verboten – *sich s. machen*: ↗ vergehen (2, a)
**Strafe:** *eine S. verhängen*: ↗ verurteilen
*strafen*: ↗ bestrafen (1 *u.* 2)
**Straferlaß**
**straff**
straffällig: *s. werden*: ↗ vergehen (2, a)
*straffen*: ↗ spannen
*straffgezogen*: ↗ straff (2)
**straffrei**
*Straffreiheit*: ↗ Straferlaß
*Strafgefangener*: ↗ Häftling
**Strafpredigt**
*Strafstoß*: ↗ Elfmeter
*Straftat*: ↗ Verbrechen, Vergehen
**Strafvollzugsanstalt**
*strahlen*: ↗ leuchten
*strahlend*: ↗ sonnig
*stramm*: ↗ straff (1 *u.* 3)
*strammziehen*: ↗ spannen
*strampeln*: ↗ radfahren, zappeln
*Strand*: ↗ Ufer
*stranden*: ↗ scheitern (1)
**Strang:** ↗ Seil – *über die Stränge schlagen*: ↗ übermütig
*strangulieren*: ↗ erwürgen
*Strapaze*: ↗ Anstrengung
*strapazieren*: ↗ überfordern – *sich s.*: ↗ überanstrengen
*strapazierfähig*: ↗ haltbar
*strapaziös*: ↗ beschwerlich
**Straße:** *auf die S. gehen*: ↗ demonstrieren, prostituieren
**Straßenbahn**
**sträuben:** *sich s.*: ↗ widersetzen
*straucheln*: ↗ stolpern, vergehen (2, a)
*Strauchwerk*: ↗ Buschwerk
[1]*Strauß*: ↗ Blumenstrauß
[2]*Strauß*: ↗ Streit – *einen S. ausfechten*: ↗ streiten
**Streben**
**Strecke:** *auf der S. bleiben*: ↗ durchhalten, steckenbleiben (1), verlieren (3), versagen; *zur S. bringen*: ↗ schießen (2)
**strecken:** ↗ verdünnen
*streckenweise*: ↗ vereinzelt
**Streich:** ↗ Schlag
**streicheln**
**streichen**
*Streichholz*: ↗ Zündholz
*streifen*: ↗ berühren (2 *u.* 3) – *s.* |*an*|: ↗ berühren (1)
*Streifen*: ↗ Film (2)

**Streik:** *in den S. treten*: ↗ streiken
**streiken**
**Streit:** *in S. geraten*: ↗ streiten; *im S. liegen* |*mit*|: ↗ Streit; *S. suchen*: ↗ anlegen (3)
*streitbar*: ↗ kämpferisch
**streiten:** ↗ kämpfen
**Streitgespräch**
*Streithammel*: ↗ Zänker
*streitig*: ↗ strittig
*Streitigkeit*: ↗ Streit
**Streitkräfte**
**streitsüchtig**
**streng**
*strenggenommen*: ↗ eigentlich
*strenggläubig*: ↗ orthodox
*streuen*: ↗ zerstreuen (1)
**Strich:** *auf den S. gehen*: ↗ prostituieren; *gegen den S. gehen*: ↗ mißfallen (1); *einen S. machen wollen* |*unter*|: ↗ vergessen; *einen S. durch die Rechnung machen*: ↗ vereiteln
*Strichmädchen*: ↗ Prostituierte
*strichweise*: ↗ landschaftlich
*Strick*: ↗ Seil, Strang – *einen S. drehen*: ↗ schaden (1)
**Strickleiter**
*striezen*: ↗ schikanieren
*strikt*: ↗ streng (3)
*Strippe*: ↗ Bindfaden – *an der S. hängen*: ↗ telefonieren
**strittig:** ↗ anfechtbar
Stroh: *leeres S. dreschen*: ↗ schwafeln
*Strohmann*: ↗ Werkzeug (2)
*Strolch*: ↗ Schurke, Taugenichts
*Strom*: ↗ Elektroenergie, Fluß, Strömung (1) – *mit dem S. schwimmen*: ↗ opportunistisch
**strömen**
*stromern*: ↗ herumtreiben
*Stromspeicher*: ↗ Akkumulator
**Strömung**
*strubbelig*: ↗ struppig
**Strudel**
*strudeln*: ↗ wirbeln
*Struktur*: ↗ Aufbau (2)
Strumpf: *sich auf die Strümpfe machen*: ↗ weggehen
**struppig**
*Stube*: ↗ Zimmer
**Stück:** ↗ Theaterstück – *aus freien Stükken*: ↗ unaufgefordert; *in Stücke gehen*: ↗ zerbrechen (2); *große Stücke halten* |*auf*|: ↗ achten (1); *in Stücke reißen*: ↗ zerreißen; *in Stücke schneiden*: ↗ zerschneiden; *das ist ein starkes S.*: ↗ Unverschämtheit
Student: *S. sein*: ↗ studieren
**studieren:** ↗ lernen (1)
*studiert*: ↗ gelehrt
**Studio**
*Stufe*: ↗ Entwicklungsstufe
*Stufenleiter*: ↗ Rangordnung
*Stuhl*: ↗ Kot – *vom S. fallen*: ↗ überrascht
**Stuhlgang:** *keinen S. haben*: ↗ verstopft
*Stuhlverstopfung*: ↗ Verstopfung
*Stulle*: ↗ Butterbrot, Schnitte
*stumm*: ↗ schweigend – *s. sein*: ↗ schweigen (1)
*Stummel*: ↗ Zigarettenstummel
**Stümper**
**Stümperei**
**stümperhaft**
**stümpern**
**stumpf:** ↗ stumpfsinnig, unempfindlich
Stumpf: *mit S. und Stiel ausrotten*: ↗ vertilgen
**Stumpfsinn**
**stumpfsinnig**
Stunde: *Stunden geben*: ↗ unterrichten (2); *jmds. letzte S. ist gekommen*: ↗ sterben; *die letzte S.*: ↗ Todeskampf; *in letzter S.*: ↗ spät; *zu vorgerückter S.*: ↗ abends; *zur S.*: ↗ jetzt
**stunden**
*Stundenfrau*: ↗ Raumpflegerin
Stündlein: *jmds. letztes S. hat geschlagen*: ↗ sterben
*Stunk*: ↗ Streit – *S. machen*: ↗ streiten
*stupide*: ↗ stumpfsinnig
*Stupidität*: ↗ Stumpfsinn
*stupsen*: ↗ stoßen (1)
*Stupser*: ↗ Stoß
*stur*: ↗ beharrlich, eigensinnig
**Sturm**
**stürmen**
*stürmisch*: ↗ wild (4), windig
*Sturmwind*: ↗ Sturm
*Sturz*: ↗ Fall
*Stürze*: ↗ Deckel
*stürzen*: ↗ entmachten, hinfallen
*Sturzregen*: ↗ Regenguß
*Sturzsee*: ↗ Welle
*Stuß*: ↗ Unsinn – *S. reden*: ↗ schwafeln
**Stütze**
**stutzen:** ↗ beschneiden, scheren
**stützen:** ↗ untermauern

*Stutzer*: ↗ Geck
stutzig: *s. werden*: ↗ stutzen
*Suada*: ↗ Redeschwall
*Subjekt*: ↗ Person
*sublimieren*: ↗ verfeinern, vergeistigen
*substantiell*: ↗ wesentlich
*Substanz*: ↗ Stoff, Wesen
*substanzreich*: ↗ inhaltsreich
*subtil*: ↗ schwierig
*subtrahieren*: ↗ abziehen
*subventionieren*: ↗ unterstützen (2)
*Subversion*: ↗ Umsturz
**Suche**: *auf die S. gehen*: ↗ suchen
**suchen**
**Sucht**
*Sudelei*: ↗ Schluderei
*sudeln*: ↗ schludern
*Suff*: ↗ Trunksucht – *dem S. ergeben sein*: ↗ trunksüchtig
*Süffel*: ↗ Trinker
*süffeln*: ↗ trinken (1 *u.* 2)
*süffisant*: ↗ überheblich
*Suhle*: ↗ Tümpel
**sühnen**
*Suizid*: ↗ Selbstmord
*Sujet*: ↗ Thema
*sukzessiv*: ↗ allmählich
*summa summarum*: ↗ insgesamt
*Summe*: ↗ Betrag
*summen*: ↗ singen (1)
**summieren**: ↗ zusammenzählen
**Sumpf**
*Sums*: ↗ Aufwand
Sünde: *eine S. begehen*: ↗ sündigen
*Sündenbock*: ↗ Prügelknabe
*Sündenerlaß*: ↗ Absolution
**sündigen**: ↗ vergehen (2, b)
*superschlau*: ↗ überklug
Suppe: *die S. versalzen*: ↗ vereiteln
*surreal*: ↗ unwirklich
*Surrogat*: ↗ Ersatzstoff
*suspekt*: ↗ verdächtig
*suspendieren*: ↗ beurlauben (1)
*süß*: ↗ entzückend
Süßholz: *S. raspeln*: ↗ schmeicheln
*Süßigkeit*: ↗ Konfekt
**Symbol**
**symbolisieren**
*Sympathie*: ↗ Vorliebe
*sympathisch*: ↗ gefällig (2)
*Symposium*: ↗ Tagung
*Symptom*: ↗ Kennzeichen
*symptomatisch*: ↗ kennzeichnend
*Synode*: ↗ Versammlung
**synonym**
*Synopse*: ↗ Zusammenfassung
*System*: ↗ Regierungsform
*systematisch*: ↗ planmäßig
*Szene*: ↗ Schauplatz – *in S. setzen*: ↗ aufführen
*Szenerie*: ↗ Schauplatz

# T

**Tabak**
*Tabakspfeife*: ↗ Pfeife
**Tabakwaren**
**Tabelle**
**Tablette**
*tabu*: ↗ unantastbar, verboten
*Tabu*: ↗ Verbot
**Tadel**: *einen T. erteilen*: ↗ tadeln
*tadellos*: ↗ einwandfrei (1), fehlerlos
**tadeln**
*tafeln*: ↗ Mahlzeit
*Tafelwasser*: ↗ Mineralwasser
Tag: *seine Tage beschließen*: ↗ sterben; *eines Tages*: ↗ irgendwann; *T. für T.*: ↗ täglich; *in jenen Tagen*: ↗ damals; *schwarzer T.*: ↗ Unglückstag
tagaus: *t., tagein*: ↗ täglich
**tagen**: ↗ dämmern (1)
*Tagesgeschmack*: ↗ Mode
Tageslicht: *ans T. kommen*: ↗ herauskommen
*Tagesordnung*: ↗ Programm (1, a)
*taghell*: ↗ hell (1)
**täglich**
**Tagung**
*Taifun*: ↗ Wirbelsturm
**Takt**: ↗ Anstand
*Taktgefühl*: ↗ Takt, Zartgefühl
**taktlos**
**Taktlosigkeit**
*taktvoll*: ↗ rücksichtsvoll
**Tal**: *zu T.*: ↗ bergab
*Talent*: ↗ Begabung (1 *u.* 2)
*talentiert*: ↗ begabt
*Talfahrt*: ↗ Abfahrt (3)
**Talisman**
**Talmi**

*talwärts*: ↗ bergab
*Tamtam*: ↗ Aufwand, Trubel
*Tand*: ↗ Schund, Talmi
*tändeln*: ↗ flirten
*Tank*: ↗ Panzer (1)
*tanken*: ↗ trinken (2)
*Tannenbaum*: ↗ Weihnachtsbaum
Tante: *T. Meier*: ↗ Toilette
*Tanz*: ↗ Tanzveranstaltung
Tanzbein: *das T. schwingen*: ↗ tanzen
Tänzchen: *ein T. machen*: ↗ tanzen
**tanzen**
**Tanzlokal**
**Tanzveranstaltung**
Tapet: *aufs T. bringen*: ↗ vorbringen; *wieder aufs T. bringen*: ↗ zurückkommen (2)
*Tapezierer*: ↗ Polsterer
**tapfer:** ↗ mannhaft
**Tapferkeit**
*tappen*: ↗ tasten
*tapperig*: ↗ zittrig
*täppisch*: ↗ ungeschickt
*Taps*: ↗ Tolpatsch
*tapsig*: ↗ ungeschickt
*tarnen*: ↗ verbergen (1), verkleiden
Tasche: *in die T. stecken*: ↗ überflügeln; *in die eigene T. stecken*: ↗ unterschlagen
*Taschenbuch*: ↗ Notizbuch
*Taschenspieler*: ↗ Zauberkünstler
*Taschenspielerei*: ↗ Zauberei
**Taschentuch**
Tasse: *nicht alle Tassen im Schrank haben*: ↗ verrückt
**tasten**
**Tat:** ↗ Handlung (1) – *in der T.*: ↗ tatsächlich; *in die T. umsetzen*: ↗ verwirklichen
*Tatbestand*: ↗ Sachverhalt
*Tatendrang*: ↗ Unternehmungslust
*Tatendurst*: ↗ Unternehmungslust
*tatenlos*: ↗ untätig
*Täter*: ↗ Übeltäter
**tätig: t. sein:** ↗ wirken (1)
**Tätigkeit:** ↗ Arbeit (1) – *einer T. nachgehen*: ↗ ausüben
*Tätigkeitsbereich*: ↗ Arbeitsgebiet
**Tatkraft**
tätlich: *t. werden*: ↗ zuschlagen (1)
*Tätlichkeiten*: ↗ Schlägerei
**Tatsache**
*Tatsache!*: ↗ tatsächlich
**tatsächlich**: ↗ wahr (1), wirklich
*tätscheln*: ↗ liebkosen
*tatterig*: ↗ zittrig
*Tatze*: ↗ Hand (1), Pranke
*Tau*: ↗ Seil
**taub:** ↗ empfindungslos
**tauen**
Taufe: *aus der T. heben*: ↗ gründen
*taufen*: ↗ nennen (1), verdünnen
*taufrisch*: ↗ frisch (1)
**Taugenichts**
*tauglich*: ↗ geeignet, verwendbar
*Tauglichkeit*: ↗ Eignung
*Taumel*: ↗ Schwindel
*taumelig*: ↗ schwindelig
*taumeln*: ↗ schwanken
Tausch: *einen T. machen*: ↗ tauschen
**tauschen:** ↗ wechseln (2)
**täuschen:** *sich t.*: ↗ irren
*täuschend*: ↗ trügerisch
**Täuschung:** ↗ Irrtum, Sinnestäuschung
*Tausende*: ↗ viel (2)
**Tausendsassa**
*Taverne*: ↗ Weinrestaurant
*Taxe*: ↗ Gebühr, Taxi
**Taxi**
*taxieren*: ↗ schätzen
*Tbk*: ↗ Tuberkulose
*Team*: ↗ Kollektiv, Mannschaft
*Teamarbeit*: ↗ Kollektivarbeit
*Techtelmechtel* ↗ Liebesverhältnis
**Teenager**
**Teich**
*Teichrohr*: ↗ Schilf (1)
**Teil:** *zum T.*: ↗ teilweise; *zum größten T.*: ↗ überwiegend
**teilen:** ↗ trennen (1), zerlegen (1 *u.* 2) – *sich t.*: ↗ gabeln
**teilhaben:** teilnehmen
*Teilnahme*: ↗ Mitgefühl – *seine T. aussprechen*: ↗ kondolieren; *T. zeigen*: ↗ mitfühlen
**teilnahmslos**
**teilnehmen**
*teils*: ↗ teilweise
*Teilstück*: ↗ Teil
**teilweise**
*Telefon*: ↗ Fernsprecher
*Telefonbuch*: ↗ Fernsprechverzeichnis
**telefonieren**
**telefonisch**
*Telefonzelle*: ↗ Fernsprechzelle
**telegrafieren**
*Temperament*: ↗ Schwung – *T. haben*: ↗ lebhaft
*temperamentvoll*: ↗ lebhaft, schwungvoll

*Temperatur*: ↗ Fieber – *T. haben*: ↗ fiebern
*Tempo*: ↗ Geschwindigkeit – *T., T.!*: ↗ schnell (2)
*temporär*: ↗ vorübergehend, zeitweilig
**Tendenz**: ↗ Neigung (1)
*tendenziös*: ↗ gefärbt
tendieren: *t.* |*zu*|: ↗ neigen
*Tension*: ↗ Druck
*Tepp*: ↗ Tolpatsch
Teppich: *auf dem T. bleiben sollen*: ↗ sachlich (1), übertreiben (3)
*Termin*: ↗ Zeitpunkt
*Terminus*: ↗ Fachausdruck
*Terrain*: ↗ Landschaft
*Terrine*: ↗ Schüssel
*Territorium*: ↗ Staatsgebiet
**terrorisieren**
*Terzerol*: ↗ Pistole
*Test*: ↗ Prüfung (1), Versuch
**Testament**
*testen*: ↗ prüfen (1)
*Tetanus*: ↗ Wundstarrkrampf
**teuer**: ↗ geliebt, lieb, verehrt, wertvoll – *t. kommen*: ↗ teuer; *teurer machen*: ↗ verteuern; *etw. wird teurer*: ↗ verteuern
*Teuerung*: ↗ Preisanstieg
**Teufel**: *nicht den T. fragen* |*nach*|: ↗ kümmern (2); *zum T. gehen* ↗ verlorengehen; *vom T. geritten werden*: ↗ übermütig; *zum T. jagen*: ↗ vertreiben; *in Teufels Küche kommen*: ↗ Lage; *den T. im Leib haben*: ↗ lebhaft; *pfui T.!*: ↗ pfui!; *zum/beim T. sein*: ↗ verloren (2)
*Teufelskerl*: ↗ Tausendsassa
**Teufelskreis**
**teuflisch**
**Textdichter**
**Theater**: ↗ Gehabe – *T. machen*: ↗ zieren
*Theateranrecht*: ↗ Anrecht
**Theaterstück**
*theatralisch*: ↗ affektiert
**Theke**
**Thema**: *vom T. abkommen*: ↗ abschweifen
*Theorem*: ↗ Lehrsatz
*Theorie*: ↗ Lehre
*Therapie*: ↗ Behandlung
*Thermolüfter*: ↗ Heizgerät
*Thesaurus*: ↗ Wörterbuch
*These*: ↗ Lehrsatz
*Thespiskarren*: ↗ Wanderbühne
Thomas: *ungläubiger T.*: ↗ Zweifler
*Tick*: ↗ Marotte – *einen T. haben*: ↗ schrullig
**tief**: *t. schlafen*: ↗ schlafen
**Tief**
Tiefe: *in die T.*: ↗ hinunter
*Tiefebene*: ↗ Flachland
**tiefgründig**
*tiefschürfend*: ↗ gründlich (1)
*tiefsinnig*: ↗ nachdenklich, tiefgründig
*Tiegel*: ↗ Bratpfanne
**Tier**: *großes T.*: ↗ Hochgestellter; *zum T. werden*: ↗ vertieren
**Tierarzt**
*Tiergarten*: ↗ Zoo
**tierisch**
**Tierwelt**
*tigern*: ↗ marschieren
**tilgen**
*Timbre*: ↗ Klangfarbe
*Tingeltangel*: ↗ Tanzlokal, Vergnügungsstätte
*Tinnef*: ↗ Schund, Unsinn
Tinte: *klar wie dicke T.*: ↗ selbstverständlich; *in der T. sitzen*: ↗ Verlegenheit
*Tip*: ↗ Hinweis
*tippen*: ↗ maschineschreiben, vermuten, wetten
*Tirade*: ↗ Redeschwall
*tirilieren*: ↗ singen (2)
Tisch: *T. des Herrn*: ↗ Altar
**Titel**
**Toast**
*toasten*: ↗ rösten, Toast
Tobak: *das ist starker T.*: ↗ Unverschämtheit
*Tobel*: ↗ Schlucht
*toben*: ↗ stürmen, umhertollen, wüten
*Tobsucht*: ↗ Raserei
**Tod**: *dem T. entrinnen*: ↗ davonkommen; *vom Tode ereilt werden*: ↗ sterben; *den T. finden*: ↗ umkommen; *zu Tode kommen*: ↗ umkommen; *auf den T. krank*: ↗ todkrank; *mit dem Tode ringen*: ↗ sterben
*todbringend*: ↗ tödlich
**Todesfall**
**Todeskampf**
Todesstoß: *den T. versetzen*: ↗ töten (2), zugrunde
*todfeind*: ↗ unversöhnlich (1)
**todkrank**
**tödlich**
*todsicher*: ↗ sicher (3)
*todunglücklich*: ↗ traurig (1)

*Toffel*: ↗ Tolpatsch
**Toilette**
**tolerant**
*toll*: ↗ großartig, unerhört
*tollen*: ↗ umhertollen
Tollhaus: *reif fürs T. sein*: ↗ verrückt
*Tollheit*: ↗ Raserei
**Tolpatsch**
*tolpatschig*: ↗ ungeschickt
*Tölpel*: ↗ Tolpatsch
*tölpelhaft*: ↗ einfältig (2), ungeschickt
**Tomate**
**Ton:** ↗ Farbton, Klang – *große Töne spukken*: ↗ aufspielen
*tonangebend*: ↗ führend
*tönen*: ↗ färben (1), klingen (1)
*Tonkünstler*: ↗ Musiker
*Tönung*: ↗ Farbton
**Topf:** *in einen T. werfen*: ↗ gleichsetzen
*Topfen*: ↗ Quark
[1]**Tor**
[2]*Tor*: ↗ Dummkopf (2)
*Torheit*: ↗ Narrheit, Sinnlosigkeit
*Torhüter*: ↗ Torwart
*töricht*: ↗ albern, sinnlos, unvernünftig
*Torkel*: ↗ Schwindel
*torkeln*: ↗ schwanken
*Tornado*: ↗ Wirbelsturm
*Tornister*: ↗ Schulranzen
*torpedieren*: ↗ vereiteln, versenken (2)
*Torsteher*: ↗ Torwart
*Tortur*: ↗ Qual
**Torwart**
*tosen*: ↗ brausen, stürmen
**tot:** ↗ verstorben
*total*: ↗ ganz, völlig, vollständig
*totdrücken*: ↗ erdrücken
**töten:** *sich t.*: ↗ Selbstmord
*totenblaß*: ↗ blaß (1)
*Totenfeier*: ↗ Trauerfeier
*Totenreich*: ↗ Unterwelt (1)
*totenstill*: ↗ still
*Totenstille*: ↗ Stille
*Toter*: ↗ Leiche – *wie ein T. schlafen*: ↗ schlafen
totlachen: *sich t.*: ↗ lachen
*totmachen*: ↗ töten (2)
*totreden*: ↗ einreden (2)
*totschlagen*: ↗ erschlagen
*totschweigen*: ↗ verschweigen
*Tour*: ↗ Ausflug – *eine T. drehen*: ↗ tanzen
*Toxikum*: ↗ Gift
*toxisch*: ↗ giftig
Trab: *in T. bringen*: ↗ antreiben (1 *u.* 2)
**Trabantenstadt**
**Tracht:** *eine T. Prügel geben*: ↗ verprügeln
trachten: *t.* |*nach*|: ↗ erstreben
*Trachten*: ↗ Streben
**trächtig**
*Tradition*: ↗ Überlieferung
**träge**
*Trage*: ↗ Bahre
**tragen:** *sich t.* |*mit*|: ↗ beschäftigen (3)
*tragend*: ↗ trächtig
*Tragfläche*: ↗ Flügel (2)
*tragisch*: ↗ verhängnisvoll
*Tragödie*: ↗ Trauerspiel
*Tragweite*: ↗ Bedeutung
*trainieren*: ↗ üben
*traktieren*: ↗ quälen
**Traktor**
*trällern*: ↗ singen (1)
*Trambahn*: ↗ Straßenbahn
*Trampel*: ↗ Tolpatsch
**trampeln**
*Tramway*: ↗ Straßenbahn
*tranchieren*: ↗ zerlegen (2)
Träne: *Tränen lachen*: ↗ lachen; *Tränen vergießen*: ↗ weinen
*tränenselig*: ↗ rührselig
*transformieren*: ↗ umwandeln
*Transfusion*: ↗ Bluttransfusion
*Transkription*: ↗ Umschrift
*Translation*: ↗ Übersetzung
*transparent*: ↗ durchsichtig
**Transparent**
*transpirieren*: ↗ schwitzen
Transplantation: *eine T. vornehmen*: ↗ transplantieren
**transplantieren**
*transportabel*: ↗ beweglich
*Transportfirma*: ↗ Spedition
*transportieren*: ↗ befördern (1), fahren (2)
*transzendent*: ↗ übersinnlich
*Trantute*: ↗ Schlafmütze
*trappen*: ↗ stapfen
*Tratsch*: ↗ Gerede
*tratschen*: ↗ klatschen
*tratschig*: ↗ geschwätzig
*trauen*: ↗ vertrauen – *sich t.*: ↗ wagen; *sich t. lassen*: ↗ heiraten (1)
Trauer: *T. empfinden*: ↗ trauern (1)
*Trauerfall*: ↗ Todesfall

**Trauerfeier**
Trauerkleidung: *T. tragen*: ↗ trauern (2)
**trauern:** *t.* |um|: ↗ beklagen
**Trauerspiel**
**träufeln**
*traulich*: ↗ gemütlich
Traum: *einen T. haben*: ↗ träumen; *nicht im T.*: ↗ keineswegs
*Trauma*: ↗ Erschütterung (2), Verletzung
**träumen:** ↗ schwärmen, unaufmerksam
**Träumer:** ↗ Schwärmer
*Träumerei*: ↗ Schwärmerei
**träumerisch**
*traumhaft*: ↗ unwirklich, wunderbar
*traumverloren*: ↗ weltentrückt
*traumversunken*: ↗ träumerisch
*Traumwandler*: ↗ Schlafwandler
**traurig:** *t. machen*: ↗ betrüben
*Traute*: ↗ Mut
*Trecker*: ↗ Traktor
**treffen:** ↗ begegnen, kränken
*Treffen*: ↗ Wettkampf, Zusammenkunft – *ins T. führen*: ↗ vorbringen
**treffend**
*trefflich*: ↗ gut
*Treffpunkt*: ↗ Sammelplatz
*treiben*: ↗ gären (1), sprießen, tun – *t.* |in|: ↗ einschlagen (1 *u.* 2)
*Treiben*: ↗ Trubel
**Treibhaus**
*Treibstoff*: ↗ Kraftstoff
*tremolieren*: ↗ singen (1)
*Trend*: ↗ Tendenz (1)
**trennen**
*Trennung*: ↗ Abschied
**Treppe**
*Tresen*: ↗ Theke
*Tresor*: ↗ Safe
*Treter*: ↗ Schuhe
**treu:** *t. ergeben sein*: ↗ anhängen
*Treubruch*: ↗ Verrat (2)
*treugesinnt*: ↗ treu
*treulos*: ↗ abtrünnig, untreu (1 *u.* 2)
*Tribade*: ↗ Homosexuelle
*Tribunal*: ↗ Gericht (2)
**Trick**
**Trieb**
*Triebfeder*: ↗ Triebkraft
*triebhaft*: ↗ sinnlich
*Triebhaftigkeit*: ↗ Sinnlichkeit
**Triebkraft**
*triefen*: ↗ tropfen
*triefnaß*: ↗ naß
*triezen*: ↗ schikanieren
*Trift*: ↗ Strömung (1)
*triftig*: ↗ überzeugend
*trillern*: ↗ singen (1 *u.* 2)
**trinkbar**
*Trinkbranntwein*: ↗ Branntwein
*Trinkbruder*: ↗ Zecher
**trinken**
**Trinker**: *ein T. sein*: ↗ trunksüchtig
**trinkfest**
*Trinkgelage*: ↗ Gelage (2)
Trinkspruch: *einen T. ausbringen*: ↗ Toast
*Trip*: ↗ Abstecher, Ausflug, Reise
*trist*: ↗ langweilig, öde, trostlos
*triumphieren*: ↗ jubeln
*Trivialität*: ↗ Plattheit
**trocken:** ↗ langweilig, prosaisch – *t. werden*: ↗ trocknen, vertrocknen
**Trockenheit**
*trockenreiben*: ↗ abtrocknen (1)
**trocknen:** ↗ abtrocknen (1 *u.* 2)
**Troddel**
*Trödel*: ↗ Kram
**Trödelei**
**trödeln**
*Trödler*: ↗ Gebrauchtwarenhändler
trollen: *sich t.*: ↗ weggehen
*Trombe*: ↗ Windhose
*Trope*: ↗ Bild (4)
*tröpfeln*: ↗ träufeln, tropfen
**tropfen:** ↗ träufeln
Tropfen: *ein T. auf den heißen Stein*: ↗ zuwenig
*tropfnaß*: ↗ naß
*Trophäe*: ↗ Preis (2)
*tropisch*: ↗ sommerlich
**Trost:** *nicht bei T. sein*: ↗ verrückt; *T. spenden*: ↗ trösten
**trösten**
**tröstlich**
**trostlos:** ↗ öde
*Tröstung*: ↗ Trost
*Trott*: ↗ Gangart, Schlendrian – *immer der gleiche T.*: ↗ dasselbe
**trotten**
**trotz**
**trotzdem:** ↗ obwohl
**trotzen:** ↗ widersetzen
*trotzig*: ↗ verstockt, widerspenstig – *t. sein*: ↗ trotzen
**trübe:** ↗ traurig (2)
**Trubel**
*Trübsal*: ↗ Kummer

*Trübsinn*: ↗ Schwermut
*trübsinnig*: ↗ schwermütig
*trudeln*: ↗ rollen
*Trugbild*: ↗ Sinnestäuschung
*trügen*: ↗ täuschen
**trügerisch**
*Trugschluß*: ↗ Fehlschluß
*Trumm*: ↗ Stück
**Trümmer**
*Trümmerhaufen*: ↗ Trümmer
Trunk: *dem T. ergeben sein*: ↗ trunksüchtig
*Trunkenbold*: ↗ Trinker
*Trunkenheit*: ↗ Betrunkenheit
**Trunksucht**
**trunksüchtig**
*Trupp*: ↗ Schar
**Truppeneinheit**
*tschilpen*: ↗ piepen
*tschüs!*: ↗ Wiedersehen
Tube: *auf die T. drücken*: ↗ Gas
**tuberkulös**
**Tuberkulose**
**tüchtig:** ↗ gehörig
*tugendhaft*: ↗ sittsam
tummeln: *sich t.*: ↗ beeilen, umhertollen
*Tummelplatz*: ↗ Spielplatz
*Tumor*: ↗ Geschwulst
*Tümpel*: ↗ Teich
*Tumult*: ↗ Aufruhr (2)
*tumultuarisch*: ↗ wild (3)
**tun:** ↗ ausführen (4) – *so t., als ob*: ↗ verstellen
*tünchen*: ↗ weißen
*Tunichtgut*: ↗ Taugenichts
*Tunke*: ↗ Soße
*tunlichst*: ↗ möglichst
*tuntig*: ↗ altjüngferlich
*Tüpfel*: ↗ Tupfen
**tüpfeln**
*tupfen*: ↗ tüpfeln
**Tupfen**
**Tür:** *zwischen T. und Angel*: ↗ vorbeigehen; *vor die T. setzen*: ↗ hinauswerfen; *vor der T.*: ↗ draußen; *die T. weisen*: ↗ hinauswerfen
*turbulent*: ↗ wild (3)
*Türklinke*: ↗ Klinke
*türmen*: ↗ fliehen
*turmhoch*: ↗ hoch
*Turnen*: ↗ Sport
*Turnus*: ↗ Reihenfolge, Wechsel
*Twen*: ↗ Jugendlicher
*Type*: ↗ Letter, Schriftzeichen, Sonderling
*typisch*: ↗ eigentümlich, kennzeichnend
*Tyrann*: ↗ Gewaltherrscher
*Tyrannei*: ↗ Gewaltherrschaft
*tyrannisieren*: ↗ terrorisieren, unterdrücken (1)

# U

*U-Bahn*: ↗ Untergrundbahn
**übel:** ↗ schlecht – *ü. beleumdet*: ↗ verrufen; *jmd. ist ü. dran*: ↗ schlecht; *ü. mitspielen*: ↗ schaden (1); *es steht ü.* |*mit*|: ↗ schlecht
*Übel*: ↗ Übelstand – *von Ü. sein*: ↗ ungünstig
**Übelkeit**
*übellaunig*: ↗ mißmutig
*übelnehmen*: ↗ verübeln
**Übelstand**
*Übeltat*: ↗ Verbrechen
**Übeltäter**
*übelwollend*: ↗ boshaft
**üben:** ↗ proben
*über*: ↗ oberhalb, während (1)
**überall**
**überallher**
**überallhin**
**überanstrengen**
**überarbeiten:** *sich ü.*: ↗ überanstrengen
*überaus*: ↗ sehr
*überbeanspruchen*: ↗ überfordern
*überbesetzt*: ↗ überfüllt
*überbevölkert*: ↗ übervölkert
*überbewerten*: ↗ überschätzen
*überbieten*: ↗ überflügeln
**Überbleibsel:** ↗ Rest
Überblick: *sich einen Ü. verschaffen*: ↗ orientieren (2, b)
überbraten: *eins ü.*: ↗ schlagen (1)
**überdauern**
*überdecken*: ↗ bedecken
*überdenken*: ↗ [1]überlegen
*überdies*: ↗ außerdem, dazu
**überdrüssig**
*übereifrig*: ↗ dienstbeflissen
*übereilen*: ↗ überstürzen
**übereilt**

**übereinander**
*übereinkommen*: ↗ einigen
**Übereinkommen**
**übereinstimmen**
**Übereinstimmung:** *in Ü. bringen*: ↗ vereinen (2)
**überessen**
**überfahren:** *ü. werden*: ↗ verunglücken
**Überfall**
**überfallen:** ↗ überraschen (2) – *etw. überfällt jmdn.*: ↗ überkommen
*überfällig*: ↗ verschollen
**überfliegen**
*überfließen*: ↗ überlaufen
**überflügeln**
**Überfluß:** ↗ Wohlstand
*überflüssig*: ↗ gegenstandslos, unnötig
*überfluten*: ↗ überschwemmen
**überfordern:** *sich ü.*: ↗ überanstrengen
*Überfülle*: ↗ Überfluß (1)
**überfüllt**
überfuttern: *sich ü.*: ↗ überessen
**übergeben:** ↗ aushändigen
*übergehen*: ↗ übersehen (1)
*übergenau*: ↗ kleinlich
*übergenug*: ↗ reichlich
*übergescheit*: ↗ überklug
**übergießen**
**übergreifen**
*überhaben*: ↗ überdrüssig, übrig
**überhandnehmen:** ↗ ausarten
*überhängen*: ↗ umhängen, verhängen
*überhasten*: ↗ überstürzen
*überhastet*: ↗ übereilt
**überhaupt: ü. nicht:** ↗ keineswegs
**überheblich**
**überholen**
*überholt*: ↗ veraltet
*überirdisch*: ↗ übersinnlich
*überkandidelt*: ↗ schrullig, überspannt
**überklug**
**überkommen:** ↗ alt (2)
überkreuzen: *sich ü.*: ↗ überschneiden
überkugeln: *sich ü.*: ↗ überschlagen
*überlassen*: ↗ anheimstellen
*überlasten*: ↗ überfordern
**überlastet**
**überlaufen**
*überleben*: ↗ überdauern
*überlebt*: ↗ veraltet
[1]**überlegen:** ↗ züchtigen – *sich ü.*: ↗ [1]überlegen
[2]**überlegen**
*überlegt*: ↗ besonnen, durchdacht
Überlegung: *ohne Ü.*: ↗ unüberlegt
*überlesen*: ↗ überfliegen, übersehen (2)
**Überlieferung**
*überlisten*: ↗ übertölpeln
übermannen: *etw. übermannt jmdn.*: ↗ überkommen, überwältigen
*übermäßig*: ↗ allzu, übertrieben
*übermitteln*: ↗ mitteilen
**übermütig**
**übernachten**
*übernächtig*: ↗ unausgeschlafen
*Übernachtungsmöglichkeit*: ↗ Schlafgelegenheit (1)
*Übername*: ↗ Spitzname
*übernatürlich*: ↗ übersinnlich
übernehmen: *sich ü.*: ↗ überanstrengen
*überpflanzen*: ↗ transplantieren
**überprüfen**
*überqueren*: ↗ überschreiten
**überraschen:** ↗ ertappen
*überraschend*: ↗ unerwartet
**überrascht**
Überraschung: *eine Ü. bereiten*: ↗ überraschen (1)
**überreden**
*überreichen*: ↗ aushändigen, übergeben (1)
**überreichlich**
*überreizt*: ↗ nervös
*Überrest*: ↗ Rest, Überbleibsel
*überrollen*: ↗ überfahren
*überrumpeln*: ↗ überfallen (2), überraschen (2)
*Überrumpelung*: ↗ Überfall (2)
*überrunden*: ↗ überflügeln
*übersättigt*: ↗ selbstzufrieden
**überschätzen**
**überschaubar:** ↗ übersichtlich
*überschäumen*: ↗ überlaufen
*überschäumend*: ↗ überschwenglich
[1]**überschlagen**
[2]*überschlagen*: ↗ lau
*überschlägig*: ↗ ungefähr
**überschneiden**
**überschreiten**
*Überschrift*: ↗ Titel
**Überschuß**
*überschüssig*: ↗ übrig
*überschütten*: ↗ übergießen
**überschwemmen**
**Überschwemmung**
**überschwenglich**
*übersehbar*: ↗ überschaubar

**übersehen:** ↗ ignorieren
*übersenden*: ↗ schicken (1)
**übersetzen**
**Übersetzung**
**Übersicht:** ↗ Tabelle
**übersichtlich**
**übersiedeln**
**übersinnlich**
**überspannt**
*überspitzt*: ↗ übertrieben
überspringen: *etw. springt über*: ↗ übergreifen
*übersprudeln*: ↗ überlaufen
*überspülen*: ↗ überschwemmen
*überstaatlich*: ↗ international
**überstanden**
**überstehen:** ↗ überdauern
*übersteigert*: ↗ übertrieben
*überströmen*: ↗ überlaufen
**überstürzen**
*überstürzt*: ↗ übereilt
**übertölpeln**
*übertragen*: ↗ senden, übersetzen
*Übertragung*: ↗ Übersetzung
*übertreffen*: ↗ überflügeln
**übertreiben:** *es ü.*: ↗ weit (2)
*Übertretung*: ↗ Verbrechen, Vergehen, Zuwiderhandlung
**übertrieben**
**übervölkert**
*übervoll*: ↗ überfüllt
*übervorteilen*: ↗ betrügen (1)
**überwachen**
**überwältigen**
[1]*überwerfen*: ↗ umhängen
[2]überwerfen: *sich ü.*: ↗ verfeinden
*überwiegen*: ↗ vorherrschen
**überwiegend**
**überwinden**
*Überzahl*: ↗ Mehrheit
**überzeugen**
**überzeugend**
**überzeugt**
**Überzeugung:** *aus Ü.*: ↗ überzeugt
überziehen: *ü.* |*mit*|: ↗ beziehen (3); *ein paar ü.*: ↗ schlagen (1)
*überzogen*: ↗ übertrieben
*Überzug*: ↗ Schutzhülle
Übles: *Ü. nachreden*: ↗ verleumden
**üblich:** *nicht ü.*: ↗ ungebräuchlich
**übrig:** *ü. sein*: ↗ übrigbleiben
**übrigbleiben**
**übrigens**

**Ufer**
*uferlos*: ↗ endlos (2)
*Ulk*: ↗ Scherz, Spaß – *U. machen*: ↗ scherzen
*ulken*: ↗ scherzen
*ulkig*: ↗ komisch, spaßig
*Ulkus*: ↗ Geschwür
*ultimativ*: ↗ nachdrücklich
*um*: ↗ ungefähr, vorbei (1) – *um … willen*: ↗ wegen
*umändern*: ↗ ändern (1), umgestalten
*Umänderung*: ↗ Veränderung
*umarbeiten*: ↗ ändern (1)
**umarmen**
*umbiegen*: ↗ falten
*umbilden*: ↗ umgestalten
umblicken: *sich u.*: ↗ umsehen
*umbringen*: ↗ ermorden, töten (1) – *sich u.*: ↗ Selbstmord
*Umbruch*: ↗ Revolution
**umdrehen:** ↗ wenden
*Umdrehung*: ↗ Umkehrung
*umfallen*: ↗ umstürzen (2)
*Umfang*: ↗ Ausmaß – *in vollem U.*: ↗ ganz
*umfangen*: ↗ umarmen
**umfangreich**
*umfassen*: ↗ enthalten, umarmen
*umfassend*: ↗ umfangreich, vollständig
*umformen*: ↗ umgestalten, umwandeln
**Umfrage**
*umfragen*: ↗ befragen
Umgang: *U. haben* |*mit*|: ↗ verkehren
**umgänglich**
*Umgangsformen*: ↗ Benehmen
**umgarnen**
*umgeben*: ↗ umhüllen, umrahmen
**Umgebung:** ↗ Umwelt
*umgedreht*: ↗ verkehrt
*Umgegend*: ↗ Umgebung
*umgehen*: ↗ meiden, schlafwandeln – *u.* |*mit*|: ↗ behandeln (1)
*umgehend*: ↗ sofort
*umgekehrt*: ↗ verkehrt
**umgestalten**
*Umgestaltung*: ↗ Verwandlung
*Umgrenzung*: ↗ Rand
umgucken: *sich u.*: ↗ umsehen; *sich u.* |*nach*|: ↗ suchen
**umhängen**
*umhauen*: ↗ fällen
*umhegen*: ↗ pflegen (1)
*umherschlendern*: ↗ schlendern
*umherschweifen*: ↗ umherstreifen

*umherspringen*: ↗ umhertollen
**umherstreifen**
*umherstreuen*: ↗ zerstreuen (1)
**umhertollen**
umhertreiben: *sich u.*: ↗ herumtreiben
umhinkönnen: *nicht u.*: ↗ müssen
umhören: *sich u.*: ↗ erkundigen
**umhüllen**
*Umhüllung*: ↗ Verpackung
*umkehren*: ↗ umdrehen, wenden
**Umkehrung**
*umkippen*: ↗ bewußtlos, umstürzen (1 *u.* 2)
*umklappen*: ↗ umdrehen
umkleiden: *sich u.*: ↗ umziehen (2)
*umknicken*: ↗ knicken
**umkommen:** ↗ verderben (1)
*Umkreis*: ↗ Umgebung – *im U.*: ↗ ringsum
*umkrempeln*: ↗ umgestalten
*Umlauf*: ↗ Rundschreiben – *in U. bringen*: ↗ verbreiten (1)
umlaufen: *etw. läuft um*: ↗ zirkulieren
*umlegen*: ↗ erschießen, umhängen, verlegen (2)
*umlenken*: ↗ wenden
*ummodeln*: ↗ umgestalten
*umnehmen*: ↗ umhängen
*umpflanzen*: ↗ verpflanzen
*umpflügen*: ↗ pflügen
**umrahmen**
*Umrandung*: ↗ Rand
*umreißen*: ↗ umstoßen
**Umriß**
umschauen: *sich u.*: ↗ umsehen
*umschichtig*: ↗ abwechselnd
**Umschlag:** ↗ Briefumschlag
**umschlagen:** ↗ umstürzen (2)
*umschließen*: ↗ enthalten
*umschlingen*: ↗ umarmen
*umschmeicheln*: ↗ schmeicheln
*umschmeißen*: ↗ umstoßen
**Umschrift**
Umschweife: *ohne U.*: ↗ kurzerhand, offen (3)
*Umschwung*: ↗ Umsturz
**umsehen:** *sich u.* |*nach*|: ↗ suchen
*umsein*: ↗ abgelaufen (2)
*umsetzen*: ↗ verpflanzen, umwandeln
*umsonst*: ↗ kostenlos – *etw. ist u.*: ↗ vergebens
*umsorgen*: ↗ sorgen (1)
umspringen: *u.* |*mit*|: ↗ behandeln (1)
**Umstände:** ↗ Verhältnisse – *in anderen Umständen sein*: ↗ schwanger; *unter Umständen*: ↗ möglicherweise; *unter allen Umständen*: ↗ unbedingt; *unter keinen Umständen*: ↗ keineswegs, niemals
**umständlich**
*Umstehender*: ↗ Schaulustiger
**umstoßen**
*umstricken*: ↗ umgarnen
*umstritten*: ↗ strittig
*umstülpen*: ↗ umdrehen
**Umsturz**
**umstürzen**
*umtauschen*: ↗ wechseln (2)
*umtopfen*: ↗ verpflanzen
*umtun*: ↗ umhängen – *sich u.*: ↗ erkundigen
*umwälzend*: ↗ epochemachend
*Umwälzung*: ↗ Revolution
**umwandeln**
*Umwandlung*: ↗ Verwandlung
*umwechseln*: ↗ wechseln (1 *u.* 2)
Umweg: *auf Umwegen*: ↗ mittelbar
**Umwelt**
*umwenden*: ↗ umdrehen, wenden – *sich u.*: ↗ umdrehen
*umwerben*: ↗ werben (2)
*umwerfen*: ↗ umstoßen, umstürzen (1)
*Umzäunung*: ↗ Zaun
**umziehen**
*unabdingbar*: ↗ notwendig
**unabhängig**
*unabsichtlich*: ↗ versehentlich
*unabwendbar*: ↗ unvermeidlich
*unachtsam*: ↗ unaufmerksam
*unanfechtbar*: ↗ gültig (2), sicher (3)
*unangebracht*: ↗ unpassend
**unangenehm**
*unangreifbar*: ↗ sicher (3)
**unanständig**
**unantastbar**
*unartig*: ↗ ungezogen
**unaufdringlich:** ↗ bescheiden
**unauffällig:** ↗ unaufdringlich, unscheinbar
*unauffindbar*: ↗ verschwunden
**unaufgefordert**
*unaufhörlich*: ↗ ununterbrochen
**unaufmerksam**
**unaufrichtig**
**unausführbar**
**unausgeschlafen**
*unausstehlich*: ↗ unsympathisch
*unausweichlich*: ↗ unvermeidlich

*unbändig*: ↗ heftig (2)
**unbarmherzig**
*unbedacht*: ↗ unüberlegt
*unbedarft*: ↗ unerfahren
*unbedeckt*: ↗ bloß (2)
**unbedeutend:** ↗ geringfügig, unwichtig
**unbedingt**
*unbefangen*: ↗ ungezwungen, unvoreingenommen
*unbefestigt*: ↗ locker
*unbefriedigend*: ↗ unzureichend
**unbegabt**
*unbegehbar*: ↗ unwegsam
**unbegreiflich**
*unbegrenzt*: ↗ uneingeschränkt
*unbegründet*: ↗ grundlos
**Unbehagen**
**unbehaglich:** ↗ ungemütlich
**unbeherrscht**
*unbeholfen*: ↗ schwerfällig, ungeschickt
**unbeirrbar**
*unbeirrt*: ↗ unbeirrbar, unerschütterlich
*unbekleidet*: ↗ nackt
*unbekümmert*: ↗ sorglos
*unbelastet*: ↗ sorgenfrei
*unbelaubt*: ↗ kahl (2)
**unbeliebt**
**unbemerkt**
*unbemittelt*: ↗ arm
*unbeobachtet*: ↗ unbemerkt
*unberechenbar*: ↗ unwägbar
unberücksichtigt: *u. lassen*: ↗ absehen (2)
*unberührt*: ↗ jungfräulich
**unbeschädigt**
*unbeschäftigt*: ↗ untätig
*unbescholten*: ↗ rechtschaffen
*unbeschränkt*: ↗ uneingeschränkt
*unbeschreiblich*: ↗ sehr
*unbeschwert*: ↗ sorgenfrei
*unbesetzt*: ↗ leer (2)
*unbesorgt*: ↗ sorglos
**unbeständig**
*unbestimmt*: ↗ ungewiß, unklar
*unbestreitbar*: ↗ gültig (2), sicher (3)
*unbeugsam*: ↗ standhaft
*unbewachsen*: ↗ bloß (1), kahl (1)
*unbewandert*: ↗ unerfahren
*unbeweglich*: ↗ maskenhaft, steif (1)
*unbewölkt*: ↗ klar (b)
**unbewußt**
*unbezahlbar*: ↗ teuer, unersetzlich – *u. sein*: ↗ wertvoll
**unbezähmbar**
*unbezweifelbar*: ↗ sicher (3)
*unbezwingbar*: ↗ unbezähmbar
**Unbill**
**unbrauchbar:** ↗ ungeeignet – *u. machen*: ↗ zerstören (1)
**und:** ↗ wie (2) – *u. so fort*: ↗ weiter
*undenkbar*: ↗ unmöglich
*undeutlich*: ↗ unklar, verschwommen
*undicht*: ↗ durchlässig
*undiplomatisch*: ↗ ungeschickt
**undiszipliniert**
**unduldsam:** ↗ dogmatisch
*undurchdringlich*: ↗ dicht (1), verschlossen (2)
*undurchführbar*: ↗ unausführbar
*undurchsichtig*: ↗ trübe, unklar, zwielichtig
*uneben*: ↗ rauh (1)
**unecht**
**unehelich**
*Unehre*: ↗ Schande
*unehrenhaft*: ↗ ehrlos
*unehrlich*: ↗ unaufrichtig
*uneigennützig*: ↗ selbstlos
*Uneigennützigkeit*: ↗ Selbstlosigkeit
**uneingeschränkt:** ↗ ausschließlich (1), bedingungslos, unumschränkt
*Uneinigkeit*: ↗ Zwietracht
*uneins*: ↗ entzweit
*uneinsichtig*: ↗ unverbesserlich, verstockt
**unempfindlich:** ↗ empfindungslos, immun
*unendlich*: ↗ sehr
*Unendlichkeit*: ↗ Weltraum
*unentbehrlich*: ↗ integrierend
*unentgeltlich*: ↗ kostenlos
*unentschieden*: ↗ unentschlossen, ungewiß
**unentschlossen**
*unentschuldbar*: ↗ unverzeihlich
*unentwickelt*: ↗ zurückgeblieben (1 *u.* 2)
*unerbittlich*: ↗ streng (1)
**unerfahren**
*unerfindlich*: ↗ unbegreiflich
*unerforschlich*: ↗ unergründlich
*unerfreulich*: ↗ unangenehm
**unergründlich**
*unerheblich*: ↗ unwichtig
**unerhört**
*unerklärlich*: ↗ unbegreiflich
*unerläßlich*: ↗ integrierend, notwendig
*unerlaubt*: ↗ verboten
*unermeßlich*: ↗ endlos (1), groß (1), sehr
*Unermeßlichkeit*: ↗ Größe
**unermüdlich**

*unerreicht*: ↗ vollkommen
**unersättlich:** ↗ gefräßig
*unerschrocken*: ↗ kühn, mutig
*Unerschrockenheit*: ↗ Kühnheit, Mut
**unerschütterlich**
*unerschwinglich*: ↗ teuer
**unersetzlich**
*unersprießlich*: ↗ nutzlos
**unerwartet**
*unfachmännisch*: ↗ laienhaft
**unfähig**
*unfair*: ↗ unkameradschaftlich
**Unfall:** *einen U. haben*: ↗ verunglücken
*unfaßbar*: ↗ unbegreiflich
*unfehlbar*: ↗ sicher (2)
*unfein*: ↗ ungehörig
*unfertig*: ↗ unreif (2), unvollständig
*Unflat*: ↗ Schmutz
*unflätig*: ↗ unanständig
*Unflätigkeit*: ↗ Zote
*unfolgsam*: ↗ ungehorsam
**unförmig**
*unförmlich*: ↗ ungezwungen
**unfreiwillig**
**unfreundlich:** ↗ rauh (3)
*Unfrieden*: ↗ Zwietracht
**unfruchtbar:** ↗ unschöpferisch
**Unfug**
*ungalant*: ↗ unfreundlich
*ungeachtet*: ↗ trotz
*ungebärdig*: ↗ wild (4)
**ungebräuchlich**
*ungebraucht*: ↗ neu
*ungebührlich*: ↗ ungehörig
*ungebunden*: ↗ frei (1)
**ungeeignet:** ↗ unbrauchbar, ungünstig
**ungefähr:** *von u.*: ↗ zufällig
*ungefährdet*: ↗ sicher (1)
**ungefährlich**
*ungefrühstückt*: ↗ nüchtern
*ungefüge*: ↗ unförmig
*ungehalten*: ↗ ärgerlich
*ungehemmt*: ↗ hemmungslos
*ungeheuer*: ↗ gewaltig, groß (1), sehr
**Ungeheuer:** ↗ Unmensch
*ungeheuerlich*: ↗ unerhört
*ungehobelt*: ↗ unmanierlich
**ungehörig**
**ungehorsam**
*ungeklärt*: ↗ ungewiß
**ungelegen:** *u. kommen*: ↗ stören (2)
*ungelenk*: ↗ steif (2), ungeschickt
*ungelenkig*: ↗ steif (1)
*Ungemach*: ↗ Unbill
*ungemein*: ↗ sehr
**ungemütlich:** ↗ unbehaglich
**ungenau:** ↗ verschwommen
*ungeniert*: ↗ ungezwungen
*ungenießbar*: ↗ unsympathisch – *u. werden*: ↗ verderben (1)
*ungenügend*: ↗ unzureichend
**ungenutzt**
**ungeordnet**
*ungepflegt*: ↗ wild (2)
*ungeraten*: ↗ ungezogen
**ungern**
*ungesalzen*: ↗ ungewürzt
*Ungeschick*: ↗ Mißgeschick
**ungeschickt**
*ungeschlacht*: ↗ unformig
*ungeschliffen*: ↗ unmanierlich
*ungeschmückt*: ↗ schlicht (1)
ungeschoren: *u. bleiben*: ↗ straffrei
*ungeschützt*: ↗ schutzlos
*ungesehen*: ↗ unbemerkt
*ungesellig*: ↗ menschenscheu
**ungesetzlich**
*ungesichert*: ↗ ungewiß
*ungesittet*: ↗ unmanierlich
*ungestalt*: ↗ mißgestaltet
*ungestüm*: ↗ heftig (2), wild (4)
**ungesund**
*ungetreu*: ↗ abtrünnig
*ungetrübt*: ↗ klar (a)
*ungewandt*: ↗ ungeschickt
**ungewiß**
**ungewöhnlich:** ↗ fremd (1)
**ungewürzt**
*ungezählte*: ↗ viel (2)
*ungezähmt*: ↗ wild (1, a)
**ungezogen**
*ungezügelt*: ↗ maßlos, wild (4), zügellos
**ungezwungen**
*Unglaube*: ↗ Zweifel
*unglaubhaft*: ↗ unglaubwürdig
*unglaublich*: ↗ unerhört
**unglaubwürdig**
*ungleich*: ↗ verschiedenartig
**Unglück:** ↗ Verderben
*unglücklich*: ↗ traurig (1)
*unglücklicherweise*: ↗ leider
*Unglücksbotschaft*: ↗ Schreckensbotschaft
*unglückselig*: ↗ verhängnisvoll
*Unglücksfall*: ↗ Unfall
**Unglücksmensch**
**Unglückstag**

*ungnädig*: ↗ unfreundlich
*ungraziös*: ↗ steif (2)
**ungültig**: *für u. erklären*: ↗ annullieren; *u. werden*: ↗ verfallen (2)
**ungünstig**
*ungut*: ↗ unbehaglich
*Unheil*: ↗ Unglück – *drohendes U.*: ↗ Gefahr
*unheilbar*: ↗ todkrank
*unheilverkündend*: ↗ unheilvoll
**unheilvoll**: ↗ gefährlich, verhängnisvoll
**unheimlich**: ↗ sehr
*unhöflich*: ↗ taktlos
*unhörbar*: ↗ lautlos
*uni*: ↗ einfarbig
*Uni*: ↗ Universität
*unifizieren*: ↗ gleichmachen
*uniform*: ↗ schematisch
*Unikum*: ↗ Sonderling
*uninteressant*: ↗ langweilig
*uninteressiert*: ↗ interesselos
*Union*: ↗ Vereinigung (2)
*universal*: ↗ allgemeingültig
*universell*: ↗ vielseitig
**Universität**
*Universum*: ↗ Weltall
**unkameradschaftlich**
*unken*: ↗ pessimistisch
*Unkenntnis*: ↗ Unwissenheit
*Unker*: ↗ Pessimist
*Unkerei*: ↗ Pessimismus
*unkeusch*: ↗ unzüchtig
*Unkeuschheit*: ↗ Unzucht
**unklar**: ↗ trübe, ungeordnet (1), verschwommen
*unklug*: ↗ unvernünftig
*unkollegial*: ↗ unkameradschaftlich
**unkompliziert**
*unkonzentriert*: ↗ unaufmerksam, zerstreut
*unkörperlich*: ↗ unsinnlich
*unkultiviert*: ↗ unmanierlich
*unlängst*: ↗ kürzlich
*unlauter*: ↗ unaufrichtig
*unleidlich*: ↗ unsympathisch
unleserlich: *u. schreiben*: ↗ schmieren
*unleugbar*: ↗ sicher (3)
*unliebsam*: ↗ unangenehm
*unlösbar*: ↗ innig
Unlust: *mit U.*: ↗ ungern
*unlustig*: ↗ lustlos
**unmanierlich**
*unmännlich*: ↗ weichlich
*Unmasse*: ↗ Menge
*unmäßig*: ↗ maßlos, unersättlich
*Unmenge*: ↗ Menge
**Unmensch**
**unmenschlich**
*unmethodisch*: ↗ planlos
*unmißverständlich*: ↗ deutlich (3)
**unmittelbar**
*unmodern*: ↗ altmodisch, veraltet – *u. werden*: ↗ veralten
**unmöglich**: ↗ erledigt (2) – *u. machen*: ↗ vereiteln, verhindern; *sich u. machen*: ↗ kompromittieren
*unmoralisch*: ↗ unsittlich
*unmündig*: ↗ minderjährig, unreif (2) – *u. machen*: ↗ entmündigen
**unnachgiebig**
*unnachsichtig*: ↗ streng (1)
*unnahbar*: ↗ verschlossen (2)
*unnatürlich*: ↗ affektiert, widernatürlich
*unnormal*: ↗ abnorm
**unnötig**
*unnütz*: ↗ nutzlos
**unordentlich**
**Unordnung**: *in U. bringen*: ↗ zerrütten
*unoriginell*: ↗ unschöpferisch
**unparteiisch**: ↗ sachlich (1)
*Unparteiischer*: ↗ Schiedsrichter
**unpassend**: ↗ ungelegen
*unpassierbar*: ↗ unwegsam – *u. machen*: ↗ versperren
*unpäßlich*: ↗ unwohl
*Unpäßlichkeit*: ↗ Unwohlsein
*unpersönlich*: ↗ förmlich (1), sachlich (2)
*unpoliert*: ↗ unmanierlich
*unpopulär*: ↗ unbeliebt
*unpraktisch*: ↗ ungeschickt
*unpräzise*: ↗ ungenau, unklar
*unproduktiv*: ↗ unschöpferisch
**unpünktlich**
*Unrast*: ↗ Unruhe
*Unrat*: ↗ Schmutz
*unratsam*: ↗ ungünstig
*unrealisierbar*: ↗ unausführbar
*unrealistisch*: ↗ weltfremd
unrecht: *u. tun*: ↗ vergehen (2, b)
*Unrecht*: ↗ Unbill, Vergehen
*unrechtmäßig*: ↗ ungesetzlich
**unreif**
*unritterlich*: ↗ unfreundlich
**Unruhe**: ↗ Sorge, Trubel
*Unruhen*: ↗ Aufruhr (1)
**Unruhestifter**
**unruhig**: *u. machen*: ↗ beunruhigen

*unsagbar*: ↗ sehr
*unsäglich*: ↗ sehr
*unsauber*: ↗ schmutzig, trübe
*Unsauberkeit*: ↗ Regelwidrigkeit
**unschädlich:** ↗ harmlos
*unscharf*: ↗ unklar, verschwommen
*unschätzbar*: ↗ unersetzlich
**unscheinbar**
*unschicklich*: ↗ ungehörig
*unschlüssig*: ↗ unentschlossen – *u. sein*: ↗ zögern
*unschön*: ↗ geschmacklos
**unschöpferisch**
**Unschuld**
**unschuldig:** ↗ jungfräulich
*unschuldsvoll*: ↗ unschuldig (3)
*unschwer*: ↗ mühelos
**unselbständig**
*unselig*: ↗ verhängnisvoll
**unsicher:** ↗ ungewiß, unglaubwürdig – *u. machen*: ↗ verwirren (1)
*unsichtbar*: ↗ verborgen – *u. werden*: ↗ verschwinden (1)
**Unsinn:** *U. machen*: ↗ Unfug
*unsinnig*: ↗ sehr, sinnlos, widersinnig
*Unsinnigkeit*: ↗ Sinnlosigkeit
**unsinnlich**
**unsittlich**
*unsolide*: ↗ leichtlebig
*unsorgfältig*: ↗ unordentlich
*unstatthaft*: ↗ verboten
*unstet*: ↗ unbeständig, unruhig
*unstillbar*: ↗ unbezähmbar
*Unstimmigkeit*: ↗ Meinungsverschiedenheit
*unstreitig*: ↗ sicher (3)
**unsympathisch**
*unsystematisch*: ↗ planlos
*untadelig*: ↗ einwandfrei (2)
*untalentiert*: ↗ unbegabt
*Untat*: ↗ Verbrechen
**untätig**
*untauglich*: ↗ unbrauchbar, ungeeignet
unten: *von u. her*: ↗ herauf; *u. durch sein*: ↗ unbeliebt
*Unter*: ↗ Bube
*unterbelichtet*: ↗ beschränkt
**unterbieten**
**unterbinden**
*unterbleiben*: ↗ wegfallen
*unterbrechen*: ↗ Wort (2)
*Unterbrechung*: ↗ Pause, Störung, Schwangerschaftsabbruch
*unterbreiten*: ↗ vorlegen
*unterbringen*: ↗ beherbergen
*Unterbringungsmöglichkeit*: ↗ Platz
*unterdessen*: ↗ inzwischen
**unterdrücken:** ↗ niederschlagen (2)
**unterdrückt**
*unterentwickelt*: ↗ rückständig, zurückgeblieben (1 *u.* 2)
unterfangen: *sich u.*: ↗ unterstehen (2)
*Unterfangen*: ↗ Wagnis
*Untergang*: ↗ Verderben, Verfall
**untergehen:** ↗ aussterben, ertrinken
*untergeordnet*: ↗ nebensächlich – *u. sein*: ↗ unterstehen (1)
**untergraben**
*Untergrenze*: ↗ Minimum
**Untergrundbahn**
*unterhaken*: ↗ einhaken
**unterhalten: sich u.:** ↗ vergnügen
**unterhaltsam**
**Unterhaltsbeitrag**
*Unterhaltsgeld*: ↗ Unterhaltsbeitrag
*Unterhaltung*: ↗ Gespräch, Plauderei – *eine U. führen*: ↗ unterhalten (2)
*unterhandeln*: ↗ verhandeln (1)
*unterhöhlen*: ↗ untergraben
*unterjochen*: ↗ unterdrücken (1)
**unterkommen**
*unterkriechen*: ↗ unterkommen (1)
**Unterkunft:** *U. finden*: ↗ unterkommen (1); *ohne U. sein*: ↗ obdachlos
**unterlassen:** ↗ versäumen (3)
**unterliegen**
**untermauern**
*unternehmen*: ↗ tun
*Unternehmen*: ↗ Unternehmung
**Unternehmer**
**Unternehmung**
*Unternehmungsgeist*: ↗ Initiative, Unternehmungslust
**Unternehmungslust**
*Unterredung*: ↗ Gespräch
Unterricht: *U. geben*: ↗ unterrichten (2)
**unterrichten:** *unterrichtet sein |von|*: ↗ wissen
**Unterrichtsfach**
*untersagen*: ↗ verbieten (1)
*untersagt*: ↗ verboten
*Untersagung*: ↗ Verbot
**unterschätzen**
**unterscheiden:** *sich u. |von|*: ↗ abweichen (2)
*unterschieben*: ↗ andichten, unterstellen

**Unterschied:** *einen U. machen*: ↗ unterscheiden
*unterschiedlich*: ↗ verschiedenartig
**unterschlagen:** ↗ verschweigen
*Unterschlupf*: ↗ Versteck
*unterschlüpfen*: ↗ unterkommen (1)
**unterschreiben**
**Unterschrift:** *seine U. geben*: ↗ unterschreiben
**untersetzt**
*untersinken*: ↗ untergehen (2)
**unterstehen**
**unterstellen**
unterstellt: *u. sein*: ↗ unterstehen (1)
*unterstreichen*: ↗ betonen (2)
**unterstützen**
*Unterstützung*: ↗ Hilfe – *U. gewähren*: ↗ helfen
**untersuchen**
Untersuchung: *demoskopische U.*: ↗ Umfrage
untertan: *sich u. machen*: ↗ unterwerfen
*untertänig*: ↗ unterwürfig
*untertauchen*: ↗ verschwinden (1 *u.* 2)
unterteilen: *sich u.*: ↗ gliedern
**unterwegs**
*unterweisen*: ↗ anleiten
**Unterwelt**
**unterwerfen**
**unterwürfig:** *u. sein*: ↗ katzbuckeln
*unterzeichnen*: ↗ unterschreiben
*Untiefe*: ↗ Sandbank
*Untier*: ↗ Ungeheuer
**untreu:** *u. sein*: ↗ betrügen (2)
*untröstlich*: ↗ traurig (1)
*untüchtig*: ↗ unfähig
*unüberbrückbar*: ↗ unversöhnlich (2)
**unüberlegt:** *u. handeln*: ↗ überstürzen
*unübersichtlich*: ↗ verwickelt, verworren
*unübertrefflich*: ↗ vollkommen
*unüblich*: ↗ ungebräuchlich, ungewöhnlich – *u. werden*: ↗ veralten
*unumgänglich*: ↗ unvermeidlich
**unumschränkt**
*unumstößlich*: ↗ endgültig – *u. sein*: ↗ feststehen
*unumwunden*: ↗ offen (3)
**ununterbrochen**
**unveränderlich**
*unverantwortlich*: ↗ leichtsinnig
**unverbesserlich**
*unverblümt*: ↗ offen (3)
*unverbraucht*: ↗ frisch (3)
*unverbürgt*: ↗ ungewiß
*unverdorben*: ↗ frisch (1), unschuldig (2 *u.* 3)
*unverfälscht*: ↗ echt, natürlich, unvermischt
*unverfroren*: ↗ unverschämt
**unvergleichbar**
*unverheiratet*: ↗ ledig
*unverhofft*: ↗ unerwartet
*unverhüllt*: ↗ nackt
*unverkrampft*: ↗ ungezwungen
*unverläßlich*: ↗ unzuverlässig
*unverletzlich*: ↗ unantastbar
**unverletzt**
**unvermeidlich**
**unvermischt**
*unvermittelt*: ↗ plötzlich
*unvermutet*: ↗ unerwartet
**unvernünftig**
**unverpackt**
**unverrichteterdinge**
*unverrückbar*: ↗ fest (1)
**unverschämt**
**Unverschämtheit**
*unverschlossen*: ↗ offen (1)
*unversehrt*: ↗ unbeschädigt, unverletzt
**unversöhnlich**
**unverständlich:** ↗ unbegreiflich
*unverwüstlich*: ↗ haltbar
*unverzagt*: ↗ mutig
**unverzeihlich**
*unverzüglich*: ↗ sofort, sofortig
**unvollständig**
**unvoreingenommen:** ↗ sachlich (1)
*unvorhergesehen*: ↗ unerwartet
**unwägbar**
**unwahr**
*unwahrhaftig*: ↗ unaufrichtig
*Unwahrheit*: ↗ Lüge – *die U. sagen*: ↗ lügen
*unwahrscheinlich*: ↗ unglaubwürdig
*Unwandelbarkeit*: ↗ Beständigkeit (1)
**unwegsam**
*unwesentlich*: ↗ unwichtig
**unwichtig**
*unwiderlegbar*: ↗ sicher (3)
*unwiderruflich*: ↗ endgültig
*unwillkürlich*: ↗ mechanisch
**unwirklich**
**unwirksam:** ↗ ungültig
*unwirsch*: ↗ unfreundlich
**Unwissenheit**
**unwohl:** ↗ unbehaglich

**Unwohlsein**
*unwohnlich*: ↗ ungemütlich
unwürdig: *als u. ansehen*: ↗ verachten
*Unzahl*: ↗ Menge
*unzählige*: ↗ viel (2)
*unzähligemal*: ↗ oft
Unzeit: *zur U. kommen*: ↗ stören (2)
*unzeitgemäß*: ↗ veraltet
*unzeitig*: ↗ ungelegen
*unzeremoniell*: ↗ ungezwungen
unzertrennlich: *u. sein*: ↗ zusammenbleiben
*unziemlich*: ↗ ungehörig
**unzivilisiert**
**Unzucht**
**unzüchtig**
*unzugänglich*: ↗ unwegsam, verschlossen (2), verstockt – *u. machen*: ↗ versperren
*unzulänglich*: ↗ unzureichend
*unzulässig*: ↗ verboten – *für u. erklären*: ↗ verbieten (1)
**unzureichend**
*unzusammenhängend*: ↗ zusammenhanglos
*unzuträglich*: ↗ schädlich, ungesund, ungünstig
**unzuverlässig**
*unzweckmäßig*: ↗ ungeeignet, ungünstig
*unzweideutig*: ↗ deutlich (3)
*unzweifelhaft*: ↗ sicher (3)
**üppig**: ↗ überreichlich
*Üppigkeit*: ↗ Fülle
*Urahn*: ↗ Vorfahr (1)
*Urahne*: ↗ Vorfahr (2)
*Uranist*: ↗ Homosexueller
urbar: *u. machen*: ↗ kultivieren, roden (1)
*Urbild*: ↗ Inbegriff
*Urgeschichte*: ↗ Vorgeschichte
**Urheber**
*Urian*: ↗ Teufel
**Urin**: *im U. haben*: ↗ spüren
*urinieren*: ↗ austreten (1)
**Urkunde**
*Urlaub*: ↗ Ferien
**Urlauber**
**Urlaubsort**
Urne: *zur U. gehen*: ↗ wählen
*Urninde*: ↗ Homosexuelle
*Urning*: ↗ Homosexueller
*urplötzlich*: ↗ plötzlich
**Ursache**
**ursächlich**
**Ursprung**: ↗ Provenienz
**ursprünglich**: ↗ natürlich
Urständ: *fröhliche U. feiern*: ↗ aufleben
**Urteil**: *sich ein U. bilden*: ↗ urteilen
**urteilen**
*Urteilsspruch*: ↗ Urteil
*urweltlich*: ↗ versteinert
*urwüchsig*: ↗ naturhaft, wild (1, c)
*Urzeit*: ↗ Vorzeit
*urzeitlich*: ↗ vorzeitlich
*usuell*: ↗ üblich
*usurpieren*: ↗ Macht
*Usus*: ↗ Gepflogenheit

# V

va banque: *v. spielen*: ↗ *wagen*
*Vabanquespiel*: ↗ Wagnis
*vagabundieren*: ↗ herumtreiben
*vage*: ↗ unklar, verschwommen
**Vagina**
*Vakuum*: ↗ Leere
*Valuta*: ↗ Währung
*Vamp*: ↗ Verführerin
*Vampir*: ↗ Wucherer
*variabel*: ↗ veränderlich
*Variante*: ↗ Abart, Lesart
**Vater**: *der Heilige V.*: ↗ Papst; *sich zu den Vätern versammeln*: ↗ sterben
*vaterländisch*: ↗ patriotisch
*Vaterlandsliebe*: ↗ Patriotismus
*vaterlandsliebend*: ↗ patriotisch
*Vaterunser*: ↗ Gebet
*Vati*: ↗ Vater
**Vegetation**
*vehement*: ↗ heftig (1)
**Vene**
*Ventilation*: ↗ Lüftung
*ventilieren*: ↗ überlegen
**Venus**
*veraasen*: ↗ verschwenden
*verabreden*: ↗ vereinbaren
**Verabredung**
verabreichen: *eine v.*: ↗ ohrfeigen
*verabsäumen*: ↗ versäumen (3)
**verabscheuen**
*verabscheuenswert*: ↗ verwerflich
**verabschieden**
*verabsolutieren*: ↗ verallgemeinern
**verachten**

*verächtlich*: ↗ geringschätzig
**Verachtung:** *mit V. strafen*: ↗ verachten
*veralbern*: ↗ narren
**verallgemeinern**
**veralten**
**veraltet**
**veränderlich**
*verändern*: ↗ umgestalten – *sich v.*: ↗ ändern (2)
**Veränderung**
*verängstigen*: ↗ einschüchtern
**veranlagt**
**Veranlagung**
**veranlassen**
**Veranlassung:** *V. geben*: ↗ veranlassen
**veranschaulichen**
**veranschlagen**
**veranstalten**
**verantworten**
**verantwortlich:** ↗ verantwortungsvoll – *v. machen* |*für*|: ↗ belangen
Verantwortung: *die V. übernehmen* |*für*|: ↗ verantworten (1)
*verantwortungsbewußt*: ↗ pflichtbewußt
*Verantwortungsbewußtsein*: ↗ Pflichtbewußtsein
*verantwortungslos*: ↗ leichtsinnig
*Verantwortungslosigkeit*: ↗ Leichtsinn
**verantwortungsvoll**
*veräppeln*: ↗ narren
**verarbeiten**
*verarbeitet*: ↗ verbraucht (1)
*verargen*: ↗ verübeln
**verärgern**
**verarmen**
*verarzten*: ↗ behandeln (2)
*verauktionieren*: ↗ versteigern
**verausgaben**
*verauslagen*: ↗ auslegen (3)
*veräußern*: ↗ verkaufen
**Verband:** ↗ Abteilung (1 *u.* 2), Vereinigung (2) – *einen V. anlegen*: ↗ verbinden (1)
**verbannen:** ↗ verstoßen (1)
Verbannung: *in die V. schicken*: ↗ verbannen
*verbarrikadieren*: ↗ versperren
**verbeißen:** *sich v.*: ↗ unterdrücken (3)
**verbergen:** ↗ verstecken – *sich v.*: ↗ verstecken
**verbessern:** ↗ berichtigen (1) – *sich v.*: ↗ berichtigen (1); *sich ständig v.*: ↗ vervollkommnen
**verbeugen**
Verbeugung: *eine V. machen*: ↗ verbeugen
**verbeulen**
**verbieten**
*verbildet*: ↗ mißgestaltet
*verbildlichen*: ↗ veranschaulichen
*verbilligen*: ↗ senken (1)
**verbinden:** ↗ vereinen (1) – **sich v.**: ↗ verbünden
**verbindlich:** ↗ umgänglich – *v. zusagen*: ↗ verpflichten
*Verbindlichkeiten*: ↗ Schulden
*Verbindung*: ↗ Beziehung (1), Zusammenhang – *eine V. eingehen*: ↗ verbinden (3); *etw. steht in V.* |*mit*|: ↗ zusammenhängen
*Verbindungen*: ↗ Beziehung (2)
**Verbindungsglied**
**Verbindungsmann**
*Verbindungsstück*: ↗ Verbindungsglied
**verbissen**
*Verbitterung*: ↗ Groll
**verblassen**
*verbleiben*: ↗ übrigbleiben
*verbleichen*: ↗ verblassen
*verbleuen*: ↗ verprügeln
*verblichen*: ↗ verstorben
*verblöden*: ↗ verdummen
*verblüffen*: ↗ überraschen (1)
*verblüfft*: ↗ überrascht
*verblümt*: ↗ andeutungsweise
*verbocken*: ↗ anrichten, verschulden
*verbogen*: ↗ krumm
verbohren: *sich v.* |*in*|: ↗ verbeißen
*verbohrt*: ↗ fanatisch
[1]*verborgen*: ↗ borgen
[2]**verborgen:** *im verborgenen*: ↗ unbemerkt
**Verbot**
**verboten**
*verbraten*: ↗ verbrauchen
**Verbrauch**
**verbrauchen**
*Verbraucherendpreis*: ↗ Einzelhandelspreis
**verbraucht:** ↗ abgenutzt
**Verbrechen:** *ein V. begehen*: ↗ vergehen (2, a)
**Verbrecher**
**verbrecherisch**
*Verbrechertum*: ↗ Unterwelt (2)
**verbreiten**
**verbrennen:** ↗ einäschern – *sich v.*: ↗ verbrühen
*Verbrennungsmotor*: ↗ Motor
**verbringen**

**verbrühen**
*verbuddeln*: ↗ vergraben
*verbumfiedeln*: ↗ verlieren (1)
*verbummeln*: ↗ vergessen, verlegen (1)
**verbünden**
*Verbundenheit*: ↗ Solidarität
**Verbündeter**
*verbürgt*: ↗ sicher (3)
**verbüßen**
*verbuttern*: ↗ verbrauchen
**Verdacht**: *auf V.*: ↗ vorbeugend; *V. erregen*: ↗ verdächtig; *V. hegen*: ↗ Verdacht; *in V. haben*: ↗ verdächtigen
**verdächtig**
**verdächtigen**
**verdammen**
*verdammenswert*: ↗ verwerflich
*verdammt!*: ↗ verflucht!
**verdanken**
*verdauen*: ↗ überwinden (1)
*Verdeck*: ↗ Plane
*verdecken*: ↗ verbergen (1), verhängen
*verdenken*: ↗ verübeln
**verderben**: *es verdorben haben*: ↗ unbeliebt
**Verderben**: *ins V. stürzen*: ↗ verderben (2)
*verderblich*: ↗ schädlich
**verdeutlichen**
**verdichten**
**Verdickung**
**verdienen**
*Verdienst*: ↗ Lohn
**Verdienste**
verdient: *sich v. machen*: ↗ hervortun
*verdolmetschen*: ↗ übersetzen
*verdonnern*: ↗ verurteilen
**verdoppeln**
**verdorben**: ↗ sauer (2), ²verkommen
*verdorren*: ↗ vertrocknen, welken
**verdorrt**
*verdösen*: ↗ vergessen
**verdrängen**
*verdreckt*: ↗ schmutzig
*verdrehen*: ↗ entstellen
*verdreht*: ↗ verrückt, verzerrt (2)
*verdreschen*: ↗ verprügeln
*verdrießen*: ↗ ärgern, mißfallen (1)
*verdrossen*: ↗ mißmutig
*verdrücken*: ↗ aufessen
*verduften*: ↗ fliehen, wegschleichen
**verdummen**
*verdunkeln*: ↗ verschleiern
**verdünnen**
*verdunsten*: ↗ verflüchtigen
**verdursten**
*verdutzt*: ↗ verwirrt
*veredeln*: ↗ verbessern (3), verfeinern
*verehelicht*: ↗ verheiratet (1)
**verehren**: ↗ schenken
**Verehrer**: ↗ Liebhaber
**verehrt**
**Verehrung**
*Verein*: ↗ Organisation
**vereinbaren**: ↗ vereinen (2)
*Vereinbarung*: ↗ Übereinkommen – *eine V. treffen*: ↗ vereinbaren
**vereinen**: ↗ vereinigen
**vereinfachen**
**vereinheitlichen**
**vereinigen**: ↗ verbinden (2), vereinen (1), verschmelzen (1) – **sich v.**: ↗ koitieren
*vereinigt*: ↗ einig (1)
**Vereinigung**
*vereinnahmen*: ↗ kassieren
*vereinsamt*: ↗ einsam
**vereinzelt**: ↗ manchmal
**vereiteln**
*verekeln*: ↗ verleiden
*verelenden*: ↗ verarmen
**verenden**
verengen: *etw. verengt sich*: ↗ verjüngen
**vererben**
*verewigt*: ↗ verstorben
*verfahren*: ↗ handeln (2)
**Verfahren**: ↗ Prozeß
*Verfahrensweise*: ↗ Verfahren
**Verfall**
¹**verfallen**: ↗ zufallen (2)
²*verfallen*: ↗ hörig
*verfälschen*: ↗ entstellen, verdünnen
**verfangen**
**verfassen**
**Verfasser**
*Verfassung*: ↗ Gesundheitszustand, Stimmung, Zustand
*verfaulen*: ↗ faulen
*verfault*: ↗ faul (1), verdorben
*verfechten*: ↗ verteidigen (1)
*verfehlt*: ↗ abwegig
*Verfehlung*: ↗ Fehltritt, Vergehen
**verfeinden**
*Verfeindung*: ↗ Zerwürfnis
**verfeinern**: ↗ verbessern (3)
*verfemen*: ↗ ächten (1 *u.* 2)
*verfemt*: ↗ geächtet

*verfertigen*: ↗ anfertigen
*verfilzen*: ↗ verwirren (2)
verfitzen: *sich v.*: ↗ verfangen, verwirren (2)
*verflacht*: ↗ oberflächlich
*verfliegen*: ↗ verflüchtigen
verfließen: *etw. verfließt*: ↗ verwischen
*verflixt*: ↗ sehr
*verflixt!*: ↗ verflucht!
*verflossen*: ↗ ehemalig, vergangen
*verfluchen*: ↗ verwünschen
**verflucht!**
**verflüchtigen: sich v.**: ↗ verschwinden (1)
**verflüssigen**
**verfolgen**
*verfrachten*: ↗ verladen, wegbringen
verfranzen: *sich v.*: ↗ verirren
*verfressen*: ↗ gefräßig, unersättlich
*verfrüht*: ↗ vorzeitig (1)
**verfügbar**: ↗ vorrätig
*verfügen*: ↗ anordnen – *sich v.* |*in/nach*|: ↗ gehen (2)
*Verfügung*: ↗ Anordnung, Erlaß, Verordnung – *letztwillige V.*: ↗ Testament; *zur V. stehen*: ↗ verfügbar; *zur V. stellen*: ↗ anbieten (3)
**verführen**
**Verführer**
**Verführerin**
*verführerisch*: ↗ verlockend
*Verführung*: ↗ Verlockung
*verfüllen*: ↗ verschütten (2)
*vergackeiern*: ↗ narren
vergaffen: *sich v.* |*in*|: ↗ verlieben
*vergällen*: ↗ verleiden
*vergammeln*: ↗ verderben (1)
**vergangen**: ↗ vorbei (1), vorig
*Vergangenheit*: ↗ Geschichte – *etw. gehört der V. an*: ↗ veraltet; *graue V.*: ↗ Vorzeit
**vergänglich**
*vergeben*: ↗ schenken, verteilen, verzeihen
**vergebens**
vergeblich: *etw. ist v.*: ↗ vergebens
*Vergebung*: ↗ Absolution
vergegenwärtigen: *sich v.*: ↗ vorstellen (2)
**vergehen**: ↗ aussterben, untergehen (3), verschwinden (1) – *sich v.* |*an*|: ↗ vergewaltigen
**Vergehen**: *schweres V.*: ↗ Verbrechen
**vergeistigen**
**vergelten**
**Vergeltung**: ↗ Rache – *V. üben*: ↗ rächen
*Vergeltungsmaßnahme*: ↗ Vergeltung
**vergesellschaften**
*vergesellschaftet*: ↗ gemeineigen
**vergessen**: ↗ versäumen (1 *u.* 3) – *sich v.*: ↗ aufbrausen (2); *nicht v.*: ↗ merken (2)
Vergessenheit: *in V. geraten*: ↗ vergessen
**vergeßlich**
*vergeuden*: ↗ verschwenden
**vergewaltigen**
**vergewissern**
*vergießen*: ↗ verschütten (1)
*verglast*: ↗ starr (1)
Vergleich: *einen V. anstellen*: ↗ vergleichen; *im V. dazu*: ↗ demgegenüber
**vergleichbar**
**vergleichen**: *sich v.*: ↗ Kompromiß; *sich v.* |*mit*|: ↗ messen
*vergleichsweise*: ↗ verhältnismäßig
*vergnatzen*: ↗ verärgern
**vergnügen**
**Vergnügen**: *mit V.*: ↗ gern[e]
*vergnüglich*: ↗ unterhaltsam
*Vergnüglichkeit*: ↗ Vergnügen
*vergnügt*: ↗ heiter, lustig
*Vergnügungslokal*: ↗ Vergnügungsstätte
**Vergnügungsstätte**
**Vergnügungstour**
*vergöttern*: ↗ verehren
*Vergötterung*: ↗ Verehrung
**vergraben**: *sich v.* |*in*|: ↗ versenken (3)
**vergrämen**
*vergrämt*: ↗ sorgenvoll
**vergreisen**
*vergreist*: ↗ verkalkt
**vergrößern**: ↗ ausbauen (1), bereichern (1), steigern (1) – **sich v.**: ↗ zunehmen (1 *u.* 2)
*Vergrößerung*: ↗ Zunahme
*Vergrößerungsglas*: ↗ Lupe
vergucken: *sich v.* |*in*|: ↗ verlieben
*Vergünstigung*: ↗ Vorrecht
*Vergütung*: ↗ Honorar, Rückzahlung
**verhaften**
*verhallen*: ↗ verklingen
**verhalten**
**Verhalten**
*Verhaltens[maß]regel*: ↗ Vorschrift
*Verhaltensweise*: ↗ Verhalten
**Verhältnis**: ↗ Liebesverhältnis
**verhältnismäßig**
**Verhältnisse**: ↗ Lage – *über seine V. leben*: ↗ verschwenderisch
**verhandeln**
Verhandlung: *eine V. führen*: ↗ verhandeln (1)

*verhangen*: ↗ bewölkt
**verhängen**
*Verhängnis*: ↗ Unglück, Verderben
**verhängnisvoll**
**verharmlosen**
*verhärmt*: ↗ sorgenvoll
*Verhärtung*: ↗ Verdickung
verhaspeln: *sich v.*: ↗ verheddern
*verhätscheln*: ↗ verweichlichen
*verhauen*: ↗ verprügeln – *sich v.*: ↗ Fehler (2)
**verheddern: sich v.**: ↗ verfangen
*verheeren*: ↗ brandschatzen, verwüsten
*verhehlen*: ↗ verschweigen
**verheilen**
*verheimlichen*: ↗ verschweigen
**verheiratet**
*verheißungsvoll*: ↗ erfolgversprechend
**verherrlichen**
**verhindern**
*verhöhnen*: ↗ verspotten
*verhohnepipeln*: ↗ verspotten
*verhökern*: ↗ verkaufen
**Verhör**: *ins V. nehmen*: ↗ verhören (1)
**verhören**
*verhüllen*: ↗ verbergen (1), verhängen, verschleiern
**verhungern**
*verhunzen*: ↗ verderben (3)
*verhüten*: ↗ verhindern
*verhutzelt*: ↗ runzelig
**verirren**
*verjagen*: ↗ vertreiben
*verjubeln*: ↗ verschwenden
**verjüngen**
*verkalken*: ↗ vergreisen
**verkalkt**
verkalkulieren: *sich v.*: ↗ verschätzen
Verkauf: ↗ Absatz (2)
**verkaufen**: *sich v.*: ↗ prostituieren
**verkäuflich**
*Verkaufsbude*: ↗ Bude (1)
**Verkaufsschlager**
**Verkaufsstand**
*Verkehr*: ↗ Geschlechtsverkehr – *V. haben*: ↗ koitieren
**verkehren**
**Verkehrspolizist**
**verkehrt**: ↗ falsch
**verkennen**
*verketten*: ↗ verbinden (2)
**verklagen**
*Verklagter*: ↗ Angeklagter
*verklapsen*: ↗ narren
*verkleben*: ↗ zukleben
*verkleckern*: ↗ verschütten (1) – *sich v.*: ↗ verlieren (4)
**verkleiden**: ↗ verschalen
*verkleinern*: ↗ verkürzen, verringern
*verklemmt*: ↗ gehemmt
**verklingen**
*verkloppen*: ↗ verkaufen, verprügeln
*verknacken*: ↗ verurteilen
*verknacksen*: ↗ verstauchen
verknallen: *sich v.* |*in*|: ↗ verlieben
*verkneifen*: ↗ verzerren (1) – *sich v.*: ↗ unterdrücken (3), unterlassen, verzichten
*verknöchern*: ↗ vergreisen
*verknöchert*: ↗ starr (2)
*verknoten*: ↗ zusammenbinden (1)
*verknüpfen*: ↗ verbinden (2), zusammenbinden (1)
*verkohlen*: ↗ narren
[1]**verkommen**: ↗ verderben (1), verfallen (1), verwahrlosen – *v. lassen*: ↗ vernachlässigen
[2]**verkommen**
*verkorken*: ↗ zukorken
*verkorksen*: ↗ verderben (3)
*verkörpern*: ↗ darstellen (2)
**Verkörperung**
*verköstigen*: ↗ verpflegen
*Verköstigung*: ↗ Verpflegung (1)
verkrachen: *sich v.*: ↗ verfeinden
*verkraften*: ↗ überwinden (1)
*verkramen*: ↗ verlegen (1)
*verkrampft*: ↗ gehemmt
verkriechen: *sich v.*: ↗ verstecken
verkrümeln: *sich v.*: ↗ wegschleichen
**verkrüppelt**: ↗ schwerbeschädigt
verkühlen: *sich v.*: ↗ erkälten
*verkümmern*: ↗ zurückbilden (2)
**verkümmert**
*verkünden*: ↗ erklären (2)
**verkuppeln**
**verkürzen**
*verlachen*: ↗ auslachen
**verladen**: ↗ narren, täuschen
*verlangen*: ↗ beanspruchen (1), fordern – *v.* |*nach*|: ↗ Verlangen
**Verlangen**: ↗ Forderung, Sehnsucht
*verlangend*: ↗ sehnsüchtig
*verlängern*: ↗ stunden, verdünnen
[1]**verlassen**: *sich v.* |*auf*|: ↗ vertrauen
[2]*verlassen*: ↗ menschenleer
*verläßlich*: ↗ zuverlässig (1)

*verlästern*: ↗ verunglimpfen
**Verlauf:** *im V.*: ↗ während (1); *einen V. nehmen*: ↗ verlaufen
**verlaufen:** *sich v.*: ↗ auseinandergehen, verirren
*verleben*: ↗ verbringen
*verlebendigen*: ↗ veranschaulichen
**verlegen:** ↗ betreten
**Verlegenheit**
**verleiden**
**verleiten**
*verlernen*: ↗ vergessen
**verletzen:** ↗ kränken
*verletzend*: ↗ beleidigend, taktlos
*verletzt*: ↗ beleidigt
**Verletzung:** *eine V. beibringen*: ↗ verletzen; *sich eine V. zuziehen*: ↗ verletzen
**verleumden**
**Verleumder**
**verleumderisch**
**verlieben**
**verliebt**
**verlieren**
**verlocken**
**verlockend**
**Verlockung**
*verlogen*: ↗ unaufrichtig
verlohnen: *sich v.*: ↗ lohnen
**verloren**
**verlorengehen**
*verlöschen*: ↗ erlöschen
*verlottern*: ↗ verwahrlosen – *v. lassen*: ↗ vernachlässigen
*verlottert*: ↗ heruntergekommen (1)
*verlumpen*: ↗ verschwenden, verwahrlosen – *v. lassen*: ↗ vernachlässigen
**Verlust**
*Verlustgeschäft*: ↗ Verlust
verlustieren: *sich v.*: ↗ vergnügen
verlustig: *v. gehen*: ↗ verlieren (2), verlorengehen
*vermachen*: ↗ vererben
**Vermächtnis**
vermählen: *sich v.*: ↗ heiraten (1)
*vermählt*: ↗ verheiratet (1)
*vermasseln*: ↗ verderben (3)
**vermehren:** ↗ vervielfachen – **sich v.**: ↗ zunehmen (1)
*Vermehrung*: ↗ Zunahme
*vermeiden*: ↗ unterlassen
*vermengen*: ↗ mischen
**vermenschlichen**
*Vermerk*: ↗ Anmerkung, Notiz
[1]vermessen: *sich v.*: ↗ anmaßen (2), unterstehen (2)
[2]*vermessen*: ↗ anmaßend
*vermickert*: ↗ verkümmert
*vermiefen*: ↗ verpesten
*vermiesen*: ↗ verleiden
*vermindern*: ↗ verringern – *sich v.*: ↗ verringern
*vermischen*: ↗ mischen
*vermißt*: ↗ verschollen
**vermitteln**
**Vermittler**
*vermöbeln*: ↗ verprügeln
*vermöge*: ↗ durch (2)
*vermögen*: ↗ können
**Vermögen:** ↗ Fähigkeit – *ein V. kosten*: ↗ teuer
*vermögend*: ↗ reich
**Vermögensverhältnisse**
*Vermögenswerte*: ↗ Vermögen
*vermummen*: ↗ verkleiden
*vermurksen*: ↗ verderben (3)
**vermuten**
*vermutlich*: ↗ wahrscheinlich
Vermutung: *die V. haben*: ↗ vermuten
**vernachlässigen**
*vernagelt*: ↗ fanatisch
*vernarben*: ↗ verheilen
vernarren: *sich v.* |in|: ↗ verlieben
*vernascht*: ↗ naschhaft
*vernebeln*: ↗ verschleiern
*vernehmbar*: ↗ hörbar
*vernehmen*: ↗ hören, verhören (1), verstehen (1)
Vernehmen: *dem V. nach*: ↗ gerüchtweise
*Vernehmung*: ↗ Verhör
verneigen: *sich v.*: ↗ verbeugen
**verneinen**
**Verneinung**
**vernichten:** ↗ vertilgen, zugrunde
*Vernichtungslager*: ↗ Konzentrationslager
*verniedlichen*: ↗ verharmlosen
**Vernunft:** *zur V. kommen*: ↗ vernünftig
**vernünftig:** ↗ sinnreich
*vernunftlos*: ↗ unvernünftig
**vernunftmäßig**
*vernunftwidrig*: ↗ widersinnig
**veröffentlichen**
*verordnen*: ↗ verschreiben
**Verordnung**
**verpacken**
**Verpackung**
*verpäppeln*: ↗ verweichlichen

*verpassen*: ↗ versäumen (1 *u.* 2)
*verpatzen*: ↗ verderben (3)
*verpennen*: ↗ verschlafen
**verpesten**
*verpetzen*: ↗ verraten (1)
**verpfänden**
*verpfeifen*: ↗ verraten (1)
**verpflanzen**: ↗ transplantieren
**verpflegen**
**Verpflegung**
**verpflichten**
*verpflichtend*: ↗ verbindlich
**verpflichtet**
*Verpflichtung*: ↗ Pflicht – *die V. eingehen*: ↗ verpflichten; *die V. haben*: ↗ verpflichtet
*verpfuschen*: ↗ verderben (3)
*verpimpeln*: ↗ verweichlichen
verplappern: *sich v.*: ↗ versprechen (2)
verplätten: *eins v.*: ↗ schlagen (1)
verplempern: *sich v.*: ↗ verlieren (4)
**verplomben**
*verprellen*: ↗ vergrämen
**verproviantieren**
**verprügeln**
*verpuffen*: ↗ ergebnislos
*verpulvern*: ↗ verschwenden
*verputzen*: ↗ aufessen
*verqualmt*: ↗ rauchig
verquatschen: *sich v.*: ↗ versprechen (2)
verquer: *v. kommen*: ↗ stören (2)
*verquirlen*: ↗ verrühren
*verrammeln*: ↗ versperren
*verramschen*: ↗ verschleudern
**Verrat**: *V. begehen*: ↗ verraten (2)
**verraten**
*Verräterei*: ↗ Verrat (1)
*verräterisch*: ↗ abtrünnig
*verräuchern*: ↗ verpesten
*verräuchert*: ↗ rauchig
*verrecken*: ↗ sterben, verenden
*verreisen*: ↗ reisen
verrennen: *sich v.* |*in*|: ↗ verbeißen
*verrichten*: ↗ tun
**verringern**
*verrinnen*: ↗ vergehen (1), versickern
**verrückt**: ↗ geisteskrank, überspannt, widersinnig
Verruf: *in V. bringen*: ↗ verunglimpfen
**verrufen**
**verrühren**
*verrutschen*: ↗ verschieben
*versacken*: ↗ untergehen (2), [1]verkommen

**versagen**: ↗ verweigern – *sich v.*: ↗ verzichten
**Versager**: *ein V. sein*: ↗ versagen
[1]versalzen: *die Suppe v.*: ↗ vereiteln
[2]*versalzen*: ↗ scharf (2)
**versammeln**: ↗ zusammenrufen
**Versammlung**
*versaubeuteln*: ↗ verlieren (1)
*versauen*: ↗ verderben (3)
*versaufen*: ↗ ertrinken, vertrinken
**versäumen**
*verschaffen*: ↗ beschaffen (1)
**verschalen**
*verschämt*: ↗ schamhaft
*verschandeln*: ↗ verunstalten
**verschärfen**
*verscharren*: ↗ vergraben
**verschätzen**
*verschaukeln*: ↗ täuschen
*verscheiden*: ↗ sterben
**verschenken**
**verscheuchen**
*verscheuern*: ↗ verkaufen
*verschicken*: ↗ versenden
**verschieben**: ↗ verlegen (2)
*Verschiebung*: ↗ Aufschub (1)
[1]*verschieden*: ↗ verstorben
[2]*verschieden*: ↗ verschiedenartig
**verschiedenartig**
*verschiedenerlei*: ↗ allerlei
*verschiedengestaltig*: ↗ vielgestaltig
*Verschiedenheit*: ↗ Unterschied
*verschiedentlich*: ↗ manchmal
*verschießen*: ↗ verblassen
*verschimmeln*: ↗ schimmeln
verschissen: *es v. haben*: ↗ unbeliebt
[1]**verschlafen**: *sich v.*: ↗ verschlafen
[2]*verschlafen*: ↗ schlaftrunken
*verschlagen*: ↗ hinterlistig, lau
*verschlampen*: ↗ verwahrlosen
*verschlampt*: ↗ heruntergekommen (1)
**verschlechtern**
**verschleiern**
*verschleißen*: ↗ abnutzen
*verschleppen*: ↗ entführen, verzögern
**verschleudern**: ↗ verschwenden
*verschließen*: ↗ abschließen
*verschlimmern*: ↗ verschlechtern – *etw. verschlimmert sich*: ↗ verschlechtern
*verschlissen*: ↗ abgetragen, zerlumpt
**verschlossen**
**verschlucken**: ↗ schlucken
verschludern: *v. lassen*: ↗ vernachlässigen

Verschluß: *unter V. nehmen*: ↗ wegschließen (1)
*verschmachten*: ↗ verdursten
*verschmähen*: ↗ ablehnen (3)
*verschmeißen*: ↗ verlegen (1)
**verschmelzen**
*verschmutzt*: ↗ schmutzig
*verschnaufen*: ↗ ausruhen – *kurz v.*: ↗ rasten
*Verschnaufpause*: ↗ Pause
*verschneiden*: ↗ kastrieren
verschneien: *etw. verschneit*: ↗ zuschneien
*verschnupfen*: ↗ verärgern
*verschnupft*: ↗ gekränkt
**verschnüren**
**verschollen:** ↗ verschwunden
**verschonen**
*verschönern*: ↗ schmücken
verschossen: *v. sein* |in|: ↗ *verliebt*
**verschreiben**
*verschroben*: ↗ altjüngferlich, schrullig
*verschrumpelt*: ↗ runzelig
*verschüchtern*: ↗ einschüchtern
**verschulden:** ↗ verursachen
*Verschulden*: ↗ Schuld
*verschulen*: ↗ verpflanzen
**verschütten**
*verschüttgegangen*: ↗ verschollen, verschwunden
*verschüttgehen*: ↗ verlorengehen
*verschwägert*: ↗ verwandt (2)
**verschweigen**
**verschwenden**
**verschwenderisch:** ↗ überreichlich
*verschwendungssüchtig*: ↗ verschwenderisch
**verschwiegen**
**Verschwiegenheit**
verschwimmen: *etw. verschwimmt*: ↗ verwischen
**verschwinden:** *v. lassen*: ↗ stehlen
*verschwistert*: ↗ verwandt (1)
*verschwitzen*: ↗ vergessen
**verschwitzt**
**verschwommen:** ↗ unklar
**verschwören**
**Verschwörung:** *eine V. beginnen*: ↗ verschwören
**verschwunden**
versehen: *sich v.*: ↗ irren
*Versehen*: ↗ Fehler (2), Irrtum – *aus V.*: ↗ versehentlich
**versehentlich**
*versehrt*: ↗ schwerbeschädigt
**versenden**
**versengen**
**versenken**
versessen: *v. sein* |auf|: ↗ Vorliebe
**versetzen:** ↗ verpfänden – *sich v.* |in|: ↗ hineinversetzen
**verseuchen**
**versichern: sich v.:** ↗ sichergehen, sicherstellen (1), vergewissern
versichert: *da kannst du v. sein!*: ↗ verlassen (3)
Versicherung: *die V. abgeben*: ↗ versichern (1); *eine V. abschließen*: ↗ versichern (2)
**versickern**
*versieben*: ↗ verlegen (1)
**versiegen**
*versilbern*: ↗ verkaufen
*versimpeln*: ↗ vereinfachen
*versinken*: ↗ untergehen (1 *u.* 2)
*Version*: ↗ Lesart
*versippt*: ↗ verwandt (2)
*versklavt*: ↗ unterdrückt
*versoffen*: ↗ trunksüchtig
*versohlen*: ↗ verprügeln
**versöhnen**
*versonnen*: ↗ nachdenklich, träumerisch
*versorgen*: ↗ sorgen (1), verpflegen – *sich v.*: ↗ verproviantieren
*verspätet*: ↗ spät
Verspätung: *mit V.*: ↗ unpünktlich; *ohne V.*: ↗ pünktlich
**versperren**
**verspielen:** ↗ verlieren (3)
**verspotten**
**versprechen: sich v.:** ↗ verheddern
**Versprechen:** *das V. geben*: ↗ versprechen (1)
**Versprecher**
*Versprechung*: ↗ Versprechen
**verspritzen**
*versprühen*: ↗ verspritzen, zerstäuben
*verstaatlichen*: ↗ vergesellschaften
**Verstand:** ↗ Vernunft, Verständnis – *mit V. gemacht*: ↗ sinnreich; *nicht bei V. sein*: ↗ verrückt
*verständig*: ↗ verständnisvoll
**verständigen:** ↗ unterrichten (1)
Verständigung: *V. erzielen*: ↗ einigen
**verständlich:** ↗ deutlich (2) – *sich v. machen*: ↗ verständigen; *v. werden*: ↗ offenbaren (2)
**Verständnis:** *mit V.*: ↗ verständnisvoll
**verständnisvoll**

*verstänkern*: ↗ verpesten
**verstärken:** ↗ steigern (1) – *sich v.*: ↗ zunehmen (1)
*Verstärkung*: ↗ Zunahme
*verstaubt*: ↗ altmodisch, staubig
**verstauchen**
*verstauen*: ↗ einpacken
**Versteck**
**verstecken**
*versteckt*: ↗ verborgen
*verstehbar*: ↗ deutlich (2)
**verstehen:** ↗ beherrschen (4) – *sich v.*: ↗ vertragen; *sich v.* |zu|: ↗ herablassen; *falsch v.*: ↗ mißverstehen; *zu v. geben*: ↗ andeuten, beibringen
versteifen: *sich v.* |*auf*|: ↗ verbeißen
**versteigern**
**versteinert**
**verstellen:** ↗ verlegen (1)
*versterben*: ↗ sterben
*verstiegen*: ↗ ausgefallen, überspannt
*verstimmen*: ↗ verärgern
**verstockt**
*verstohlen*: ↗ unauffällig
*verstopfen*: ↗ abdichten
**verstopft**
**Verstopfung:** *an V. leiden*: ↗ verstopft
*verstöpseln*: ↗ zukorken
**verstorben**
*Verstorbener*: ↗ Leiche
*verstört*: ↗ verwirrt
*Verstoß*: ↗ Vergehen, Zuwiderhandlung
**verstoßen: v.** |**gegen**|: ↗ zuwiderhandeln
*verstreichen*: ↗ vergehen (1)
*verstreuen*: ↗ zerstreuen (1)
*verstreut*: ↗ vereinzelt
verstricken: *sich v.*: ↗ verfangen
*verstümmeln*: ↗ verunstalten
*verstummen*: ↗ verklingen
**Versuch:** *einen V. machen*: ↗ versuchen
**versuchen:** ↗ kosten
*Versuchsballon*: ↗ Versuch
**Versuchung:** ↗ Verlockung – *in V. führen*: ↗ verführen
versündigen: *sich v.*: ↗ vergehen (2, b)
*vertauschen*: ↗ verwechseln
**verteidigen**
**Verteidigung:** *V. der Heimat*: ↗ Landesverteidigung
**verteilen**
**verteuern**
*Verteuerung*: ↗ Preisanstieg
*verteufelt*: ↗ sehr
*vertiefen*: ↗ ausbauen (2) – *sich v.* |*in*|: ↗ versenken (3)
**Vertiefung**
**vertieren**
*vertikal*: ↗ senkrecht
**vertilgen**
*vertrackt*: ↗ schwierig, verwickelt
**Vertrag**
**vertragen:** *viel v.*: ↗ trinkfest; *sich wieder v.*: ↗ versöhnen
*verträglich*: ↗ bekömmlich
**vertrauen**
**Vertrauen:** *etw. im V. mitteilen*: ↗ vertraulich (2); *V. schenken*: ↗ vertrauen; *voll V.*: ↗ vertrauensvoll; *ins V. ziehen*: ↗ einweihen (2)
*Vertrauensbruch*: ↗ Verrat (2)
*vertrauensselig*: ↗ gutgläubig
**vertrauensvoll**
*vertrauenswürdig*: ↗ zuverlässig (2)
**vertraulich**
*verträumt*: ↗ träumerisch
**vertraut:** ↗ vertraulich (1)
**vertreiben:** ↗ verkaufen
**vertretbar:** ↗ annehmbar
**vertreten:** ↗ vergrämen, verteidigen (1)
**Vertreter:** ↗ Vertretung (2)
**Vertretung:** *die V. haben* |*für*|: ↗ vertreten; *in V.*: ↗ vertretungsweise; *in V. für*: ↗ statt
**vertretungsweise**
*Vertrieb*: ↗ Absatz (2)
**vertrinken**
**vertrocknen:** ↗ versiegen
*vertrocknet*: ↗ verdorrt
*vertrotteln*: ↗ verdummen
*vertun*: ↗ verschwenden
*vertuschen*: ↗ verschleiern
**verübeln**
**verüben**
*verulken*: ↗ narren, verspotten
*verunfallen*: ↗ verunglücken
**verunglimpfen**
**verunglücken**
*verunmöglichen*: ↗ verhindern
*verunreinigen*: ↗ beschmutzen
**verunstalten**
*veruntreuen*: ↗ unterschlagen
*verunzieren*: ↗ verunstalten
**verursachen**
**verurteilen:** ↗ verdammen
*Verve*: ↗ Schwung
**vervielfachen:** ↗ multiplizieren, steigern (1)

**vervielfältigen:** ↗ vervielfachen
**vervollkommnen**
*vervollständigen*: ↗ ergänzen
*verwachsen*: ↗ bucklig, verkrüppelt
*verwahren*: ↗ aufbewahren – *sich v.*: ↗ protestieren
**verwahrlosen:** *v. lassen*: ↗ vernachlässigen
*verwahrlost*: ↗ wild (2)
Verwahrung: *in V. nehmen*: ↗ sicherstellen (1)
*verwalken*: ↗ verprügeln
*Verwaltungsbezirk*: ↗ Bezirk
*verwandeln*: ↗ umwandeln
**Verwandlung**
**verwandt**
Verwandte: *die Verwandten*: ↗ Verwandtschaft
**Verwandter**
**Verwandtschaft**
*verwarnen*: ↗ ermahnen
*verwaschen*: ↗ unklar
*verwässern*: ↗ verdünnen
**verwechseln**
*verwegen*: ↗ kühn
*Verwegenheit*: ↗ Kühnheit
*verwehren*: ↗ verbieten (1), verweigern
**verweichlichen**
*verweichlicht*: ↗ weichlich
**verweigern:** ↗ ablehnen (2)
*Verweis*: ↗ Tadel
*verweisen*: ↗ tadeln – *v.* |*auf*|: ↗ berufen; *v.* |*aus*|: ↗ ausweisen (1); *des Landes v.*: ↗ ausweisen (1)
*verwelken*: ↗ welken
*verwelkt*: ↗ welk
**verwendbar:** *nicht v.*: ↗ unbrauchbar
**verwenden:** ↗ gebrauchen
verwerfen: *etw. verwirft sich*: ↗ verziehen
**verwerflich**
*verwertbar*: ↗ verwendbar
**verwerten:** ↗ verarbeiten (1)
*Verwertung*: ↗ Nutzung – *der V. zuführen*: ↗ verwerten
verwickeln: *sich v.*: ↗ verfangen, verwirren (2); *verwickelt werden* |*in*|: ↗ hineingeraten
**verwickelt**
*verwildern*: ↗ verwahrlosen
*verwildert*: ↗ wild (2)
*verwinden*: ↗ überwinden (2)
*verwirken*: ↗ verlieren (2)
**verwirklichen**
**verwirren**
**verwirrt**
Verwirrung: *in V. bringen*: ↗ verwirren (1)
*verwirtschaften*: ↗ verbrauchen
**verwischen**
**verwöhnen**
**verwöhnt**
*verworfen*: ↗ ²verkommen
**verworren:** ↗ ungeordnet (1), verwickelt
*verwunderlich*: ↗ merkwürdig
verwundern: *sich v.*: ↗ staunen; *etw. verwundert jmdn.*: ↗ wundern
**verwundert**
**Verwunderung**
*Verwundung*: ↗ Verletzung
**verwünschen**
*verwünscht*: ↗ unangenehm
*verwünscht!*: ↗ verflucht!
*Verwünschung*: ↗ Fluch
*verwürfeln*: ↗ verspielen
**verwüsten**
**verzagen**
*verzagt*: ↗ mutlos
verzanken: *sich v.*: ↗ verfeinden
*verzapfen*: ↗ verschulden
*verzärteln*: ↗ verweichlichen
*verzärtelt*: ↗ weichlich
*verzechen*: ↗ vertrinken
*Verzehr*: ↗ Verbrauch
*verzehren*: ↗ aufessen – *sich v.*: ↗ verausgaben
*verzeichnen*: ↗ registrieren, verzerren (2)
**Verzeichnis**
**verzeihen**
Verzeihung: *V. gewähren*: ↗ verzeihen
**verzerren**
**verzerrt**
verzetteln: *sich v.*: ↗ verlieren (4)
Verzicht: *V. leisten*: ↗ verzichten
**verzichten**
**verziehen:** ↗ verzerren (1)
**Verzierung**
*verzinken*: ↗ verraten (1)
**verzögern**
*Verzögerung*: ↗ Verzug
**Verzug:** *jmd. gerät in V.*: ↗ verzögern; *ohne V.*: ↗ sofort
*verzwackt*: ↗ schwierig
*verzweifachen*: ↗ verdoppeln
**verzweifeln**
**verzweifelt**
Verzweiflung: *in V. geraten*: ↗ verzweifeln (1)
*verzwickt*: ↗ schwierig, verwickelt

*Vestibül*: ↗ Wandelhalle
*Veterinär*: ↗ Tierarzt
*Veto*: ↗ Einspruch
*Vettel*: ↗ Schlampe
**Vetter**
**Vetternwirtschaft**
*vexieren*: ↗ necken
*Vibration*: ↗ Erschütterung (1)
*Vieh*: ↗ Tier – *zum V. werden*: ↗ vertieren
*Viehdoktor*: ↗ Tierarzt
*viehisch*: ↗ entmenscht, unmenschlich
**viel**: *nicht v.*: ↗ wenig
*vieldeutig*: ↗ mehrdeutig
*Vieldeutigkeit*: ↗ Mehrdeutigkeit
*viele*: ↗ viel (2)
*Vielehe*: ↗ Polygamie
*vielerlei*: ↗ allerlei
*vielfach*: ↗ oft, wiederholt
*vielfältig*: ↗ mannigfaltig
*vielfarbig*: ↗ bunt
**Vielfraß**
**vielgestaltig**: ↗ mannigfaltig
*vielleicht*: ↗ möglicherweise
*vielmals*: ↗ oft
*vielmehr*: ↗ sondern
**vielsagend**: ↗ bedeutungsvoll
*vielschichtig*: ↗ schwierig
**vielseitig**: ↗ multilateral
**vielsprachig**
*vielversprechend*: ↗ erfolgversprechend
*Vielweiberei*: ↗ Polygamie
*Vielzahl*: ↗ Menge
*Vierbeiner*: ↗ Hund
**Viereck**
*vierschrötig*: ↗ unförmig
**Vierteljahr**
*vigilant*: ↗ schlau
*Vigilanz*: ↗ Schlauheit
*Violine*: ↗ Geige
*Visage*: ↗ Gesicht
*visieren*: ↗ zielen
*Vision*: ↗ Sinnestäuschung
*visitieren*: ↗ inspizieren
*viskos*: ↗ dickflüssig
**vital**
**Vitalität**
**Vogel**: *einen V. haben*: ↗ verrückt; *komischer V.*: ↗ Sonderling
*Vogelbauer*: ↗ Vogelkäfig
*vogelfrei*: ↗ geächtet – *für v. erklären*: ↗ ächten (1)
**Vogelkäfig**
*vögeln*: ↗ koitieren

*Vokabel*: ↗ Wort (1)
**Volk**
**Volksabstimmung**
*Volksaufstand*: ↗ Revolution
*Volksdemokratie*: ↗ Demokratie (1)
Volkseigentum: *in V. überführen*: ↗ vergesellschaften
*Volksentscheid*: ↗ Volksabstimmung
*Volkskammerabgeordneter*: ↗ Abgeordneter
*Volksmenge*: ↗ Menschenmenge
*Volkspolizei*: ↗ Polizei
*Volkspolizist*: ↗ Polizist
**Volksstamm**
*volkstümelnd*: ↗ volkstümlich
**volkstümlich**: ↗ populär
**Volksverführung**
*Volksvertreter*: ↗ Abgeordneter
**Volkswirtschaft**
*volkswirtschaftlich*: ↗ wirtschaftlich (1)
**voll**: ↗ satt – *zum Bersten v.*: ↗ überfüllt; *nicht für v. ansehen*: ↗ respektieren; *in die vollen gehen*: ↗ verschwenderisch; *nicht für v. nehmen*: ↗ unterschätzen; *aus dem vollen schöpfen*: ↗ Überfluß (2)
*vollauf*: ↗ völlig
vollaufen: *sich v. lassen*: ↗ betrinken
**vollenden**
*vollendet*: ↗ vollkommen
*vollends*: ↗ völlig
vollessen: *sich v.*: ↗ satt
*vollführen*: ↗ tun
*vollgestopft*: ↗ überfüllt
**völlig**
**volljährig**
**vollkommen**: ↗ völlig
*vollmachen*: ↗ füllen, beschmutzen – *sich v.*: ↗ beschmutzen
**Vollmacht**
*vollmiefen*: ↗ verpesten
*vollschreiben*: ↗ beschreiben (2)
*vollspritzen*: ↗ bespritzen
**vollständig**: ↗ völlig
*volltrunken*: ↗ betrunken
**vollzählig**
Volumen: *von großem V.*: ↗ voluminös
**voluminös**
*vomieren*: ↗ übergeben (2)
von: *v. … an / ab*: ↗ ab; *v. sich aus*: ↗ unaufgefordert
vonstatten: *v. gehen*: ↗ stattfinden
**vorab**: ↗ zuerst
*Vorahnung*: ↗ Ahnung – *eine V. haben |von|*: ↗ ahnen (1)

*voran!*: ↗ vorwärts!
**vorangehen**
**vorankommen**: ↗ vorwärtskommen
**Voranschlag**
*vorantreiben*: ↗ beschleunigen
*voraus*: ↗ vornweg, zuerst – *im v.*: ↗ vorab
*vorausahnen*: ↗ ahnen (1)
*Vorausberechnung*: ↗ Voranschlag
*vorausbestellen*: ↗ vorbestellen
*vorausgesetzt*: ↗ angenommen – *v., daß*: ↗ wenn
**voraussagen**
*vorausschauend*: ↗ prognostisch
**voraussehen**
**voraussetzen**
**Voraussetzung**
Voraussicht: *aller V. nach*: ↗ wahrscheinlich
*voraussichtlich*: ↗ wahrscheinlich
**vorauszahlen**
*vorbedacht*: ↗ wohlüberlegt
*Vorbedingung*: ↗ Voraussetzung (1)
**Vorbehalt**
**vorbehalten**
*vorbehaltlos*: ↗ bedingungslos
**vorbei**
**vorbeibenehmen**
**vorbeigehen**: ↗ vergehen (1)
**Vorbeimarsch**
**vorbereiten**: ↗ zubereiten
**vorbereitet**
**vorbestellen**
*vorbeugen*: ↗ vorsorgen
**vorbeugend**
**Vorbild**: *sich zum V. nehmen*: ↗ anlehnen (2)
**vorbildlich**
*Vorbote*: ↗ Vorzeichen
**vorbringen**
*vordem*: ↗ vorher
*Vorderfront*: ↗ Vorderseite
Vordermann: *auf V. bringen*: ↗ zurechtweisen
**Vorderseite**
*vordringlich*: ↗ vorrangig
*Vordruck*: ↗ Formular
*voreilig*: ↗ übereilt
*voreingenommen*: ↗ befangen
*Voreltern*: ↗ Vorfahr (3)
*vorenthalten*: ↗ verweigern
*vorerst*: ↗ vorläufig
**Vorfahr**
**vorfinden**
*Vorführdame*: ↗ Mannequin
*vorführen*: ↗ darbieten
*vorgaukeln*: ↗ vortäuschen
*Vorgebirge*: ↗ Kap
*vorgehen*: ↗ handeln (2) – *v.* |*gegen*|: ↗ anstürmen, bekämpfen (2)
*vorgenannt*: ↗ obengenannt
*Vorgericht*: ↗ Vorspeise
**Vorgeschichte**
vorgesehen: *wie v.*: ↗ plangemäß
**Vorgesetzter**
*vorgreifen*: ↗ vorwegnehmen
*vorhaben*: ↗ beabsichtigen
*Vorhaben*: ↗ Plan, Unternehmung
*Vorhalle*: ↗ Wandelhalle
**vorhalten**
*Vorhaltungen*: ↗ Vorwurf
*vorhanden*: ↗ vorrätig – *v. sein*: ↗ vorkommen, vorliegen, bestehen (1)
*Vorhandensein*: ↗ Dasein
*Vorhang*: ↗ Portiere
**vorher**: ↗ vorab
*vorhergehend*: ↗ vorig
*vorherrschen*: ↗ herrschen (2)
**Vorherrschaft**
**vorherrschen**
*vorhersagen*: ↗ voraussagen
*vorhersehen*: ↗ voraussehen
**vorig**
**Vorkämpfer**
Vorkehrung: *Vorkehrungen treffen*: ↗ vorsorgen
vorknöpfen: *sich v.*: ↗ vornehmen (1)
**vorkommen**: *etw. kommt jmdm. vor*: ↗ scheinen
**vorladen**
*Vorlage*: ↗ Muster
**vorläufig**
**vorlaut**
**vorlegen**
**Vorlesung**
**Vorliebe**
vorliebnehmen: *v.* |*mit*|: ↗ begnügen
**vorliegen**
vormachen: *sich v.*: ↗ einbilden
*Vormachtstellung*: ↗ Vorherrschaft
*vormalig*: ↗ ehemalig
**Vormund**
vorn: *von v.*: ↗ wieder; *wieder von v. anfangen*: ↗ wiederholen (1, b)
**vornehm**
**vornehmen**
*vorneweg*: ↗ vornweg

**vornherein**
**vornweg**
**vorpreschen**
**Vorrang**
**vorrangig**
**Vorrat:** ↗ Bestand
**vorrätig**
*Vorraum*: ↗ Diele
**Vorrecht**
*Vorrede*: ↗ Vorwort
*Vorrichtung*: ↗ Einrichtung (2)
**vorsagen**
*Vorsatz*: ↗ Absicht
*vorsätzlich*: ↗ absichtlich
Vorschein: *zum V. kommen*: ↗ auftauchen (2), zeigen (5, b)
*vorschießen*: ↗ vorauszahlen
Vorschlag: *einen V. machen*: ↗ vorschlagen
**vorschlagen:** ↗ beantragen (2)
*vorschnell*: ↗ übereilt
**Vorschrift**
**vorschriftsmäßig**
**vorsehen**
*Vorsehung*: ↗ Schicksal
Vorsicht: *mit V.*: ↗ vorsichtig
**vorsichtig**
*vorsintflutlich*: ↗ altmodisch, veraltet
**Vorsitz**
*vorsitzen*: ↗ Vorsitz
**Vorsitzender:** *V. des Staatsrates*: ↗ Staatsoberhaupt
*Vorsitzer*: ↗ Vorsitzender
Vorsorge: *V. treffen*: ↗ vorsorgen
**vorsorgen**
*vorsorglich*: ↗ vorbeugend
**Vorspeise**
*vorspiegeln*: ↗ vortäuschen
*vorsprechen*: ↗ vorsagen (1)
**vorstellbar**
**vorstellen**
*Vorstellungsvermögen*: ↗ Einbildungsvermögen
*vorstrecken*: ↗ vorauszahlen
**vortäuschen:** *etw. v.*: ↗ verstellen
**Vorteil:** ↗ Nutzen – *zum V. gereichen*: ↗ nutzen
**Vortrag:** *einen V. halten*: ↗ sprechen (2)
**vortragen**
*Vortragender*: ↗ Redner
*vorüber*: ↗ vorbei (1 *u.* 2)
*vorübergehen*: ↗ vergehen (1) – *im Vorübergehen*: ↗ vorbeigehen
**vorübergehend**
*vorurteilslos*: ↗ unvoreingenommen
*Vorväter*: ↗ Vorfahr (3)
**Vorwand**
vorwärts: *etw. geht v.*: ↗ vorangehen
**vorwärts!**
*vorwärtsbringen*: ↗ fördern (1)
**vorwärtskommen:** ↗ vorankommen
*vorweg*: ↗ vorab, vorher, vornweg
**vorwegnehmen**
*vorweisen*: ↗ zeigen (2)
*vorweltlich*: ↗ veraltet, versteinert
*vorwerfen*: ↗ vorhalten
*vorwiegend*: ↗ besonders, überwiegend
*vorwitzig*: ↗ vorlaut
**Vorwort**
**Vorwurf:** ↗ Thema – *zum V. machen*: ↗ anlasten
**Vorzeichen**
*vorzeigen*: ↗ zeigen (2)
**Vorzeit**
*vorzeiten*: ↗ früher
**vorzeitig**
**vorzeitlich**
**vorziehen:** ↗ bevorzugen
*votieren*: ↗ abstimmen (1) – *v. |für|*: ↗ wählen
*vulgär*: ↗ gewöhnlich (2)
**Vulva**

# W

**waagerecht**
**wach:** *w. machen*: ↗ wecken
*Wachdienst*: ↗ Wache (2)
**Wache:** *W. haben*: ↗ Wache (3)
wachen: *w. |über|*: ↗ bewachen
*Wachmann*: ↗ Polizist
*Wachposten*: ↗ Wache (1)
*wachrütteln*: ↗ aufrütteln
**wachsam:** ↗ vorsichtig
**wachsen**
**Wachstum:** *im W. begriffen sein*: ↗ wachsen
**wackelig:** ↗ locker
**wackeln:** ↗ zappeln
**wagen**
*wägen*: ↗ schätzen, wiegen
**Wagen:** ↗ Auto

**Wagenpark**
**Wagentür**
*Wagestück*: ↗ Wagnis
*waghalsig*: ↗ kühn
*Waghalsigkeit*: ↗ Kühnheit
**Wagnis**
Wahl: *keine andere W. lassen*: ↗ zwingen; *seine W. treffen*: ↗ wählen
**wählen**
**wählerisch**
Wahlliste: *auf die W. setzen*: ↗ nominieren
**Wahlspruch**
*Wahn*: ↗ Einbildung
*wahnsinnig*: ↗ geisteskrank
*Wahnwitz*: ↗ Unsinn
**wahr**: ↗ wirklich – *für w. halten*: ↗ glauben; *w. machen*: ↗ verwirklichen; *w. sein*: ↗ stimmen
*wahren*: ↗ beibehalten
*währen*: ↗ dauern
**während**
*währenddessen*: ↗ inzwischen
*wahrhaft*: ↗ wahr (2)
**wahrhaftig!**
**Wahrheit**
*wahrheitsgetreu*: ↗ wirklichkeitsgetreu
*wahrlich!*: ↗ wahrhaftig!
*wahrnehmbar*: ↗ spürbar
*wahrnehmen*: ↗ bemerken, erblicken, fühlen
**wahrsagen**
**wahrscheinlich**
Wahrscheinlichkeit: *aller W. nach*: ↗ wahrscheinlich
**Währung**
*Wahrzeichen*: ↗ Symbol
**Wald**
**Wäldchen**
*Waldung*: ↗ Wald
*Wall*: ↗ Damm
**wallen**
*Wallung*: ↗ Blutandrang
*walten*: ↗ herrschen (2)
**wälzen**: ↗ rollen
*Wälzer*: ↗ Buch
*Wand*: ↗ Mauer – *an die W. drängen*: ↗ verdrängen; *es ist, um an den Wänden hochzugehen!*: ↗ verzweifeln (2)
**Wandbord**
*Wandel*: ↗ Veränderung
*wandelbar*: ↗ veränderlich
**Wandelhalle**
wandeln: *sich w.*: ↗ ändern (2)
**Wanderbühne**
**wandern**
*Wandertheater*: ↗ Wanderbühne
**Wange**
*wankelmütig*: ↗ unentschlossen
*wanken*: ↗ schwanken – *nicht w. und weichen*: ↗ standhalten
Wanne: *in die W. gehen*: ↗ baden (1)
*Wannenbad*: ↗ Bad (3)
*Wanst*: ↗ Bauch
Ware: *heiße W.*: ↗ Raub
*Warenabsatz*: ↗ Absatz (2)
**Warenangebot**
*Warenaustausch*: ↗ Handel
**Warenprobe**
**Warenzeichen**
**warm**: *w. machen*: ↗ erwärmen, wärmen; *w. werden*: ↗ heimisch
**wärmen**
*Warmwasserspeicher*: ↗ Boiler
**warnen**
**warnend**
Warnung: *eine W. zukommen lassen*: ↗ warnen
*Warte*: ↗ Ausblick, Standpunkt
**warten**: ↗ pflegen (2) – *w.* |*auf*|: ↗ erwarten
*Wärter*: ↗ Aufseher
*Wartung*: ↗ Pflege (2)
**warum**
*Warum*: ↗ Ursache
*Wäschemangel*: ↗ ²Mangel
**waschen**
*Waschweib*: ↗ Schwätzerin
**Wasser**: ↗ Urin – *ins W. fallen*: ↗ ausfallen; *ins W. gehen*: ↗ baden (2); *mit allen Wassern gewaschen*: ↗ raffiniert; *jmdm. steht das W. bis an den Hals*: ↗ schlecht; *sich über W. halten*: ↗ überstehen; *unter W. setzen*: ↗ überschwemmen; *zu W. werden*: ↗ scheitern (2)
Wässerchen: *kein W. trüben können*: ↗ unschuldig (2)
**Wasserfall**
*wasserhaltig*: ↗ wäßrig
*Wasserhose*: ↗ Windhose
*Wasserjungfrau*: ↗ Nixe
*Wasserlauf*: ↗ Bach
**Wasserstand**
**Wasserstraße**
**wäßrig**: ↗ schal
*watscheln*: ↗ trotten
*Watschenmann*: ↗ Prügelknabe

*WC*: ↗ Toilette
Webfehler: *einen W. haben*: ↗ verrückt
**Wechsel:** ↗ Umsturz, Veränderung – *im W.*: ↗ abwechselnd
**Wechselbeziehung**
*wechselhaft*: ↗ unbeständig
**Wechseljahre**
**wechseln:** ↗ fluktuieren, umschlagen (2) – *miteinander w.*: ↗ ablösen (2), abwechseln
**wechselseitig**
*Wechselseitigkeit*: ↗ Wechselbeziehung
*wechselweise*: ↗ abwechselnd
**wecken**
*Wedel*: ↗ Schwanz
**wedeln:** ↗ schwenken, wehen (2)
*weg*: ↗ fort, verloren (1), verschwunden – *ganz w. sein*: ↗ begeistert
**Weg:** *den W. bahnen*: ↗ fördern (1); *sich einen W. bahnen*: ↗ durchdrängen; *seinen W. fortsetzen*: ↗ weitergehen; *aus dem W. gehen*: ↗ meiden; *über den W. laufen*: ↗ begegnen; *in die Wege leiten*: ↗ anbahnen; *sich auf den W. machen*: ↗ aufbrechen (2), weggehen; *seinen W. machen*: ↗ Erfolg; *vom rechten W. abbringen*: ↗ verführen; *auf schnellstem Wege*: ↗ sofort; *auf dem Wege sein*: ↗ unterwegs (1); *den W. verfehlen*: ↗ verirren
wegbegeben: *sich w.*: ↗ weggehen
*wegbekommen*: ↗ verstehen (2)
**Wegbereiter**
**wegblasen**
**wegbleiben**
*wegblicken*: ↗ wegsehen
**wegbringen:** ↗ wegräumen
*wegdrängen*: ↗ verdrängen
**wegen:** *von w.*: ↗ wegen
*wegfahren*: ↗ abfahren (1), abreisen (1)
**wegfallen**
**wegfegen**
**wegfliegen**
**Weggabelung**
**weggeben:** ↗ trennen (3)
**weggehen:** ↗ ausgehen (1)
*Weggenosse*: ↗ Begleiter (1)
**weggießen**
weghaben: *einen w.*: ↗ schwachsinnig
*wegjagen*: ↗ vertreiben
*wegkehren*: ↗ wegfegen
*wegkippen*: ↗ weggießen
*wegkommen*: ↗ verlorengehen – *w.* |überl: ↗ überwinden (1)
*wegkriegen*: ↗ merken (1)
**weglassen:** ↗ auslassen (1), streichen (3)
**weglaufen**
**weglegen:** ↗ sparen
**weglocken**
*weglos*: ↗ unwegsam
*wegmachen*: ↗ entfernen
**wegnehmen:** ↗ rauben, stehlen
*wegpusten*: ↗ wegblasen
**wegräumen**
*wegreisen*: ↗ abreisen (1)
*wegreißen*: ↗ entreißen
*wegrennen*: ↗ weglaufen
*wegrücken*: ↗ rücken
*wegsacken*: ↗ untergehen (2)
*wegschaffen*: ↗ wegbringen, wegräumen
*wegschauen*: ↗ wegsehen
*wegschenken*: ↗ verschenken
*wegscheuchen*: ↗ verscheuchen, vertreiben
*wegschicken*: ↗ abweisen (1 *u.* 2)
*wegschieben*: ↗ verdrängen
**wegschleichen**
*wegschleppen*: ↗ entführen
**wegschließen**
*wegschmeißen*: ↗ wegwerfen
*wegschmelzen*: ↗ tauen
*wegschubsen*: ↗ wegstoßen
*wegschütten*: ↗ weggießen
**wegsehen**
wegstehlen: *sich w.*: ↗ wegschleichen
*wegstibitzen*: ↗ wegnehmen
**wegstoßen**
*Wegstrecke*: ↗ Strecke
*wegtreiben*: ↗ vertreiben
*wegtun*: ↗ wegwerfen
**wegweisend**
*wegwenden*: ↗ abwenden (1) – *sich w.*: ↗ abwenden (2)
**wegwerfen**
*wegwischen*: ↗ abwischen
*Wegzehrung*: ↗ Verpflegung (2)
*wegziehen*: ↗ ausziehen (1), übersiedeln
weh: *w. tun*: ↗ kränken, quälen; *sich w. tun*: ↗ stoßen (1); *etw. tut w.*: ↗ schmerzen
*Weh*: ↗ Leid, Schmerz
**wehen**
*Wehklage*: ↗ Jammer
*wehklagen*: ↗ jammern
**wehleidig**
*wehmütig*: ↗ traurig (2)
**Wehrdienst:** *den W. ableisten*: ↗ Soldat; *seinen W. antreten*: ↗ Soldat
wehren: *sich w.*: ↗ verteidigen (2)

*Weib*: ↗ Ehefrau, Weichling
**Weiberfeind**
*Weiberheld*: ↗ Frauenheld
*Weiberknecht*: ↗ Pantoffelheld
*weibisch*: ↗ weichlich
**weiblich**
Weiblichkeit: *die holde W.*: ↗ Frau
*Weibsbild*: ↗ Frau
**weich:** ↗ sanft
weichen: *nicht w.*: ↗ standhalten
*weichgekocht*: ↗ gar
*weichherzig*: ↗ gutmütig
**weichlich**
**Weichling**
weiden: *sich w.* |an|: ↗ schadenfroh
*Weidgenosse*: ↗ Jäger
*weidgerecht*: ↗ weidmännisch
*weidlich*: ↗ gehörig
*Weidloch*: ↗ After
**weidmännisch**
*Weidwerk*: ↗ Jagd
weigern: *sich w.*: ↗ ablehnen (2), widersetzen
*Weiher*: ↗ Teich
*weihevoll*: ↗ feierlich
**Weihnachten:** ↗ Weihnachtsgeschenk
**Weihnachtsbaum**
*Weihnachtsfest*: ↗ Weihnachten
**Weihnachtsgeschenk**
**weil**
Weile: *etw. hat W.*: ↗ Zeit
*weilen*: ↗ aufhalten (3)
**Wein:** *reinen W. einschenken*: ↗ Wahrheit
**Weinbrand**
**weinen:** *w.* |um|: ↗ beklagen
**weinerlich**
*Weingeist*: ↗ Alkohol (1)
**Weinrestaurant**
**weise**
Weise: *auf diese W.*: ↗ so (1); *auf welche W.*: ↗ wie (3)
*weisen*: ↗ zeigen (1) – *w.* |*auf*|: ↗ hinzeigen
Weisheit: *die W. mit Löffeln gefressen haben*: ↗ überklug
*weislich*: ↗ wohlweislich
*weismachen*: ↗ einreden (1)
**weissagen**
**weißen**
*Weißkäse*: ↗ Quark
*weißwaschen*: ↗ rechtfertigen – *sich w.*: ↗ rechtfertigen
*Weisung*: ↗ Anordnung, Befehl, Verordnung
**weit:** ↗ ausgedehnt – *bei weitem*: ↗ weitaus; *das geht zu w.!*: ↗ unerhört; *sehr w.*: ↗ weit (1); *es zu w. treiben*: ↗ weit (2)
*weitab*: ↗ abseits, fern
**weitaus**
Weite: *sich ins W. verlieren*: ↗ abschweifen
**weiter:** ↗ weiterhin – *ohne weiteres*: ↗ kurzerhand
*weiter!*: ↗ vorwärts!
**weiterbestehen**
weiterbilden: *sich w.*: ↗ bilden (2)
**Weiterbildung**
*weitererzählen*: ↗ ausplaudern
**weiterführen**
weitergeben: *w.* |*an*|: ↗ vermitteln (2)
**weitergehen**
**weiterhin**
*weiterkommen*: ↗ vorwärtskommen – *nicht w.*: ↗ steckenbleiben (1)
*weiterlaufen*: ↗ weitergehen
*weitermachen*: ↗ fortfahren, weiterführen
weiterverbreiten: *sich w.*: ↗ verbreiten (3)
*weitherzig*: ↗ tolerant
**weitläufig:** ↗ ausgedehnt
*weittragend*: ↗ folgenreich
*welche*: ↗ die (2)
*welcher*: ↗ der (2)
*welches*: ↗ das (2)
**welk:** ↗ runzelig
**welken**
**Welle**
**wellen:** *etw. wellt sich*: ↗ verziehen
*Wellenberg*: ↗ Welle
*Wellengang*: ↗ Seegang
*wellig*: ↗ hügelig, lockig
**Welt:** *in alle W.*: ↗ überallhin; *die alte W.*: ↗ Altertum; *auf die W. bringen*: ↗ gebären; *aus der W. schaffen*: ↗ schlichten; *die W. verlassen*: ↗ sterben
*weltabgewandt*: ↗ weltfremd
**Weltall**
**Weltanschauung**
*weltbewegend*: ↗ welterschütternd
*Weltbild*: ↗ Weltanschauung
*Weltenbummler*: ↗ Weltreisender
**weltentrückt**
**welterschütternd**
**weltfremd**
*weltgewandt*: ↗ gewandt (2)
**weltlich**
**weltoffen**
**Weltraum**
*Weltraumfahrer*: ↗ Kosmonaut

*Weltraumfahrt*: ↗ Raumfahrt
*Weltraumschiff*: ↗ Raumschiff
**Weltreisender**
*Weltruhm*: ↗ Ruhm
**weltumspannend**
*weltverloren*: ↗ weltentrückt
*weltweit*: ↗ weltumspannend
*Wende*: ↗ Umsturz, Wendepunkt, Wendung
**wenden:** ↗ abwenden (1) – *sich w.*: ↗ umdrehen; *sich w.* |*an*|: ↗ ansprechen (1); *sich w.* |*von*|: ↗ zurückziehen (2)
**Wendepunkt**
*wendig*: ↗ gewandt (1 *u.* 2)
**Wendung:** ↗ Redewendung
**wenig:** *nicht w.*: ↗ viel (1 *u.* 2)
Wenigkeit: *meine W.*: ↗ ich
*wenigstens*: ↗ immerhin, mindestens
**wenn:** ↗ sobald
*wenngleich*: ↗ obwohl
*Wenzel*: ↗ Bube
*wer*: ↗ jemand
*Werbeblatt*: ↗ Werbeschrift
**Werbefachmann**
**werben**
**Werbeschrift**
**Werbespruch**
*Werbetexter*: ↗ Werbefachmann
Werbetrommel: *die W. rühren*: ↗ werben (1)
*werbewirksam*: ↗ zugkräftig
*Werdegang*: ↗ Laufbahn
werden: *besser w.*: ↗ verbessern (4)
**werfen:** *sich w.* |*auf*|: ↗ angreifen (2); *etw. wirft sich*: ↗ verziehen
**Werk:** ↗ Dichtung, Produktionsbetrieb, Tat – *ans W. gehen*: ↗ anfangen (2); *ins W. setzen*: ↗ veranlassen, verwirklichen
**Werkstatt**
**Werktag**
**werktags**
**Werkzeug**
*wert*: ↗ lieb, verehrt – *nichts w. sein*: ↗ wertlos
*Wert*: ↗ Preis (1), Qualität – *W. haben*: ↗ wertvoll
*Wertgefühl*: ↗ Ehrgefühl
*Wertgegenstand*: ↗ Wertstück
*wertgemindert*: ↗ minderwertig
**wertlos**
*Wertsache*: ↗ Wertstück
*wertschätzen*: ↗ achten (1)
*Wertschätzung*: ↗ Achtung, Ehre
**Wertstück**
**wertvoll**
**Wesen:** ↗ Wesensart – *männliches W.*: ↗ Mann (1); *weibliches W.*: ↗ Frau
*Wesenheit*: ↗ Wesen
*wesenlos*: ↗ unbedeutend
**Wesensart**
*Wesensmerkmal*: ↗ Eigenschaft
*Wesenszug*: ↗ Eigenschaft
**wesentlich:** ↗ integrierend – *das Wesentliche*: ↗ Wesen
*weshalb*: ↗ warum
Weste: *eine weiße W. haben*: ↗ unschuldig (1)
*Westover*: ↗ Pullover
*weswegen*: ↗ warum
**Wettbewerb:** ↗ Wettkampf
Wette: *eine W. abschließen*: ↗ wetten
**wetteifern:** *w.* |*mit*|: ↗ messen
**wetten**
**Wetter:** *schlagende Wetter*: ↗ Wetter (2)
**Wetteränderung**
*Wetterbeobachtungsstelle*: ↗ Wetterstation
*Wetterbericht*: ↗ Wettervorhersage
*Wetterlage*: ↗ Wetter (1)
*wettern*: ↗ schimpfen
**Wetterstation**
*Wetterumschlag*: ↗ Wetteränderung
**Wettervorhersage**
*Wetterwarte*: ↗ Wetterstation
*wetterwendisch*: ↗ launisch, unbeständig
**Wettkampf**
*wettmachen*: ↗ ausgleichen (2)
*Wettrennen*: ↗ Rennen
*Wettstreit*: ↗ Wettbewerb, Wettkampf
*wetzen*: ↗ laufen (1), schärfen
*Wichse*: ↗ Schläge
Wicht: *kleiner W.*: ↗ Knirps
*Wichtel*: ↗ Zwerg (1)
*Wichtelmännchen*: ↗ Kobold
**wichtig:** ↗ wesentlich – *sehr w.*: ↗ zentral (2); *w. tun*: ↗ aufspielen
Wichtigkeit: *von W. sein*: ↗ wichtig
Wicke: *in die Wicken gehen*: ↗ verlorengehen
*Wickel*: ↗ Umschlag
*wider*: ↗ gegen (1)
*widerborstig*: ↗ widerspenstig
widerfahren: *jmdm. widerfährt etw.*: ↗ zustoßen
*Widerhall*: ↗ Echo
**widerhallen**
**widerlegen**

*widerlich*: ↗ abscheulich, ekelhaft
*Widerlichkeit*: ↗ Widerwärtigkeit
*Widerling*: ↗ Ekel
**widernatürlich**
Widerpart: *W. halten/geben*: ↗ widersetzen
*widerrechtlich*: ↗ ungesetzlich
*widerreden*: ↗ widersprechen (1)
**widerrufen**
*Widersacher*: ↗ Feind, Gegner
*widerschallen*: ↗ widerhallen
**Widerschein**
**widersetzen**
*widersetzlich*: ↗ ungehorsam, widerspenstig
**Widersinn**
**widersinnig:** ↗ sinnlos
*Widersinnigkeit*: ↗ Sinnlosigkeit
**widerspenstig:** *w. sein*: ↗ trotzen
**widerspiegeln**
**widersprechen:** ↗ protestieren
*widersprechend*: ↗ widersprüchlich
**Widerspruch:** *im W. stehen* |zu|: ↗ widersprechen (2); *sich in Widersprüche verwikkeln*: ↗ widersprechen (3)
**widersprüchlich**
**Widerstand:** *W. leisten*: ↗ verteidigen (2), widersetzen
**widerstandsfähig:** *sich w. machen*: ↗ abhärten
*widerstehen*: ↗ standhalten
*widerstrebend*: ↗ ungern
*Widerstreit*: ↗ Zwiespalt
*widerstreitend*: ↗ gegensätzlich
*widerwärtig*: ↗ abscheulich
**Widerwärtigkeit**
**Widerwille**
*widerwillig*: ↗ ungern
**widmen:** *sich w.*: ↗ aufgehen (2), beschäftigen (2)
*widrig*: ↗ unangenehm
*widrigenfalls*: ↗ andernfalls
*Widrigkeit*: ↗ Widerwärtigkeit
**wie:** ↗ als (1 *u.* 2), und – *w. wenn*: ↗ als (3)
**wieder:** *immer w.*: ↗ wiederholt
**wiederaufbauen**
*wiederbekommen*: ↗ zurückerhalten
**wiederbeleben**
*Wiederbelebung*: ↗ Wiedergeburt
*wiedererhalten*: ↗ zurückerhalten
**wiedererkennen**
*wiedererrichten*: ↗ wiederaufbauen
*wiedererstatten*: ↗ zurückzahlen
*Wiedererstattung*: ↗ Rückzahlung
**wiedererstehen**
*wiederfordern*: ↗ zurückfordern
*wiedergeben*: ↗ darstellen (1), vortragen (2), zurückgeben
**Wiedergeburt**
*wiedergutmachen*: ↗ büßen, entschädigen
*wiederhergestellt*: ↗ genesen
*wiederherrichten*: ↗ wiederherstellen
**wiederherstellen:** ↗ erneuern, heilen
*Wiederherstellung*: ↗ Genesung
**wiederholen:** ↗ zurückholen
**wiederholt**
*wiederkäuen*: ↗ wiederholen (1, b)
*Wiederkehr*: ↗ Rückkehr
*wiederkehren*: ↗ wiederholen (2), zurückkommen (1)
*wiederkommen*: ↗ wiederholen (2), zurückkommen (1)
*wiederkriegen*: ↗ zurückerhalten
**Wiedersehen:** *auf W. sagen*: ↗ verabschieden
*Wiedersehen!*: ↗ Wiedersehen
*wiedertun*: ↗ wiederholen (1, a)
*wiederum*: ↗ wieder
*Wiege*: ↗ Ursprung – *in die W. gelegt*: ↗ angeboren
**wiegen:** *sich w.*: ↗ schwingen
*wiehern*: ↗ lachen
*wienern*: ↗ polieren, reinigen
*Wiese*: ↗ Rasen
*wieso*: ↗ warum
*wiewohl*: ↗ obwohl
**wild:** ↗ ungeordnet (1), unzivilisiert, wütend – *sich wie w. gebärden*: ↗ wüten
**Wildfang**
*Wildheit*: ↗ Raserei
*wildlebend*: ↗ wild (1, a)
**Wildschwein**
*wildwachsend*: ↗ wild (1, b)
*Wilhelm*: ↗ Unterschrift
Wille: *den Willen lassen*: ↗ gewähren (2); *zu Willen sein*: ↗ hingeben (2); *letzter W.*: ↗ Vermächtnis (2); *Letzter W.*: ↗ Testament; *starker W.*: ↗ Willenskraft; *wider Willen*: ↗ unfreiwillig
*willenlos*: ↗ willensschwach
*willens*: ↗ gewillt
**Willenskraft**
**willensschwach**
*Willensstärke*: ↗ Willenskraft
*willentlich*: ↗ absichtlich
*willfahren*: ↗ gehorchen
*willfährig*: ↗ gehorsam

*willig*: ↗ bereitwillig
**willkommen**
*Wimmerl*: ↗ Pickel
*wimmern*: ↗ jammern, weinen
**Wind:** *in alle Winde*: ↗ überallhin; *in den W. reden*: ↗ reden; *in den W. schlagen*: ↗ unterschätzen
windelweich: *w. schlagen*: ↗ verprügeln
[1]**winden:** ↗ binden (2) – **sich w.**: ↗ ranken
[2]*winden*: ↗ riechen (2)
*Windhauch*: ↗ Wind (1)
**Windhose**
*Windhund*: ↗ Leichtfuß
**windig**
*Windjammer*: ↗ Segelschiff
*Windsbraut*: ↗ Sturm
*windschief*: ↗ schief
**Windstille**
**Windstoß**
**Windung:** *in Windungen verlaufen*: ↗ winden (3)
*Wink*: ↗ Hinweis, Zeichen
*Winkeladvokat*: ↗ Rechtsanwalt
*Winkelzug*: ↗ List
**winken:** ↗ signalisieren – *winke, winke machen*: ↗ winken
*winseln*: ↗ jammern
*winzig*: ↗ klein
*Wippe*: ↗ Schaukel
*wippen*: ↗ federn, schaukeln
*Wirbel*: ↗ Strudel
**wirbeln**
**Wirbelsäule**
**Wirbelsturm**
*Wirbelwind*: ↗ Quecksilber, Windhose
**wirken**
**wirklich:** ↗ tatsächlich, wahr (1 *u.* 2)
*wirklich!*: ↗ wahrhaftig!
**Wirklichkeit**
*wirklichkeitsfremd*: ↗ weltfremd
**wirklichkeitsgetreu**
**wirklichkeitsnah**
*Wirklichkeitssinn*: ↗ Realismus
**wirksam**
**Wirksamkeit:** ↗ Tätigkeit, Wirkung
**Wirkung:** ↗ Einfluß (1), Folge, Reaktion – *seine W. tun*: ↗ wirken (2); *W. zeigen*: ↗ reagieren
**Wirkungsgrad**
*wirkungslos*: ↗ unwirksam
**wirkungsvoll**
*wirr*: ↗ ungeordnet (1), verwirrt, verworren
*Wirrwarr*: ↗ Unordnung
*Wirt*: ↗ Gastgeber, Gastwirt
*Wirtschaft*: ↗ Bauernhof, Volkswirtschaft
*Wirtschaftler*: ↗ Wirtschaftswissenschaftler
**wirtschaftlich:** ↗ sparsam
Wirtschaftsbeziehungen: *W. unterhalten* |*mit*|: ↗ Handel
**Wirtschaftskrise**
**Wirtschaftswissenschaftler**
*Wirtshaus*: ↗ Gaststätte
*Wirtsstube*: ↗ Gastzimmer
*Wisch*: ↗ Schriftstück
*wischen*: ↗ saubermachen, scheuern
*wispern*: ↗ flüstern
*Wißbegierde*: ↗ Lerneifer
**wissen:** *w. lassen*: ↗ mitteilen; *nicht mehr w., was links und rechts ist*: ↗ verwirrt; *nichts w. wollen* |*von*|: ↗ ablehnen (1)
**Wissen**
*Wissensdurst*: ↗ Lerneifer
*wissentlich*: ↗ absichtlich, bewußt (1)
*wittern*: ↗ riechen (2) – *etw. w.*: ↗ Verdacht
*Witterung*: ↗ Wetter (1)
*Witterungsumschlag*: ↗ Wetteränderung
**Witz**
*Witzbold*: ↗ Spaßvogel
*Witzelei*: ↗ Spott
*witzeln*: ↗ spotten
*witzig*: ↗ geistreich
*wo*: ↗ irgendwo – *von wo*: ↗ woher
*woanders*: ↗ anderswo
Woche: *jede W.*: ↗ wöchentlich; *in die Wochen kommen*: ↗ schwanger
**Wochenendhaus**
*Wochentag*: ↗ Werktag
*wochentags*: ↗ werktags
**wöchentlich**
*wodurch*: ↗ wie (3)
*wofür*: ↗ wozu
*Woge*: ↗ Welle
*wogen*: ↗ branden
**woher:** *ach w.!*: ↗ keineswegs
*wohingegen*: ↗ während (2)
**wohl:** ↗ gesund (1) – *w. bekomm's!*: ↗ prosit!; *w. oder übel*: ↗ notgedrungen
*Wohl*: ↗ Wohlergehen
wohlauf: *w. sein*: ↗ gesund (1)
*wohlbedacht*: ↗ wohlüberlegt
*Wohlbefinden*: ↗ Wohlergehen
*wohlbehalten*: ↗ unverletzt
*wohlbekannt*: ↗ vertraut (1)
**Wohlergehen**
*wohlerwogen*: ↗ wohlüberlegt

**wohlerzogen**
**wohlgemeint**
*wohlgeordnet*: ↗ ordentlich (1)
*Wohlgeruch*: ↗ Duft
**wohlgesinnt:** *w. sein*: ↗ wohlwollen
**wohlgestaltet**
*wohlgetan*: ↗ richtig
*wohlhabend*: ↗ reich
**Wohlklang**
**wohlklingend**
*Wohllaut*: ↗ Wohlklang
*wohllautend*: ↗ wohlklingend
*wohlmeinend*: ↗ wohlgemeint
*wohlproportioniert*: ↗ wohlgestaltet
**wohlriechend**
*wohlschmeckend*: ↗ schmackhaft
**Wohlstand**
**wohltätig**
*wohltönend*: ↗ wohlklingend
**wohltuend:** ↗ erfrischend
**wohlüberlegt**
**wohlweislich**
**wohlwollen**
**Wohlwollen**
*wohlwollend*: ↗ wohlgesinnt
*Wohnanhänger*: ↗ Wohnwagen
**wohnen**
wohnhaft: *w. sein*: ↗ wohnen
*Wohnhaus*: ↗ Haus
*Wohnheim*: ↗ Internat
*Wohnort*: ↗ Wohnsitz
*Wohnraum*: ↗ Zimmer
**Wohnsitz:** *seinen W. nehmen*: ↗ niederlassen; *seinen W. wechseln*: ↗ übersiedeln
*Wohnstätte*: ↗ Wohnung
**Wohnung:** *seine W. haben*: ↗ wohnen; *die W. wechseln*: ↗ umziehen (1)
*wohnungslos*: ↗ obdachlos
**Wohnwagen**
**wölben**
*Wölbung*: ↗ Bogen (1)
Wolf: *mit den Wölfen heulen*: ↗ anpassen, opportunistisch
*Wolfshunger*: ↗ Riesenhunger
Wolke: *aus allen Wolken fallen*: ↗ überrascht
*Wolkenbruch*: ↗ Regenguß
*wolkenlos*: ↗ klar (b)
*wolkig*: ↗ bewölkt
Wolle: *sich in die W. kriegen*: ↗ streiten
*wollen*: ↗ wünschen
**wollig**
*wollüstig*: ↗ lüstern, sinnlich
*Wollüstling*: ↗ Lüstling
*womit?*: ↗ wie (3)
*womöglich*: ↗ möglicherweise
*Wonne*: ↗ Freude (1), Glück (1)
**Wort:** *das W. abschneiden*: ↗ Wort (2); *das W. ergreifen*: ↗ sprechen (2); *sein W. geben*: ↗ versprechen (1); *ein gutes W. einlegen*: ↗ verwenden (2); *keine Worte finden*: ↗ überrascht; *sich zu W. melden*: ↗ melden (2); *beim W. nehmen*: ↗ festlegen (2); *das W. richten* |an|: ↗ ansprechen (1); *schöne Worte*: ↗ Schmeichelei; *schöne Worte machen*: ↗ schmeicheln; *das W. verbieten*: ↗ verbieten (2)
*Wortbestand*: ↗ Wortschatz
*Wortbruch*: ↗ Verrat (2)
*wortbrüchig*: ↗ untreu (1)
*Wortemacher*: ↗ Schwätzer
**Wörterbuch**
*Wortführer*: ↗ Sprecher (2)
*Wortgefecht*: ↗ Streitgespräch
*wortgetreu*: ↗ wörtlich
*wortgewaltig*: ↗ wortgewandt
**wortgewandt**
**wortkarg**
**Wortklauber**
*wortklauberisch*: ↗ spitzfindig
Wortlaut: *den W. haben*: ↗ lauten; *im W.*: ↗ wörtlich
**wörtlich**
*wortlos*: ↗ schweigend
**Wortschatz**
*Wortschwall*: ↗ Redeschwall
*wortwörtlich*: ↗ wörtlich
**wozu**
*Wrasen*: ↗ Dampf
**Wucherer**
*wuchernd*: ↗ üppig (2)
*Wuchs*: ↗ Wachstum
**Wucht:** *eine W. verpassen*: ↗ verprügeln
*wuchtig*: ↗ heftig (1), gewaltig
*Wühlarbeit*: ↗ Hetze
*Wulst*: ↗ Verdickung
*wummern*: ↗ dröhnen
*Wunde*: ↗ Verletzung
**Wunder:** *W. wirken*: ↗ wirken (2)
**wunderbar:** ↗ herrlich
*Wunderland*: ↗ Märchenland
*wunderlich*: ↗ merkwürdig, schrullig
**wundern:** *sich w.*: ↗ staunen
wundernehmen: *etw. nimmt jmdn. wunder*: ↗ wundern
*wunderschön*: ↗ schön

*wundervoll*: ↗ großartig
**wundliegen**
**Wundstarrkrampf**
*Wundverband*: ↗ Verband
**Wunsch**: ↗ Bitte – *jeden W. von den Augen ablesen*: ↗ verwöhnen; *einen W. haben*: ↗ wünschen; *letzter W.*: ↗ Vermächtnis (2)
*Wunschbild*: ↗ Vorbild
**wünschen**
*Wunschtraum*: ↗ Wunsch
**Würde**
**würdevoll**
*würdig*: ↗ würdevoll
**Würfel**
*Wurm*: ↗ Kind (1)
*wurmen*: ↗ ärgern
*wurmstichig*: ↗ madig
*Wurstblatt*: ↗ Zeitung
*wurstig*: ↗ gleichgültig (1)
**Würze**
*Wurzel*: ↗ Ursache, Ursprung – *W. fassen*: ↗ anwachsen (1); *Wurzeln schlagen*: ↗ niederlassen
**würzen**
**würzig**
*würzlos*: ↗ ungewürzt
*Würzstoff*: ↗ Würze
*wuschelig*: ↗ unordentlich.
*wüst*: ↗ öde, ungeordnet (1 *u.* 2)
*Wust*: ↗ Durcheinander (1)
Wüste: *in der W. predigen*: ↗ reden; *in die W. schicken*: ↗ absetzen (2)
wüsten: *w.* |*mit*|: ↗ verschwenden
*Wüstenkönig*: ↗ Löwe
*Wüstling*: ↗ Lüstling
**Wut**: *W. im Bauch haben*: ↗ ärgern; *W. haben*: ↗ wütend
**wüten**
**wütend**
*wutentbrannt*: ↗ wütend
**Wüterich**
wutschen: *w.* |*in*|: ↗ hineinschlüpfen

# X

**X**: *ein X für ein U machen*: ↗ täuschen
**Xanthippe**
x-beliebig: *jeder x-beliebige*: ↗ jemand

# Z

*Zagel*: ↗ Schwanz
*zagen*: ↗ zögern
*zaghaft*: ↗ unentschlossen
**zäh**
*zähflüssig*: ↗ dickflüssig
**Zahl**: ↗ Anzahl – *in voller* Z.: ↗ vollzählig
*zählebig*: ↗ zäh (1)
*zahlen*: ↗ bezahlen
**zählen**: ↗ wichtig – *z.* |*auf*|: ↗ vertrauen; z. |zu|: ↗ gehören (1)
**Zahlkarte**
*zahlreiche*: ↗ viel (2)
*Zahlschalter*: ↗ Kasse
**zahlungsfähig**
**zahlungsunfähig**: ↗ bankrott
**zahm**: *z. machen*: ↗ zähmen
**zähmen**
Zahn: *auf den Z. fühlen*: ↗ ausfragen, prüfen (2); *für den hohlen Z.*: ↗ wenig; *einen Z. zulegen*: ↗ Gas; *die Zähne zusammenbeißen*: ↗ aushalten (2)
**Zahnarzt**
Zange: *in die Z. nehmen*: ↗ bearbeiten
*Zank*: ↗ Streit
*zanken*: ↗ schimpfen – *sich z.*: ↗ streiten
**Zänker**
*zänkisch*: ↗ streitsüchtig
*Zankteufel*: ↗ Xanthippe, Zänker
*Zapf*: ↗ Theke
*zappelig*: ↗ fahrig
**zappeln**: *z. lassen*: ↗ hinhalten (2)
*Zappelphilipp*: ↗ Quecksilber
**zart**: ↗ behutsam (2), empfindlich (1), sanft, schwach (2), zärtlich
*zartbesaitet*: ↗ empfindsam
*zartfühlend*: ↗ empfindsam, rücksichtsvoll
**Zartgefühl**: ↗ Takt
*zartgliedrig*: ↗ zierlich
*Zartheit*: ↗ Feinheit (1)
**zärtlich**: *z. sein*: ↗ liebkosen
*Zärtling*: ↗ Weichling
*Zaster*: ↗ Geld
*Zäsur*: ↗ Einschnitt
**Zauber**: ↗ Charme
**Zauberei**
*Zauberer*: ↗ Zauberkünstler
*zauberhaft*: ↗ entzückend, wunderbar
*Zauberkunst*: ↗ Zauberei
**Zauberkünstler**

*Zauberland*: ↗ Märchenland
*zaudern*: ↗ zögern
*zaudernd*: ↗ unentschlossen
Zaum: *im Z. halten*: ↗ zügeln
**Zaun**
*Zaungast*: ↗ Schaulustiger
*Zechbruder*: ↗ Zecher
*Zeche*: ↗ Bergwerk
**zechen**
**Zecher**
Zehe: *auf die Zehen treten*: ↗ kränken
zehntausend: *die oberen Zehntausend*: ↗ Oberschicht
**Zeichen:** ↗ Beweis (2) – *Zeichen geben*: ↗ signalisieren
**zeichnen:** ↗ unterschreiben
**zeigen:** ↗ anmerken, beweisen (2), verraten (3) – **sich z.**: ↗ bieten (3), herausstellen; *sich z.* |*an*|: ↗ ausdrücken (4)
*Zeile*: ↗ Reihe (1)
**Zeit:** *Z. gewinnen wollen*: ↗ hinhalten (2); *zu jeder Z.*: ↗ immer; *in jener Z.*: ↗ damals; *seit jener Z.*: ↗ seitdem (1); *für kurze Z.*: ↗ vorübergehend; *sich Z. lassen*: ↗ trödeln; *in nächster Z.*: ↗ bald (1); *zu/bei nachtschlafender Z.*: ↗ nachts; *zu Olims Zeiten*: ↗ früher; *zur rechten Z.*: ↗ rechtzeitig; *zur rechten Z. kommen*: ↗ zurechtkommen (1); *vor der Z.*: ↗ vorzeitig (1); *zur Z.*: ↗ gegenwärtig
*Zeitabschnitt*: ↗ Zeitalter, Zeitraum
**Zeitalter**
*zeitaufwendig*: ↗ umständlich
*Zeitdauer*: ↗ Dauer (1)
*zeitgemäß*: ↗ modern
**zeitgenössisch**
*zeitgerecht*: ↗ rechtzeitig
*Zeitgeschmack*: ↗ Mode
*zeitig*: ↗ früh
*zeitigen*: ↗ verursachen
Zeitlang: *eine Z.*: ↗ zeitweilig
zeitlich: *das Zeitliche segnen*: ↗ sterben
*zeitnah*: ↗ aktuell
**Zeitpunkt**
*zeitraubend*: ↗ umständlich
**Zeitraum:** ↗ Dauer (1)
**Zeitschrift**
*Zeitspanne*: ↗ Zeitraum
**Zeitung:** *die Zeitungen*: ↗ Presse
*Zeitungsmann*: ↗ Journalist
**Zeitungswesen**
*Zeitvertreib*: ↗ Zerstreuung
**zeitweilig**
*zeitweise*: ↗ zeitweilig
*Zelle*: ↗ Arrestlokal
Zelt: *seine Zelte aufschlagen*: ↗ niederlassen
**zelten**
**Zeltpflock**
**zensieren**
Zensur: *mit einer Z. bewerten*: ↗ zensieren
**zentral**
*Zentrale*: ↗ Fernsprechzentrale
*Zentralgestirn*: ↗ Sonne
*Zentralisation*: ↗ Konzentration
*zentralisieren*: ↗ konzentrieren (1)
*Zentrum*: ↗ Innenstadt, Mittelpunkt – *im Z. liegend*: ↗ zentral (1); *im Z. von*: ↗ inmitten
**zerbeißen**
*zerbersten*: ↗ platzen
*Zerberus*: ↗ Pförtner
*zerbeulen*: ↗ verbeulen
*zerbleuen*: ↗ verprügeln
**zerbrechen**
*zerbrechlich*: ↗ zart, zierlich
*zerbröckeln*: ↗ zerfallen (1), zerkleinern, zerkrümeln
*zerbröseln*: ↗ zerkleinern
**zerdrücken**
*Zeremoniell*: ↗ Ritual
*zerfahren*: ↗ fahrig, zerstreut
*Zerfall*: ↗ Verfall
**zerfallen:** ↗ verfallen (1) – *z.* |*in*|: ↗ gliedern; *etw. zerfällt* |*in*|: ↗ zusammensetzen
*zerfetzen*: ↗ zerreißen
*zerfressen*: ↗ zersetzen
*zerfurcht*: ↗ runzelig
*zergehen*: ↗ schmelzen (2)
*zergliedern*: ↗ untersuchen, zerlegen (1)
*zergliedernd*: ↗ analytisch
*zerhauen*: ↗ zerschlagen
*zerkauen*: ↗ zerbeißen
**zerkleinern**
**zerklopfen:** ↗ zerschlagen
*zerknautschen*: ↗ zerknittern
*zerknirscht*: ↗ reuevoll
*Zerknirschtheit*: ↗ Reue
**zerknittern**
*zerknittert*: ↗ faltig
*zerknüllen*: ↗ zerknittern
**zerkrümeln:** ↗ zerkleinern
**zerlegen**
**zerlumpt**
**zermahlen**

*zermalmen*: ↗ vernichten, zerdrücken

**zermürben**

*zerplatzen*: ↗ platzen

*zerquetschen*: ↗ zerdrücken

*Zerrbild*: ↗ Karikatur

**zerreiben**

**zerreißen**

*zerren*: ↗ ziehen (1 *u.* 2)

*zerrissen*: ↗ zwiespältig

*Zerrissenheit*: ↗ Zwiespalt

*zerronnen*: ↗ verloren (1)

**zerrütten**: *etw. zerrüttet jmdn.*: ↗ zermürben

**zerschießen**

[1]**zerschlagen**: *sich z.*: ↗ scheitern (2)

[2]*zerschlagen*: ↗ erschöpft

*zerschlissen*: ↗ abgetragen, zerlumpt

*zerschmelzen*: ↗ schmelzen (1 *u.* 2), tauen

*zerschmettern*: ↗ zerschlagen

**zerschneiden**

*zerschroten*: ↗ zermahlen

**zersetzen**: *sich z.*: ↗ zerfallen (1)

**zerspalten**: ↗ spalten

*zersprengen*: ↗ zerstreuen (2)

*zerspringen*: ↗ explodieren (2), platzen, zerbrechen (2)

*zerstampfen*: ↗ zerklopfen

**zerstäuben**

**zerstören**

*zerstoßen*: ↗ zerklopfen

zerstreiten: *sich z.*: ↗ verfeinden

**zerstreuen**: ↗ ablenken (3) – *sich z.*: ↗ ablenken (3), auseinandergehen, vergnügen

**zerstreut**

**Zerstreuung**

*zerstritten*: ↗ entzweit

*zerstückeln*: ↗ zerkleinern

*zerteilen*: ↗ zerlegen (1 *u.* 2)

**zertreten**

*zertrümmern*: ↗ zerschlagen, zerstören (1)

**Zerwürfnis**: ↗ Zwietracht

*zerzaust*: ↗ struppig

*zetern*: ↗ jammern, schimpfen

*Zeug*: ↗ Kram – *dummes Z.*: ↗ Unsinn; *dummes Z. reden*: ↗ schwafeln; *das Z. haben* |zu|: ↗ begabt; *was das Z. hält*: ↗ angestrengt; *sich ins Z. legen*: ↗ anstrengen

**zeugen**: *z.* |*für*|: ↗ bezeugen

*Zeugnis*: ↗ Beweis (1) – *Z. ablegen* |*für*|: ↗ bekennen (1)

**Zeugungsfähigkeit**

**Zeugungsunfähigkeit**

*Zicke*: ↗ Ziege (1 *u.* 2) – *Zicken machen*: ↗ Unfug

*zickig*: ↗ altjüngferlich

**Ziege**

*Ziegenpeter*: ↗ Mumps

**ziehen**: ↗ abnehmen (1), einberufen, wandern, wirken (2), züchten – **etw. zieht**: ↗ schmerzen; *nach sich z.*: ↗ Folge

**Ziehharmonika**

**Ziel**: ↗ Absicht – *ohne festes Z.*: ↗ ziellos; *übers Z. hinausschießen*: ↗ weit (2); *sich zum Z. setzen*: ↗ vornehmen (2)

*zielbewußt*: ↗ entschlossen

**zielen**: **z.** |**auf**|: ↗ orientieren (1)

**ziellos**

*zielstrebig*: ↗ zielbewußt

ziemen: *sich z.*: ↗ gehören (2)

*ziemlich*: ↗ verhältnismäßig

*Zierat*: ↗ Verzierung

**zieren**

**zierlich**

*Ziffer*: ↗ Zahl

**Zigarette**

**Zigarettenstummel**

*Zigarre*: ↗ Tadel – *eine Z. verpassen*: ↗ tadeln

*zigeunern*: ↗ herumtreiben

*Zille*: ↗ Kahn

**Zimmer**

*zimperlich*: ↗ prüde, wehleidig

*Zimt*: ↗ Angelegenheit (2)

*Zinken*: ↗ Nase

*Zinnober*: ↗ Unsinn

*Zins*: ↗ Miete

*zirka*: ↗ ungefähr

*Zirkel*: ↗ Arbeitsgemeinschaft, Personenkreis

*Zirkular*: ↗ Rundschreiben

**zirkulieren**

Zirkus: *Z. machen*: ↗ Umstände

*zirpen*: ↗ piepen

zischen: *einen z.*: ↗ trinken (2)

**zitieren**: ↗ vorladen

**zittern**: *mit Zittern und Zagen*: ↗ ängstlich

**zittrig**

**zögern**

**Zoo**

*zopfig*: ↗ rückschrittlich

*Zorn*: ↗ Wut

*zornig*: ↗ wütend

**Zote**

*zoten*: ↗ Zote

*zotig*: ↗ obszön

*zottig*: ↗ struppig
**zu:** ↗ allzu, verschlossen (1)
*zuallererst*: ↗ zuerst
*zuallerletzt*: ↗ zuletzt
**Zubehör**
*zubekommen*: ↗ zubringen
*Zuber*: ↗ Bottich
**zubereiten**
*zubilligen*: ↗ zugestehen
*zubinden*: ↗ verschnüren
**zublinzeln**
**zubringen:** ↗ hinterbringen, verbringen
*zubuttern*: ↗ zuschießen
*Zucht*: ↗ Ordnung
**züchten**
*Zuchthaus*: ↗ Strafvollzugsanstalt
*züchtig*: ↗ sittsam
**züchtigen**
*zuchtlos*: ↗ undiszipliniert, unsittlich
*zuckeln*: ↗ trotten
*zucken*: ↗ flackern
*zücken*: ↗ ziehen (3)
*Zuckerbäcker*: ↗ Konditor
*Zuckerwerk*: ↗ Konfekt
*Zudeck*: ↗ Decke (1)
*zudem*: ↗ außerdem, dazu
*zudenken*: ↗ bestimmen (1, a)
*zudringlich*: ↗ aufdringlich – *z. sein*: ↗ aufdrängen
*zueignen*: ↗ widmen
*zueinanderhalten*: ↗ zusammenhalten (1)
*zuerkennen*: ↗ zusprechen
**zuerst**
*zuerteilen*: ↗ zusprechen
Zufall: *durch* Z.: ↗ zufällig
**zufallen**
**zufällig**
*zufassen*: ↗ zugreifen
*zufliegen*: ↗ zufallen (3)
*zufließen*: ↗ zufallen (2)
**Zuflucht**
*Zufluchtsstätte*: ↗ Zuflucht
**zufrieden**
zufriedengeben: *sich* z. |*mit*|: ↗ begnügen
*zufriedengestellt*: ↗ zufrieden
*zufriedenstellen*: ↗ befriedigen (1)
**zufügen:** ↗ hinzufügen
*Zug*: ↗ Abteilung (1), Lufthauch, Schluck, Tendenz (1) – *etw. hat* Z.: ↗ ziehen (4); *in den letzten Zügen liegen*: ↗ sterben
**Zugabe**
*Zugabteil*: ↗ Abteil
**zugänglich**
*zugeben*: ↗ geständig, gestehen, zugestehen, zulassen
zugegen: *z. sein*: ↗ anwesend; *nicht z. sein*: ↗ abwesend
zugehen: *z. lassen*: ↗ schicken (1)
*Zugeherin*: ↗ Raumpflegerin
Zügel: *Zügel anlegen*: ↗ zügeln; *die Zügel in der Hand haben*: ↗ herrschen (1)
**zügellos:** ↗ hemmungslos
**zügeln:** *sich z.*: ↗ beherrschen (5)
*zugeschlossen*: ↗ verschlossen (1)
zugesellen: *sich z.*: ↗ beigesellen
*zugesperrt*: ↗ verschlossen (1)
**Zugeständnis**
**zugestehen**
zugetan: *z. sein*: ↗ lieben
*zugfähig*: ↗ dehnbar
**Zuggeschirr**
**zugießen**
*zugig*: ↗ windig
*zügig*: ↗ flüssig
**zugkräftig**
**zugleich**
Zugluft: *es ist* Z.: ↗ ziehen (5)
*Zugmaschine*: ↗ Traktor
*Zugnummer*: ↗ Zugstück
**zugreifen:** ↗ bedienen (2)
**zugrunde:** *z. gehen*: ↗ sterben, [1]verkommen
**Zugstück**
*zugucken*: ↗ zusehen
*Zugucker*: ↗ Schaulustiger, Zuschauer
**Zugunglück**
**zugute:** *sich etw. z. tun* |*auf*|: ↗ stolz
**Zuhälter**
*zuhauen*: ↗ zuschlagen (1)
**Zuhause**
*zuheilen*: ↗ verheilen
*zuhinterst*: ↗ hinten
**zuhören**
**Zuhörerschaft**
*zuklappen*: ↗ schließen (2 *u.* 3), zufallen (1)
**zukleben**
*zukleistern*: ↗ zukleben
*zuklinken*: ↗ schließen (1)
*zuknallen*: ↗ zuschlagen (2)
zukommen: *z.* |*auf*|: ↗ nähern; *jmdm. kommt etw. zu*: ↗ zustehen; *z. lassen*: ↗ schenken, schicken (1), zugute, zustecken; *auf sich z. lassen*: ↗ herankommen
**zukorken**
*zukriegen*: ↗ zubringen

Zukunft: *die Z. deuten*: ↗ wahrsagen; *auch in Z.*: ↗ weiterhin
*zukünftig*: ↗ künftig
*Zukunftsausblick*: ↗ Perspektive
*zukunftsgerichtet*: ↗ fortschrittlich
**zukunftweisend**
*zulangen*: ↗ bedienen (2), zugreifen
**zulassen**
**zulässig**
**Zulassung**
*Zulauf*: ↗ Andrang
*zulegen*: ↗ zuschießen – *sich z.*: ↗ anmaßen (1), anschaffen; *sich jmdn. z.*: ↗ anlachen (2)
zuleide: *z. tun*: ↗ zufügen; *nichts z. tun*: ↗ verschonen
**zuletzt:** ↗ schließlich
*zumachen*: ↗ abschließen, schließen (1, 2, 3 *u.* 4)
*zumeist*: ↗ meist
*zumessen*: ↗ zuteilen
*zumindest*: ↗ mindestens
zumuten: *sich zuviel z.*: ↗ überanstrengen
Zumutung: ↗ Ansinnen
*zunächst*: ↗ nahe, vorläufig, zuerst
**Zunahme**
*Zuname*: ↗ Familienname
zünden: *bei jmdm. zündet es*: ↗ verstehen (2)
**Zündholz**
**zunehmen**
*Zuneigung*: ↗ Liebe – *Z. fassen* |zu|: ↗ verlieben
*zünftig*: ↗ fachmännisch
Zunge: *mit der Z. anstoßen*: ↗ lispeln; *jmdm. klebt die Z. am Gaumen*: ↗ dürsten; *seine Z. im Zaum halten*: ↗ schweigen (2)
*zungenfertig*: ↗ wortgewandt
Zungenschlag: *falscher Z.*: ↗ Versprecher
zunichte: *z. machen*: ↗ vereiteln
*zuoberst*: ↗ obenauf
*zupacken*: ↗ zugreifen
*zupfen*: ↗ ziehen (2)
*zupfropfen*: ↗ zukorken
*zuprosten*: ↗ zutrinken
**zurechtfinden: sich z.:** ↗ orientieren (2, a); *sich z.* |*mit*|: ↗ zurechtkommen (2)
**zurechtkommen: z. |mit|:** ↗ auskommen; *miteinander z.*: ↗ vertragen
*zurechtmachen*: ↗ bereitmachen, schminken, vorbereiten, zubereiten – *sich z.*: ↗ schminken
*zurechtrücken*: ↗ bereinigen
*zurechtstutzen*: ↗ beschneiden
**zurechtweisen**
*zurichten*: ↗ beschädigen
*zürnen*: ↗ erzürnen (2), grollen
**zurück**
*zurückbekommen*: ↗ zurückerhalten
*zurückbeordern*: ↗ abberufen
**zurückbilden**
**zurückbleiben:** ↗ übrigbleiben
*zurückblicken*: ↗ Rückschau, umsehen
*zurückdrängen*: ↗ abdrängen
**zurückerhalten**
zurückerinnern: *sich z.*: ↗ erinnern
*zurückerstatten*: ↗ zurückgeben, zurückzahlen
*zurückfahren*: ↗ abreisen (2), zurückschrekken
*zurückfallen*: ↗ zurückbleiben
**zurückfordern**
**zurückführen**
**zurückgeben**
*zurückgehen*: ↗ abnehmen (4)
zurückgeblieben: ↗ rückständig, verkümmert
*zurückgehen*: ↗ abnehmen (4), nachlassen, verringern, zurückbilden (1), zurückziehen (1, b) – *z. lassen*: ↗ zurücksenden
*zurückgezogen*: ↗ einsam
zurückgreifen: z. |*auf*|: ↗ zurückkommen (2)
**zurückhalten**
**zurückhaltend**
Zurückhaltung: *Z. wahren*: ↗ zurückhalten
**zurückholen**
**zurückkommen**
*zurückkriegen*: ↗ zurückerhalten
**zurücklegen:** ↗ sparen
*zurücklehnen*: ↗ zurücklegen (1)
*zurückliegend*: ↗ vergangen
*zurücknehmen*: ↗ widerrufen
**zurückprallen:** ↗ zurückschrecken
*zurückreisen*: ↗ abreisen (2)
*zurückschaudern*: ↗ zurückschrecken
*zurückschauen*: ↗ Rückschau
*zurückschicken*: ↗ zurücksenden
*zurückschlagen*: ↗ abwehren (1)
**zurückschrecken:** ↗ scheuen – *z. lassen*: ↗ abschrecken
*zurücksehen*: ↗ umsehen
**zurücksenden**
*zurücksetzen*: ↗ benachteiligen, diskriminieren

zurückspringen: *etw. springt zurück*: ↗ zurückprallen
*zurückstecken*: ↗ nachgeben
**zurückstehen:** *z. müssen*: ↗ benachteiligen
**zurückstellen**: ↗ zurücklegen (3)
*zurückstoßen*: ↗ wegstoßen
**zurücktreten**
*zurückverlangen*: ↗ zurückfordern
zurückweichen: *nicht z.*: ↗ standhalten
*zurückweisen*: ↗ ablehnen (1 *u.* 3), abweisen (1 *u.* 2)
*zurückwerfen*: ↗ widerspiegeln (1)
**zurückzahlen**
**zurückziehen: sich z.**: ↗ absondern; **sich z. |von|**: ↗ distanzieren
*Zusage*: ↗ Versprechen
*zusagen*: ↗ behagen, gefallen (1), versprechen (1) – *nicht z.*: ↗ mißfallen (1)
*zusammen*: ↗ gemeinsam, insgesamt, zugleich
**Zusammenarbeit**
**zusammenarbeiten**
*zusammenbauen*: ↗ montieren
**zusammenbinden:** ↗ bündeln
**zusammenbleiben**
zusammenbrauen: *sich z.*: ↗ aufziehen (1)
**zusammenbrechen:** ↗ scheitern (2)
**zusammenbringen**
**Zusammenbruch**
**zusammendrängen**
**zusammendrücken**: ↗ zerknittern
*zusammenfahren*: ↗ zusammenstoßen (1), zusammenzucken
**zusammenfassen**
**Zusammenfassung**
*zusammenfegen*: ↗ auffegen
zusammenfinden: *sich z.*: ↗ versammeln
*zusammenfügen*: ↗ verbinden (2)
*zusammenführen*: ↗ zusammenbringen
*zusammengedrängt*: ↗ dicht (2)
*Zusammengehörigkeitsgefühl*: ↗ Solidarität
**zusammenhalten:** ↗ nebeneinanderhalten – *sein Geld z.*: ↗ haushalten
**Zusammenhang:** *ohne Z.*: ↗ zusammenhanglos; *etw. steht im Z. |mit|*: ↗ zusammenhängen
**zusammenhängen**
**zusammenhanglos:** ↗ beziehungslos
*zusammenhauen*: ↗ zusammenschlagen
*zusammenklappen*: ↗ zusammenbrechen
*zusammenknüpfen*: ↗ zusammenbinden (1)
*zusammenkommen*: ↗ summieren, versammeln, zusammenscharen – *z. |mit|*: ↗ verkehren
*zusammenkrachen*: ↗ einstürzen, zusammenstoßen (1)
**Zusammenkunft:** ↗ gesellig
*zusammenlaufen*: ↗ gerinnen
*zusammenlesen*: ↗ aufsammeln
**zusammennehmen: sich z.**: ↗ beherrschen (5)
*zusammenpassen*: ↗ passen (1)
*zusammenpferchen*: ↗ zusammendrängen
*Zusammenprall*: ↗ Zusammenstoß
*zusammenprallen*: ↗ zusammenstoßen (1)
*zusammenpressen*: ↗ zusammendrücken
*zusammenquetschen*: ↗ zusammendrücken
*zusammenrasseln*: ↗ zusammenstoßen (1 *u.* 2)
zusammenreimen: *sich z.*: ↗ voraussehen
zusammenreißen: *sich z.*: ↗ beherrschen (5), zusammennehmen
*zusammenrollen*: ↗ aufrollen
zusammenrotten: *sich z.*: ↗ zusammenscharen
**zusammenrufen**
*zusammenrutschen*: ↗ zusammenbrechen
*zusammensacken*: ↗ senken (2)
**zusammenscharen**
*Zusammenschau*: ↗ Übersicht (2), Zusammenfassung
*zusammenschießen*: ↗ zerschießen
**zusammenschlagen:** ↗ zerschlagen
*zusammenschließen*: ↗ vereinen (1), verschmelzen (1) – *sich z.*: ↗ verbünden
*Zusammenschluß*: ↗ Vereinigung (1)
*zusammenschnüren*: ↗ bündeln
*zusammenschrecken*: ↗ zusammenzucken
*zusammenschreiben*: ↗ verfassen
*zusammenschrumpfen*: ↗ schrumpfen
**zusammensetzen**
*zusammensinken*: ↗ senken (2)
*zusammenstauchen*: ↗ zurechtweisen
*zusammenstehen*: ↗ zusammenhalten (1)
**zusammenstellen:** ↗ arrangieren, aufstellen (3)
zusammenstimmen: *etw. stimmt zusammen*: ↗ übereinstimmen (2)
**Zusammenstoß:** ↗ Streit
**zusammenstoßen**
*zusammenstürzen*: ↗ einstürzen
*zusammentreffen*: ↗ treffen
*Zusammentreffen*: ↗ Zusammenkunft
*zusammentreten*: ↗ versammeln
*zusammentrommeln*: ↗ zusammenrufen

*zusammenwerfen*: ↗ gleichsetzen
*zusammenwirken*: ↗ zusammenarbeiten
**zusammenzählen**
*zusammenziehen*: ↗ konzentrieren (1), zusammenzählen – *sich z.*: ↗ schrumpfen
*Zusammenziehung*: ↗ Konzentration
**zusammenzucken**
*Zusatz*: ↗ Nachtrag, Zutat
zuschanden: *z. machen*: ↗ zerstören (1)
*zuschauen*: ↗ zusehen
**Zuschauer:** ↗ Schaulustiger
*zuschicken*: ↗ schicken (1)
*zuschieben*: ↗ zustecken
**zuschießen**
**zuschlagen:** ↗ schließen (3), zufallen (1)
*zuschließen*: ↗ abschließen
*zuschmeißen*: ↗ zuschlagen (2)
*zuschmettern*: ↗ zuschlagen (2)
**zuschneien**
*zuschnüren*: ↗ verschnüren
zuschulden: *sich etw. z. kommen lassen*: ↗ vergehen (2, a)
*zuschustern*: ↗ zuschießen
*zuschütten*: ↗ verschütten (2), zugießen
**zusehen**
*Zuseher*: ↗ Zuschauer
*zusenden*: ↗ schicken (1)
**zusetzen:** ↗ bearbeiten, bedrängen
*zusichern*: ↗ versprechen (1)
*Zusicherung*: ↗ Versprechen
*zusperren*: ↗ abschließen
**Zuspiel**
**zuspielen**
zuspitzen: *etw. spitzt sich zu*: ↗ verjüngen, verschärfen
**zusprechen**
*Zuspruch*: ↗ Gefallen, Trost
**Zustand:** ↗ Lage
zustande: *z. bringen*: ↗ bewerkstelligen
*Zustände*: ↗ Verhältnisse
**zuständig**
**zustecken**
**zustehen**
*zustellen*: ↗ austragen (1), liefern
*zusteuern*: ↗ Beitrag
**zustimmen:** ↗ billigen
**zustimmend**
Zustimmung: *seine Z. geben* |zu|: ↗ erlauben (1)
*zustopfen*: ↗ abdichten
*zustöpseln*: ↗ zukorken
**zustoßen:** ↗ zuschlagen (2)
*Zustrom*: ↗ Andrang
**Zutat**
zuteil: *z. werden*: ↗ zufallen (2); *z. werden lassen*: ↗ erweisen, zugute
**zuteilen**
*Zuteilung*: ↗ Ration
*zutiefst*: ↗ sehr – *z. bewegen*: ↗ erschüttern
*zutragen*: ↗ hinterbringen – *sich z.*: ↗ geschehen
**Zuträger**
*Zutrauen*: ↗ Vertrauen
**zutraulich:** ↗ zahm
*zutreffen*: ↗ bestätigen (2), stimmen
**zutrinken**
**Zutritt**
*Zutun*: ↗ Mithilfe
*zutunlich*: ↗ zutraulich
**zuverlässig:** ↗ sicher (3)
*Zuversicht*: ↗ Hoffnung, Optimismus, Vertrauen – *die Z. verlieren*: ↗ verzagen
*zuversichtlich*: ↗ optimistisch
*Zuversichtlichkeit*: ↗ Optimismus
zuviel: *z. werden*: ↗ überhandnehmen
*Zuviel*: ↗ Überschuß
*zuvor*: ↗ vorher
*zuvorkommend*: ↗ aufmerksam (2), gefällig (1)
*Zuwachs*: ↗ Zunahme – *Z. erwarten*: ↗ schwanger
zuwege: *z. bringen*: ↗ bewerkstelligen
*zuweilen*: ↗ manchmal
*zuweisen*: ↗ zuteilen
*zuwenden*: ↗ zugute
*Zuwendung*: ↗ Schenkung
**zuwenig**
*zuwerfen*: ↗ zuschlagen (2)
zuwider: *z. sein*: ↗ anwidern
**zuwiderhandeln**
**Zuwiderhandlung**
*zuwiderlaufen*: ↗ verstoßen (2)
*zuwinken*: ↗ winken
**zuzahlen**
**zuziehen**
**zuzüglich**
*zuzwinkern*: ↗ zublinzeln
*zwacken*: ↗ zwicken
**Zwang:** *Z. ausüben* |*auf*|: ↗ zwingen
*zwanglos*: ↗ ungezwungen
**Zwangslage**
*zwangsläufig*: ↗ notgedrungen
**Zwangsräumung**
*zwangsweise*: ↗ gewaltsam
**Zweck:** *zum Zwecke*: ↗ zwecks; *zu welchem Z.*: ↗ wozu

*zweckdienlich*: ↗ zweckmäßig
*zwecklos*: ↗ nutzlos, unnötig
**zweckmäßig**
**zwecks**
*zweckvoll*: ↗ sinnreich
zwei: *zu zweit/zweien*: ↗ paarweise
*zweideutig*: ↗ mehrdeutig, obszön
*Zweideutigkeit*: ↗ Mehrdeutigkeit, Obszönität
*zweifach*: ↗ doppelt
**Zweifel**: *Z. hegen*: ↗ zweifeln; *außer Z. stehen*: ↗ feststehen; *in Z. ziehen*: ↗ bezweifeln
**zweifelhaft**: ↗ ungewiß
*zweifellos*: ↗ gewiß (1)
**zweifeln**
*zweifelsfrei*: ↗ sicher (3)
**Zweifler**
*Zweig*: ↗ Ast (2), Fachgebiet
**zweigeschlechtig**
**Zweigstelle**
**Zweiheit**
**Zweikampf**
**zweiseitig**
*zweitklassig*: ↗ minderwertig
*zweitrangig*: ↗ nebensächlich
*Zweitschrift*: ↗ Abschrift
**Zwerg**
**zwergenhaft**
*Zwetsche*: ↗ Pflaume
**zwicken**
*Zwicker*: ↗ Kneifer
*Zwickmühle*: ↗ Zwangslage
*Zwiebel*: ↗ Haarknoten
*zwiebeln*: ↗ drillen
**zwielichtig**
**Zwiespalt**: ↗ Zwietracht
**zwiespältig**
**Zwietracht**
**zwingen**
*zwingend*: ↗ überzeugend
**zwinkern**
*Zwischending*: ↗ Mittelding
*zwischendrin*: ↗ dazwischen (1)
*zwischendurch*: ↗ inzwischen
*Zwischenglied*: ↗ Verbindungsglied
*Zwischenraum*: ↗ Lücke
**Zwischenspiel**
*zwischenstaatlich*: ↗ international
*Zwischenträger*: ↗ Zuträger
*Zwist*: ↗ Streit
*zwitschern*: ↗ singen (2) – *einen z.*: ↗ trinken (2)
*zwittrig*: ↗ zweigeschlechtig
*Zyklon*: ↗ Wirbelsturm
*Zyklone*: ↗ Tief
**Zylinder**
*zynisch*: ↗ spöttisch
*Zynismus*: ↗ Spott